D1746964

PETER FALLER

DER WOHNGRUNDRISS

ENTWICKLUNGSLINIEN 1920–1990,
SCHLÜSSELPROJEKTE, FUNKTIONSSTUDIEN

WÜSTENROT STIFTUNG
DEUTSCHER EIGENHEIMVEREIN E.V.
LUDWIGSBURG

PETER FALLER

DER WOHNGRUNDRISS

ENTWICKLUNGSLINIEN 1920–1990,
SCHLÜSSELPROJEKTE, FUNKTIONSSTUDIEN

UNTERSUCHUNG IM AUFTRAG DER WÜSTENROT STIFTUNG
DEUTSCHER EIGENHEIMVEREIN E.V., LUDWIGSBURG

WISSENSCHAFTLICHE MITARBEIT
DIPL.-ING. EBERHARD WURST

DEUTSCHE VERLAGS-ANSTALT STUTTGART

Unter Mitwirkung von Dipl.-Ing. Katrina Wilhelm, Karin Trattnig,
Kersten Schagemann, Johannes Heyne und Christopher Quantrill

Meinen Eltern
meiner Frau Arja
Hermann und Gabriele Schröder
und unserer gemeinsamen Arbeit
gewidmet

Die Deutsche Bibliothek – CIP-Einheitsaufnahme

Faller, Peter:
Der Wohngrundriß : Entwicklungslinien 1920–1990,
Schlüsselprojekte, Funktionsstudien ; Untersuchung im Auftrag
der Wüstenrot-Stiftung Deutscher Eigenheimverein e.V.,
Ludwigsburg / Peter Faller. Wiss. Mitarb. Eberhard Wurst. –
2. Aufl. – Stuttgart : Deutsche Verlags-Anstalt, 1997
ISBN 3-421-03211-4

© Wüstenrot Stiftung Deutscher Eigenheimverein e.V., Ludwigsburg,
und Deutsche Verlags-Anstalt GmbH, Stuttgart
Alle Rechte vorbehalten
Bildmotive des Schutzumschlags aus: 1: WMB, 1929, S. 75; 2: SHE 43/27,
S. 984; 3: SHE 38/28, S. 694; 4: Aregger/Glaus, S. 102; 5: SHE 9/30;
6: Interbau-Katalog, S. 87; 7: db 11/71, S. 124; 8: Archiv A.D.P.;
9: AA 216, XXII
Satz: Steffen Hahn GmbH, Kornwestheim
Druck und Bindung: W. Röck, Weinsberg
Das Papier dieses Buches ist aus chlorfrei gebleichtem Zellstoff hergestellt;
es ist säurefrei und alterungsbeständig.
Printed in Germany
ISBN 3-421-03211-4

Inhalt

	Vorwort der Wüstenrot Stiftung	7
	Vorbemerkung des Verfassers	9
1	Wohngrundriß und Familienwohnung	12
2	Wohngrundriß und gruppenspezifische Wohnbedürfnisse	38
3	Wohngrundriß und Raum	64
4	Wohngrundriß und Orientierung	86
5	Wohngrundriß und privater Außenraum	126
6	Wohngrundriß und Veränderbarkeit	170
7	Wohngrundriß und Wohnbautechnik	198
8	Wohngrundriß und Gebäudeerschließung	232
9	Wohngrundriß und Auto	256
10	Wohngrundriß und städtebaulicher Kontext	280
	Zusammenfassung	307
11	Schlüsselprojekte	309
12	Funktionsstudien	335
	Verwendete Zeitschriften und Literatur	384
	Bildnachweis	389
	Personenregister	392
	Sachregister	396
	Standortverzeichnis	397

Vorwort der Wüstenrot Stiftung

Seit Beginn der Industrialisierung haben sich die typischen Wohngrundrisse in Westeuropa verändert. Ihre Entwicklung wurde im Laufe der Zeit durch eine Vielzahl von verschiedenen Faktoren beeinflußt. Hierzu gehören beispielsweise gesellschaftliche und soziokulturelle Veränderungen, die Weiterentwicklung der Arbeitsverhältnisse, der Einfluß und die Potentiale moderner Technik sowie gewandelte Paradigmen in der Wohnbautechnik und der Architektur. Alle Einflußfaktoren machen gemeinsam das Aufzeigen von Entwicklungslinien im Wohngrundriß zu einem komplexen Thema.

Von einigen Fachleuten wird die Auffassung vertreten, daß die im Lauf der Zeit erfolgte Veränderung des Wohngrundrisses teilweise fehlgelaufen und insbesondere die heute notwendige Flexibilität in der Ausgestaltung der Grundrisse nicht mehr gegeben sei. Nicht zuletzt unter dem Eindruck der zunehmenden Diskussion über die demografischen Veränderungen wird deutlich, daß flexible Anpassungen der Wohngrundrisse an die verschiedenen Lebensphasen eine notwendige Voraussetzung für das dauerhafte Verbleiben in einer Wohnung oder in einem Haus darstellen. Hier steht die Arbeit mit dem Wohngrundriß vor neuen Herausforderungen.

Der historische Wandel im Wohngrundriß kann nur dann sichtbar gemacht werden, wenn vergleichende Betrachtungen zwischen dem historisch tradierten Grundriß, wie er sich beispielsweise aus dem Einfamilienhaus und den Geschoßbautypologien der frühen Moderne entwickelt hat, und den sich heute abzeichnenden Veränderungen durchgeführt werden. Die Wüstenrot Stiftung hat deshalb Professor Peter Faller als Leiter des Fachgebiets Gebäudekunde der Universität Stuttgart mit der Erarbeitung eines Gutachtens beauftragt, das Fehlentwicklungen bei der Veränderung der Wohngrundrisse ebenso wie vorbildliche und zukunftsweisende Beispiele aufzeigen soll. Die Zielsetzung der Arbeit ist es, eine Standortbestimmung der heutigen Situation vorzunehmen sowie die unterschiedlichen Einflußfaktoren, die die Grundrißgestaltung bestimmen, einzuordnen und zu bewerten.

Für eine möglichst plastische und nachvollziehbare Darstellung arbeitet die Untersuchung mit ausgewählten Beispielen und einer großen Zahl von Abbildungen. Der von Professor Faller gewählte Weg der umfassenden Darstellung von Schlüsselprojekten bietet die Möglichkeit, gezielt diejenigen Arbeiten vorzustellen, die neue Entwicklungsschübe ausgelöst und die Entwicklungslinien im Wohngrundriß maßgeblich beeinflußt haben.

Die Untersuchung wird inhaltlich der Komplexität des Themas gerecht. Darüber hinaus bildet sie durch die große Zahl von Abbildungen einen reichen Fundus für all diejenigen, die sich heute mit der Wohngrundrißgestaltung und seinen historischen Entwicklungslinien beschäftigen. Die Wüstenrot Stiftung hofft, daß sie mit der Veröffentlichung des Gutachtens einen

Beitrag dazu leisten kann, daß die Erkenntnis aus der Analyse der Veränderungen des Wohngrundrisses im Wandel der Zeit einer möglichst breiten Fachöffentlichkeit zugänglich werden.

Vorbemerkung des Verfassers

Im Mittelpunkt dieser Untersuchung steht der Wohngrundriß. Das Ziel ist eine Standortbestimmung für die heutige Arbeit am Wohngrundriß sowie eine Einordnung und Bewertung der vielfältigen Aspekte, die diese Grundrißarbeit bestimmen.

Man könnte vereinfachend sagen, daß Wohnen all jene regenerativen und reproduktiven Vorgänge menschlichen Daseins umfaßt, die der Privatheit und Abgeschlossenheit bedürfen.

Bei aller Unterschiedlichkeit dieser Bedürfnisse in ihrer historischen und kulturellen Bedingtheit war die Wohnung stets der Ort, an dem sie sich mehr oder weniger ungestört entfalten konnten, selbst wenn dieser Ort ständigen Veränderungen unterworfen war wie etwa bei Händlern, Seeleuten, Soldaten und fahrendem Volk.

Erst die Folgen der industriellen Revolution mit einer zunehmenden Abwanderung großer Bevölkerungsteile aus ländlichen Räumen in die Industrieregionen haben aber alle jene Fragen aufgeworfen, die uns bis heute beschäftigen: wieviel Wohnung braucht der Mensch, und wie muß sie beschaffen sein?

Sieht man einmal von den frühen paternalistischen und sozialutopischen Ansätzen ab, dann muß das Ende des Ersten Weltkriegs als der Moment bezeichnet werden, von dem an es kein Ausweichen vor dieser Frage mehr gab. Dieses Datum markiert auch den Beginn der bis dahin nicht vorstellbaren breiten Hinwendung einer ganzen Architektengeneration zu diesem Aufgabenfeld.

Nicht mehr das Landhaus oder die bürgerliche Villa stehen jetzt im Mittelpunkt entwurflichen Interesses, sondern die Volkswohnung, die Wohnung des Arbeiters, die Wohnung für Jedermann. Das Zentrum der Bemühungen bildet der Wohnungsgrundriß mit höchsten Ansprüchen an ein gesundes Wohnen und an seine bestmögliche funktionale und ökonomische Organisation.

Rückblickend neigen wir dazu, dieses Bemühen fast ausschließlich mit der sich gleichzeitig entwickelnden Architektur einer »neuen Sachlichkeit« gleichzusetzen, deren Bedeutung für die Sichtbarmachung des Neuen Bauens natürlich nicht hoch genug eingeschätzt werden kann. Die Auseinandersetzung mit den neuen Aufgaben erfaßt aber auch jene Architektengeneration, deren Wurzeln und Erfahrungen noch in die Vormoderne zurückreichen und deren Arbeit oft zu überraschenden Synthesen aus alt und neu geführt hat.

Dennoch ist nicht das Aufspüren der unterschiedlichen Herkünfte und Schulen derer, die ab 1918 das Gesicht des Wohnbaus prägten, Gegenstand dieser Untersuchung, sondern das Herausarbeiten dessen, was ihnen damals gemeinsames Anliegen war, nämlich die Suche nach einem neuen Wohngrundriß unter sozialen, hygienischen, funktionalen, bautechnischen, ästhetischen und ökonomischen Gesichtspunkten. Damit soll ein von ideologischen Hintergründen weitgehend ungetrübter Blick auf jene Anfänge ermöglicht werden, die unsere Arbeit am Wohngrundriß bis heute geprägt haben.

Von diesen Anfängen ausgehend soll jenen Veränderungen nachgegangen werden, die der Wohngrundriß aufgrund sich wandelnder Lebens- und Umweltbedingungen sowie technischer und ökonomischer Entwicklungen erfahren hat.

Gleichzeitig aber soll die Darstellung die Weiterentwicklung dieser Ansätze sichtbar machen und aufzeigen, welche Ziele und Aufgaben unsere heutige Arbeit am Wohngrundriß bestimmen – oder besser: bestimmen sollten.

Mit der Infragestellung der Moderne, ausgelöst durch eine massive Kritik an den gestalterischen und städtebaulichen Fehlentwicklungen eines gesichtslosen Massenwohnungsbaus, setzt Ende der siebziger Jahre eine Funktionalismuskritik ein, die auch rasch zu einer Vernachlässigung und zum Verfall tradierten Wissens um den Wohngrundriß führt.

Mit der sich gleichzeitig vollziehenden Rückkehr des Wohnbaus von der »grünen Wiese« in die Innenstädte mit ihren für den Grundriß ohnehin schwierigeren Randbedingungen, wird dieser Erosionsvorgang nicht etwa gebremst, sondern eher gefördert. Die Rückbesinnung auf verlorengegangene Gestaltqualitäten städtischen Bauens, die intensive Auseinandersetzung mit den lange Zeit vergessenen Aspekten des öffentlichen Raumes, mit Fassade, Straße und Platz kann aber nicht Alibi sein für schlecht organisierte Grundrisse mit lärmexponierten Schlafräumen und sonnenlosen Kinderzimmern, auch wenn der Markt solchen Rückfällen zur Zeit keinerlei Grenzen zu setzen scheint.

Zwischen den bisher verfügbaren Möglichkeiten, sich über den Wohngrundriß zu informieren, nämlich der Grundrißsammlung nach Art eines Rezeptbuches oder der Darstellung des Grundrisses im komplexen, aber zufälligen Gesamtzusammenhang des gebauten Beispiels, klafft eine Lücke. In beiden Fällen nämlich bleiben die einzelnen, den Grundriß bestimmenden Aspekte verborgen, und es entsteht der Anschein, als seien sie unausweichlich mit dem jeweiligen Ergebnis verknüpft. Damit aber bleiben auch ihre Wechselwirkungen unsichtbar und mithin der Zugang zu alternativen Verknüpfungen bei neuen Aufgabenstellungen oder veränderten Standortbedingungen.

Mit der parallelen Betrachtung einzelner grundrißbestimmender Aspekte und mit dem Nachzeichnen ihrer Entwicklungslinien soll versucht werden, diese Lücke zu schließen und damit das komplexe Gebilde »Wohngrundriß« durchschaubarer zu machen.

Die zur Darstellung dieser Entwicklungslinien ausgewählten Beispiele erheben weder Anspruch auf historische Vollständigkeit noch auf Gleichwertigkeit. Sie dienen ausschließlich der Veranschaulichung des jeweils angesprochenen Phänomens. Aus Platzgründen muß auf ihre ausführlichere Darstellung verzichtet und auf die jeweiligen Quellenangaben verwiesen werden.

Mit der umfassenden Darstellung einer kleinen Auswahl von »Schlüsselprojekten« am Schluß dieser Untersuchung sollen jedoch solche Arbeiten hervorgehoben werden, die in ihrer Gesamtheit neue Entwicklungsschübe ausgelöst haben und meist schon daran zu erkennen sind, daß sie unter mehreren Teilaspekten gleichzeitig zitiert werden.

Die im Anhang zusammengestellten Funktionsstudien sollen in ihrer Abstraktion

Prinzipien und Zusammenhänge sichtbar machen und vor allem die aktuelle Grundrißarbeit unterstützen.

Heute gibt der Gebäudequerschnitt oft präzisere Auskunft über den Umgang mit dem Wohnen als der Grundriß. Die Verkürzung auf den Begriff »Grundriß« im Titel dieser Arbeit soll deshalb nur deutlich machen, daß es sich dabei weder um eine sozialgeschichtliche noch um eine wohnungspolitische, sondern ausschließlich um eine gebäudekundliche Auseinandersetzung mit dem Wohnen handelt.

In diesem Buch steht nichts Neues. Wer es aufmerksam durchblättert, wird feststellen, daß vieles von dem, was die vergangenen vierzig Jahre als bedeutsame Weiterentwicklung des Wohngrundrisses gebracht haben, in Wirklichkeit schon im ersten Drittel dieses Jahrhunderts gebaut oder zumindest gedacht worden ist. Es ist wie mit dem königlichen Kammerdiener, der von seinem Herrn allmorgendlich mit der stereotypen Frage konfrontiert wird »Johann, was gibt's Neues«, bis ihm eines Tages bei aller gebotenen Zurückhaltung die Gegenfrage entfährt »Kennen Majestät denn schon das Alte?«. Die Entwicklung neuer Wohngrundrisse macht nur dann einen Sinn, wenn das Ziel nicht die Innovation an sich ist, sondern die Verbesserung dessen, was der Verbesserung wirklich bedarf. In diesem Sinne soll das Buch zu einer methodischen Grundrißarbeit anregen – nicht mehr, aber auch nicht weniger.

INHALT

1 **Wohngrundriß und Familienwohnung**
1.1 Einschichtiges und mehrschichtiges Wohnen
1.2 Grundrißentwicklung der eingeschossigen Stockwerkswohnung
1.3 Grundrißentwicklung der mehrgeschossigen Stockwerkswohnung (Maisonette)
1.4 Funktionsverdichtungen im Wohngrundriß
1.5 Nutzungsneutralität

Funktionsstudien zu diesem Kapitel befinden sich
auf den Seiten 336–344

1 Wohngrundriß und Familienwohnung

1.1 Einschichtiges und mehrschichtiges Wohnen

Betrachtet man das Gesamtfeld verdichteter Wohnformen einmal quer zur üblichen Unterscheidung nach den verschiedenen Ausprägungen des Einfamilienhauses oder des Geschoßbaus, dann kann man für die Grundrißorganisation der eigentlichen Wohnung eine prinzipielle Unterscheidung treffen:
– die einschichtige oder eingeschossige Wohnung, bei der alle Wohnvorgänge auf einer Ebene liegen, und
– die zweischichtige oder auch mehrgeschossige Wohnung, bei der sich die Wohnvorgänge auf mehrere Ebenen verteilen.

Im verdichteten Flachbau, also im Bereich des anbaufähigen Einfamilienhauses, haben sich zwei typologische Hauptgruppen herausgebildet, nämlich das sogenannte Gartenhofhaus als vorzugsweise eingeschossige oder einschichtige Wohnform und das Reihenhaus als zwei- oder mehrgeschossiges Einfamilienhaus.

Dabei lassen sich vielfältige Zwischenlösungen, wie sie vor allem aus topographischen Anpassungen entstehen können – z. B. versetztgeschossige Gebäudequerschnitte – in der Regel einer der beiden Ausgangsformen zuordnen.

Im Geschoßbau gibt es heute neben der einschichtigen Wohnung, die etwas unpräzise als Geschoßwohnung bezeichnet wird, auch die Form des mehrschichtigen Wohnens in Gestalt der Maisonettewohnung oder »Doppelstockwohnung«, wie sie anfänglich genannt wurde. Dabei deutet die Bezeichnung »maisonette« (franz. für Häuschen) schon auf die Verwandtschaft mit dem zweigeschossigen Einfamilienhaus hin. Bezeichnenderweise hat sich aber eine intensivere vergleichende Auseinandersetzung mit den funktionalen Vor- und Nachteilen des ein- und mehrschichtigen Wohnens erst im Geschoßbau entwickelt, also in der Diskussion um Geschoßwohnung und Maisonette. Die Geschoßwohnung als ebene, einschichtige Wohnung, für die man in England den knappen Begriff »flat« geprägt hat, ist trotz der in den letzten Jahren zu beobachtenden Zunahme an Doppelstockwohnungen die verbreitetste Form des Wohnens auf der Etage.

Ihr größter Vorteil liegt in der Anordnung aller Wohnvorgänge auf ein- und derselben Ebene. Sie ist damit die bequemste und mit geringstem Energieaufwand zu bewirtschaftende Wohnform. Gleichzeitig erfüllt sie damit die Voraussetzungen für ein barrierefreies Wohnen, das heute an Bedeutung gewinnt. Ein weiterer Vorteil ist ihre flächenhafte Ausdehnung und die dadurch erreichbare Großzügigkeit in der zweidimensionalen Raumentwicklung. Dies äußert sich nicht zuletzt in einem entsprechend hohen Maß an innerer Flexibilität für die Grundrißeinteilung. Nachteile liegen im Zusammenhang zwischen großen, flächig organisierten Geschoßwohnungen und dem daraus resultierenden Prinzip des Stapelns gleicher Geschosse, das vor allem beim niedrigen Geschoßbau der Anordnung von großzügigen und differenzierten wohnungsbezogenen Außenräumen entgegensteht. Auch in der für die große Geschoßwohnung typischen Bindung an Spännererschließungen können Nachteile liegen, z. B. wenn bei höheren Gebäuden Aufzüge erforderlich werden. Hier führt die geringere Anzahl erschlossener Wohnungen je Geschoß zu unwirtschaftlichen Aufzugsnutzungen.

Mehrgeschossige Stockwerkswohnungen, also Maisonettewohnungen, sind eine Wohnform des Geschoßbaus, bei der sich die einzelnen Räume bzw. Bereiche einer Wohnung auf zwei oder mehr Ebenen verteilen.

Die Wohnform ist dem Reihenhaus, also dem angebauten, mehrgeschossigen Einfamilienhaus, verwandt. Mit der Maisonettewohnung können spezifische Qualitäten des kleinen Hauses auf den Geschoßbau übertragen werden. Damit unterscheidet sich die Doppelstockwohnung von der eingeschossigen Wohnung nicht nur in ihren funktionalen und räumlichen Eigenschaften, sondern auch in der Charakteristik ihrer Erschließung und ihres Außenraumbezugs. Das Wohnen in Doppelstockwohnungen ist mit Treppensteigen verbunden und deshalb grundsätzlich weniger bequem als in stufenlosen Wohnungen. Doppelstockwohnungen sind für gehbehinderte Bewohner ungeeignet.

Da sich die Wohnfläche auf zwei (oder mehrere Ebenen) verteilt, tendieren Maisonettes eher zu schmalen und tiefen Grundrissen und können von daher keine der Geschoßwohnung vergleichbare grundrißliche Großzügigkeit entfalten. Dafür erlauben Maisonettes Raumausweitungen in der dritten Dimension, wie sie eine ebene Geschoßwohnung in der Regel nicht zuläßt. Ähnlich verhält es sich mit den grundrißlichen Möglichkeiten der Raumverteilung und der Bereichsbildung. Während die Wohnbereiche bei flächenhaften Wohnungen einander stets tangieren, lassen Maisonettes spezifische Bereichsverteilungen im Austausch zwischen den Wohnebenen zu. Ein großer Vorteil ist dabei die Anpaßbarkeit von Wohnbereichen an den Tag-Nacht-Rhythmus des Wohnens: lautere und ruhigere Wohnvorgänge lassen sich auf verschiedenen Ebenen anordnen und damit deutlicher voneinander trennen. Auch das mit ebenen Wohnungen im Geschoßbau verbundene Problem erdgeschossiger Schlafräume läßt sich bei Maisonettewohnungen vermeiden. Maisonettes erleichtern die Ausbildung von differenzierten Gebäudequerschnitten und damit die Nutzung und Zuordnung von lagespezifischen Außenräumen. Aufgrund ihrer geringen Breite und ihrer Geschoßdifferenzierung sind Maisonettes vor allem für Gangerschließungen geeignet. Sie erlauben damit u. a. den ökonomischeren Einsatz von Aufzügen.

1.2 Grundrißentwicklung der eingeschossigen Stockwerkswohnung

Frühe Geschoßbaugrundrisse zeigen zunächst noch keine nennenswerten Ansätze zu einer funktional durchdachten Grundrißanordnung. Der Geschoßbaugrundriß ist charakterisiert durch eine Aneinanderreihung einzelner Zimmer oder Kammern, die je nach den ökonomischen Möglichkeiten als »gefangene« Zimmer oder über einen Mittelflur erschlossen werden. Lediglich die Nähe der Küche oder Wohnküche zum Wohnungseingang hat eine gewisse funktionale Bedeutung.

Der Wunsch, Schlafräume möglichst nach Osten, Wohnräume dagegen nach Westen zu orientieren, führt in der Regel zu einer Grundrißaufteilung parallel zur Gebäudelängsachse.

Häufig werden dabei lange Wege von der Küche zum Eßplatz oder von den Schlafräumen zum Bad oder zur Toilette in Kauf genommen. Dabei entstehen Überschneidungen zwischen Wohnvorgängen, die zum Teil sehr unterschiedliche Ansprüche auf Privatheit oder Abgeschlossenheit haben. Alle Räume einer Wohnung – auch der Wohnraum – haben den Charakter unabhängiger Zimmer, die sich allenfalls in ihrer Größe unterscheiden (Abb. 1.1).

1.1

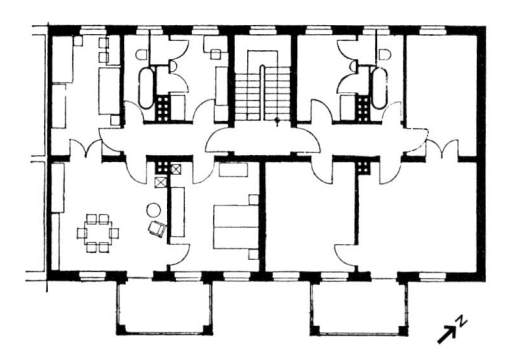

Heute hat sich dagegen im Wohngrundriß ein räumliches und funktionales Gliederungsprinzip durchgesetzt, das nach individuellen und kollektiven Wohnbereichen unterscheidet. Die Bereiche individueller Räume umfassen die Schlafräume der einzelnen Familienmitglieder, die heute als Rückzugsmöglichkeit auch Tagesfunktionen zu übernehmen haben. Die Bereiche kollektiver Räume umfassen alle gemeinsam nutzbaren Wohnflächen, also Wohn- und Eßbereiche, Dielen, offene Bereiche für Arbeiten oder Spielen sowie die wohnungsbezogenen Freibereiche wie Balkone, Terrassen etc.

Gleichzeitig geht man heute davon aus, daß sich die sogenannten dienenden Räume einer Wohnung wie Küchen, Bäder und WC den entsprechenden Raumbereichen funktional zuordnen, auch wenn sie, wie bereits dargelegt wurde, einer gewissen installationstechnischen Eigendynamik unterworfen sind – ein Grundkonflikt, der oft nur schwer aufzulösen ist. Es ist deshalb interessant zu beobachten, daß Grundrisse im Laufe der Entwicklung von der frühen Moderne bis heute immer dann eine gewisse Allgemeingültigkeit erlangt haben, wenn dieser Grundkonflikt überwunden werden konnte.

Ein anderer Aspekt des Wohnens tangiert den Wohngrundriß in seiner funktionalen und räumlichen Gliederung, nämlich der Aspekt der Haushaltsgröße. Jede Wohnung stellt prinzipiell denselben komplexen Funktionszusammenhang dar, und stets handelt es sich um dieselben Bedürfnisse und Wohnvorgänge; sie unterscheiden sich im Grunde nur durch die Zahl der an ihnen beteiligten Akteure. Dennoch gibt es einen grundlegenden Unterschied zwischen der Familienwohnung und dem Kleinhaushalt für ein bis zwei Personen.

Während sich bei der Familienwohnung eine Bereichsbildung nach individuellen und kollektiven Wohnbereichen eingebürgert hat, entfällt diese Unterscheidung beim Kleinhaushalt weitgehend. Hier haben Wohnen und Schlafen einen sehr angenäherten Grad an Privatheit, so daß eine Separierung bei weitem nicht so zwingend ist wie bei der Familienwohnung. Im Gegenteil, die

1.1 Berlin, Typenplan Gagfah (ca. 1928)

räumliche Qualität kleiner Haushalte kann oft erheblich verbessert werden, wenn durch eine stärkere Zusammenfassung von Teilbereichen ein großzügiger Raumzusammenhang möglich wird. Bereichsbildung ist also im Gegensatz zur Funktionalität eines Grundrisses eine Frage der Haushaltsgröße und einer ihr angemessenen räumlichen Qualität. Dies sei am Beispiel eines von Grete Schütte-Lihotzky entwickelten Grundrisses für alleinstehende berufstätige Frauen verdeutlicht, wo zugunsten eines möglichst großzügigen Raumeindrucks auf jede Form der Bereichsgliederung verzichtet wird (Abb. 1.2).

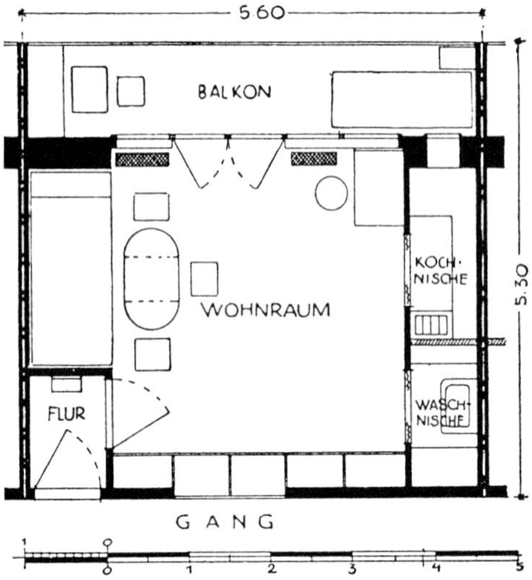

In seinem 1924 erschienenen Büchlein »Die Frau als Schöpferin« veröffentlicht Bruno Taut unter anderem einen Verbesserungsvorschlag für einen der damals typischen Innenflurgrundrisse, indem er insbesondere eine engere funktionale Beziehung zwischen Schlafräumen und dem Bad sowie zwischen Küche und Eßplatz anstrebt. Er faßt Schlafräume und Bad an einem kleinen Vorraum zusammen und nimmt dafür in Kauf, daß Bad und Küche voneinander getrennt werden (Abb. 1.3).

Otto Haesler geht dagegen den umgekehrten Weg und entwickelt ab 1926 seine sogenannten »Kabinengrundrisse«, indem er einfach auf den Mittelflur ganz verzichtet.

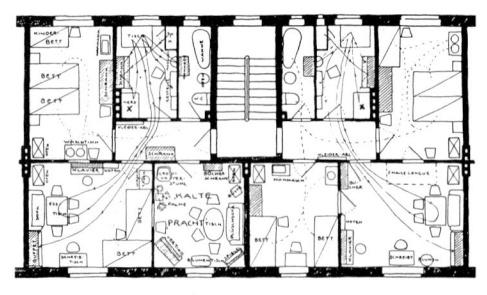

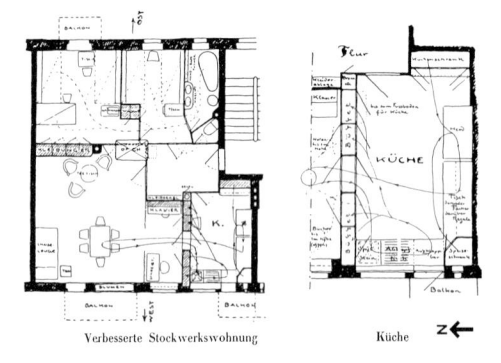

Der kollektive Wohnbereich ist zugleich Erschließungsbereich für alle Individualräume, die Haesler zu minimalen Schlafkabinen reduziert. Wohn- und Schlafbereich verschmelzen damit zu einer funktionalen Einheit (Abb. 1.4; s.a.S. 316f.).

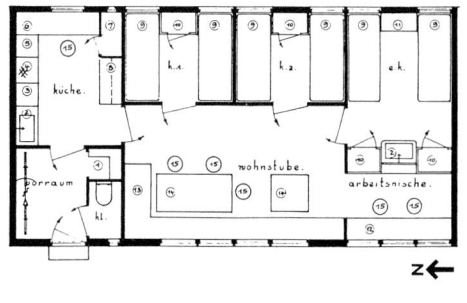

1.2 *Wohnung für die berufstätige Frau, Ausstellung »Heim und Technik«, München (Grete Schütte-Lihotzky, 1928)*

1.3 *Übliche und verbesserte Stockwerkswohnung (Bruno Taut, 1924)*

1.4 *Kabinengrundriß 6-Betten-Typ, Wohnfläche 48,9 qm, Projekt (Otto Haesler, 1926)*

Unter den damaligen ökonomischen Verhältnissen war dieser Verzicht auf jede Verkehrsfläche von einer bestechenden Logik. Haesler war mit dieser Idee übrigens nicht allein, auch Ludwig Hilberseimer und andere Zeitgenossen gehörten zu ihren Verfechtern und machten sich teilweise sogar die Urheberschaft streitig[1] (Abb. 1.5).

1.5

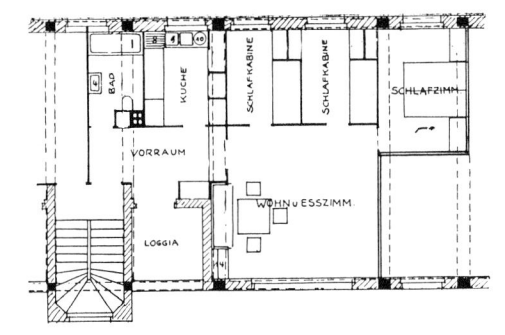

Auch der Baseler Hans Schmidt gehört zu den Verfechtern flurloser Grundrisse, wie aus seinem Kommentar zum Ausbau des Mietshausblocks auf dem Stuttgarter Weißenhof hervorgeht: »Die Wohnung soll vor allem einen großen gemeinsamen Wohnraum (chambre commune) erhalten, der möglichste Bewegungsfreiheit erlaubt und in allen Fällen zwei verschiedenartige Möbelgruppen aufnehmen kann und so die ermüdende Eindeutigkeit des üblichen Eßzimmers und Salons zugunsten einer zwangloseren Form überwindet. Dieser Wohnraum konnte auch den unbeleuchteten Mittelgang in sich aufnehmen, also überflüssig machen, sobald man sich mit der für geschlossene Haushaltung durchaus annehmbaren Vereinfachung vertraut gemacht hatte, die weniger benutzten Schlafräume direkt vom Wohnraum aus zu betreten...«[2]

Anders lag das Problem bei Grundrissen mit Südorientierung, die ebenfalls ihre spezifische Anhängerschaft hatten. Bei der Ausrichtung aller Wohn- und Schlafräume nach Süden stellt sich – Spännererschließung vorausgesetzt – vor allem die Frage nach der Abfolge dieser Räume, also die Frage, ob man zuerst die Wohnräume und dann die Schlafräume erschließt oder umgekehrt. Dies hat natürlich mit der Frage zu tun, welchen der beiden Bereiche man vom »Durchgangsverkehr« befreien möchte.

So entscheiden sich die Architekten der Schweizer Werkbundsiedlung von 1932 auf dem Neubühl bei Zürich bei ihrem Typ LM zur Situierung des Wohnraumes am Ende des Grundrisses, wo er die ganze Grundrißtiefe einnehmen kann. Die entsprechend eingeschränkte Privatheit der Schlafräume in ihrer Verbindung zum Bad wird in Kauf genommen. Diese Züricher Lösung ist um so überraschender, als die Diskussion um einen separaten und damit privateren Schlafbereich schon einige Jahre zuvor in Gang gekommen war und insbesondere anläßlich der Siedlung auf dem Dammerstock in Karlsruhe zu interessanten Auseinandersetzungen zwischen den verschiedenen Lehrmeinungen geführt hatte[3] (Abb. 1.6).

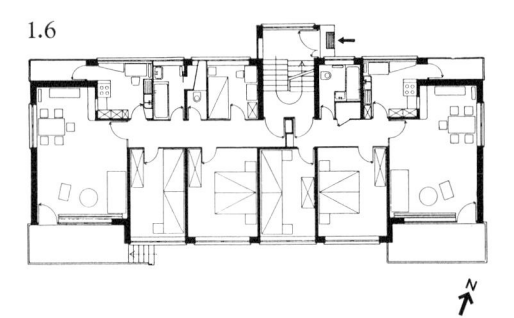

1.6

Wie wir gesehen haben, zeigen Bruno Tauts Alternativvorschläge von 1924 einen Versuch, Schlafräume und Bad an einem abtrennbaren zweiten Innenflur zusammen-

[1] Ludwig Hilberseimer, in: Zentralblatt der Bauverwaltung 32/29, S. 511

[2] Hans Schmidt, in: Das Werk 9/27, S. 273

[3] »Bei der Kleinstwohnung kann man sehr wohl darauf zukommen, den Hauptwohnraum als Schlüsselraum der ganzen Wohnung zu betrachten, d. h. die Schlafräume und die Küche von diesem Hauptraum aus zugänglich zu machen. Die Kleinstwohnung kennt keine gesellschaftlichen Rücksichten – Besuch, Lieferanten usw., die die Beibehaltung des schmalen Korridors mit seinem unausbleiblichen Verlust an Nutzungsfläche vorschreiben würden ...«. Otto Völckers, in: Stein Holz Eisen 48/28, S. 847

1.5 Kabinensystem, Wohnung von vier Betten (Ludwig Hilberseimer, 1923)

1.6 Zürich/CH, Neubühl, Werkbundsiedlung, Typ LM (Haefeli, Hubacher, Steiger, Moser, Roth, Artaria + Schmidt, 1931)

[4] *»Der Haeslerschen Systematik steht bei Riphan-Grod die beiderseitige Durchsonnung gegenüber, wofür allerdings die ›richtige‹ Orientierung der Schlafräume preisgegeben wurde …«* Otto Völckers, in: Stein Holz Eisen 49/29, S.759

zufassen und von der Erschließung des Wohnbereichs abzusondern, obwohl beide Bereiche parallel zueinander angeordnet bleiben: Schlafen nach Osten – Wohnen nach Westen.

Alexander Klein verfolgt denselben Gedanken, legt nun aber das Bad zwischen die beiden Schlafräume. Auch bei ihm wird die Trennung Bad – Küche in Kauf genommen. Klein verbessert auch die Lage des Eßplatzes, der bei Taut seltsamerweise noch durch eine Nische, möbliert mit Klavier und Arbeitsplatz, von der Küche getrennt ist. Bei Alexander Klein wird diese Nische zum Eßplatz, der dadurch einen funktional wie räumlich eindeutigen Standort erhält (Abb. 1.7).

1.7

1.7 Wohnung von 76 qm Nutzfläche, Ausstellung, »Heim und Technik«, München (Alexander Klein, 1928)

1.8 Karlsruhe, Dammerstock (Riphan + Grod, 1929)

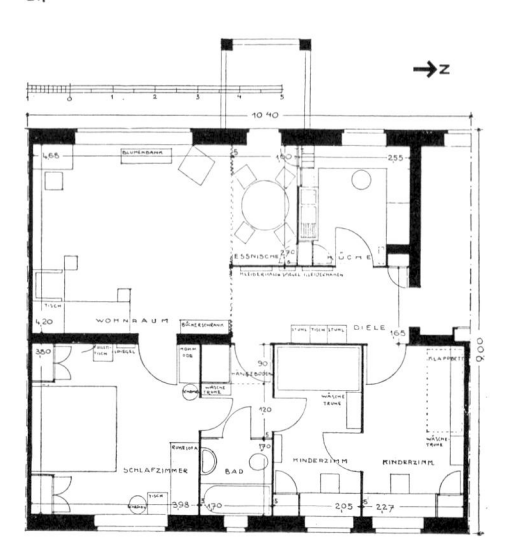

Einen entscheidenden weiteren Schritt vollziehen Riphan und Grod mit ihrem Grundriß für den Dammerstock. Sie verzichten auf eine direkte Anbindung des internen Schlafbereichs an den Eingangsbereich und schlagen seine Erschließung über den Eßplatz vor, den sie entsprechend geräumig ausbilden. Dabei entsteht das, was wir heute »Durchwohngrundriß« nennen, ein Wohnbereich, der sich quer zur Gebäudeachse nach zwei Gebäudeseiten orientiert: Eßplatz im Osten – Wohnzone im Westen. Der Schlafbereich liegt nicht mehr parallel zum Wohnbereich, sondern dahinter (Abb. 1.8).

1.8

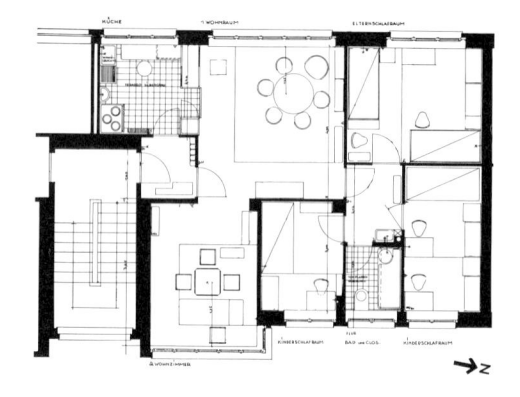

Durch diesen Schritt verliert der Eßplatz seine Intimität, die er bei Alexander Klein und auch bei ähnlichen Grundrissen von Otto Völckers noch hat. Er wird jetzt gewissermaßen zum Zentrum des Grundrisses. Im übrigen verlassen Riphan und Grod auch das Prinzip der Schlafraumorientierung und legen zwei der drei Schlafräume nach Westen, was vor allem die Kritik von Völckers herausfordert.[4]

Beinahe gleichzeitig entwickelt auch Hans Schumacher für Berlin Haselhorst vergleichbare Grundrisse mit einem quer zur Gebäudeachse angeordneten Wohnbereich und dahinterliegenden Schlafräumen; auch bei ihm liegen zwei der drei Schlafzimmer nach Westen. Schumacher aber vollzieht nun einen letzten entscheidenden Schritt, indem er die Küche nicht mehr aus dem Eingangsbereich erschließt, sondern über den Eßplatz. Damit kann er die Küche wieder mit dem Bad zusammenfassen. Der Kreislauf hat sich geschlossen, funktionale und

1.9

technisch-ökonomische Belange sind wieder in Einklang (Abb. 1.9).
Schumacher nimmt damit einen Grundrißtyp vorweg, der erst ein halbes Jahrhundert später wieder aufgegriffen wird und in seiner prinzipiellen Organisation vielen unserer heutigen »Durchwohngrundrisse« zugrundeliegt (Abb. 1.10).

1.10

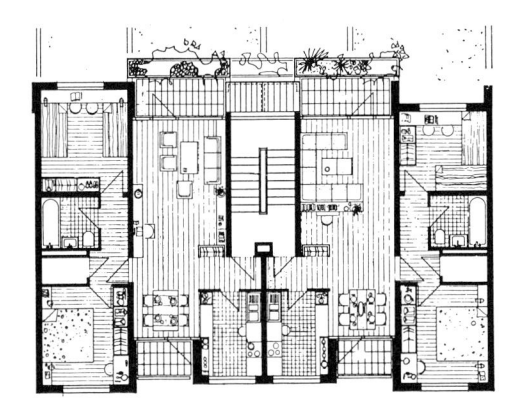

Voraussetzung für diese Entwicklung war aber der bewußte Verzicht auf eine ganze Reihe geheiligter Prinzipien, die den Wohngrundriß bis dahin in seiner Entwicklungsfähigkeit eingeengt hatten, nämlich die Grundsätze, Schlafräume nur nach Osten zu orientieren, Küchen nur aus dem Eingangsbereich zu erschließen und den Wohnraum als abgeschlossenes Zimmer zu behandeln. Vor allem die Aufgabe des letztgenannten Prinzips bedeutet einen entscheidenden Wendepunkt für die weitere Entwicklung des Wohngrundrisses, nämlich die sowohl funktionale wie räumliche Befreiung des Wohnzimmers aus seiner bisherigen Abgeschlossenheit und Introvertiertheit. Bedauerlicherweise verflacht diese intensive Auseinandersetzung mit der funktional-räumlichen Organisation des Wohngrundrisses in der Folgezeit und wird erst lange nach Kriegsende wieder aufgegriffen.
Zunächst feiern der Innenflur und das abgesonderte Wohnzimmer wieder Auferstehung, so als habe die ganze Entwicklung Ende der zwanziger Jahre überhaupt nicht stattgefunden. Dafür findet man nur eine plausible Erklärung, nämlich die, daß in der ersten Wiederaufbauphase nach dem Krieg alle Räume einer Wohnung zur Not auch als Schlafräume brauchbar sein mußten – also auch der als Zimmer getrennt nutzbare Wohnraum.
Daß selbst Walter Gropius und TAC mit ihrem Beitrag zur Berliner Interbau 1957 ohne erkennbare Notwendigkeit zu einem in jeder Hinsicht unbefriedigenden Innenflurgrundriß zurückkehren, mag diese Feststellung belegen. Nicht nur daß hier grobe Orientierungsmängel in Kauf genommen werden – alle Kinderzimmer liegen nach Norden und erhalten wegen der weit herausgezogenen Aufzugstürme auch im Sommer keinen Sonnenstrahl –, es wird auch auf jede Intimität oder Abgeschlossenheit der Schlafbereiche verzichtet. Trotz all dieser Mängel wird noch nicht einmal erreicht, daß Küche und Bad beieinander liegen.
Selbst die im Ausstellungskatalog postulierte Nutzungsneutralität, mit der der Innenflur begründet wird, läßt sich bei den sehr unterschiedlichen Raumgrößen nur

1.9 Berlin-Haselhorst
(Hans Schumacher, 1929)

1.10 Hamburg, Steilshoop,
Normalgeschoß
(Ingeborg + Friedrich
Spengelin, ca. 1975)

1.11

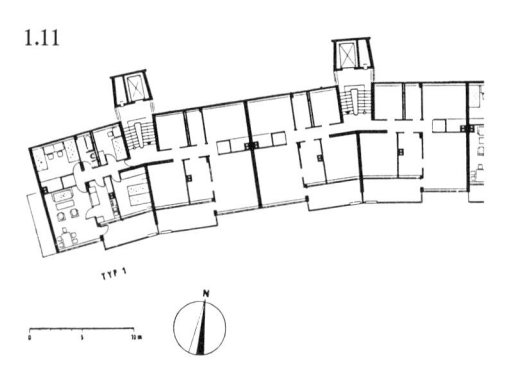

schwer nachvollziehen und ist allenfalls mit der Austauschbarkeit der beiden größeren Schlafräume gegeben (Abb. 1.11).

Die Berliner Interbau von 1957 liegt aber zeitlich gesehen auch am Übergang zu einer neuen Generation von Wohnungsgrundrissen, bei denen nun auch für den niedrigen und mittelhohen Geschoßbau das Prinzip innenliegender Bäder und WCs eingeführt wird. Mit Normen für Schachtentlüftungen und Sammelschachtanlagen werden jetzt größere Grundrißtiefen möglich, weil diese Naßräume nicht mehr direkt belüftet werden, also nicht mehr an der Fassade liegen müssen. Die Grundrißtiefe wächst um diese innenliegenden Räume von 10 auf etwa 15 m, während die Grundrißlänge entsprechend schrumpft. Die Wohnungslängsachse wird gewissermaßen um 90° gedreht, der Wohnungszugang erfolgt nicht mehr von der Schmalseite aus, sondern führt direkt ins Zentrum des Grundrisses.

Daraus ergeben sich einige sehr grundsätzliche Konsequenzen für die Grundrißorganisation.

Zum einen ist eine sinnvolle Nutzung dieser Gebäudetiefen nur bei Ost-West-Orientierung möglich, wobei Schlafräume überwiegend nach Osten, Wohnräume nach Westen orientiert werden. Zum andern kann jetzt eine Aneinanderreihung der Installationsräume quer zur Gebäudelängsachse erfolgen, wobei sie sich ohne Schwierigkeiten auch ihrem jeweiligen Bereich zuordnen: das Bad zu den Schlafräumen, das WC zum Eingangsbereich, die Küche zum Wohnraum. Unterstützt wird dieser neue Grundrißtyp auch dadurch, daß Küchen jetzt unter gewissen Bedingungen über den Eßplatz belichtet und belüftet werden können und dürfen. Es entsteht eine Raumkombination, bei der eine reine Arbeitsküche, meist doppelzeilig, mit einem davorliegenden Eßbereich zu einer Quasi-Wohnküche vereint werden. Der parallel dazu angeordnete Wohnraum wird durch den vor der Küche liegenden Eßplatz diagonal erweitert. Es entsteht ein gut funktionierendes Dreieck räumlicher Beziehungen, in das auch der Balkon oder Freibereich einbezogen ist, weil er sowohl vom Wohnraum wie vom Eßplatz aus erreicht werden kann.

Auf der gegenüberliegenden Seite des Grundrisses lassen sich die Schlafräume mit dem Bad zu einem weitgehend ungestörten Schlafbereich verbinden. Ein sehr überzeugendes Beispiel für diesen häufig angewendeten Grundrißtyp sind die Geschoßwohnungen in Karlsruhe-Rüppur von der Werkgemeinschaft Karlsruhe (Abb. 1.12).

1.12

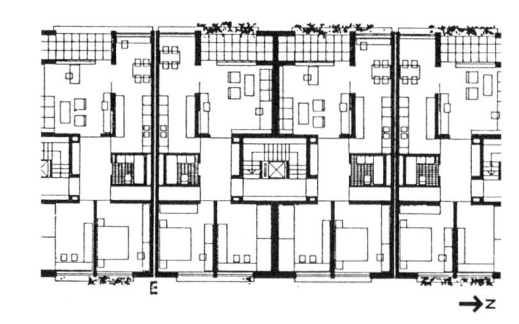

An ein »Durchwohnen« ist bei so tiefen Grundrissen allerdings ebensowenig zu denken wie bei den nun in großer Zahl entste-

1.11   Berlin, Interbau 57, 9geschossiges Wohnhaus (Walter Gropius, T. A. C., 1957)

1.12   Karlsruhe-Rüppur, Baumgarten (Hirsch, Horn, Hoinkis, Lanz, Schütz, Stahl, 1963–68)

henden punktartigen Hochhäusern, bei denen teilweise auch Familienwohnungen um einen zentralen Erschließungskern herum angeordnet werden. Hier kann bestenfalls eine Über-Eck-Orientierung erreicht werden; häufig sind die Wohnungen nur einseitig orientiert und ganz ohne natürliche Querlüftung.

Auch hier wird jedoch das Prinzip des »Flurverzichts« häufig beibehalten: der Wohnraum als gleichzeitiger Erschließungsraum für den nachgeordneten Schlafbereich setzt sich auch hier durch, wie ein weiteres Beispiel der Interbau 1957 von Gustav Hassenpflug zeigt (Abb. 1.13).

1.13

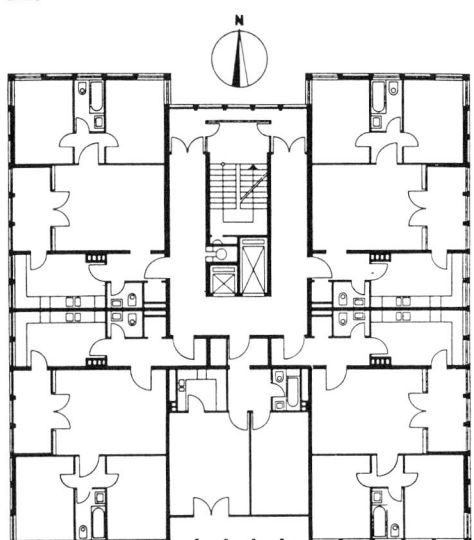

Erst mit den Bemühungen um einen mehr raumbildenden Städtebau, wie er zum Beispiel mit den Großformen in Hamburg-Steilshoop in den siebziger Jahren einsetzt, kehrt auch das Durchwohnprinzip in den Wohngrundriß zurück. Da solche raumbildenden Großwohnblöcke genau wie innerstädtische Blockrandbebauungen innerhalb eines Gebäudezusammenhangs unterschiedlichen Orientierungsbedingungen entsprechen müssen, entdeckt man die Tugenden von Durchwohngrundrissen und geringen Gebäudetiefen neu. Sie erlauben über das »Durchwohnen« nicht nur eine kompensative Besonnung für den Wohnbereich, sondern erleichtern auch die Bewältigung von Gebäudeecken. So wird auch in Hamburg-Steilshoop um 1975 das Prinzip des Durchwohngrundrisses wieder eingesetzt (siehe Abb. 1.10).

Mit sehr stark verstaffelten Baukörpern bauen Raichle und Götz 1967 auf der Esslinger Kornhalde Zweispänner-Geschoßbauten mit sehr differenzierten und mehrseitig orientierten Wohn-Eßbereichen, die ein großzügiges Durchwohnen erlauben. Dem Wohnbereich wird lediglich eine kleine Garderobennische vorgeschaltet, während sich alle Individual- und Nebenräume erst hinter dieser Wohnzone um einen Innenflur gruppieren. Gleichzeitig wird eine kompakte Anordnung aller Sanitärräume erreicht (Abb. 1.14).

1.14

Bei innerstädtischen Wohnstandorten wird heute auch wieder vermehrt auf schlankere, also weniger tiefe Wohngrundrisse zurückgegriffen. Auch hier gilt, was bereits für den stärker raumbildenden Wohnbau, wie etwa am Beispiel Steilshoop, gesagt wurde.

1.13 Berlin, Interbau 57, 16geschossiges Wohnhaus (Gustav Hassenpflug, 1957)

1.14 Esslingen, Kornhalde (Raichle, Götz, 1967–70)

In der Anpassung an vorhandene Stadtgrundrisse wie beim innerstädtischen Straßenblock, sind nicht nur alle erdenklichen Orientierungssituationen zu bewältigen, sondern häufig entstehen zusätzliche Zwänge aus der Notwendigkeit, Verkehrslärm zu berücksichtigen und durch richtige Raumorientierung nicht nur ausreichende Besonnung, sondern auch Wohnruhe sicherzustellen.

Das aus der Raumdifferenzierung entstandene Durchwohnprinzip erweist sich hier als besonders geeignetes Instrument zur Auflösung solcher Konflikte, in kritischen Fällen sogar für die Individualräume. Da es hier jedoch weniger um die Optimierung räumlich-funktionaler Aspekte als vielmehr um deren Anpassung an ungünstige Randbedingungen geht, werden sie in Kapitel 4 »Wohngrundriß und Orientierung« gesondert behandelt.

1.3 Grundrißentwicklung der mehrgeschossigen Stockwerkswohnung (Maisonette)

Mehrgeschossige oder mehrschichtige Stockwerkswohnungen, heute vor allem als Maisonettewohnungen geläufig, unterliegen in ihrer funktionalen Organisation und in ihrer Bereichsbildung ganz anderen Bedingungen als die eingeschossige Stockwerkswohnung. Die Verteilung der Wohnfläche auf zwei oder mehr Ebenen setzt eine gewisse Mindestgröße des Haushalts voraus, wenn die für die Maisonettetreppe erforderlichen Zusatzaufwendungen noch vertretbar sein sollen. Maisonettewohnungen sind daher für Familienwohnungen geeigneter als für Kleinhaushalte.

In der Bereichsbildung ist zu berücksichtigen, daß die Treppe selbst eine sehr rigide Unterbrechung funktionaler Zusammenhänge bedeutet, von vornherein also eine sinnvolle Portionierung der einzelnen Teilbereiche erforderlich macht.

Ein weiterer grundlegender Unterschied zur vergleichbaren Geschoßwohnung ist die relativ ungünstige Erschließung des Grundrisses über seine Schmalseite. Dies hängt mit der bei Maisonettewohnungen bevorzugten Gangerschließung zusammen, mit der eine Tendenz zu schmaleren und tieferen Grundrissen einhergeht. Gleichzeitig aber verschafft dieser Außengang der Wohnung einen Direktkontakt zum öffentlichen Erschließungsraum, was zu einer sorgfältigen Auswahl der dort anzusiedelnden Nutzungen zwingt. Erste Überlegungen zu dieser Wohnform wurden schon vor dem Ersten Weltkrieg veröffentlicht.

Bei dem Vorschlag von Ernst Hiller, Frankfurt, aus dem Jahre 1913 handelt es sich um ein fünfgeschossiges innerstädtisches Wohnhaus mit Mansarddach, in dem er sechs Doppelstockwohnungen unterbringt und mit einem Spännertreppenhaus erschließt. Hiller nennt diese Wohnungen noch »Stockwerk-Kabinenwohnungen« und hält sie vor allem dort für geeignet, »wo es sich um den Wiederaufbau von Baulücken und Abbrüchen handelt oder um die Sanierung von Altstadtbauten«. Die relativ großen Wohnungen bestehen aus einer zweigeschossigen Wohndiele mit Galerie, an der im Obergeschoß vier Schlafräume für sieben Personen liegen, die Hiller als »Kabinen« bezeichnet. Unten liegen die »gute Stube«, Küche und WC. Ein Bad gibt es nicht. Interessant ist, daß Hiller seine zweigeschossige Diele noch nicht als eigentlichen Wohnraum sieht, sondern daneben eine »gute Stube« braucht. Die Bereichsgliederung ist konventionell und entspricht dem Einfamilienhaus: unten Wohnen, oben Schlafen (Abb. 1.15).

1.15

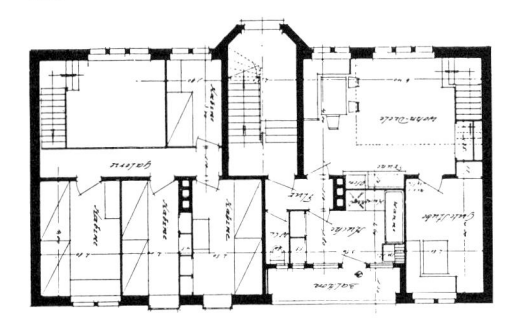

Sehr viel freier geht dagegen Heinrich de Fries mit seinem Doppelstockwohnhaus um, das er 1919 vorstellt. Im Gegensatz zu Hiller nutzt er seine zweigeschossige Wohnhalle für einen großzügigen Wohn-Eßbereich. Da er einen »Wohngang« vorschlägt, womit er offensichtlich die enge Korrelation zwischen Doppelstockwohnungen und dem Prinzip der Gangerschließung erkennt, kommt er zu der höchst interessanten Lösung, seine Wohnung von der oberen Ebene her zu erschließen. Dadurch gewinnt er auf der Wohnebene Raum für einen Eßplatz und eine Loggia ohne Störung durch den Gang. Auf der Galerieebene liegen bei ihm zwei von drei Schlafräumen. Der dritte liegt neben Küche und WC unter der Galerie. Die Bereichsgliederung wird hier in der Beziehung zum Eingang umgekehrt, die Hauptwohnebene wird von oben nach unten über das Schlafgeschoß erschlossen (Abb. 1.16).

Im gleichen Jahr entsteht in Rotterdam das Wohnquartier »Spangen« von Michiel Brinkman, bei dem Maisonettewohnungen im zweiten und dritten OG in großer Zahl zur Anwendung kommen. Dieses tatsächlich realisierte Bauvorhaben kann allerdings bezüglich der Maisonettes mit den beiden vorausgegangenen großzügigen Konzepten kaum verglichen werden. Brinkmans Wohnflächen bewegen sich im Bereich des »Existenzminimums« und sind konventionell organisiert: unten Wohnen, oben Schlafen. Raumerweiterungen in der dritten Dimension wie bei Hiller oder de Fries kann sich Brinkman offenbar nicht leisten.

1.16

1.17a

Die Bedeutung dieser Wohnanlage liegt vielmehr in einem Erschließungskonzept, das nur in Verbindung mit Maisonettewohnun-

1.15   Kabinenwohnungen
       (Ernst Hiller, 1909)

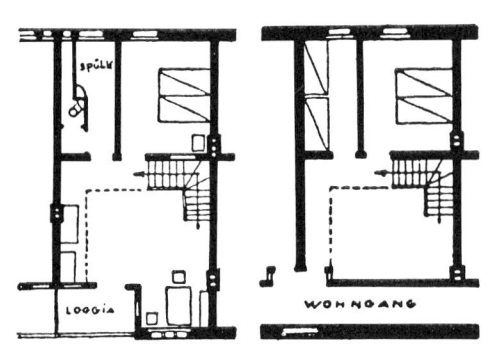

1.16   Doppelstockhaus
       (Heinrich de Fries, 1919)

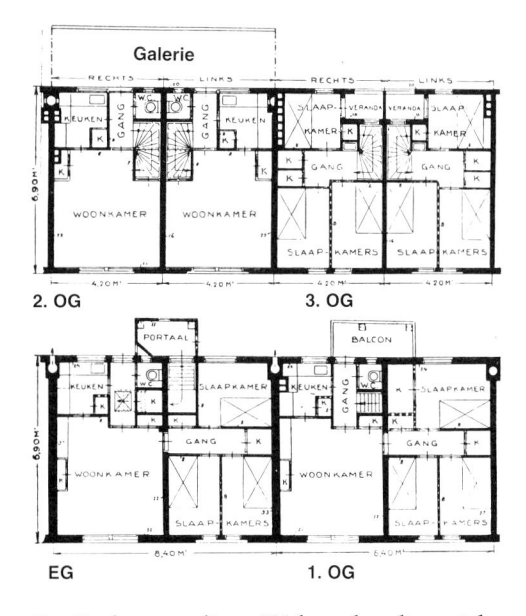

1.17a Rotterdam/NL, Spangen,
       Grundrisse
       (Michiel Brinkman, 1919–22)

1.17 b

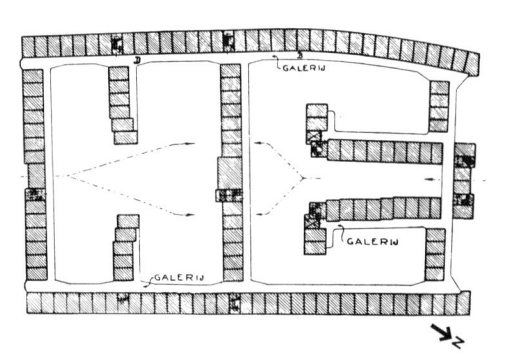

1.18

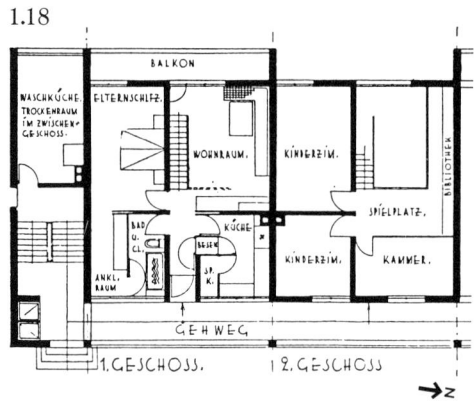

gen entstehen konnte: Brinkman erweitert seine Laubengänge zu regelrechten »Straßen auf der Etage« und stellt damit eine das ganze Quartier verbindende zweite Kommunikationsebene her. Er weist damit nach, wie eng das Prinzip »Haus im Haus« seinem Wesen nach mit dem Prinzip einer straßenartigen linearen Erschließung verknüpft ist (Abb. 1.17; s.a.S. 310f.).

1926 stellt G. Schaupp, Frankfurt, unter dem damals noch weniger belasteten Begriff »Plattenbauweise« ein Konzept für Maisonettewohnungen vor, bei dem drei Wohnungen übereinander ein sechsgeschossiges Haus ergeben. Die Erschließung erfolgt über Laubengänge, deren ökonomische Vorteile ausdrücklich erwähnt werden. Räumlich kommt die Zweigeschossigkeit ganz dem Wohnraum zugute, von dem aus eine einläufige Treppe auf die Galerie führt. Diese wird zum »Spielplatz« erweitert und erschließt die Kinderzimmer. Unten befindet sich neben der Wohnhalle das Elternschlafzimmer, zum Laubengang hin liegen Eingang, Küche und Bad. Diese Bereichsgliederung bedeutet eine Trennung in einen unteren Bereich für die Eltern und in einen oberen für die Kinder. Letzterer wird durch die Spielgalerie konsequent ergänzt.

Schaupps Bereichsgliederung ähnelt der von de Fries, allerdings mit dem Unterschied, daß hier die Kinderebene der Wohnebene nachgeordnet ist, was die elterliche Kontrolle erleichtert (Abb. 1.18).

Im gleichen Jahr entwickelt Alexander Klein für einen Berliner Standort ein sechsgeschossiges »Galeriehaus«, bei dem er seine Maisonettes den beiden bevorzugten Lagen am Gebäudefuß und am Dach zuordnet. Dazwischen schlägt er auf zwei Geschossen Kleinwohnungen als eingeschossige Wohnungen vor. Ähnlich wie Brinkman kommt damit auch Alexander Klein sehr früh zu einer Differenzierung des Gebäudequerschnitts, wobei er erkennt, daß es für Maisonettewohnungen zwei besonders geeignete Positionen im Gebäudequerschnitt gibt; mehr noch, er paßt seine beiden Maisonettes konsequent an diese beiden unterschiedlichen Positionen an.

Die am Gelände liegende Wohnung hat eine konventionelle Bereichsfolge – unten Wohnen, oben Schlafen. Damit können die besonderen Vorteile eines von der Straßenebene abgehobenen Schlafgeschosses wahrgenommen werden. Die obere Maisonettewohnung wird dagegen so abgewandelt, daß der Wohnraum in die obere Ebene verlegt wird, weil ihm dort eine großzügige Dachterrasse zugeordnet werden kann. Unten liegen der Bereich für Kochen und Essen sowie zwei Schlafräume.

1.17 b Rotterdam/NL Spangen,
Lageplan
(Michiel Brinkman, 1919–22)

1.18 Plattenbauweise
(G. Schaupp, 1926)

Mit dieser Bereichsfolge reagiert Klein auf die besondere Möglichkeit, die sich hier durch die Zuordnung eines lagespezifischen Freiraums bietet. Er nimmt dafür sogar die Trennung zwischen Wohnraum und Eßbereich in Kauf.

Im übrigen haben die Maisonettes jeweils auf beiden Ebenen Toiletten, und es gelingt sogar, trotz der Schichtung unterschiedlicher Wohnungen, sämtliche Installationen des Hauses in kompakten Paketen zusammenzufassen (Abb. 1.19).

Ende der zwanziger Jahre wird die Doppelstockwohnung wiederholt auf Bauausstellungen vorgestellt, meist in Verbindung mit sehr ausführlichen theoretischen Erörterungen, so etwa durch Hans Schmidt, Basel, auf der Münchner Ausstellung »Heim und Technik« 1928, durch Otto Haesler für die Leipziger Baumessesiedlung 1930 und ebenfalls durch Haesler zusammen mit Karl Völker auf der deutschen Bauausstellung in Berlin 1931 (Abb. 1.20).

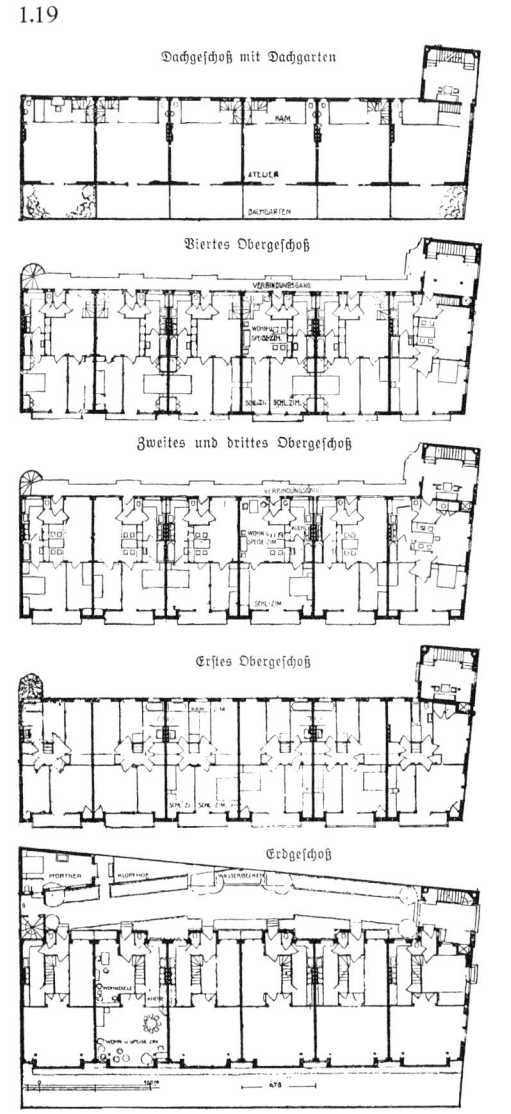

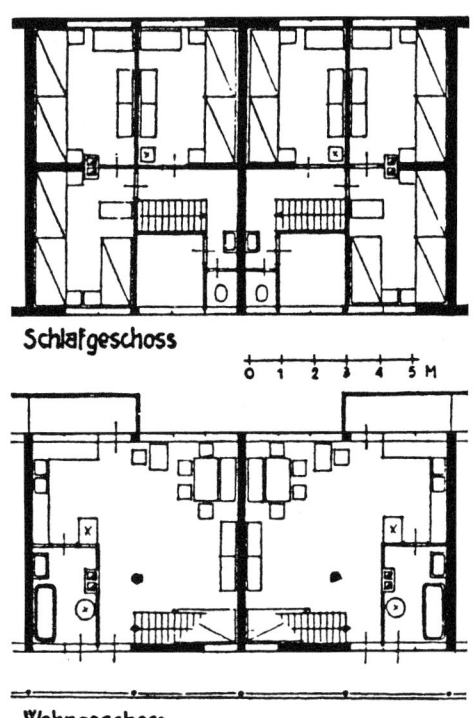

1.19

1.20

Während Schmidt die beidseitige Orientierbarkeit des Schlafgeschosses nutzt und dadurch schmale Wohnungen (6 m) mit ökonomischen Ganglängen erreicht, bleibt Haesler seinem Kabinenprinzip und einer strengen Ostlage für die Schlafräume treu und erhält damit sehr lange Grundrisse mit einer entsprechend aufwendigen Erschlie-

1.19 Berlin, Galeriehaus, Projekt (Alexander Klein, 1927)

1.20 Laubenganghaus, Wohngeschoß und Schlafgeschoß, Ausstellung »Heim und Technik«, München (Artaria + Schmidt, 1928)

1.21

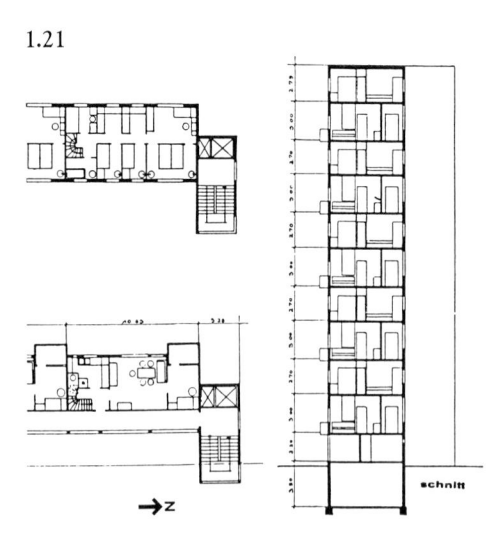

ßung über breite und mit Blumenfenstern verglaste Laubengänge (Abb. 1.21).

Beide Projekte halten sich zwar an konventionelle Bereichsgliederungen in Wohnebene und Schlafebene, Haesler gelingt jedoch eine wesentlich nutzungsgerechtere Verteilung seiner Sanitärräume, für die er dank seiner aufwendigen Grundrißlänge natürlich auch genügend Platz hat.

An Haeslers Grundrissen wird damit deutlich, daß das Festhalten an ausschließlich nach Osten liegenden Schlafräumen mit der Raumökonomie von Maisonettewohnungen nicht vereinbar ist. Es muß wohl offen bleiben, ob er damit nur den ungeliebten Laubengang widerlegen wollte oder ob ihm als dem Verfechter einer äußersten Grundrißökonomie auch die Maisonettewohnung selbst suspekt war. Seine als Zweispänner erschlossenen Maisonettes in der Wohnhausgruppe Waack in Celle von 1926 haben allerdings trotz des Verzichts auf einen Laubengang Schlafräume nach Osten und nach Westen (Abb. 1.22).

Le Corbusiers langjährige Auseinandersetzung mit Doppelstockwohnungen findet bei der Unité d'Habitation in Marseille 1952 ihre erste große Verwirklichung. Eingebunden in ein umfassendes Konzept einer Einheit von Wohnen und Sozialeinrichtungen in einer »Stadt auf der Etage«, entstehen hier 337 Maisonettes unterschiedlicher Größe. Die extrem schmalen und tiefen Wohnungen werden paarweise von einem Innengang aus erschlossen, wobei eine der Wohnungen über, die andere unter dem Ganggeschoß jeweils auf volle Gebäudetiefe durchgreift. Eine typische Erschließungseinheit besteht damit aus drei Geschossen, alle Wohnungen sind querlüftbar. Auf ihrer zweigeschossigen Seite haben die Maisonettes einen doppelt hohen Luftraum mit einer ebenso hohen Loggia davor. Die obere Ebene einer Wohnung ragt jeweils als Galerie in diesen Luftraum hinein.

Da eine der Wohnungen auf der Galerieebene, die andere auf der Basisebene erschlossen wird, entstehen unterschiedliche Bereichszuordnungen. Die nach oben führende Wohnung hat eine konventionelle Bereichsgliederung: unten Wohnen und Essen, oben Schlafen. Bei der nach unten führenden Wohnung müssen Kompromisse für den Elternschlafraum in Kauf genommen werden. Er liegt entweder auf der Gale-

1.22

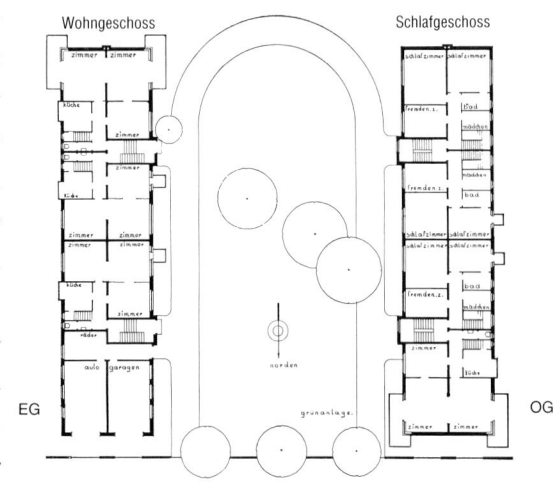

1.21 Leipzig, Baumessesiedlung,
Typ I, Projekt
(Otto Haesler, 1930)

1.22 Celle,
Wohnhausgruppe Waack
(Otto Haesler, 1926)

rieebene, die hier zugleich Eingangsebene ist, oder er muß auf der Wohnebene hinter dem Wohnraum angeordnet werden. In beiden Fällen ist seine Privatheit deutlich eingeschränkt (Abb. 1.23; s.a. S. 318f.).

1.23

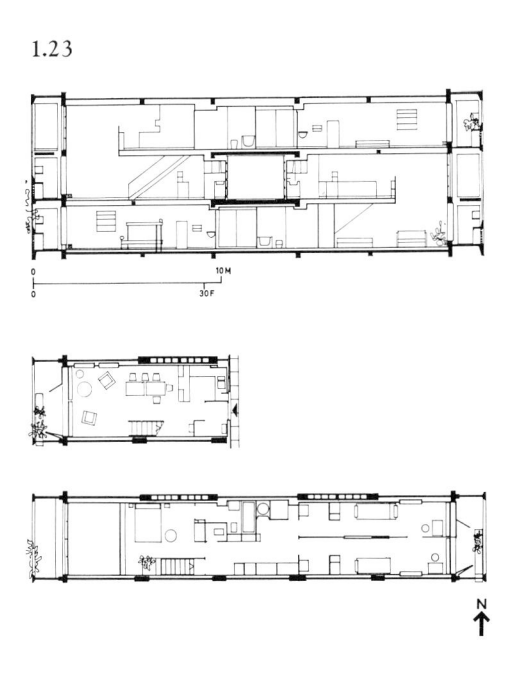

Neue Aspekte der Bereichsbildung ergeben sich auch durch versetztgeschossige Grundrisse, bei denen die Teilbereiche auf mehreren Halbebenen verteilt sind.

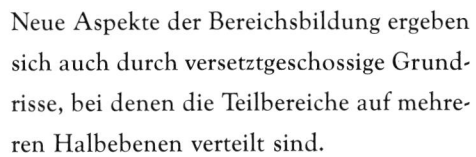

So sind z.B. die von van den Broek und Bakema auf der Berliner Interbau 1957 vorgestellten Wohnungen eines sechzehngeschossigen Hochhauses ein Grenzfall zwischen Maisonette und Flat. Die beiden Wohnebenen liegen nicht über-, sondern nebeneinander, sind aber gegeneinander und gegen den Innengang um je ein halbes Geschoß versetzt. Damit können sie wieder wie bei der Unité d'Habitation über bzw. unter dem Ganggeschoß durchbinden und querbelüftet werden. Es entsteht eine klare Trennung zwischen einem Wohnbereich nach Westen und einem Schlafbereich nach Osten. Dabei wechselt die Bereichsfolge entsprechend der Lage des Innengangs, so daß bei der Hälfte der Wohnungen die Schlafebene vor der Wohnebene erreicht wird (Abb. 1.24).

1.24

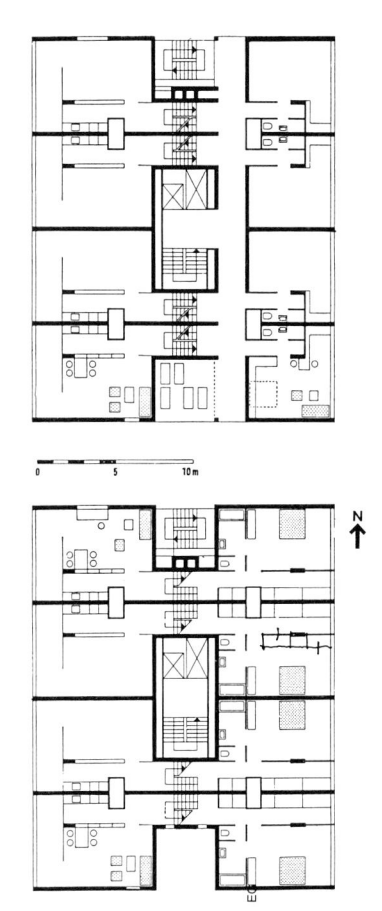

Etwa zur selben Zeit, Ende der fünfziger Jahre, setzt auch in England, und dort vor allem in den Planungen des LCC (London County Council), eine verstärkte Auseinandersetzung mit Maisonettewohnungen ein.

Da Maisonettes der in England verbreitetsten Form des Wohnens, nämlich dem zweigeschossigen Arbeiter-Reihenhaus, verwandt sind, spricht sehr viel für die Übernahme dieser Wohnform in den Geschoßbau. Andererseits verhindern gerade die

1.23   Marseille/F,
       Unité d'Habitation
       (Le Corbusier, 1952)

1.24   Berlin, Interbau 57,
       16geschossiges Wohnhochhaus
       (van den Broek, Bakema,
       1957)

deutliche Anknüpfung an das kleine Reihenhaus und die Notwendigkeit mit sehr knappen Wohnflächen auszukommen, jegliche Entfaltung von innenräumlichen Qualitäten in der dritten Dimension. Sehr viel wird dagegen mit geeigneten Erschließungssystemen und mit ausgeklügelten Schichtungen der Wohnungen experimentiert, um auch bei knappen Wohnflächen eine zweiseitige Orientierung und Querlüftbarkeit zu ermöglichen.

Dabei konkurrieren vor allem Innengang- und Außengangerschließungen miteinander. Auch Lage und Führung der inneren Maisonettetreppen werden auf ihre vielfältigen Möglichkeiten hin abgetastet. Man fühlt sich unwillkürlich an den Karlsruher Dammerstock erinnert, wo dreißig Jahre zuvor dieselben Bemühungen dem Reihenhaus galten.

Aus der großen Zahl von Beispielen seien zumindest drei hier vorgestellt: Roehampton 1958, Camberwell 1959 und Park Hill in Sheffield 1961.

In Roehampton (LCC) werden 3-Zimmer-Maisonettes in großer Zahl in über einen Außengang erschlossenen, elfgeschossigen Wohnscheiben gebaut, von denen jede 75 Einheiten enthält. Die Bereichsgliederung ist konventionell, unten Wohnen, oben Schlafen. Bad und WC sind getrennt, aber auf der oberen Ebene untergebracht. Die 1-Zimmer-breiten Maisonettes sind für maximal vier Personen ausgelegt (Abb. 1.25).

In Camberwell (F. O. Hayes) erfolgt die Erschließung über Innengänge in fünfzehngeschossigen Wohnscheiben. Hier wird die Bereichsabfolge umgekehrt. Man betritt die Wohnungen auf beiden Seiten des Innengangs über das einseitig orientierte Schlafgeschoß, das sich über je zwei Achsen erstreckt. Es besteht aus zwei Schlafzimmern und einem Bad mit WC. Eine parallel zum Gang angelegte Innentreppe erschließt das darüberliegende Wohngeschoß, das einachsig die ganze Gebäudetiefe einnimmt. Es erhält dadurch eine überraschende Großzügigkeit und erlaubt über die verglaste Wand der Wohnküche ein für Maisonettes eher ungewöhnliches Durchwohnen (Abb. 1.26). In Park Hill, Sheffield, von J. C. Womersley

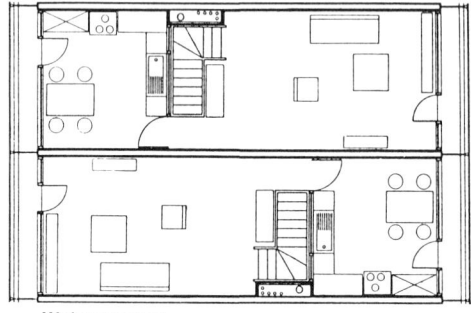

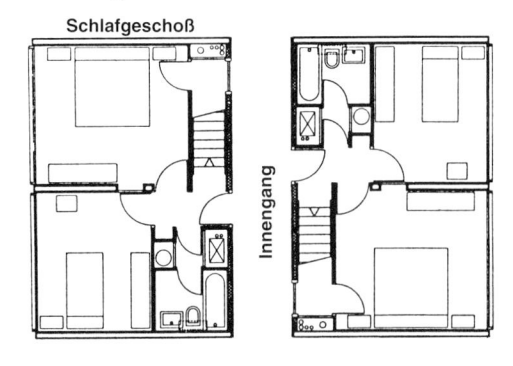

1.25   London/GB, Roehampton Estate (London County Council, 1958)

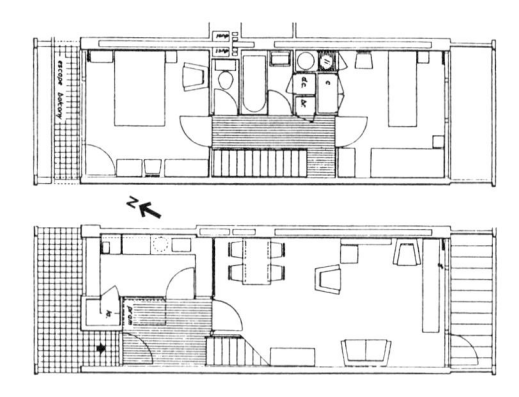

1.26   London/GB, Camberwell (F. O. Hayes, 1959)

wird das Prinzip »Spangen« wieder aufgegriffen. Zu »Deckstraßen« erweiterte Außengänge von mehr als 3 m Breite verbinden Wohnblocks in polygonal angeordneten Großformen auf mehreren Ebenen miteinander. Jede Straße erschließt drei Wohngeschosse, die sich als »Erschließungspakete« übereinanderstapeln. Über ein Achssystem von 3,20 m werden vielfältige Wohnungskombinationen ermöglicht, auch eingeschossige Kleinwohnungen. Die nach oben bzw. unten führenden Maisonettetreppen sind raumsparend als dreiläufige Treppen übereinander gelegt. Es entstehen je nach Wohnungsgröße unterschiedliche Bereichsanordnungen. Dabei wird auch in Kauf genommen, daß bei einem Teil der Wohnungen die Wohnküche und der Wohnraum nicht auf derselben Ebene liegen (Abb. 1.27). Bezeichnend ist, daß in dieser Phase einer deutlichen Vorliebe für Wohnhochhäuser und für städtebauliche Großformen auch die Maisonettewohnung dem »Stapelprinzip« unterworfen wird. Dabei verliert sie nicht nur jene räumlichen Qualitäten, die ihre frühen Vorläufer noch aufzuweisen hatten, sondern es bleiben auch andere spezifische Möglichkeiten dieser Wohnform ungenutzt, nämlich ihre besondere Eignung für die Ausbildung differenzierter Gebäudequerschnitte und für die Zuordnung lagespezifischer Freiräume, wie dies Michiel Brinkman und Alexander Klein bereits vorgeführt hatten.

Als wichtigster Erfahrungsschatz aus diesem Zeitabschnitt bleiben die in allen erdenklichen Richtungen untersuchten Möglichkeiten der funktionalen Organisation und der Bereichszuordnung, sowie die Einsicht, daß große Wohnungen in Häusern mit Aufzug nur über Gänge in Verbindung mit Maisonettes wirtschaftlich zu erschließen sind.

Bezeichnend ist aber auch, daß es die Engländer sind, die zuerst aus den oben genannten Fehlentwicklungen ihre Lehren ziehen und eine Umkehr einleiten. Damit kann sich eine neue Generation von Maisonettewohnungen entwickeln, bei denen vor allem die Beziehung zum Außenraum eine wichtige Rolle spielt.

Auf diesen Zusammenhang wird im Kapitel »Wohngrundriß und privater Außenraum« ausführlicher hingewiesen.

1.27

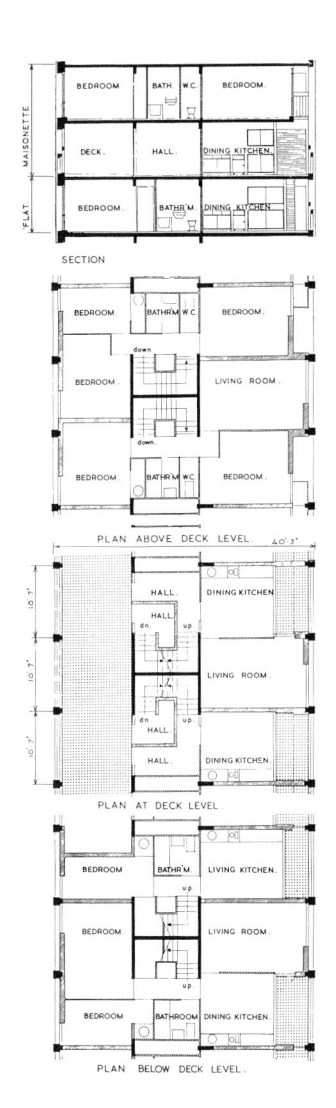

1.27 Sheffield/GB, Park-Hill (A. C. Womersley, 1957–61)

1.4 Funktionsverdichtungen im Wohngrundriß

Aus den Veränderungen in der Bereichszuordnung wird erkennbar, daß heute andere funktionale Zusammenhänge im Wohngrundriß Vorrang genießen als zu Beginn dieser Entwicklungsphase. Außerdem wird sichtbar, daß die für uns heute bedeutsamen Funktionsverdichtungen im Grundriß Folgen eines Wertewandels sind, der sowohl auf kulturelle wie zivilisatorische Veränderungen zurückzuführen ist. Solche Entwicklungen verlaufen nicht immer geradlinig und direkt, sondern häufig auf Umwegen, wie am Beispiel Küche zu sehen ist:
Heute gehört die unmittelbare Nachbarschaft zwischen Kochen und Essen zu den wenigen unerläßlichen Funktionsverdichtungen eines Wohngrundrisses. Dazu aber mußte der Konflikt zwischen bürgerlichen Wohnvorstellungen, wonach die Küche in einer Wohnung möglichst gar nicht wahrgenommen werden darf, und der Wohnküche des Arbeiterhaushalts, wo Kochen, Essen und Wohnen die denkbar engste Einheit bilden, erst einmal überwunden werden. Dies konnte erst über den Umweg einer neuen Küchentechnik gelingen, wie sie mit der reinen Arbeitsküche, z.B. in Gestalt der »Frankfurter Küche«, eingeführt wurde, deren weitere Vervollkommnung bis zur heutigen Systemküche geführt hat.
Heute ist die Frage Arbeitsküche, Eßküche oder Wohnküche nicht mehr eine Frage der Klassenzugehörigkeit oder des Geldbeutels, sondern individueller Wohnansprüche und der Möglichkeiten ihrer Verwirklichung im jeweiligen Gesamtzusammenhang.
Im Bewußtsein, daß solche Aussagen und Regeln zwangsläufig zeitbedingt sind, kann man im heutigen Wohngrundriß drei Felder funktionaler Verdichtung ausmachen und für deren Beachtung und Einhaltung, aber auch deren Akzeptanz im aktuellen Wohnbau, eine weitgehende Übereinstimmung feststellen:
– Der Eingangsbereich,
– der Bereich Kochen und Essen,
– der Bereich Schlafen und Körperpflege.

Der Eingangsbereich

Der Eingangsbereich ist ein Übergangsbereich von außen nach innen, also aus dem öffentlichen Raum in den privaten Wohnraum – und umgekehrt. Daraus leiten sich seine wesentlichen Funktionen ab:
– Schutz der Privatsphäre vor unerwünschten Störungen,
– Wechsel bzw. Umstellung der Garderobe,
– Ablagemöglichkeit.
Zur Mindestausstattung eines Eingangsbereichs gehört daher eine Garderobe, also ein der Haushaltsgröße angemessener Stauraum für alle Arten von Überbekleidung sowie ein Spiegel. Dabei kann häufig die Kleiderablage selbst in Form eines Raumteilers den Sichtschutz übernehmen. Ob dagegen ein Windfang, also eine zweite innere Tür erforderlich ist, hängt im Einzelfall vom Grad der inneren Offenheit des Grundrisses und den möglichen Störungen aus dem Erschließungsbereich ab.
Deutliche Unterschiede gibt es jedoch je nach Haushaltsgröße oder grundrißlichen Bedingungen in den Möglichkeiten der Zuordnung von WC und Waschtisch zum Eingangsbereich, ein heute nahezu selbstverständlicher Wohnanspruch.
Im Kleinhaushalt für ein bis zwei Personen ist das Bad samt WC in der Regel vom Ein-

gangsbereich aus zu erreichen, da dieser ohnehin alle Räume der Wohnung erschließt. Das Problem löst sich durch die Kleinheit des Grundrisses von selbst.

Schwieriger wird eine solche Zuordnung bei einschichtigen Familienwohnungen im Geschoßbau. Je mehr sich dort der separate Schlafbereich mit Bad durchsetzt, desto größer ist auch die Entfernung dieses Bades vom Eingangsbereich. Dies gilt vor allem für solche Durchwohngrundrisse, wo der Schlafbereich oder Individualbereich über den Wohnbereich erschlossen wird. Da in solchen Fällen die Zuordnung des Bades zum Schlafbereich Vorrang vor einer Zuordnung zum Eingangsbereich hat, muß bei kleineren Familienwohnungen häufig auf ein WC beim Eingang verzichtet werden. Dagegen können größere Geschoßwohnungen und vor allem Maisonettes, bei denen sich die Installationen vertikal übereinander ordnen lassen, in vielen Fällen ohne große installationstechnische Aufwendungen mit einem zusätzlichen WC im Eingangsbereich oder auf der Eingangsebene ausgestattet werden. Die Möglichkeit der haustechnischen Koppelung mit der Küche ergibt sich dabei fast immer aus ihrer räumlichen Nähe zum Hauseingang. Dieses im Eingangsbereich liegende separate WC ersetzt zugleich das bei größeren Haushalten ohnehin zu fordernde zweite WC, wobei das erste dann im Badezimmer untergebracht sein kann.

Bei Grundrissen, bei denen aus Gründen größerer Flexibilität ein Schlafzimmer direkt aus dem Eingangsbereich erschlossen wird, kann diese separate Toilette zu einem Kleinbad erweitert werden und macht in dieser Doppelfunktion das vorgeschaltete Zimmer vom Rest der Wohnung unabhängig. Gleiches gilt für das WC auf der Eingangsebene von Maisonettes, da es bei einer Verteilung der Schlafräume auf beiden Ebenen ebenfalls als zweites Bad fungieren kann.

Wünschenswert ist auch die Unterbringung des wohnungsinternen Abstellraums am Eingangsbereich, wo er zur Not auch als Entlastung für die Garderobe herangezogen werden kann.

Obwohl Küchen heute häufig auch über den Eßplatz erschlossen werden, ist ihre Nähe zum Eingangsbereich noch immer vorteilhaft, um Einkaufstüten in der einen Richtung und Müll in der anderen auf möglichst kurzem Wege befördern zu können.

Küche – Eßplatz

Kochen und Essen bilden auch heute den engsten Funktionszusammenhang im Wohnbereich. Die größtmögliche Nähe zwischen Herd und Tisch gehört zu den primären Forderungen für eine kräftesparende Haushaltsführung. Diese Forderung gilt unabhängig von den vier grundsätzlichen Alternativen, die es für die räumliche Beziehung zwischen Küche und Eßplatz gibt. Diese sind:
– Die reine Arbeitsküche neben einem selbständigen und vom Wohnraum räumlich getrennten Eßplatz,
– die reine Arbeitsküche neben einem zusammengefaßten Wohn-Eßbereich,
– die Eßküche oder Wohnküche getrennt vom Wohnraum,
– die in einem zusammenhängenden Wohn-Eßbereich offen eingebaute Wohnküche oder Kochnische.

Räumliche Trennung oder Zusammenfassung ist bei diesen vier Varianten in bezug auf den luftraummäßigen Zusammenhang zu verstehen, setzt also einen Raumabschluß durch vollwertige Türen und eine separate Lüftung für jeden Teilbereich voraus. Daß innerhalb räumlich zusammengefaßter Teilbereiche zusätzlich visuelle Untergliederungen durch Raumteiler und Schrankelemente möglich sind, ändert nichts am Sachverhalt ihres gemeinsamen Luftraums und damit eines gemeinsamen Lüftungsbedarfs. In der Konsequenz bedeutet das Einsparen von Türen zwischen der Küche und anderen Nutzungen einen erhöhten Aufwand für die Küchenlüftung selbst.

Eine Zuordnung dieser verschiedenen Küchenvarianten zu ganz bestimmten Grundrißsituationen ist nur in einigen typologischen Bereichen möglich. So kann man feststellen, daß sich bei den geringen Grundrißbreiten heutiger Reihenhäuser oder auch Maisonettewohnungen die Eßküche immer mehr durchsetzt. Sie ist meist die einzige Alternative zu einem hinter der Küche liegenden Eßplatz im dunkelsten Grundrißbereich. Im einschichtigen Geschoßbau mit großen Grundrißtiefen hat sich der vor der Küche liegende Eßplatz parallel zum Wohnraum als räumlich gute Anordnung bewährt. Meist handelt es sich dabei um eine regelrechte Arbeitsküche, die aber über ihren offenen Anschluß an den Eßplatz zur Eßküche wird. Für die Familienwohnung kommt die Tendenz zu einer stärkeren räumlichen Verbindung zwischen Küche und Eßplatz nicht nur funktionalen Bedürfnissen entgegen, sondern auch der Forderung nach einem benutzerfreundlicheren Arbeitsplatz Küche. Benutzerfreundlicher aber wird dieser Arbeitsplatz nur, wenn seine stärkere räumliche Einbeziehung in das Wohnen nicht neuen Leistungsdruck erzeugt, etwa weil man der Familie nicht eine unaufgeräumte Wohnküche präsentieren möchte. Stärkere räumliche Zusammenfassungen zwischen Kochen, Essen und Wohnen findet man im Geschoßbau deshalb hierzulande vorerst nur bei Kleinhaushalten oder bei sogenannten Studiowohnungen, wo eine meist kinderlose und berufstätige Bewohnerschaft das Kochen eher als Hobby oder Gesellschaftsspiel betreibt. In Skandinavien sind dagegen solche räumlichen Zusammenfassungen in der Form des sogenannten »Allraums« heute beinahe selbstverständlich und nicht zuletzt ein Grund für knappere Gesamtwohnflächen und damit niedrigere Baukosten.

Für den Familienhaushalt ist der Eßplatz oft der einzige Ort, wo sich alle Familienmitglieder regelmäßig und gleichzeitig einfinden. Damit kommt ihm heute eine Bedeutung zu, die weit über seine primäre Aufgabe hinausreicht. Es ist daher besonders wichtig, daß Eßplätze einen bevorzugten Standort erhalten, der auch räumlich eindeutig definiert ist. Er sollte unter allen Umständen mit Tageslicht versorgt und wenn möglich direkt belüftbar sein. Dabei kann der Eßplatz durchaus im Inneren eines Grundrisses liegen, wenn er – wie im Reihenhaus oder bei obenliegenden Maisonettes – über ein Oberlicht belichtet werden kann.

Was man heute im Gegensatz zu Zeiten bürgerlicher Wohnvorstellungen nicht mehr erwartet, ist der intime und öffentlichen Blicken entzogene Eßplatz. Im Gegenteil, häufig wird er heute sogar bewußt mit Sichtbeziehung zur öffentlichen Erschließung angeordnet und übernimmt damit gewisse Kontaktfunktionen zur Außenwelt – z. B. an Laubengängen oder Wohnwegen.

Schlafräume und Bad

Für die Notwendigkeit, einen getrennten und vom Kollektivbereich einer Wohnung unabhängigen Schlaf- oder Individualbereich zu schaffen, sprechen die Vorteile der größeren Wohnruhe und Ungestörtheit. Selbstverständlich wächst dieser Wunsch mit der Größe einer Wohnung und mit der Personenzahl.

Bei Maisonettes ist im Normalfall eine gute Bereichstrennung durch die beiden Ebenen gegeben.

Aber auch bei einem kleinen Zweipersonenhaushalt für ältere Menschen kann die ungestörte Erreichbarkeit des Bades vom Schlafraum aus ein großer Vorteil sein, insbesondere für Bettlägerige.

Bei einer heutigen Familienwohnung mit großzügigen Individualräumen, in denen nicht nur geschlafen, sondern auch gewohnt und gearbeitet wird, verliert der Schlafbereich zumindest am Tage einen Teil seines introvertierten Charakters. Vor allem, wenn die Kinder ihre Schulkameraden mitbringen, können Kinderzimmer plötzlich zu sehr aktiven Tageswohnräumen werden. Solche Entwicklungsphasen lassen sich bei Maisonettewohnungen leichter auffangen als bei eingeschossigen Familienwohnungen, weil sich bei Maisonettes eine vorübergehende Austauschbarkeit zwischen Kinderzimmern und Wohnraum einplanen läßt. Die lautere Ebene besteht dann aus Küche, Eßplatz und den Kinderzimmern, die ruhigere Ebene aus dem Wohnzimmer und dem Elternschlafzimmer.

Bei eingeschossigen Wohnungen besteht keine vergleichbare Flexibilität; die Aufteilung des Schlafbereichs ist in der Regel eine nicht mehr veränderbare, endgültige Festlegung. Sie bietet aber eine ganz andere Art der Flexibilität, nämlich die Vorteile einer separaten Nutzung von vorgeschalteten Schlafräumen im Sinne einer Einliegerwohnung. Wohnungen mit zwei Schlafbereichen sind für die Unterteilbarkeit von Grundrissen besonders geeignet. Selbstverständlich sollten Wohnungen mit aufgeteilten Schlafbereichen für jeden Teilbereich ein kleines Bad erhalten. Eine Trennung von Bad und WC ist dann nicht erforderlich.

1.5 Nutzungsneutralität

Die Entwicklung des Wohngrundrisses seit 1920 ist zunächst die Geschichte einer fortschreitenden Funktionalisierung seiner einzelnen Räume.

Das Ziel einer räumlichen Differenzierung zwischen kollektiven und individuellen Wohnräumen war unter den gegebenen engen ökonomischen Grenzen nur zu erreichen, indem alle präzisierbaren Wohnfunktionen – voran Küchen und Bäder –, aber auch die nur auf das Schlafen ausgerichteten Individualräume, in maßgeschneiderte Raumhüllen gesteckt wurden, um wenigstens für e i n e n Raum der Wohnung, nämlich den Wohnraum, ein Stück räumlicher Großzügigkeit sicherzustellen.

In einer theoretischen Abhandlung in »Stein Holz Eisen« bringt Gustav Wolf 1928 diese Forderung auf eine knappe Formel: »Jeder Person ein eigenes Bett, jeder Familie ein eigenes Bad, Knappheit der Schlaf- und Wirtschaftsräume nur zugunsten des Wohnzentrums.«[5]

Nirgends wird dieses Prinzip deutlicher als bei Otto Haeslers sogenannten »Kabinengrundrissen« (Abb. 1.4 und 1.5). Abzulesen

[5] *Gustav Wolf, in: Stein Holz Eisen 23/28, S. 448*

ist diese Entwicklung schon an den Raumbezeichnungen. Was früher einmal einfach »Zimmer« oder »Kammer« hieß und bei Haesler gar als »Kabine« bezeichnet wurde, wird nun zum »Elternschlafzimmer«, »Kinderzimmer« oder »Wohnzimmer«. Bettenzahl und Bettenstellung bestimmen die erforderlichen Mindestmaße und den Zuschnitt des Raums. Dabei entstehen Räume, die sich so sehr voneinander unterscheiden, daß eine andere als die vorgesehene Verwendung praktisch ausgeschlossen ist. Über die Normierung der für die einzelnen Möbel erforderlichen Platzverhältnisse, etwa in der Stellflächennorm der DIN 18011, endet diese Funktionalisierung des Zimmers schließlich bei der Steckdose, deren Lage bereits festlegt, wo im Elternschlafzimmer die Doppelbetten zu stehen haben.

Unausweichlichkeiten dieser Art werden aber geradezu absurd, wenn man weiß, daß heute nicht einmal mehr die Hälfte aller Haushalte diesen Normvorstellungen entspricht.

Hinzu kommt, daß das Schlafzimmer durch die fortschreitende Individualisierung aller Wohnvorgänge seine Monofunktionalität längst verloren hat, daß es heute Schlafraum, Aufenthaltsraum und Arbeitsraum zugleich sein kann und damit mehr Fläche braucht. Dabei kommen aber die Individualräume der einzelnen Haushaltsmitglieder in austauschbare Größenordnungen, d. h. auch Kinderzimmer werden groß genug, um gegebenenfalls mit einem Elternschlafzimmer vertauscht werden zu können – vorausgesetzt, der Raumzuschnitt läßt dies zu.

Unter dem Stichwort »Nutzungsneutralität« entsteht aus diesen Erkenntnissen eine neue Generation von Wohngrundrissen, bei denen eine Reihe ähnlich großer und damit austauschbarer Räume angestrebt wird, die in ihrer spezifischen Nutzung nicht mehr festgelegt werden.

Der Grundriß paßt sich unterschiedlichen Anforderungen seiner Bewohner nicht mehr durch bauliche Veränderungen an, sondern durch seine Raumdimensionen, die auf den jeweils größten zu erwartenden Flächenbedarf zugeschnitten werden. Nutzungsneutralität ist also eine andere Art von Flexibilität. Dieses Prinzip bedeutet aber auch, daß über die größeren Einzelräume auch größere Wohnflächen entstehen, wenn dies nicht durch eine Verkleinerung des Grundrisses an anderer Stelle kompensiert werden kann.

Die beliebte und oft zitierte »Stadtwohnung« der Gründerzeit ist ein Beispiel für Nutzungsneutralität durch schiere Größe. Bei etwa 20 qm großen Zimmern und entsprechend großen Gesamtwohnflächen ist dieser Wohnungstyp in seiner Vielseitigkeit kaum zu überbieten und eignet sich für Familienwohnungen ebenso gut wie für Wohngemeinschaften, Arztpraxen oder Architekturbüros.

Da solche Dimensionen aber im Neubau nicht realisierbar sind, stellt sich vor allem die Frage nach der Mindestgröße für einen möglichst vielseitig verwendbaren Neutralraum. Dieser wird mindestens so groß sein müssen, daß er immer auch als Elternschlafzimmer oder Zweibettzimmer konventioneller Prägung funktioniert, also zwischen 12 und 15 qm.

Die Allraumwohnungen von Jaenecke und Samuelson, die 1957 auf der Berliner Interbau vorgestellt werden, stellen im Gegensatz zu allen anderen Projekten dieser Ausstellung ihre vielseitige Verwendbarkeit in den Vordergrund. Sie sind damit typische Vorläufer des nutzungsneutralen Grundrisses, auch wenn die einzelnen Individualräume noch starke Größenunterschiede von 11 bis 18 qm aufweisen. Durch eine separate Eßküche kann bei sehr starker Belegung auch der Allraum als Individualraum genutzt werden. Umgekehrt erlaubt der Grundriß auch einen großzügigen Gemeinschaftsbereich durch räumliche Zusammenfassungen. Mit Hilfe geringer baulicher Maßnahmen entsteht so eine Nutzungsneutralität, die auch sehr abwechslungsreiche Raumkonstellationen zuläßt (Abb. 1.28).

Die Grundrisse der Wohnanlage Stegermatt in Offenburg, 1984 von den Architekten der Gruppe 4+ erbaut, zeigen dagegen sehr viel homogenere Raumgrößen bei den Individualräumen. Der sehr langgestreckte und mit 35 qm unverhältnismäßig große Familienraum (neben einer geräumigen Eßküche) weist jedoch abgesehen von seiner Größe keine sehr eigenständigen Raumqualitäten auf. Vor allem entsteht im Inneren des Grundrisses eine relativ große Verkehrszone (Abb. 1.29).

Über solche rationalen Ansätze hinaus etablieren sich unter dem Stichwort Nutzungsneutralität aber auch Grundrißtypologien, die auf vormoderne Raumkonzeptionen zurückgreifen. Von der Nutzungsneutralität als funktionalem Ansatz bis zu neoklassizistischen Grundrißordnungen ist der Weg nicht weit, aber er ist in keiner Weise zwingend. Zwar nähert sich der nutzungsneutrale Raum einem Raumcharakter, der wie das klassische Zimmer unterschiedliche Interpretationen zuläßt, aber dieses Prinzip muß nicht auf die ganze Wohnung übertragen werden.

1.28

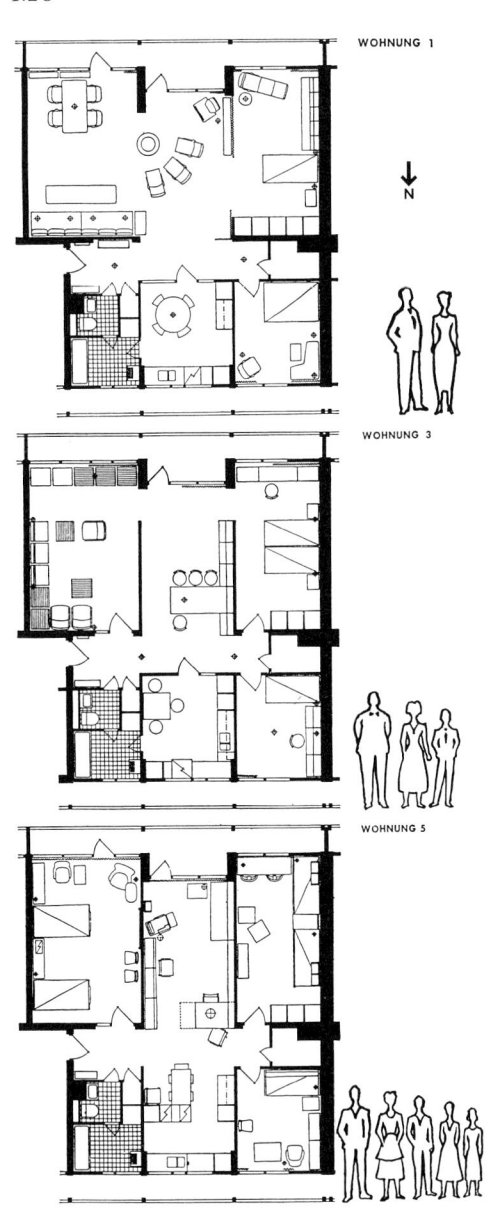

Der gemeinschaftliche Wohnraum, der im Gegensatz zu den Individualräumen vor allem die räumlichen Zusammenhänge zwischen inneren und äußeren Wohnbereichen gewährleisten sollte, verliert seinen eigenständigen Raumcharakter, wenn er ebenfalls in eine austauschbare »Raumschachtel« zurückverwandelt wird.

1.28 Berlin, Interbau 57, 10geschossiges Wohnhaus (Jaenecke + Samuelson, 1957)

1.29

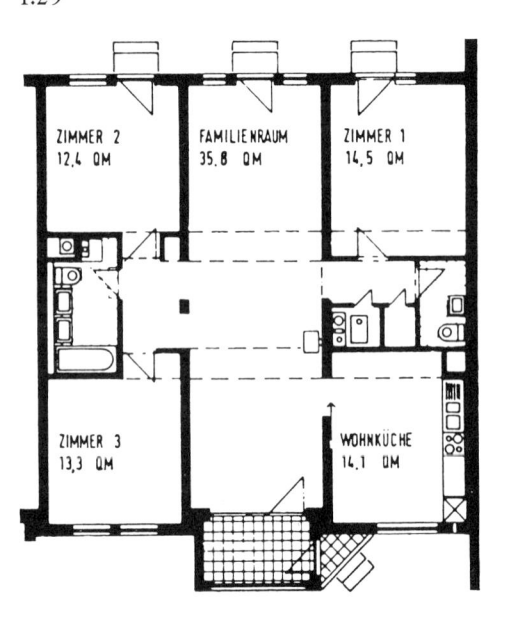

Hier scheint eine genauere Unterscheidung zwischen den Aspekten der Nutzungsneutralität einzelner Wohnräume und den Aspekten der Bereichsbildung notwendig zu sein. Bei größeren Haushalten sollte die Bereichsbildung zwischen einem kollektiven Wohnbereich und den Individualräumen möglichst beibehalten werden, denn auch bei Wohngemeinschaften ist z. B. die ungestörte Erreichbarkeit eines Badezimmers unverzichtbar. Damit aber kann trotz Nutzungsneutralität im individuellen Bereich eine völlig andersgeartete Raumqualität als in den gemeinsam genutzten Wohnräumen angestrebt werden.

Eine Sonderstellung nimmt dagegen der Zweipersonenhaushalt ein. Hier kann Nutzungsneutralität nur erreicht werden, wenn auch der Wohnraum in das Prinzip einbezogen wird.

Der Zweipersonenhaushalt ist zur Zeit und auch in absehbarer Zukunft eine der meistgefragten Wohnungsgrößen. Dieser Haushaltstyp entspricht dem Wohnbedarf unterschiedlichster Personengruppen, von kinderlosen Ehepaaren über Alleinerziehende mit Kind bis zu allen erdenklichen Wohngemeinschaften von Freunden, Geschwistern, Studierenden und Berufstätigen.

Bei der Mehrzahl dieser Gruppierungen werden zwei voneinander unabhängige Individualräume gebraucht. Dennoch werden viele dieser Wohnungen immer noch so gebaut, als gäbe es nur das Wohnen in konventioneller ehelicher Gemeinschaft: der Wohnraum ist mit Eßplatz und Balkon ausgestattet und zugleich Zugang zum gefangenen Schlafzimmer, so daß nur eine gemeinsame Nutzung beider Räume möglich ist (Abb. 1.30).

1.30

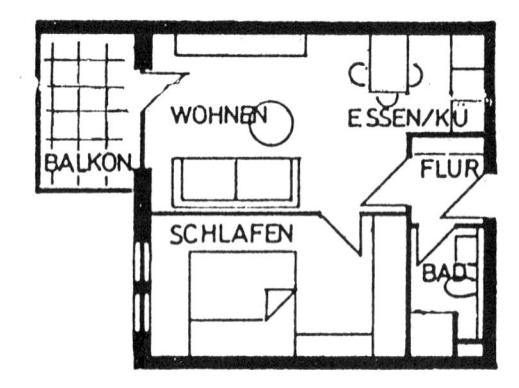

Dem gegenüber wird ein nutzungsneutrales Konzept darauf abzielen, daß die beiden Räume möglichst gleich groß, separat zugänglich und nicht durch Wohnfunktionen belastet sind, die – wie das Essen – zu den gemeinschaftlichen Aktivitäten gehören.

Zu den beiden voneinander unabhängigen Räumen gehört also neben Eingang und Bad auch eine separat zugängliche Küche mit Eßplatz – oder eine Eßküche. Wirklich nutzungsneutral ist eine solche Grundrißalternative aber nur, wenn sie auch die traditionelle Nutzung der beiden Räume zuläßt,

1.29 *Offenburg, Stegermatt (Gruppe 4+, 1984)*

1.30 *Zwei-Personen-Wohnung üblichen Zuschnitts (1995)*

also auch die Aufteilung in einen Wohnraum und einen Schlafraum mit konventionell angeordnetem Doppelbett.

Der Zuschnitt der beiden Räume muß hier also sowohl eine individuelle wie eine gemeinsame Raumnutzung erlauben. Daraus läßt sich folgern, daß die beiden Räume nicht unbedingt identisch sein müssen. Mit anderen Worten: Nutzungsneutralität verlangt nicht die Gleichheit, sondern die Gleichwertigkeit von Räumen.

Maisonettewohnungen haben dagegen schon eine grundrißtypologische Affinität zur Nutzungsneutralität.

Sie sind durch die Verteilung der Wohnfläche auf zwei Ebenen in der Regel ja nur halb so breit wie gleich große Flats.

Da Bäder, WCs und Abstellräume heute in der Regel im Inneren des Grundrisses liegen, ist bei Maisonettes der Zusammenhang zwischen Zimmerbreite und Wohnungsbreite besonders eng, was insbesondere bei ein Zimmer breiten Maisonettes deutlich wird.

Damit veranlaßt die Maisonettewohnung zu einer Raumdimensionierung, die der Nutzungsneutralität entgegenkommt.

Vom Eingangsbereich abgesehen, entstehen an den drei übrigen Außenwand-Positionen stets gleichbreite Räume entsprechend dem Achsmaß in der Größenordnung zwischen 3,50 m und 4,50 m. Vor allem bei den Grundrissen, bei denen Küche und Eßplatz dem Eingangsbereich zugeordnet sind, lassen sich die drei übrigen Räume sehr nutzungsneutral gestalten und damit an die unterschiedlichsten Wohnbedürfnisse anpassen.

Die Austauschbarkeit wird erhöht, wenn beide Ebenen der Maisonettewohnung mit einem Sanitärraum ausgestattet werden, der neben WC und Waschbecken auch eine Wanne oder Dusche beinhaltet. Maisonettes können auf diese Weise ohne bauliche Veränderungen den verschiedensten Haushaltsstrukturen und Wohnbedürfnissen angepaßt werden.

Neben der konventionellen Gliederung in die übliche Wohn- und Schlafebene, kann man der Eingangsebene auch das Kinderzimmer zuordnen und erhält damit eine Gliederung in einen betriebsamen Familienbereich mit Küche, Eßplatz und Kindern und in einen ruhigeren Wohnbereich mit dem Elternschlafzimmer auf der anderen Ebene. Ebenso einfach läßt sich ein solcher Grundriß in drei gleichwertige Wohn-Schlafräume für eine Wohngemeinschaft aufteilen.

Unter dem Kapitel 3 »Wohngrundriß und Raum« ist im übrigen dargelegt, daß sich räumliche Qualitäten der Maisonette-Wohnung weniger im Grundriß als im Gebäudequerschnitt entwickeln lassen.

Gerade bei einem hohen Grad an Neutralität in den drei genannten austauschbaren Raumbereichen können Raumqualitäten der dritten Dimension nur über eine Aufwertung des Grundriß-Innenbereichs erreicht werden. In Verbindung mit der Maisonette-Treppe und bei obenliegenden Maisonettes in Verbindung mit zusätzlichem Oberlicht können Innenbereiche des Grundrisses eine räumliche Erweiterung als Gegengewicht zu den austauschbaren, nutzungsneutralen Grundrißbereichen bieten.

2 Wohngrundriß und gruppenspezifische Wohnbedürfnisse

2.1 Soziokulturelle Veränderungen
2.2 Wohngrundriß und Mehrpersonenhaushalte von Wohngemeinschaften
2.3 Wohngrundriß und Mehrgenerationen-Wohnen
2.4 Gebäudegrundriß und behindertengerechtes Wohnen
2.5 Gebäudegrundriß und gemeinschaftsorientiertes Wohnen

Funktionsstudien zu diesem Kapitel befinden sich
auf den Seiten 345 und 346

2 Wohngrundriß und gruppenspezifische Wohnbedürfnisse

2.1 Soziokulturelle Veränderungen

Die gesellschaftlichen und ökonomischen Rahmenbedingungen des Wohnens haben im Zeitraum von 1920 bis heute Veränderungen erfahren, deren Tragweite wir erst jetzt ernst zu nehmen beginnen.

Auch der durch den Zweiten Weltkrieg verursachte Einschnitt hat jene tieferliegenden Entwicklungen nicht wesentlich bremsen können, die diesen Zeitraum kennzeichnen: der beginnende Übergang von der industriellen in die nachindustrielle Gesellschaft, eine trotz Rückschlägen deutliche Zunahme des allgemeinen sozialen Wohlstands und sozialer Sicherheit, die breite Anhebung des Bildungsniveaus, die schrittweise Freisetzung emanzipatorischer Bewegungen und der Anstieg der Lebenserwartung.

Unausweichliche Folgen dieser Entwicklung haben in Struktur und Zusammensetzung der Haushaltsformen längst ihren Niederschlag gefunden, werden aber nur zögernd und widerstrebend in Wohngrundrisse und Bauprogramme übersetzt.

Das Beharrungsvermögen einer fast ausschließlich am Idealbild der Familie orientierten Wohnungspolitik und Wohnungsversorgung ist noch immer beträchtlich. Die Auseinandersetzung mit sogenannten »Randgruppen« – schon der Begriff ist verräterisch – erfolgt meist mit spitzen Fingern und läßt vermuten, daß man dabei eher an vorübergehende und im Grunde eher unbedeutende Randerscheinungen glaubt.

Tatsächlich aber führen Entwicklungen wie die Emanzipation der Frau innerhalb von Familie und Gesellschaft, das sehr viel früher einsetzende Bedürfnis junger Menschen nach Selbständigkeit im Wohnen, aber auch das größere Unabhängigkeitsbedürfnis älterer Menschen nicht nur zu einer früheren Auflösung des Mehrgenerationen-Haushalts, sondern auch zu einer Vielzahl neuer Haushaltsformen – z. B. für Alleinerziehende oder für Wohngemeinschaften aller Art – denen mit herkömmlichen Wohn- oder Gebäudegrundrissen nur unzureichend entsprochen werden kann.

Andererseits werden wir gerade jetzt wieder mit Wohnbedürfnissen konfrontiert, die wie bei zuwandernden Familien aus Osteuropa und aus Entwicklungsländern noch durchaus denen der alten Großfamilie, also dem vormodernen Dreigenerationenhaushalt entsprechen.

Statistisch gesehen hat sich jedoch in der Bundesrepublik die Pyramide der Haushaltsgrößen von ein bis fünf Personen zwischen 1910 und 1990 auf den Kopf gestellt. Die Zahl der Ein- bis Zweipersonenhaushalte hat sich in diesem Zeitraum knapp verdreifacht, die der Vier- bis Fünfpersonenhaushalte ist auf weniger als ein Drittel des Ausgangsvolumens geschrumpft. Annähernd stabil geblieben ist nur die Zahl der Dreipersonenhaushalte.[6]

Der klassische Zweigenerationenhaushalt mit drei bis fünf Personen macht 1990 nur noch ein gutes Drittel aller Haushalte aus; diese Zahl ist seit Hinzukommen der neuen

[6] *Statistisches Bundesamt, zit. nach: Architektenkammer B-W, Wohnen und Wohnungen bauen, S.7*

[7] Aus: Wirtschaft + Statistik 10/89, zit. nach: Architektenkammer B-W, Wohnen und Wohnungen bauen, S. 8

Bundesländer mit Sicherheit weiter nach unten zu korrigieren.[7]

Sucht man einen gemeinsamen Nenner für diese Veränderungen, dann drängt sich vor allem eine tiefgreifende und in alle Lebensbereiche hinein wirksame Tendenz zur Individualisierung als Erklärungsmodell auf. Dabei ist schwer zu sagen, ob diese Tendenz ihren Höhepunkt schon überschritten hat, oder ob sie ihm erst zustrebt.

Dieses Bedürfnis nach Abgrenzung und Individualität verändert nicht nur den Grundriß der einzelnen Wohnung, sondern es verändert auch das Verhältnis der Wohnungen und ihrer Bewohner untereinander. Die Verschiebungen im Verhältnis von kollektiv und individuell genutzten Räumen innerhalb der Wohnungen werden im Kapitel »Wohngrundriß und Familienwohnung« ausführlich besprochen. Unübersehbar ist dort die Gewichtsverlagerung von einem anfänglich sehr gemeinschaftlichen Wohnen in der Wohnküche oder dem Wohnraum bei äußerst reduzierten Schlafkammern hin zum heutigen Grundriß mit seinen auch am Tage bewohnbaren Individualräumen. Als Konsequenz folgt, daß der Wohnraum als gemeinsamer Treffpunkt der Familie an Bedeutung verliert.

Mit der rapiden Zunahme an Kleinhaushalten werden aber naturgemäß auch alle jene Defizite spürbar, die durch den Verlust des größeren Familienverbands mit seinen Möglichkeiten der gegenseitigen Unterstützung und Hilfe entstanden sind und jetzt durch andere Sozialisationsformen und durch kompensative Einrichtungen ersetzt werden müssen. Damit ist die Verschiebung innerhalb der Haushaltsgrößen in Richtung auf immer mehr Kleinhaushalte nicht nur eine Frage der Bereitstellung von entsprechend mehr kleinen Wohnungen, sondern erfordert auch Antworten für neue Formen des Zusammenlebens zwischen ihren Bewohnern.

Mit anderen Worten: Die Zunahme an kleinen Haushalten macht Zusatzeinrichtungen des Wohnens notwendig, die über die Leistungsfähigkeit der einzelnen Wohneinheit hinausgehen.

Gerade in Verbindung mit dem kleinen Ein- bis Zweipersonenhaushalt werden zunehmend Einrichtungen erforderlich, die im Bedarfsfall das Alleinsein physisch oder psychisch unterstützen können und von Selbsthilfe- und Gemeinschaftsmodellen über Betreuungsangebote sozialer Institutionen bis zur Verfügbarkeit entsprechender kommerzieller Angebote reichen können. Dabei gibt es zwar Bedarfsverschiebungen je nach Altersgruppe, allen gemeinsam aber ist ein durch das Fehlen familiärer Kontakte mehr oder weniger stark entwickeltes Gemeinschaftsbedürfnis. Es artikuliert sich im Bereich der einzelnen Wohnung in der zunehmenden Zahl von Haushalts- oder Wohngemeinschaften aller Art, von Studierenden über Berufstätige bis zu Senioren; es artikuliert sich aber auch im Wunsch nach außerhalb der Wohnung verfügbaren Gemeinschaftseinrichtungen, die zwanglosere Begegnungen und gemeinsame Aktivitäten unter den Bewohnern außerhalb der Privatsphäre, aber im Schutz der Hausgemeinschaft erlauben.

Selbst bei sogenannten intakten Familien entsteht durch die zunehmende Doppelbelastung der Frau in Familie und Beruf ein Bedarf an gemeinschaftlich nutzbaren Räumen, in denen zum Beispiel Kinder gemeinsam oder im Wechsel beaufsichtigt und betreut werden können und wo sich Möglichkeiten bieten, der Enge des Familienhaushalts in einer erweiterten Nachbarschaft zu entfliehen.

Schließlich werden neben autarke, also voll ausgestattete Einzelhaushalte in Zukunft vermehrt Wohnformen treten, bei denen aus ökonomischen, altersbedingten oder sozialen Gründen Teilfunktionen, wie etwa das Kochen und Essen, aus der Einzelwohnung herausgelöst und durch gemeinschaftliche Einrichtungen oder Betreuungsmodelle ersetzt werden. Dabei können neue Formen aktiven Zusammenlebens ebenso entstehen wie neue Abhängigkeiten.

Es geht also nicht nur um geeignete Wohnungsgrundrisse für neue Haushaltszusammensetzungen, sondern es geht auch um neue Formen der Gebäudeorganisation im Geschoßbau bzw. der Quartierausstattung im verdichteten Flachbau.

Dabei muß auch zukünftig den Tendenzen zu einer Entmischung und Sortierung des Wohnungsangebots entgegengewirkt werden, wie dies durch gruppenspezifische Fördermodelle, aber auch durch einseitige Überreaktionen des Wohnungsmarkts immer wieder begünstigt wird.

Es muß stets das übergeordnete Ziel aller Bemühungen um neue Grundrisse und Gebäudeformen sein, neue Wohnbedürfnisse nicht von alten zu trennen, sondern beide soweit wie möglich zu durchmischen oder aber durch Grundrisse zu lösen, die alternative Nutzungen zulassen.

Es kann nicht sein, daß wir zukünftig je nach den gerade verfügbaren Fördermodellen jeweils nur behindertengerechte, frauengerechte oder gemeinschaftsorientierte Wohnanlagen bauen und damit Wohnwelten schaffen, die in unterschiedliche Interessengruppen zerfallen. Ziel muß das Zusammenführen dieser gruppenspezifischen Wohnwünsche in einer vielfältig durchmischten und gerade dadurch lebenswerten Wohnwelt sein.

Sozialer Friede und ein hohes Maß an Lebensqualität sind nur dann langfristig zu sichern, wenn die zunehmende Pluralität unserer Lebensformen auch im Mikrokosmos von Wohngebäude und Wohnquartier ihren Niederschlag findet.

2.2 Wohngrundriß und Mehrpersonenhaushalte von Wohngemeinschaften

Ein erheblicher Anteil des Wohnens außerhalb der Familie wird zu Beginn des hier behandelten Zeitraums durch individuelle Wohnformen, insbesondere durch Heime und heimähnliche Einrichtungen aufgefangen.

Kinderheime, Studentenheime, Lehrlings- und Arbeiterheime, Schwestern- und Ledigenwohnheime, Alten- und Invalidenheime bilden ein differenziertes Netz sozialer Einrichtungen für das Wohnen außerhalb des Familienverbands. Das Heim bietet Unterbringung, Verpflegung, Schutz und Gemeinschaft in einer Wohnform, deren Ökonomie in der Reduktion der Privatsphäre des einzelnen auf Bett oder bestenfalls Zimmer begründet ist.

Hausordnungen regeln ein Zusammenleben, dessen Preis ein reduziertes Privatleben und eine nur mittelbare Teilhabe am öffentlichen Leben des Gemeinwesens sind. Das Heim wirkt als Filter zur Öffentlichkeit und bewirkt dadurch, daß seine Insassen eher als Kollektiv denn als Individuen wahrgenommen werden.

Als Alternative gibt es neben dem Heim zunächst nur das Wohnen in Untermiete. Der »möblierte Herr« oder die »möblierte Dame« werden gewissermaßen in eine Ersatzfamilie aufgenommen.

Sie mögen dabei im Einzelfall größere Freiheiten und eine individuellere Wohnwelt genießen, gleichwohl erfolgt auch hier eine Neutralisierung ihrer eigenen Individualität durch die Absorption in einen bereits existierenden Haushalt. Da nur in seltenen Fällen ein selbständiger Zugang und eine eigene Sanitärausstattung für den Untermieter zur Verfügung stehen, führt der Zwang zur gemeinsamen Nutzung solcher Einrichtungen zu einem hohen Maß an gegenseitiger sozialer Kontrolle und damit zu ähnlichen Einschränkungen individueller Unabhängigkeit wie im Heim.

Wachsender sozialer Wohlstand und parallel verlaufende Emanzipationsschübe, wie sie vor allem Ende der sechziger Jahre einsetzen, führen unter anderem auch zum Entstehen neuer Haushaltsformen, die sich solchen Zwängen zu entziehen versuchen.

Mit der Bildung von Wohngemeinschaften und den vorwiegend politisch engagierten »Wohnkommunen«, zunächst vor allem unter Studenten, beginnt sich nun eine Wohnform zu etablieren, die sich grundlegend von den beiden bis dahin existierenden Alternativen Heim oder Untermiete unterscheidet.

Ihr besonderes Merkmal ist die Selbstorganisation in der kleinen Gruppe, die sich zu selbständigen und häufig gemeinsam geführten Haushalten formieren und ihr Zusammenleben nach selbstverfaßten Regeln gestalten. Die Mehrzahl solcher Wohngemeinschaften orientiert sich am verfügbaren Wohnungsbestand und damit an Gruppengrößen, die den geläufigen Familiengrößen durchaus entsprechen.

Insbesondere die Verfügbarkeit eines großen Altbaubestands in den Innenstädten vor 1975 und damit vor Einsetzen der großen Stadterneuerungsphase, begünstigt das Entstehen dieser neuen Wohnform durch Leerstände und niedrige Mieten.

Die für die Gründerzeit typischen großen Stadtwohnungen eignen sich in besonderer Weise für diese Wohnform. Ihr Kennzeichen sind großzügige Einzelzimmer und eine meist neutrale Erschließung über eine zentrale Diele.

Die Möglichkeit der individuellen Ausgestaltung des eigenen Zimmers kommt einer zunehmenden Pluralität der Wohnwünsche entgegen, die gemeinsame Bewirtschaftung der restlichen Wohnung macht die Gruppe unabhängig von der Bevormundung durch Hausbesitzer oder Vermieter.

In der Zwischenzeit hat diese Form der gemeinsamen Haushaltsführung von Alleinstehenden in fast allen Bereichen des Wohnens Fuß gefaßt und bildet einen unübersehbaren Anteil der Nachfrage, insbesondere bei Mietwohnungen aller Art.

Neben Studierenden und Auszubildenden wählen mittlerweile auch Berufstätige und sogar Senioren diese Form des Zusammenlebens unter nicht miteinander Verwandten. Für den Wohngrundriß ergeben sich daraus eine Reihe von Konsequenzen, deren Berücksichtigung Voraussetzung dafür ist, daß sich solche Wohnbedürfnisse in Zukunft auch im Wohnungsneubau befriedigen lassen.

Es wäre jedoch falsch, wenn bei diesen Bemühungen das Ziel im Vordergrund stünde, für Wohngemeinschaften völlig neuartige Grundrisse zu entwickeln und sie auf diese Weise erneut gegenüber der Normalwohnung zu segregieren; es muß vielmehr sichergestellt werden, Normalwohnung und WG-Wohnung kompatibel und austauschbar zu machen und damit die Integration solcher Gruppen in das alltägliche Wohnen zu fördern. Damit kann langfristig auch ein sehr viel breiteres Angebot an Wohnungen geschaffen werden, die sich wahlweise auch für Wohngemeinschaften eignen.

Für geeignete Grundrisse gilt hier vor allem, was bereits unter dem Kapitel 1 »Wohngrundriß und Familienwohnung« zum Thema Nutzungsneutralität gesagt worden ist. Wohngemeinschaften brauchen Grundrisse, die sich durch relativ große und gleichwertige Individualräume auszeichnen – durch Räume also, die in einer Größenordnung von etwa 15 qm liegen. Da diese Räume aber im Unterschied zur Familienwohnung nur durch eine Einzelperson bewohnt werden, kann eine solche Wohnung nur so viele WG-Bewohner aufnehmen wie sie Individualräume aufweist.

Die Belegungsdichte durch eine WG ist daher geringer als bei einer Familie, bei der sich in der Regel zwei Personen (Eltern oder Kinder) einen solchen Individualraum teilen.

Im Falle der Wohngemeinschaft läßt sich diese »Unterbelegung« aber dann ausgleichen, wenn auch das Wohnzimmer in einen Individualraum umgewandelt werden kann. Voraussetzung für eine solche Umwandlung ist das Vorhandensein eines vom Wohnraum abtrennbaren Eßbereichs, der einen eigenständigen Raumbereich mit der Küche bildet und deshalb unabhängig belichtet und belüftet sein muß. Er bildet im Falle der Wohngemeinschaft den verbleibenden, gemeinsam nutzbaren Wohnbereich und

2.1

muß deshalb auch ausreichend groß bemessen sein (Abb. 2.1).

Grundrisse dieser Art sind auch im Abschnitt »Wohngrundriß und Veränderbarkeit« dargestellt, vor allem im Zusammenhang mit Grundrissen für eine vorübergehende Mehrbelastung.

Besondere Aufmerksamkeit verlangt in diesem Zusammenhang auch der rapide zunehmende Bedarf an Kleinhaushalten für zwei Personen, die aber wegen der großen Nachfrage nach Seniorenwohnungen in ihren Grundrissen noch immer fast ausschließlich auf die Nutzung durch Ehepaare zugeschnitten werden.

Das in vielen Fällen über den Wohnraum erschlossene Schlafzimmer und der im Wohnraum untergebrachte Eßplatz lassen eine andere Nutzung als durch verheiratete Personen nicht zu.

Da dieser Wohnungstyp aber gerade auch von kleineren Wohngemeinschaften nicht verheirateter Personen in Anspruch genommen wird, gilt für seine Grundrißorganisation, was bereits in Kapitel 1 »Wohngrundriß und Familienwohnung« unter dem Stichwort »Nutzungsneutralität« besprochen wurde (Abb. 1.30).

In Anbetracht der raschen Zunahme an Wohngemeinschaften aller Art ist die Beobachtung von Interesse, daß diese Wohnform inzwischen auch begonnen hat, die traditio-

2.1 Stuttgart, Lauchhau, Wohngeschoß (Wolf Irion, 1968–70)

nellen Organisationsformen des Heims aufzubrechen.

Offensichtlich erweisen sich die kleineren und in getrennten Haushalten zusammenwohnenden Gruppen von maximal sechs Personen auch der klassischen Heimgruppe von zwölf bis fünfzehn Personen als ebenbürtig, wenn nicht sogar überlegen. Insbesondere scheint die Eigenverantwortlichkeit des einzelnen im Umgang mit den gemeinschaftlichen Einrichtungen und die notwendige Selbstorganisation solcher Gruppen bei diesen Modellen besser zu funktionieren.

Zwar ist die Einflußmöglichkeit des einzelnen auf die Zusammensetzung seiner Gruppe bei institutionell integrierten Wohngemeinschaften – etwa im Studentendorf – mit Sicherheit geringer als bei freien Gruppenzusammenschlüssen, dennoch steht dieser Nachteil einer Übernahme des WG-Modells in die institutionelle Wohnungsversorgung offenbar nicht im Wege (Abb. 2.2 und 2.3).

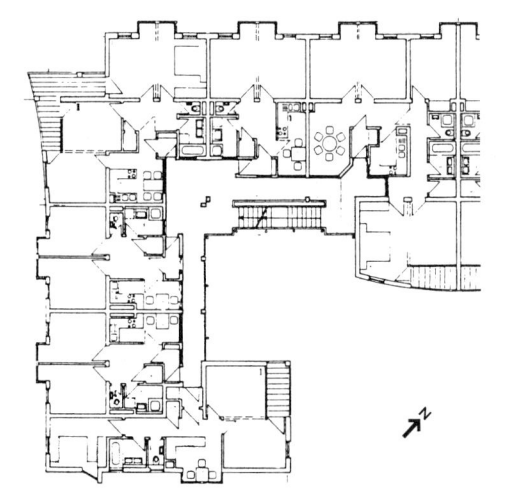

2.2 Stuttgart, Herdweg, Studentenwohnheim, 1. OG (Haag, Haffner, Strohecker, 1986–90)

2.3 Darmstadt, Studentenwohnheim Karlshof, Schnitt und Laubengangebene (Gerhard Auer, 1976)

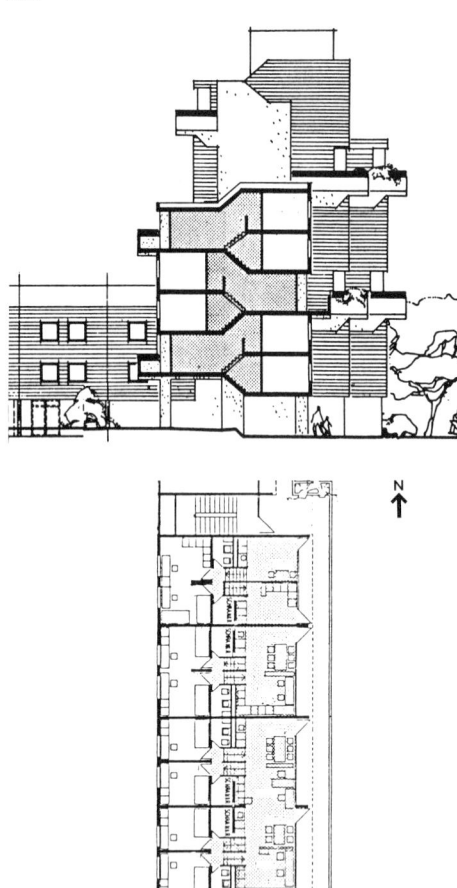

Bei Kinderheimen hat sich das Prinzip der am Vorbild der Familie zusammengesetzten Kleingruppe schon seit vielen Jahren durchgesetzt, ähnliche Entwicklungen zeichnen sich inzwischen auch bei institutionell betreuten Wohnanlagen für Behinderte ab, etwa nach den Vorstellungen der bundesdeutschen Richtlinien für Wohnanlagen Schwerbehinderter, für deren Zusammenleben künftig das Modell der Wohngruppen ebenfalls Vorrang haben soll (Abb. 2.4).

Damit aber findet eine Annäherung an die Dimensionen und die Struktur des überschaubaren Familien- bzw. Gruppenhaushalts auch von der institutionellen Seite des Wohnens im Heim her statt – eine Entwick-

2.4

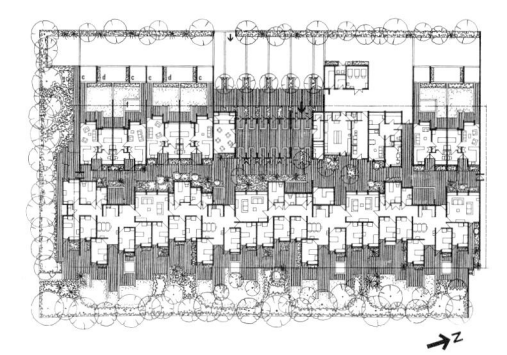

lung, die die Integration solcher Einrichtungen in die Alltagswelt des Wohnens nur fördern kann.

Wenn es für die noch verhältnismäßig junge Wohnform der Wohngemeinschaft überhaupt schon möglich ist, langfristige Ziele für ihre räumliche Versorgung zu formulieren, dann muß es sicherlich der Versuch sein, Grundrisse zu entwickeln, die sich durch ein Minimum an Veränderungsaufwand sowohl als Familienwohnung wie als WG-Wohnung eignen. Damit lassen sich letztere in »normale« Wohnbauprogramme integrieren und erfahren auf diese Weise langfristig die größte Standortvielfalt. Voraussetzungen für solche Grundrisse sind:

- daß ein getrennter Eßbereich ausgewiesen wird, der bei WG-Belegung als Kernwohnbereich zur Verfügung steht; ihm sollte möglichst auch der Freibereich zugeordnet sein,
- daß der Wohnraum durch wenige bauliche Maßnahmen in einen zusätzlichen und unabhängigen Individualraum umgewandelt werden kann,
- daß bei Wohnungen für mehr als zwei Personen neben dem Bad ein getrenntes WC mit Waschgelegenheit zur Verfügung steht, bei größeren Wohnungen mit einer zusätzlichen Wanne oder Dusche.

Dennoch ist nicht auszuschließen, daß gerade die WG-Wohnung eine Entwicklung beschleunigt, die sich in den schon skizzierten Individualisierungstendenzen innerhalb des heutigen Wohngrundrisses ankündigt, nämlich auch die Individualisierung im Bereich der sanitären Ausstattung. WG-Wohnungen könnten zu Vorreitern einer Wohnform werden, bei der eine begrenzte Anzahl autarker Einzelappartements nach Art des Hotelzimmers, jeweils bestehend aus Zimmer und Bad, dadurch zu Haushalten zusammengeschlossen sind, daß sie sich einen gemeinsamen Wohnbereich mit Küche und Eßplatz teilen. Grundrisse dieser Art würden eine Bereichsbildung weitgehend entbehrlich machen: einem kollektiven Wohnbereich stünden dann nur noch voneinander unabhängige Individualeinheiten gegenüber.

2.3 Wohngrundriß und Mehrgenerationen-Wohnen

Die zu Beginn dieses Kapitels geschilderten Entwicklungen einer zunehmenden Distanz zwischen den Generationen und die damit verbundenen Verluste an sozialen Bindungen, aber auch an gegenseitigen Unterstützungsmöglichkeiten innerhalb und außerhalb der Familie, führen naturgemäß auch zu Reaktionen, die Verlorenes wiederherstellen möchten. Unter dem Stichwort »Mehrgenerationen-Wohnen« werden Wohnmodelle angestrebt, die das Zusammenleben von drei Generationen auch unter den heutigen Lebensbedingungen wieder ermöglichen sollen.

Die Motive sind vielfältiger Art; im Vordergrund steht vor allem der Wunsch der älte-

2.4 *Eastleigh Hants/GB,*
Behindertenheim
(Smith + White, 1985)

ren Generation, sich Einsamkeit und das Gefühl des Abgeschobenseins im Alter zu ersparen, aber auch ganz praktische Erwägungen von gemeinsamer Haushaltsführung bis zur Inanspruchnahme der älteren Generation bei der gemeinsamen Erziehung und Betreuung der Kinder bzw. der Enkel. Schon jetzt zeichnet sich ab, daß der Bedarf an solchen Wohnmöglichkeiten zunehmen wird, wenn zum Beispiel Leistungen aus der Pflegeversicherung auch an Familienmitglieder ausbezahlt werden können.

Grundrißvorstellungen für Mehrgenerationen-Haushalte reichen von entsprechend vergrößerten Familiengrundrissen über Einliegermodelle bis zu Gebäudetypologien, die sich auf eine mehr oder weniger enge Nachbarschaft zwischen den Familienwohnungen und geeigneten Kleinwohnungen für ältere Bewohner beschränken.

Dabei ist zu berücksichtigen, daß das Vorbild der alten Großfamilie einer vorwiegend bäuerlichen Lebensweise auf gemeinsamer ökonomischer Basis entspringt und deshalb nur bedingt auf unsere heutigen Wohnverhältnisse übertragen werden kann.

Die Variationsbreite der Möglichkeiten zeigt auch, daß es sehr stark vom Grad familiärer oder außerfamiliärer Bindungen abhängt, wie eng oder wie locker sich das Zusammenleben mit der älteren Generation entfalten kann.

Aus ländlichen Räumen zuziehende Aussiedlerfamilien dürften eine andere Vorstellung von einem solchen Zusammenleben haben als etwa eine Arbeiterfamilie westeuropäischer Prägung.

Mit zunehmendem Emanzipationsgrad wächst das Unabhängigkeitsbedürfnis der einzelnen Generationen – auch der älteren – und damit der Wunsch nach einer größeren räumlichen Selbständigkeit innerhalb des Mehrgenerationen-Wohnens. Auch darf man nicht vergessen, daß mit der Familiengröße die Häufigkeit von Veränderungen in ihrer Zusammensetzung wächst. Schon innerhalb kurzer Zeiträume können sich Größe und personelle Zusammensetzung eines Mehrgenerationenhaushalts so verändern, daß starre und nicht anpaßbare Großwohnungen angesichts der heutigen Wohnkostenbelastung auszuschließen sind.

Langfristig werden daher jene Modelle vorzuziehen sein, die dem »Altenteil« eine gewisse räumliche Selbständigkeit sichern, ohne aber durch zu große Distanz jene Vorteile wieder zunichte zu machen, die man sich von einer unmittelbaren Nachbarschaft erhofft, nämlich die rasche und unkomplizierte Verfügbarkeit füreinander.

Diesem Bedürfnis kommen vor allem jene Wohnsituationen entgegen, die ohnehin einen hohen Grad an Durchmischung unterschiedlicher Wohnungsgrößen aufweisen. Schon die Möglichkeit, an einem gemeinsamen Treppenhaus zu wohnen, kann in vielen Fällen der erwünschten Balance zwischen Distanz und Erreichbarkeit entsprechen. Dies gilt vor allem dort, wo ein Mehrgenerationen-Wohnen unter nicht miteinander Verwandten angestrebt wird.

Wohngebäude mit differenzierten Gebäudequerschnitten, also mit nach »Wohnlagen« geordneten Wohnungsgrößen, bieten meist besonders günstige Voraussetzungen für die Nachbarschaft von Familien und Kleinhaushalten im selben Haus (s. a. Kapitel 5). Wohnungsmischung ist also gerade für das Mehrgenerationen-Wohnen die unerläßliche Voraussetzung. Auf diesem Prinzip baut auch das Wohnprojekt »Integriertes Wohnen« in München-Nymphenburg von Otto

Steidle konsequent auf. Hier wohnen nicht nur unterschiedliche Generationen, sondern zugleich Behinderte und Nichtbehinderte, In- und Ausländer, Familien, Alleinerziehende und Alleinstehende aller Art zusammen (Abb. 2.5).

Nachteile einer mangelhaften Durchmischung in den Wohnungsgrößen werden daher eher im verdichteten Flachbau als im Geschoßbau anzutreffen sein. Gerade im Zusammenhang mit Projekten des kosten- und flächensparenden Bauens fehlt häufig der selbständige Kleinhaushalt in unmittelbarer Nachbarschaft. Ansätze, wie man einem solchen Mangel abhelfen kann, sind unter anderem separate Kleinhäuser, die mit einem Reihenhaus den gemeinsamen Garten teilen (Abb. 2.6 und 6.33).
Häufig wird jedoch eine noch größere Nähe zwischen Familien- und Altenteil angestrebt, vor allem wenn es darum geht, gegenseitige Verfügbarkeit auch nachts zu ermöglichen, etwa bei erforderlicher Pflege oder wenn kleine Kinder beaufsichtigt werden sollen. Die Wohnungen müssen also in einem solchen Fall unmittelbar aneinandergrenzen und über eine gemeinsame Vorzone intern miteinander verbunden werden können.

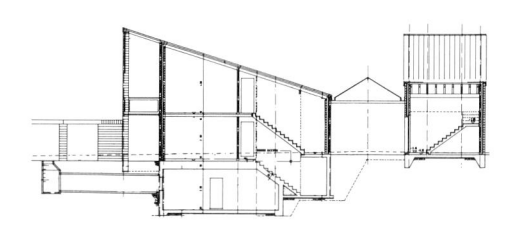

Diese Bedingungen erfüllen etwa Einliegerwohnungen oder Einliegerzimmer mit einer auf Bad und Kochnische reduzierten Ausstattung; hinter einer gemeinsamen Wohnungstür haben sie einen von der Familienwohnung unabhängigen Zugang und gewährleisten damit noch eine gewisse Rückzugsmöglichkeit und Privatheit für die ältere Generation.

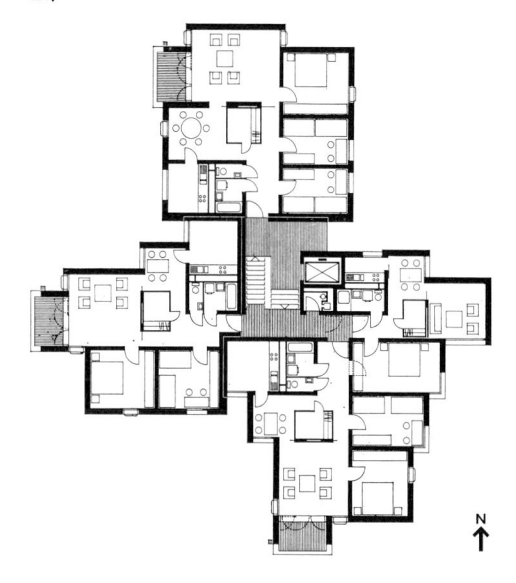

Diese Bedingungen erfüllen aber auch voll ausgestattete, selbständige Kleinwohnungen, wenn sie unmittelbar neben, unter oder über der Familienwohnung liegen und über

2.5 München, Nymphenburg,
    Integriertes Wohnen
    (Otto Steidle, 1988)

2.6 *Gebenstorf/CH, Rüssdörfli*
    (Tognola, Stahel, Zulauf,
    1984)

2.7 *Stuttgart-Vaihingen,*
    Personalwohnungen
    Universität, Normalgeschoß
    (Faller + Schröder, 1965/66)

[8] S. a. DIN 18025 Teil 1 und 2, Ausgabe 1992

[9] S. a. Bayrisches Staatsministerium des Innern, Oberste Baubehörde, Arbeitsblätter, Bauen und Wohnen für Behinderte, Nr. 2;
Herbert Kuldschun, Erich Rossmann, Planen und Bauen für Behinderte;
Axel Stemshorn, Bauen für Behinderte und Betagte;
Lothar Marx, Barrierefreies Planen und Bauen für Senioren und Behinderte Menschen

eine zuschaltbare Vorzone mit dieser gekoppelt werden können. Vorteil solcher Anordnungen ist die größere Beweglichkeit und Anpaßbarkeit an spätere Veränderungen in der Familienstruktur. Während beim »Einliegermodell« allenfalls eine Untervermietung möglich ist, kann man hier die beiden Wohnungen bei Bedarf wieder vollständig voneinander trennen (Abb. 2.7).

2.4 Gebäudegrundriß und behindertengerechtes Wohnen

Der wachsende allgemeine Anspruch an ein individuelles und unabhängiges Wohnen läßt sich – wie das Beispiel der WG-Wohnungen zeigt – durch heimunabhängige Wohnformen verwirklichen und bei Bedarf in die Vielfalt tradierter Wohnformen des allgemeinen Wohnbaus integrieren.

Dies gilt auch für das Wohnen älterer Menschen, die heute sehr viel länger in der Lage sind, einen eigenständigen Haushalt zu betreiben, und deshalb oft bis ins hohe Alter von äußerer Hilfe unabhängig bleiben. Die Bedürfnisse sind jedoch sehr vielschichtig und reichen vom Wunsch, möglichst nahe bei den eigenen Kindern zu wohnen, über das genaue Gegenteil, nämlich gerade nach Distanz und Unabhängigkeit, bis hin zu der Bevorzugung eines Wohnens in der Nachbarschaft von Gleichaltrigen. Solange der Gesundheitszustand es erlaubt, wird sich dieses Wohnen aber vorwiegend in selbständigen und voll ausgestatteten Haushalten vollziehen.

Über die Möglichkeiten, wie man solche Wohnungen vielfältig nutzbar machen kann, wurden bereits im ersten Abschnitt dieses Kapitels Aussagen gemacht.

Nicht ganz so einfach ist der Anspruch auf Unabhängigkeit dagegen dort, wo Alter oder Behinderung – oder beides – ein selbständiges Wohnen erschweren oder gar ausschließen.

Hier hat eine intensivere Auseinandersetzung mit möglichen Alternativen zur traditionellen Unterbringung im Alten- oder Pflegeheim erst in den vergangenen Jahren eingesetzt. Sie erklärt sich aus der ständig wachsenden Zahl älterer und behinderter Menschen mit ansteigender Lebenserwartung einerseits und aus dem wachsenden Bedürfnis dieser Menschen, sich trotz ihrer Behinderung eine möglichst individuelle Lebens- und Wohnwelt zu erhalten. Die Auseinandersetzung wird erschwert durch die Vielfalt und Unterschiedlichkeit denkbarer Behinderungen und durch die Tatsache, daß der Pflegebedarf ja nicht konstant bleibt, sondern mit zunehmendem Alter ansteigt.

Unter dem Stichwort »Betreutes Wohnen« haben sich aber inzwischen auch hier Wohnkonzepte entwickelt, die diesen Menschen eine unabhängigere Standortwahl für ihre Wohnung oder aber den Verbleib in der angestammten und vertrauten Wohnungsumgebung ermöglichen.

Durch sogenannte »mobile Pflegedienste« wird sichergestellt, daß Pflegeleistungen bei Bedarf oder nach geregeltem Zeitplan in Anspruch genommen werden können. Andere Dienste wie »Essen auf Rädern« kümmern sich um die tägliche Versorgung solcher Haushalte mit warmem Essen.

Über die besonderen Erfordernisse der Grundrißausbildung für die verschiedenen Behinderungsgrade und -arten gibt es eine umfangreiche Fachliteratur und ein zugehöriges Normenwerk[8,9]; eine Darstellung auch nur der wichtigsten Anforderungen an solche Grundrisse würde den Rahmen dieser Arbeit sprengen.

Dagegen soll auch hier den möglichen Konsequenzen nachgegangen werden, die sich aus dieser Entwicklung für die Planung von Wohngebäuden in Zukunft ergeben könnten.

Sicherlich wäre im Sinne einer größtmöglichen Wahlfreiheit auch für das Wohnen behinderter oder pflegebedürftiger Menschen anzustreben, einen sehr hohen Anteil des Wohnbaus entsprechend auszubilden. Dies wird aber schon aus ökonomischen Gründen nicht möglich sein, denn die höheren Aufwendungen würden den allgemeinen Wohnungsbau über Gebühr belasten.

Aber zwischen einer solchen umfassenden Lösung und dem aktuellen Angebot liegen noch viele ungenutzte Möglichkeiten für die Verbesserung der Wohnungsversorgung dieser Gruppe.

Häufig werden zum Beispiel für Menschen mit körperlicher Behinderung Wohnungen ausschließlich in Erdgeschoßlagen angeboten, weil sie dort ohne Stufen erreicht werden können. Es gibt aber viele Menschen, die sich gerade in solchen Wohnungen besonders unsicher fühlen, weil sie sich gegen mögliche Störungen oder gar Übergriffe von außen nicht so gut schützen können.

Dieses Problem kann zum Beispiel gelöst werden, wenn in solchen Fällen die Wohnräume, zumindest aber der Schlafraum, einem privaten Außenraum zugeordnet werden, der sich durch Gartenmauern vor Einblicken und Störungen schützen läßt.

Vielfach liegt es auch am Fehlen eines Aufzugs, wenn für Menschen mit körperlicher Behinderung nur erdgeschossige Wohnungen angeboten werden. Diesem Mangel kann zukünftig durch neuartige Aufzüge abgeholfen werden, die als langsamfahrende Personenaufzüge nach TRA 200 oder TRA 1300 wesentlich kostengünstiger sind als das bisherige Angebot. Sie eignen sich besonders für die Erreichbarkeit oberer Wohnanlagen beim niedrigen Geschoßbau und bei Gebäuden mit Außengangerschließungen, die gleichzeitig eine ökonomisch vertretbare Ausnutzung solcher Aufzüge gewährleisten.[10]

Auch dadurch können die Wohnmöglichkeiten für Behinderte beträchtlich erweitert werden.

Die Gefahr der Stigmatisierung und Ausgrenzung von Behinderten, vor allem derer, die ihre Behinderung nicht verbergen können, darf nicht durch bauliche Segregation oder durch die Zuweisung stets einander gleichender Wohnbedingungen verstärkt werden, solange die Betroffenen selbst eine Integration in die Alltagswohnwelt wünschen und es dafür Möglichkeiten gibt.

Es liegt auf der Hand, daß ein in seinen Wohnungsgrößen und Wohnlagen differenzierter Wohnbau auch dieser Bewohnergruppe entgegenkommt und für sie Wohnlagen erschließt, die eine hohe Freiraumqualität auf der Etage ermöglichen und gleichzeitig dem erhöhten Sicherheitsbedürfnis dieser Gruppe entgegenkommen.

2.5 Gebäudegrundriß und gemeinschaftsorientiertes Wohnen

Im Unterschied zur wohnungs- und haushaltsbezogenen Wohngemeinschaft als einer verhältnismäßig jungen Wohnform gibt es Beispiele für übergeordnete, also den

[10] *Vereinfachter Personenaufzug TRA 1300 (Entwurf)*

[11] S. a. Günther Uhlig, Kollektivmodell Einküchenhaus

[12] S. a. Kristiana Hartmann, Deutsche Gartenstadtbewegung

einzelnen Haushalt übergreifende Formen gemeinschaftsorientierten Wohnens in vielfältigen Ausprägungen und mit unterschiedlichen Zielsetzungen schon seit den frühen Reformansätzen paternalistischer Wohnmodelle aus der zweiten Hälfte des 19. Jahrhunderts.

In den hier zu betrachtenden Zeitraum hinein wirken vor allem jene reformerischen Ansätze, deren Wurzeln in die Zeit um 1900 zurückreichen: das sogenannte Einküchenhaus und die Gartenstadtbewegung.[11, 12]

Beim Konzept des Einküchenhauses überwiegt traditionell das Motiv der Rationalisierung und Ökonomisierung von Hausarbeit zugunsten einer Entlastung des Einzelhaushalts.

Ausgehend von emanzipatorischen Zielen der Arbeiter- und Frauenbewegung wird dieses Reformmodell jedoch sehr rasch in bürgerlichen Kreisen aufgegriffen und vor allem als Ausweg aus der leidigen Dienstbotenfrage gesehen. Hierzu gehört vor allem eine Reihe von Berliner Einküchenhäusern, die in der Zeit vor dem Ersten Weltkrieg entstanden sind.

Beim Einküchenhaus wird einer ausreichend großen Anzahl von Wohneinheiten eine zentrale Küchenanlage zugeordnet, so daß Mahlzeiten rationeller und wirtschaftlicher produziert werden können als im Einzelhaushalt. Das Essen kann über Speisetransporteinrichtungen in jede Wohnung befördert oder in einem Speisesaal eingenommen werden.

Zentralheizung, Zentralwaschküche und andere »zentrale« Einrichtungen erleichtern auch die übrige Hausarbeit. Einküchenhäuser sind häufig mit einem Hauskindergarten sowie mit Lese- und Clubräumen ausgestattet.

Uhlig weist den inneren Widerspruch nach, mit dem ausgerechnet das »Neue Bauen« der Weimarer Republik den Ansatz des Zentralküchenmodells verdrängen konnte, weil er vermutlich baulich-rationalistischen Zielsetzungen einer Serienproduktion von Wohnungen im Wege stand und man der Entwicklung der rationellen Arbeitsküche nach Art der »Frankfurter Küche« den Vorzug gab.

Es muß aber auch andere Gründe dafür geben, daß das Einküchenhaus bis heute nicht die zentrale Bedeutung für das Wohnen erlangen konnte, die man von ihm ursprünglich erhofft hatte. Die Anzahl der zu versorgenden Haushalte und der Grad an Selbstverpflichtung der Bewohner zur Nutzung der zentralen Einrichtungen dürfte entscheidenden Einfluß auf die Ökonomie solcher Häuser haben. Größtmögliche Individualität und Wahlfreiheit hat auch hier ihren Preis und läßt nur wenig Spielraum zwischen der Ökonomie einer Gemeinschaftsverpflegung, wie man sie vom Heim her kennt, und zwischen dem in der Stadt ohnehin verfügbaren Angebot einer von Institutionen unabhängigen Gastronomie. Tatsächlich haben wir es heute vor allem mit zwei Nachfolgemodellen des Einküchenhauses zu tun, nämlich mit dem »Servicehaus« als einer vorwiegend sozialen Einrichtung und mit privatwirtschaftlich betriebenen Formen eines zentral versorgten Wohnens, wie sie sich im »boarding-house« und »Appartement-Hotel« herausgebildet haben.

Service-Häuser als Sozialeinrichtungen könnten als moderne Form des Heims bezeichnet werden: die Zusammenfassung von Menschen in ähnlicher Lebenslage in einem solchen Haus und die zentrale Versorgung tragen noch Heimcharakter; die Privatheit und Unabhängigkeit der angeschlossenen Haushalte dagegen schon nicht mehr.

Appartement-Hotels dagegen sind einer neuen Form des temporären oder Kurzzeitwohnens zuzurechnen, dessen Bedürfnisse sich aus spezifischen – meist beruflichen – Notwendigkeiten des heutigen Wirtschafts- und Kulturbetriebs entwickelt haben und weder vom Hotel klassischer Prägung noch von einer kurzfristig angemieteten Wohnung angemessen befriedigt werden.

Hier verbindet sich ein räumliches Angebot, das Appartement- oder Wohnungscharakter hat, mit einem »Rundumservice«, der sämtliche hotelartigen Dienstleistungen umfaßt.

Beiden Nachfolgeeinrichtungen des Einküchenhauses ist gemeinsam, daß die individuelle Wohneinheit vor allem im Küchen- und Hauswirtschaftsbereich reduziert werden kann – wenn auch auf meist sehr unterschiedlichem Ausgangsniveau.

Servicehäuser als Einrichtungen eines längerfristig angelegten Wohnens weisen auch bei zentraler Küchenversorgung fast immer eine individuelle Kochnische oder Teeküche auf, um eine Selbstversorgung des Bewohners mit kleinen Zwischenmahlzeiten zu erlauben.

Beim anspruchsvollen Typ des hotelartig bedienten Appartementhauses wird häufig eine ähnlich reduzierte Koch- oder Aufwärmgelegenheit im Bedienungsbereich und in Verbindung mit einer Anrichte für die zentral zubereiteten Mahlzeiten vorgesehen.

Im Gegensatz zur Hotelwohnung kann das Servicehaus seinen Bewohnern aber nicht sämtliche sonstigen Hausarbeiten ersparen. Zwar erfolgt das Waschen in der Regel in zentralen Waschküchen, aber für alle übrigen hauswirtschaftlichen Verrichtungen muß die Wohnung wie jede Normalwohnung ausgestattet sein.

Dennoch ist es schwierig, aus den sehr unterschiedlichen Ansätzen für ein zentral versorgtes Wohnen weitergehende Rückschlüsse für die Grundrißarbeit zu ziehen. Dafür sind die gebauten Beispiele nicht zahlreich genug und unterscheiden sich in vielen wesentlichen Aspekten wie Zielgruppe, Trägerschaft, Zahl der Wohneinheiten und Umfang der zentralisierten Einrichtungen so sehr, daß eine vergleichende Betrachtung allenfalls im jeweiligen Gesamtzusammenhang möglich und zulässig ist.

An drei Beispielen sollen sowohl das breite Spektrum dieser Einrichtungen wie ihre zeitliche Bedingtheit innerhalb des Betrachtungszeitraums nachvollziehbar gemacht werden.

Das Wiener Einküchenhaus »Heimhof« des Architekten Otto Pollak-Hellwig entsteht 1922–1926 auf genossenschaftlicher Basis und besteht in seinem Endzustand aus 246 Wohneinheiten für Ein- und Zweizimmerwohnungen.

Die gemeinschaftlichen Einrichtungen umfassen neben der Zentralküche und dem Speisesaal einen Gesellschafts- und Leseraum, zentrale Bäder und Duschen, einen Kindergarten und eine Zentralwäscherei. Speiseaufzüge ermöglichen auch die Einnahme des Essens in der Wohnung. Darüber hinaus haben die Wohnungen kleine Kochnischen. Die Einrichtung wird durch die Genossenschaftsmitglieder in Selbstverwaltung und zu Selbstkosten betrieben (Abb. 2.8).

2.8

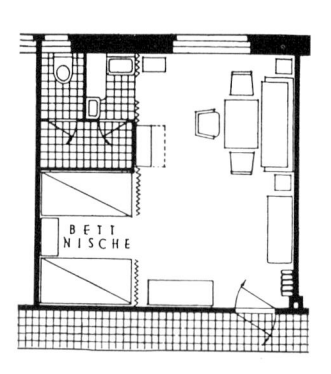

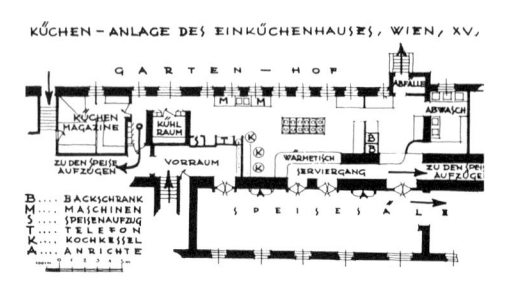

2.9

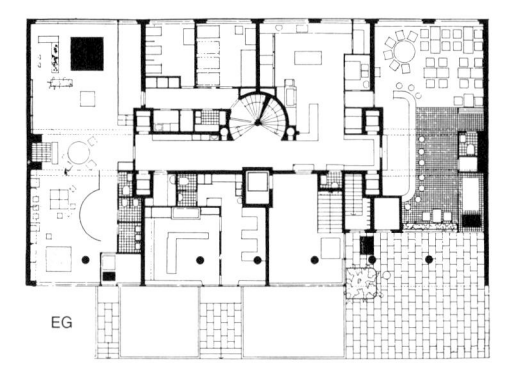

Die Einrichtung steht vor allem Alleinerziehenden, aber auch Einwanderinnen und von Obdachlosigkeit bedrohten Frauen zur Verfügung. Die Frauen wohnen innerhalb des Hauses in sechs Gemeinschaftswohnungen, wo sich jeweils mehrere Individualräume den Wohnraum und das Bad teilen. Die Kinder wohnen getrennt in einem Kinderhaus und sind ebenfalls zu Kleingruppen

Das Kollektivhaus des Architekten Sven Markelius in Stockholm entsteht 1935 durch eine als »Wohnrechtsverein« organisierte Eigentümergesellschaft und umfaßt 55 Wohneinheiten unterschiedlicher Größe.

Die zentralen Einrichtungen dieses Hauses bestehen aus einem Kinderhort und einem auch öffentlich zugänglichen Restaurant im Erdgeschoß. Die Wohnungen können über Speiseaufzüge versorgt werden und haben kleine Teeküchen.

Die Serviceeinrichtungen unterliegen keinem Benutzungszwang und werden als abrufbarer Service bezahlt (Abb. 2.9).

Das Mutterheim der Hubertusstiftung in Amsterdam von Aldo van Eyck entsteht 1980 und wird von verschiedenen gemeinnützigen Einrichtungen mit Unterstützung der städtischen Sozialverwaltung getragen.

2.10

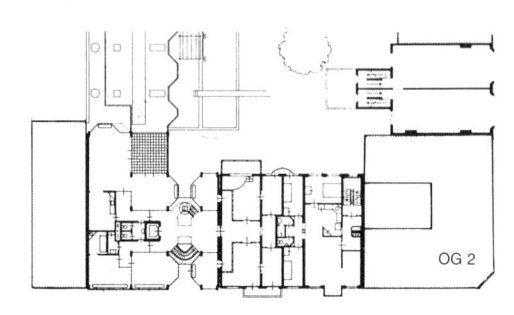

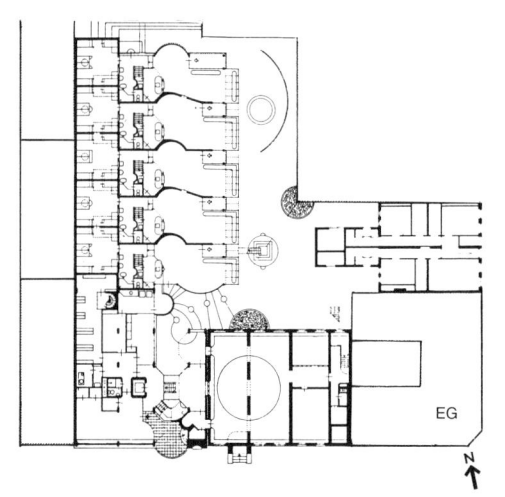

2.8 Wien/AU,
Einküchenhaus Heimhof,
Einzimmerwohnung,
Zentralküche mit Speisesaal
(Otto Pollak-Hellwig,
1922–26)

2.9 Stockholm/S, Ericsonsgatan,
Kollektivhaus, EG
(Sven Markelius, 1935)

2.10 Amsterdam/NL,
Mutterheim der Hubertusstiftung
(Aldo van Eyck, 1980)

von je fünf Kindern zusammengefaßt. Neben der zentralen Gemeinschaftsküche bietet das Haus vor allem soziale und medizinische Beratung sowie Kinderbetreuung an (Abb. 2.10).

Einen sehr viel stärkeren Einfluß auf das allgemeine Wohnen hat dagegen das Einküchenmodell heute dort, wo es von kleinen Gruppen nach dem Selbsthilfeprinzip wiederaufgegriffen wird und zu neuartigen Formen eines gemeinschaftsorientierten Wohnens führt.

Im Gegensatz zum pragmatisch-ökonomischen Ansatz des Einküchenhauses und seiner nachfolgenden Wohnmodelle zielt die genossenschaftlich getragene Gartenstadtbewegung mit ihren lebensreformerischen Ansätzen auf »Gemeinschaft« im Sinne einer höheren Stufe gesellschaftlichen Bewußtseins. Ein neuer »Gemeinschaftsgeist« soll die Reformbemühungen der Gartenstadt auch mit einer geistig-kulturellen und künstlerisch-pädagogischen Komponente durchdringen.

Im Konzept des »Gemeinschaftshauses« oder des »Volkshauses« sucht man den geeigneten baulichen Rahmen für diese Idee.

Theodor Fischers Vorstellungen von einem solchen Haus machen den hohen ästhetischen Anspruch sichtbar und weisen zugleich auf den Widerspruch hin, der zwischen diesem hohen Anspruch an die Raum-Stimmung und einer möglichst vielseitigen Verwendbarkeit des Raums gestanden haben muß, wenn er sagt: »Ein Haus nicht zum Lernen und Gescheitwerden, sondern nur zum Frohwerden, nicht zum Anbeten nach diesem oder jenem Bekenntnis, wohl aber zur Andacht und zum inneren Erleben. Also keine Schule, kein Museum, keine Kirche, kein Konzerthaus, kein Auditorium. Von allem diesem etwas und außerdem noch etwas Anderes.« Und: »Wenn's dem Architekten nicht gelingt, allein mit der Stimmung seines Raumes den Mann zu zwingen, den Hut abzunehmen und die Frau, ihre Stimme zu zügeln, ist er für diese Aufgabe nicht geschaffen.«[13]

Auch wenn der bei Fischer hohe Anspruch an eine beinahe sakrale Wirkung seiner Gemeinschaftshäuser heute anderen architektonisch-räumlichen Wertvorstellungen Platz gemacht hat, kann das Volkshaus rückblickend als geistiger Vorläufer unserer heutigen Stadthallen und Bürgerhäuser ebenso gelten, wie als Modell für eine bescheidenere Variante von Gemeinschaftsräumen im Maßstab der Haus- oder Quartiersgemeinschaft.

Bezeichnend für den sogenannten historischen Funktionalismus der zwanziger Jahre ist dagegen die deutliche Selbstbeschränkung auf vorwiegend ökonomische Aspekte und Vorteile gemeinschaftlicher Siedlungseinrichtungen wie Zentralküchen, Badehäuser, Kinderhort und Kindergärten. Nicht nur, daß die einzelne Wohnung unangetastet bleibt, es gibt auch keine oder nur ganz wenige Versuche, die streng nach funktionalistischen Prinzipien eingesetzten Erschließungssysteme wie Treppenhäuser und Laubengänge als Chancen für gemeinschaftsfördernde Raumangebote zu nutzen.

Sieht man vom Sonderfall des Wiener Gemeindebaus zwischen 1923 und 1934 ab, dann gibt es auch nur sehr wenige Versuche, durch einen stärker raumbildenden Städtebau so etwas wie Identität stiftende Freiräume zu schaffen, die als Kristallisationspunkte für ein Gemeinschaftsbewußtsein hätten dienen können.

[13] Theodor Fischer, Was ich bauen möchte, in: Der Kunstwart, 1906, 1. Oktoberheft, S. 5–9, zit. nach Winfried Nerdinger, Theodor Fischer, S. 50

Bruno Tauts Hufeisensiedlung in Berlin Britz von 1925–28 (Abb. 2.11) und Ernst Mays Bruchfeldsiedlung in Frankfurt am Main (»Zickzackhausen«) von 1926/27 (Abb. 2.12) gehören zu den wenigen prägnanten Ausnahmen der Moderne. Beide gehen, wie Nerdinger nachweist, auf den Einfluß Theodor Fischers zurück, der selbst bei so unterschiedlichen Siedlungsaufgaben wie der Arbeitersiedlung Gmindersdorf in Reutlingen von 1903–15 oder der Wohnanlage »Alte Haide« in München von 1924–27 stets auf die Einbeziehung integrierender baulich-räumlicher Quartiersmittelpunkte bedacht war.

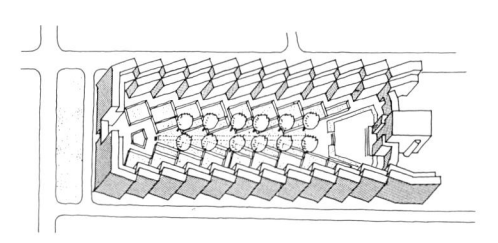

Während der Zeit des Dritten Reichs wird der »Gemeinschaftsgedanke« bekanntlich als Vehikel für die politischen Zielsetzungen des Nationalsozialismus wieder aufgegriffen und zugleich mißbraucht. Gemeinschaft steht hier an erster Stelle unter den Zielsetzungen für das Modell der »Ortsgruppe als Siedlungszelle«. Modellentwürfe wie das hier abgebildete Beispiel für eine Ortsgruppe der Stadt Hamburg, das noch 1940 durch den »Reichsstatthalter der Stadt Hamburg« vorgestellt wird, machen mehr als deutlich, daß hier das Gemeinschaftshaus nicht als Teil einer räumlichen Quartiersmitte zu verstehen ist, sondern ganz nach dem Vorbild absolutistischer Stadtmodelle die Funktion einer städtebaulichen Dominante am Kopf des Quartiers zu übernehmen hat und von den politischen Institutionen baulich flankiert wird (Abb. 2.13).

2.11

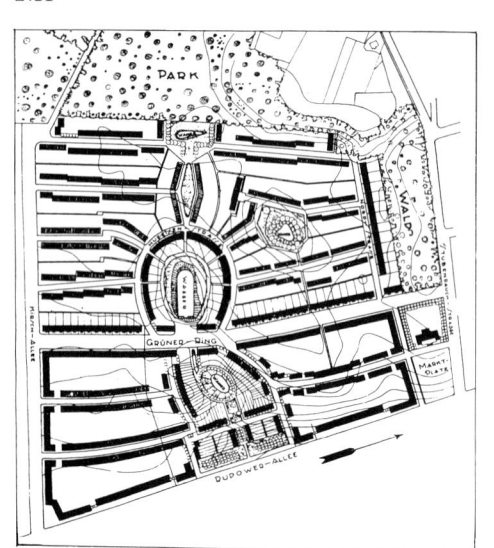

2.12

2.13

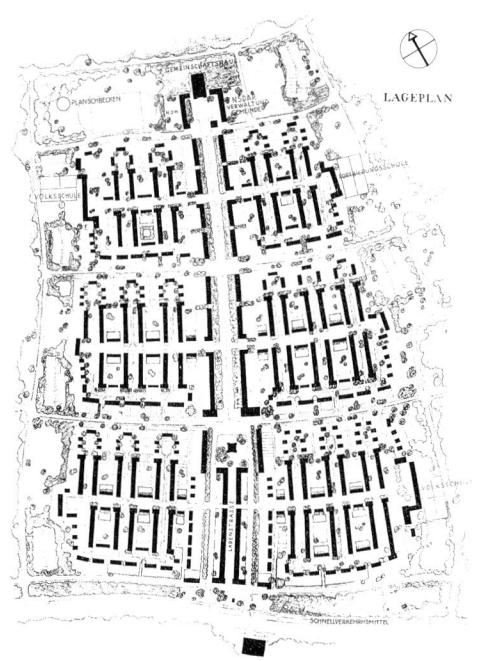

2.11 Berlin-Britz,
Hufeisensiedlung
(Bruno Taut, 1925–28)

2.12 Frankfurt, Bruchfeldstraße,
Isometrie
(Ernst May, 1926/27)

2.13 »Ortsgruppe als Siedlungszelle«, Modellentwurf (1940)

Vielleicht ist es auf solche Verfälschungen und Entwertungen des Gemeinschaftsbegriffs zurückzuführen, daß sein Wiederaufgreifen nach dem Krieg lange auf sich warten läßt. Erst im Zusammenhang mit den Fehlentwicklungen eines ungezügelten Massenwohnungsbaus Ende der sechziger Jahre taucht ein neues Bedürfnis nach mehr Gemeinschaft im Wohnen sozusagen »von unten« wieder auf.

Begriffe wie »grüne Witwe« als Synonym für die in ihrer Vorstadtwohnung oder ihrem Bungalow alleingelassene Hausfrau machen Defizite sichtbar und fordern alternative Wohnkonzepte heraus. Der Wunsch nach einer bewußteren, vor allem antiautoritären Kindererziehung, Hoffnungen auf eine Erleichterung der Hausarbeit durch gemeinsames Wirtschaften und auf Senkung der Baukosten durch gemeinsames Bauen in Selbsthilfe und schließlich ein neu erwachtes ökologisches Verantwortungsbewußtsein führt insbesondere unter Lehrern, Sozialarbeitern und Freiberuflern zur Bildung von Initiativgruppen, die durch gemeinsames Planen und Bauen solche Wohnziele verwirklichen. Dabei reichen die angestrebten Gemeinschaftsmodelle vom Zusammenschluß völlig autarker Einzelhaushalte mit entsprechenden gemeinschaftlichen Zusatzeinrichtungen bis zu Ansätzen, bei denen eine deutliche Verschiebung einzelner Wohnfunktionen, wie z. B. Kochen und Essen, vom Einzelhaushalt in die Gemeinschaft angestrebt wird.

Die Mehrzahl dieser aus Initiativen »von unten« entstehenden Wohnmodelle wird durch kleine Gruppen in Größenordnungen von sechs bis acht Haushalten verwirklicht und tendiert daher vor allem zu Bauformen des verdichteten Flachbaus.

Gemeinsames Kennzeichen dieser Anlagen ist eine enge Verknüpfung gemeinschaftlicher Einrichtungen mit der Gebäudeerschließung, die eine solche Gruppe von Wohneinheiten miteinander verbindet. Dadurch entstehen völlig neue Gebäudeformen, die sich auch städtebaulich von den geläufigen Dimensionen und Figurationen des verdichteten Flachbaus unterscheiden. Aus einer größeren Zahl solcher neuen Anlagen seien drei nahezu gleichzeitig entstandene Beispiele herausgegriffen und einander gegenübergestellt. Dabei soll vor allem der sehr unterschiedliche Intensitätsgrad gemeinschaftlichen Wohnens verdeutlicht werden.

Die Wohngruppe »Im Fang« in Höchst bei Bregenz entsteht 1979 für eine Gruppe von vier Familien mit insgesamt elf Kindern und eine alleinstehende Frau. Die Gebäudegruppe wird unter Anleitung und Beteiligung der Architekten Koch, Eberle und Mittersteiner in Holzbauweise errichtet und ähnelt einem großen Gehöft. Die vom Giebel und durch Oberlicht belichtete Gemeinschaftshalle ist gleichzeitig Erschließung für die fünf Wohneinheiten. Nach Süden grenzen drei zweigeschossige Wohnungen direkt an die Halle, nach Norden werden zwei weitere Wohnungen über eine Treppe erschlossen. Die südlichen Wohnungen haben vorgelagerte Gärten, die nördlichen haben Dachterrassen über der Gemeinschaftshalle; alle Wohnungen sind mit Wintergärten als Klimapuffer ausgestattet. Das nördliche Erdgeschoß steht für Werk- und Nebenräume sowie für ein Gastzimmer zur Verfügung, auf eine Unterkellerung kann dadurch verzichtet werden.

Trotz einer besonders intensiven Zusammenarbeit der Bewohner beim Bauprozeß –

der Eigenleistungsanteil liegt bei über 70 % – bevorzugt man für das Haus eine uneingeschränkte Rückzugsmöglichkeit in die Privatsphäre selbständiger und voll ausgestatteter Einzelhaushalte (Abb. 2.14).

2.14

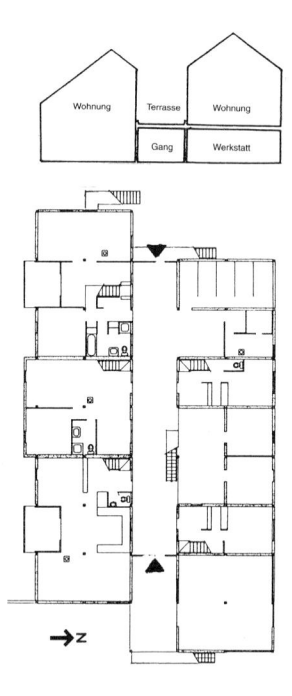

Die Wohnanlage Wasterkingen bei Zürich entsteht in zwei Etappen zwischen 1977 und 1982 unter Anleitung und Beteiligung des Architekten Walter Stamm.
Im Vordergrund steht auch hier der Wunsch nach einem kinderfreundlichen gemeinsamen Wohnen und nach gemeinsamen Einrichtungen, die sich der einzelne sonst nicht leisten könnte.
Ein zeilenartiges, zweieinhalbgeschossiges Gebäude mit sechs Wohneinheiten bildet den sehr konventionellen ersten Bauabschnitt. Die Gemeinschaftsräume sind im UG und in einem kleinen Nebengebäude untergebracht und haben damit keine eigenständige Raumqualität. Die von außen erschlossenen Einzelhaushalte sind voneinander unabhängig.

Im zweiten Bauabschnitt kommt das gemeinschaftliche Wohnen auch räumlich sehr viel deutlicher zum Ausdruck. Hier bilden zwei zweigeschossige Baukörper mit einem dazwischenliegenden Hof eine geschlossene Baugruppe für sechs Wohneinheiten. Die Erschließung dieser Wohnungen über den zentralen Hof und von da über Wintergärten schafft abgestufte Übergänge vom Öffentlichen ins Private. Neu ist hier der Versuch, die konventionelle Abgeschlossenheit der Einzelhaushalte aufzubrechen, z. B. durch gemeinsam genutzte Treppen von der Wohnebene in die Schlafebene. Im übrigen sind die Wohnungen von ihrer Ausstattung her autark und haben großzügige Wohnküchen. Darüber hinaus aber wird in diesem zweiten Bauabschnitt eine Gemeinschaftsküche vorgesehen, die den Bewohnern beider Bauabschnitte für gemeinsame Mahlzeiten zur Verfügung steht. Das Konzept strebt damit zwar eine sehr viel intensivere Form des Zusammenlebens an, behält aber die Option auf eine jederzeit mögliche Rückkehr zur konventionellen Haushaltsführung (Abb. 2.15).
Das dritte Projekt unterscheidet sich vor allem in seiner Entstehungsgeschichte von den beiden vorhergehenden. Der österreichische Bauunternehmer und Architekt Fritz Matzinger entwickelt unter dem Begriff »Les Paletuviers« eine neuartige Gebäudeform, bei der sich acht Wohneinheiten jeweils paarweise um einen quadratischen Innenhof ordnen. Über Zeitungsannoncen sucht er Interessenten, die sich zu solchen »Hofgemeinschaften« zusammenschließen wollen.

Das erste Projekt wird 1974 in Linz reali-

2.14 Höchst bei Bregenz/AU,
Wohnanlage »im Fang«,
Schnittschema, Grundriß EG
(Cooperative Dornbirn, Koch,
Eberle, Mittersteiner, 1979)

2.15

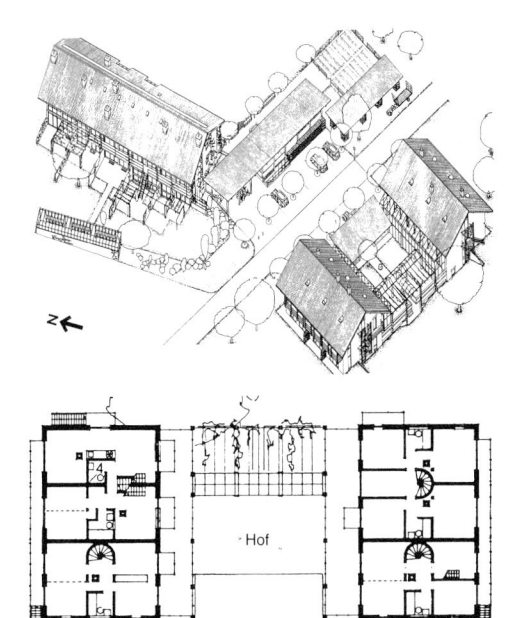

siert, seither ist eine ganze Reihe solcher Häuser in Österreich, aber auch in der Bundesrepublik entstanden.

Die Erschließung einer solchen Wohngruppe erfolgt über den quadratischen Hof von etwa 12 × 12 m Größe, der sich durch ein transparentes Schiebedach im Winter in eine Innenhalle verwandeln läßt. Eine umlaufende Galerie erlaubt bei einigen Projekten auch einen Zugang zu den Obergeschossen der Häuser.

Die Häuser selbst sind autarke, voll ausgestattete Haushalte, die sich in alle vier Himmelsrichtungen orientieren. Nachteile bei ungünstig orientierten Häusern können durch Fenster in der anbaufreien Außenwand und durch Dachoberlichter abgemildert werden.

Für die Konstruktion verwendet Matzinger anfänglich ein Baukastensystem aus 3 × 6 m großen Fertiggaragen, die er hier quasi zweckentfremdet einsetzt. Sie bestehen aus Leichtbeton und lassen sich zu Häusern zusammensetzen, die in ihren Wohnflächen auf dem 18-qm-Modul dieser Garagen aufbauen.

Die Aufwendungen für die Umhüllung der Gemeinschaftshalle beschränken sich bei diesem Raumkonzept auf Boden und Dach.

Der anhaltende Erfolg scheint diesem typologisch einfachen und einprägsamen Modell eines Gemeinschaftswohnhauses recht zu geben, auch wenn gerade der Gemeinschaftsbereich nur wenig Differenzierungen zuläßt und eine partizipatorische Mitwirkung der Bewohner aufgrund des Bausystems zunächst weitgehend ausgeschlossen ist (Abb. 2.16 und 2.17).

2.16

Rückblickend läßt sich feststellen, daß das langfristige Bestehen solcher Hausgemeinschaften um so wahrscheinlicher ist, je unangetasteter die Privatsphäre des einzelnen Haushalts bleibt und je selbstverständlicher sich das gemeinsame Wohnen auf die unterschiedlichen Bedürfnisse seiner Mitglieder ausrichten läßt.

Wohngemeinschaften mit einem hohen Anspruch an ein intensives tägliches Zusammenleben reagieren besonders empfindlich auf personelle Veränderungen innerhalb der Gruppe und sind sehr viel

2.15 *Wasterkingen/CH, Isometrie, Gesamtanlage Grundriß EG, 2. B. A. (Walter Stamm, 1977–82)*

2.16 *Les Paletuviers/AU, Modell (Fritz Matzinger, ab 1974)*

WOHNGRUNDRISS UND GRUPPENSPEZIFISCHE WOHNBEDÜRFNISSE

2.17

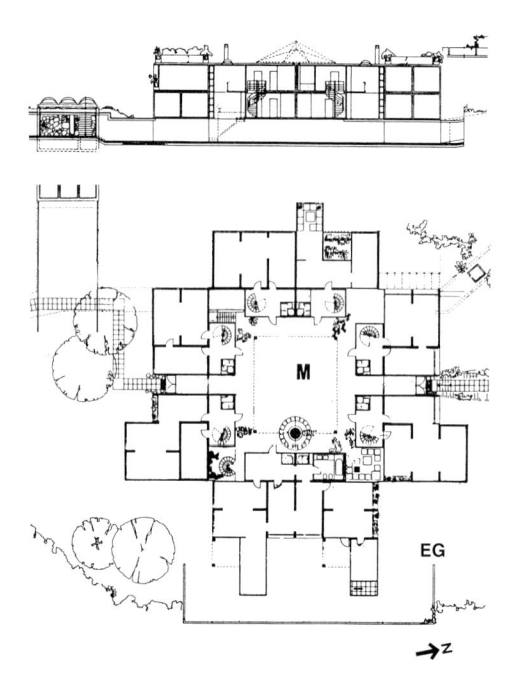

verletzlicher als Wohngemeinschaften mit einem relativ eigenständigen Privatleben ihrer Mitglieder.

Selbst das staatlich geförderte Modell des Quartiers Wandelmeent im Projekt »Centraal Wonen« in Hilversum/NL, bei dem die Einzelhaushalte nach dem Einküchenprinzip zugunsten einer Gemeinschaftsküche nur mit kleinen Kochnischen ausgestattet sind und für jede Gruppe von vier bis fünf Wohneinheiten ein eigener Gemeinschaftsraum von 33 qm zur Verfügung steht, funktioniert schon nach wenigen Jahren nicht mehr. Gemeinschaft läßt sich offenbar auch über die Küche nicht erzwingen (Abb. 2.18). Die Erfahrungen mit solchen Versuchen zeigen, daß Ziele in aller Regel nicht von der Initiativgruppe auf nachfolgende Bewohner übertragen werden können, und lassen vermuten, daß gerade mit der gemeinsamen Haushaltsführung, vor allem mit der Verpflichtung zu einer sehr bewußten Beteiligung an einer Gemeinschaftsverpflegung, eine kritische Grenze erreicht wird.

Im Bereich des am Flachbau orientierten gemeinschaftlichen Wohnens spielt Dänemark innerhalb Europas heute eine eindeutig führende Rolle. Hier gehört die Bereitstellung von gemeinschaftlichen Einrichtungen inzwischen zum Standard der Wohnversorgung. In vielen dieser neuen Anlagen und Quartiere wird auch gemeinschaftlich gekocht und gegessen, so daß man hier tatsächlich von einem Wiederauferstehen des Einküchenhauses sprechen kann.

Schon eines der ersten Bauvorhaben dieser Art, das 1972 bezogene Wohnquartier Saettedammen bei Hillerod der Architekten Bjerg und Dyreborg, zeigt den hohen Bewußtseinsstand seiner Initiatoren, die sich offensichtlich der Gefahren einer den einzelnen allzusehr einengenden Gemeinschaft durchaus bewußt sind. Einer von

2.18

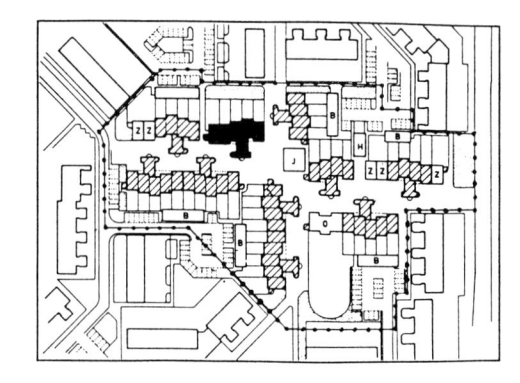

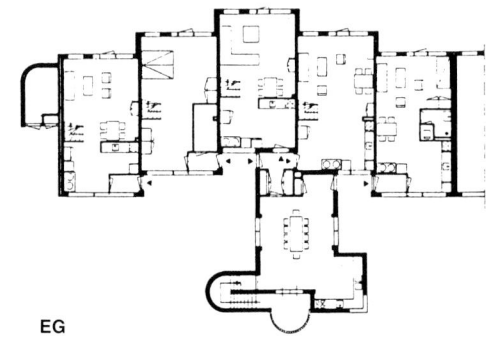

2.17 Graz-Raaba/AU,
Les Paletuviers 5
(Fritz Matzinger, 1979)

2.18 Hilversum/NL, Wandelmeent
Centraal Wonen
(de Jonge, Dorst, Lubeek, de
Bruijn, de Groot, 1974–77)

ihnen, Gerd Illeris, formuliert die Ziele in der Gruppe so: »Eine der wichtigsten Voraussetzungen für das Gelingen des Projekts ist, daß wir freiwillig in das Kollektiv eintreten. Niemand sollte aus Wohnungsnot in das Projekt gezwungen werden. Für die meisten Betroffenen wäre die Alternative das übliche Einfamilienhausgebiet mit wohlgepflegten Gärten, wenig Kontakt zwischen den Bewohnern und geringen Entfaltungsmöglichkeiten für die Kinder. Wir meinen, daß das Milieu um uns herum mindestens ebenso wichtig für das Wohlbefinden der Familie ist wie die einzelne Wohnung und daß die Bewohner deswegen selbst auf dessen Gestaltung Einfluß haben sollten. Man kann einwenden, wir wollten eine Gemeinschaft in der Gemeinschaft bilden – das ist aber meiner Meinung nach keine wirkliche Gefahr, denn das Kollektiv wird uns viel Kraft für nach außen gerichtete Aktivitäten geben, anderes wäre unwahrscheinlich. Beschlußfassungen müssen natürlich nach demokratischen Spielregeln ablaufen. Wir haben sehr schnell erfahren, daß Demokratie kein absoluter Begriff ist, sondern etwas, was in verschiedenen Graden vorkommen kann. Die direkte Demokratie läßt sich in einer Gruppe von mehr als 50 Personen kaum in einer Planungsphase verwirklichen, in der viele Beschlüsse innerhalb kurzer Zeiträume gefaßt werden müssen. Wir mußten einen Grad an Demokratie finden, den alle Teilnehmer akzeptieren konnten. Wir hoffen, daß es uns gelingt, eine Umgebung zu schaffen, wo wir voneinander lernen können, wo die Familien füreinander offen sind und sich die Möglichkeiten eines jeden einzelnen Menschen vergrößern, weil es viel einfacher ist, mit einer Menge anderer Menschen Kontakt zu bekommen. Es sollte einen Ort geben, wo auch die Kinder mit allem vertraut sind, wo es z. B. kein Problem ist, wenn die Eltern des kleinen Peter verreist oder krank sind, da er sich auch in einer anderen Familie zurechtfindet, weil er sowieso öfter dort ist.

Wir wollen einen Ort haben, wo die Kinder – und natürlich die Erwachsenen – nicht nur die Freiheit von etwas, sondern auch die Freiheit zu etwas haben, wo die Möglichkeit besteht, zusammen das zu machen, wozu wir Lust haben, gleichgültig ob wir über Erziehung oder Politik, Essen oder Topfpflanzen reden wollen oder ob wir tischlern, Drachen bauen, Puppentheater für die Jüngeren machen, Musik- oder Filmabende veranstalten wollen. Wir hoffen, die Kinder in der Planung der Werkstatt- und Spielflächen mit einbeziehen zu können. Wir haben auch schon gesonderte Treffen mit den Kindern gemacht, in denen sie eine Menge lustige Vorschläge machten. Wir wünschen uns so wenig Regeln wie irgend möglich zu haben, damit sich keiner angebunden fühlt; wir hoffen, daß die Gemeinschaft wie etwas Natürliches, Selbstverständliches wachsen möge, und das wird hoffentlich dauernd Veränderungen und Weiterentwicklungen produzieren.«[14] (Abb. 2.19)

2.19

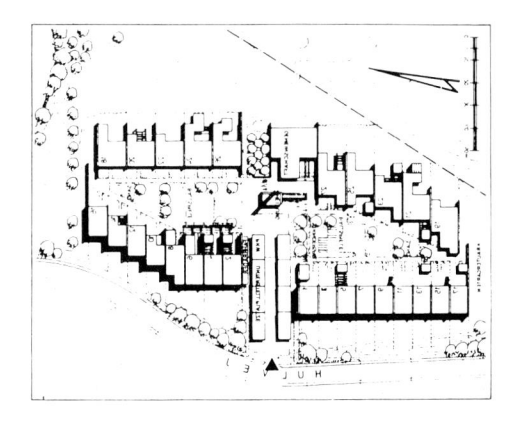

[14] *Gerd Illeris, in: Architekten 6/70, S. 137 ff., zit. nach Universität Stuttgart, Gemeinschaftsorientiertes Wohnen in der kleinen Gruppe, S. 7*

2.19 *Hammersholt/DK, Saettedammen (Bjerg + Dyreborg, 1971–73)*

Während aber bei Saettedammen noch eine gewisse räumliche Trennung zwischen dem zentralen Gemeinschaftshaus und den einzelnen Wohneinheiten besteht – sie sind als Reihenhäuser angeordnet und können später erweitert werden – haben sich auch in Dänemark bei jüngeren Projekten neue eigenständige Gebäudeformen entwickelt, deren Verwandtschaft mit den schon genannten Beispielen aus der Schweiz und Österreich auffällt.

Auch hier entsteht eine eigenständige neue Bautypologie durch die Einbeziehung eines gemeinsamen Erschließungsbereichs und durch dessen Aufwertung zu einem wesentlichen Bestandteil der Gemeinschaftsflächen. Zu diesen Beispielen zählt vor allem das »Jystrup Savverk«, für das die dänischen Architekten Tegnestuen Vandkunsten verantwortlich zeichnen. Es entsteht 1984 als Gemeinschaftswohnanlage auf dem Gelände eines ehemaligen Sägewerks.

Eine Gruppe von 21 Wohneinheiten wird beidseitig an eine lineare Erschließungshalle angelagert und bildet unter Beibehaltung dieses Querschnitts einen winkelförmigen Gesamtkomplex.

Zum Grundstücksinneren sind es eingeschossige Häuser, die in Anlehnung an den Typ des Gartenhofhauses einen kleinen privaten Außenraum auszonen.

Die rückwärtigen Wohneinheiten sind dagegen zweigeschossig und orientieren sich über die Gartenhofhäuser hinweg ebenfalls zum zentralen Grundstücksbereich. Sie haben Dachterrassen, die wie »Brücken« über der Erschließungshalle liegen. Zwischen den einzelnen Terrassen bleibt genügend Distanz, um die Erschließungshalle über Glasoberlichter mit Tageslicht zu versorgen. Sie wird damit zu einem großzügigen, räumlich abwechslungsreichen und stets verfügbaren offenen Spielbereich für die Kinder und für zwanglose Begegnungen der Erwachsenen.

Darüber hinaus stehen an der Gebäudeaußenecke weitere, jedoch räumlich abgeschlossene Gemeinschaftsräume zur Verfügung (Abb. 2.20; s.a. S. 330f.).

2.20

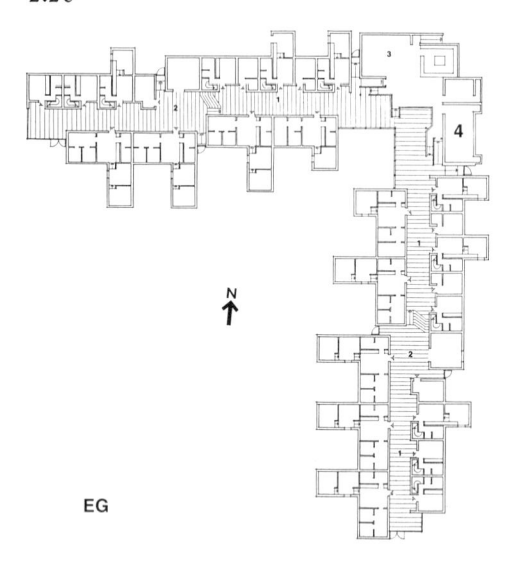

In der langen Auseinandersetzung dieser Architekten mit gemeinschaftsorientierten Wohnanlagen gelingt mit dem Sägewerk Jystrup die Verdichtung all dieser Erfahrungen zu einem neuen Gebäudetypus. Dieser ist weniger durch seine eher zufällige äußere Form definiert, die sich aus den Besonderheiten des Grundstücks erklärt, als vielmehr durch die Ausgewogenheit im Verhältnis zwischen privaten und gemeinschaftlichen Bereichen und in der Differenzierung der angebotenen Gemeinschaftsflächen. Dabei kann die Bedeutung der Erschließungsräume in ihrer alltäglichen Verfügbarkeit und Wirksamkeit als Räume für informelle Begegnungen sowohl der Kinder wie der Erwachsenen etwa im Vergleich mit aus-

2.20 Jystrup Savvaerk/DK, 1 Bewohnerstraße 2 Spielen 3 Gemeinschaftshaus mit Küche 4 Gemeinschaftsraum (Tegnestuen Vandkunsten, 1983/84)

gezonten Gemeinschaftsräumen gar nicht hoch genug eingeschätzt werden.

Im Bereich des Geschoßbaus fällt es sehr viel schwerer als im Bereich des Flachbaus eine ähnliche Entwicklung, etwa im Sinne einer neu entstehenden Gebäudetypologie, nachzuweisen. Hier mögen viele Faktoren mitwirken, wie etwa die größere Distanz zwischen Wohnungsproduktion und Bewohner, aber auch die Tatsache, daß eine größere Abhängigkeit vom jeweiligen Erschließungssystem und seinen spezifischen Möglichkeiten für die Anordnung von Gemeinschaftseinrichtungen besteht.

So kann in einem Mehrfamilienhaus mit getrennten Spännertreppenhäusern der Gemeinschaftsraum schon deswegen zu einem Problem werden, weil seine Zuordnung zu einem der Treppenhäuser durch die Bewohner der anderen Treppenhäuser als Hemmschwelle empfunden wird. Gemeinschaftsräume erfüllen nur dann ihren Zweck, wenn die Hausgemeinschaft, der sie zugedacht sind, sich auch auf Grund anderer baulicher Merkmale als »zusammengehörig« empfindet. In diesem Sinne haben auch hier Erschließungsbereiche und deren innerer Zusammenhang einen sehr wesentlichen Einfluß auf das Gemeinschaftsleben. An einem besonders unkomplizierten Beispiel aus Holland läßt sich verdeutlichen, wie durch nur geringfügige Veränderungen im Bereich einer Gebäudeerschließung große Wirkungen erzielt werden können. Es handelt sich um eine Gruppe von punktartig organisierten Geschoßbauten, bei denen sich jeweils vier Wohneinheiten um ein zentrales Erschließungselement legen. Sie entstehen im Zusammenhang mit dem schon erwähnten Wohnprojekt »Centraal Wonen« in Hilversum 1972–77.

Kurz vor Baubeginn – so wird berichtet – konnte durch eine einfache Planänderung und bei nur geringfügigen Mehrkosten die Außenwand des Treppenhauses so nach außen verschoben werden, daß anstelle der zuvor auf das Notwendige reduzierten Erschließungsflächen auf jeder Etage ein großzügiger Spielbereich für die Kinder entsteht (Abb. 2.21).

2.21

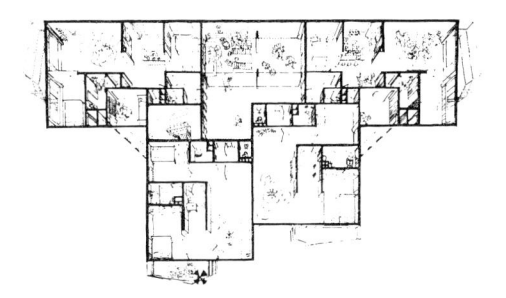

Angebote dieser Art, nämlich wohnungsnahe Spiel- und Begegnungszonen, können auch im Geschoßbau in vielen Fällen mehr zur Befriedigung gemeinschaftlicher Wohnbedürfnisse beitragen als der irgendwo »versteckte« Gemeinschaftsraum.

Betrachtet man unter dieser Hypothese das wohl immer noch prominenteste Beispiel für den Anspruch an gemeinschaftliches Wohnen, nämlich die Unité d'Habitation von Le Corbusier, dann drängen sich Erklärungen dafür auf, warum dieser Gebäudetypus bei seinen Bewohnern auf so viel Ablehnung stoßen und sein Versprechen einer neuen »communauté« nicht einlösen konnte.

Für eine Bewohnerschaft, deren Kinder zuvor auf der Straße lebten, also ein leicht erreichbares Angebot an wohnungsnahen Spiel- und Auslaufmöglichkeiten gewohnt waren, konnten die anonymen und tageslichtarmen Innengänge der Unité genauso-

2.21 Utrecht/NL, Overvecht-Noord
Experimentelles Bauen und Wohnen
(de Jonge, Weeda, ca. 1971)

wenig Ersatz sein, wie ein noch so großes und schönes Angebot an Spiel- und Gemeinschaftseinrichtungen weit oben auf dem Dach (s. a. S. 318 f.).

Die Bedeutung dieses für die Nachkriegsentwicklung so wichtigen Hauses wird dadurch nicht geschmälert. Kritik verdient allerdings die Fahrlässigkeit, mit der gerade dieser funktionalistische Irrtum in den Jahren des Massenwohnungsbaus permanent wiederholt worden ist.

Bei der Planung der Wohnanlage »Schnitz« in Stuttgart-Neugereut, die Anfang der siebziger Jahre zu den wenigen Realisierungen gemeinschaftsorientierten Wohnens im Geschoßbau zählt, wird durch Längsverbindungen im Haus sorgfältig darauf geachtet, daß die Bewohnerschaft nicht in zwei Treppenhausparteien »zerfallen« kann.

Neben dem Außengang im zweiten OG stellt ein weiterer Verbindungsgang im Hanggeschoß eine hausinterne Zugänglichkeit zu allen Gemeinschaftsräumen sicher. Gleichzeitig sind beide Längsverbindungen so ausgebildet, daß sie durch Ausweitungen für Spiel und Begegnung auch die alltäglichen Kontakte unter den Bewohnern fördern.

Davon unabhängig bietet das Haus neben Waschküche und Trockenraum ein vielfältiges Angebot an kollektiv nutzbaren Einrichtungen, darunter einen großen und einen kleinen Gemeinschaftsraum – letzterer mit Freibereich und Teeküche – eine Werkstatt mit Holzlager, eine Dunkelkammer und eine Sauna.

Mit einem Anteil von über 10 % an der Gesamtwohnfläche liegt dieses Angebot an Gemeinschaftsräumen zwar deutlich über dem langfristigen Bedarf, erklärt sich aber aus den sehr hoch gesteckten Erwartungen der Gruppe und der Tatsache, daß zum Zeitpunkt des Bauens viele Kinder im Schul- und Vorschulalter waren (Abb. 2.22).

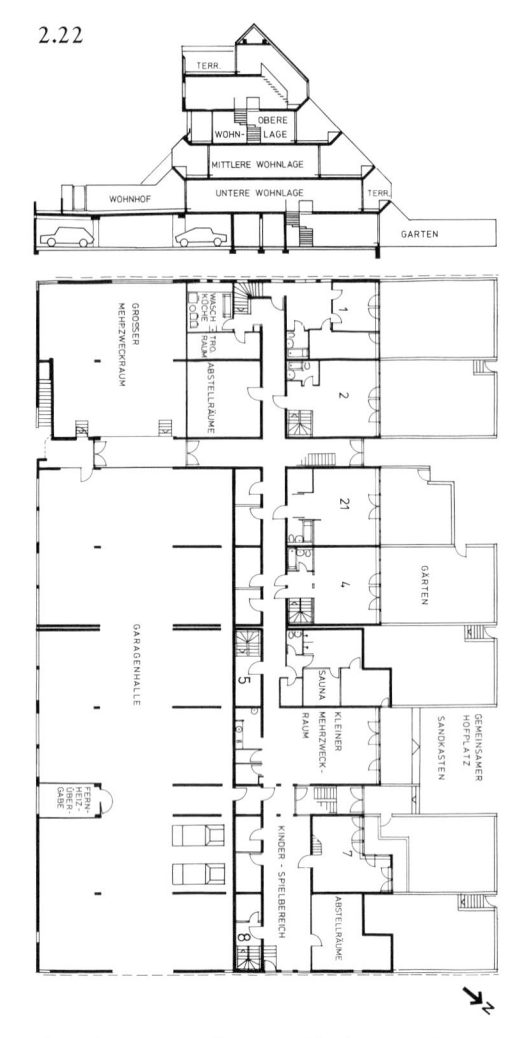

2.22

2.22 Stuttgart-Neugereut, Wohnanlage Schnitz, Schnitt, Hanggeschoß mit Gemeinschaftsräumen (Faller + Schröder und Mitbewohner, 1974)

Aus dem inzwischen reichhaltigeren Repertoire an Beispielen gemeinschaftsorientierten Wohnens, auch aus dem Bereich des Geschoßbaus, lassen sich eine Reihe von Erkenntnissen für die Grundrißarbeit ableiten:

Gemeinschaftsorientiertes Wohnen kann sich langfristig nur dort entfalten und stabilisieren, wo es nicht mit Zwängen verbunden ist.

Die Privatsphäre des Einzelhaushalts muß ebenso unangetastet bleiben wie die Freiheit

des einzelnen, sich der Gemeinschaft anzuschließen oder zu entziehen.
- Gemeinschaftsräume funktionieren besser, wenn sie ein offen wahrnehmbares, zugleich aber auch umgehbares Angebot darstellen.

  Sie funktionieren nicht, wenn sie außerhalb täglich begangener Gebäude- oder Quartiersbereiche liegen – etwa in Untergeschossen oder in versteckten und dezentralen Lagen.

  Besonders gut funktionieren all jene Gemeinschaftseinrichtungen, die aus der Gebäudeerschließung heraus entwickelt oder ihr unmittelbar zugeordnet sind. Tageslicht ist unerläßlich, ein zugeordneter Freiraum wünschenswert.
- Ausgezonte Gemeinschaftsräume sollten stets als Mehrzweckräume konzipiert sein, um mit einem geringstmöglichen baulichen Zusatzaufwand ein Höchstmaß an Verwendbarkeit sicherzustellen. Hausversammlungen, Feste, Kinderbetreuung, Gruppengymnastik, Yoga und viele andere Aktivitäten können im selben Raum stattfinden, wenn es einen kleinen Stauraum für Möbel, Gerät und leere Bierkisten gibt. Unterteilbarkeit, Verbindung zu einem Freiraum, die Ausstattung mit einer Teeküche oder Kochnische, sowie die sanitäre Ausstattung richten sich nach der Zahl der angeschlossenen Haushalte und nach den baulichen Möglichkeiten.
- Werkräume, Dunkelkammer, Waschküche und Trockenräume eignen sich nicht für die Integration in einen Mehrzweckraum. Sie sollten bei Bedarf stets getrennt ausgewiesen werden.
- Als Faustregel bei der Bemessung von Gemeinschaftsflächen nach heutigen Bedürfnissen kann von einem Anteil von 4–8% der Gesamtwohnfläche ausgegangen werden. Mit der Zahl der Wohneinheiten sinkt der Flächenanteil. Stets aber ist die Lage und Raumqualität der Gemeinschaftsräume wichtiger als ihre Größe.

3 Wohngrundriß und Raum
3.1 Raumkonzepte der Moderne
3.2 Zweidimensionale Raumdifferenzierung im Wohngrundriß
3.3 Dreidimensionale Raumdifferenzierung im Wohngrundriß
3.4 Möglichkeiten und Grenzen neuer Raumkonzeptionen

Funktionsstudien zu diesem Kapitel befinden sich
auf den Seiten 347 und 348

3 Wohngrundriß und Raum

3.1 Raumkonzepte der Moderne

Raumqualität als eine vom Raumerlebnis her definierte Dimension des Wohnens isoliert und für sich allein zu betrachten, ist sicherlich ein sehr riskantes Unterfangen, denn sie ist und bleibt im Wohnen viel zu eng mit dem Gebrauchswert des Raums verknüpft. Ein noch so »schöner« Wohnraum bleibt wertlos, wenn man ihn z. B. nicht möblieren kann. Umgekehrt aber muß festgestellt werden, daß durch Normen und Regelwerke für den sogenannten Massenwohnungsbau nach dem Krieg – etwa durch Stellflächennormen – genau jene Qualitäten verloren gegangen sind, die räumliche Erlebniswerte ausmachen und aus der Wohnung mehr machen als einen Behälter für Möbel und Gerät.

Es darf deshalb nicht überraschen, daß mit der Kritik am »Funktionalismus«, wie sie Ende der siebziger Jahre einsetzt, ein Rückgriff auf funktional weniger determinierte Wohnbaugrundrisse zu beobachten ist, Grundrisse, die sich wieder stärker an geometrisch-formalen Raumordnungen klassischer Vorbilder orientieren. Dabei werden aber nicht nur funktionale Aspekte in den Hintergrund gedrängt – Aspekte wie sie etwa im Kapitel »Funktionsverdichtungen im Wohngrundriß« angesprochen werden – sondern es werden die von der Moderne entwickelten Raumvorstellungen selbst wieder in Frage gestellt. Am Anfang der Moderne stehen sich aber gerade jene beiden Grundauffassungen gegenüber, die man vereinfachend als die »pragmatisch-funktionale« und die »klassizistische« bezeichnen könnte; einerseits das Vorbild des »englischen Hauses« mit seinen Wurzeln im gebrauchstüchtig organisierten bäuerlichen Wohnhaus, andererseits das »palladianische« Haus, wie es über die Ecole des Beaux Arts in den Klassizismus des 19. Jahrhunderts weitergegeben und im biedermeierlichen Wohnhaus zum »anderen« Vorbild der Moderne wird (Abb. 3.1 und 3.2).

3.1

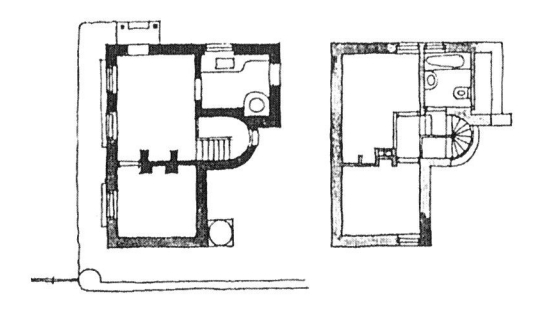

3.2

3.1 Auchenbothie/GB,
Gate Lodge, Final design
(Charles Rennie Mackintosh,
1901)

3.2 *Weimar,*
Goethes Gartenhaus

[15] Barry Parker, The Art of building a home, zit. nach Peter Davey, The Arts and Crafts Architecture, S. 177

Ein Zitat von Barry Parker (1867–1947), neben Raymond Unwin Mitbegründer der englischen Gartenstadtbewegung, mag belegen, wie wichtig für das damalige »englische Haus« die Frage der Raumdifferenzierung war. In einem Vortrag von 1895, in dem er die Wichtigkeit eines großen Wohnraums für kleine Häuser hervorhebt, sagt er:
»But if your big room is to be comfortable it must have recesses. There is a great charm in a room broken up in plan, where that slight feeling of mystery is given to it which arises when you cannot see the whole room from any point in which you are likely to sit; when there is always something around the corner«[15] (Abb. 3.3).

3.3

Die Überwindung des Historismus nach der Katastrophe des Ersten Weltkriegs wird zwar von beiden Grundauffassungen gleichermaßen getragen, aber die nun aufbrechenden Vorstellungen vom »Raum« finden im pragmatisch-funktional organisierten Haus den tragfähigeren Untergrund. Diese neuen Raumvorstellungen eines Theo van Doesburg und der De Stijl-Bewegung sowie ähnliche Tendenzen im Suprematismus Malevitschs führen zu einer Auflösung des statischen Raums in seine flächenhaften Bestandteile und zu dessen Verselbständigung in fließenden und dynamischen Raumvisionen. Das Aufgreifen dieser Raumvorstellungen durch das Neue Bauen führt zu neuartigen, bisher unbekannten Raumzusammenhängen und Raumfolgen zwischen kleinen geschlossenen und großen, sich nach außen öffnenden Räumen. Sie lassen sich, wie z. B. im »plan libre« Le Corbusiers mit den funktionalen Belangen des Wohnens zu völlig neuen Grundrißbildern vereinen. Nicht mehr Achse und Symmetrie sind die den Grundriß ordnenden Gesetzmäßigkeiten, sondern das Ausbalancieren von Spannungen zwischen groß und klein, eng und weit, offen und geschlossen (Abb. 3.4).

3.4

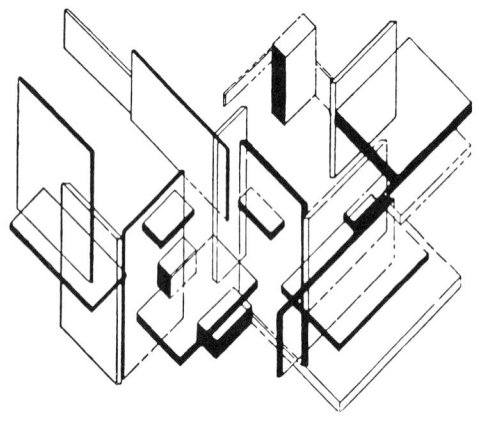

Während sich jedoch die Kluft zwischen beiden Grundströmungen im Raumkonzept vertieft, decken sich ihre Ziele in einem anderen wichtigen Anliegen der Moderne, nämlich in der »Entrümpelung« des Raums von der Überfrachtung durch Dekoration, Mobiliar und Gerät. Mit dem Wunsch, auf alles Überflüssige im Raum zu verzichten, begegnen sich die Protagonisten der »neuen Sachlichkeit« und »klassizistischer Strenge«, auch wenn sie sich sonst nicht mehr viel zu sagen haben. Zwar unterscheiden sie sich in ihrem grundlegenden Raumverständnis,

3.3 »A living room« (Parker + Unwin, ca. 1900)

3.4 Beziehung vertikaler und horizontaler Flächen (Theo van Doesburg, ca. 1920)

nicht aber in dem gemeinsamen Ziel, den Raum durch Abwerfen von Ballast wieder stärker erlebbar zu machen.

Bruno Taut, der sich wahrscheinlich keiner Denkrichtung eindeutig zuordnen läßt, sagt in seinem 1924 erschienenen Text über »Die neue Wohnung« mit dem Untertitel »Die Frau als Schöpferin«:

»Eines, meine Damen, ist jedenfalls Tatsache: wenn aus einer Wohnung nach strengster und rücksichtslosester Auswahl alles, aber auch alles, was nicht direkt zum Leben notwendig ist, herausfliegt, so wird nicht bloß Ihre Arbeit erleichtert, sondern es stellt sich von selbst eine neue Schönheit ein.«[16]

Zur neuen Raumvorstellung gehört also auch eine Art »Askese« in der Nutzung des Raums, die sich allerdings nicht nur im Mobiliar, sondern auch in den Materialien, den Oberflächen und der Farbigkeit artikuliert. Nicht von ungefähr wird das japanische Wohnhaus in jenen Jahren zum oft zitierten Vorbild für diesen neuen Umgang mit dem Raum.

3.2 Zweidimensionale Raumdifferenzierung im Wohnen

Übertragen auf den Grundriß des kleinen Hauses und der Stockwerkswohnung kann sich der Aspekt der inneren Raumdifferenzierung relativ rasch durchsetzen.

Verfolgt man die Entwicklung bis in die frühe Moderne zurück, so artikuliert sich Raumqualität im Wohnen zunächst nur im Versuch, neben äußerst funktionsbestimmten Zellen für Küche, Bad, WC und die Schlafräume einen möglichst großen Raum für das Wohnzimmer zu erreichen (Abb. 3.5).

3.5

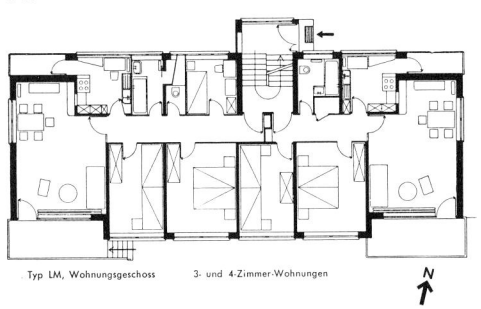

Früh wird aber schon die Möglichkeit erkannt, diesen Raum unter Verzicht auf den ausgezonten Flur als Erschließungsraum für die übrigen Zimmer zu nutzen und ihn auf diese Weise weiter zu vergrößern (Abb. 3.6; s.a. S. 316f.).

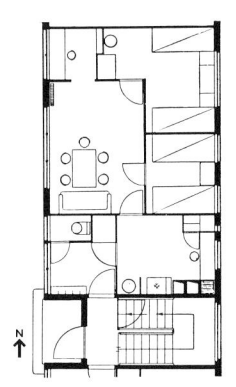

3.6

Damit wird ein entscheidender emanzipatorischer Schritt vollzogen, der Schritt von der separaten »guten Stube« zur »Drehscheibe« des Grundrisses, also zu einem Gebilde mit zugleich statischen und dynamischen Raumfunktionen. Der Wohnraum unterscheidet sich damit von den Zimmern der einzelnen Familienmitglieder, die stets durch eine Tür abgetrennt sind und damit nur ganz selten weitere Räume erschließen. Im Kapitel über Bereichsbildung ist dargestellt, daß mit den »Durchwohn«-Grundrissen Hans Schumachers schon 1929 ein hohes Maß an räumlich wirksamer Spannung zwischen dem offenen Wohn- und

[16] Bruno Taut, Die neue Wohnung, Die Frau als Schöpferin, S. 31

3.5 Zürich-Neubühl/CH, Werkbundsiedlung Typ LM (Haefeli, Hubacher, Steiger, Moser, Roth, Artaria + Schmidt, 1931)

3.6 Celle, Blumläger Feld, 4-Betten-Typ, Wohnfläche 42,70 qm (Otto Haesler, 1929)

Erschließungsbereich und den übrigen Räumen der Wohnung erreicht wird (Abb. 3.7).

Der Geschoßbau der Wiederaufbauphase nach dem Krieg bleibt als Zeilenbau zunächst weit hinter diesen schon um 1930 entwickelten räumlichen Qualitäten zurück. Sehr rasch wird diese Phase dann durch punktartig organisierte Geschoßbauten abgelöst, bei denen aus erschließungstechnischen Gründen ein »Durchwohnen« gar nicht möglich ist. So bleibt es auch in dieser Phase bei einer rein quantitativen Differenzierung zwischen dem Wohnraum und den übrigen Räumen einer Wohnung.

3.7

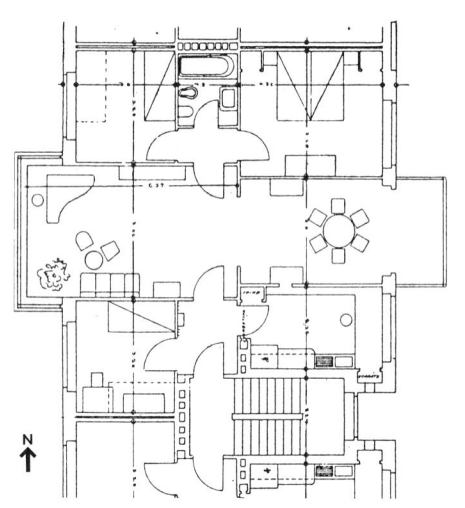

Hans Scharoun nutzt jedoch die Gesetzmäßigkeiten punktartiger Hochhausgrundrisse, die bekanntlich im Gebäudeinneren wenig, außen dagegen viel Platz haben, um seinen Wohnräumen expressivere, sich nach außen hin öffnende Formen zu geben. Damit gelingt ihm eine Differenzierung auf ganz andere Weise: Das Verlassen der Rechteckform verleiht dem Wohnraum über den quantitativen Aspekt hinaus eine ganz andere Raumcharakteristik (Abb. 3.8).

3.8

Auch Alvar Aalto bedient sich bei seinem Hochhaus für die Neue Vahr in Bremen dieser Möglichkeit. Allerdings bestehen seine sich nach außen öffnenden Wohnungen ohnehin nur aus diesem einen Raum (Abb. 3.9).

3.9

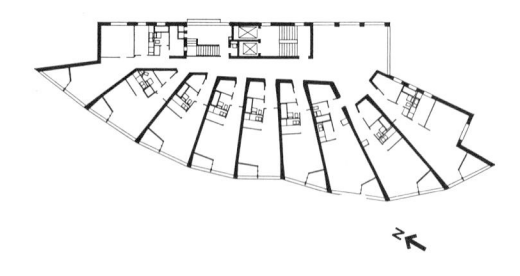

In besonders eindringlicher Weise nutzt Otto H. Senn dagegen dieses Prinzip bei seinem Vierspänner-Grundriß für die Berliner Interbau 1957. Der sich nach außen öffnende Wohnraum bildet jeweils eine Gebäudeecke und wird zusammen mit dem Balkon zum bestimmenden inneren und äußeren Gestaltungselement (Abb. 3.10).

Auch sonst liefert die Interbau in Berlin umfangreiches Anschauungsmaterial für die unterschiedlichen räumlichen Gestaltungsmöglichkeiten zwischen punktartig und zeilenartig organisierten Geschoßbauten.

3.7 Mietwohnungen von 2–5 Zimmern, Typ 5, Mittelstandswohnung für die 6–7köpfige Familie (Hans Schumacher, 1927)

3.8 Stuttgart-Zuffenhausen, Wohnhochhaus Romeo, Normalgeschoß (Hans Scharoun, 1959)

3.9 Bremen, Neue Vahr, 22geschossiges Hochhaus (Alvar Aalto, 1962)

3.10

3.11

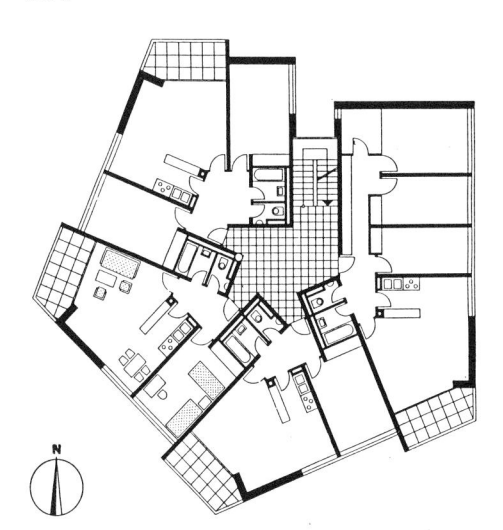

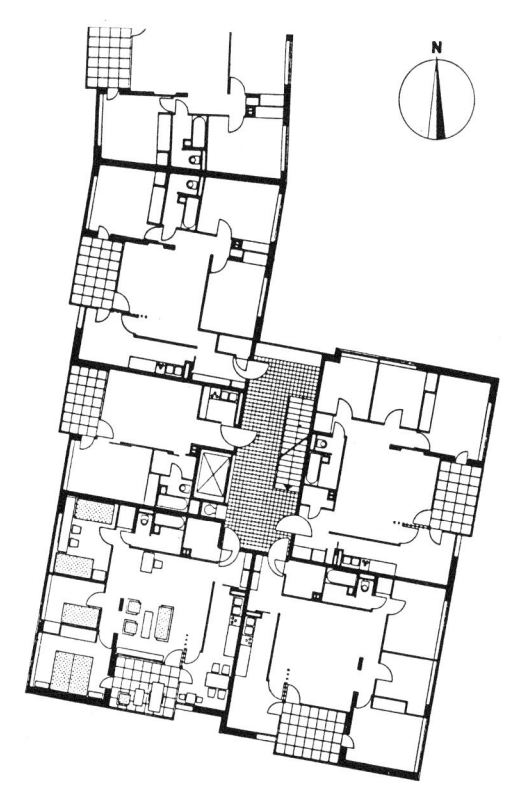

Alvar Aalto umgibt bei seinem Haus für die Interbau seinen Allraum auf drei Seiten mit Individual- und Nebenräumen und steigert damit dessen Zentralität, d. h. er gibt seiner Wohnung eine räumliche Mitte und damit eine Raumqualität, die der Geschoßwohnbau in der Regel nicht kennt. Er steigert die Besonderheit dieses Raumes durch den auf die volle Raumbreite vorgelagerten geräumigen Balkon und erreicht auf diese Weise eine sehr eigenartige Synthese aus einem tradierten Raumverständnis, dem man den Begriff »Mitte« zuordnen möchte, und einem sehr modernen Verständnis, das Innen und Außen als Raumzusammenhang begreift (Abb. 3.11, s.a. S. 320f.).

Einen ähnlichen Ansatz haben die Grundrisse eines fünfgeschossigen Wohnbaus, den Johann Georg Gsteu zwischen 1973–77 im 22. Wiener Bezirk baut. Über eine Innenhalle erschlossene und deshalb nur einseitig orientierte Wohnungen haben einen großen, zentralen Wohnbereich, dem auch der Balkon zugeordnet ist. Individualräume und Bäder flankieren diesen Zentralbereich auf zwei Seiten. Die ganz auf den Balkon bezogenen Fenster der Individualräume unterstreichen die Zentralität, die diesen Grundriß charakterisiert (Abb. 3.12).

Mit seinen Hochhausgrundrissen für Köln-Chorweiler aus dem Jahr 1965 geht Oswald Mathias Ungers noch einen Schritt weiter. Hier wird der sich nach mehreren Seiten öff-

3.12

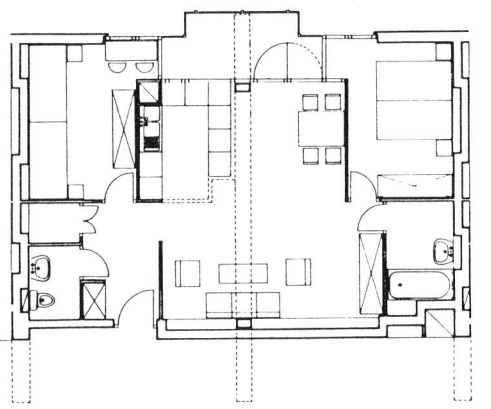

3.10 Berlin, Interbau 57, 4geschossiges Punkthaus (Otto H. Senn, 1957)

3.11 Berlin, Interbau 57, 8geschossiges Wohnhaus (Alvar Aalto, 1957)

3.12 Wien/AU, Herbert-Boeckl-Weg (Johann Georg Gsteu, 1973–77)

nende kollektive Wohnbereich gewissermaßen zum »Dorfplatz«, der von den »Häusern« der Individual- und Nebenräume umstellt ist. Anders als bei Aalto läßt die Anwendung dieses strukturalistischen Prinzips allerdings keinen eindeutigen Außenraumbezug mehr zu, vielmehr wird der Wohnraum selbst – folgt man der Metapher – zum »Außenraum«. Mit diesem »Hereinholen« des verlorengegangenen städtischen Raums in den Wohngrundriß zieht Ungers letztlich die Konsequenz aus einer städtebaulichen Entwicklung, die auch den Wohnbau zu einer Ansammlung autistischer Beziehungslosigkeiten gemacht hatte (Abb. 3.13).

3.13

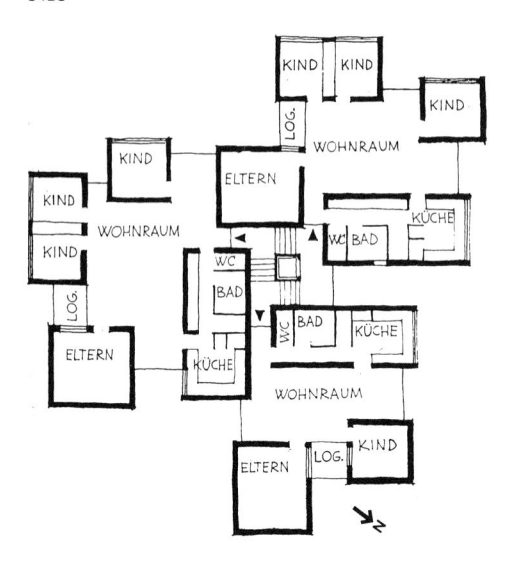

Das Ende der Hochhauseuphorie ist gleichzeitig das Ende eines Wohnbaus der Solitäre und der Beginn einer Rückkehr zu einem mehr raumbildenden Städtebau.
Dieser setzt schon ein, wie die Beispiele Hamburg-Steilshoop ab 1967 und Stuttgart-Neugereut ab 1970 zeigen, bevor die große Umkehr in die Innenstädte beginnt.

Für den Wohngrundriß ist dabei interessant, daß dieser Prozeß auch die Rückkehr zu geringeren Grundrißtiefen bedeutet und damit – trotz der so anders gearteten städtebaulichen Bedingungen – die Wiederentdeckung des Durchwohngrundrisses.
Dessen besondere Qualitäten eines ambivalenten Raumerlebnisses werden jetzt noch durch die unterschiedlichen Erlebniswerte der angrenzenden Außenräume gesteigert: auf der einen Seite Straße, auf der anderen Hof oder Blockinnenraum. »Durchwohnen« bedeutet jetzt nicht nur die Teilhabe an zwei Himmelsrichtungen, sondern auch an zwei sehr unterschiedlichen Außenwelten.

Die stärkere Polarisierung des Wohnumfelds läßt selbstverständlich auch ganz andere Rauminterpretationen zu – bis hin zur völligen Abwendung von der als lebensfeindlich empfundenen Straße – also das Gegenteil des Durchwohnens. Daß solche einseitigen Orientierungen nicht in spannungslosen Raumadditionen enden müssen, zeigt das Beispiel einer Brandmauerbebauung in einem Innenhof am Fraenkelufer in Berlin von Hinrich und Inken Baller aus dem Jahr 1984. Hinter dem höchst rationalen Umgang mit der verfügbaren Belichtungsfläche durch Auffalten der Fassade, verbirgt sich ein Grundriß von großer räumlicher Expressivität (Abb. 3.14).

3.14

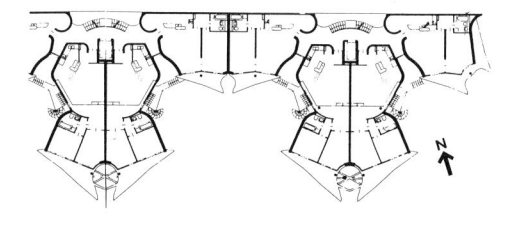

3.13 Köln-Chorweiler, Wettbewerb (Oswald Mathias Ungers, 1965)

3.14 Berlin, IBA, Fraenkelufer (Hinrich + Inken Baller, 1984)

3.3 Dreidimensionale Raumdifferenzierung im Wohnen

Während sich Raumdifferenzierungen in der Ebene des Grundrisses relativ rasch im Neuen Bauen durchsetzen und in vielen vergleichenden Grundrißlehren und -sammlungen ihren Niederschlag finden, spielt die dritte Dimension, nämlich die Organisation der Wohnung im Raum, eine merkwürdig untergeordnete Rolle. Das Denken vollzieht sich in der Schichtung und Stapelung gleicher Geschosse, der Gebäudequerschnitt gibt allenfalls Aufschluß über die Dachform und die Höhenlage des Hauses im Gelände. Beim Einfamilienhaus wird immerhin der unterschiedlichen Geschoßnutzung durch ein meist höheres Erdgeschoß Rechnung getragen, aber höchst selten werden Niveaudifferenzierungen innerhalb einer Ebene vorgenommen. Sicherlich gibt es dafür das unwiderlegbare Argument einer einfacheren Haushaltsführung und erhöhter Bequemlichkeit, vor allem für ältere Bewohner. So wären Niveaudifferenzierungen innerhalb engerer Nutzungskreisläufe, etwa zwischen Küche und Eßplatz in der Tat durch keinerlei räumliche Argumentation zu rechtfertigen.

Konzepte mit Raumüberhöhungen setzen sich daher rascher durch als solche mit Niveaudifferenzierungen. Aus dieser Sicht kommt einem Haus besondere Bedeutung zu, das 1923 als Versuchshaus des Bauhauses unter dem Namen »Haus am Horn« in Weimar entsteht und für das Georg Muche verantwortlich zeichnet. Als eingeschossiges Haus ohne jegliche Niveaudifferenz erreicht es eine überraschende Raumwirkung durch die Überhöhung des quadratischen, in der Grundrißmitte angeordneten Wohnraums, der auf vier Seiten von den übrigen Räumen des Hauses umgeben ist. Diese haben normale Raumhöhe, der Wohnraum ist um etwa einen Meter höher und wird über ein umlaufendes Oberlichtband mit Tageslicht versorgt. Einer der umgebenden Räume ist als Arbeitsnische direkt an den Wohnraum angegliedert und erlaubt damit auch Ausblicke in Augenhöhe (Abb. 3.15).

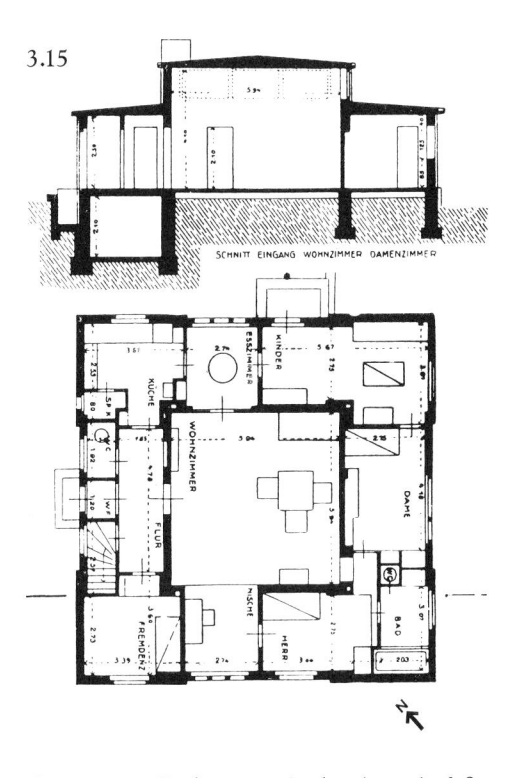

3.15

Eine ganze Reihe von Architekten befaßt sich auch mit jenen räumlichen Möglichkeiten des zweigeschossigen Hauses, bei denen ein doppelt hoher Wohnraum über eine Galerie an das Schlafgeschoß angeschlossen wird.

Als Beispiel sei hier Ernst Mays eigenes Wohnhaus in Frankfurt aus dem Jahre 1926 angeführt (Abb. 3.16).

3.15 Weimar, Haus am Horn (Georg Muche, 1923)

[17] Le Corbusier/Paul Jeanneret, »Les 5 points d'une architecture nouvelle 1926«; s. a. Ulrich Conrads, »Programme und Manifeste ...«, S. 93–95

3.16

Bei seinem Entwurf für ein Kleinmetallhaus von 1925 erreicht Marcel Breuer eine ähnliche Raumdifferenzierung, bei einem sehr knappen Bauvolumen. Von seiner »Schlafgalerie« aus erschließt er zusätzlich eine um ein halbes Geschoß höherliegende Dachterrasse. Dadurch wird der Luftraum um ein halbes Geschoß reduziert, und es entsteht ein besonders interessanter Raumquerschnitt (Abb. 3.17).

3.17

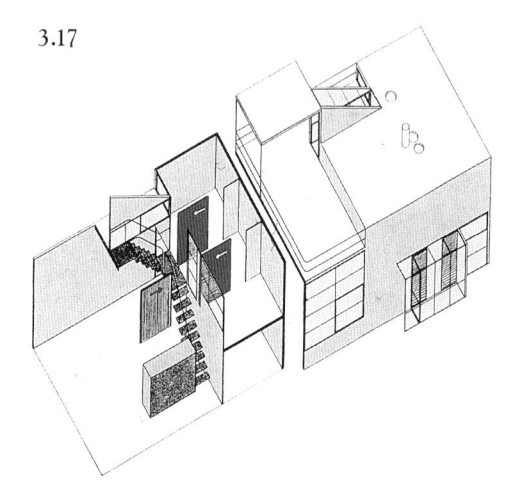

Zwei Architekten sind dem räumlichen Denken ihrer Zeit weit voraus und haben trotz ihrer unterschiedlichen Herkunft erstaunliche Gemeinsamkeiten, besonders im Umgang mit dem mehrgeschossigen städtischen Einfamilienhaus. Gemeint sind Le Corbusier und Adolf Loos.

Loos entwickelt mit dem »Raumplan« eine ganz eigenständige Raumtheorie, die vor allem von einer ökonomischen Raumnutzung ausgeht, mit deren Hilfe einfache Baukörper in raffinierter Weise nach innen differenziert werden.

Le Corbusier dagegen vereint Räumlichkeit und Plastizität seiner Baukörper zu einem neuen Ganzen in der Durchdringung von innen und außen. Dabei spielen seine Prinzipien des Aufständerns und der Nutzung von Dachflächen eine wichtige Rolle.[17]

Vergleicht man Le Corbusiers Haus am Bruckmannweg 2 für die Stuttgarter Weißenhofsiedlung von 1927 etwa mit Adolf Loos' Haus Rufer in Wien aus dem Jahre 1922, dann wird bei aller Unterschiedlichkeit des Ansatzes der hohe innenräumliche Anspruch beider Häuser spürbar (Abb. 3.18 und 3.19).

3.18

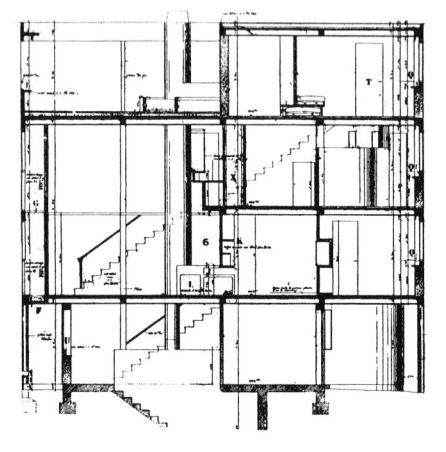

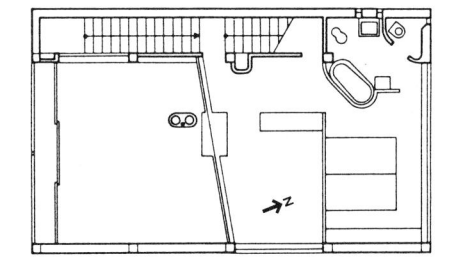

3.16 Frankfurt-Ginheim, Wohnhaus May, Hauptwohnraum (Ernst May, 1926)

3.17 Vorfabrizierte Kleinmetallhäuser, Projekt (Marcel Breuer, 1925)

3.18 Stuttgart, Weißenhofsiedlung, Schnitt, Grundriß OG, Grundriß von G. Kirsch (Le Corbusier, 1927)

3.19

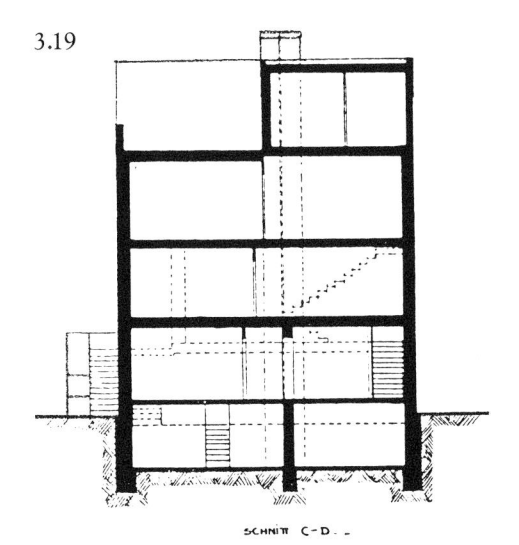

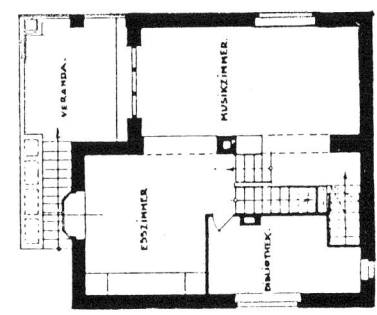

Saal. Nur durch die Teilung in die Hälfte konnten sie niedrige Räume gewinnen. Und wie es einmal der Menschheit gelingen wird, im Kubus Schach zu spielen, so werden auch die anderen Architekten künftig den Grundriß im Raume lösen.«[18]

Zumindest in der Führung seiner Treppe überträgt Loos seine Raumplankonzepte auch auf das Siedlerhaus in Form des zweigeschossigen Reihenhauses. Die Treppe wird durch ihre Übereck-Anordnung, bei der ihr Hauptteil parallel zur Fassade liegt, aus dem Wohnraum betreten und bleibt mit ihm über Durchblicke verknüpft. Damit hat sie für Loos als Element räumlicher Verknüpfung einen ganz anderen Stellenwert als bei den meisten seiner Zeitgenossen (Abb. 3.20).

[18] Adolf Loos, in: Frankfurter Zeitung 73. JG, Nr. 216, Abendblatt 21.3.1929, zit. nach Rukschcio/ Schachel, Adolf Loos, S. 318

Man muß es als tragisch bezeichnen, daß Loos durch kritische Äußerungen gegenüber dem Deutschen Werkbund seine Teilnahme an der Weißenhofsiedlung verspielt hatte. Die Chance, ihn direkt mit Le Corbusier vergleichen zu können, war damit unwiederbringlich verloren. Loos sagte damals: »Ich hätte etwas auszustellen gehabt, nämlich die Einteilung der Wohnzimmer im Raum, nicht in der Fläche, wie es Stockwerk um Stockwerk bisher geschah. Ich hätte durch diese Erfindung der Menschheit viel Arbeit und Zeit in ihrer Entwicklung erspart. Denn das ist die große Revolution in der Architektur: Das Lösen des Grundrisses im Raum! Vor Immanuel Kant konnten die Menschen noch nicht im Raum denken, und die Architekten waren gezwungen, die Toilette so hoch zu machen wie den

3.20

Die Reihenhäuser auf dem Karlsruher Dammerstock von 1929 sind zwar als Anschauungsmaterial besonders bezüglich ihrer

3.19 Wien/AU, Wohnhaus Rufer, Schnitt, Grundriß Hauptgeschoß (Adolf Loos, 1922)

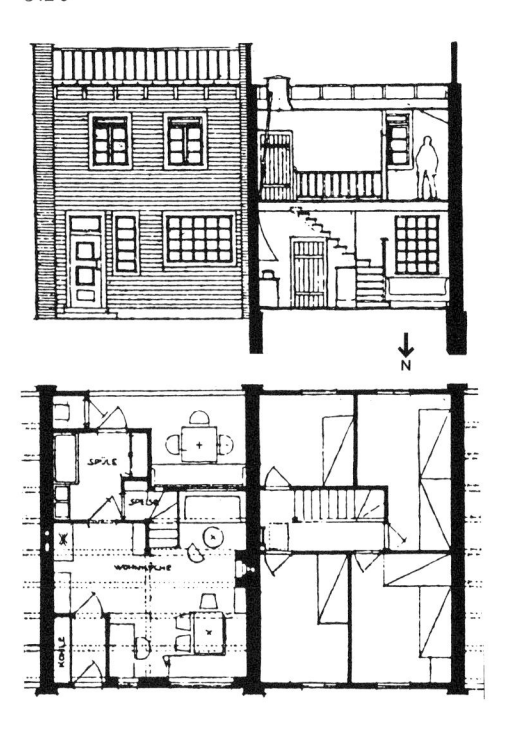

3.20 6-Meter-Typ eines Reihenhauses, Projekt (Adolf Loos, 1920)

inneren Treppenführung interessant, die Treppe bleibt aber stets das isolierte Verbindungselement zwischen zwei Ebenen ohne Auswirkung auf das Raumerlebnis im Haus (Abb. 3.21 und 3.22).

heiten erhalten ihre räumliche Großzügigkeit durch die Einbeziehung der Treppen und durch die Ausweitung des Wohnraums bis unter das geneigte Dach (Abb. 3.23).

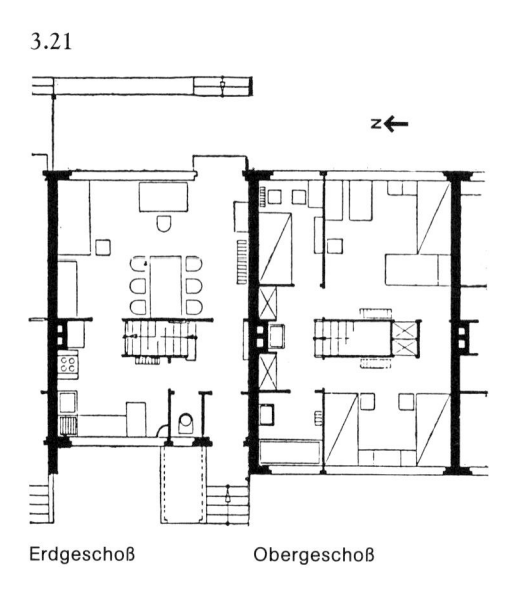

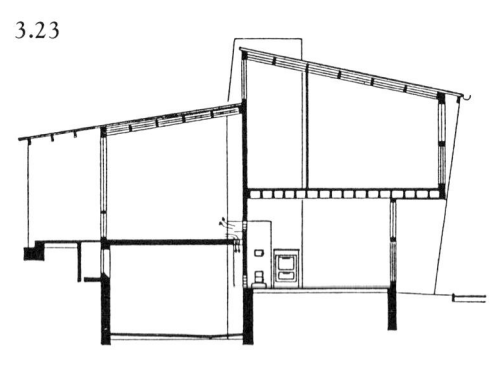

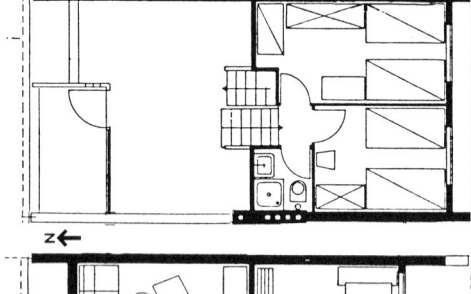

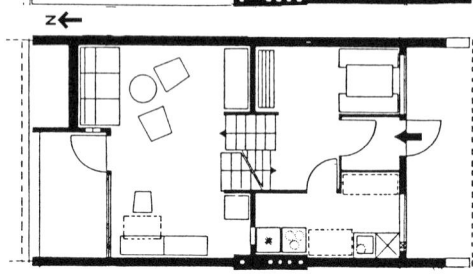

3.21

Erdgeschoß   Obergeschoß

3.22

Erdgeschoß   Obergeschoß

3.21 Karlsruhe, Dammerstock, Reihenhaus
(Walter Gropius, 1929)

3.22 Karlsruhe, Dammerstock, Reihenhaus
(Wilhelm Lochstampfer, 1929)

3.23 Stuttgart-Feuerbach, ECA-Siedlung, Grundriß und Schnitt
(Gero Karrer, Max Hauschild, 1952)

3.23

Erst durch die Anwendung des »Splitlevel«-Prinzips für die innere Erschließung des Reihenhauses entstehen neue räumliche Lösungen. Ein anschauliches Beispiel dafür sind die Reihenhäuser der ECA-Siedlung in Stuttgart-Feuerbach von Gero Karrer aus dem Jahre 1952. Die sehr kleinen Hausein-

Mit seinen Diagoon-Häusern in Delft aus dem Jahre 1971 entwickelt Hermann Hertzberger ein Reihenhaus, das in seiner ganzen räumlichen Organisation die gewohnte lineare Ausrichtung dieses Typs verläßt und statt dessen von der Treppe und ihren dreidimensional-räumlichen Möglichkeiten ausgeht. Er versetzt zwei Haushälften sowohl im Grundriß wie im Schnitt so gegeneinander, daß sie einen zentralen Luftraum umschließen. Vom Dach her belichtet, gewährt er nicht nur überraschende Durchblicke zwischen den verschiedenen Ebenen, sondern verschafft dem Haus ein Innenleben, eine Mitte, die dieser Hausform sonst völlig fehlt. Durch den Grundrißversatz entstehen gleichzeitig sehr überzeugende Verzahnungen mit dem Außenraum (Abb. 3.24; s.a.S. 326f.).

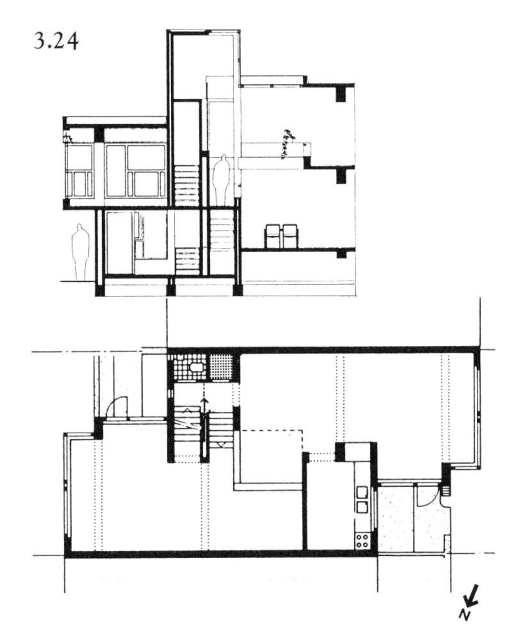

3.24

Neben Herman Hertzberger versuchen vor allem die Engländer Benson und Forsyth 1973 dem gereihten Haus mehr räumliche Qualitäten abzugewinnen.

Durch sehr differenzierte Gebäudequerschnitte mit Geschoßversätzen im günstigen $^1/_3$-$^2/_3$-Verhältnis entstehen reizvolle räumliche Verbindungen zwischen dem Wohn- und dem Eßbereich oder zwischen der oberen Schlafebene und der Dachterrasse.

Der innenliegende Eßplatz erhält durch ein großzügiges Oberlicht eine ganz eigenständige Raumqualität in der Mitte des Hauses.

Bei dem Beispiel »Lamble Street« in London handelt es sich um ein ebenes Gelände, das den Geschoßversatz über einen Tiefhof aufnimmt (Abb. 3.25).

3.25

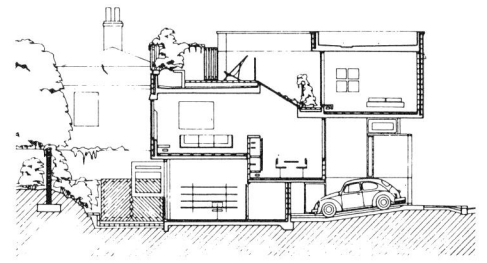

Die Verfasser dieser Häuser verweisen damit auch auf Möglichkeiten im Umgang mit schmaleren Reihenhäusern. Diese Bauform wird in Zukunft noch an Bedeutung gewinnen, denn sie ist eine der ganz wenigen ökonomisch sinnvollen und ökologisch vertretbaren Formen des verdichtet angeordneten Einfamilienhauses auf eigener Parzelle.

Das Reihenhaus leidet aber in der öffentlichen Akzeptanz unter Abnutzungserscheinungen, wohl nicht zuletzt wegen der schlechten grundrißlichen Kompromisse, die ihm oft zugemutet werden. Wegen der kopfseitigen Erschließung des schmalen und tiefen Grundrisses werden allzu häufig wichtige Wohnfunktionen im dunklen Innenbereich des Hauses untergebracht, was zum Beispiel den Eßplatz völlig entwertet, wenn er dort plaziert wird (Abb. 3.26).

3.26

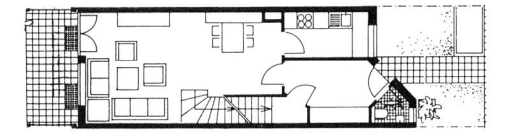

Es müßte aber heute selbstverständlich sein, den Innenbereich dieses Haustyps räumlich aufzuwerten, etwa durch einen zentralen Luftraum und durch Licht von oben. Damit können in Verbindung mit der Treppe neue räumliche Zusammenhänge hergestellt und die Innenzone auf allen Ebenen für das Wohnen aktiviert werden.

3.24 Delft/NL, Diagoon Häuser
   (Herman Hertzberger, 1971)

3.25 London/GB, Camden,
   Lamble Street
   (Benson, Forsyth, 1973)

3.26 Typisches Reihenhaus mit
   innen liegendem Eßplatz
   (ca. 1992)

Welche erstaunlichen Resultate mit solchen simplen Methoden zu erzielen sind, zeigt ein Umbau, den die Architekten Koch + Eberle an einem innerstädtischen Wohnhaus in Dornbirn vorgenommen haben (Abb. 3.27).

3.27

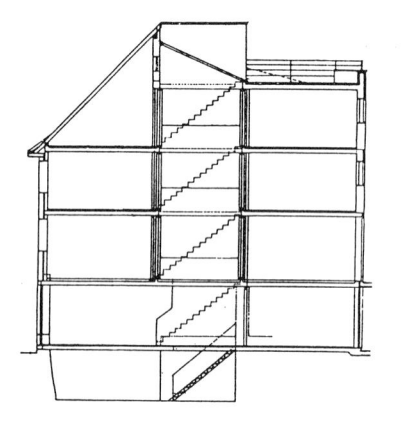

3.28

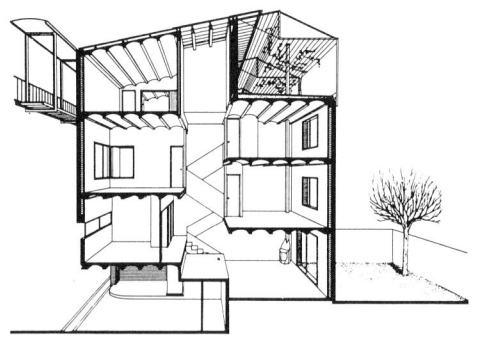

Daß man im Interesse solcher Raumqualitäten mit dem Oberlicht sogar eine darüberliegende Wohnung durchdringen kann, zeigen die Querschnitte in den Häusern von Tusquets und Clotet in Cerdanyola bei Barcelona. Die zentrale Wohnhalle der untenliegenden Maisonettes erhält durch diese unkonventionelle Oberlichtanordnung eine überraschende Raumqualität. Die versetzt angeordneten Wohnebenen können über innere Klappläden großzügig zu diesem zentralen Luftraum geöffnet werden, so daß sich die einzelnen Familienmitglieder je nach Bedarf dem Familienleben anschließen oder entziehen können (Abb. 3.28).

Den schwierigeren ökonomischen Bedingungen des Geschoßbaus entsprechend bleiben seiner großzügigen dreidimensionalen Raumentwicklung engere Grenzen gesetzt – zu gewichtig ist das Argument der »Verschwendung« von Bauvolumen.

Um so interessanter ist deshalb die Beobachtung, daß gerade die allerersten Beispiele von Doppelstockwohnungen von den Möglichkeiten dreidimensionaler Raumausweitung großzügiger Gebrauch machen als ihre Nachfolger. Hiller verharrt zwar noch in einer traditionellen Formensprache, aber er gibt seiner Wohnung eine großzügige zweigeschossige Wohnhalle im Sinne einer Diele (Abb. 1.15).

Schaupps Projekt ist dagegen kompromißlos modern und nutzt den zweigeschossigen Raum konsequent für den Wohnraum (Abb. 1.18 und 3.29).

Bei de Fries wird diese räumliche Großzügigkeit zusätzlich dadurch gesteigert, daß man die Wohnhalle auf der Galerieebene betritt und so beim Herabsteigen auf die Wohnebene den Raum auch in der Bewegung erlebt (Abb. 1.16 und 3.30).

Besonders interessant ist die Entwicklung zweigeschossiger Wohnräume bei Le Corbu-

3.27 Hohenems/AU,
Umbau Wohnhaus
(Eberle + Baumschlager,
1991)

3.28 Barcelona/E, Cerdanyola,
(Clotet + Tusquets, ca. 1980)

3.29

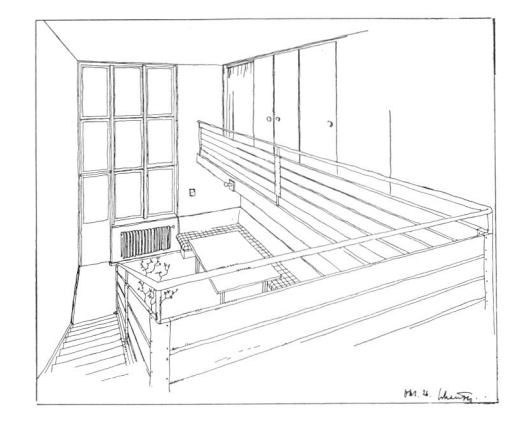

3.31

3.30

Bekanntlich wird diese Nutzungsverteilung bei der Unité d'Habitation später umgekehrt. Dort liegt der zweigeschossige Wohnraum an der Außenwand und verbindet sich mit der ebenfalls zweigeschossigen Loggia zu jenem großzügigen »Raumerlebnis«, das die extrem tiefen und schmalen Grundrisse – über 20 m Gebäudetiefe – erst bewohnbar macht. Dafür liegen dann alle Nebenräume, auch die Küche, im Inneren des Grundrisses (Abb. 3.32; s.a.S. 318f.).

3.32

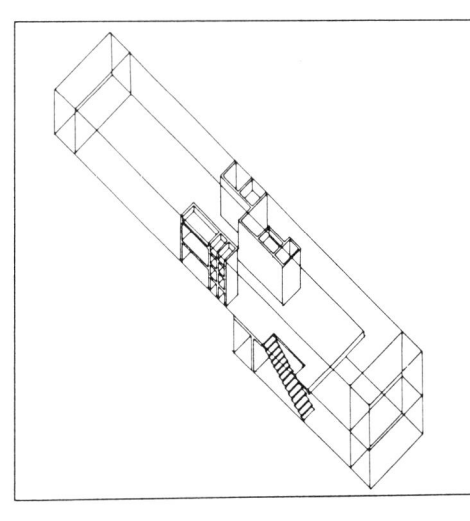

siers Konzepten für den Geschoßwohnungsbau. Bei seinem Entwurf für ein Arbeitergroßwohnhaus in Zürich von 1932/33 werden die schmalen und tiefen Maisonettewohnungen noch durch schlitzartige Lufträume im Inneren mit Tageslicht versorgt. Bei breiteren Grundrissen erweitert sich der »Lichtschlitz« zu einer inneren Wohnhalle, die damit hinter der an der Außenwand angeordneten Raumzone für Küche und Eßplatz liegt (Abb. 3.31).

3.29 Plattenbauweise
(Gustav Schaupp, 1926)

3.30 Doppelstockhaus, Projekt
(Heinrich de Fries, 1919)

3.31 Zürich/CH,
»Arbeitergroßwohnhaus«,
Projekt
(Le Corbusier, 1933)

3.32 Marseille/F,
Unité d'Habitation,
Systemisometrie einer
Wohneinheit,
Zeichnung von Sbriglio
(Le Corbusier, 1952)

Zwischen beiden Versionen zeigt der Entwurf für den Wohnkomplex Durand in Algier von 1933/34 einen Kompromiß in Form einer diagonalen Anordnung von Galerie und zweigeschossigem Luftraum. Ganz offensichtlich soll damit der sehr weit innen liegende Eßplatz noch ausreichend ans Tageslicht angeschlossen werden. Bei breiteren Grundrißvarianten taucht noch einmal der introvertierte Luftraum wie beim Züricher Projekt auf, allerdings auch hier bereits in Verbindung mit dem innenliegenden Eßplatz (Abb. 3.33).

3.33

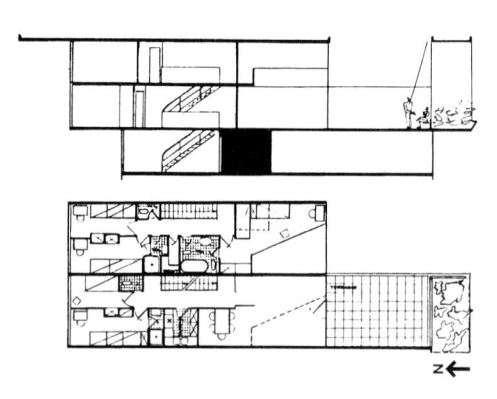

Le Corbusiers Bemühen zielt also von Anfang an nicht nur auf das dreidimensionale Raumerlebnis, sondern immer gleichzeitig auch auf die Tiefenbelichtung seiner aus ökonomischen Gründen stets sehr schmalen Geschoßgrundrisse.
Frank Lloyd Wright wendet bei seinen wenigen gebauten Mehrfamilienhäusern stets das Prinzip des zweigeschossigen Wohnraums an. Fast immer werden dabei vier Wohnungen zu punktartigen Grundrissen zusammengefügt. Dabei bleiben die diagonalen Gebäudeecken dem zweigeschossigen Wohnraum vorbehalten – nach innen werden Individual- und Nebenräume mit Hilfe eines Galeriegeschosses auf zwei Ebenen untergebracht. Sein »suntop house« in Ardmore, Pennsylvania von 1939 besteht aus der kreuzförmigen »back-to-back«-Anordnung von vier Einfamilienhäusern. Eine dritte Wohnebene wird durch eine große Dachterrasse und ein weiteres Schlafzimmer gebildet (Abb. 3.34).

3.34

Bei seinem Projekt für den St.-Marks-Tower von 1929 in New York entwickelt Lloyd einen Hochhausgrundriß, bei dem je vier Doppelgeschoßwohnungen um einen zentralen Erschließungskern angeordnet sind. Die Maisonettes haben einen äußeren Wohnbereich von doppelter Höhe. Küche, Eßplatz und Kaminnische liegen im inneren Grundrißbereich unter dem Galeriegeschoß mit den Schlafzimmern. Der besondere räumliche Reiz dieser Wohnungen entsteht durch die grundrißliche Überlagerung der gegeneinander (um 30/60 Grad) verdrehten Raumbereiche, die zwischen der Galeriekante und den Gebäudeecken entstehen (Abb. 3.35).
Erst mit dem Price-Tower in Oklahoma gelingt Frank Lloyd Wright 1953–55 seine einzige Realisierung dieses schon in den zwanziger Jahren entwickelten Hochhauskonzepts.

3.33 Algier, Wohnanlage Durand, Projekt (Le Corbusier, 1934)

3.34 Ardmore Pennsylvania/USA, Suntop Homes (Frank Lloyd Wright, 1939)

3.35

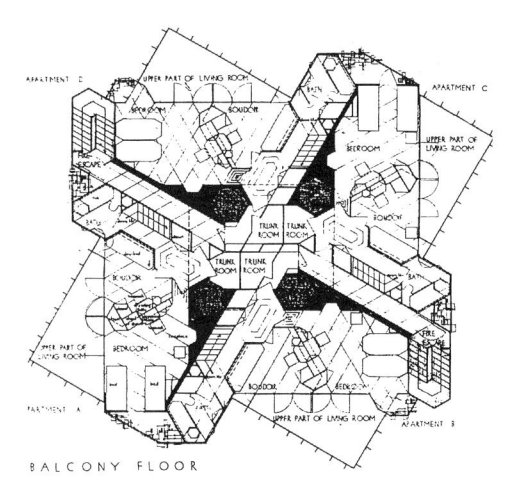

Alle Bemühungen um eine räumliche Differenzierung und um die Sichtbarmachung von Raumspannungen zwischen individuellen und kollektiven Wohnräumen bleiben dagegen im einschichtigen Geschoßgrundriß auf seine zweidimensionalen Möglichkeiten begrenzt. Nur in seltenen Fällen gelingt es, diesen »Sandwich-Charakter« des Etagenwohnens aufzubrechen und die dritte Dimension in die Raumkonzeption einzubeziehen. Dabei spielen ökonomische Erwägungen eine viel einschränkendere Rolle als im mehrschichtigen Wohnen, wo unterschiedliche Raumhöhen innerhalb einer Wohneinheit »aufgefangen« werden können, angrenzende Wohnungen also nicht tangieren.

Ein früher Versuch, dieses spezifische Problem der Stockwerkswohnung zu umgehen, ist Anton Brenners sogenannter »Brennerblock« von 1929. Brenner versucht die Normalgeschoßhöhe seiner Wohnungen dadurch zu differenzieren, daß er Schlaf- und Nebenräume um 18 cm niedriger, Wohnräume dagegen um 18 cm höher macht als üblich. Die Gesamtdifferenz beträgt 36 cm und wird dem Wohnraum je zur Hälfte nach unten und oben zugeschlagen. Es entsteht eine durchaus wahrnehmbare Differenzierung der Raumhöhen.

Der Wohnraum ist zugleich die Mitte der gesamten Wohnung und kann durch raumhohe Faltwände auf seine volle Breite zum Balkon geöffnet werden. Um dieses räumliche Spiel ohne Zusatzvolumen zu erreichen, verschiebt Brenner seine Wohnungen von Geschoß zu Geschoß um jeweils ihre halbe Länge. Die Höhe des Wohnraums wird mit den niedrigen Nebenräumen der angrenzenden Geschosse kompensiert. Da dieses System an den Kopfenden nicht aufgehen kann, werden die Endwohnungen im EG und zweiten OG um jeweils zwei niedrige Achsen verlängert. Nicht ganz unproblematisch dürfte gewesen sein, daß die Wohnungstrennwand jeweils auf der Deckenmitte des darunter liegenden Wohnraums aufsitzt – eine Folge seiner mittigen Lage im Grundriß (Abb. 3.36). Trotz dieses kleinen Schönheitsfehlers ist zu bedauern, daß Brenners Prinzip einer volumenunabhängigen Geschoßdifferenzierung für Flats keine Nachahmer gefunden hat.

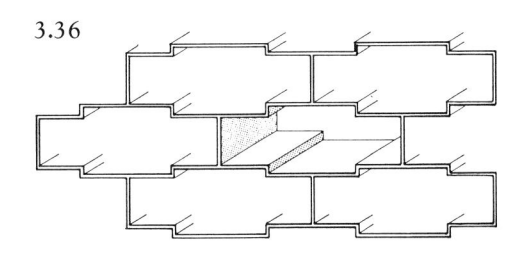

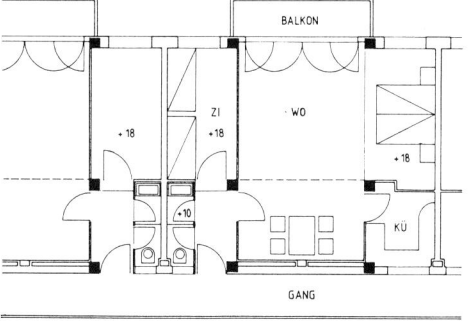

3.36

3.35 *New York/USA,*
St. Marks Tower, Projekt
(Frank Lloyd Wright, 1929)

3.36 *Frankfurt-Praunheim,*
Brennerblock,
Schema Grundriß
(Anton Brenner, 1929)

Mehrere Beispiele gibt es dagegen für einen anderen Ansatz, bei dem drei Geschossen normaler Geschoßhöhe jeweils zwei eineinhalbgeschossige Wohnräume zugeordnet werden.

3.37

Dieses Prinzip wird 1934 durch die holländischen Architekten Zanstra, Giessen und Sijmons für Atelierwohnungen in Amsterdam angewendet. Dabei entstehen Wohnungen unterschiedlichen Charakters, denn in einem Fall liegt der Boden des Wohnraums tiefer als der Rest der Wohnung, im anderen Fall entsteht Raumgewinn durch die höherliegende Raumdecke (Abb. 3.37).

Ein ebenfalls nicht oft angewandtes Prinzip stellt Pierre Vago mit seinem Wohnblock auf der Berliner Interbau von 1957 vor. Auch hier werden drei Geschossen normaler Geschoßhöhe zwei eineinhalbgeschossige Wohnräume zugeordnet. Das zusätzliche Volumen der beiden Wohnräume geht jedoch zu Lasten des mittleren Wohngeschosses mit einem entsprechend kleineren Grundriß für eine separate Wohnung. Die untere Wohnung erhält auf diese Weise einen Wohnraum mit angehobener Decke, die obere einen Wohnraum mit tieferliegendem Fußboden. Die beiden komplementären Wohnungen erlauben damit ganz unterschiedliche Raumerlebnisse, nämlich sowohl ein ebenes Wohnen mit größerer Raumhöhe, wie ein Wohnen mit Niveaudifferenz zwischen einem tieferliegenden Wohnraum und einem galerieartigen Eßplatz (Abb. 3.38).

3.38

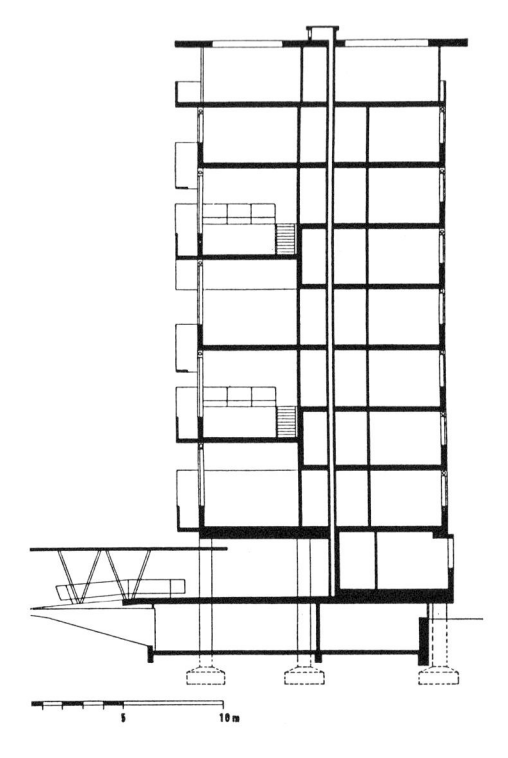

3.37 Amsterdam/NL, Zomerdijkstraat (Zanstra, Giesen, Simons, 1934)

3.38 Berlin, Interbau 57, 9geschossiges Wohnhaus (Pierre Vago, 1957)

Eine andere Möglichkeit räumlicher Erweiterung, nämlich die Einbeziehung des Dachraums in das Volumen des Wohnraums – insbesondere bei flach geneigten Dächern – hat ihre Wurzel im vernakulären Bauen. Sie wurde vor allem von Frank Lloyd Wright früh aufgegriffen. Schon das 1908 entstandene »Avery Coonley-House« in Chicago mit seinen weit auskragenden flachen Walmdächern macht das Dach im Innenraum sichtbar (Abb. 3.39).

Später entstehen zahlreiche weitere Beispiele mit Wrights Prairiehäusern und mit den verschiedenen Fassungen von Taliesin-West (Abb. 3.40).

Le Corbusier experimentiert früh mit dem nach innen entwässerten, flach geneigten »Schmetterlingsdach«, sowie mit versetzten Pultdächern für kleine Serienhäuser. Dabei nutzt er die Dachschräge nicht nur zur räumlichen Erweiterung, sondern vor allem zur Tiefenbelichtung des Grundrisses (Abb. 3.41).

3.39

3.40

3.41

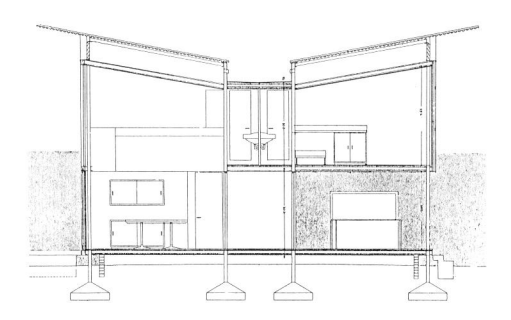

Soweit Geschoßbauten mit flach geneigten Dächern ausgebildet werden, findet die innenräumliche Einbeziehung von Dachschrägen auch dort häufig Anwendung. Meist in Verbindung mit Maisonettes und Dachterrassen kann auf diese Weise die obere Wohnlage einen eigenständigen räumlichen Charakter erhalten, der auch im Innenraum wahrnehmbar macht, daß man sich am oberen Ende des Hauses befindet (Abb. 3.42).

Schließlich ergeben sich ganz typische Möglichkeiten für räumliche Erweiterungen beim terrassierten Geschoßbau. Da der jeweils vorspringende Teil eines Geschosses es erlaubt, aus den Zwängen des Schichtens auszubrechen, läßt sich in diesem Grundrißbereich der Raumquerschnitt verändern

3.39 *Chicago/USA, Riverside, Avery Coonley House (Frank Lloyd Wright, 1908)*

3.40 *Spring Green/USA, Taliesin East (Frank Lloyd Wright, 1914)*

3.41 *M. A. S., Maisons montées à sec (Le Corbusier, 1939/40)*

3.42

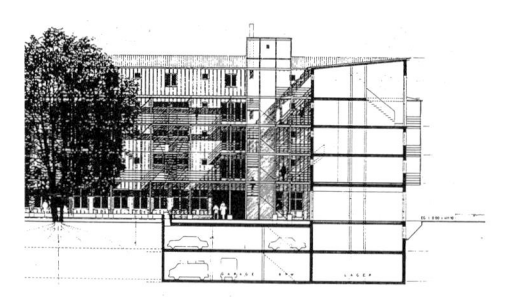

3.44

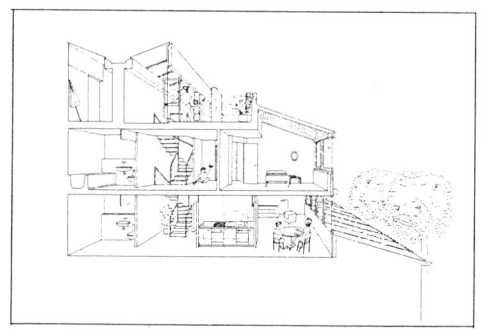

und überhöhen oder mit einem geneigten Dach ausbilden. Bei Terrassenhäusern mit Ost-West-Orientierung kommt dieser Raumgewinn in der Regel dem Wohnraum selbst zugute. Dies ist beispielsweise beim »Wohnhügel« der Architekten Frey, Schröder, Schmidt der Fall, wo schon bei den ersten Modellversuchen für den über die Terrassen vorgebauten Wohnraum von dieser Möglichkeit der Überhöhung Gebrauch gemacht wird (Abb. 3.43).

3.43

Bei einem, über eine Innenhalle erschlossenen Wohnhaus in Zürich-Altried von Willy Egli aus dem Jahre 1981 werden Maisonettewohnungen in zwei Wohnlagen so gegeneinander versetzt, daß für den Wohnraum ein sehr ähnlicher Raumgewinn entsteht (Abb. 3.44).

3.4 Möglichkeiten und Grenzen neuer Raumkonzeptionen

Der Umgang mit den Resten gewachsener Stadtstrukturen und ihren ausgeprägten Gebäudetypologien führt aber auch zu einem Wiederaufgreifen vormoderner Raumkonzeptionen. Hier erweist sich vor allem Berlin, das mit seiner internationalen Bauausstellung von 1987 eine großangelegte Offensive der Stadterneuerung und Stadtreparatur erfährt, als sehr experimentierfreudiges Pflaster.

Die räumliche Nähe zu den Beispielen eines großbürgerlichen, gründerzeitlichen Wohnens, zum Flair von Stadtvilla, Beletage und Salon, stimuliert Architekten wie Rob Krier zu Raumkonzepten, die mit den Ansätzen der Moderne nichts mehr gemein haben.

Auch wenn inzwischen viele dieser Ansätze mit dem Argument größerer Nutzungsneutralität begründet werden, geht es im Grunde um das Wiederaufgreifen einer klassizistischen Raumästhetik, die sich geometrischer Ordnungsprinzipien bedient und den Raum wieder in klar definierte Begrenzungen im Sinne der »Raumschachtel« zurückverwandelt.

Schon 1984 baut Rob Krier in der Ritterstraße Nord einen innerstädtischen Wohn-

3.42 Zürich/CH, Brahmshof, Schnitt (Kuhn, Fischer, Hungerbühler, 1991)

3.43 Frankfurt, Nord-Weststadt, Wettbewerb, Modell (Frey, Schröder, Schmidt, 1959)

3.44 Zürich/CH, Altried Maisonettewohnung mit Dachterrasse (Willy Egli, 1978–81)

block, bei dem ein in Grundrißmitte angeordneter Wohnraum eine zentralsymmetrische Raumordnung vorgibt. Durch die besondere Lage, Form und Größe dieses Wohnraums wird auch hier eine deutliche Raumspannung erzielt. Die Zentralsymmetrie macht es aber erforderlich, daß dieser Raum in beiden Achsen durchschritten wird, was für seine Möblierbarkeit als Eßplatz, also für seine Aufenthaltsfunktion, angesichts der knappen Wohnflächen problematisch ist. Die aus der Geometrie fixierte Bindung an die stets gleiche Zahl von vier Zimmern erschwert außerdem eine Mischung in den Wohnungsgrößen (Abb. 3.45).

Durch ein Erschließungskreuz werden jeweils gleich große Eckräume gebildet, deren Neutralität sich auch in der quadratischen Grundform manifestiert. Sie sind in ihrer Nutzung austauschbar, bei Thonon teilweise sogar kombinierbar.

Gemeinsam ist diesen geometrischen Ansätzen aber ihre systembedingte Introvertiertheit. Mit dem aus der Mitte heraus entwickelten Grundriß und seinen vier Raumschachteln bleiben für Freiräume nur die relativ knappen Gelenkzonen zwischen zwei Zimmern. Ein den Innenraum erweiternder Bezug nach außen ist damit ebenso schwer herzustellen, wie ein von seiner Größe her brauchbarer Freiraum (Abb. 3.46 und 3.47).

3.45

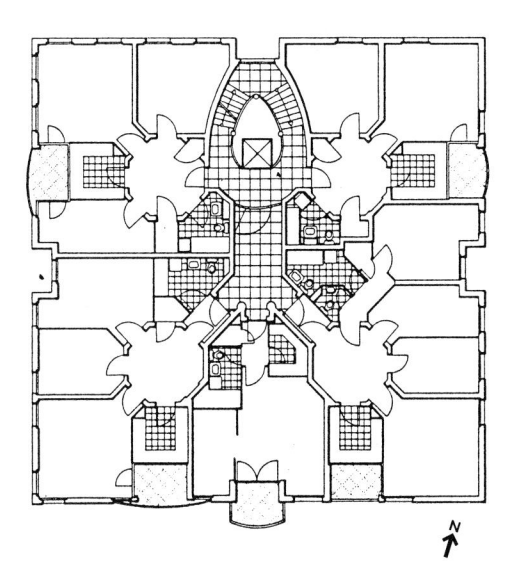

3.46

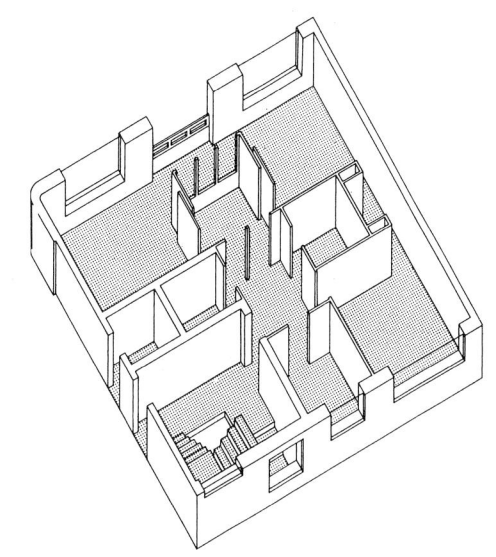

Während Rob Krier jedoch noch eine deutliche Differenzierung zwischen dem zentralen Wohnraum und den übrigen Zimmern sucht, geben die sogenannten »Kreuzgrundrisse«, wie sie 1989 fast gleichzeitig von Anton Schweighofer, Wien, und Benedict Thonon, Berlin, vorgestellt wurden, diese Unterscheidung vollends auf.

Nachteilig ist auch, daß dieses räumlich interessante Ordnungsprinzip in seiner Raumzahl so festgelegt ist, daß Grundrisse mit abweichender Zimmerzahl kaum denkbar sind. Dies schränkt die Anwendbarkeit von Kreuzgrundrissen für Programme mit gemischten Wohnungsgrößen deutlich ein. Wenn die Diskussion um neutralere, geome-

3.45 Berlin, IBA, Rauchstraße 6,
Normalgeschoß
(Rob Krier, 1984)

3.46 Wohnhaus, Projekt
(Benedict Thonon, 1989)

3.47

3.47 Kreuzgrundriß, Zentralraum mit nutzungsneutralen Annexräumen, Projekt (Anton Schweighofer, 1989)

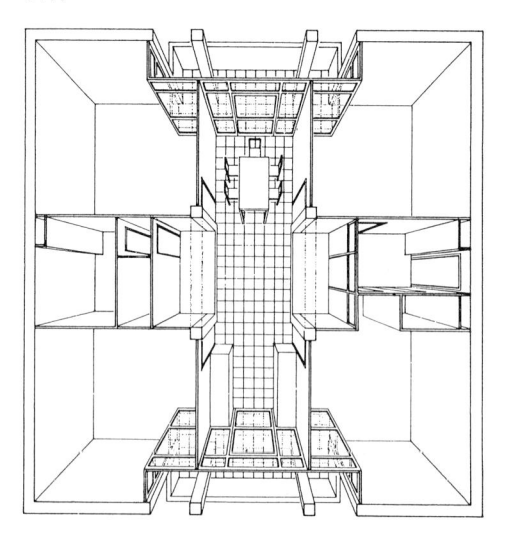

trisch geordnete Grundrisse als Gegenmodell zur Raumdifferenzierung im Wohnbau zur Zeit wieder aktuell ist, dann sollte man nicht vergessen, daß die als Vorbild für »neutralere« Raumordnungen immer wieder zitierte Stadtwohnung der Gründerzeit aus sehr großen und hohen Einzelräumen bestand, mit einem Volumen, aus dem man heute spielend zwei Wohnungen für die gleiche Personenzahl machen kann – und machen muß. Reduziert auf eine lichte Raumhöhe von 2,50 m und auf entsprechend niedrigere Sturzhöhen der Fenster bleibt aber vom räumlichen Reiz dieser Großzügigkeit nicht viel übrig, auch wenn man alle anderen Maße proportional verkleinert. Es zeigt sich vielmehr, daß Raumerlebnis auch etwas mit absoluten Dimensionen zu tun hat, und daß sich ein räumliches Prinzip nicht beliebig aufblasen oder schrumpfen läßt. Raumdifferenzierung ist deshalb die einzige Möglichkeit, um bei knappen Raumverhältnissen räumliche Großzügigkeit zu erreichen.

Gleichzeitig erlaubt dieses Prinzip durch die gezielte Auflösung von Raumgrenzen eine Verknüpfung mit dem Außenraum und damit eine weitere Steigerung der räumlichen Wahrnehmung. Es ist deshalb kein Zufall, daß räumliche Differenzierung im Geschoßbau eng mit der Tendenz zu immer differenzierteren Gebäudequerschnitten einhergeht, und daß ein nach den Außenraummöglichkeiten seiner verschiedenen Wohnlagen entwickelter Geschoßbau auch besondere Möglichkeiten der inneren Raumdifferenzierung bietet. Bei Wohnungen mit mehreren Wohnebenen wie im Reihenhaus oder bei Maisonettes liegen neue Möglichkeiten der Raumdifferenzierung vor allem im Innenbereich der Grundrisse. Besonders bei tiefen Grundrissen mit innenliegenden Treppen und der Möglichkeit, solche Innenzonen von oben zu belichten, bieten sich hier bei nur geringfügigen Aufweitungen interessante Möglichkeiten der räumlichen Gestaltung sowie der Nutzung und Aktivierung von ansonsten unattraktiven Grundrißbereichen – Chancen, die gerade im mehrschichtigen Wohnen zur Zeit noch viel zu selten genutzt werden.

4 Wohngrundriß und Orientierung

4.1 Grundrißorientierung und Besonnung

4.2 Grundrißorientierung und Außenlärm

4.3 Grundrißorientierung und passive Nutzung der Sonnenenergie

Funktionsstudien zu diesem Kapitel befinden sich
auf den Seiten 349–351

4 Wohngrundriß und Orientierung

4.1 Grundrißorientierung und Besonnung

Nach dem Ersten Weltkrieg werden nur wenige Aspekte des Wohnbaus mit derselben Intensität, aber auch gleichzeitig so kontrovers diskutiert und gehandhabt, wie die Orientierungsfrage.

Das Mitte der zwanziger Jahre einsetzende Neue Bauen macht sehr bald die neuen medizinischen Erkenntnisse über die Bedeutung des Sonnenlichts für ein physisch wie psychisch gesundes Wohnen zu seiner zentralen Thematik. So berichtet Junghanns in seiner Taut-Biographie: »1925 wurde die Sonne entdeckt, schrieb Taut. Das gleiche kann man von Balkon und Loggia sagen. Auf der Grundlage der kleinen Wohnung von etwa 50 qm begann der Siegeszug neuer Ideen, die den ganzen Städtebau revolutioniert haben.«[19]

Volkskrankheiten wie Tuberkulose und Rachitis als Folgen unzulänglicher Wohnverhältnisse in den überbevölkerten Elendsquartieren der Städte werden vor allem auf den Mangel an Sonne und frischer Luft zurückgeführt. Angesichts der noch weit verbreiteten Ofenheizung, bei der man allenfalls in den Wohnküchen von einer ausreichenden Dauerversorgung mit Wärme ausgehen konnte, wird nun aus hygienischen Gründen gefordert, daß Wohngrundriß, Gebäudestellung, Gebäudehöhen und Gebäudeabstände sicherstellen müssen, daß jede Wohnung auch im Winter mindestens zwei Stunden Besonnung erhält.

Auf dem Höhepunkt der Auseinandersetzung hält man Besonnung sogar für noch wichtiger als den verfügbaren Wohnraum. Walter Gropius bezieht sich in seinem Begleittext zur Ausstellung »Die Wohnung für das Existenzminimum« auf Hygieniker wie Karl Vogler und Wilhelm von Drigalski, die herausgefunden haben, »daß der Mensch, beste Belüftungs- und Besonnungsmöglichkeit vorausgesetzt, vom biologischen Standpunkt aus nur eine geringe Menge an Wohnraum benötigt, wenn dieser betriebstechnisch richtig organisiert wird …«.[20]

Obwohl man weiß, daß Fensterglas die antibakterielle Wirkung ultravioletter Strahlung weitgehend unterbindet, was Hygieniker wie Gruschka-Aussig dazu veranlaßt, den unmittelbaren Zugang zu besonnten Freiräumen für das Wohnen zu fordern und damit vor allem den Bau von Einfamilienhäusern[21], wird gleichzeitig belegt, daß auch die langwelligen Strahlungsanteile des Sonnenlichts auf viele Krankheitsbilder positiv einwirken oder deren Entstehung verhindern.

Gleichzeitig wird ebenso nachdrücklich auf die psychisch positive Beeinflussung des Menschen durch das Sonnenlicht hingewiesen.

Es sind aber bezeichnenderweise vor allem die Architekten, die diesen Aspekt immer wieder hervorheben, zum Beispiel Franz Krause, der 1925 unter der Überschrift »Sonnenwinkel« sagt: »Der Wald gleicht einer Stadt aus Pflanzen, und jede ist

[19] *Kurt Junghanns, Bruno Taut, S. 66*

[20] *Walter Gropius, in: Internationale Kongresse, Die Wohnung für das Existenzminimum, S. 19*

[21] *Gruschka-Aussig, in: Stein Holz Eisen 43/27, S. 977–980*

[22] Franz Krause, in: Die Baugilde 22/25, S. 1465

[23] Johannes Grobler, in: Die Baugilde 9/33, S. 437

bestrebt, soviel als irgend möglich Berührungsfläche dem Licht und der Sonne entgegenzuhalten, und je besser dies gelingt, desto besser und gesünder die Bäume. Wo aber die Sonne nicht hingelangt, da ist Verwesung und frißt giftiger Pilz. Nur unter der Sonne gedeiht der Keim des Lebens. So auch mit der menschlichen Wohnung. Nicht nur der Körper, sondern auch die Psyche des Menschen leidet ohne Sonne. In die Wohnung muß sie eindringen können, wo die Wiege steht und der Mensch aufblüht.«[22]

Zu ihnen gehört auch Johannes Grobler, der 1933 einem Beitrag zu Besonnungsfragen folgendes voranstellt: »Die Sonne ist die Spenderin allen Lichts, und ohne Sonne ist kein Leben. Das haben schon die Alten gewußt. In den zahlreichen Religionen, in denen die Sonne als eine der höchsten Gottheiten angebetet wurde, geschah diese Verehrung nicht allein deshalb, weil sie als Tagesgestirn sich am eindringendsten den Menschen offenbarte, sondern weil man erkannte, wie sehr sie allen Wesen und allen Pflanzen Leben und Gesundheit gibt und darüber hinaus auf die innere Stimmung einen ganz bedeutenden, man möchte sagen den entscheidenden Einfluß hatte.«[23]

Schon in der Vorphase einer Mitte der zwanziger Jahre einsetzenden verstärkten Bautätigkeit, befaßt sich eine Reihe von Architekten bei innerstädtischen Bauaufgaben und im Rahmen geltender Bauordnungen mit Vorschlägen zur Verbesserung der Besonnungsvoraussetzungen. Die bis dahin ausschließlich an Belichtungskriterien, nicht aber an Fragen der Gebäudeorientierung oder Besonnung entstandenen baurechtlichen Vorschriften, werden jetzt auch auf ihre Tauglichkeit für eine bessere Wohnraumbesonnung hin kritisch überprüft. Oberbaurat Engelbrecht, Frankfurt/Oder, greift 1923 die weitverbreitete Straßenquerschnittsregel der sogenannten 45°-Straßen (Straßenbreite = Haushöhe) an.

Gleichzeitig wendet er sich gegen zu große Blocklängen an Ost-West-Straßen, weil sie nahe 50 % Nordwohnungen nach sich ziehen – eine Schlußfolgerung, die offensichtlich noch ganz aus der Vorstellungswelt eines ausschließlich zur Straße hin orientierten Wohnens kommt. Engelbrecht gelangt zu folgenden ganz einfachen Verbesserungsvorschlägen:

1. Ersatz der 45°-Straße (Straßenbreite = Haushöhe) durch die 30°-Straße (Straßenbreite = 1,75fache Haushöhe);
2. Blocklängen in Ost-West-Straßen und den in annähernd gleicher Richtung laufenden nicht über 55 m;
3. geringere Geschoßzahl in den nach Norden schauenden Häusern mit Bezug auf die gegenüberliegenden Häuser (Abb. 4.1).

4.1

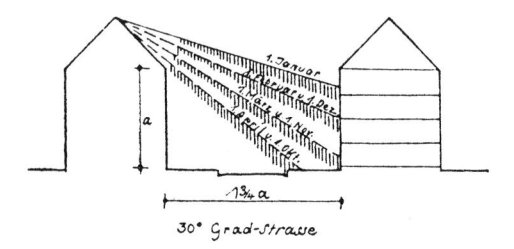

Auch Bruno Taut möchte mit seinen Vorschlägen in der Bauwelt noch im Jahr 1927 zunächst nichts anderes erreichen, als eine Verfahrensvereinfachung bei der Befreiung von nach seiner Meinung überholten Vorschriften der Berliner Bauordnung bezüglich der Einhaltung von Straßenfluchtlinien. In Wirklichkeit geht es Taut dabei aber um sehr viel mehr, nämlich um das endgültige »Aufbrechen« innerstädtischer Block-

4.1 Sonnenstand (Engelbrecht, 1923)

bebauungen mit ihren geschlossenen Hinterhöfen.

Im Gegensatz zu Engelbrecht geht Taut davon aus, daß die Wohnungen am Nordrand eines Blocks ihre Hauptwohnseite selbstverständlich dem Blockinnenraum und damit der Südseite zuwenden. Er kann sich deshalb durchaus vorstellen, »einen guten Grundriß auch für die reine Süd-Nordlage zu entwerfen. Wenn aber der Block nur eine sehr geringe Tiefe hat, und infolge seiner langgestreckten Form der Hof zu einer Art Korridor wird, dann entsteht für die im Süden und gleichzeitig im Hof liegende Wohnseite ein höchst unerfreuliches Ergebnis. Derartige Höfe sind ohnehin schon durch die Lärmübertragung und durch die Anhäufung von Wohnungen etwas Fürchterliches; aber immer mit den besten Zimmern zu solchen Höfen zu wohnen, dürfte nach unseren heutigen Auffassungen auch dem Ärmsten nicht mehr zugemutet werden.«[24]

Taut zielt also nicht nur auf eine Verbesserung der Besonnung, sondern vor allem auf eine Abschaffung jener Folgen eines unzulänglichen Baurechts, die sich in Begriffen wie »Rückseite« und »Hinterhof« manifestieren. Damit aber fordert er auch für innerstädtische Situationen den Übergang zur offenen Bauweise (Abb. 4.2).

4.2

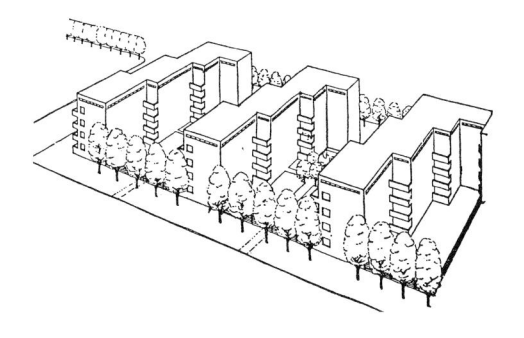

»Gewiß sind hier die Höfe kleiner; doch sie sind nicht rings umschlossen, sondern stets nach der Straße geöffnet, so daß über die Straße hinweg eine Verbindung der Informationen Lufträume und vor allem eine Auffrischung durch den Wind möglich ist.«[25]

Die im gleichen Jahr entstehende Hufeisensiedlung in Berlin-Britz, mit der Taut das erste Berliner Großprojekt des Neuen Bauens realisiert, zeigt andererseits, daß er keineswegs gewillt ist, seinen Städtebau ganz der Besonnungsfrage zu unterwerfen. Zwar ordnet er die Mehrzahl aller Häuser des Quartiers an Nord-Süd-Straßen an und erreicht damit die für die Wohnungen bevorzugte Ost-West-Orientierung; beim Hufeisen selbst führt die Ost-West-Achse aber zu extrem ungünstigen und ungleichen Orientierungsbedingungen der auf den zentralen Innenbereich ausgerichteten Wohnungen.

4.3

Wohnräume und Loggien liegen ausschließlich nach innen und haben Orientierungen nach Süden, Osten und Norden. Schlafräume liegen nach außen und sind nach Norden, Westen und Süden orientiert. Einer großen städtebaulichen Geste zuliebe läßt Taut damit alle grundrißlichen Rücksichten der Raumorientierung außer acht. Mit Ausnahme der wenigen Wohnungen in den Portalflügeln entspricht tatsächlich keiner der

[24] Bruno Taut, in: Bauwelt 32/27, S. 791

[25] Bruno Taut, in: Bauwelt 32/27, S. 792

4.2 Berlin, Baublock Lichtenberg, Projekt »Grundsätzliche Vermeidung von Nordfronten; dagegen Wendung des Balkons zur Hauptstraße und zur Parkfläche.« (Bruno Taut, 1927)

4.3 Berlin-Britz, Hufeisensiedlung (Bruno Taut, 1924–33)

Hufeisengrundrisse jenen Kriterien, wie sie schon zwei Jahre später im Karlsruher Dammerstock den Quartiersgrundriß bestimmen (Abb. 4.3).

Ähnliches gilt für Ernst Mays 1926 konzipierte Bruchfeldsiedlung in Frankfurt, auch bekannt als »Zick-Zackhausen«. Hier liegt wie bei Tauts Hufeisen die Achse des zentralen Bezugsraums in Ost-West-Richtung, so daß bei der einen Hälfte aller Wohnungen die Wohnräume, bei der anderen die Schlafräume nach Norden liegen.

Kommentatoren erklären die sägezahnartigen Verstaffelungen mit einer Verbesserung der Besonnung, die dadurch erzielt worden sei. In Wirklichkeit kommen aber die Eckfenster, die durch die Verstaffelung möglich werden, den Grundrissen nur in sehr zufälliger Weise zugute, nämlich einmal dem Wohnraum, das andere Mal dem kleinen Schlafzimmer; die Kehrseite der Medaille aber ist eine um so stärkere Verschattung der jeweils anderen Grundrißhälfte. Sehr viel einleuchtender und verständlicher ist dagegen die Annahme, daß mit der Verstaffelung eine räumliche Hinwendung der Wohnungen zum Gemeinschaftshaus im Zentrum der Anlage beabsichtigt war (Abb. 4.4).

4.4

4.4 *Frankfurt, Bruchfeldstraße (Ernst May, 1926/27)*

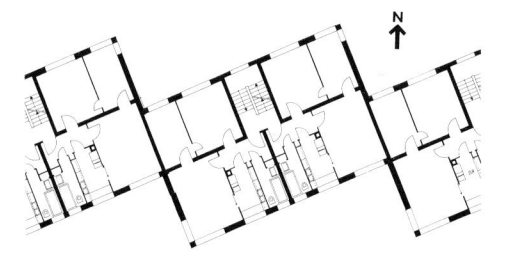

Vor allem aber wird an diesem Beispiel erkennbar, daß auch in Frankfurt die Besonnungsfrage anfänglich noch nicht eine so zentrale Rolle für den Städtebau spielen konnte wie schon wenige Jahre später bei den Planungen für den Hellerhof, für Westhausen oder für Goldstein.

Dennoch wird es nun erstmals im Wohnbau möglich, sich nicht mehr mit einem vorgefundenen Straßenraster arrangieren zu müssen, sondern die Erschließung selbst nach Gesichtspunkten optimaler Gebäudeorientierung und Besonnung anzulegen, womit letztlich der entscheidende Schritt zur Zeilenbauweise vollzogen wird.

Es beginnt eine bis dahin unvorstellbare Auseinandersetzung innerhalb der Architektenschaft um die »richtige« Raum- und Gebäudeorientierung im zeilenartigen Reihenhaus- und Geschoßbau und um alles, was durch diese Fragen tangiert wird.

Da sowohl bei Reihenhaus- wie bei Geschoßbauzeilen nur zwei einander gegenüberliegende Himmelsrichtungen für die Belichtung zur Verfügung stehen, kann nicht ausbleiben, daß sich die Orientierungsfrage sehr bald auf zwei auseinanderdriftende Lehrmeinungen zuspitzt, nämlich einerseits die Befürworter der Südorientierung, andererseits die einer Ost-West-Orientierung. Da die Orientierungsfrage in engem Zusammenhang mit dem jeweiligen Erschließungssystem (s. a. Kap. 8 »Wohngrundriß und Gebäudeerschließung«) steht, werden jetzt auch die Möglichkeiten einzeiliger oder doppelzeiliger Erschließungen und ihrer ökonomischen Konsequenzen untersucht. Vor allem sieht man für den Zeilenbau eine besonders vorteilhafte Erschließung bei quer zur Straße angeordneten Hauszeilen an Wohnwegen. Damit kann – bei entsprechender Zeilenlänge – teurer Straßenbau eingespart werden, und das Wohnen wird ruhiger (Abb. 4.5).

4.5

Ein besonders interessanter Vorläufer für solche Überlegungen ist Theodor Fischers »Alte Haide« in München, die schon 1919–23 entsteht. Es handelt sich um einen reinen Zeilenbau für Kleinwohnungen in Ost-West-Orientierung. Dabei wechselt die Erschließungsseite innerhalb einer Zeile von Treppenhaus zu Treppenhaus, so daß Wohnwege auf beiden Seiten einer Zeile entlanglaufen. Zwischen den Zeilen laufende Mietergärten können dadurch ebenfalls auf zwei Gebäudeseiten verteilt werden und erhalten damit einen günstigeren Zuschnitt (Abb. 4.6).

4.6

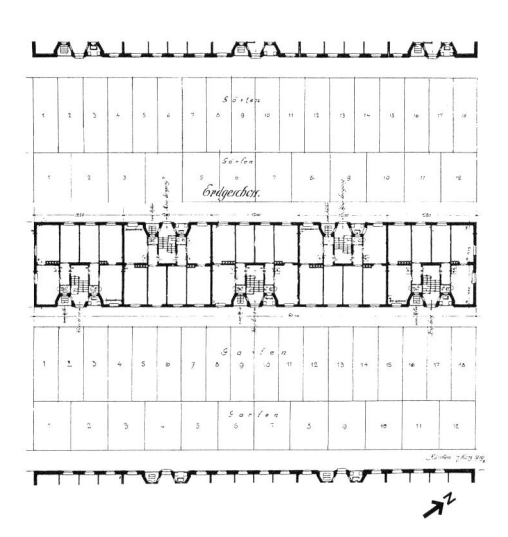

1925 veröffentlicht Franz Krause, Berlin, in der Baugilde Diagramme, die zugleich Sonnenbahn und Neigungswinkel der Sonne in ihren drei entscheidenden Phasen des Jahres ablesbar machen und es erlauben, über weitere Tabellen Schattenlängen und Verschattungsflächen zu ermitteln, ja sogar Schattenverkürzung oder Schattenverlängerung in Hangsituationen zu berechnen. Mit seinen Schlußfolgerungen liefert er gewichtige Argumente für die sich rasch vertiefende Diskussion um die richtige Gebäudeorientierung, wenn er sagt: »Es ist klar zu erkennen, welchen überlegenen Besonnungswert die Südseite gegenüber den anderen Himmelsrichtungen einnimmt. Volle Sonne ist – wenn die kleinste Bahn den Ausschlag geben soll – nur zwischen 9 Uhr vormittags und 3 Uhr nachmittags. Aber gerade im Winter ist der Mensch mehr an die Wohnung gebunden als zu irgendeiner anderen Jahreszeit. Deshalb sollte man diesen Freiwinkel zwischen Südost und Südwest unter allen Umständen berücksichtigen. Auch weil er den kürzesten Schatten hat, also Hindernisse von der Sonne am besten überschienen werden.«[26]

Krause wird unterstützt durch die Berechnungen Lüdeckes, der feststellt, daß bei Südorientierung im Winter – also dann, wenn der Bedarf an Besonnung am größten ist – auch die längste Besonnungsdauer erreicht wird. Er weist nach, daß am 21. Dezember die Besonnungsdauer auf der Südseite sechs Stunden beträgt gegenüber nur jeweils zweieinhalb Stunden auf der Ost- und auf der Westseite.[27]

Paul Schmitt, Karlsruhe, auf den sich auch Johannes Grobler bezieht, führt den Begriff des »Besonnungswertes« ein, mit dem er das Produkt aus Besonnungsdauer und Beson-

[26] *Franz Krause*, in: Die Baugilde 22/25, S. 1464

[27] *Georg Lüdecke*, in: Die Baugilde 16/30, S. 1480

4.5 *Zeilenbauschema (Ernst May, 1930)*

4.6 *München, Alte Haide (Theodor Fischer, 1919–23)*

[28] Paul Schmitt, zit. nach Johannes Grobler, in: Die Baugilde 9/33, S. 439

[29] Otto Haesler, in: Stein Holz Eisen 15/28, S. 92

nungsintensität bezeichnet. Er faßt seine Untersuchungen in 12 städtebaulichen Punkten zusammen, die in ihrer Summe eine eindeutige Präferenz der Südorientierung ergeben. So sagt er unter Punkt 12: »Die Ost-West-Straße weist erhebliche Vorteile gegen jede andere Straße auf. Sie kann dann als die beste bezeichnet werden, wenn Wohn- und Schlafräume nach Süden, Küchen, Treppenhaus, Bad, Klosett und Nebenräume oder kühl zu haltende Zimmer, die im Sommer oft nicht unerwünscht sind, nach Norden gelegt werden.«[28]

Auf der anderen Seite stehen jene Architekten, die mit ebenso gewichtigen Argumenten für die Ost-West-Orientierung (Nord-Süd-Straßen) plädieren. Ihr konsequentester Verfechter ist Otto Haesler mit seiner Forderung, daß nicht nur Wohn- und Schlafräume, sondern auch Küchen und Bäder, Nebenräume, ja sogar Treppenhäuser und Kellerabstellräume (!) wenigstens einmal am Tag Sonne erhalten müssen.[29]

Für Haesler kommt deswegen prinzipiell keine andere als die Ost-West-Orientierung in Frage, und zwar ohne Rücksicht auf den Gebäudetyp. Wichtig ist für ihn auch die auf die einzelne Raumfunktion abgestimmte Himmelsrichtung, die ihn veranlaßt – wo immer möglich – Schlafräume ausschließlich nach Osten, Wohnräume ausschließlich nach Westen zu legen (Abb. 4.7; s.a. S. 316f.). Dies führt im Dammerstock so weit, daß Haesler seinen berühmten Kabinengrundriß kurzerhand vom Geschoßbau auch auf seine Einfamilienhäuser überträgt, indem er Wohnen und Schlafen ins erste OG verlegt und damit dem aus seiner Sicht unlösbaren Konflikt entgeht, dem die meisten anderen Häuser des Dammerstock Opfer bringen müssen. Haesler hält es aus konstruktiven

4.7

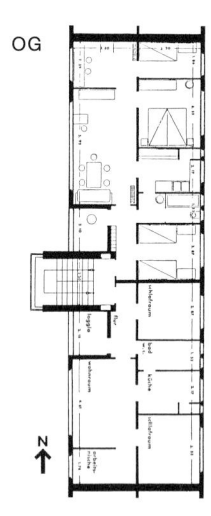

und ökonomischen Gründen für unausweichlich, beim Reihenhaus Wohn- und Schlafräume einerseits, Küchen und Bäder andrerseits übereinanderzuordnen. Bei Ost-West-Orientierung bedeutet dies Schlafräume nach Westen – ein Kompromiß, den er nicht eingehen will (Abb. 4.8).

4.8

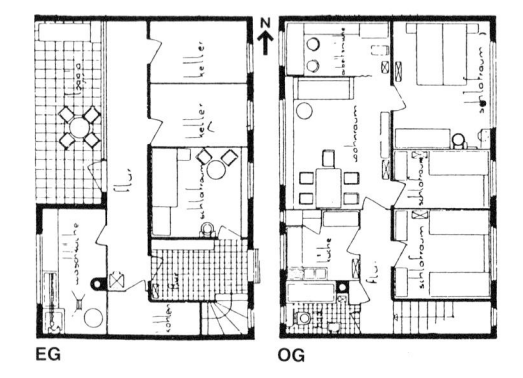

Otto Völckers, der die Ost-West-Orientierung des Dammerstock publizistisch vehement unterstützt und daher ganz auf Seiten Haeslers steht, räumt erst viel später in der Einführung zu seiner Grundrißsammlung von 1950 ein, daß für das Einfamilienrei-

4.7 Karlsruhe, Dammerstock, Geschoßbau
     (Otto Haesler, 1929)

4.8 Karlsruhe, Dammerstock, Reihenhaus
     (Otto Haesler, 1929)

henhaus die Südorientierung günstiger ist, wenn man die Lage von Schlafräumen nach Westen für falsch hält: »Der im Mietshausgrundriß ja verhältnismäßig einfach durchzuführende Grundsatz, Schlafräume und möglichst auch Küche und Bad nach Osten, Wohnräume, Veranden und Treppenhäuser nach Westen zu richten, ist im überwiegend zweigeschossigen Einfamilienhaus konstruktiv und namentlich mit Rücksicht auf die sanitäre Installation kaum zu verwirklichen... Viel öfter ergibt sich aber rein grundrißlich, daß die Wohnräume im Erdgeschoß und die Schlafräume im Obergeschoß nach einer Seite liegen, und zwar nach dem Garten zu. In diesem Fall ist die Südost- oder Südorientierung jeder anderen Orientierung vorzuziehen.«[30]

Auf einen kurzen Nenner gebracht geht es also der einen Seite, nämlich den »Südsonnlern«, wie Gutschow sie nennt, in erster Linie um eine bestmögliche Besonnung der Wohnung im Winter, während das Hauptargument der »Ost-West-Sonnler« darauf zielt, grundsätzlich keinen Gebäudeteil unbesonnt zu lassen, allen Räumen einer Wohnung also wenigstens einmal am Tage Sonne zuzuführen, sei es auch noch so wenig.

Auch die ökonomischen Argumente können diese Pattsituation nicht aufheben. Die »Südsonnler« nehmen für sich in Anspruch, daß die steilere Südsonne engere Gebäudeabstände, also höhere städtebauliche Dichten erlaubt. Die Verfechter der Ost-West-Orientierung weisen darauf hin, daß ihre Geschoßbaugrundrisse wirtschaftlicher sind, weil sich Wohn- und Schlafräume auf zwei Seiten des Grundrisses verteilen lassen und damit zu kompakteren Anordnungen führen.

Man sucht also nach weiteren, möglichst wissenschaftlichen Begründungen für das eine oder andere Prinzip.

Walter Neuzil bemüht sich vor allem um eine präzisere Erfassung der tatsächlichen Energiemengen, die durch Sonneneinwirkung gewonnen werden können. Er schlägt dafür die Einheit »Sol« vor, die die Energiemenge bezeichnet, die in einer Stunde auf einen Quadratmeter senkrecht beschienene Fläche auftrifft. Gleichzeitig entwickelt er eine Formel, mit der die »Trübung« berücksichtigt werden kann, die das Sonnenlicht mit abnehmendem Einstrahlungswinkel beim Durchgang durch die Atmosphäre erleidet (Abb. 4.9).

4.9

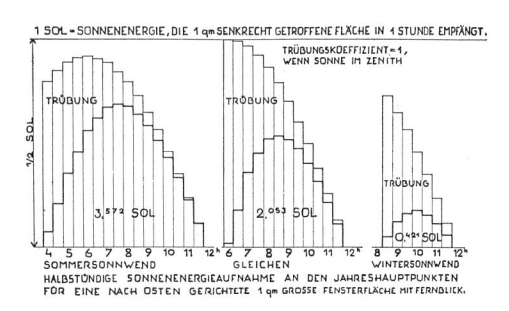

Franz Löwitsch weist insbesondere auf die Komplexität aller bei der Bewertung des Sonnenlichts zu berücksichtigenden Faktoren hin, wie z. B. auf den unterschiedlichen Wert seiner verschiedenen Strahlungsbestandteile und vor allem auf seine subjektiven Wirkungen: »Keinesfalls scheint es zulässig, die Besonnung während eines ganzen Jahres zu summieren und diese Summe als Wertmaß zu nehmen. Denn die schönste Sommersonne kann das vollständige Fehlen einer Wintersonne nicht ersetzen; was sich zwar nicht aus objektiver Messung, sondern aus subjektiver Wertung ergibt.«[31]

Löwitsch wendet sich auch gegen den nach seiner Meinung verfrühten Versuch, eine

[30] Otto Völckers, Grundrisse zu Einfamilienreihenhäusern, S. 5 f.

[31] Franz Löwitsch, in: Die Baugilde 2/31, S. 104

4.9 Darstellung der halbstündigen Sonnenenergieaufnahme an den Jahreshauptpunkten für eine nach Osten gerichtete 1 qm große Fensterfläche mit Fernblick
1 Sol = Sonnenenergie, die 1 qm senkrecht getroffene Fläche in einer Stunde empfängt (Walter Neuzil, 1930)

[32] *Franz Löwitsch, in: Die Baugilde 23/32, S. 1118*

[33] *Adolf Behne, in: Die Form 6/30*

[34] *Konstanty Gutschow, in: Stein Holz Eisen 11/30, S. 244*

wissenschaftlich nicht ausreichend fundierte Mindestbesonnungsdauer von zwei Stunden an 240 Tagen im Jahr im neuen Berliner Bauordnungsentwurf von 1932 festzuschreiben: »Ich weiß, daß es viele Architekten und Laien gibt, die genauso wie ich fanatische Sonnenanbeter sind, und die, wenn es nach ihrem persönlichen Wunsche ginge, eher ein Mehr als ein Weniger an Besonnung fordern würden. Aber solange diese unsere Forderung nicht genügend wissenschaftlich fundiert ist, ist sie persönliche Meinung, frommer Wunsch, aber noch nicht reif zur Gesetzesgrundlage.«[32]

Vor allem mit Adolf Behnes Kritik an der Einseitigkeit des Orientierungskonzepts für den Karlsruher Dammerstock wird deutlich, daß auch der neue Städtebau nicht allein über eine mechanistische Anwendung von Orientierungsprinzipien gelöst werden kann. »Im Dammerstock sind über der Morgensonne zu viele andere Faktoren vergessen worden. Sicherlich ist es wertvoll, wenn die Morgensonne in das Schlafstubenfenster hereinkommt ... aber ist die frühe Morgensonne die einzige Gelegenheit, mit der Sonne in Berührung zu kommen? Wenn die Sonne ihren guten Tag hat, so scheint sie ja noch einige weitere Stunden auf dem Weg zur Arbeitsstätte, zur Schule und aus der Schule, und auch bei der Gartenarbeit kommen die Familienmitglieder in Berührung mit der Sonne. Denn schließlich ist ja der Mensch beweglich und wohnt nicht 24 Stunden lang im Hause.

Der Zeilenbau will möglichst alles von der Wohnung her lösen und heilen, sicherlich in ernstem Bemühen um den Menschen. Aber faktisch wird der Mensch gerade hier zum Begriff, zur Figur. Der Mensch hat zu wohnen und durch das Wohnen gesund zu werden, und die genaue Wohndiät wird ihm bis ins einzelne vorgeschrieben. Er hat, wenigstens bei den konsequentesten Architekten, gegen Osten zu Bett zu gehen, gegen Westen zu essen und Mutterns Brief zu beantworten, und die Wohnung wird so organisiert, daß er es faktisch gar nicht anders machen kann.«[33]

Während Behne vor allem die stadträumlichen Qualitäten des Dammerstock in Frage stellt, benennt Konstanty Gutschow konkret die Zusammenhänge, innerhalb derer auch die Orientierungsfrage in der Zukunft gesehen werden muß: »Weder die Nord-Süd-Richtung noch die West-Ost-Richtung der Hauszeilen an sich ist richtig. Auch ist die Besonnung nicht der einzige Grund für die Himmelsorientierung der Hauszeilen, derenthalben andere Gesichtspunkte tyrannisiert werden dürfen. Geländeformationen, Wind- und Wetterverhältnisse, Parzellengrenzen, Vermeidung von Verkehrslärm, Programmforderungen des Hauses und der Wohnung, Haus- und Wohnformen und auch ästhetische Gründe spielen eine Rolle.«[34]

Walter Schwagenscheidt, der wie kein anderer präzise untersucht und aufzeichnet, welche Innenflächen eines Raums je nach Orientierung, Jahres- und Tageszeit von der Sonne beschienen werden, kommt über die Genauigkeit seiner Untersuchungen zu einer sehr viel differenzierteren Einstellung gegenüber der Besonnungsfrage als viele seiner Zeitgenossen (Abb. 4.10).

Er entwickelt als erster ein Diagramm für die »Anordnung der Räume zur Sonnenbahn«, das im Vorwort zum Begleitkatalog der Ausstellung »Die Wohnung für das Existenzminimum« 1930 veröffentlicht und damit zu einer wichtigen Grundlage des Wohnbaus

4.10

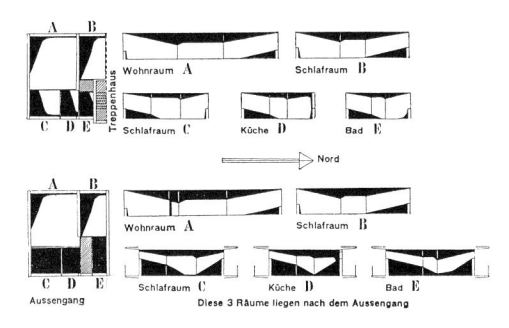

4.11

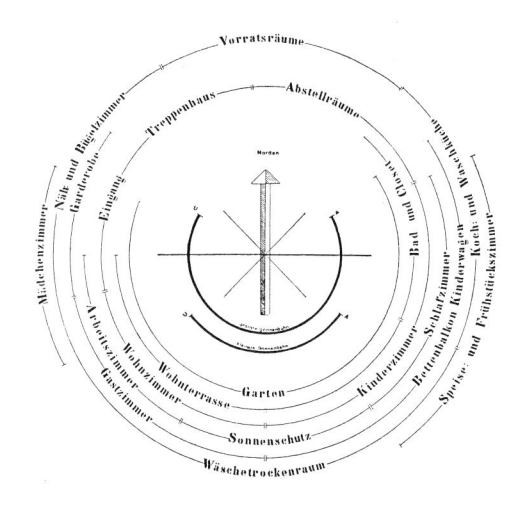

wird (Abb. 4.11). Obwohl dieses Diagramm durchaus den Schluß zuläßt, daß die wünschenswerte Raumorientierung wohl eher mit einer Ost-West- als mit einer Südorientierung erreicht werden kann, bleibt Schwagenscheidt solchen Kurzschlüssen gegenüber kritisch, wenn er sagt: »Man kann wohl in Deutschland allgemein annehmen, daß das Einfangen der Sonne zwischen 11 und 13 Uhr erwünscht ist: aber dem steht die Nord-Süd-Zeilenrichtung entgegen – während dieser Zeit scheint die Sonne in die Räume beider Fronten nur unter spitzen Winkel. Dagegen hat die Ost-West-Zeile diese wertvolle Sonne ganz, besonders die gesamte Sonne im Winter, dafür aber hat die Nord-

seite im Winter keine, im Sommer wenig Sonne.«[35]

Vor allem verhelfen ihm seine Untersuchungen auch zu Erkenntnissen über den Zusammenhang zwischen Orientierung und Gebäudeerschließung. So kommt er zu dem Ergebnis, »daß die Außenganghäuser nicht in Nord-Süd-Richtung zu stellen sind, da der vorgekragte Außengang (der doch nur Verkehrsraum ist) mit seinen notwendig hochsitzenden Fenstern so wenig Sonne einläßt, daß eine Drehung in Ost-West-Richtung vorteilhafter ist, man also auf die Ostsonne für die Gangseite verzichtet, weil dann in den Haupträumen die Südsonne eingefangen wird.«[36]

Ebenso interessant ist seine Feststellung, daß bei zweiseitig besonnten Grundrissen eine leichte Verdrehung nach West-Südwest und Ost-Nordost vorteilhafter ist, als die reine Ost-West-Orientierung, weil damit den Wohnräumen eine stärkere Besonnung als den Schlafräumen zukommt, die Schlafräume aber dadurch zu einer Zeit besonnt werden, »…in der die Sonne für das Bettenlüften einen praktischen Wert hat« (Abb. 4.12).

4.12

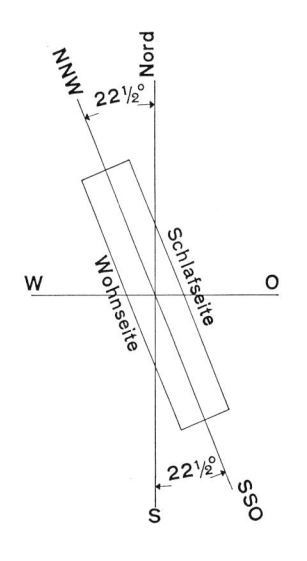

[35] Walter Schwagenscheidt, in: Stein Holz Eisen 9/30, S. 198

[36] Walter Schwagenscheidt, in: Stein Holz Eisen 9/30, S. 198

4.10 Besonnung und Verschattung einer Treppenwohnung und einer Laubenganwohnung (Walter Schwagenscheidt, 1930)

4.11 Anordnung der Räume zur Sonnenbahn (Walter Schwagenscheidt, 1930)

4.12 Schlafseite – Wohnseite (Walter Schwagenscheidt, 1930)

[37] *Walter Schwagenscheidt, zit. nach Adolf Behne, Dammerstock, in: Die Form 6/30, S.165*

Dennoch ist Schwagenscheidt nie in Gefahr, seine Erkenntnisse und Beobachtungen zur Orientierungsfrage in ihrer Bedeutung zu überschätzen. »Blumen und Bäume, Hecken, Sträucher, Wiesen, Luft, Sonne und der Sternenhimmel, Wolken, Vögel und Schmetterlinge und vieles, was in Zahlen und Diagrammen nicht auszudrücken ist, gehören zur modernen Sachlichkeit.«[37]

In Kapitel 1 »Wohngrundriß und Familienwohnung« wird am Beispiel der Grundrißentwicklung von Geschoßwohnungen deutlich, daß auch der Wunsch nach bestimmten innenräumlichen Zusammenhängen einer Wohnung durchaus mit sehr eng ausgelegten Orientierungsgrundsätzen in Konflikt geraten kann. Ein »Durchwohngrundriß«, wie ihn Riphan und Grod für den Dammerstock entwickelt haben oder wie ihn vor allem Hans Schumacher von 1927 an in immer neuen Varianten zur Diskussion stellt, führt zwangsläufig dazu, daß Schlafräume auf beiden Seiten des Grundrisses angeordnet werden müssen, also auch nach Westen liegen (Abb. 1.8 und 1.9).

Dafür aber hat der Aspekt eines großzügigen, von zwei Seiten belichteten Wohnbereichs so große räumliche und atmosphärische Vorzüge für das Wohnen, daß er nicht erst aus heutiger Sicht, sondern auch bei den Bewohnern des Dammerstock den Nachteil von nach Westen liegenden Schlafräumen aufgewogen haben dürfte, auch wenn dieser Nachteil unter den klimatischen Bedingungen des Rheintales sicher nicht unterschätzt werden darf.

Weitergehende Abstriche an einer raumgerechten Orientierung werden von da an jedoch nur hingenommen, wenn äußerste ökonomische Zwänge dazu Anlaß geben – wie etwa bei der Entwicklung von Kleinstgrundrissen und ihren spezifischen Erschließungsproblemen.

So entwickeln Alexander Klein und andere ab 1928 Vierspännergrundrisse in »back-to-back«-Anordnung für Wohnungsgrößen zwischen 35 und 40 qm. Dabei entstehen zwangsläufig nach Osten oder Westen orientierte Wohnungen, die entweder nur vormittags oder nur nachmittags Sonne erhalten (Abb. 4.13).

4.13

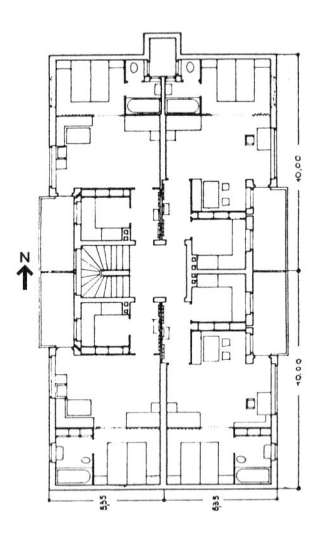

Vorschlag für vier Kleinwohnungen an einer Treppe, 35–40 qm

Da diese Wohnungsanordnung auch die Querlüftung von Wohnungen unterbindet, sehen sich einige Architekten veranlaßt, vor allem dieses Problem anzugehen. So schlagen zwei Hamburger Wettbewerbsteilnehmer für den Berliner Haselhorst vor, die einzelnen Vierspännereinheiten in der Zeile so gegeneinander zu versetzen, daß eine zusätzliche Belüftung über die dadurch freigelegten Teile der Giebel erfolgen kann. Da diese Versätze aber gleichzeitig eine Verschattung der zurückliegenden Fassaden bewirken, also die Besonnung der einseitig orientier-

4.13 Berlin, Ausstellung »Klein-Heim oder Kein Heim« (Alexander Klein, 1928)

ten Wohnungen weiter verschlechtern, geht beim einen Aspekt verloren, was beim anderen gewonnen wird (Abb. 4.14).

4.14

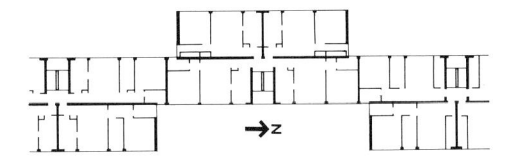

Vergleicht man aber diese Grundrisse mit jenen, die ebenfalls von Alexander Klein für den Wettbewerb »Die billige, gute Wohnung« in der Form von Laubenganggrundrissen ähnlicher Größe entwickelt werden, dann wird nicht nur sichtbar, wie eng der Zusammenhang zwischen Orientierung und Erschließung ist, sondern auch, wie überlegen die Laubengangerschließung für kleinere Wohnungen ist. Bei diesen Laubenganggkonzepten muß weder ein Kompromiß in der Raumorientierung eingegangen werden, noch gibt es Probleme mit der Querlüftung (Abb. 4.15).

1930 wenden die Schaffhauser Architekten Scherrer und Meyer das »back-to-back«-Prinzip sogar für eine kleine Gruppe von acht Reihenhäusern bei der schweizerischen Wohnungsausstellung »Schorenmatten« in Basel an. Hier läßt sich zumindest das Problem der Querlüftung auf einfache Weise lösen, da jedes Haus in seiner rückwärtigen Zone über das Dach belichtet und belüftet werden kann (Abb. 4.16).

4.15

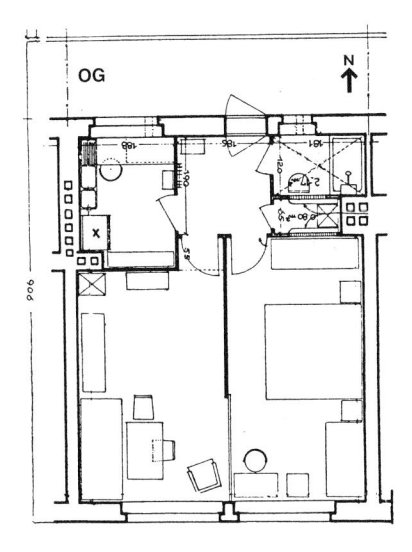

4.16

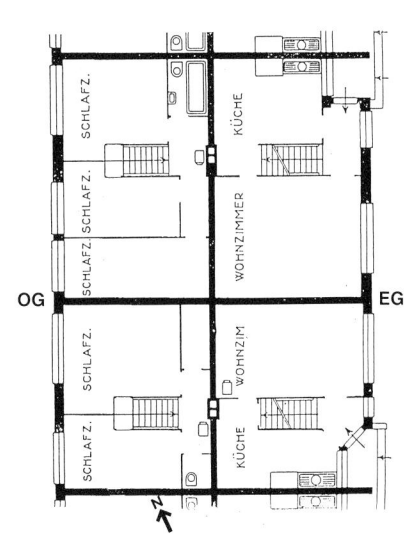

Trotz dieser verschiedenen Ansätze mit ausschließlich nach Osten oder Westen orientierten Wohnungen, die auf eine liberalere Einschätzung in der Bewertung dieser beiden Himmelsrichtungen schließen lassen könnten, beschränkt sich die Akzeptanz unorthodoxer Raumorientierungen auf wenige Bereiche, wie den gelegentlich nach Westen orientierten Schlafraum oder die Lage der Küche zur jeweils passenderen Gebäudeseite, wenn es sein muß auch nach Norden. Beim Wohnraum, dessen wesentliche Nutzungsphase auf den Nachmittag und Abend fällt, bleibt eine Orientierung nach Süden bis Westen, allenfalls Südosten, in dieser ersten Periode eines orientierungsbewußten Bauens weitgehend unangetastet.

4.14 Berlin-Haselhorst, Wettbewerb (Gustav Meves, 1929)

4.15 Wirtschaftliche Kleinstwohnung im Geschoßbau zu drei Wohngeschossen, OG (Alexander Klein, 1929)

4.16 Basel/CH, Schorenmatten, Reihenhaus »Rücken an Rücken« (Scherrer + Meyer, 1930)

[38] *Berlin-Haselhorst, Wettbewerbsauslobung 1928. Zeitschrift für Bauwesen 4/29, S. 80*

4.17 Schräggestellte Einfamilienhäuser, Projekt (Alexander Klein, 1927)

Eine interessante Variante der Orientierung im Zeilenbau wird ebenfalls von Alexander Klein 1927 für eine Gruppe von Einfamilienreihenhäusern vorgeschlagen. Die durch den Grundstückszuschnitt naheliegende Ost-West-Orientierung wird durch Schrägstellung der Häuser um 45° in eine Südwest-Nordost-Orientierung umgewandelt. Die Verstaffelung erlaubt zusätzliche südliche Belichtungen, die Klein jedoch nur auf der Eingangsseite nutzt, wo er der Diele und dem darüberliegenden Kinderzimmer je ein zusätzliches Fenster nach Südosten gibt. Damit wird zwar zunächst nur die Besonnungsdauer der reinen Ost-West-Orientierung wiederhergestellt, aber die größere Tiefenbelichtung der Räume und ihr Ausblick nach zwei Seiten sind angenehme Nebeneffekte. Auf der Gartenseite dagegen wird auf zusätzliche Seitenfenster verzichtet, um die Privatheit der Nachbarterrasse nicht durch Einblicke zu stören. Die Verdrehung von Westen nach Südwesten bedeutet somit zwar de facto eine Einschränkung der Besonnungsdauer, allerdings ist sie hier erwünscht, weil sie die hochsommerliche Abendsonne aus Wohnraum und Schlafzimmer fernhält.

Ein großer Vorteil dieser Gebäudeverstaffelung liegt vor allem in der Nischenbildung für die Gartenterrassen, die dadurch ohne weiteres Zutun einen sehr viel geschützteren Raumcharakter erhalten, als bei dem sonst unvermeidlichen Nebeneinander des Reihenhauses (Abb. 4.17).

Sowohl aus den Ausschreibungskriterien wie aus den Beurteilungen des großen Wettbewerbs, den die Reichsforschungsgesellschaft (RFG) 1929 für Berlin-Haselhorst durchführt, läßt sich ablesen, welchen Stand die Auseinandersetzung um Orientie-

4.17

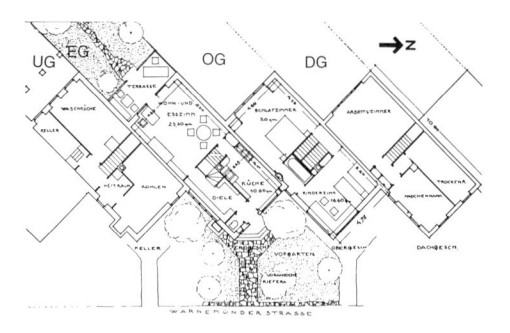

rung und Besonnung am Ende dieser großen ersten Phase des Neuen Bauens erreicht hatte.

So lautet der erste von elf Leitsätzen für die Beurteilungskriterien des Preisgerichts, dem u. a. Otto Bartning, Ernst May, Paul Mebes, Fritz Schumacher und Martin Wagner angehören:

»1. Allseitige Blockumbauung für Kleinwohnungen wird als den neuzeitlichen Grundsätzen des Städtebaus widersprechend abgelehnt. An ihre Stelle tritt der Zeilenbau, weil er bei bester Durchlüftung eine gleich günstige Sonnenlage für alle Wohnzeilen sichert.« und

»8. Wenn Häuserzeilen in ostwestlicher Richtung angeordnet sind, müssen die Grundrisse diesem Umstande Rechnung tragen.«[38]

Auch wird auf die Besonnungsuntersuchungen von Grobler und die von ihm ermittelten Besonnungsdauern während des Jahreszyklus ausdrücklich hingewiesen. In seiner allgemeinen Beurteilung stellt das Preisgericht unter anderem fest: »Wenn trotzdem das Gesamtergebnis als ein Fortschritt auf dem Wege zur Auffindung der wirtschaftlichsten Lösung der modernen Wohnsiedlung gewertet werden kann, so in erster Linie deshalb, weil es den Beweis erbracht hat, daß eine große Anzahl der eingereichten

Entwürfe bewußt veraltete städtebauliche Prinzipien aufgibt zugunsten einer neuzeitlichen Erschließung, die die Wohnfunktion an erste Stelle setzt, d.h. die einwandfreie Lagerung der Wohnzeilen zur günstigsten Belichtungsrichtung.«[39]

Tatsächlich überwiegen bei den prämierten Arbeiten Konzepte mit Ost-West-Orientierung, allerdings mit einer leichten Verdrehung nach Südwest-Nordost in Anpassung an die entsprechend verlaufende Rhenania-Straße (heute Haselhorster Damm). Diese Orientierung entspricht im übrigen genau der von Walter Schwagenscheidt empfohlenen verbesserten Ost-West-Orientierung. Nur Otto Haesler wählt eine streng eingehaltene Ost-West-Orientierung, und als einziger wagt Konstanty Gutschow eine Südorientierung mit leichtem Einschlag nach Südosten (bedingt durch den schon erwähnten Straßenverlauf).

Eine ganze Reihe von Beiträgen schlägt dagegen vor, Ost-West-Grundrisse am Wohnweg gespiegelt anzuordnen. Hier deutet sich eine Entwicklung an, die erst in den siebziger Jahren wieder ernsthaft aufgegriffen werden soll, nämlich die Möglichkeit, durch solche »Bündelungen« eine spannungsvollere Zeilenstruktur zu erreichen, auch wenn dabei weitere Abstriche an der idealen Raumorientierung hingenommen werden müssen.

Vor allem Walter Gropius, der sich mit vier Varianten am Wettbewerb beteiligt, wendet dieses Prinzip bei zwei seiner Vorschläge an. Besonders bemerkenswert ist seine Variante C, bei der er vorschlägt, Laubenganghäuser am Wohnweg zu spiegeln, so daß beide Häuser über gemeinsame freistehende Treppenhäuser und brückenartige Verbindungen erschlossen werden können (Abb. 4.18).

4.18

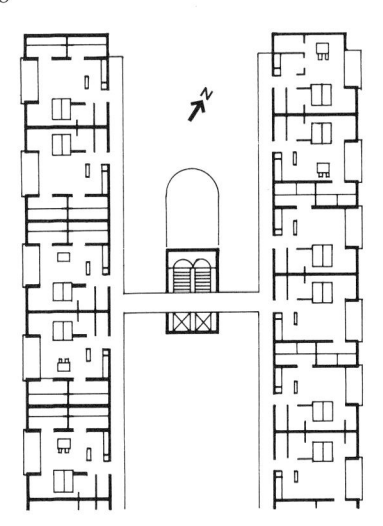

Wenn auch die Jury zum Ergebnis des Wettbewerbs Haselhorst durchaus kritisch anmerkt, daß das Niveau der typologischen Durcharbeitung bei vielen der Teilnehmer noch zu wünschen übrig läßt, so kann man doch davon ausgehen, daß sich Ende der zwanziger Jahre ein breites Bewußtsein in der Architektenschaft für Fragen der grundrißlichen und städtebaulichen Bedeutung von Orientierung und Besonnung entwickelt hatte. Obwohl der Wohnbau des Dritten Reichs bald darauf die Erscheinungsformen des Neuen Bauens als »volksfremd« und »bolschewistisch« verdammt, trifft dieses Verdikt mehr das Flachdach und die »Sachlichkeit« des reinen Zeilenbaus, als die dahinterliegenden Ziele für ein gesünderes Wohnen. Volksgesundheit bleibt schließlich Volksgesundheit, wenn auch unter anderen Vorzeichen.

Noch 1942 heißt es im Geleitwort zu einer Arbeit über die »Messung der Besonnung von Bauwerken«: »Die Deutsche Akademie für Städtebau, Reichs- und Landesplanung gibt die vorliegende Arbeit ihres Mitglieds Dr.-Ing. Walter Neuzil heraus, weil sie in ihr einen wichtigen Beitrag zur Sicherung der

[39] *Berlin-Haselhorst, Wettbewerbsauslobung 1928. Zeitschrift für Bauwesen 4/29, S. 83*

4.18 Berlin-Haselhorst, Wettbewerb, 5geschossiges Laubenganghaus (Walter Gropius, Stephan Fischer, 1929)

[40] Reinhold Niemeyer, Zum Geleit, in: Walter Neuzil, Messung der Besonnung von Bauwerken

[41] Göderitz/Rainer/Hoffmann, Die gegliederte und aufgelockerte Stadt

[42] Durth/Gutschow, Architektur und Städtebau der fünfziger Jahre, S. 32

Volksgesundheit durch Mittel des Städtebaus sieht. Zu den verschiedenen Einflußkräften, denen ein Bebauungsplan unterworfen ist, gehört nach heutiger Auffassung die unabdingbare Forderung bestmöglicher Besonnung der Wohnungen und der meisten Arbeitsstätten. So sehr diese Forderung auch schon anerkannt wird, so wenig befriedigend sind doch noch die Ergebnisse bei der Nachprüfung an ausgeführten Bauten.«[40]

Der Wiederaufbau nach dem Krieg kann damit an eine nahezu ungebrochene Kontinuität in der Orientierungsfrage anknüpfen und bedarf in dieser Hinsicht weder eines Umdenkens noch einer Kurskorrektur. Statt dessen wird nun häufig der offene Zeilenbau und das Prinzip der gegliederten und aufgelockerten Stadt[41] auch jenen zerstörten Innenstadtbereichen übergestülpt, die einmal unter ganz anderen stadtfunktionalen und städtebaulichen Bedingungen entstanden waren, wie etwa beim Wiederaufbau im Bereich der Kreuzkirche in Hannover.[42]

In den Neubauquartieren an den Stadträndern kommt dem Zeilenbau aber auch rasch die Prägnanz seiner frühen Vorgänger abhanden; der Aspekt der Besonnung und Orientierung, der sich längst aus seiner Bindung an das Prinzip der Gleichheit und Kollektivität des Neuen Bauens gelöst hat, beginnt sich nun zu verselbständigen und zu individualisieren.

Der Städtebau wird zu einer Collage aus den gängigen Typologien des Wohnbaus, die in den jeweils benötigten Portionen und fein säuberlich nach Sorten getrennt zu immer neuen und doch sich meist sehr ähnlichen Quartieren zusammengefügt werden, durch die »das Grün hindurchfließt«.

Neu hinzu kommt das Gartenhofhaus, dem die Baunutzungsverordnung eine eigene Dichtekategorie zuweist und das in seiner meist winkelförmigen Grundrißform nun auch flächenhafte bauliche Strukturen zuläßt. Die Grundrißanordnung über Eck, mit einer Orientierung aller Wohn- und Schlafräume zum Innenhof, wirft bei dieser eingeschossigen Bauform keine besonderen Besonnungsprobleme auf. In aller Regel läßt sich die eine Gebäudehälfte mit dem Wohnbereich nach Süden oder Westen, die andere mit dem Schlafbereich nach Osten oder Süden orientieren.

Besondere und neuartige Orientierungsfragen treten dagegen vor allem mit dem Wohnhochhaus auf, das in den späten fünfziger Jahren rasch an Bedeutung gewinnt. Bei dieser Wohnform zwingen die hohen Erschließungsaufwendungen für Fahrstühle, Treppen, Müllschlucker und die feuerpolizeilich vorgeschriebenen Fluchtwege zu einer optimalen grundrißlichen Nutzung dieser Aufwendungen. Es entwickeln sich zwei Grundformen aus Erschließungszwängen: das punktförmige und das scheibenförmige Hochhaus. Bei ersterem legen sich die Wohnungen meist achsialsymmetrisch zur Nord-Süd-Achse um einen im Norden oder in der Mitte des Hauses angeordneten Erschließungskern. Die Wohnungen sind einseitig entweder nach Osten oder nach Westen, manchmal auch zusätzlich nach Süden orientiert und bieten allenfalls in Ecklage ergänzende Orientierungsmöglichkeiten. Da sie im Regelfall keine natürliche Querlüftung haben, beschränkt man sich bevorzugt auf Kleinwohnungen, eine Wohnform, für die das Hochhaus ohnehin geeigneter ist als für Familienwohnungen. Ähnlich wie bei den frühen Versuchen für »back-to-back«-Wohnungen muß dabei in Kauf

4.19

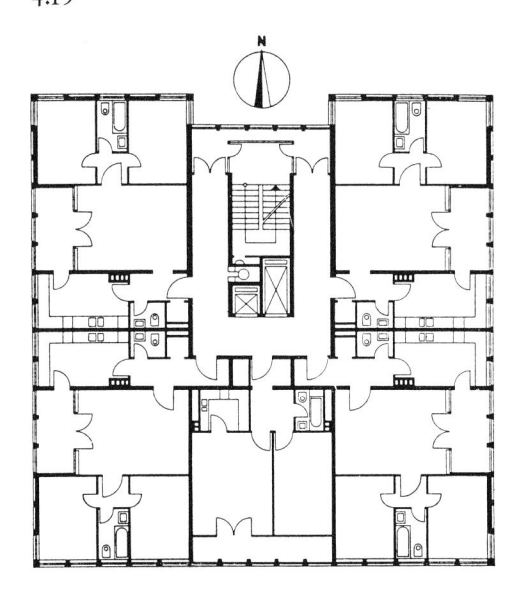

genommen werden, daß ein Teil der Wohnzimmer nach Osten und ein Teil der Schlafzimmer nach Westen ausgerichtet ist (Abb. 4.19).

Der Versuch, den Anteil der Südbesonnung zu verbessern, führt zu pfeilartig nach Süden zugespitzten Grundrißbildern, bei denen eine Verstaffelung der Wohnungen symmetrisch zur Nord-Süd-Achse auf der einen Seite eine Orientierung nach Südosten, auf der anderen nach Südwesten ergibt (Abb. 4.20).

Beim scheibenförmigen Hochhaus dagegen sorgt eine lineare Gangerschließung über

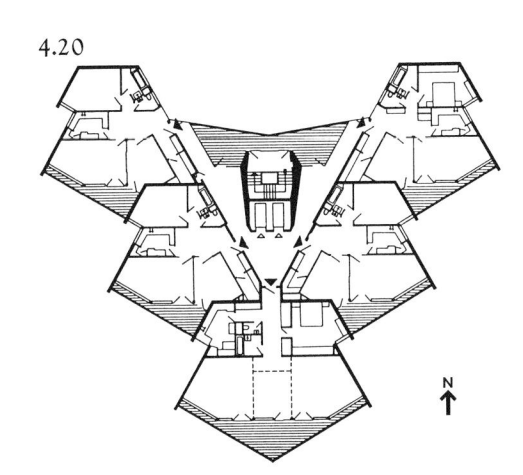

4.20

Außengang oder Innengang für gleichbleibende Orientierungsvoraussetzungen bei allen Wohnungen. Die Gangerschließung stellt sicher, daß vertikale Verkehrselemente optimal genutzt werden, weshalb die Ganglänge häufig nach der maximal zulässigen Fluchtweglänge bemessen wird. Für die möglichen Raumorientierungen gelten dieselben Kriterien wie für Gangerschließungen im niedrigen Zeilenbau, d. h. tendenziell wird bei größeren Wohnungen die Ost-West-Orientierung, bei kleineren die Südorientierung bevorzugt (Abb. 4.21).

4.21

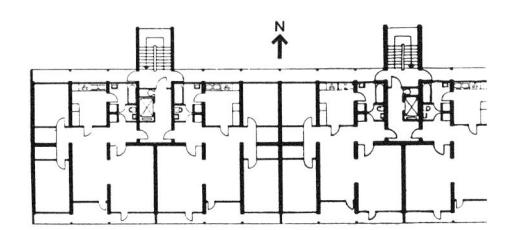

Die sogenannten Zwillingshochhäuser sind ein Versuch, die städtebauliche Problematik großer »Wohnscheiben«, bei denen sich Länge und Höhe potenzieren, durch Auflösung der Baumasse abzumildern und gleichzeitig alle Wohnungen nach zwei oder drei Seiten orientieren und querlüften zu können. Dabei erhält jeder Turm nur einen Fahrstuhl, d. h. die übliche Liftanlage wird auf beide Türme aufgeteilt. Durch Brückengeschosse in regelmäßigen Abständen wird gewährleistet, daß man bei Ausfall eines Lifts nach spätestens sechs Geschossen den Lift des anderen Turms erreichen kann (Abb. 4.22).

Eine Sonderstellung in ihren Orientierungsmöglichkeiten nehmen Terrassenhäuser ein, weil sich durch die geschoßweise Rückstaffelung günstigere Besonnungsverhältnisse

4.19 Berlin, Interbau 57,
16geschossiges Wohnhochhaus
(Lopez, Beaudouin, 1957)

4.20 Köln-Mühlheim
(Hell, 1960/61)

4.21 Berlin, Interbau 57,
10geschossiges Wohnhaus
(Jaenecke + Samuelson, 1957)

4.22

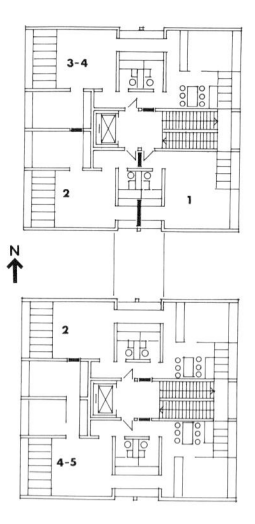

ergeben als bei vertikal geschichteten Geschoßbauten.

So erlaubt zum Beispiel der »Wohnhügel« eine einseitige Orientierung der Wohnungen nach Osten oder Westen, weil sich die im Winkel vorgebauten Wohnzimmer nach Süden orientieren, ohne durch das nächste Geschoß verschattet zu werden. Gegenüber der reinen Ost- oder Westorientierung wird eine erheblich längere Besonnungsdauer mit einem beträchtlichen Anteil an Südsonne erreicht.

Durch den prismatischen Querschnitt dieses Gebäudetyps wird auch die Verschattung des Grundstücks minimiert und tritt überhaupt erst dann ein, wenn der Sonneneinfallswinkel flacher ist als der aus der Terrassierung resultierende Neigungswinkel der Fassaden (Abb. 4.23).

Ein anderer Versuch, die Besonnung von Ost-West-orientierten Geschoßbauten zu verbessern, bedient sich ähnlicher Mittel wie Alexander Klein bei seinen schräg verstaffelten Reihenhäusern von 1927 (Abb. 4.17).

Hier wie dort wird durch diese Maßnahme zwar keine Verlängerung der Besonnungsdauer erreicht, wohl aber eine bessere Tiefenbelichtung im Winter, so daß man im Grunde von einer Optimierung aus Ost-West- und Südorientierung sprechen kann.

Bei senkrecht zu einem Südhang gebauten Geschoßwohnungen auf dem Hochberg in Ravensburg von Faller + Schröder von 1967–69 erhalten die Schlafräume auf der

4.24

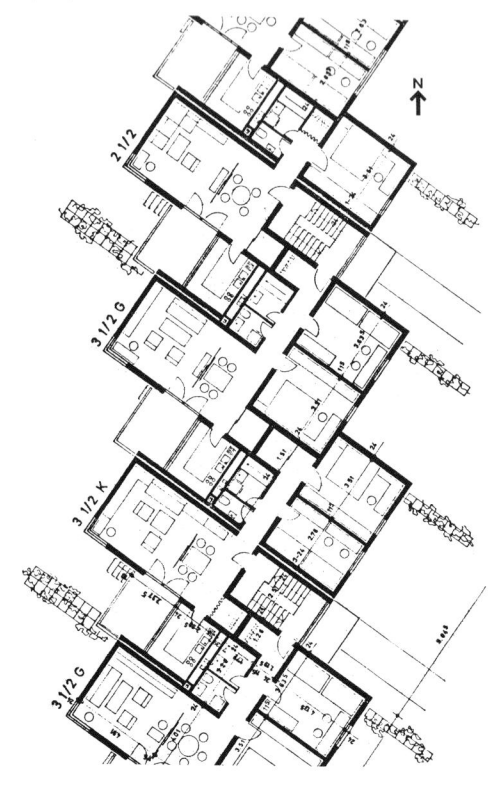

4.22 Stuttgart-Neugereut,
Zwillingshochhaus, Vorstudie
(Faller + Schröder, ca. 1970)

4.23 Besonnungsstudie,
Wohnhügel, Marl
(Frey, Schröder, Schmidt,
ca. 1964)

4.24 Ravensburg, Hochberg
(Faller + Schröder, 1967)

4.23

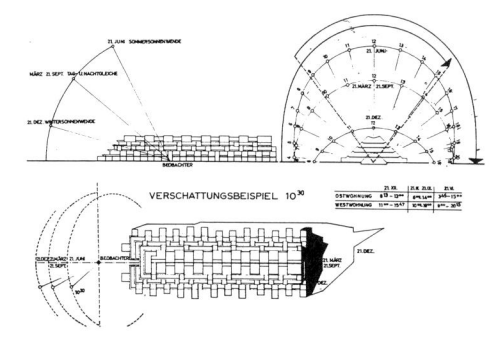

Ostseite und die Wohnzimmer auf der Westseite durch die Verstaffelung eine Orientierung nach Südosten bzw. nach Südwesten. Ihre Tiefenbelichtung wird deshalb im Winter erheblich verbessert, obwohl die Besonnungsdauer insgesamt gegenüber der reinen Ost-West-Ausrichtung abnimmt. Allerdings bietet diese Maßnahme hier zwei weitere entscheidende Vorteile: zum einen erlaubt sie die Ausrichtung aller Wohn- und Schlafräume zu der dort sehr schönen Aussicht, zum andern erhalten die Balkone in den durch die Verstaffelung entstehenden Gebäudenischen eine sehr sicht- und windgeschützte Lage (Abb. 4.24).

Ein zugleich typisches, in seiner sorgfältigen Mischung und Zonierung aber auch hervorzuhebendes Beispiel für den Wohnungs- und Städtebau Mitte der sechziger Jahre ist die Baumgarten-Siedlung in Karlsruhe-Rüppur der Werkgemeinschaft Karlsruhe (Abb. 4.25).

In unmittelbarer Nachbarschaft des Dammerstock dokumentiert dieses Quartier die Weiterentwicklung einer Idee, die dort knapp vierzig Jahre zuvor mit dem kompromißlosen Zeilenbau ihre erste Realisierung erfahren hatte.

Ein zentraler, von Osten nach Westen verlaufender Grünraum, der durch punktartige Hochhäuser akzentuiert wird, untergliedert das Quartier in eine nördliche, dem Geschoßbau vorbehaltene Zone, und in eine südliche, die ausschließlich verdichteten Flachbau aufnimmt. Freistehende Einfamilienhäuser bilden den äußersten südlichen Rand jenseits des Erschließungsrings. Die Quartierzonung erfolgt also im Gegensatz zum Dammerstock von Norden nach Süden. Die viergeschossigen zeilenartigen Geschoßbauten sind Ost-West-orientiert

4.25

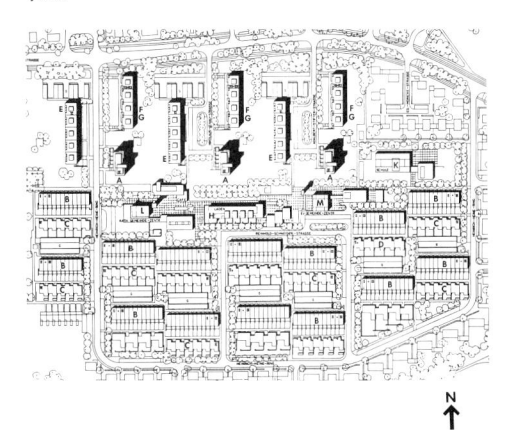

und zeigen gegenüber dem Dammerstock eine Zunahme der Gebäudetiefe von 10 auf 15 m, bedingt durch die jetzt innenliegenden Sanitärräume und den vor der Küche angeordneten Eßplatz.

Da auch die Treppenhäuser im Inneren der Häuser liegen, können alle Schlafräume nach Osten, alle Wohnräume nach Westen orientiert werden. An Durchwohngrundrisse, wie sie Riphan und Grod im Dammerstock vorgestellt hatten, ist bei diesen Gebäudetiefen allerdings nicht mehr zu denken.

Der verdichtete Flachbau ist ausschließlich Nord-Süd-orientiert und besteht aus zweigeschossigen Reihenhäusern sowie einge-

4.25 *Karlsruhe-Rüppur, 4geschossige Wohnhäuser, Lageplan, Normalgeschoß (Hirsch, Horn, Hoinkis, Lanz, Schütz, Stahl, 1963–68)*

[43] *Gustav Hassenpflug, Paulhans Peters, Scheibe Punkt + Hügel*

schossigen Gartenhofhäusern, die sich zeilenweise abwechseln. Die Reihenhäuser haben hier noch eine mittlere Breite von 5–6 m gegenüber etwa 8 m beim Dammerstock, denn auch hier haben sich inzwischen innenliegende Sanitärräume durchgesetzt. Damit aber werden auch die Orientierungsbedingungen des Reihenhauses gegenüber dem Dammerstock grundlegend verändert; der alte Konflikt zwischen Raumorientierung und der Notwendigkeit, die Sanitärräume übereinander anzuordnen, besteht hier nicht mehr.

Durch die in Rüppur gewählte Südorientierung wird in Kauf genommen, daß alle Elternschlafzimmer nach Norden liegen. Dies hängt sicherlich mit der Erschließung zusammen; die Flachbauzeilen werden hier durch Stiche von Süden her erschlossen, was kreuzungsfreie Wegverbindungen zu den Schulen und Versorgungseinrichtungen in zentrale Quartiersbereiche ermöglicht. Vielleicht haben auch negative Erfahrungen mit der Aufheizung von West-Schlafräumen in dieser wärmsten Gegend Deutschlands davor zurückschrecken lassen, eine solche Gebäudeorientierung erneut zu wählen.

Erst die Bemühungen um eine differenzierte Nutzung des Wohnumfelds, sowohl für den privaten wie für den öffentlichen Außenraum, machen bewußt, welche städtebaulichen Defizite dadurch entstanden waren, daß die Neutralität eines alles verbindenden öffentlichen Grünraums das Wohnen um eine wichtige Dimension gebracht hatte, nämlich um die Erlebbarkeit des Gegensatzes von Begegnungs- und Rückzugsräumen.

Die Beziehung zwischen Gebäudeerschließung und öffentlichen Erschließungsräumen wird wiederentdeckt und beginnt, die Stellung der Gebäude zu diesen Räumen, aber auch den Grundriß selbst zu beeinflussen. Nicht mehr die Bausteine wie »Scheibe, Punkt und Hügel«[43] sind Ausgangsbasis des städtebaulichen Entwurfs, sondern die Räume zwischen ihnen.

Auf die Frage der Raumorientierung hat dies insofern einen Einfluß, als nun die einzelnen Funktionen des Wohnens nicht mehr ausschließlich nach der optimalen Besonnung, sondern auch nach ihrer wünschenswerten Beziehung zu öffentlichen oder privaten Außenräumen geordnet werden.

Viele Quartierspläne aus England zeigen schon Anfang der siebziger Jahre diese neue Hinwendung zum Außenraum als sozialem Raum und das Bemühen, Gebäudeformen zu entwickeln, die solche Raumbezüge unterstützen.

Spiegelungen an Nord-Süd-Achsen von Straßen, Höfen oder Plätzen werden dabei bevorzugt, weil die annähernde Gleichwertigkeit der Ost- oder Westorientierung auch von den inneren Grundrißbedürfnissen her mehr und mehr bestätigt wird – etwa durch die ganztägige Nutzung von Kinderzimmern. Hauseingänge werden wieder ausschließlich dem öffentlichen Raum zugeordnet, auch wenn dabei ein Teil von ihnen auf die Wetterseite zu liegen kommt; Wohnzimmer orientieren sich ebenso ausschließlich zur privateren Gartenseite, auch wenn dabei auf die optimale Besonnung verzichtet werden muß.

Beim Wohnquartier Laindon 5 in Basildon New Town wird das Orientierungsproblem der sehr kleinräumlichen und intimen Hofgruppen dadurch gelöst, daß fast alle Zimmer »durchwohnbar« gemacht werden, also wahlweise nach Osten und Westen belichtet werden können (Abb. 4.26).

4.26

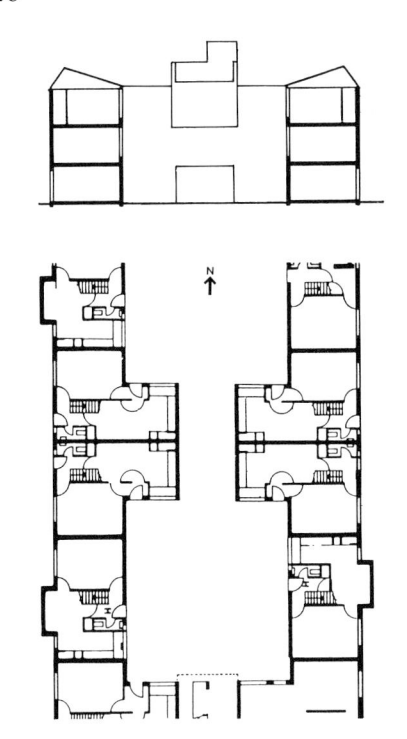

4.27

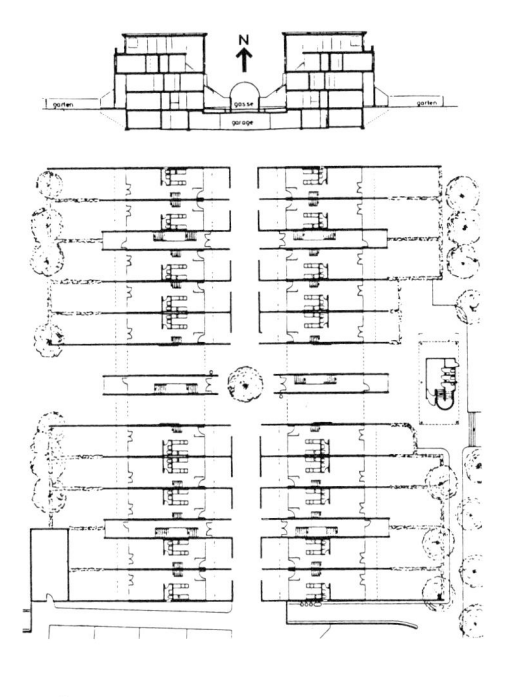

4.28

Bei der Wohnsiedlung Langäcker in Wettingen von Theo Hotz werden einfache, viergeschossige Zeilenbauten an Nord-Süd-Gassen zu Doppelreihen zusammengefaßt, so daß eine Gasse jeweils zwei Zeilen gleichzeitig erschließt. Die Bündelung setzt sich unter der Erde fort, dort liegt die gemeinsame Tiefgarage mit beidseitigem Anschluß an die Treppenhäuser. Hier sind die Grundrisse bis in alle Einzelheiten streng gespiegelt, wobei über Besonnungsstudien nachgewiesen wird, daß für den Erschließungsraum ein Querschnitt von 1:1, für den Gartenraum ein solcher von etwa 1:2 ausreicht (Abb. 4.27).

Auch bei der Gerasdorfer Straße im 21. Wiener Bezirk bildet Viktor Hufnagl Hofgruppen über weitgehend gespiegelte Grundrisse; auch hier liegen alle Zugänge an den Höfen, während die Wohnräume und alle privaten Gärten und Dachterrassen nach außen orientiert sind (Abb. 4.28).

Schon diese drei sehr unterschiedlichen Beispiele zeigen, daß mit der Wiederaufnahme eines stärker raumbildenden Städtebaus zwar eine scheinbare Liberalisierung und Lockerung im Umgang mit der Besonnungsfrage einhergeht, daß aber bei allen ernstzunehmenden Projekten neue Wege gesucht werden, um beiden Aspekten gerecht zu werden.

Bei den Schlafräumen hat sich inzwischen die Tagesnutzung – insbesondere bei Kinderzimmern – so weit durchgesetzt, daß für ihre Lage alle Besonnungsrichtungen denkbar sind, vor allem wenn die Räume mit beweglichem Sonnenschutz ausgestattet werden.

Für Wohnbereiche bietet sich dagegen häu-

4.26 Basildon New Town/GB, Laindon 5 (D. Galloway, 1967–73)

4.27 Wettingen/CH, Langäcker, Schnitt und Grundriß (Theo Hotz, ca. 1984)

4.28 Wien/AU, 21. Bezirk, Gerasdorfer Straße, Schnitt (Viktor Hufnagl, 1975–84)

fig die gleichzeitige Orientierung nach zwei Himmelsrichtungen an, so daß sich z. B. eine Ostlage des Wohnzimmers mit einer Westlage des Eßplatzes kompensieren läßt. Bei geringer Grundrißtiefe wird deshalb wieder verstärkt auf das Prinzip des »Durchwohnens« zurückgegriffen, wie das Beispiel Basildon zeigt (Abb. 4.26).

Bei tieferen Grundrissen wird der Eßplatz der dem Wohnbereich gegenüberliegenden Seite des Grundrisses zugeordnet, so daß dieser Raumzusammenhang zwar durch die Küche unterbrochen wird, aber auf diese Weise ebenfalls an beiden Himmelsrichtungen teilhat, wie beim Beispiel Wettingen (Abb. 4.27). Dabei wird dem Eßplatz mehr und mehr die Rolle eines Vermittlers zwischen Privatheit und Öffentlichkeit an der Schwelle des Hauses oder der Wohnung zugewiesen. Insbesondere beim Reihenhaus und bei gangerschlossenen Maisonettewohnungen hat sich diese neue Raumverteilung inzwischen weitgehend durchsetzen können.

Die städtebaulichen Bedingungen bezüglich der Grundrißorientierung, die der Wohnbau in seinen einzelnen Nachkriegsphasen durchläuft, gleichen einer schrittweisen Rückwärtsentwicklung, wobei der letzte Schritt die Wiederentdeckung des innerstädtischen Blocks darstellt. Gerade im Hinblick auf die Raumorientierung vollzieht sich in der vorausgegangenen Phase bereits eine Vorbereitung auf diese letzte Stufe, werden Strategien entwickelt, wie Raumzuordnung und Besonnung aufeinander abgestimmt werden können; dennoch tritt nun ein fundamentaler Wandel im funktionalen Abhängigkeitsverhältnis zwischen Wohnung und Stadt ein: Die Wohnung tritt wieder stärker in Abhängigkeit zur Stadt, wird wieder Funktion der Stadt und ihrer stadträumlichen Bedingungen.

Die Tatsache, daß jetzt der geschlossene innerstädtische Block wieder in den Mittelpunkt des Interesses rückt, darf allerdings nicht darüber hinwegtäuschen, daß dieser Block nicht mehr derselbe ist, den Fritz Schumacher oder Bruno Taut und viele andere so vehement bekämpft hatten.

Weder die Besitzstrukturen noch das geltende Baurecht und schon gar nicht die Wohnbedürfnisse gleichen noch den Entwicklungsbedingungen gründerzeitlicher oder gar noch älterer Städte.

In der Auseinandersetzung um diese Fragen liefert die Berliner IBA von 1987 ähnlich wichtige Erkenntnisse und Einsichten wie seinerseits die Interbau von 1957 in der umgekehrten Richtung. Die wohl gravierendste Veränderung gegenüber der gründerzeitlichen Stadt aber hat sich in der Bewertung des städtischen Raums für das Wohnen vollzogen. Zwar behält die Straße ihren hohen Gestaltungsanspruch als öffentlicher und kommunikativer Stadtraum. Aber das Wohnen sieht in der Straße nicht mehr den entscheidenden Bezugsraum, dem die besten und anspruchsvollsten Wohnräume zugeordnet werden. Die Straße mag zwar für viele immer noch die interessantere Außenwelt sein, aber das Auto und seine Folgen haben sie als erweiterten Lebensraum für das Wohnen weitgehend entwertet. Nur zu ihrer Gegenwelt, dem vergleichsweise ruhigen Blockinnenraum, kann man noch außenräumliche Beziehungen aufnehmen, einen Freiraum bewohnen oder nachts bei offenem Fenster schlafen. Nur hier kann sich die privatere und zugleich individuellere Seite des Wohnens entfalten.

Ausgeräumt und entkernt haben diese Blockinnenräume nichts mehr mit den alten und engen Hinterhöfen gemein, sind meist sogar geräumiger als der Straßenraum selbst. In ihrer Abgeschlossenheit gegenüber der Außenwelt werden sie wie Oasen der Ruhe im Getriebe der Stadt empfunden. Die hohe Wertschätzung, derer sich die Blockinnenräume heute erfreuen, wird an solchen Beispielen besonders deutlich, wo auf eine direkte Beziehung zur Straße ganz verzichtet wird, wo man also ausschließlich im Blockinnenraum wohnt. Auch dazu hat die Berliner IBA von 1987 eine Reihe bemerkenswerter Beispiele beigesteuert, die häufig unter dem Stichwort »Brandmauerbebauung« entstanden sind. Sie sind in diesem Zusammenhang vor allem deshalb von Interesse, weil sie häufig nur einseitig ausgerichtetes Wohnen zulassen, insofern also Sonderfälle der Grundrißorientierung darstellen. Aber auch dieser Typus eines einseitig auf den Blockinnenraum ausgerichteten Wohnens hat in Berlin seine frühen Vorläufer. Es sind dies die sogenannten »Privatstraßenkonzepte«, die aus reformerischen Bemühungen gegen die spekulativen Hinterhofbebauungen ab 1892 aufkommen. Es handelt sich dabei um in der Regel quer durch einen Straßenblock erworbene Grundstückszusammenhänge, die es erlauben, an einer den Block durchquerenden »Privatstraße« – manchmal sind es auch hofartige Räume – Wohnungen anzuordnen, die ausschließlich auf diese Blockinnenräume ausgerichtet sind. Meist sind sie gegen die städtischen Straßen durch Torhäuser räumlich gefaßt. Dadurch entstehen ähnliche Raumqualitäten wie bei den Londoner »mews«[44], die als ehemalige Stallungen und Bedienstetenwohnungen zwar eine ganz andere Entstehungsgeschichte haben, aber sich heute wegen ihres ruhigen Wohnens ähnlicher Wertschätzung erfreuen. Ein besonders interessantes Beispiel ist der Berliner Goethepark, 1902/03 von Geldner und Voigt erbaut. Diese »Wohnpassage«, deren Hofraum 18 m breit und etwa 215 m lang ist, besteht aus einer Doppelzeile von Wohnungen, die auf den Hofraum ausgerichtet sind, rückwärtig aber an vorhandene Brandmauern angrenzen. Die Grundrisse sind somit einseitig nach Süd bzw. Nord orientiert (Abb. 4.29).

Andere Beispiele wie etwa die Versöhnungsstraße-Privatstraße, 1903/04 von E.

4.29

[44] *Mews: zeilenförmige ein- bis zweigeschossige ehemalige Bedienstetenwohnungen und Stallungen im Blockinnenraum, heute sehr beliebter, ruhiger Wohnbereich.*

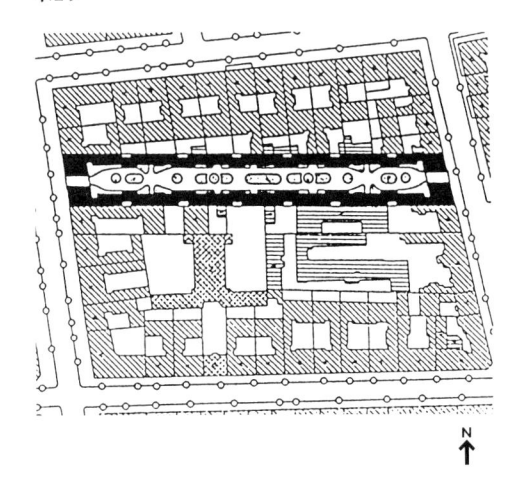

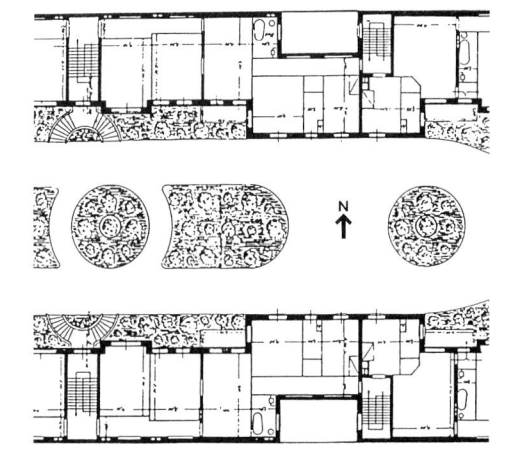

4.29 Berlin, Goethepark, Lageplan, Normalgeschoß (Paul Geldner, 1902/03)

Schwarzkopff angelegt, nehmen ebenfalls auch einseitig nach Norden ausgerichtete Wohnungen in Kauf. Dies zeigt, daß die Besonnungsfrage bei diesen Vorläufern heutiger Blockinnenbebauungen noch keine entscheidende Rolle spielt. Es geht ausschließlich um die Verbesserung der Belichtungs- und Belüftungsverhältnisse im Blockinnenraum und um die Schaffung und Gestaltung von Hofräumen mit eigenständigem und identitätsstiftendem Anspruch.

Aus der großen Zahl Berliner Brandmauerbebauungen wurde das Haus am Fraenkelufer von Inken und Heinrich Baller bereits in anderem Zusammenhang (Kapitel 3) besprochen. Sowohl hier wie bei den Bebauungen für ein Seniorenwohnhaus an der Köpenicker Straße von Otto Steidle (Abb. 4.30), der Bebauung Schönebergstraße 5 von Josef Paul Kleihues (Abb. 4.31) sowie den Selbstbauterrassen von Dietrich von Beulwitz und Wolfgang Freitag an der Wilhelmstraße 119–121 liegen aber im Gegensatz zu den Privatstraßenprojekten stets günstige Orientierungsbedingungen nach Süden, Südosten und Südwesten vor, so daß

4.30

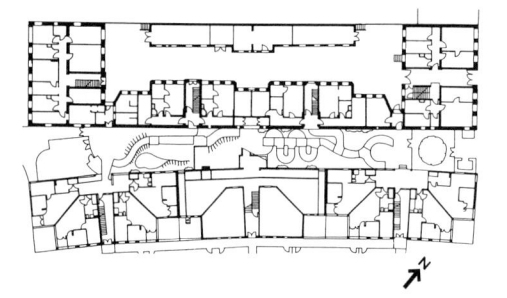

4.31

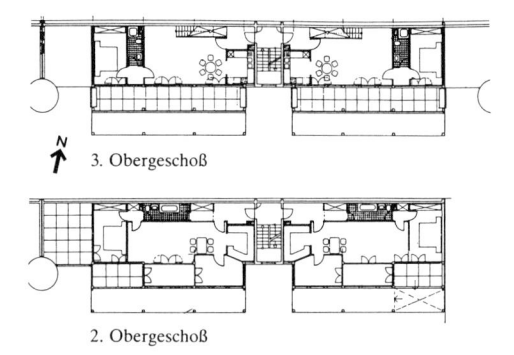

4.30 Berlin, Seniorenstift (Otto Steidle, ca. 1984)

4.31 Berlin-Schöneberg, Haus an der Brandwand (Josef Paul Kleihues, ca. 1983)

4.32 Berlin, Selbstbauterrassen (Dietrich von Beulwitz, ca. 1986)

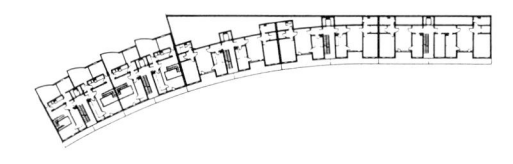

4.32

3. Obergeschoß

2. Obergeschoß

für eine einseitige Grundrißorientierung die größtmögliche Besonnungsdauer erreicht werden kann (Abb. 4.32). Einseitige Orientierung bedeutet aber in der Regel auch, daß ein Grundriß nicht querlüftbar ist, wie schon im Zusammenhang mit »back-to-back«-Grundrissen dargestellt wurde. In geschlossenen Blockinnenräumen mit ohnehin verminderter Luftbewegung muß daher für kompensative Querlüftungsmöglichkeiten gesorgt werden. Kleihues wendet das Prinzip rückwärtiger Luftschächte an, wie sie auch im »Goethepark« eingesetzt werden. Sie dienen gleichzeitig der Belüftung und Belichtung von Sanitär- und Nebenräumen. In der Wilhelmstraße sorgen die Einschnitte zwischen den drei Bauteilen zumindest in den oberen Geschossen für eine diagonale Lüftungsmöglichkeit.

Grundsätzlich neue Orientierungsbedingungen aber ergeben sich nun für das Wohnen an innerstädtischen Blockrändern, wo zwar stets eine zweiseitige Grundrißausbildung möglich, aber auch der aus den Straßenräumen kommende Lärm zu berücksichtigen ist.

Hier muß die Grundriß- und Raumorientierung ja nicht nur auf ganz unterschiedliche Besonnungsbedingungen reagieren, wie sie sich aus den stets unterschiedlichen Lagen der Blockränder ergeben, sondern hier muß hier der Wohngrundriß auch den heutigen Anforderungen an ein ruhiges und möglichst lärmfreies Wohnen gerecht werden, muß also dafür Sorge tragen, daß lärmempfindliche Räume, wie etwa Schlafzimmer, vorzugsweise dem ruhigeren Blockinnenbereich zugeordnet werden können.

Damit aber gerät die Frage der Raumorientierung in den Konflikt zwischen größtmöglicher Wohnruhe und optimaler Besonnung und bedarf in jedem Einzelfall sorgfältiger Abwägung. Hinzu kommt, daß durch baurechtliche Lockerungen bei den erforderlichen Gebäude- und Fensterabständen in den vergangenen Jahren gerade für das Bauen im Bestand zusätzliche Risiken für eine ausreichende Versorgung mit Sonnenlicht entstanden sind. Nachlässigkeiten im Umgang mit der Raumorientierung können unter diesen Bedingungen sehr rasch zu Rückfällen in gründerzeitliche Verhältnisse führen.

Im folgenden Abschnitt soll deshalb vor allem der Frage nachgegangen werden, wie sich die Auseinandersetzung des Wohngrundrisses mit dem Verkehrslärm entwickelt hat, und welche Ansätze für eine zugleich lärm- wie besonnungsgerechte Raumorientierung bestehen.

4.2 Grundrißorientierung und Außenlärm

Während die Forderungen des Neuen Bauens nach Licht, Luft und Sonne und die Auseinandersetzung mit dem offenen Zeilenbau sowie seinen nach der Besonnung entwickelten Grundrissen schon 1930 ihren Höhepunkt erreichen, bleibt die Beschäftigung mit einem anderen wichtigen Aspekt der Wohnhygiene, nämlich dem Schutz vor der Lärmbelastung der Stadt, sehr viel oberflächlicher.

Schon die Gartenstadtkonzepte der Vormoderne, die vor allem als Reaktion auf die negativen Folgen der Industrialisierung und eines ungeordneten Städtewachstums gesehen werden müssen, fordern eine künftige Trennung zwischen Industrie- und Wohnquartieren, um das Wohnen vor Lärm, Qualm und Luftverschmutzung zu schützen.

Auch der vierte CIAM-Kongreß von 1933 und die aus ihm hervorgegangene »Charta von Athen«[45] bekräftigen noch einmal diese Prinzipien, insbesondere die Forderung nach einer nach ihren Funktionen gegliederten Stadt.

Die Vertreter der modernen Architektur fordern hier zwar eine »möglichst kurze Distanz vom Arbeitsplatz zum Wohngebiet«[46], aber auch »die für die Industrie bestimmten Teile der Stadt müssen unabhängig von den für das Wohnen bestimmten Teilen sein und durch einen Grünzug getrennt werden«[47]. Es wird eine »Differenzierung der Straßen nach ihrer Funktion in Wohnstraßen, Quartierstraßen, Hauptverkehrsstraßen«[48] angeregt. »Die großen Verkehrsströme sollen grundsätzlich durch Grünstreifen isoliert werden«[49], und weiter: »Bauwerke, errichtet entlang der Verkehrswege und um Kreuzungen, sind für das Wohnen nachteilig: Lärm, Staub, schädliche Abgase. Wenn man diesem Verbot wirklich Rechnung tragen will, wird man in Zukunft dem Wohnen und dem Verkehr voneinander unabhängige Bereiche zuweisen.«[50] Daraus wird schließlich die Forderung abgeleitet: »Die Aufreihung der Wohngebäude

[45] Erstmals veröffentlicht 1943 in die »Charta von Athen« als Weiterentwicklung des Abschlußdokumentes »Die funktionelle Stadt« des IV. Kongresses der CIAM 1933 in Athen. Le Corbusier zit. nach Theo Hilpert, Charta von Athen

[46] IV. Kongreß der CIAM, Athen 1933, zit. nach Theo Hilpert, Charta von Athen, S. 207

[47] Le Corbusier, zit. nach Theo Hilpert, Charta von Athen, S. 207

[48] IV. Kongreß der CIAM, Athen 1933, zit. nach Theo Hilpert, Charta von Athen, S. 209

[49] Le Corbusier, zit. nach Theo Hilpert, Charta von Athen, S. 209

[50] Le Corbusier, zit. nach Theo Hilpert, Charta von Athen, S. 128

[51] *Le Corbusier, zit. nach Theo Hilpert, Charta von Athen, S. 133*

[52] *Otto Haesler, in: Stein Holz Eisen 41/27, S. 1171f.*

längs der Verkehrsstraßen muß verboten werden.«[51]

Aber all diese Forderungen sind eher Handlungsanweisungen für eine vorausschauende Stadt- und Verkehrsplanung und für die standortgerechte Ausweisung neuer Wohnquartiere als für den Umgang mit Lärm in der konkreten städtebaulichen Situation oder gar in der Grundrißgestaltung.

Zwar wird bereits von den negativen Folgen des Verkehrs gesprochen, aber seine tatsächliche spätere Entwicklung kann zu diesem Zeitpunkt allenfalls geahnt, aber noch nicht vorausgesehen werden.

Die Faszination, die das Automobil und andere neue Verkehrsmittel gleichzeitig auslösen, hat zur Folge, daß man gegenüber deren negativen Auswirkungen noch weitgehend unempfindlich ist.

Dennoch wird zum Beispiel der kopfseitig erschlossene Zeilenbau, also das Prinzip der Gebäudeanordnung quer zur Straße, immer wieder auch mit der dadurch erreichbaren größeren Wohnruhe begründet. Haesler schreibt als programmatische Erläuterung seiner 1927 fertiggestellten Siedlung am Georgsgarten in Celle: »Auch auf ruhige Wohnlage ist größerer Wert wie bisher zu legen. Gerade hier erfordert die heutige, stärkere Inspruchnahme der einzelnen Familienangehörigen und die zunehmenden Verkehrserscheinungen in fast allen Straßen eine städtebaulich bewußte Abkehr vom bisher üblichen Bauen an den Straßen. In früheren Zeiten, als die Familie nach getaner Arbeit den Rest des Tages mit Strickstrumpf und Hausarbeit verbrachte, mag sie froh gewesen sein, wenn sie dem Leben und Treiben auf der Straße vom Erker oder Balkon der Stube aus zum Zeitvertreib zuschauen konnte. Heute, da die meisten Familienmitglieder zum größten Teil selbst in das Getriebe und Hasten des Erwerbslebens einbezogen sind, bessere Erholungs- und Bildungsstätten zur Verfügung stehen und die Verkehrsverhältnisse sich immer ungünstiger für das Wohnen auswirken, muß der bisherige Begriff des Wohnens an der Straße aufgegeben werden.«[52]

Aber auch hier wird man den Verdacht nicht ganz los, daß es sich eher um ein nachgeschobenes, zumindest aber sekundäres Argument handelt, mit dem vor allem der konsequente Zeilenbau in Ost-West-Orientierung und quer zur Erschließungsstraße zusätzlich untermauert werden soll.

Tatsächlich verdeckt die Argumentation für die unbestreitbaren lärmtechnischen Vorzüge eines quer anstatt parallel zur Straße angeordneten Zeilenbaus aber einen Grundkonflikt, den dieser Zeilenbau überhaupt erst ausgelöst hat, nämlich zwischen der Orientierung nach Besonnungs- und Durchlüftungskriterien einerseits und den Lärmschutzkriterien andererseits: Offenheit für Sonne und Luft bedeutet nämlich auch Offenheit für Lärm.

Dieser Konflikt wird bei der Frankfurter Hellerhofsiedlung von Mart Stam – sie entsteht 1930 – besonders offenkundig. Die Lage dieses Geländes zwischen der Frankenallee im Süden und dem großen Rangierbahnhofgelände im Norden hält auch hier niemanden davon ab, in einer konsequenten Zeilenbauweise mit Ost-West-orientierten Wohnungen die optimale Lösung zu sehen – getreu der Devise, daß mit dieser Gebäudestellung die Häuser ja auch dem Lärm nicht frontal ausgesetzt seien. Daß der Lärm damit aber zugleich tief in das Quartier eindringen kann und auf diese Weise zu einer Belastung für alle Wohnungen wird, sieht man offenbar nur als untergeordnetes Problem. Zwar wird der von der Frankenallee ausgehende Lärm durch eine zweigeschossige Zeile aus Läden und Kleinwohnungen abgeschirmt, aber zugleich wird festgestellt: »Die Randbebauung mit Läden im Erdgeschoß längs der Südseite ist niedrig gehalten, um eine stärkere Beeinträchtigung der Gartenfläche durch Beschattung zu vermeiden ...«[53]

Der vermutlich schon damals sehr viel problematischere Lärm des Rangierbahnhofs im Norden, vor allem bei Nachtbetrieb, wird dagegen überhaupt nicht berücksichtigt, obwohl eine einzige parallel zur Bahn angeordnete Gebäudezeile das ganze Quartier gegen diesen Lärm hätte abschirmen können – beispielsweise mit südorientierten Kleinwohnungen an Laubengängen – und dies ohne jegliche Verschattung von Gartenflächen (Abb. 4.33).

Walter Schwagenscheidt, dessen ablehnende Haltung gegenüber dem motorisierten Verkehr und seinen Folgen offenbar damals schon tiefer sitzt als bei den meisten

4.33

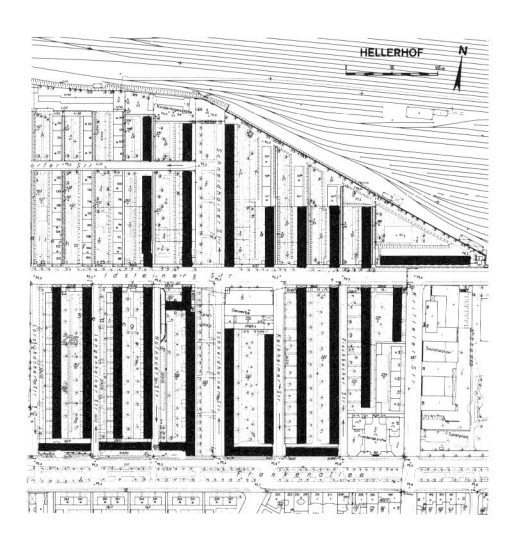

seiner Zeitgenossen, entwickelt mit seiner »Raumstadt« Konzepte, die auf geschütztere städtische Räume zielen als sie der reine Zeilenbau zu schaffen vermag. Schon 1921, damals noch Assistent bei Theodor Veil in Aachen, schreibt er: »Die Wohnstadt baut sich aus Räumen ... Die notwendigen Straßen mit starkem Durchgangsverkehr sind natürlich außerhalb der Räume gelegt; die Straßen mit schwächerem Verkehr können durch die Räume geführt werden, ohne sie zu zerstören. Man wohnt nicht an der Straße, sondern an und in Räumen.«[54]

In seinem Buch »Die Raumstadt« von 1949 wird dieses Konzept präzisiert: »Die Reihung ist ein künstlerisches Ausdrucksmittel, aber wir können nicht Städte ausschließlich in Nord-Süd gerichteten Zeilen bauen, das wäre eine unerträgliche Langeweile und eine nicht zu vertretende Ausschaltung der Südsonne für die Wohnungen. Ich versuchte räumliche Gruppen mit Ost-West- und Nord-Süd-Häusern in der Tiefenerschließung mit vielfacher Bauflucht, wobei nur ein Teil an Straßen gegenüber den früheren Straßenstädten gebraucht wird. Während sich die Fassade als Fläche, der Zeilenbau als konvexer Körper darstellen, ist der Leitgedanke dieser Arbeit der dreidimensionale, konkave Raum. Der Verkehr, der in unsere Städte eingebrochen ist wie ein Wolf in eine Schafhürde – wir werden ihn bändigen und dorthin leiten, wo er hingehört. Es soll dem Verkehr nicht die Anmaßung gestattet sein, die ganze Stadt durcheinanderzubringen und diese beherrschende Rolle zu spielen. Vor allem müssen wir alle Einzelteile der Stadt so zueinander ordnen, daß möglichst wenig Verkehr notwendig ist. Der Verkehr ist am besten geregelt, der erst gar nicht aufkommt.«[55]

[53] Ernst May, Franz Wichert, in: Das neue Frankfurt 4–5/30, S. 129

[54] Walter Schwagenscheidt, zit. nach Walter Preusler, Schwagenscheidt, S. 44

[55] Walter Schwagenscheidt, Die Raumstadt, S. 10

4.33 Frankfurt-Hellerhof, Lageplan
(Mart Stam, 1929–33)

[56] Walter Schwagenscheidt, Die Raumstadt und was daraus wurde, S. 67

[57] Walter Schwagenscheidt, Ein Mensch wandert durch die Stadt, S. 10

Schwagenscheidt sieht damit früher als andere, daß nur ein »raumbildender« Städtebau sich selbst vor Lärm zu schützen vermag. Als er 1929 seinen Dienst bei Ernst May in Frankfurt antrat, hätte er auf die bereits angelaufene Planung für Goldstein wohl gerne noch im Sinn seiner Raumstadtvorstellungen Einfluß genommen. Er erinnert sich an sein erstes Gespräch mit May: »Ich könne die größte Siedlung der Welt bauen, für vierzigtausend Menschen. Er zeigte mir Entwürfe. Ich bat, bis ich komme, nicht schon alles mögliche festzulegen. Das versprach er, hat es aber vergessen.«[56]

Ein entscheidender Satz aber findet sich in seinem Buch, das 1957 unter dem Titel »Ein Mensch wandert durch die Stadt« anläßlich der Berliner Interbau erscheint: »Die Häuser können dem Verkehr nicht entfliehen. Wo viele Häuser sind, da ist auch viel Verkehr. Vielleicht müßten die Häuser den Autos ihre hintere Seite zukehren?«[57]

Ein mutiger Satz angesichts einer Bauausstellung, die wie kein anderes Ereignis der Wiederaufbauphase nach dem Krieg noch einmal alle Prinzipien des offenen Bauens mit solitären Einzelbaukörpern demonstriert und von einem raumbildenden Städtebau weiter entfernt ist denn je zuvor. Schwagenscheidt ist auch hier wieder seinen wohnbauenden Zeitgenossen weit voraus, denn er sagt damit ja nicht mehr und nicht weniger, als daß man auf den Verkehrslärm zukünftig nicht mehr nur durch die richtige Gebäudestellung reagieren muß, sondern daß man an den besonders kritischen Stellen auch den Wohngrundriß selbst nach Lärmgesichtspunkten umkrempeln müßte. Hätte sich diese Einsicht schon damals durchsetzen können, es wäre uns so mancher Lärmschutzwall erspart geblieben –

von jenen gestalterischen Zumutungen, die man »Lärmschutzwände« nennt, ganz zu schweigen. Bis heute aber greift man im Städtebau lieber zu solchen aufwendigen Sekundärmaßnahmen – die ja im Grunde nichts anderes als Eingeständnisse von Fehlplanungen sind –, als daß man sich der Möglichkeiten bedient, die sich schon in der Bebauungsplanung und vor allem in einer darauf abgestimmten Grundrißplanung für einen planerischen Lärmschutz anbieten. Eins der ersten Nachkriegsprojekte, bei dem diese Erkenntnisse bewußt eingesetzt werden, ist die Gartenstadt Puchenau bei Linz, die 1965–69 von Roland Rainer geplant und gebaut wird. Schon im ersten Bauabschnitt schirmen zwei viergeschossige Wohnblöcke das zur Donau abfallende Gelände gegen den Verkehrslärm der

4.34

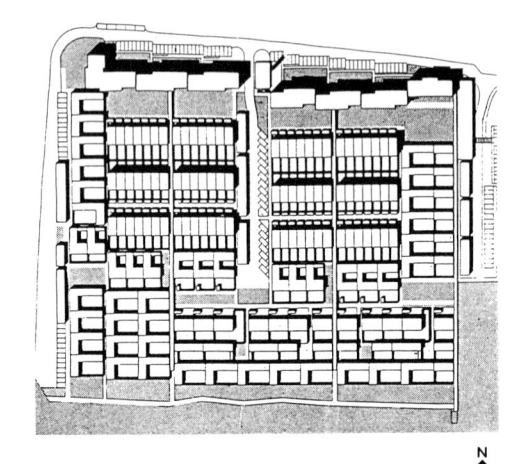

4.34 Puchenau/AU, 1. Bauabschnitt, Lageplan, Geschoßbaugrundriß (Roland Rainer, 1963–67)

Krummauer Straße im Norden ab. Auch die Grundrisse dieser Randbebauung reagieren nun auf die Lärmsituation: Rainer ordnet seine Treppenhäuser in Gebäudelängsrichtung an und erreicht damit, daß sie zusammen mit den zur Straße liegenden Nebenräumen und Küchen den lärmempfindlicheren Wohnräumen der Südseite Schutz geben (Abb. 4.34).

Von 1970 an entsteht in Newcastle upon Tyne unter der Leitung von Ralph Erskine das erste innerstädtische Sanierungsgebiet, das mit planerischem Lärmschutz nicht nur auf ein zu erwartendes Verkehrsprojekt zu reagieren versucht, sondern diese Lärmschutzmaßnahmen in geradezu demonstrativer Weise zum Gestaltungsprinzip erhebt. Mit einer unter dem Namen »Byker Wall« berühmt gewordenen Randbebauung schirmt Erskine ein über 70 ha großes Quartier gegen den zu erwartenden Verkehrslärm aus einer das Quartier im Osten und Norden tangierenden Stadtautobahn ab. Diese Randbebauung von über einem Kilometer Gesamtabwicklung und bis zu acht Geschossen Höhe ist nur 6 m tief, so daß die Analogie zu einer Stadtmauer mehr als naheliegt. Nach außen verstärken kleine Fensteröffnungen diesen abweisenden Ausdruck. Dagegen wirkt die Innenseite der Mauer mit ihren Laubengängen und Balkonen lebendig, offen und wohnlich. Die Wohnungen, aus denen diese »Wand« in Wirklichkeit besteht, sind als zweigeschossige Maisonettewohnungen nicht nur ganz zum Inneren des Quartiers orientiert, sondern werden über Laubengänge auch von dieser Seite her erschlossen. Dabei liegen sämtliche Wohn- und Schlafräume ausschließlich zur Quartiersinnenseite, während Küchen, Bäder und Nebenräume an der Gebäudeaußenseite angeordnet sind und damit die empfindlicheren Wohnräume gegen den Lärm abschirmen. Mit dieser konsequenten planerischen Maßnahme entsteht nicht nur eine hohe Dichte in diesem sich selbst gegen Lärm schützenden Rand, sondern es wird ein Wohnquartier mit über 9000 Einwohnern höchst wirksam gegen die von außen kommenden Immissionen abgeschirmt.

Die Stadtautobahn, die Anlaß für alle diese Überlegungen war, wird jedoch später gar nicht verwirklicht, die »Festung Byker« also nie herausgefordert. Dennoch ist mit diesem Projekt ein unübersehbares Zeichen gesetzt worden für die Möglichkeiten, die sich einem lärmbewußteren Wohnbau nicht nur planerisch und funktional, sondern auch gestalterisch bieten (Abb. 4.35; s.a. S. 328 f.).

4.35

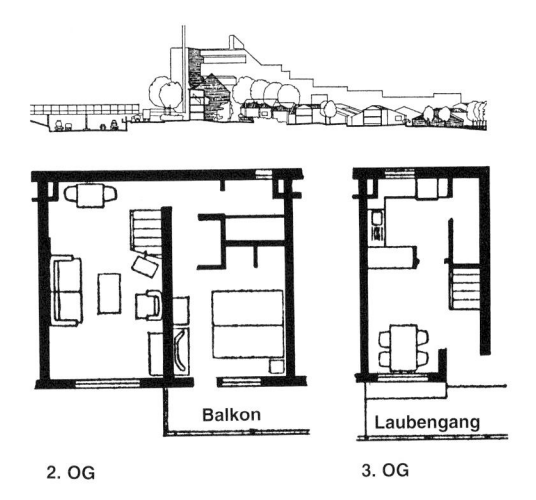

In diesem Zusammenhang sollte man eine grundsätzliche Unterscheidung treffen zwischen solchen Ansätzen, die wie bei Erskines Byker-Projekt durch primäre Maßnahmen, also planerisch und grundrißlich auf Verkehrslärm reagieren, und solchen, die ihr Heil in sekundären – vornehmlich techni-

4.35 *New Castle on Tyne/GB, Byker, Schnitt, 2-Personen-Maisonette (Ralph Erskine, 1969–81)*

schen – Schallschutzmaßnahmen suchen. Zu letzteren zählen neben den bereits genannten städtebaulichen Sekundärmaßnahmen wie Schallschutzwänden auch die sogenannten Schallschutzfenster sowie zusätzliche Schallschutzverglasungen und nicht zuletzt jene Wintergärten, die aus einem Balkon kurzerhand einen lärmgeschützten Innenraum machen.

Auch mit solchen sekundären baulichen Maßnahmen kann ein wirksamer Schallschutz erreicht werden, weshalb sie vor allem dort unentbehrlich sind, wo der Grundriß gar nicht mehr beeinflußt werden kann – wie etwa beim Umgang mit älterer Bausubstanz. Ein Fenster, das man aus Schallschutzgründen nicht öffnen kann, steht aber im Wohnbau einem elementaren Lebensbedürfnis entgegen und kann deshalb nur im äußersten Notfall und nach Ausschöpfen aller anderen Möglichkeiten in Betracht gezogen werden. Die kritische Grenze beim Einsatz solcher technischer Maßnahmen muß also dort gesehen werden, wo die für das Wohnen so wichtigen Möglichkeiten des Außenkontakts empfindlich eingeschränkt werden und damit ein Stück unveräußerlicher Wohnqualität verlorengeht – oder anders ausgedrückt: ein Standort, der nur noch mit solchen Mitteln bewältigt werden kann, ist für das Wohnen ungeeignet.

Es gibt jedoch eine Reihe von Projekten, die vor allem mit zusätzlichen Schallschutzverglasungen versuchen, die vorgefundene Wohnsituation lärmtechnisch zu verbessern, ohne dabei die Wohnqualität zu beeinträchtigen.

Dazu muß Helmut Richters Laubenganghaus gezählt werden, das 1990 an der Brunner Straße im 23. Wiener Bezirk entsteht.

Das Ost-West-orientierte Haus liegt mit seiner Erschließungsseite dicht an der stark befahrenen Straße. Es reagiert auf diese Lärmquelle mit einem Grundriß, der für alle Wohn- und Individualräume eine Orientierung zur ruhigen Wohnseite erlaubt, auch wenn ein Teil von ihnen auf der Ostseite angeordnet ist. Bei letzteren sorgen innere Lichthöfe für eine lärmfreie Belichtungs- und Belüftungsmöglichkeit nach Westen. Bekannt geworden aber ist das Haus wegen seiner großzügigen Glashaut, mit der die vom Haus abgelösten Laubengänge und Treppen auf ihrer Außenseite gegen Lärm,

4.36

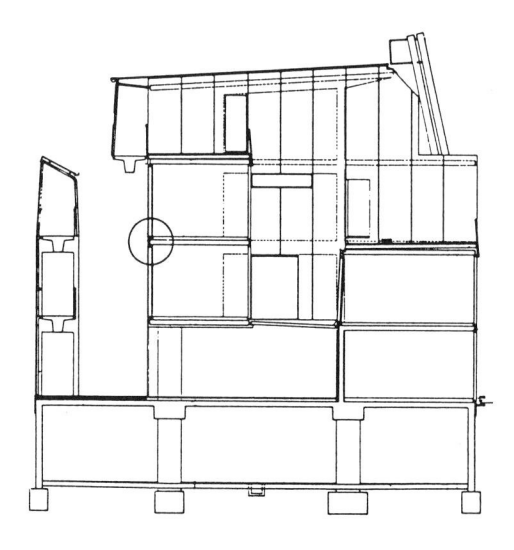

4.36 Wien/AU, 23. Bezirk, Brunner Straße, Ansicht und Schnitt (Helmut Richter, 1990)

aber auch gegen Abgase, Straßenschmutz und schlechtes Wetter geschützt werden. Mit dieser sekundären Maßnahme wird nicht nur die Aufenthaltsqualität dieser Erschließungsräume erheblich verbessert, sondern die Wohnungen selbst erfahren einen wirksamen zusätzlichen Schallschutz (Abb. 4.36).

Ähnlich komplex sind die Schallschutzmaßnahmen beim Wohnblock Droogbak in Amsterdam, der 1990 von Rudy Uytenhaak in unmittelbarer Nachbarschaft des Hauptbahnhofs gebaut wird. Das Grundstück grenzt im Norden an das Bahnhofsgelände und eine stark befahrene Straße und im Süden an eine Quartierstraße. Auch hier werden primäre und sekundäre Lärmschutzmaßnahmen eingesetzt, wird auf den Lärm sowohl mit planerischen wie mit technischen Mitteln reagiert. Uytenhaak rückt das Gebäude direkt an die Nordgrenze des Grundstücks, um auf der Südseite größtmöglichen Abstand zur Quartierstraße zu gewinnen. Dieses Vorfeld wird durch Spielflächen und einen Kindergarten genutzt. Wohn- und Schlafräume sind überwiegend zu dieser Seite orientiert, alle Nebenräume zur Bahnseite. Zusätzlicher Lärmschutz wird gegen das Bahngelände durch vorgelagerte Putzbalkone erreicht, die mit geschoßhohen schrägstehenden Verglasungen ausgestattet sind. Sie wirken wie Reflektoren, die gegen den Lärm gerichtet sind, ohne aber die schöne Aussicht auf den hinter der Bahn liegenden Hafen zu unterbinden. Die Schrägstellung sichert gleichzeitig die Lüftung. Zur Südseite erhalten die Häuser als Schutzzone eine zweite Fassadenebene, die aus vorgezogenen Wandschotten und horizontalen Betonbalken gebildet wird. Die in dieses Gerüst eingelegten Balkone halten Abstand von den Seitenflächen, so daß jeder Raum direktes, wie auch von den Wandscheiben reflektiertes Licht erhält (Abb. 4.37).

4.37

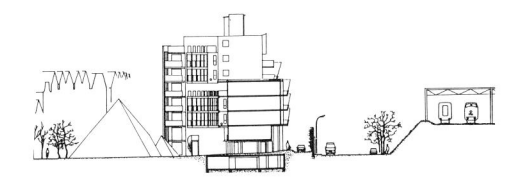

Der Bedeutungswandel, der sich in der Bewertung von Straßenseite und Blockinnenraum beim städtischen Straßenblock vollzogen hat, ist ja in erster Linie darauf zurückzuführen, daß die Straße wegen ihres Lärms, aber auch wegen Schmutz, Abgasen und Gefährdungen in vielen Fällen »unbewohnbar« geworden ist. Diese Umkehr aber konnte sich nur vollziehen, weil auch der Blockinnenraum heute in der Regel von allen störenden Fremdnutzungen und Einbauten befreit werden kann.

Was sich dagegen nicht ändern läßt, sind die Orientierungsbedingungen. Dies bedeutet für die Besonnung, daß es stets günstigere und weniger günstige Seiten eines Blocks gibt. Der Lärm folgt dagegen ausschließlich den Kriterien außen-innen, das heißt lärmempfindliche Räume liegen unabhängig von der jeweiligen Himmelsrichtung stets am Blockinnenraum günstiger als auf der Straßenseite. Aus der Überlagerung dieser beiden Aspekte aber ergeben sich neue Anforderungen an den innerstädtischen Wohngrundriß.

1974–1977 realisiert Josef Paul Kleihues am Vinetaplatz im Berliner Wedding für den Block 270 die erste konsequente Wiederaufnahme einer Blockbebauung auf alter Bauflucht für einen verhältnismäßig kleinen Baublock von 54 × 108 m.

4.37 Amsterdam/NL, Droogbak (Rudy Uytenhak, 1990)

Ganz offensichtlich ist die Verkehrsbelastung rund um den Block, damals noch in unmittelbarer Nähe zur Berliner Mauer, nicht so groß, daß Lärmgesichtspunkte einen entscheidenden Einfluß auf die Grundrißordnung haben. Kleihues reagiert angesichts der in Nord-Nordost-Süd-Südwest verlaufenden Längsachsen des Grundstücks vorwiegend auf die Besonnungsbedingungen und legt auf den beiden Längsseiten seine Wohnbereiche nach Westen, die Schlafräume vorwiegend nach Osten. Er nimmt damit in Kauf, daß ein Teil der Schlafräume auf der Straßenseite zur Wolliner Straße liegt. Lediglich die Küchen und Treppenhäuser haben eine außenraumbezogene Grundrißlage, die Küchen liegen immer am Blockinnenraum, die Treppenhäuser immer auf der Straßenseite. Die deutliche Öffnung des Wohnhofs nach allen Seiten über eine große Zahl von öffentlichen Durchgängen läßt darauf schließen, daß auch stadträumlich noch nicht jene Differenzierung zwischen außen und innen, zwischen öffentlich und privat gesucht wird, die Voraussetzung für eine stärkere räumliche Polarisierung der Grundrisse gewesen wäre (Abb. 4.38).

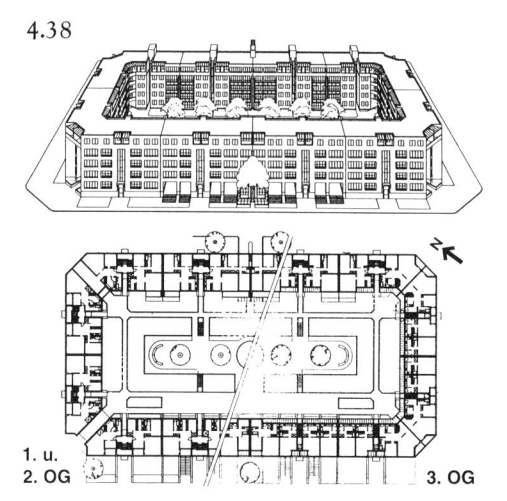

Die Architekten ARCOOP, Marbach und Ruegg wählen dagegen beim Manessehof in Zürich 1984 eine deutlichere Grundrißorientierung zum ruhigen Blockinnenraum. Allerdings kommt ihnen dabei zugute, daß die zu ergänzenden Blockränder auf der Hofseite nach Süden bzw. Westen orientiert sind, so daß man alle Wohn- und Schlafräume bedenkenlos dort anordnen kann. Da die Straßenseite hingegen mit Küchen und Nebenräumen nicht ausreichend genutzt ist, wird auf der Schlafebene der Maisonettes eine großzügige Diele vorgeschlagen, die als Mehrzweckraum für weniger lärmempfindliche Tätigkeiten wie Spielen und Hausarbeiten zur Verfügung steht.

Marbach und Ruegg verweisen damit auf eine Möglichkeit, die sich auch bei schwierigeren Orientierungsbedingungen anwenden läßt, nämlich die funktionale Aufteilung von Individualräumen in einen lärmempfindlichen Nachtbereich und einen weniger lärmempfindlichen Tagesbereich. Die Gefahr einer Verödung der Straßenseite als Rückseite wird auch durch die sehr differenziert gestalteten Fassadenebenen und mit Hilfe der Außengangerschließung vermieden: Über den Läden bildet der untere Laubengang eine arkadenartige Überdachung, während der obere Gang in die den Straßenraum bestimmende äußere Fassadenebene einbezogen wird und als Attikageschoß den geschwungenen Verlauf der Straße nachzeichnet (Abb. 4.39).

Besonders schwierige Konfliktsituationen zwischen besonnungsgerechter und lärmgerechter Raumorientierung bereiten stets die Südseiten städtischer Blöcke, insbesondere wenn es sich um die Lage an einer stark befahrenen Straße handelt.

4.38 Berlin, Vinetaplatz
(Josef Paul Kleihues, 1977)

1. u.
2. OG
3. OG

4.39

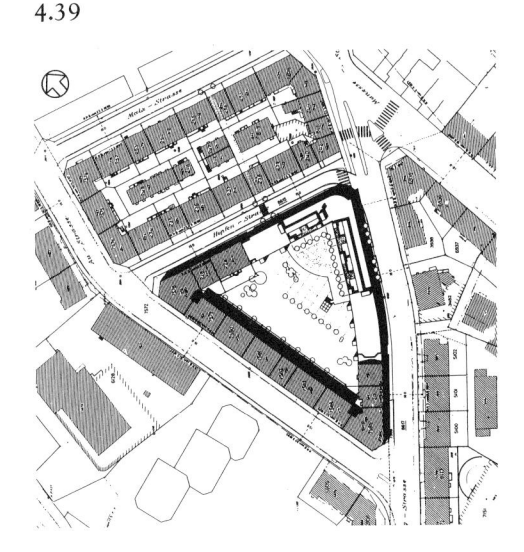

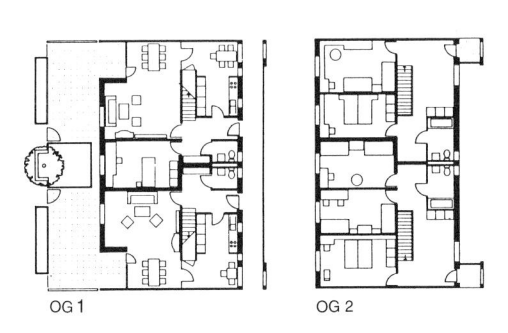

4.40

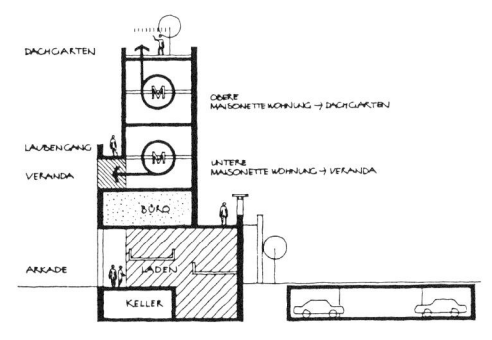

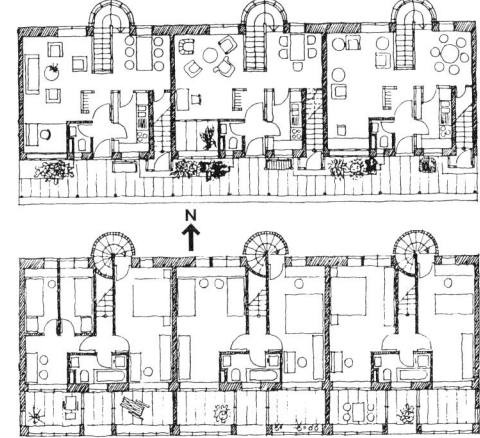

Diese Randbedingungen waren bei der Bebauung entlang der Kochstraße in der südlichen Friedrichstadt Berlins gegeben, die im Rahmen der IBA 1987 als Blockergänzung für Wohnen und Gewerbe durchzuführen war. Für die straßenbegleitende Bebauung wird ein Querschnitt vorgeschlagen, der aus einem tieferen dreigeschossigen Sockel für das Gewerbe und aus vier Wohngeschossen besteht. Letztere haben nur eine geringe Gebäudetiefe, um für sämtliche Wohn- und Schlafräume eine zweiseitige Orientierung nach dem Prinzip des »Durchwohnens« zu ermöglichen. Damit können auch die Individualräume tagsüber Sonne von der Straßenseite erhalten, nachts dagegen zum ruhigen Hof belüftet werden. Die Tages- und Nachtzonen können entweder durch Schiebetüren unterteilt werden oder erhalten einen zusätzlichen Lärmschutz zur Straßenseite durch verglaste Veranden (Abb. 4.40).

4.3 Wohngrundriß und passive Nutzung von Sonnenenergie

Die Auseinandersetzung mit der Raumorientierung in ihrer Bedeutung für die Besonnung des Wohngrundrisses hat gezeigt, daß heute vor allem die psychische Komponente des Sonnenlichts für die Grundrißplanung ausschlaggebend ist und deshalb in ihrem Einfluß auf das Wohlbefinden innerhalb der eigenen vier Wände nicht unterschätzt werden darf.

4.39 Zürich/CH, Manessehof, Lageplan, Grundriß 1. + 2. OG (Marbach + Ruegg, 1985)

4.40 Berlin, IBA Kochstraße, Schnitt, Grundriß 2. + 3. OG (Faller, Schröder, Muschalek, 1988)

[58] *Gernot Minke, WB + W 9/82, S. 36*

Die physische Komponente der Raumbesonnung hat demgegenüber aber nur scheinbar an Bedeutung verloren, weil andere Entwicklungen wie mehr verfügbarer Wohnraum, Zentralheizung und bessere räumliche und technische Voraussetzungen für die Körperpflege zu insgesamt günstigeren wohnhygienischen Verhältnissen beitragen. Es sind aber genau diese Entwicklungen, nämlich der stetige Anstieg an verfügbarer Pro-Kopf-Wohnfläche und die Selbstverständlichkeit, mit der heute Wohnungen bis in die letzte Ecke hinein zentralbeheizt und mit fließendem Warmwasser versorgt werden, die uns jetzt dazu zwingen, unsere Grundrisse erneut und verstärkt der Sonne zuzuwenden. Jetzt nötigt uns nicht zuletzt der durch das Wohnen hervorgerufene Energieverbrauch zu einem Rückgriff auf die Sonne als Energiespender, um wenigstens einen Teil dieser Verluste auszugleichen. Schon aus diesem Zusammenhang wird deutlich, daß es sich bei der Nutzung solarer Energien nicht um die Verfügbarmachung neuer Lebensqualitäten handeln kann, sondern allenfalls um die Sicherung und Erhaltung der schon erreichten.

Unter den zahlreichen Aspekten des ökologischen Bauens, die Gernot Minke schon 1982 in die drei Bereiche »Ressourcensparendes Bauen«, »Umweltschonendes Bauen« und »Nutzergerechtes Bauen« untergliedert,[58] hat vor allem der erste Bereich unmittelbare Konsequenzen für den Wohngrundriß.

Innerhalb dieses Bereichs sind es wiederum vor allem Maßnahmen zur »passiven Sonnenenergienutzung« sowie der Aspekt »energiesparendes Bauen«, die stärker als alle anderen durch den Wohngrundriß selbst beeinflußbar sind.

Im Zusammenhang mit den Fragen der Raumorientierung haben vor allem Maßnahmen zur passiven Nutzung der Sonnenenergie Einfluß auf den Wohngrundriß.

Viele Aspekte der passiven Sonnenenergienutzung hängen unmittelbar mit den Erkenntnissen zusammen, die schon bei der Entwicklung des an hygienischen Kriterien orientierten Bauens mit der Sonne gemacht worden sind. Auch dort spielt die energetische Komponente des Sonnenlichts, etwa zum Abbau von zu hoher und daher ungesunder Luftfeuchtigkeit, eine wichtige Rolle. Aber erst seit sich die Erkenntnis durchzusetzen beginnt, daß die Vorräte an fossilen Energieträgern auf dieser Erde begrenzt sind, setzt man sich auch mit den aus dem Sonnenlicht zu gewinnenden Wärmeenergien intensiv auseinander. Während aber die aktive Nutzung der Sonnenenergie weitgehend grundrißunabhängig über Solarzellen oder Photovoltaikzellen erfolgen kann, setzt die passive Nutzung der Sonnenenergie eine geeignete Gebäudeorientierung voraus. Sie muß sicherstellen, daß nicht nur möglichst viel eingestrahlte Sonnenenergie für das Wohnen genutzt werden kann, sondern daß dies auch zum richtigen Zeitpunkt geschieht.

Auch hier ist eine Parallelität der Kriterien mit der hygienischen Sonnennutzung nicht von der Hand zu weisen. Hier wie dort gibt es Zeiten eines erhöhten und solche eines verminderten Bedarfs. Was aber schon für die hygienisch-medizinische Nutzung der Sonne gilt, nämlich daß der Nutzen dann am größten ist, wenn der Bedarf am größten ist, gilt auch für die energetische Nutzung der Sonne.

Passive Nutzung von Sonnenenergie ist nur dann interessant, wenn die Raumtemperatur unter die Behaglichkeitsgrenze absinkt und Wärme zugeführt werden muß, also bei entsprechend niedrigen Außentemperaturen. Die optimale Raumorientierung für die passive Nutzung von Sonnenenergie in unseren Breiten ist die Südorientierung, weil die Sonne im Winter infolge des flacheren Einstrahlungswinkels tief in den Raum eindringt und bei südorientierten Räumen ein Maximum an Energiegewinn sicherstellt. Im Sommer dagegen erreicht sie durch den mittäglichen Höchststand nur eine geringe Einstrahlungstiefe und bewirkt damit eine geringere Energiezufuhr als auf der Ost- oder Westseite. Außerdem kann die Einstrahlung der steilen Südsonne im Sommer bei Bedarf leicht durch stationären Sonnenschutz begrenzt werden.

Beim freistehenden Einfamilienhaus lassen sich optimale Orientierungsbedingungen schon deshalb meist ohne große Schwierigkeiten erreichen, weil stets vier oder gar mehr Gebäudeseiten zur Verfügung stehen und in der Regel eine Südorientierung möglich ist – wie überhaupt das unabhängige Einfamilienhaus aus vielerlei Gründen die günstigsten Voraussetzungen für die Erprobung ökotechnischer Neuerungen bietet.

»Im Einfamilienhaus geht im Grunde alles; ob ein einzelner Bauherr seinen Traum vom eleganten Stadthaus realisiert oder sich ein ›Ökohaus‹ bauen läßt, ist nicht zuletzt – neben der Kostenfrage – eine Frage individueller Vorlieben und des persönlichen Lebensstils und nicht nur eine Frage der (unterschiedlichen) Einsicht in ökologische Notwendigkeiten. Im Bereich des ökologischen Bauens öffnet sich umweltbewußten Bastlern und Tüftlern ein weites Feld, die unterschiedlichsten Baukonzepte und ökologischen Ansätze werden erprobt ...«[59]

Die Tatsache, daß ein sehr großer Anteil ökologisch orientierter Pionierarbeit in diesem Bereich stattfindet, darf aber den Blick nicht dafür verstellen, daß das freistehende Haus aus gesamtökologischer Sicht denkbar ungünstige Voraussetzungen mitbringt.

»Bei einer energiesparenden Planung ist die Berücksichtigung der Zusammenhänge wichtiger als die Optimierung einzelner Ansätze. Ein freistehendes Einfamilienhaus kann durch technische Ausrüstung und Nutzung der Sonnenenergie zum Nullenergiehaus gemacht werden. Dieses Ziel wäre in innerstädtischen Situationen aufgrund der Verschattungsprobleme nur schwer zu erreichen. Das freistehende Haus führt aber auch zu einer wachsenden Zersiedlung der Landschaft, einer teuren Infrastruktur durch die aufgelockerte Bebauung und eventuell zu einer Abhängigkeit von privaten Verkehrsmitteln sowie langen Fahrstrecken zur Arbeit. All diese Faktoren sind mit einem Mehrenergieverbrauch verbunden, der in der Energiebilanz des Gebäudes nicht erscheint. So betrachtet kann eine konventionelle Niedrigenergiewohnung in der Stadt ökologisch und energetisch sinnvoller sein als ein freistehendes Nullenergiehaus.«[60]

Die zweifellos günstigeren ökologischen Voraussetzungen, die Geschoßbau und verdichteter Flachbau auf Grund ihrer Kompaktheit mit sich bringen, können aber nur unter bestimmten Bedingungen auch solartechnisch genutzt werden. Denn gerade bezüglich der Gebäudeorientierung und damit Gebäudestellung ergeben sich hier sehr vielschichtige Konflikte mit Aspekten der städtebaulichen Raumbildung, mit der Berücksichtigung von Erschließung und

[59] Greiff/Werner, Ökologischer Mietwohnungsbau, S. 5

[60] Roberto Gonzalo, in: Detail 6/93, S. 676 f.

Topographie oder von Aussicht, Verkehrslärm und anderen ernst zu nehmenden Randbedingungen. Die optimale Südorientierung wird hier also immer nur bei einem Teil aller Vorhaben erreichbar sein.

Hinzu kommt, daß bei einer Südorientierung und konsequentem Verzicht auf Nordzimmer stets ein ungünstigeres A/V-Verhältnis (Außenfläche/Volumen) entstehen wird als bei der kompakteren Ost-West-Orientierung. Auch hier kann nur eine energetische Gesamtbilanz Auskunft über tatsächlich erzielbare Energiegewinne geben.

Es ist also heute so falsch wie schon 1930, aus der Optimierung eines einzelnen Aspekts heraus die strikte Einhaltung einer bestimmten Gebäudeorientierung zu fordern, wenn offenkundig ist, daß auch die passive Nutzung von Solarenergie nur unter ganz bestimmten Randbedingungen sinnvoll ist. Auch hier muß mit der jeweiligen Situation differenzierter umgegangen werden, aber auch mit dem Wohngrundriß, der dieser Situation am besten entspricht.

Auf die Affinität zwischen Kleinwohnung, Außengangerschließung, Südorientierung und geringer Gebäudetiefe hat schon Schwagenscheidt hingewiesen.[36] Ihr entspricht eine ähnliche Affinität zwischen großer Flächenwohnung (Flat), Spännererschließung, Ost-West-Orientierung und größerer Gebäudetiefe.

Zwar gerät die innere Logik solcher ökonomischer Zusammenhänge des linearen Geschoßbaus immer mehr aus dem Blickfeld – symptomatisch dafür sind die stets gleich tiefen Blockränder, mit denen innerstädtische Wohnbebauungen oft schon in der Bebauungsplanung falsch programmiert werden –, aber eine seriöse Auseinandersetzung mit der passiven Energienutzung kann nur auf der Logik dieser Zusammenhänge aufbauen.

Dabei wird man an der Erkenntnis nicht vorbeikommen, daß passive Solarenergie gerade dort besonders effektiv genutzt werden kann, wo mit der Südorientierung eine vom Wärmehaushalt her eher ungünstige, weil geringe Gebäudetiefe vorliegt.

Passive Solarnutzung ist im Wohnbau also eher ein Instrument zur energieökonomischen Kompensation geringerer Gebäudetiefen und weniger geeignet, einen neuen Städtebau zu begründen.

Ein Nord-Süd orientierter Grundriß mit ausschließlich nach Norden liegenden Kinderzimmern – Ergebnis eines mit 15 m zu tiefen, aber städtebaulich häufig vorgegebenen Baustreifens – mag zwar eine energetisch günstige Gesamtbilanz aufweisen, dieser Grundriß ist aber sowohl ohne wie mit passiver Solarnutzung ein schlechter Wohngrundriß.

Es ist also gar nicht so falsch, bei der Raumorientierung nach Kriterien einer passiven Energienutzung zunächst einmal auf Erkenntnisse und Erfahrungen zurückzugreifen, die schon in den zwanziger und frühen dreißiger Jahren mit der Besonnungsfrage gemacht wurden.

So zeigt eine Wohnbebauung, wie sie von den Architekten der Metron-Gruppe 1990 für das Quartier »Steinberg« in Röthenbach an der Pegnitz errichtet wird, eine konsequente Wiederaufnahme solcher Erfahrungen. Dabei werden im Interesse einer optimalen Gebäudeorientierung nach Süden nicht nur die Prinzipien des reinen Zeilenbaus wieder aufgegriffen, sondern es werden sogar die Nachteile einer geringen Gebäudetiefe von 6,41 m und eines erhöhten

Erschließungsaufwands in Kauf genommen.

Alle Wohn- und Schlafräume dieser 54 Mietwohnungen sind ausschließlich nach Süden, alle Nebenräume ausschließlich nach Norden orientiert. Entsprechend unterscheiden sich durchgehend verglaste Südfassaden von weitgehend geschlossenen und massiven Nordfassaden. Nach Norden fallende Pultdächer unterstreichen den Effekt der Öffnung zur Sonne.

Ein weiter Dachüberstand sorgt auf der Südseite zugleich für die nötige Verschattung der Fassade im Sommer. Hier stützt sich die Nutzung der Sonnenenergie also vorwiegend auf ein hohes Maß an direkter Einstrahlung und auf die Ausrichtung aller Wohn- und Schlafräume zur Südsonne (Abb. 4.41).

4.41

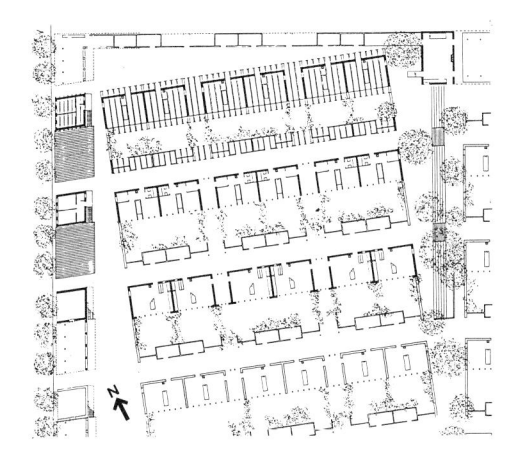

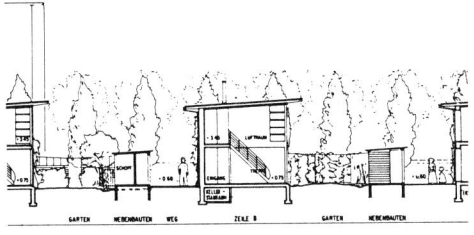

4.42

Neben der »richtigen« Gebäudeorientierung hängt die Nutzung der einstrahlenden Sonne aber vor allem davon ab, wie ihre Energien aufgefangen und an das Innere des Hauses kontrolliert weitergegeben werden können.

Auch hier spielt Glas eine entscheidende Rolle, allerdings in Verbindung mit Puffer- und Auffangzonen, die auch eine Steuerung der Wärmeaufnahme zulassen.

Auch auf diesem Gebiet haben unsere heutigen Entwicklungen ihre Vorläufer im Wohnbau der Weimarer Republik.

Vor allem der Worpsweder Gartenarchitekt Leberecht Migge erprobt solche Möglichkeiten schon Anfang der zwanziger Jahre in Zusammenarbeit mit Adolf Loos und Leopold Fischer.

Loos sieht für seine Wiener Heuberg-Siedlung von 1921/22 »Glasgärten« nach Miggeschem Konzept vor (Abb. 4.42; s.a. S. 312 f.). Sie werden dann vor allem durch Migge und Fischer auf der Braunschweiger Ausstellung »Heim und Scholle« 1925 für ein Erwerbssiedlerhaus vorgestellt. Hier umgeben die Glasgärten nach Art von Vorfenstern das zurückgesetzte Erdgeschoß des Hauses und geben die eingestrahlte Sonnenenergie an die dahinterliegende massive Gebäudehülle

4.41 *Röthenbach a. d. Pegnitz, Wohnmodell Bayern, Lageplan und Schnitt (Metron Architekten, 1990)*

4.42 *Wien/AU Heuberg, Isometrie (Adolf Loos, 1921–24)*

4.43

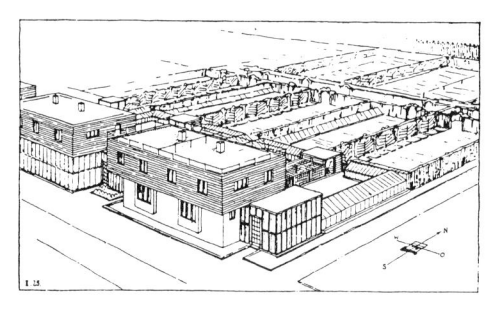

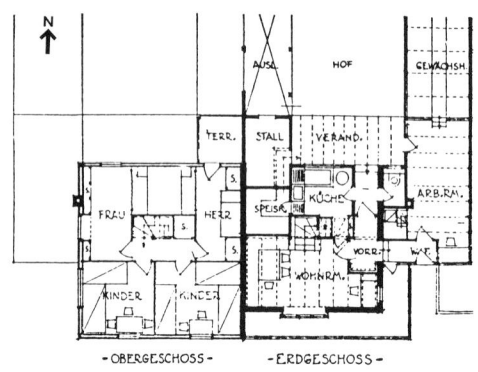

weiter. Im Sommer werden diese Glaswände entfernt und zum Abdecken der Vortriebbeete benutzt (Abb. 4.43).

Ein ähnliches Prinzip wenden Schröder und Widmann 1989 für ihre Bebauung in Passau-Neustift an – einem Wohnprojekt, das ebenfalls im Rahmen der »Wohnmodelle Bayern« entsteht. Die nur ein Zimmer breiten und mit 3,9 m sehr schmalen Wohnungen sind ebenfalls nach dem Prinzip des Reihenhauses organisiert, haben hier aber eine Gebäudetiefe von 13,9 m.

Damit ist zwar ein optimales A/V-Verhältnis gegeben, die Voraussetzungen für die passive Energienutzung sind dagegen sehr viel ungünstiger als in Röthenbach.

Dennoch wird durch eine sorgfältige Gestaltung des Gebäudequerschnitts sichergestellt, daß nicht nur die Wohnebene mit einem Teilbereich, sondern daß auch Individualräume der Kinder nach Süden orientiert werden können.

4.43 *Erwerbssiedlerhaus, Ausstellung Braunschweig (Leberecht Migge, 1925)*

Während aber in Röthenbach die Nutzung der Sonnenenergie allein durch die Größe der Einstrahlungsfläche sichergestellt werden kann, müssen bei diesem Projekt andere Wege eingeschlagen werden. Hier sorgen den Südseiten vorgebaute »Wärmefallen« aus verglasten vertikalen Schächten für das Auffangen der Sonnenenergie und für das Ingangsetzen eines Konvektionsprozesses, der über das Öffnen und Schließen normaler Einzelfenster und Lüftungsklappen gesteuert werden kann.

Auf diese Weise läßt sich über die eingestrahlte Energie sowohl eine Erwärmung der Häuser im Winter wie eine Kühlung im Sommer erreichen.

Die Wärmeauffangschächte sind dabei jeweils nur so breit, daß der dahinterliegende Raum stets auch ein »unverbautes« Fenster für die direkte Raumbelüftung behält.

Im Gegensatz zu Röthenbach ist das hier eingesetzte Prinzip der Konvektion flexibler, zugleich aber auch anspruchsvoller; es ermöglicht ein differenziertes Reagieren auf den jeweiligen Wärmebedarf, erfordert aber auch einen intelligenten Umgang mit Fenstern, Wärmeklappen und Türen im tages- bzw. jahreszeitlichen Rhythmus (Abb. 4.44).

Im Geschoßbau hat sich inzwischen vor allem der sogenannte Wintergarten als Instrument zur passiven Nutzung der Sonnenenergie durchgesetzt. Als Wärmefänger und zugleich Wärmepuffer bildet er einen Übergangsraum zwischen innen und außen, mit dessen Hilfe die Zufuhr eingefangener Sonnenwärme verstärkt und je nach Tages- bzw. Jahreszeit reguliert werden kann.

Diese Pufferfunktion kann der Wintergarten aber nur ausüben, wenn er nicht nur im

4.44

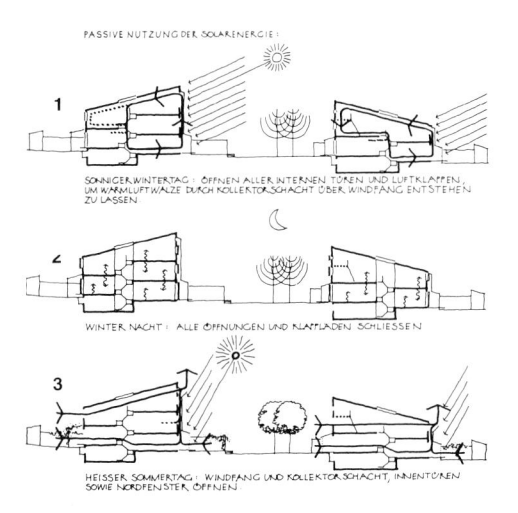

4.45

Winter nach innen, sondern im Sommer auch großzügig nach außen geöffnet werden kann und damit in der Lage ist, nicht nur auf Wärmebedarf, sondern auch auf Wärmeüberschuß zu reagieren.

Leberecht Migge hat für diesen Raumtyp schon Mitte der zwanziger Jahre den Begriff »Zwischenglied« geprägt. Er bezeichnet damit Übergangsräume, die sich durch bewegliche Glaswände großzügig zum Innen- bzw. Außenraum hin öffnen lassen.

»Zwischenglieder, das sind Wohnräume, die schon halbe Gärten sind und Gartenteile, die mehr oder minder abgeschlossene Wohnräume darstellen.«[61]

Daß die räumlichen Qualitäten seiner Zwischenglieder für Migge eine mindestens ebenso große Rolle spielen wie ihre klimatische Funktion, zeigen Bilder aus der »Mustersiedlung Sonnenhof« in Worpswede (Abb. 4.45).

Demgegenüber wird bei der Anwendung des Wintergartens im Geschoßbau heute oft übersehen, daß ein nur spärlich nach außen zu öffnender, aber großflächig verglaster Übergangsraum in der warmen Jahreszeit, oft sogar auch im Frühjahr oder Herbst, kein besonders angenehmer Aufenthaltsraum ist und deshalb auch kein Ersatz für den fehlenden Außenraum eines Balkons oder einer Terrasse sein kann.

Dies gilt vor allem dort, wo eine allzu einseitige Fixierung auf den Wärmegewinn dazu verführt, den Wintergarten mit einer feststehenden Isolierverglasung zu umgeben und mit Zentralheizung auszustatten. Damit verliert er nicht nur seine Pufferfunktion, sondern wird zum ganz normalen Innenwohnraum, der allerdings in der warmen Jahreszeit einer intensiven Verschattung bedarf. Wenn es aus technischen Gründen nicht möglich ist, den Wintergarten im Geschoßbau als bewegliche, d. h. bei Bedarf weitgehend zu öffnende Klimahülle auszubilden, dann ist es unerläßlich, die beiden Funktionen der passiven Energiegewinnung einerseits und des wohnungsnahen Freiraums andererseits als voneinander unabhängige Aufgaben zu lösen.

Einen solchen Weg zeigt das Beispiel einer ökologischen Altbausanierung, die 1989 durch das Büro Arche Nova, Per Krusche in München-Haidhausen durchgeführt wird. Ein der Südseite des Hauses vorgebautes Stahlgerüst erlaubt die Integration beider Funktionen: Neben einem einfach vergla-

[61] GHS Kassel (Hrsg.), Leberecht Migge, S. 21

4.44 *Passau-Neustift, 1. Bauabschnitt, Wohnmodell Bayern, Skizze zur passiven Nutzung der Solarenergie*
1 Sonniger Wintertag
2 Winternacht
3 Heißer Sommertag
(Schröder, Widmann, 1989)

4.45 *Worpswede, Sonnenhof*
(Leberecht Migge, ab 1920)

4.46

sten Wintergarten, mit dem eine passive Nutzung der Sonnenenergie ermöglicht wird, haben alle Wohnungen auch einen kleinen Balkon als ständig verfügbaren Außenraum (Abb. 4.46).

Am Schluß einer solchen Auseinandersetzung mit Fragen der Raumorientierung im Wohngrundriß soll der Hinweis auf einen Ansatz nicht fehlen, der dieses vielschichtige Problem mit einem einzigen Schlag zu lösen scheint: das drehbare Haus.

Zumindest wird an dieser Idee sichtbar, welche zentrale Bedeutung die Orientierungsfrage erlangen kann, wenn man ihr das alte Prinzip des in seinem Grundstück fest verwurzelten Hauses opfert und es statt dessen zu einem beweglichen Objekt macht, das der Sonnenbahn folgen kann.

Diese Idee wird schon Ende der zwanziger Jahre – also auf dem Höhepunkt der ersten Orientierungsdebatte – in der Nähe von Verona in Italien verwirklicht. Hier entsteht zwischen 1929 und 1935 die »Villa Girasole« des Ingenieurs Invernizzi und seines Architekten Faginoli.

Der 1500 Tonnen schwere Koloß umschließt mit seinen beiden zweigeschossigen Wohnflügeln mit nahezu 500 qm Wohnfläche eine große Terrasse und dreht sich auf einer Kreisbahn von 44,5 m Durchmesser. Der Schwenkbereich beträgt 120°, die Umlaufdauer beträgt neun Stunden, zwanzig Minuten. Da sich das Haus nach 60 Jahren noch immer dreht, dürfte es an seiner Peripherie gemessen inzwischen mehr als 5000 km zurückgelegt haben (Abb. 4.47).

Inzwischen hat die Villa Girasole einen jüngeren Bruder in Gestalt des »Heliotrop« erhalten, eines drehbaren Hauses, das der Freiburger Architekt Rolf Disch vor kurzem fertiggestellt hat.

Im Gegensatz zu Invernizzis utopisch anmutender »Wohnmaschine« von vor 60 Jahren handelt es sich hier jedoch um ein wesentlich kleineres Haus. Das wie bei einem Baum konzentrisch um den Stamm angeordnete Volumen hat einschließlich des eingegrabenen Sockels eine Wohn- und Nutzfläche von 310 qm. Der drehbare Zylinder ist auf der einen Seite verglast, auf der anderen aber weitgehend geschlossen und hoch wärmegedämmt. Durch die Drehbewegung läßt sich das Haus mit seiner Fensterseite je nach Wunsch der Sonne zu- oder von ihr abwenden. Damit läßt sich die passive Ener-

4.47

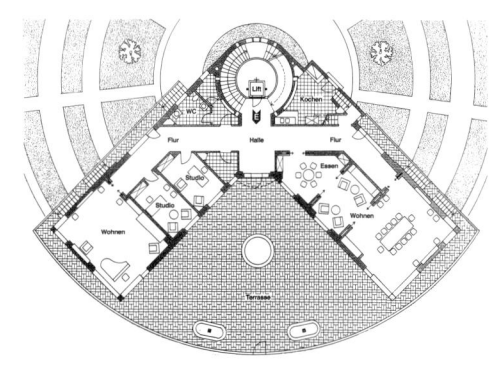

4.46 *München, Haidhausen (Per Krusche, Arche Nova, 1989)*

4.47 *Verona, Villa Girasole, Wohngeschoß (Invernizzi, Faginoli, 1929–35)*

4.48

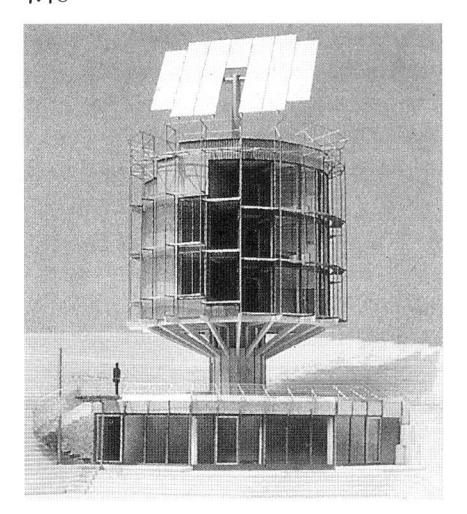

giegewinnung auf die Zeiten des tatsächlichen Bedarfs einschränken. Für die aktive Energiegewinnung sorgen Röhrenkollektoren und ein 54 qm großer Photovoltaikgenerator auf dem Dach (Abb. 4.48).

Die technische Exotik solcher Ansätze weist aber eher auf den experimentellen Charakter, den unsere Energiespar- und Gewinnungskonzepte noch immer besitzen, als etwa auf langfristig gangbare Wege für die Anpassung unserer Häuser und ihrer Grundrisse an die Notwendigkeiten eines energiebewußteren Wohnens.

4.48 *Merzhausen, Heliotrop, Modell mit Solarkraftwerk (Rolf Disch, 1993/94)*

INHALT

5   Wohngrundriß und privater Außenraum
5.1   Freiraum als Grundbedürfnis des Wohnens
5.2   Privater Außenraum im verdichteten Flachbau
5.3   Privater Außenraum im Geschoßbau
5.4   Privater Außenraum im Terrassenhaus

Funktionsstudien zu diesem Kapitel befinden sich
auf den Seiten 352–359

5 Wohngrundriß und privater Außenraum

5.1 Freiraum als Grundbedürfnis des Wohnens

Die Geschichte menschlichen Wohnens ist zugleich die Geschichte einer sehr wechselhaften und vielschichtigen Beziehung zwischen innen und außen, zwischen künstlich geschaffener und natürlicher Umwelt. Natur ist dabei immer zugleich Lebensquell und Bedrohung, wird zugleich gesucht und gemieden, wird gebraucht und abgewehrt. Aber erst dort, wo sich die Natur auf dem Rückzug befindet, ob durch Verdrängung oder Mißbrauch sei dahingestellt, wird erkannt, wie wichtig sie auch für die unmittelbare Wohnumwelt ist.

So hat die Bändigung der Natur durch die Stadt den Menschen nur scheinbar aus diesem ambivalenten Verhältnis befreit. Ursprünglich vernünftig angelegt und ausgewogen in ihrem Verhältnis zwischen bebauten und unbebauten Flächen (Abb. 5.1) verlor die Stadt ihre Wohnqualität immer dann, wenn sie in Phasen innerer Verdichtung und spekulativer Bodennutzung zuerst ihre Freiflächen preisgeben mußte, bis diese schließlich nicht einmal mehr ausreichten, um die umbauten Räume angemessen mit Licht und Luft zu versorgen – ein Schicksal, das dem alten Rom ebenso widerfuhr wie dem mittelalterlichen Köln, dem Barcelona Cerdas oder dem Berlin der Gründerzeit.

Daß das Bedürfnis nach einem Stück bewohnbarer privater Außenwelt trotz solcher Bedingungen immer wieder nach Aus-

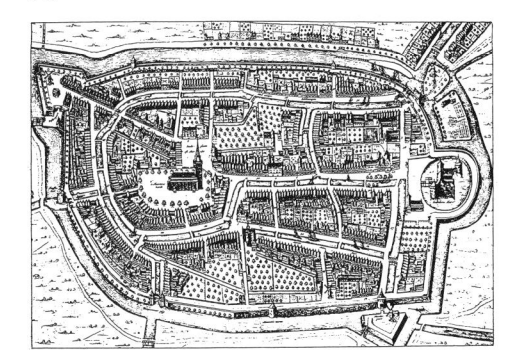

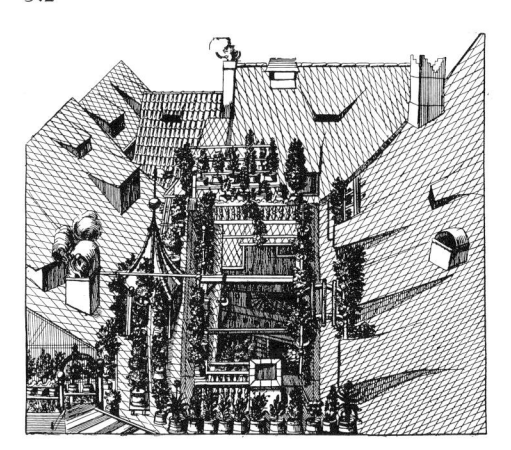

5.1 *Theatrum Urbinum (Franecker nach Blaeu, 1649)*

5.2 *Nürnberger Dachgärtlein (Albrecht Dürer)*

5.3 *Hongkong, Großwohnblöcke (1984)*

wegen sucht, zeigen die »Nürnberger Dachgärtlein« (Abb. 5.2) von Albrecht Dürer ebenso wie die in Selbsthilfe nachgerüsteten, käfigartigen Freiluftbalkone an den Fassaden von Großwohnblöcken in Hongkong (Abb. 5.3).

Der Aufstand der Moderne gegen die hygienischen und sozialen Mißstände der gründerzeitlichen Stadtentwicklung war ein sehr vielschichtiger Vorgang, bei dem die Polarität zwischen der großstädtischen Mietskaserne auf der einen und dem Selbstversorgerheim in der Gartenstadt auf der anderen Seite erst überwunden werden mußte, bevor sich eine ausgewogenere und ideologiefreie Betrachtungsweise von beiden Seiten her entwickeln konnte.

Daß die Bereitstellung von Licht und Luft alleine nicht ausreichen, um auch in der aufgelockerten Stadt das Bedürfnis nach Außenraumkontakt auf der Etage zu befriedigen, haben noch einmal eindringlich die sechziger Jahre mit ihrer Hochhauseuphorie bewiesen.

Erst mit deren Überwindung konnte sich ein breiteres Bewußtsein für den Wert wohnungsbezogener Außenräume für das Wohnen auf der Etage entwickeln. Damit waren die Voraussetzungen für einen differenzierteren Umgang mit der verfügbaren Freifläche – sowohl für die private, wohnungsbezogene wie für die gemeinschaftliche, quartiersbezogene Nutzung – geschaffen.

Mit zunehmender städtischer Dichte wächst die Nutzungsintensität umbauter und freier Räume, vor allem aber wächst die Gefahr der Verdrängung von Freiräumen zugunsten umbauten Raums.

Nur so ist zu erklären, daß seit der Rückkehr des Wohnbaus in die Innenstädte eine erneute Gefährdung des wohnungsbezogenen Außenraums zu verzeichnen ist, sei es durch allzu leichtfertige Akzeptanz ungünstiger Rahmenbedingungen oder durch vermeintliche Anpassungszwänge an vorgefundene Bautypologien in einem falschen Verständnis von Stadtbildpflege. Gerade aber dort, wo die freie Natur schwerer zu erreichen ist als anderswo, kommt dem wohnungsbezogenen Außenraum besondere Bedeutung für das Wohnen zu. Wer dies akzeptiert kann einen Wintergarten, der am Ende nur als Wohn-Innenraum zu gebrauchen ist, nicht als Außenraum-Ersatz feilbieten oder da ein ausgebautes Steildach vorschlagen, wo sich die Alternative eines gestaffelten Dachs und damit die Chance für ein hochwertiges Wohnen an einer Dachterrasse anbietet.

5.2 Privater Außenraum im verdichteten Flachbau

Das von seinem Garten umgebene freistehende Haus ist hierzulande bis heute die Idealvorstellung vom Wohnen.

Daran hat weder eine massive Zersiedelungskritik etwas ändern können noch die Tatsache, daß inzwischen die überwältigende Mehrzahl aller neu entstehenden Einfamilienhäuser nicht mehr von den erträumten Gärten, sondern von lauter Nachbarn umgeben ist. Da die innere Organisation dieser Bauform aber diesen veränderten Rahmenbedingungen nicht Rechnung trägt, bleiben auch ihre Beziehungen zum Freiraum zufällig und willkürlich. Dieser Freiraum verkommt in den meisten Fällen zu einer Abstandsfläche, die mangels Abstimmung mit den Nachbarn allen erdenklichen gegenseitigen Störungen ausgesetzt ist und auf alle vier Seiten des Hauses verteilt auch keine räumlichen Qualitäten entwickeln kann.

Nur das Aneinanderreihen von Häusern scheint ausreichend Gewähr dafür zu bieten, daß eine vernünftige Abstimmung über die Zuordnung und den Gebrauch des Freiraums stattfindet. Gleichzeitig führt das Aneinanderreihen zu einer Bündelung der verfügbaren Grundstücksflächen, indem die schlecht verwertbaren seitlichen Abstandsflächen einer größeren Garten- oder Hoffläche zugeschlagen werden können. Gegenüber dem gerade noch freistehenden Haus geht es aber beim angebauten Haus nicht nur um die bekannten ökonomischen Vorteile, sondern es geht um einen substantiellen Gewinn an individueller und kollektiver Wohnqualität, ein Gewinn, der in erster Linie der räumlichen Beziehung zwischen innen und außen zugute kommt (Abb. 5.4).

Mit dem wohnungsbezogenen Außenraum ist in diesem Zusammenhang vor allem der unmittelbar an den Wohngrundriß angrenzende Freibereich gemeint, der für die Erweiterung des Wohnens nach draußen ganzjährig zur Verfügung steht und nicht erst dann aktiviert wird, wenn die warme Jahreszeit endgültig gekommen ist.

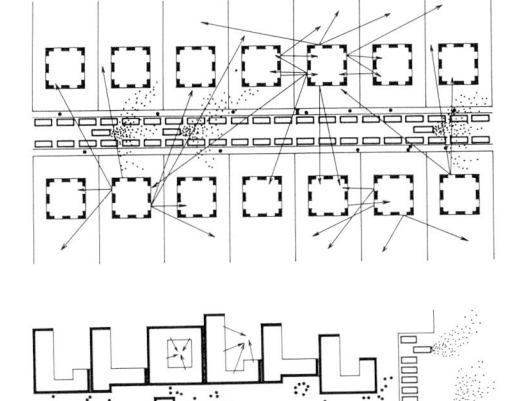

Für diesen wohnungsnahen Außenraum haben sich im verdichteten Flachbau zwei Grundformen herausgebildet: der extrovertierte, nach außen gerichtete Freibereich, der sich nach seiner freien Seite zum Garten oder zur Aussicht öffnet und deshalb zugleich Übergangsbereich zwischen Haus und Garten ist, und der introvertierte, allseitig umschlossene Freibereich, der als Hof oder Atrium auf sich selbst bezogen ist.

Der extrovertierte Außenraum

Der extrovertierte Außenraum hat in unseren Breiten naturgemäß eine sehr viel längere Tradition als der introvertierte. Er ist typologisch eng mit dem mehrgeschossigen gereihten Haus verknüpft. In seiner Ausgangsform als Baustein der mittelalterlichen Stadt war das Reihenhaus ein gemischt genutztes Wohn- und Gewerbehaus, dessen Hof- oder Gartenfläche für vielfältige Zwecke des Wirtschaftens gebraucht wurde. Städtebilder aus der Frühphase der Stadtentwicklung belegen, daß solche Freiflächen auch innerhalb der Städte anfänglich reichlich zur Verfügung standen. Dabei hat die Ambivalenz seiner beiden Seiten auch die innere Grundrißordnung dieses Stadthauses geprägt: zur Straße hin die repräsentativen Wohn- und Geschäftsräume, zum Hof hin die Wirtschaftsräume, Nebenräume, Stallungen und Werkstätten (Abb. 5.5). Diese prinzipielle Grundrißordnung hat das mit der industriellen Revolution aufkommende Arbeiterreihenhaus, z.B. in

5.4

5.4 Gegenüberstellung, offene Bauweise – aneinandergebaute Hofhäuser (Roland Rainer, »Gärten«, 1972)

[62] GHS Kassel (Hrsg.), Leberecht Migge, S. 21

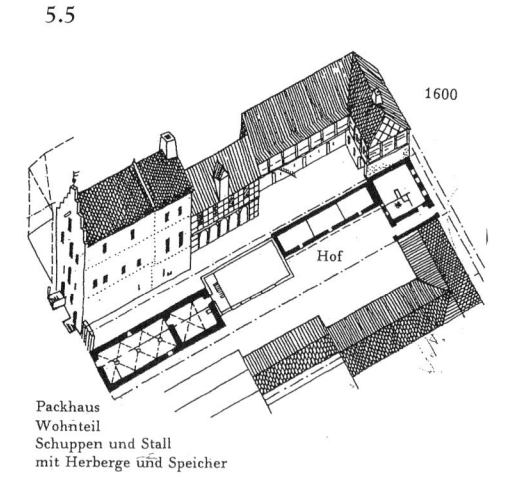

England, ebenso beibehalten wie das vorstädtische Reihenhaus der Siedlerbewegungen am Übergang vom 19. ins 20. Jahrhundert. Auch hier bleibt der Wohnraum der Straße zugewandt und wird mit bescheidenen Mitteln der Repräsentation ausgestattet, wie beispielsweise dem »baywindow« oder Erkerfenster beim englischen Reihenhaus. Das sehr viel privatere Gesicht des Hauses ist dagegen dem Hof oder Garten zugeordnet, wo eine Laube oder ein Außensitzplatz sich stets in der Nachbarschaft von Küche, Waschküche, Geräte- und Wirtschaftsräumen befindet.

Tessenows Zeichnungen vermitteln in sehr anschaulicher Weise diese »Doppelgesichtigkeit« des gereihten Hauses und den eher informellen Charakter des privaten Wirtschafts- und Wohnhofes (Abb. 5.6).

Noch einmal sei hier an Leberecht Migges »Zwischenglieder« erinnert, die bei ihm als Übergangsräume zwischen Haus und Garten präzise definiert werden.[62]

Dieser transitorische Charakter des privaten Außenraums am Übergang zwischen Haus und Garten verbindet sich bei Migge nahtlos mit seiner Vorstellung von einer Zone des Hauses, in der auch Anpassungen an veränderte Bedürfnisse durch Zubauten und Erweiterungen möglich sein müssen. Dies kommt in der von Adolf Loos nach dem Vorbild Migges konzipierten Heubergsiedlung in Wien von 1923 ebenso zum Ausdruck wie etwa in der von Migge und Leopold Fischer – einem Loos-Schüler – gebauten Reihenhaussiedlung in Dessau-Ziebigk von 1928. Migge ist es auch, der mit Hilfe mobiler Bauteile wie Glasschiebetüren und beweglichen Winterhüllen aus Glas vieles von dem vorwegnimmt, was heute unter dem Stichwort »passive Solarenergienutzung« wiederentdeckt wird.

Die mit ihm zusammen entwickelten Entwürfe von Loos und Fischer sehen deshalb auch so aus, als seien sie aktuellen Wettbewerbsbeiträgen zum ökologischen Bauen entnommen (Abb. 4.42 und 5.7; s.a. S. 312 f.). Erst mit dem allmählichen Verschwinden des Selbstversorgergartens setzt Ende der zwanziger Jahre eine Umkehr in der Bedeutung dieses wohnungsbezogenen Freiraums für das Reihenhaus ein. Auch der Grundriß verändert sich damit grundlegend.

5.5 Hanseatisches Bürgerhaus (ca. 1650)

5.6 Reihenhaus, Gartenseite, Projekt (Heinrich Tessenow, ca. 1908)

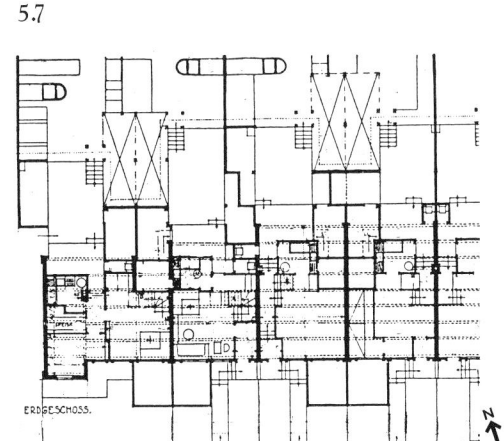

Mit der Reduzierung des ehemals so wichtigen Hauswirtschaftsbereichs auf eine nach tayloristischen Prinzipien organisierte Arbeitsküche wird auch die Abwendung vom Garten vollzogen. Immer häufiger wird die Küche jetzt dem Eingangsbereich des Hauses zugeordnet und tauscht ihren angestammten Platz auf der Rückseite des Hauses mit dem Wohnraum. Der Wohnraum verliert seine nach außen gewandte repräsentative Funktion und wird in seiner Nachbarschaft zum Garten hin sehr viel privater. Die erst später einsetzende Motorisierung mit ihren negativen Auswirkungen auf den öffentlichen Raum bestätigt diesen Umkehrprozeß so nachhaltig, daß er heute selbst dort nicht mehr in Frage gestellt wird, wo Wohnwege den Fahrverkehr vom Haus fernhalten. Die Übergangsphase von der alten zur neuen Grundrißordnung läßt sich an den beiden Reihenhausgruppen der Stuttgarter Weißenhofsiedlung von 1927 besonders deutlich nachvollziehen.

Mart Stam erschließt seine Häuser von Westen und ordnet Küche, WC und Treppe ganz nach dem neuen Prinzip der Eingangsseite zu. Seine Wohnräume nehmen die volle Breite des Hauses auf der nach Osten liegenden Gartenseite ein (Abb. 5.8).

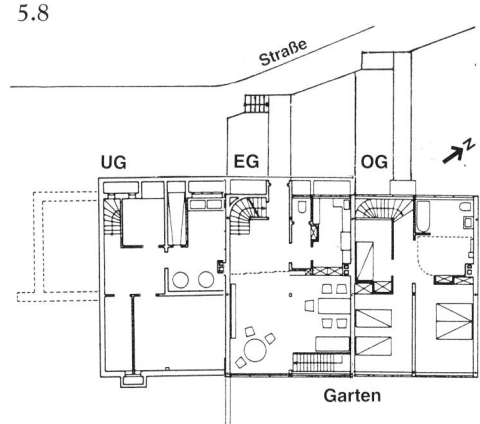

Pieter Oud dagegen verzichtet bei seinen Nord-Süd-orientierten Häusern auf die naheliegende Möglichkeit, sie auch von Norden her zu erschließen. Sein Haustyp ist zwar für eine zweiseitige Erschließung entwickelt, die Nordseite erhält aber nur einen Nebeneingang. Oud ordnet ihm einen kleinen Wirtschaftshof zu, an dem die Küche und die übrigen Nebenräume des Hauses liegen. Der Haupteingang erfolgt von Süden, und Oud nimmt in Kauf, daß er damit den Wohngarten durchqueren und das Innere des Hauses über den Wohnraum erschließen muß. Dem Wohnraum bleibt damit noch ein Stück seiner früheren Bedeutung als Teil des repräsentativen Eingangsbereichs, auf den Oud ja auch in Kiefhoek nicht verzichten mochte; der kleine Wirtschaftshof dagegen wird als Reminiszenz an die ehemalige Bedeutung dieses Bereichs zum charakteristischen Kennzeichen der kleinen Hausgruppe (Abb. 5.9).

Mit dem Verschwinden des großen Selbstversorgergartens und mit den Rationalisierungsbemühungen Anfang der dreißiger Jahre verfestigt sich tendenziell der Typus des von der Straße abgewandten Reihenhauses auf kleiner Parzelle.

Häufig wird dabei dem Übergangsbereich des Wohnens von innen nach außen zu

5.7 Wien/AU, Heuberg, Erdgeschoß
(Adolf Loos, 1921–24)

5.8 Stuttgart, Weißenhofsiedlung, Reihenhaus
(Mart Stam, 1927)

5.9

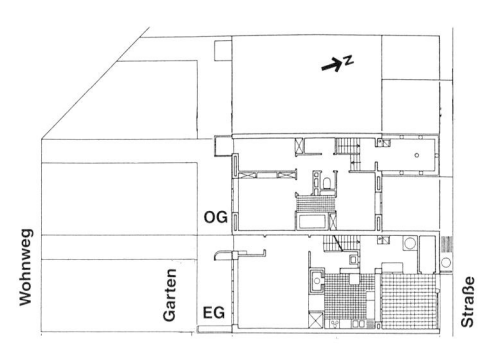

wenig Aufmerksamkeit gewidmet, insbesondere was seine Privatheit und Geschütztheit angeht. Das Fehlen abschirmender Nebengelasse und Anbauten macht sich jetzt ebenso bemerkbar wie die immer geringer werdende Parzellenbreite. Es ist kaum verwunderlich, daß das Reihenhaus auch in der Not des Wiederaufbaus nach dem Zweiten Weltkrieg keine neuen typologischen Impulse erfährt.

Zwar versucht man mit Verstaffelungen und sekundären Abschirmungsmaßnahmen diesem Mangel abzuhelfen, aber die fortschreitende Imageverschlechterung dieser Wohnform läßt sich damit nicht aufhalten.

Eine der wenigen Ausnahmen ist die kleine Reihenhausgruppe in Klampenborg von Arne Jacobsen aus dem Jahr 1950. Jacobsen erreicht durch eine stärkere räumliche Gliederung des Erdgeschosses, daß der Übergangsbereich in das Haus einbezogen werden kann und durch die Verstaffelung ausreichend gegen Einblicke von Nachbarn geschützt ist (Abb. 5.10).

Erst mit dem Wohnquartier Halen bei Bern wird im Jahr 1961 durch das damals noch unbekannte Atelier 5 ein völlig neues Konzept für den Umgang mit dem Reihenhaus vorgestellt. Haus, Vorhof und Garten bilden eine sorgfältig gestaltete Einheit; der räumlichen Definition der Außenräume, ihren Begrenzungen und Abschirmungen wird dieselbe Aufmerksamkeit zuteil wie dem Haus selbst.

Der Übergangsbereich von innen nach außen wird durch seitlich vorgezogene Wandscheiben vor den Blicken des Nachbarn geschützt, seine Überdachung so gestaltet, daß die Lichtqualität der dahinterliegenden Wohnräume keine Beeinträchtigung erfährt. Der übrige Außenbereich wird durch sichthohe Wände vom Nachbargarten getrennt. Bei äußerst schmalen Parzellen von nur 4 m Breite entsteht so eine überraschend großzügige und anspruchsvolle Wohnlandschaft und eine sehr überzeugende Verknüpfung von innen und außen.

Eine besondere Qualität erfährt dieser Reihenhaustyp durch den der Küche vorgelagerten Eingangshof, der als Wirtschafts- und Spielhof zugleich Filter zwischen der Öffentlichkeit des Wohnwegs und der Privatheit des Hauses ist. Als eine Art Steuerungselement erlaubt er den Bewohnern, den Grad kommunikativer Offenheit selbst zu bestimmen. Halen zeigt schließlich, daß nicht die Größe des verfügbaren Außenraums, sondern seine räumliche Qualität und seine Privatheit für den Wohnwert des Reihen-

5.10

5.9 Stuttgart, Weißenhofsiedlung,
 Reihenhaus
 (Jacobus Johannes Pieter
 Oud, 1927)

5.10 Kopenhagen/DK, Soholm
 Klampenborg
 (Arne Jacobsen, 1950)

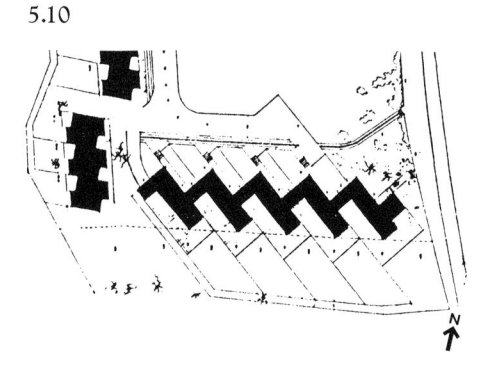

5.11

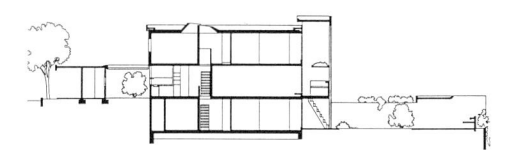

hauses ausschlaggebend sind (Abb. 5.11; s.a. S. 322f.).

Auch beim Wohnquartier Passau-Neustift von Schröder und Widmann aus dem Jahr 1988 zeigt es sich, daß die Anordnung eines räumlich definierten Freibereichs auf beiden Seiten des Reihenhauses vor allem bei ungünstiger Orientierung von Vorteil sein kann.

Auch hier handelt es sich um nur 3,90 m breite Parzellen. Die von einem zentralen Wohnweg erschlossenen Zeilen sind Nord-Süd-orientiert, so daß sich Hauseingänge von Norden und Süden ergeben. Zwar sind die Grundrisse im Prinzip gespiegelt, sie werden aber durch Gewichtsverschiebungen im Innen- und Außenraum ihrer Situation angepaßt. In einem Fall kommt dies der Wohnküche und dem Vorgarten zugute, im anderen Fall dem Wohnraum und dem rückwärtigen Gartenbereich. Auch hier gewährleisten sorgfältig abgestufte Außenraumbegrenzungen und Sichtschutzelemente, daß sich unmittelbare Nachbarn nicht stören können, Kontaktmöglichkeiten zum Wohnweg aber aufrecht erhalten bleiben (Abb. 5.12).

Der introvertierte Außenraum

Der introvertierte Außenraum in Gestalt eines Atriums oder Gartenhofs hat in unseren Breiten eine vergleichsweise kurze Tradition, obwohl seine Vorbilder in die Geschichte des Mittelmeerraums oder auch Chinas zurückreichen, wo kulturelle und klimatische Voraussetzungen schon früh zu vielfältigen regionalen Ausformungen dieses Wohntypus geführt haben.

Die intensive Auseinandersetzung des Neuen Bauens mit Stadtmodellen, die vor allem ein gesundes Wohnen sicherstellen sollen, führt auch zu Experimenten mit der »horizontalen« anstelle der geschichteten Stadt.

Schon 1930 befaßt sich Hugo Häring mit einer Studie für »ebenerdiges Wohnen« und mit den Möglichkeiten zur Schaffung introvertierter Außenräume (Abb. 5.13).

5.12

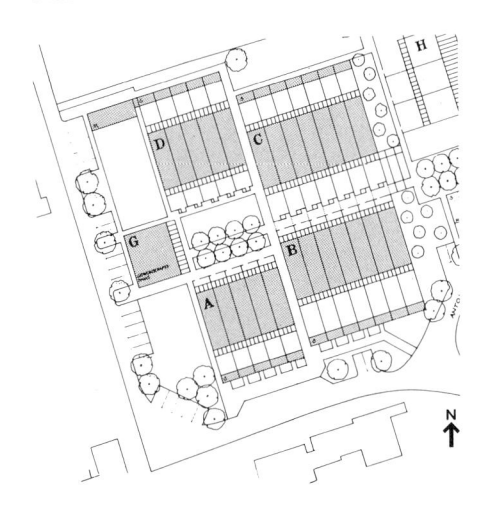

5.13

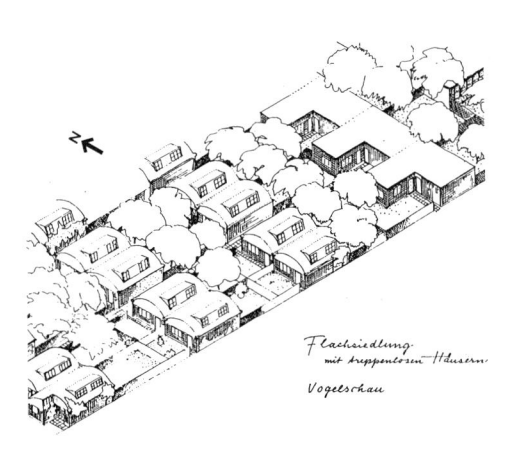

5.11 Bern/CH, Halen, Haus A,
      Schnitt
      (Atelier 5, 1961)

5.12 Passau-Neustift,
      Wohnmodelle Bayern,
      1. Bauabschnitt
      (Schröder, Widmann, 1989)

5.13 Treppenlose Häuser
      (Hugo Häring, 1930)

[63] *Ludwig Hilberseimer, Entfaltung einer Planungsidee, S. 27*

Zwischen 1927 und 1932 setzt sich Ludwig Hilberseimer mit solchen Studien auseinander: Er stellt fest, daß sich mit L-förmigen eingeschossigen Häusern eine höhere Dichte erzielen läßt als mit »Rechteckhäusern«.[63] Beide Formen wendet er in großflächigen Teppichbebauungen an und entwickelt dafür auch geeignete Grundrißtypen (Abb. 5.14).

5.14

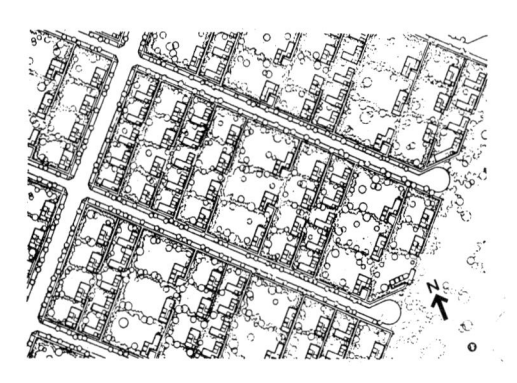

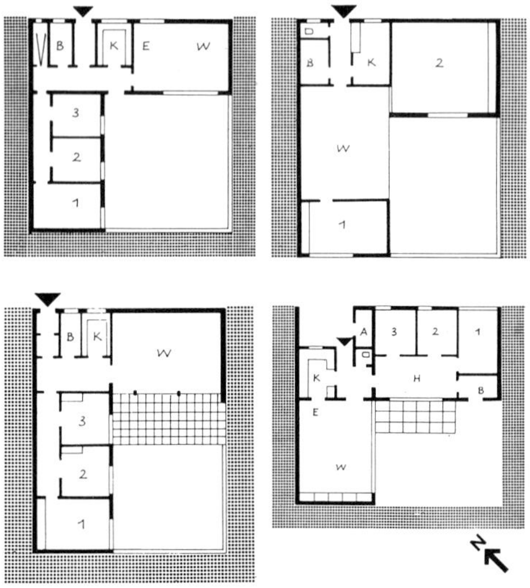

Zwar werden seine Häuser noch nicht aneinander gebaut, sie nehmen aber die Merkmale angebauter Häuser bereits vorweg, insbesondere, was ihre konsequente Raumorientierung zum Gartenhof bzw. zur Straße hin betrifft.

Auch Mies van der Rohe entwickelt um 1934 Modelle für eingeschossige verdichtete Bebauungen an geschlossenen Höfen. Im Gegensatz zu Hilberseimer geht er aber nicht von der Reihung und Addition gleichartiger Haustypen aus, sondern von der Möglichkeit einer freien Flächenaufteilung in größere und kleinere Parzellen mit größeren oder kleineren Häusern.

Zahl, Größe und Zuschnitt der Innenhöfe richtet sich nach der Größe und den Belichtungsbedürfnissen des einzelnen Hauses; ordnendes Prinzip sind geschoßhohe Außenmauern, die aneinandergrenzende Gärten und Höfe voneinander trennen. Weit überstehende Dächer unterstreichen dieses räumliche Konzept, das mit seinen fließenden Übergängen von innen nach außen ganz der neuen Raumtheorie der Moderne entspricht (Abb. 5.15).

5.15

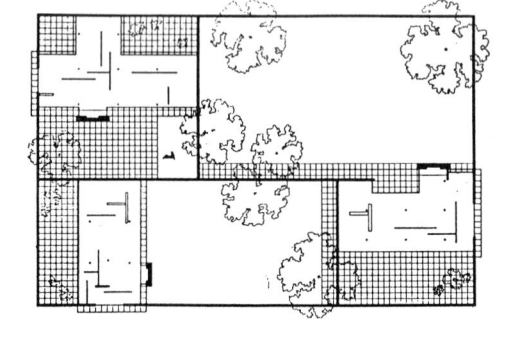

Unter dem Stichwort »Wabensiedlung« stellen die Berliner Architekten Neidhardt, Mittel und Ruff 1931 eine weitere Variante eines Gartenhofhauses vor, das sich wiederum deutlich von den Ansätzen Hilberseimers und Mies van der Rohes unterscheidet. Hier ist das Haus wie beim mediterranen Atriumhaus so groß wie die Parzelle selbst und umschließt einen quadratischen Innenhof auf vier Seiten. Die Wohn- und Schlafräume

5.14 *Teppichsiedlung (Ludwig Hilberseimer, 1927–32)*

5.15 *Court House (Ludwig Mies van der Rohe, 1934)*

des weit auseinandergezogenen Grundrisses sind dem verglasten Atrium, die Nebenräume dem Wohnweg zugewandt. Durch ihre dreiseitige Anbaubarkeit fügen sich die »Waben« zu einem dichten Bebauungsteppich zusammen. Die begehbaren Dachflächen werden durch Mauerscheiben vom Nachbardach getrennt (Abb. 5.16).

5.16

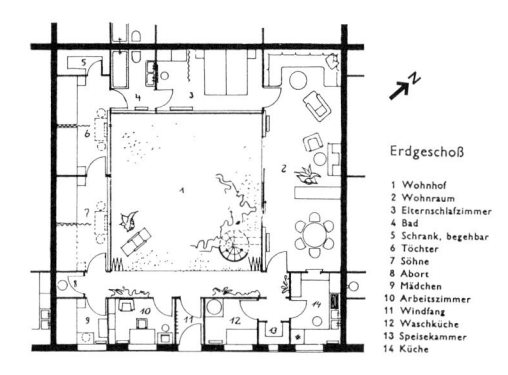

Diese drei sehr unterschiedlichen Ansätze belegen, daß die gedankliche Auseinandersetzung mit dem Typus des eingeschossigen introvertierten Wohnens Anfang der dreißiger Jahre bereits zur Entfaltung gekommen war, obwohl nur wenige Realisierungen bekannt geworden sind.

Zwar baut Hans Richter auf der Hygieneausstellung in Dresden 1930 ein Musterhaus in Form eines winkelförmigen Gartenhofhauses, aber weder der dazugehörige Lageplan noch die innere Ordnung des Grundrisses zeigen einen überzeugenden Zusammenhang mit den spezifischen Möglichkeiten des introvertierten Wohnens.

Dagegen muß man die kleine Atriumsiedlung von 1932 in München-Bogenhausen von Uli Seeck als eine sehr konsequente Realisierung eines L-förmigen Atriumhauses bezeichnen. Auf etwa 400 qm großen Parzellen gruppieren sich alle Wohn- und Schlafräume um einen 200 qm großen Gartenhof. Da die Häuser nicht gereiht, sondern gespiegelt angeordnet werden, stoßen jeweils vier Atrien aneinander und werden durch Mauern und Pergolen voneinander getrennt. Dieses Prinzip erlaubt die ökonomische »back-to-back«-Anordnung der Schlaftrakte, wirft aber gewisse Orientierungsprobleme auf. Seeck nimmt in Kauf, daß die Hälfte seiner Wohnräume von der Straßenseite her besonnt wird und die Schlafräume abwechselnd nach Osten oder Westen liegen. Die ins Haus integrierten Garagen erlauben einen separaten Zugang für die Bewirtschaftung des Gartenhofes. Räumlich besonders reizvoll erscheint die Idee des verglasten Gartenzimmers, das als »Empfangsraum« die beiden Flügel des Hauses miteinander verklammert. Demgegenüber wirkt die äußerliche Gestaltung der Häuser mit ihren Rundbögen und Walmdächern eher modisch als modern (Abb. 5.17).

5.17

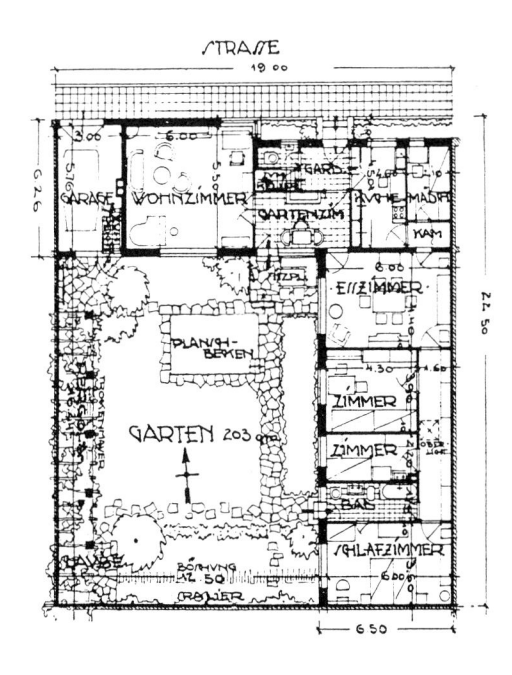

5.16 *Wabensiedlung (Neidhardt, Mittel, Ruff, 1931)*

5.17 *München-Bogenhausen (Uli Seeck, 1932)*

[64] Walter Schwagenscheidt, *Die Raumstadt, 1949*

[65] Christian Morgenstern, zit. in Walter Schwagenscheidt, *Die Raumstadt, S. 51*

Mit seinen gezeichneten Visionen für die »Raumstadt«[64], die 1949 erscheinen – gewissermaßen zur Stunde Null des Wiederaufbaus nach dem Krieg – macht Walter Schwagenscheidt erneut auf etwas aufmerksam, das zu jenem Zeitpunkt ganz sicherlich vielen als überflüssig erscheinen mußte: die Bedeutung des Außenraums für das Wohnen. In einem Augenblick, in dem das Dach über dem Kopf und die eigenen vier Wände für viele noch in weiter Ferne liegen, zeichnet Schwagenscheidt ein »Ohnekleiderhöfchen«, das er seinem Buch symbolhaft voranstellt (Abb. 5.18).

5.18

Er zitiert Christian Morgenstern: »Wenn ich mir je ein Haus baue, so muß es einen Hof umschließen, in dessen Mitte ein riesiger Baum steht. Nichts ist für mich mehr Abbild der Welt und des Lebens als der Baum. Vor ihm würde ich täglich nachdenken – und über ihn.«[65]

Immer wieder taucht dieser sichtgeschützte und von Wohnräumen umgebene Hof in diesem Zeichenbuch auf und verdichtet sich schließlich zu einem U-förmigen Haustyp mit flach geneigten Dächern. Er wird zu kammartigen Zeilen von ein oder zwei Geschossen addiert oder sogar als Dachgeschoß dreigeschossiger Zeilen vorgeschlagen. Häufig ist dabei der private Hof zugleich Erschließungshof, er wird aber durch mannshohe Wände und Gartentore vor Einblicken von außen geschützt (Abb. 5.19).

5.19

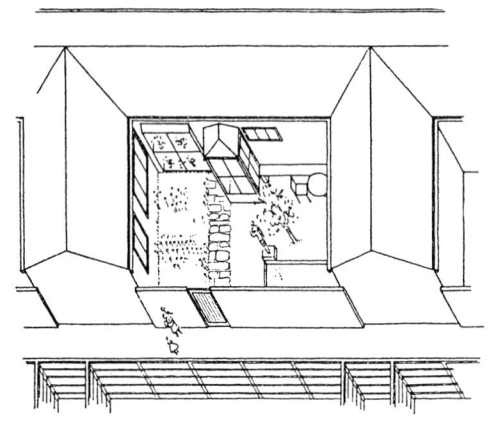

Erst allmählich entwickelt Schwagenscheidt in den folgenden Jahren das flachgedeckte, auf zwei, drei oder gar vier Seiten um einen Hof herum gebaute eingeschossige Haus und stellt es immer mehr in den Mittelpunkt seiner Raumstadtkonzeptionen. Diese werden vor allem auf der Berliner Interbau von 1957 in großen Stadtmodellen gezeigt und wieder mit einem seiner typischen, leicht verständlichen Bilderbücher philosophisch untermauert. Erneut wird Schwagenscheidt mit »Ein Mensch wandert durch die Stadt« zum großen Anreger für ein Bauen mit Freiräumen und für die nun allenthalben beginnende Auseinandersetzung mit dem Gartenhofhaus. Schwagenscheidt zeigt nicht nur, welche Vielfalt an Grundrissen nach diesem einfachen Prinzip möglich ist, sondern er demonstriert in zahllosen Skizzen und Lageplänen, daß diese Vielfalt gleichzeitig und nebeneinander bestehen kann.

5.18 Raumstadt, »Das Ohnekleider-Höfchen« (Walter Schwagenscheidt, 1949)

5.19 Raumstadt (Walter Schwagenscheidt, »Die Raumstadt«, 1949)

5.20

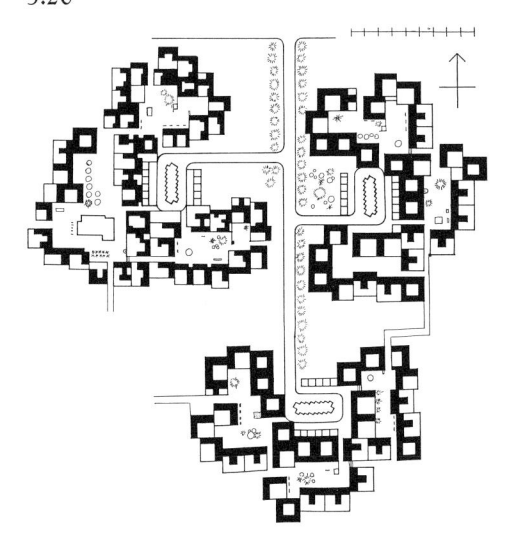

Seine meist von einem zentralen Gemeinschaftshof aus erschlossenen Cluster sind weniger durch die Addition gleicher Grundrißtypen als durch das Element der Höfe strukturell geprägt (Abb. 5.20).

Es ist besonders bedauerlich, daß gerade dieses Prinzip individueller Vielfalt, wie man es von den mediterranen Vorbildern her kennt, weder in der Nordweststadt noch an anderer Stelle beispielhaft gebaut werden konnte. Das mag unter anderem mit der Schwierigkeit zusammenhängen, die knappe verfügbare Wohnfläche auf mehr als zwei Seiten eines Hofs auszudehnen, ohne lange Innenflure oder gar gefangene Zimmer zu erhalten wie es das Berliner Beispiel von Ludwig Hilberseimer von 1931 zeigt (Abb. 5.14).

Neu entstehende Gartenhofsiedlungen wenden deshalb vor allem Rechteck- oder Winkelgrundrisse an, die erst durch ihre Anordnung im Versatz oder in der Reihung zur Bildung der Innenhöfe führen. Dies aber bewirkt automatisch auch eine stärkere Typisierung des Hauses und erfordert strafferer geordnete Lagepläne und Erschließungssysteme.

Roland Rainer, der neben Walter Schwagenscheidt wohl als der andere bedeutsame Verfechter des ebenerdigen Wohnens und damit des Gartenhofhauses bezeichnet werden muß, zeigt die Möglichkeiten raumbildender Gebäudeanordnungen schon mit dem Quartier Mauerberggasse in Wien (Abb. 5.21), vor allem aber mit der Siedlung in Puchenau, die ab 1963 entsteht (Abb. 4.34 und 5.22).

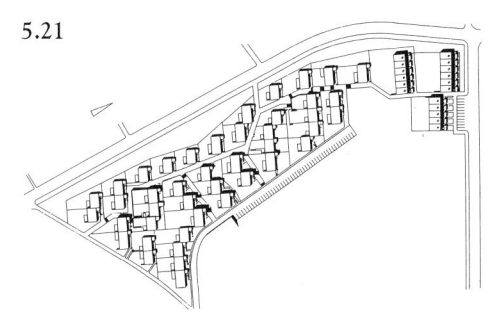

5.21

5.22

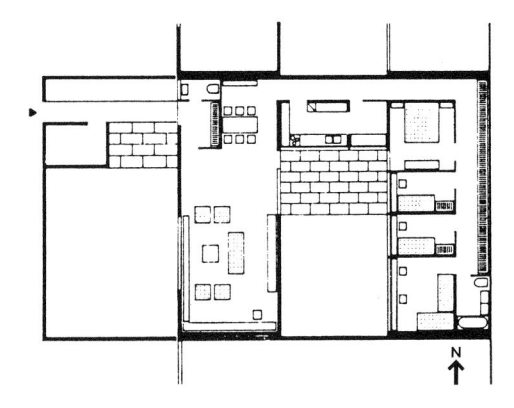

Roland Rainer, der sich nicht zuletzt durch sein literarisches Werk zum Thema Garten und Außenraum einen Namen gemacht hat, entwickelt eine hohe bauliche Kultur im Umgang mit dem Außenraum selbst und seiner Gestaltung und Durchbildung in kleinen Gärten und Höfen, aber auch im Hinblick auf die für solche Quartiere charakteristischen Erschließungsräume.

5.20 Projekt
(Walter Schwagenscheidt,
»Ein Mensch wandert durch
die Stadt«, 1957)

5.21 Wien/AU, Mauerberggasse
(Roland Rainer, 1956–63)

5.22 Puchenau/AU,
1. Bauabschnitt,
Ebenerdige Atriumhäuser
(Roland Rainer, 1963–67)

138 WOHNGRUNDRISS UND PRIVATER AUSSENRAUM

Sehr viel großzügiger geht Jörn Utzon mit dem verfügbaren Freiraum um. Seine beiden Wohnquartiere für Elsinore und Fredensborg, die 1959 bzw. 1963 in Dänemark entstehen, verwenden das L-förmige Gartenhofhaus in frei geformten Verkettungen, die sich um große zusammenhängende Grünräume legen. Diese bilden einen spannungsvollen Kontrast zur Introvertiertheit der baulich gefaßten Gartenhöfe, die durch die Einheitlichkeit des für Mauern, Dächer und Hofbeläge verwendeten gelb-braunen Ziegelmaterials noch unterstrichen wird. Die befestigten und durch die Rückseiten der Häuser eingefaßten Erschließungsräume bilden den dritten Freiraumtypus in diesem sorgfältig differenzierten und architektonisch sehr einprägsamen Gesamtkonzept (Abb. 5.23).

Sehr unkonventionelle Grundrißlösungen entstehen dagegen mit dem Versuch, den Typus des eingeschossigen Gartenhofhauses auf schmale und tiefe Parzellen anzuwenden. Dabei entstehen Lösungen, die sowohl Elemente des Reihenhauses wie des Gartenhofhauses in sich vereinen.

1967 baut Peter Phippen in Hatfield/GB eine Reihe von 28 Gartenhofhäusern dieser Art, die bei einer Breite von 7 m bis zu 30 m tief sind. Die jeweils durch eine Mittelwand geteilten Grundrisse werden im Inneren durch kleine Höfe untergliedert, die die halbe Hausbreite einnehmen und mehrere angrenzende Räume mit Licht und Luft versorgen. Durch starke Grundrißversätze entstehen auch am Gebäudeende hofartige Einschnitte, die zwischen den mannshohen Gartenmauern jedoch eher introvertierte Raumqualitäten haben.

Erst der anschließende Garten öffnet sich schließlich wie beim mehrgeschossigen Reihenhaus zum rückwärtigen Weg am Ende des Grundstücks (Abb. 5.24).

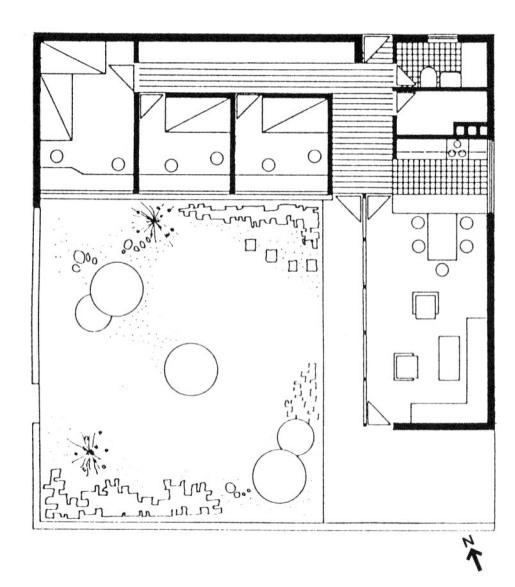

5.23

5.24

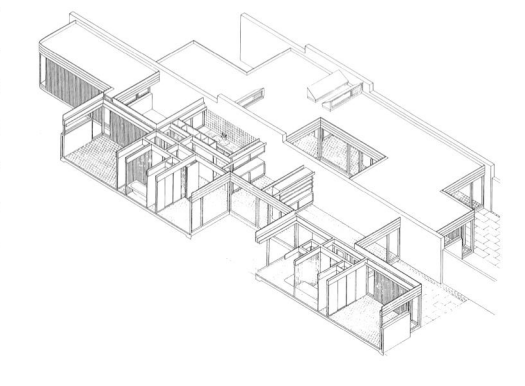

5.23 *Fredensborg/DK, Lageplan, Grundriß (Jörn Utzon, ca. 1963)*

5.24 *Hatfield/GB (Peter Phippen, ca. 1964–67)*

5.25

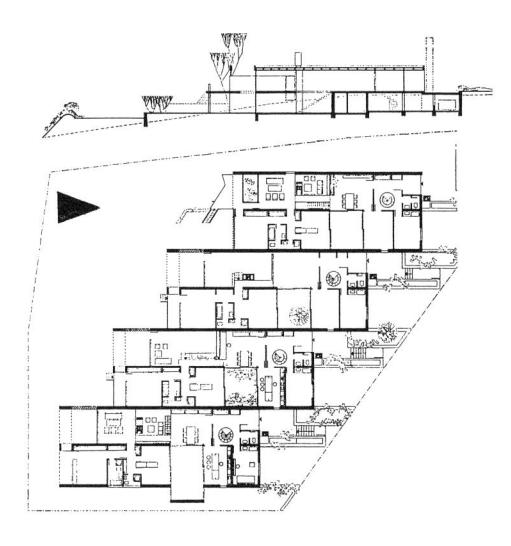

Einen Vorläufer hat Hatfield in einer kleinen Reihenhausgruppe von Kammerer und Belz, die schon 1962 in Stetten im Remstal entsteht.
Durch die Ausnutzung der Hangsituation zeigen die Häuser Merkmale des ein- wie des zweigeschossigen Reihenhauses. Auch hier dienen kleine introvertierte Höfe zur Belichtung der im Inneren der Häuser liegenden Räume und stehen in reizvollem Kontrast zu den rückwärtigen, nach außen und zur Aussicht hin sich öffnenden Gärten (Abb. 5.25). Die Entwicklung der beiden Ausgangsformen des wohnungsbezogenen Außenraums zeigt also deutliche Konvergenzen zwischen extrovertierten und introvertierten Raumcharakteristiken und macht ihre Zuordnung zu spezifischen baulichen Typologien heute nahezu unmöglich.
Halen und Hatfield sind in der Qualität ihrer Außenräume kaum noch voneinander zu unterscheiden, sieht man von der spezifischen Handschrift ihrer Architekten einmal ab.
Introvertiertheit kann auch mit sekundären baulichen Maßnahmen erreicht werden, wie die Gartenhöfe der Halener Häuser zeigen, und ein Innenhof kann auch Überleitung in einen extrovertierten Außenraum sein, wie Hatfield beweist.
Entscheidend für die Qualität solcher Außenräume bleibt ihre Abgeschirmtheit im Nahbereich der Wohnräume und die baulich-räumliche Kontinuität zwischen innen und außen.

5.3 Privater Außenraum im Geschoßbau

»Der Takt der Straßenbahn und des Teppichklopfens wiegte mich in den Schlaf. Er war die Mulde, in der sich meine Träume bildeten. Zuerst die ungestalten, die vielleicht vom Schwall des Wassers oder dem Geruch der Milch durchzogen waren; dann die langgesponnenen: Reise- und Regenträume; endlich die gewecketeren: vom nächsten Murmelspiel im Zoo, vom Sonntagsausflug. Der Frühling hißte hier die ersten Triebe vor einer grauen Rückfront; und wenn später im Jahr ein staubiges Laubdach tausendmal am Tage die Hauswand streifte, nahm das Schlürfen der Zweige mich in eine Lehre, der ich noch nicht gewachsen war.«[66]
Die Außenwohnräume des Geschoßbaus haben viele Zwecke und viele Namen, und oft bezeichnen sie nur ungenau, was sie voneinander unterscheidet: »Loggien«, »Balkone«, »Lauben«, »Galerien«, »Terrassen«. Walter Benjamins Loggien des gründerzeitlichen Berlins waren die in den Höfen und Blockinnenräumen zugewandten Freiräume, wo sich die privatere Seite des Wohnens entfalten konnte: Vielzweckräume des Alltags, die mehr als alle anderen Wohnräume einem ständig wechselnden Gebrauch unterworfen waren.

[66] Walter Benjamin, Loggien, in: Städtebilder, Bd. 17, S. 75

5.25 Stetten im Remstal, Schnitt und Grundriß EG (Kammerer + Belz, 1962)

Diese Art von hemdsärmeliger Intimität hatte auf der Straßenseite nichts zu suchen, hätte mit ihren Zufälligkeiten und Unkontrollierbarkeiten die damals noch unverzichtbare Würde im Erscheinungsbild eines Hauses gestört.

Mit der schrittweisen Aufhebung des geschlossenen Blocks und dem Übergang zu offeneren Bauweisen geht diese Polarität städtischen Wohnens verloren, verlieren die Begriffe Vorder- und Rückseite und damit das Bezugssystem für den privaten Außenraum an Bedeutung. Seine Zuordnung zum Grundriß, seine Raumqualität, seine Funktion und seine Form müssen neu definiert werden.

Daneben rückt aber ein formaler Aspekt mehr in den Vordergrund: Balkone und Loggien werden neben den Treppenhäusern rasch zum bevorzugten Gliederungs- und Gestaltungselement des neuen Wohnbaus. Schon an der Vielfalt ihrer Erscheinungsformen läßt sich ablesen, daß die alte Selbstverständlichkeit verloren gegangen ist und eine neue erst gefunden werden muß. Eine Reihe Berliner Beispiele mag dies belegen:

Bruno Tauts Hufeisen von 1927 behält die Loggia bei. Vor Küche und Bad gelegen, aber auch vom Wohnraum aus erreichbar, dürfte sie ihrer gründerzeitlichen Vorgängerin sehr nahe kommen. Aber aus dem städtischen Hinterhof ist nun der anspruchsvolle Innenraum des Hufeisens geworden. Ihm wendet sich die Loggia zu, wird im doppelten Wortsinn »hoffähig«.

Loggien als baulich eingefaßte Freiräume sind im Grunde wie Zimmer, denen lediglich die Verglasung fehlt. Sie sind ihrem Wesen nach dem Innenraum näher als dem Außenraum. Je tiefer die Loggia, desto besser ist sie möblierbar, desto weniger Licht aber erhalten die hinter ihr liegenden Teile der Wohnung.

Taut ordnet seine Loggien deshalb folgerichtig neben dem Wohnraum an und nicht davor; ihre Erreichbarkeit sowohl vom Wohnraum wie auch von der Küche aus macht sie für vielfältige Nutzungen brauchbar, wenn auch ihre geringe Tiefe diese Brauchbarkeit einschränkt (Abb. 5.26).

5.26

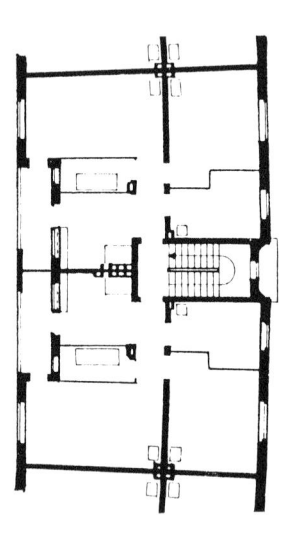

Ganz anders verfährt Martin Wagner mit seinen Geschoßbauten in der Hufeisensiedlung. Seine paarweise angeordneten Freiräume liegen vollständig vor der Außenwand und öffnen sich damit nach zwei Seiten. Sie sind etwas tiefer als Tauts Loggien und damit besser möblierbar. Die räumliche Fassung durch eine Eckstütze gibt ihnen den Charakter eines Zimmers im Freien, dem Balkon schon näher als der Loggia. Der Bezug zum Freiraum ist deutlich stärker als bei Tauts Loggien, dennoch sorgt die Trennwand zum Nachbarbalkon für guten Windschutz. Die Lage des Freiraums vor der Küche sichert zwar die gute Belichtung des Wohnraums, verhindert aber auch einen Zugang von dort (Abb. 5.27).

5.26 Berlin-Britz, Hufeisensiedlung, Wohnung im Hufeisen (Bruno Taut, 1927)

5.27

5.28

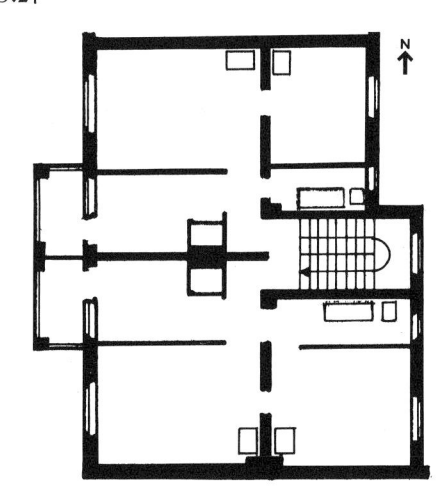

Hans Scharoun baut 1929 in Siemensstadt Freiräume ganz ähnlichen Zuschnitts, die ebenfalls vollständig vor der Fassade gelegen sind. Dennoch wird man hier schon sehr viel eher von einem Balkon sprechen, da die Eckstütze fehlt.

Scharoun benutzt das über den Hausgrund hinausgezogene Treppenhaus zur Bildung einer windgeschützten Ecke und erreicht damit gleichzeitig eine gute akustische Abschirmung gegen den Nachbarbalkon. Die offene Balkonflanke erhält eine höhere Seitenbrüstung, die Scharoun so dimensioniert, daß man im Sitzen einen zusätzlichen Wind- und Sichtschutz hat, ohne daß dadurch das Freiraumgefühl zu sehr eingeschränkt wird. Im übrigen liegt hier der Balkon vor dem Wohnraum; der aber ist breit genug, um durch ein unverbautes Fenster mehr als ausreichend belichtet zu werden (Abb. 5.28).

Walter Gropius entwickelt dagegen für Siemensstadt einen auch im Grundriß ganz anders gearteten Freiraum.

Halb ins Haus eingeschnitten, halb auskragend, ist er weder Loggia noch Balkon, sondern ein wenig von beidem. Sein rückwärtiger Bereich bietet Wind- und Sichtschutz wie bei einer Loggia, sein vor die Fassade auskragender Teil vermittelt dagegen das Freiraumgefühl eines Balkons. Unterstützt wird die Ambivalenz dieses Außenraums dadurch, daß er gleich breit ist wie der dahinterliegende Wohnraum und nur durch eine Glaswand von ihm getrennt wird. Dadurch entsteht eine Raumkontinuität zwischen außen und innen, die den Freiraum in die Tiefe des Grundrisses wirksam werden läßt. Daß dabei der Wohnraum an Helligkeit einbüßt, wird durch die Großzügigkeit des Raumzusammenhangs mehr als

5.29

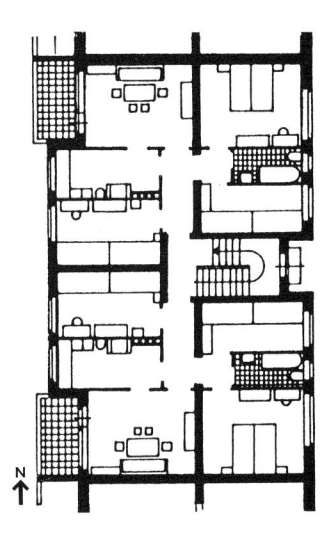

5.27 Berlin-Britz,
Hufeisensiedlung
(Martin Wagner, 1927)

5.28 Berlin, Siemensstadt,
geschwungener Block
(Hans Scharoun, 1929)

5.29 Berlin, Siemensstadt,
Nord-Süd-Zeile
(Walter Gropius, 1929)

kompensiert. Breite und Tiefe des Freiraums lassen im übrigen alle wünschbaren Nutzungen zu (Abb. 5.29).

1930 baut Rudolf Salvisberg in der Berliner Siedlung »Weiße Stadt« ein Laubenganghaus, mit dem die Arosaer Allee überbrückt wird. Vermutlich um den Brückencharakter zu unterstreichen, werden die Balkone als durchlaufende Bänder vor die Zweizimmerwohnungen gelegt und wiederholen damit das Thema der Laubengänge auf der anderen Gebäudeseite.

So sehr diese Maßnahme hier aus gestalterischen Gründen verständlich ist, so wenig trägt sie zur Freiraumqualität dieser kleinen Wohnungen bei. Die große Länge, aber geringe Tiefe dieser Balkone entbehrt jeglicher Räumlichkeit und macht deutlich, daß auch Außenräume nur dann zu Aufenthaltsräumen werden können, wenn ihre Proportionen und ihre Umgrenzungen zum Aufenthalt und zum Gebrauch anregen.

Trotz der unbestrittenen äußeren Gestaltqualität seines Berliner Hauses nimmt Salvisberg damit unfreiwillig einen Balkontypus vorweg, der vor allem in den sechziger Jahren zum Markenzeichen eines gedankenlosen und gesichtslosen Stapelwohnbaus wird, nämlich das »Bandmuster« (Abb. 5.30).

Die Berliner Anthologie aus den frühen dreißiger Jahren sei deshalb noch mit zwei Beispielen abgerundet, die andernorts entstanden, aber in ihrem Ansatz innerhalb dieser Gegenüberstellung von Interesse sind.

1927 baut Mies van der Rohe sein Mehrfamilienhaus für die Stuttgarter Weißenhofsiedlung, mit dem er das Prinzip des Skelettbaus erstmalig auf den Wohnbau überträgt, um seinen Grundrissen damit ein hohes Maß an innerer Flexibilität zu geben. Vermutlich diesem Konzept zuliebe verzichtet Mies auf alles, was man Balkon oder Loggia nennen könnte, auch auf die kleinen Küchenbalkone, die in Vorentwürfen noch enthalten waren und die ihm seine Stuttgarter Hauswirtschaftsberaterin Erna Meyer nahegelegt hatte. Statt dessen erhält jede Wohnung auf der Wohnraumseite eine zwei- oder dreiteilige Fenstertür, die bis zum Boden verglast und durch ein korbartig geformtes Außengeländer abgesichert wird. Eine schmale Kragplatte von etwa 40 cm Breite erlaubt, daß man gerade noch vor die Fassade treten kann, mehr nicht. Öffnet man aber alle Flügel der Fenstertür, entsteht eine so großzügige räumliche Verbindung zwischen innen und außen, daß der Wohnraum selbst zu einer Art Außenraum werden kann (Abb. 5.31; s.a. S. 314f.).

Sicherlich kann man dieses aus Frankreich bekannte Prinzip nicht als vollwertigen Ersatz für einen gebauten und zusätzlich verfügbaren Freiraum bezeichnen. Aber in seiner Sparsamkeit ist es vor allem jener Art

5.30 Berlin, Weiße Stadt,
 Laubenganghaus
 (Rudolf Salvisberg, 1930)

5.31 Stuttgart, Weißenhofsiedlung,
 Ansicht Ostseite, Häuser 1–4
 (Ludwig Mies van der Rohe,
 1927)

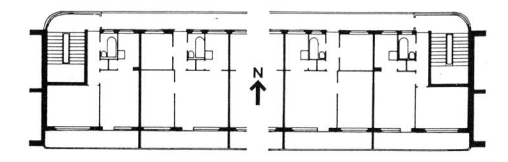

von Balkonen und Loggien vorzuziehen, die ohne eigene räumliche Qualität nur dazu beitragen, den dahinterliegenden Wohnraum zu verdunkeln und vom Kontakt zum Außenraum abzuschneiden – etwa wie die später so erfolgreichen »Bandmuster-Balkone«. Mies van der Rohe hat nach seiner Devise »less is more« an eine Alternative erinnert, die vor allem bei kleinen Wohnungen auch heute noch anwendbar ist, wenn man die oft viel zu eng aufeinandersitzenden Minibalkone vermeiden möchte.

Eine gewisse Kompensation für den nicht gebauten privaten Außenraum sind bei Mies van der Rohe die großzügigen, allerdings nur bedingt privat nutzbaren Dachterrassen. Interessant ist dabei, daß er auch hier der Ostseite den Vorzug vor der Nachmittagssonne gibt, wie überhaupt sein ganzes Haus sowohl in seiner Raumorientierung wie in der Lage der Treppen damaligen Grundregeln weitgehend widerspricht.

Gegenstück zu Mies van der Rohes minimalistischem Ansatz ist Sven Markelius' Haus für berufstätige Frauen, das er 1935 in Stockholm baut. Dort sind die Balkone der Wohnungen bis ins kleinste Detail durchdacht und ausgeformt. Dabei bilden Wohnraum und Balkon eine räumliche Einheit, die beiden Bereichen zugute kommt. Die schräg gestellte Außenwand gibt dem Wohnraum einen erkerartigen Ausblick in Straßenlängsrichtung und schützt den Balkon gleichzeitig gegen Wind und störende Einblicke. Der Balkon selbst ist im Grundriß so ausgeformt, daß er dort, wo man ihn betritt, nur eine geringe Tiefe und ein transparentes Geländer hat, so daß man durch die Balkontür von innen frei nach draußen blicken kann. Dort, wo man sitzt, entsteht durch die ausschwingende Brüstung mehr Raum. Hier ist auch die untere Hälfte des Geländers geschlossen und schützt vor frontalen Einblicken. Der Wechsel zwischen den fensterlosen vertikalen Wandscheiben und den nach innen gestülpten Fenstern und Balkonnischen gibt der Fassade ihr unverwechselbares dreimensionales Gesicht (Abb. 5.32).

5.32

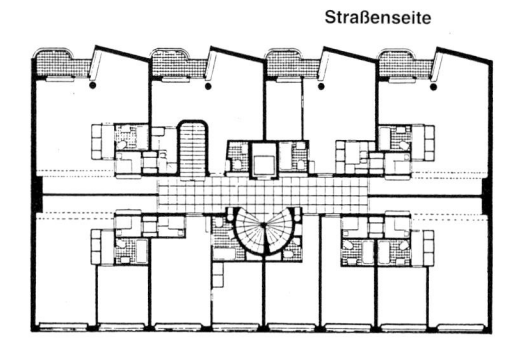

An dieser kleinen Auslese aus der Anfangszeit des modernen Geschoßwohnbaus lassen sich bereits alle wesentlichen Kriterien für die Qualität des wohnungsbezogenen Außenraums festmachen:
– Zuschnitt und Möblierbarkeit,
– Freiraumcharakter und Besonnung,
– Windschutz und Privatheit,
– Auswirkungen auf den Innenraum.

Obwohl diese Kriterien auch heute noch für die Brauchbarkeit eines Freiraums gültig sind, hat sich doch sein Erscheinungsbild zum Teil erheblich gewandelt. Eine besondere Rolle spielt dabei die Ende der sechziger Jahre einsetzende Forderung nach einer stärkeren Beteiligung des Bewohners an der Gestaltung seiner Wohnwelt. Es geht dabei sowohl um praktische Prozesse individueller Wohnungsanpassung, wie auch um einen höheren Grad der Identifikation mit der eigenen Wohnung.

Der Bereich des privaten Außenraums hat

5.32 Stockholm/S, Kollektivhaus Ericsonsgatan, OG (Sven Markelius, 1935) sich hierfür schon immer als besonders geeignetes Betätigungsfeld erwiesen, betrachtet man etwa die Metamorphosen, die die Rückfassaden und Lauben der gründerzeitlichen Blockinnenräume bis heute durchgemacht haben (Abb. 5.33).

5.33

Balkone eignen sich daher in besonderer Weise zur Selbstdarstellung der Bewohner – einerseits, weil ihre spätere Veränderung das Innere der Wohnung nur wenig tangiert, andererseits, weil sich gerade über den Freiraum ein Stück individuellen Wohnverhaltens auch nach außen abbilden läßt.

Voraussetzung für das Ingangsetzen solcher Prozesse sind konstruktive Hilfen, die in Gestalt von gerüstartigen Vorgaben Ansatzpunkte für das individuelle Weiterbauen bieten. Dazu gehören Stützen und Träger, die den Balkon räumlich fassen und gleichzeitig die geometrischen Grenzen individueller Ausgestaltung definieren: vom Einbauen aller erdenklichen Einrichtungen des Wind- und Sichtschutzes bis hin zur Verglasung und Verwandlung in umbauten Raum. Solche Denkmodelle sind natürlich eng mit der Rückkehr zum zeilenartigen und niedrigen Geschoßbau verknüpft. Außerdem werden sie durch einen bautechnischen Aspekt unterstützt, der beim Balkon mehr und mehr an Bedeutung gewinnt: das Problem der Kältebrücken.

Vorgebaute, selbsttragende Balkone, die vor der Fassade stehen, vermeiden solche Kältebrücken und werden deshalb zunehmend aus der Altbausanierung auch in den Neubau übernommen.

Ein Beispiel für die sehr vielfältige Nutzbarkeit solcher vorgebauten Balkone ist ein Wohnquartier in Graz-Ragnitz von Eilfried Huth aus dem Jahr 1993. Die dreigeschossigen Baukörper dieser offenen Zeilenbebauung werden durch ihre hellen Putzfassaden und die in regelmäßigen Abständen vorgebauten Balkongerüste aus blau gestrichenen, filigranen Stahlelementen bestimmt. In der Vielfältigkeit ihres Gebrauchs und ihrer individuellen Ausgestaltung liegt ein reizvoller Kontrast zur Regelhaftigkeit der Anlage. Im übrigen wird das Materialspiel zwischen Stahl und Putz auch durch die Außengänge und deren Verbindungsbrücken fortgesetzt (Abb. 5.34).

Es gibt aber auch eine Vielzahl von Ansätzen, die dieses Prinzip zu einer neuen Gestaltungsphilosophie für den Wohnbau weiterentwickeln.

5.34

5.33 *Stuttgart-West, Gründerzeitliche Häuser, Rückseiten*

5.34 *Graz-Ragnitz/AU, (Eilfried Huth, 1993)*

In solchen Fällen wird nicht nur der einzelne Balkon zum Objekt individueller Ausgestaltung, sondern die gesamte Fassade. Ein vor das Kernhaus vorgebautes Gerüst bildet eine zweite Fassadenebene und bietet neben den schon genannten individuellen Ausgestaltungsmöglichkeiten auch Spielräume für die Position und die Größe des privaten Freibereichs, wenn auch in rechtlich abzusichernden Grenzen. Eingebunden in den durch das Gerüst baulich vorgegebenen Rahmen soll sich größtmögliche Individualität entfalten können. Der Verzicht des Architekten auf einen Teil seiner gestalterischen Einflußnahme wird durch die Ingangsetzung eines »organischen« Prozesses des Wachstums und der Veränderung kompensiert, an dem die Bewohner ebenso teilhaben wie Pflanzen und Bewuchs oder das natürliche Altern der Baustoffe.

Nicht nur der einzelne Balkon, sondern die gesamte Fassade eines Hauses wird so zum Übergang und zum Vermittler zwischen innen und außen, was man als eine Übertragung von Leberecht Migges »Zwischengliedern« auf den Geschoßbau bezeichnen könnte (Abb. 4.45).

Der Wintergarten im Geschoßbau

Die veränderten Standortbedingungen, denen sich der Wohnbau mit seiner Rückkehr in die Innenstädte gegenübersieht, führen beinahe zwangsläufig zu Zugeständnissen an jene Kriterien des Wohnens, die durch den Standort in besonderer Weise beeinflußt werden: die Raumorientierung und das Angebot an privatem Außenraum. Beide Aspekte lassen sich unter innerstädtischen Bedingungen nur ganz selten idealtypisch verwirklichen.

Was den Außenraum betrifft, so sieht man sich vor allem zwei Problemfeldern gegenüber: zum einen schränken verkehrsbedingte Emissionen wie Lärm und Luftverschmutzung die Wohnqualität von Freiräumen deutlich ein, zum anderen veranlassen gestalterische Rücksichten im Umgang mit vorhandenen Nachbarschaften häufig zum Verzicht auf stark profilierte und durch Außenräume überlagerte Fassaden. Zwar wird sich zeigen, daß man dabei durchaus zwischen den Bedingungen straßenseitiger oder dem Blockinnenraum zugewandter Fassaden differenzieren kann, aber zunächst scheint man auf diese Probleme eher durch Verdrängung und Vernachlässigung der Außenraumbedürfnisse zu reagieren. Der Außenraum verkümmert dabei entweder zu Dimensionen, die seine Brauchbarkeit erneut in Frage stellen, oder er wird kurzerhand durch ein neues Element ersetzt, den Wintergarten. Der Wintergarten ist aber kein Ersatz für den bewohnbaren Freiraum, sondern allenfalls eine Alternative. Und eine Alternative ist er nur, wenn seine Raumkonditionen sich deutlich von denen des Innen-Wohnraums unterscheiden, wenn er ein Übergangsklima zwischen innen und außen gewährleistet, also »Zwischenglied« ist, um noch einmal Leberecht Migge zu zitieren. Dies schließt alle jene sogenannten Wintergärten aus, die durch Isolierverglasung und Beheizung nichts anderes sind als erweiterte Innen-Wohnräume und sich allenfalls durch ihre großzügige Verglasung von normalen Wohnräumen unterscheiden.

Dagegen lassen sich Wintergärten der erstgenannten Kategorie in sehr brauchbare Instrumente des Wohnens verwandeln, wenn ihre Verglasung ganz oder teilweise geöffnet werden kann, so daß sie im Bedarfsfall einem offenen Außenraum entsprechen. Je nach Witterung, Lärmbelästigung und Tageszeit kann der Bewohner einen solchen Außenraum an seine jeweiligen Bedürfnisse anpassen (Abb. 5.35).

5.35

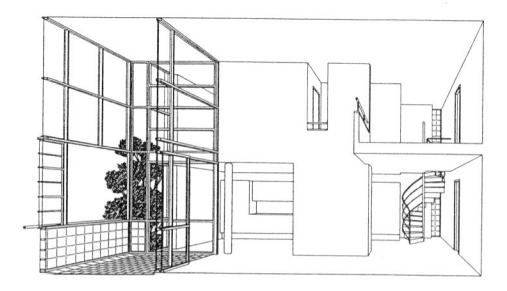

Nach Wohnlagen differenzierte Außenräume

Die Grenzen des privaten Außenraums im gestapelten Geschoßbau liegen also vor allem in seiner Größenbeschränkung, die ihm wegen seiner Auswirkungen auf die Belichtung dahinterliegender Wohnräume auferlegt sind. Ein guter Außenraumzuschnitt bedeutet vor allem eine ausreichende Tiefe für Loggia oder Balkon, und dies wiederum bedeutet Lichtverlust und Verschattung direkt angrenzender, vor allem dahinterliegender Innenräume.

Außenräume im geschichteten Geschoßbau erreichen deshalb meist schon mit 2 m eine kritische Tiefe, vor allem wenn der angrenzende Wohnraum nur über diesen Außenraum belichtet wird. Da dies durch Länge nicht kompensierbar ist – will man keine schlauchartigen Außenräume erzeugen –, bleiben sie auch in ihrer absoluten Größe begrenzt. Es liegt daher nahe, die Chancen für größere private Freiräume dort zu nutzen, wo sie durch ihre Größe das Wohnen nicht beeinträchtigen: im Erdgeschoß und auf dem Dach.

Schon Mies van der Rohe nutzt 1927 diese Möglichkeit mit seinem Haus auf dem Weißenhof. Im Erdgeschoß erhalten die Wohnungen statt des schmalen Austritts über Stufen erreichbare vorgelagerte Terrassen, die allerdings so wenig wie die Dachterrassen einen besonders privaten Charakter haben (Abb. 5.31).

Etwa zur selben Zeit entsteht Ernst Mays Bruchfeldstraße in Frankfurt, wegen der Grundrißverstaffelung auch als »Zick-Zackhausen« bekannt. May verzichtet hier völlig auf wohnungsnahe Außenräume und gibt seinen Wohnungen statt dessen separat erschlossene Dachgärten oder Mietergärten im Inneren seines Großwohnhofs. Er nutzt damit zwar demonstrativ die besonderen Flächenangebote, die sich hier sowohl im Hof wie auf den Dächern bieten, verzichtet aber gleichzeitig auf jeden Versuch, sie dem Wohnen unmittelbarer zuzuordnen (Abb. 5.36).

5.36

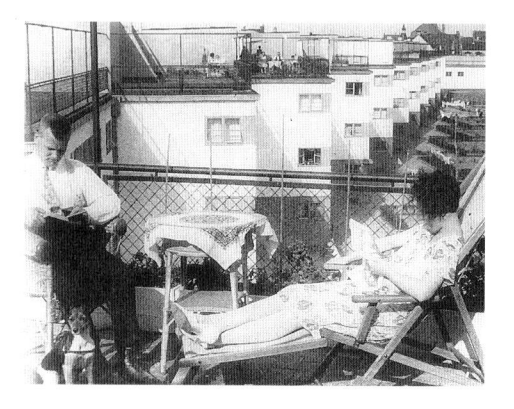

1930 baut Mart Stam in seiner Frankfurter Hellerhofsiedlung dagegen dreigeschossige Häuser, deren Erdgeschoßwohnungen direkt zugeordnete und durch Hecken geschützte kleine Wohngärten erhalten. Um sie ebenerdig mit dem Wohnraum verbinden zu können, verzichtet er auf den übli-

5.35 *Stuttgart, IGA, Geschoßbau, Zweigeschossiger Wohnraum (Gullichsen, Kairamo, Vormala, 1993)*

5.36 *Frankfurt, Bruchfeldstraße (May, Rudloff, 1926/27)*

chen hohen Kellersockel und legt das Erdgeschoß direkt an das Geländeniveau. Zwischen Erdgeschoßwohnung und Gartenhof entsteht so ein Raumzusammenhang wie man ihn sonst nur von einer anspruchsvolleren Wohnform her kennt, nämlich vom Einfamilienreihenhaus (Abb. 5.37).

5.37

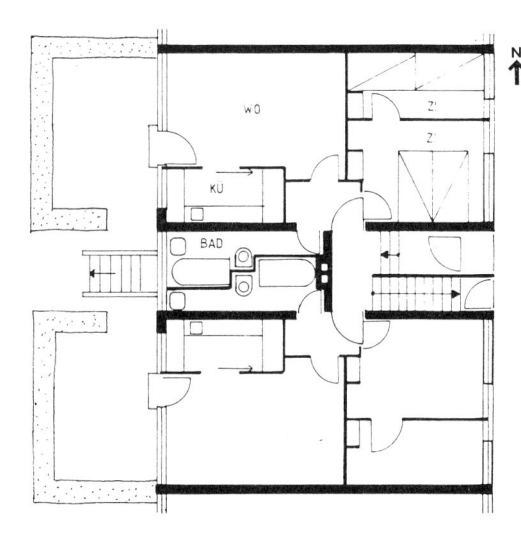

Einen ähnlichen Weg gehen sowohl Anton Brenner mit seinem »Brennerblock« in Frankfurt-Praunheim wie auch die Architekten der Werkbundsiedlung auf dem Züricher Neubühl von 1931; allerdings sind in beiden Fällen keine besonderen Anstrengungen erforderlich, handelt es sich doch um Laubenganghäuser mit ohnehin mehr oder weniger niveaugleichen Erdgeschossen.
Die fehlenden räumlichen Begrenzungen zwischen den Gärten verraten, daß es sich hier ähnlich wie beim Stuttgarter Weißenhof von Mies van der Rohe um eher zufällig genutzte Freiraummöglichkeiten handelt, mit denen man noch nicht so konsequent umzugehen weiß wie Mart Stam dies im Hellerhof tut (Abb. 5.38 und 5.39).

5.38

5.39

Ein noch deutlicheres Reagieren auf die besonderen Freiraumchancen sowohl des Erdgeschosses wie des Dachgeschosses zeigen jene Projekte, bei denen mit Hilfe von Maisonettes eine große Zahl von Wohnungen in den Genuß dieser Flächen kommt. In diesem Zusammenhang muß noch einmal an Alexander Kleins Projekt von 1926 für ein sechsgeschossiges »Galeriehaus« erinnert werden, mit dem er genau dieses Ziel verfolgt. Hier befinden sich die großen Maisonettewohnungen am Gebäudefuß und am Dach, wo ihnen einerseits Gärten und andererseits Dachterrassen zugeordnet werden können. In den beiden mittleren Geschossen, wo nur Außenräume üblicher Größe möglich sind, liegen die kleinen eingeschossigen Wohnungen (Abb. 1.19).
Ebenfalls zu diesen Beispielen zählt der bereits erwähnte Versuchsbau von Artaria und Schmidt für die Ausstellung »Heim und Technik« in München von 1928. Dieses viergeschossige Laubenganghaus setzt sich aus

5.37 Frankfurt-Hellerhof,
1. B.A., EG,
3-Zimmer-Wohnung,
43 m^2, Westlage
(Mart Stam, 1930)

5.38 Frankfurt-Praunheim,
Brennerblock,
Eingangsseite
(Anton Brenner, 1929)

5.39 Zürich-Neubühl/CH,
Werkbundsiedlung,
Typ PQ, Laubenganghaus,
Ansicht von Südost
(Häfeli, Hubacher, Steiger,
Moser, Roth, Artaria +
Schmidt, 1931)

zwei Reihen übereinanderliegender Maisonettes zusammen, von denen die unteren direkt, die oberen über den Laubengang erschlossen werden. Mit ihren vorgelagerten Gärten werden die unteren Wohnungen zu veritablen Reihenhäusern und verfügen damit über Außenräume, die weit über das sonst im Geschoßbau übliche Maß hinausgehen (Abb. 1.20).

Wenn auch diesen auf der Maisonettewohnung aufbauenden Projekten bedauerlicherweise eine Realisierung versagt bleibt, sind sie doch in ihrer Bedeutung als frühe Vorläufer für einen inzwischen selbstverständlich gewordenen Umgang mit dem Gebäudequerschnitt nicht hoch genug einzuschätzen. Ihr pragmatischer Ansatz, nämlich einzufach zu nutzen, was sich an besonderen Freiraummöglichkeiten am Gelände und am Dach anbietet, macht sie zu Vorläufern einer Entwicklung, ohne die unser heutiger Wohnbau nicht mehr vorstellbar wäre.

Aber auch schon damals regen sich Gegenkräfte wie das Beispiel Hellerhof zeigt. So werden Mart Stams kleine private Gartenhöfe beim zweiten Bauabschnitt kurzerhand »wegrationalisiert«, obwohl noch kaum Wohnerfahrungen mit dem ersten Bauabschnitt vorgelegen haben können. Daß sie dann im dritten Bauabschnitt wieder auftauchen, läßt vermuten, daß man inzwischen ihren Wert erkannt hatte.

So läßt sich wohl an keinem Bauelement rascher und treffender auf Wohnqualität und Wohnverhalten schließen, als an den gebauten Außenräumen des Wohnens. Und es überrascht nicht sonderlich, daß nach dem Zweiten Weltkrieg eine ernsthafte Auseinandersetzung mit bewohnbaren und aus der Wohnung heraus entwickelten Außenräumen erst wieder einsetzt, nachdem die Not des Wiederaufbaus und die leider allzu rasch anschließende Phase eines unkritischen Massenwohnbaus überwunden sind.

Erst jetzt werden Zusammenhänge gesehen zwischen einem durch die Motorisierung veränderten Wohn- und Freizeitverhalten und einer Wohnwelt, die zwar ihre einstigen urbanen Qualitäten verloren, dafür aber kaum Gegenwerte eingehandelt hatte.

Man erkennt die Bedeutung all jener Faktoren, die aus der Wohnung mehr machen, als den Ort flüchtiger »Objektbeziehungen« (Alexander Mitscherlich), und dazu gehört vor allem die Verfügbarkeit eines bewohnbaren privaten Außenraums.

Dabei wirken zwei Erfahrungen in dieselbe Richtung: Zum einen erkennt man, daß immer höhere Häuser zwar zu einer immer geringeren Inspruchnahme von überbauten Flächen führen, daß aber die so gewonnenen Freiflächen bestenfalls öffentlichen Charakter haben und im übrigen hohe Kosten für Gestaltung und Pflege verursachen; zum anderen zeigt die Erfahrung mit dem Bau von Wohnhochhäusern, daß Balkone und Loggien nur ganz selten im Jahr bewohnbar sind, weil sie von einer gewissen Höhe an je nach Lage und Orientierung unter ständiger Windbelastung stehen und damit nur noch eine sehr eingeschränkte Aufenthaltsqualität haben.

Neben anderen negativen Erfahrungen – wie etwa der problematischen Beziehung zwischen Kindern und Aufzugsanlagen – führen diese Erkenntnisse zu einer zunehmenden Kritik am Wohnhochhaus schlechthin und enden schließlich in einer sicherlich übertriebenen, gleichwohl aber totalen Ablehnung dieser Wohnform. Damit vollzieht sich gleichzeitig ein Wandel in der

Wohngebietsplanung, der von der Großform wieder zu einem bodennahen, niedrigen und zeilenartigen Geschoßbau zurückführt, jetzt allerdings unter dem Postulat höchstmöglicher Dichte.

Die Beschränkung auf Geschoßzahlen, die – wenn irgend möglich – den Verzicht auf Aufzüge zulassen, führt zu einer sehr viel intensiveren Auseinandersetzung mit dem Gebäudequerschnitt und mit Wohnungstypologien, die dieses Ziel unterstützen.

Dies kommt gleichzeitig neuen Möglichkeiten für wohnungsnahe Außenräume zugute, die nun in den Mittelpunkt grundrißlicher Arbeit rücken.

Vor allem in England entstehen unter dem Slogan »high density – low rise« (hohe Dichte bei geringer Gebäudehöhe) eine Vielzahl neuer Wohnquartiere, bei denen trotz knapp bemessener Wohnflächen vorwiegend an der Verbesserung wohnungsnaher Außenräume gearbeitet wird. Die Geschoßbauten der neuen Quartiere werden in ihrem Querschnitt nicht mehr einfach gestapelt, sondern so differenziert, daß die spezifischen Möglichkeiten der jeweiligen Geschoßlage insbesondere am Gelände und am Dach für den wohnungsbezogenen Außenraum genutzt werden können.

Ein frühes und weithin bekannt gewordenes Beispiel ist Lillington Gardens im Londoner Stadtteil Pimlico, das zwischen 1961 und 1970 von den Architekten Darbourne und Darke geplant wird. Es zeigt für die Blöcke 6 und 9 einen typischen fünf- bis sechsgeschossigen Querschnitt, der aus drei übereinanderliegenden Maisonettes gebildet wird. Jede dieser drei unterschiedlichen Wohnsituationen hat ihren unverwechselbaren Außenraum: einen kleinen Gartenhof, einen geräumigen Balkon oder eine Dachterrasse. Die Erschließung der beiden oberen Wohnungen erfolgt über einen zur »Straße« erweiterten Außengang, der als großzügige Spielzone ein zusätzliches Angebot an wohnungsnaher, wenn auch nicht privater Freifläche darstellt (Abb. 5.40; s.a. S. 324).

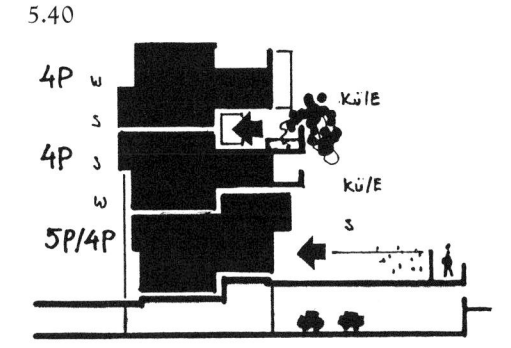

5.40

Dieses Element der großzügigen Etagenstraße entwickeln dieselben Architekten bei einem späteren Bauabschnitt und insbesondere beim Wohnquartier Marquess Road zu einer »Dachstraße« weiter. Sie erschließt beidseitig angelagerte kleine Altenwohnungen und verbindet über Brücken alle Häuser des Quartiers in einem zweiten Erschließungsnetz – ähnlich wie bei Michiel Brinkmans »Spangen« in Rotterdam fünfzig Jahre zuvor (Abb. 1.17). Für diese obere Wohnwelt ist die Dachstraße ein gemeinsam nutzbarer Außenraum, offenbar mit dem Ziel, über eine Inbesitznahme von Teilflächen durch die Bewohner eine Art Dorfstraßen-Kommunikation in Gang zu setzen.

Völlig getrennt von dieser oberen Welt werden die beiden unteren Wohnebenen durch Familienwohnungen genutzt, die als Maisonettes in »back-to-back«-Anordnung jeweils mit einem kleinen Gartenhof ausgestattet werden können. Im übrigen wird durch über Kreuz angeordnete Schlafgeschosse sowohl die zweiseitige Orientierung wie die Quer-

5.40 London/GB, Lillington Street, Schemaschnitt (Darbourne + Darke, 1961–70)

5.41

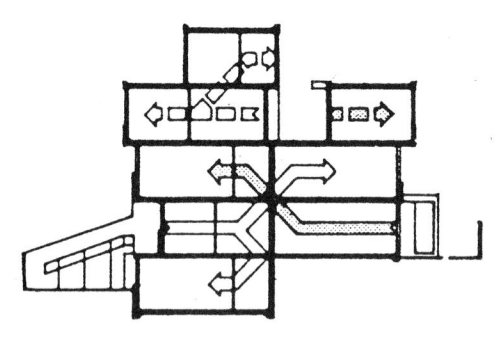

5.42

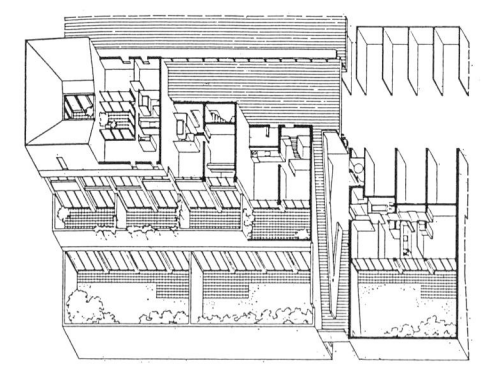

lüftung dieser Maisonettes sichergestellt (Abb. 5.41).

Unter den zahllosen Beispielen für eine beinahe schon demonstrative Differenzierung von Geschoßbauquerschnitten ist das Wohnquartier Bishopsfield in Harlow New Town von besonderem Interesse. Hier bebaut M. Neylan zwischen 1961 und 1967 eine flache Kuppe mit fingerartig ausgreifenden Reihen aus Gartenhofhäusern. Sie werden auf der Hangkuppe durch eine viergeschossige Bebauung zusammengefaßt, deren Querschnitt aus drei sehr unterschiedlichen Wohnlagen besteht.

Im Erdgeschoß befinden sich eingeschossige Wohnungen mit einem vorgelagerten Gartenhof, die mittlere Wohnlage bilden Maisonettes mit Terrasse, während auf dem Dach Atriumwohnungen vorgeschlagen werden, die mit ihrem Innenhof das Thema der Hangbebauung noch einmal aufgreifen. Die beidseitige Auskragung der Atriumwohnungen unterstreicht die hausartige Selbständigkeit dieser oberen Wohnlage und läßt den Eindruck entstehen, als seien einige der Gartenhofhäuser auf dem Dach des Geschoßbaus abgesetzt worden. Deutlicher kann man kaum zum Ausdruck bringen, daß der Unterschied zwischen Haus und Geschoßwohnung so weit wie möglich abgebaut oder gar aufgehoben werden soll (Abb. 5.42).

Die englischen Beispiele verdanken ihre Entstehung vor allem dem Wirken des GLC (Greater London Council) und werden ausnahmslos im Rahmen des sozialen Wohnbaus verwirklicht (»council housing«).

Der ideelle Hintergrund dieser Entwicklung geht auf eine englische Tradition zurück, die großen Wert auf unmittelbare Erreichbarkeit der eigenen Wohnung aus dem öffentlichen Raum legt, wie sie im Arbeiterreihenhaus auch unter bescheidensten Bedingungen – »my home is my castle« – stets gegeben war.

Damit ist aber auch ein Stück Außenraum, wie ihn das Reihenhaus bietet, Teil dieser Wohntradition. Dieser Außenraum hat nicht nur wichtige hauswirtschaftliche Funktionen zu erfüllen, sondern ist Erweiterung der Wohnung und Raum für zahllose Freizeitbeschäftigungen und Hobbies des kleinen Mannes.

Auf dem Kontinent werden ähnliche Bemühungen vor allem durch neue gesetzliche Regelungen für die Eigentumsbildung im Geschoßbau, z. B. durch das WEG (Wohnungseigentumsgesetz) in der Bundesrepublik unterstützt.

Sie begünstigen die Entwicklung von Wohnformen, mit denen Qualitäten des

5.41 London/GB, Marquess Road, Schemaschnitt (Darbourne + Darke, 1966–76)

5.42 Harlow New Town/GB, Bishopsfield, Geschoßbau (M. Neylan, 1961–67)

Wohnens im Eigenheim auf den Geschoßbau übertragen werden.

Im Mittelpunkt der Bemühungen steht auch hier die Suche nach neuen Gebäudequerschnitten, mit deren Hilfe die spezifischen Wohnlagen im Mehrfamilienhaus besser genutzt werden können.

Friedrich Spengelin entwickelt für Hamburg Steilshoop einen fünfgeschossigen Gebäudequerschnitt, der die Ausbildung von drei sehr ausgeprägten Wohnlagen ermöglicht.

Durch einen nur im Erdgeschoß vorgesehenen halbgeschossigen Versatz wird erreicht, daß sich der Wohnraum eng mit seinem Gartenhof verbinden kann, während die Schlafräume um ein halbes Geschoß über die Störzone des Eingangsbereichs herausgehoben werden. Dieser Versatz erlaubt auch die Anordnung eines Oberlichts über dem abgesenkten Wohnraum. Der innenliegende Eßplatz kann auf diese Weise mit Tageslicht versorgt werden.

5.43

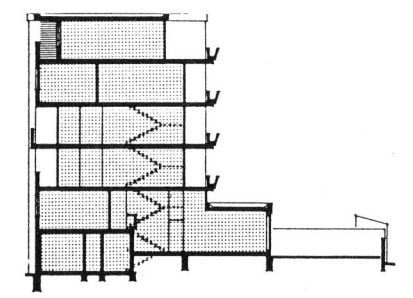

Zweispännergeschoßwohnungen mit einem durchgehenden, zweiseitig belichteten Wohnbereich bilden die mittlere Wohnlage auf den Ebenen 2 und 3. Die Raumqualität dieser Durchwohngrundrisse wird durch beidseitig angeordnete Balkon-Loggien noch unterstrichen. Die obere Wohnlage besteht dagegen aus Maisonettewohnungen, die über einen Laubengang auf der oberen Ebene erschlossen werden. Ihre gut dimensionierten Dachterrassen verbinden sich auch hier mit einem Durchwohngrundriß, bei dem der Eßplatz dem Laubengang zugeordnet ist (Abb. 5.43).

Spengelin wendet dieses Wohnlagenprinzip auch bei dem zwischen 1976–80 gebauten Wohnquartier »Im grünen Grunde« in Hamburg-Ohlsdorf an. Hier wird allerdings der gesamte Gebäudequerschnitt aus versetzten Geschossen gebildet. Da beim überwiegenden Teil der Häuser die Nord-Süd-Orientierung zu berücksichtigen ist, werden auch die Grundrisse dementsprechend verändert. Besonders deutlich wird dies bei der unteren Wohnlage. Nun werden auch die Schlafräume auf die Südseite verlagert, die zusammen mit dem weit ausgreifenden Wohnbereich einen intimen Gartenhof auf drei Seiten umschließen. Die Erschließung dieser Gartenhofwohnungen erfolgt nicht mehr wie in Steilshoop von innen, sondern von außen über den vorgelagerten Wohngarten, was ihre Unabhängigkeit vom Rest des Hauses unterstreicht.

5.44

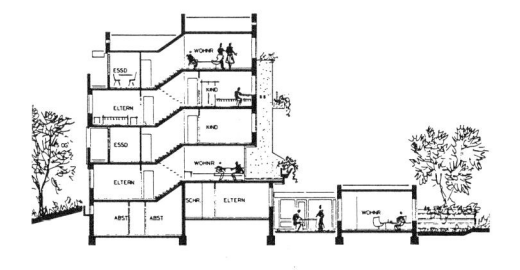

Die mittlere und die obere Wohnlage bestehen aus Maisonettewohnungen, die über Laubengänge erschlossen werden und auf jeweils vier Halbebenen organisiert sind. Die untere dieser beiden Maisonettes hat eine großzügige Terrasse vor dem Wohnraum, die obere eine tief eingeschnittene

5.43 *Hamburg, Steilshoop (Ingeborg + Friedrich Spengelin, 1967)*

5.44 *Hamburg-Ohlsdorf, »Im grünen Grunde« (Ingeborg + Friedrich Spengelin, 1976–80)*

Dachterrasse, die sich jeweils zwischen die Wohnräume schiebt und damit auch die Baukörpersilhouette deutlich gliedert (Abb. 5.44).

Mit der Bebauung an der Pelikanstraße in Stuttgart-Neugereut entwickeln die Architekten Faller und Schröder um 1970 einen Geschoßbau, der mit vier Geschossen das bauliche Rückgrat der beiden ersten Bauabschnitte bildet und den zum Zentrum führenden Hauptwohnweg auf seiner Nord-West-Seite begleitet. Hier verzichten die Architekten auf einen regelhaft terrassierten Gebäudequerschnitt zugunsten einer Differenzierung nach Wohnlagen. Die eingeschossigen Erdgeschoßwohnungen erhalten großzügige Gartenhöfe über einer in den Gebäudequerschnitt integrierten Tiefgarage. Die Wohnungen der mittleren Wohnlage sind als eingeschossige Terrassenwohnungen ausgebildet. Die dritte Wohnlage besteht dagegen aus Maisonettewohnungen an deutlich zurückspringenden Terrassen im zweiten OG. Die quer zur Gebäudeachse angeordneten Pultdächer dieser Maisonettes ergeben ein Zusatzvolumen, das als dritte Wohnebene später in Eigenleistung ausgebaut werden kann. Dieser Gebäudequerschnitt wird zur Erzielung eines vielfältigen Wohnungsangebots über vier unterschiedliche Abschnitte variiert (Abb. 5.45).

5.45

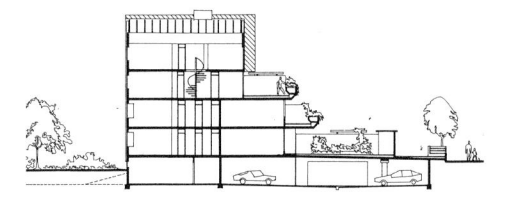

5.45 *Stuttgart-Neugereut, Pelikanstraße (Faller + Schröder, 1970)*

Mit einem sehr einfachen Gebäudequerschnitt greifen die Züricher Architekten Spirig und Fehr 1967–69 das Konzept ihres Landsmanns Hans Schmidt wieder auf, das dieser schon 1928 auf der Münchner Ausstellung »Heim und Technik« vorgestellt hatte: ein viergeschossiges Haus, das aus zwei übereinander angeordneten Maisonettewohnungen gebildet wird (Abb. 1.20).

Für das Quartier Hätzelwiesen in Wangen bei Zürich verwenden sie diesen einfachen Gebäudequerschnitt und ergänzen ihn um ein begehbares Dach, so daß auch die obere Wohnlage großzügige Außenräume erhalten kann. Der Laubengang wird vom zweiten ins dritte OG verlegt, was zwar den Weg bis zum Wohnungseingang um eine ganze Treppe verlängert, das Wohngeschoß aber näher an die Dachterrasse bringt. Gleichzeitig liegen damit die Schlafgeschosse der unteren und der oberen Wohnungen unmittelbar übereinander, was gegenseitige Störungen vermindert. Mit additiven Sichtschutzmaßnahmen, wie Gartenmauern, Pflanztrögen, horizontalen Sichtblenden und Pergolen wird die nötige Ungestörtheit der privaten Außenräume sichergestellt, ohne den einfachen Gebäudequerschnitt verändern zu müssen. Auf eine Unterkellerung der Häuser wird verzichtet; statt dessen erhalten die unteren Wohnungen ihren Abstellraum an einem kleinen Vorhof neben dem Wohnungszugang. Die oberen werden durch einen Abstellraum auf der Dachterrasse versorgt (Abb. 5.46).

Das Beispiel Hätzelwiesen macht deutlich, daß im Bereich des niedrigen Geschoßbaus von maximal vier bis fünf Vollgeschossen auf Balkone oder Terrassierungen ganz verzichtet werden kann, wenn es gelingt, Gärten und Dachflächen für das Wohnen nutzbar zu machen. Hierfür eignen sich natürlich vor allem große Familienwohnungen.

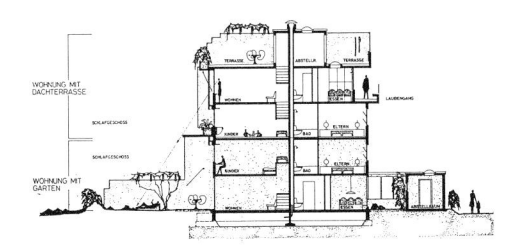

Je nach Wohnungsprogramm entsteht aber in der Folgezeit eine Fülle von Abwandlungen dieses einfachen Grundprinzips.

Kleine Wohnungen ergeben sich aus der Halbierung von Maisonettes, große eingeschossige Wohnungen durch das Zusammenlegen mehrerer Wohnungsachsen.

Vor allem wird häufig angestrebt, über versetztgeschossige Grundrisse (splitlevel) oder auch mit Hilfe von Staffelgeschossen eine noch bessere räumliche Verbindung zwischen Wohnung und Dachterrasse zu erreichen.

Mittlere Wohnlagen werden dabei zunehmend mit selbsttragenden Vorbaubalkonen ausgestattet, weil damit komplizierte Gebäudequerschnitte und Kältebrücken vermieden werden können.

Ein städtebaulich interessanter Beitrag in diesem Zusammenhang ist ein Wohnquartier, das Viktor Hufnagl 1973–84 an der Gerasdorfer Straße im 21. Wiener Bezirk verwirklicht.

In einem diffus bebauten Umfeld werden zwei langgestreckte Bebauungszeilen von dreieinhalb Geschossen vorgeschlagen und über torartige Querspangen zu einer Folge von Hofgruppen zusammengefaßt. Die Höfe dienen der Erschließung und gemeinschaftlicher Nutzung und geben dem Quartier ein hohes Maß an räumlicher Identität.

Die privaten Freiräume liegen auf der Außenseite der Bebauung und korrespondieren mit ihrer Nachbarschaft aus Einfamilienhäusern. Der bestimmende Gebäudequerschnitt der beiden Längszeilen hat versetzte Geschosse. Die untere Wohnlage besteht aus einachsigen Maisonettes auf vier Teilebenen mit direktem Zugang vom Hof und zu den nach außen liegenden großen Wohngärten. Die obere Wohnlage besteht aus zweiachsigen Maisonettes auf drei Teilebenen. Sie werden als Zweispänner erschlossen. Durch den halbgeschossigen Versatz wird auch die große Dachterrasse in den Wohnungsquerschnitt eingebunden und ist vom Eßplatz aus über eine halbe Treppe erreichbar.

Weiß gestrichene Fassaden und grüne Schiebeläden geben dem Quartier einen unverwechselbaren Charakter (Abb. 4.28 und 5.47).

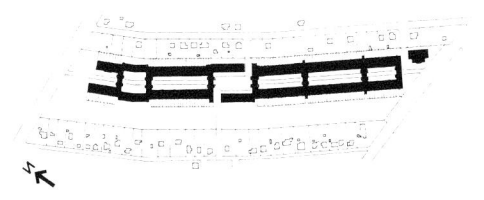

Auch die Siedlung Ried in Niederwangen in der Schweiz, die 1983–90 durch das Atelier 5 gebaut wird, zeichnet sich durch eine prägnante Raumbildung aus. Die beiden miteinander verknüpften quadratischen Wohnhöfe an einem Nordwesthang werden aus zwei Bebauungselementen geformt: einem raumbildenden zeilenartigen Element und einem turmartigen Eckelement. Schmale Abstände zwischen diesen Elementen sichern die Durchlässigkeit und Transparenz der Höfe nach außen. Die zeilenartigen Baukörper bestehen immer aus vier

5.46 *Dübendorf-Wangen/CH, Hätzelwiesen (Spirig, Fehr, 1967–69)*

5.47 *Wien/AU, 21. Bezirk, Gerasdorfer Straße (Viktor Hufnagl, 1973–84)*

Wohnachsen, die in der Regel zwei Wohnlagen aufnehmen: eine untere Wohnlage aus einachsigen Maisonettewohnungen, die über kleine Vorhöfe erschlossen werden, ihre großen Gartenhöfe aber nach außen strecken, sowie einer oberen Wohnlage aus Flats, die jeweils zwei Achsen in Anspruch nehmen und über Stege von den Ecktürmen aus erschlossen werden. Sie haben Dachterrassen nach zwei Seiten, die über den Vorbauten der Maisonettes liegen.

5.48

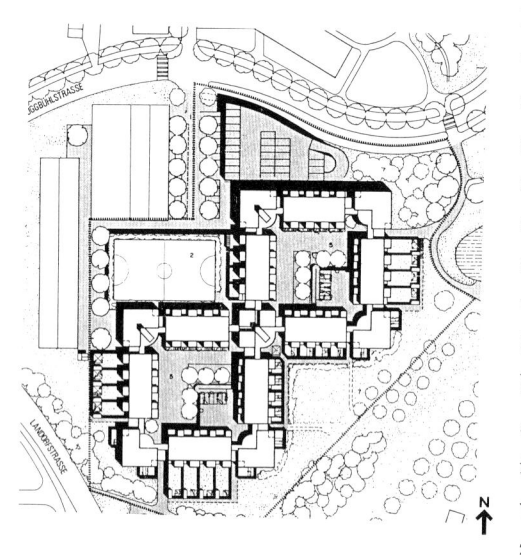

Die quadratischen Ecktürme sind diagonal aufgebaut; nach innen zum Wohnhof orientieren sich Treppenanlage und Lift, nach außen eingeschossige Kleinwohnungen, die das Wohnungsgemenge sinnvoll ergänzen. Der aufgeständerte Mittelturm, Angelpunkt der ganzen Anlage, enthält atelierartige Sonderwohnungen (Abb. 5.48).

5.4 Privater Außenraum im Terrassenhaus

Der typologisch rigoroseste Ansatz zur Schaffung großzügiger, wohnungsnaher Außenräume ist das Terrassenhaus. Es wird schon im ersten Drittel dieses Jahrhunderts in einer Reihe von Projekten gedanklich vorbereitet und in wenigen Exemplaren sogar realisiert.

Das simple Prinzip, durch eine Rückstaffelung des Gebäudequerschnitts lauter Dachflächen zu erzeugen, die dann als großzügige Freiräume genutzt werden können, ist schon von den Steilhangbebauungen des Mittelmeerraumes her bekannt. Seine Übertragung auf den Wohnbau unserer Breiten wird aber erst mit der sich allmählich abzeichnenden technischen Beherrschbarkeit des flachen, begehbaren Daches denkbar. Eine wesentliche Rolle spielt dabei einerseits der Stahlbeton, der neue Möglichkeiten zur Herstellung von Flachdecken bietet, aber auch neue Verfahren, mit denen Terrassen isoliert, abgedichtet und begehbar gemacht werden können, bilden wichtige Voraussetzungen.

Erste Visionen für Städte aus terrassierten Häusern entstehen schon 1900–1905 mit Toni Garniers Konzepten für seine »Cité industrielle« und um 1914 mit Sant Elias' Entwürfen für die »Citta Nuova« (Abb. 5.49).

Wenn auch keines der terrassierten Häuser aus diesen Projekten verwirklicht wird, so belegt doch Toni Garnier mit seinem »Pavillon für Heliotherapie« von 1905, daß seine Terrassenkonzepte großzügige und gut besonnte Freiräume zum Ziel haben (Abb. 5.50).

5.48 Niederwangen-Ried/CH, (Atelier 5, 1983–90)

5.49

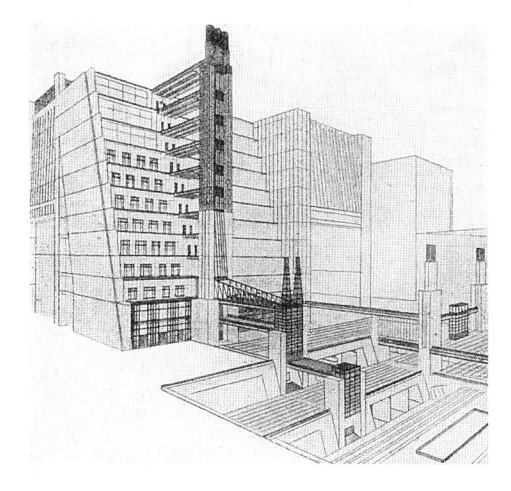

5.50

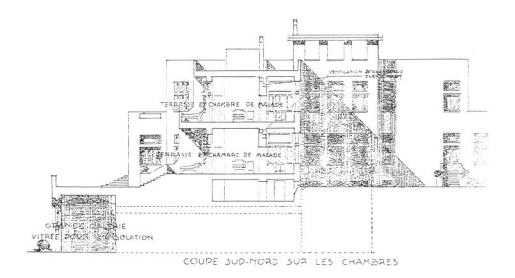

5.51

Eng mit Sant Elias' Terrassenhausentwürfen verwandt sind die Konzepte für »Immeubles à gradins« von Henri Sauvage, die dieser nach dem Ersten Weltkrieg entwickelt und in zwei Einzelprojekten in Paris realisiert. Von diesen ist vor allem sein Haus in der Rue des Amiraux von 1926 bekannt geworden (Abb. 5.51).

Das achtgeschossige Haus ist nach drei Seiten terrassiert; der dadurch entstehende innere Hohlraum wird in der unteren Hälfte des Hauses durch eine Schwimmhalle genutzt. Durch die Terrassierung mit einem Geschoßversatz von etwa 1 m entstehen Freiräume, die zusammen mit einem überdeckten Bereich eine Gesamttiefe von etwa 2 m haben. Die wannenartige Untersicht der Terrassenvorderkante verbessert die Belichtung der darunterliegenden Wohnräume. Die Terrassen selbst werden durch die Stützen des darüberliegenden Geschosses räumlich gegliedert. Gleichzeitig erreicht Sauvage mit seinen terrassierten Häusern auch eine Verbesserung für die Belichtung des Straßenquerschnitts, ein Aspekt, der für ihn offenbar ebenfalls von großer Bedeutung gewesen sein muß.

Nahezu gleichzeitig befaßt sich Adolf Loos in mehreren unterschiedlichen Projekten mit den besonderen Möglichkeiten des Terrassenhauses. Schon 1912 unternimmt er mit dem Haus Scheu in Wien einen ersten Versuch, jedem der beiden Obergeschosse dieses Hauses eine Terrasse zuzuordnen (Abb. 5.52). Er schreibt dazu: »Man muß sich fragen, warum die Terrassen seit Jahrtausenden im Orient gebräuchlich sind und warum sie in unserem Himmelsstrich nicht angewendet wurden. Die Antwort ist einfach. Die bisher bekannten Baukonstruktionen konnten das flache Dach und die Ter-

5.49 *Città Nuova/I*
(Antonio St. Elia, 1914)

5.50 *Pavillon für Heliotherapie*
(Tony Garnier, 1900–05)

5.51 *Paris/F, Rue des Amiraux*
(Henri Sauvage, 1926)

[67] *Adolf Loos, zit. nach Faller/ Schröder, Terrassierte Bauten, S. 18*

5.52

5.53

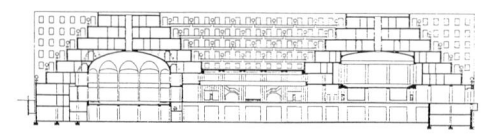

5.54

5.55

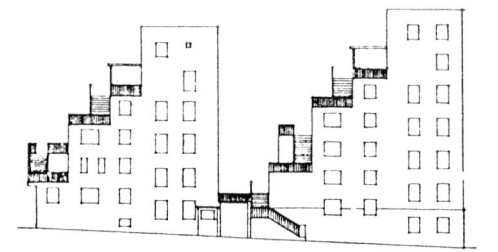

5.52 Wien/AU, Haus Scheu
      (Adolf Loos, 1912)

5.53 Grand Hotel Babylon
      (Adolf Loos, 1923)

5.54 Nizza/F,
      20 Etagenvillen, Projekt
      (Adolf Loos, 1923)

5.55 Wien/AU,
      Kleinwohnungshaus,
      Projekt, Seitenansicht
      (Adolf Loos, 1923)

rassen nur in frostfreien Gegenden zur Anwendung bringen. Seit der Erfindung des Holzzementdaches (Kiesdach) und seit der Verwendung des Asphalts ist auch das flache Dach und somit auch die Terrasse möglich. Seit vier Jahrhunderten war das flache Dach der Traum der Baukünstler. Mitte des 19. Jahrhunderts ging der Traum in Erfüllung. Aber die meisten Achitekten wußten nichts damit anzufangen ...«[67]

Im Jahre 1923 entwickelt Loos drei große Projekte nach dem Prinzip des Terrassenhauses, die jedoch sowohl thematisch wie örtlich weit auseinanderliegen:
– das »Grand Hotel Babylon«, das für eine Ausstellung in Paris erarbeitet wird (Abb. 5.53),
– eine Gruppe von 20 »Etagenvillen« für die französische Reviera (Abb. 5.54),
– ein sogenanntes »Kleinwohnungshaus« für den Gemeindewohnbau der Stadt Wien (Abb. 5.55).

Besonders interessant ist, daß Loos bei diesen drei Projekten ganz unterschiedliche Prinzipien der baulich-strukturellen Organisation einsetzt.

Beim »Grand Hotel Babylon« entstehen durch die Terrassierung der Zimmergeschosse große Hohlräume, die mit aufwendigen Kuppelkonstruktionen unterfangen werden und Platz für die Hallen und Säle des Hotels bieten; bei seinen Etagenvillen entsteht die Terrassierung dadurch, daß die hintereinander angeordneten Häuser von zwei auf fünf Geschosse anwachsen – sozusagen wie beim Klassenphoto: vorne die Kleinen – hinten die Großen. Jedes Haus erhält dadurch seine Terrasse auf dem Dach des Vordermannes; im Gegensatz dazu beginnen die doppelstöckigen Wohnungen des Kleinwohnungshauses erst auf Höhe ihrer jeweiligen Terrasse, so daß unter diesem Treppenquerschnitt wiederum Lufträume übrig bleiben. Soweit sie im Inneren des Hauses liegen, werden sie als Abstellräume genutzt. Die normal geschichtete Rückseite wird über vier Geschosse mit Kleinwohnungen aufgefüllt und über Laubengänge erschlossen. Bei diesem Projekt entspricht die Terrassentiefe einer Zimmertiefe und ist damit groß genug, um sowohl als Erschließungsgang wie als Freiraum für die angrenzenden Wohnungen zur Verfügung zu stehen.

Gerade zu diesem letzten Projekt macht Loos einige sehr wichtige Anmerkungen: Er sagt: »Man kann diese Terrassen auch eine Hochstraße nennen, jede Wohnung mit einem eigenen Eingang, mit einer eigenen Laube, wo man sich abends in freier Luft auf der Hochstraße aufhalten kann« und an anderer Stelle: »Das Schicksal des Proletarierkindes vom ersten Lebensjahr bis zum Eintritt in die Schule dünkt mich besonders hart. Dem von den Eltern in die Wohnung eingesperrten Kinde sollte die gemeinsame Terrasse, die eine nachbarliche Aufsicht ermöglicht, den Wohnkerker öffnen.«[68]

Dieser Versuch Adolf Loos', den von ihm favorisierten Flachbau gewissermaßen in den Hochbau zu übertragen, hat in erster Linie soziale und hygienische Gründe. Ganz offensichtlich spielt dabei die Privatheit des Außenraums jedoch eine sehr untergeordnete Rolle.

5.56

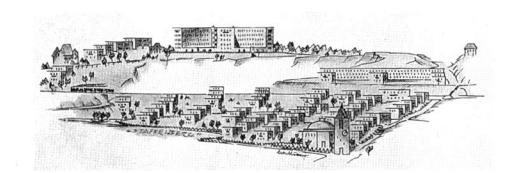

Neben Pieter Oud, Hugo Häring und Hans Poelzig tritt vor allem Richard Döcker früh für das Bauen mit terrassierten Häusern ein. Die Hanglagen um Stuttgart bieten dabei besonders günstige Voraussetzungen. Döcker entwirft schon 1919 eine Hangbebauung, bei der das Dach des tieferliegenden Hauses jeweils die Terrasse des höherliegenden bildet. Der Effekt ist derselbe wie später bei Adolf Loos' Etagenvillen, nur daß hier der Hang auf einfache Weise für die notwendige Überhöhung sorgt (Abb. 5.56).

Döcker entwickelt mit dieser Art der Hangbebauung gleichzeitig ein städtebauliches Prinzip, dessen Richtigkeit für die Durchlüftung und damit für das Stadtklima des Stuttgarter Talkessels wohl erst heute ganz gewürdigt werden kann.

Mit seinem zwischen 1926–28 errichteten Krankenhaus in Waiblingen wendet Döcker das Prinzip der Terrassierung aber auch unmittelbar auf den Querschnitt eines Gebäudes, hier des Bettentrakts, an. Er erreicht damit nicht nur große, gut besonnte Liegeterrassen für die Kranken, sondern eine ungehinderte Tiefenbelichtung für die Krankenzimmer (Abb. 5.57).

5.57

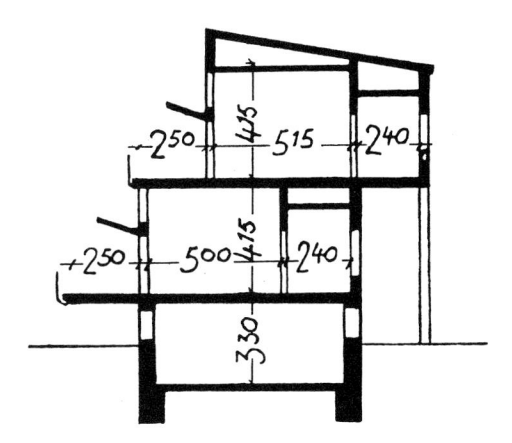

In seinem 1929 erscheinenden Buch »Der Terrassentyp« weist Döcker darüber hinaus auf die vielfältigen Anwendungsmöglichkeiten dieser Bauform hin.

Le Corbusier wendet sich erst verhältnismäßig spät dem Terrassenhaus zu. Trotz seiner grundsätzlichen Auseinandersetzung mit den Nutzungsmöglichkeiten des flachen

[68] *Adolf Loos, zit. nach Faller/ Schröder, Terrassierte Bauten, S. 28*

5.56 *Hangbebauung in Stuttgart für das Gelände von G. H., Projekt (Richard Döcker, 1919)*

5.57 *Waiblingen bei Stuttgart, Bezirkskrankenhaus (Richard Döcker, 1926–28)*

Dachs – einem seiner fünf Gebote für das Neue Bauen – sucht er zunächst andere Wege für die Schaffung großzügiger wohnungsnaher Freiräume auf der Etage, so z. B. mit seinen »Immeubles Villas« von 1922. Deren Terrassen aber sind im Grunde nichts anderes als riesige Loggien, die tief in den Baukörper eingezogen sind und trotz ihrer Zweigeschossigkeit für die Belichtung der angrenzenden Wohnräume problematisch gewesen wären (Abb. 5.58).

5.58

Erst 1933/34 greift er mit seinem Projekt Durand für Algier den Typ des Terrassenhauses auf. Es entspricht wohl seinem Wesen, daß er dabei nicht nur zu völlig neuen Formen der Grundrißausbildung und Erschließung findet, sondern gleichzeitig die skulpturalen Möglichkeiten dieser Bauform erkennt und nutzt. Die nach oben zunehmend überhängende Rückfassade wird in diese gestalterische Dramaturgie ebenso miteinbezogen wie die Aufständerung der Wohngeschosse über den luftigen Sockelgeschossen mit ihren frei eingehängten Ebenen für Parkierung und Serviceeinrichtungen. Große portalartige »brises soleils« akzentuieren die Vorderkanten der Terrassen und geben ihnen eine räumliche Fassung – eine Art Bilderrahmen für den Ausblick in die Landschaft. Die Terrassen werden durch mannshohe Wände voneinander getrennt und an ihrer Vorderseite mit breiten Pflanztrögen abgeschlossen, so daß störende Einblicke in darunterliegende Terrassen ausgeschlossen sind. Damit setzt sich Le Corbusier auch deutlicher als seine Vorgänger mit jenen baulichen Erfordernissen auseinander, die eine größere Privatheit der Terrasse gewährleisten und ihre vollständige Einbeziehung in das Wohnen möglich machen (Abb. 5.59).

5.59

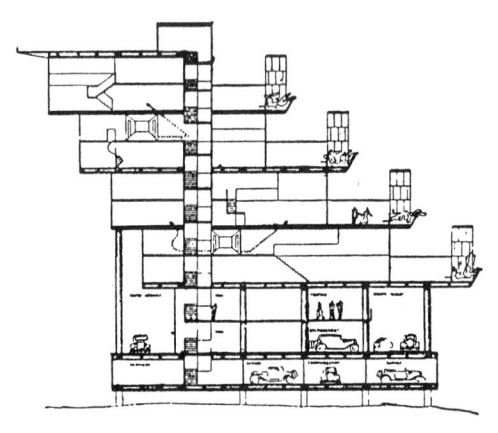

Alvar Aalto kann schließlich 1938, kurz vor Ausbruch des Zweiten Weltkriegs, eine kleine Siedlung aus Hangterrassenhäusern in Kauttua, Finnland, bauen. Vier quer zum Hang angeordnete Zeilen zeigen das charakteristische Treppenprofil, bei dem das Dach der jeweils tieferliegenden Wohnung zur Terrasse der darüberliegenden Wohnung wird. Vermutlich um störende Einblicke zu vermeiden, wird jedoch nur die rückwärtige Hälfte des Dachs als Terrasse genutzt; sie wird durch Holzgeländer und Pergolen räumlich gefaßt (Abb. 5.60).

Nach einer Zwangspause von nahezu 20 Jahren wird das Thema Terrassenhaus dann zum ersten Mal in jener Region wieder aufgegriffen, wo es mit Alvar Aaltos Kauttua ein vorläufiges Ende gefunden hatte: in Skandinavien.

5.58 *Immeubles Villas, Projekt (Le Corbusier, 1922)*

5.59 *Algier, Wohnanlage Durand, Projekt (Le Corbusier, 1933/34)*

5.60

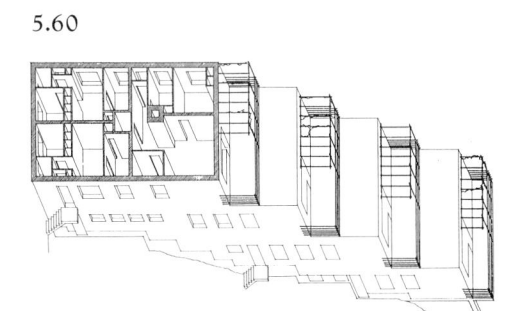

5.61

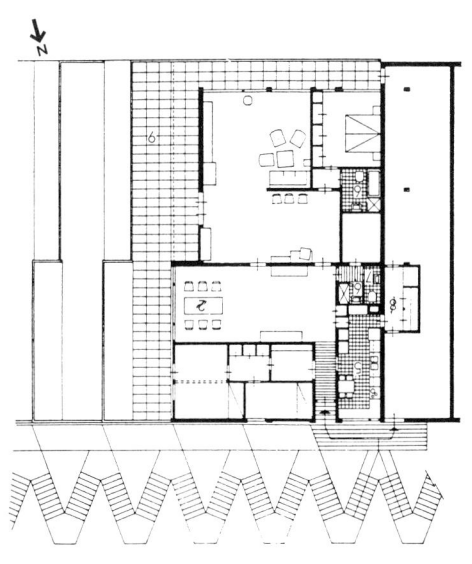

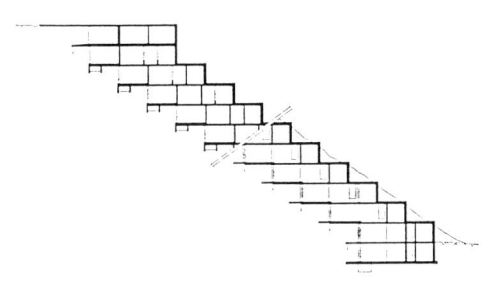

tiefe von etwa 3 m bei einer baulichen Überschiebung von etwa 6 m. Den Einblick nach unten verhindern breite Pflanztröge an der Terrassenvorderkante. Die Grundrisse von insgesamt 9 m Tiefe werden auch seitlich zum Hang hin belichtet und von dort über eine offene Treppenanlage erschlossen (Abb. 5.61).

Die Anlage in Stockholm nutzt dagegen einen sehr flachen Hang und unterscheidet sich insofern deutlich von allen bis dahin bekannten Konzepten, wobei die Terrassenhäuser hier zu einem flachen Teppich aneinandergebaut sind und bis zu sechs Einheiten neben- und übereinander liegen. Die Flachheit des Hangs erlaubt das Hintereinanderbauen der zweigeschossigen Häuser mit dem Effekt, daß man über das flach geneigte Dach des Vorderhauses hinwegsieht. Auf eine Nutzung dieser Dachfläche als Terrasse wird verzichtet, Probleme des Einblicks nach unten werden dadurch vermieden. Die Erschließung des »Teppichs« erfolgt über parallel zum Hang verlaufende Innengänge unter den Häusern hindurch. Ihnen sind auch die Abstell- und Nebenräume angelagert (Abb. 5.62).

5.62

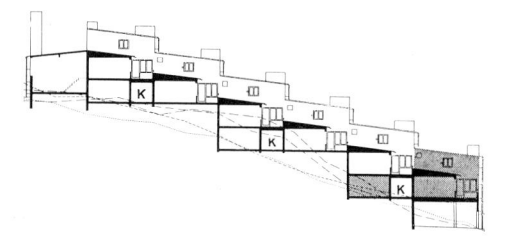

1957 entstehen beinahe gleichzeitig in Oslo und Stockholm zwei Hangterrassenbebauungen von sehr unterschiedlichem Zuschnitt. Das von den Architekten Anne-Tinne und Mogens Friis in Oslo Ullernaasen gebaute Projekt nutzt einen Steilhang mit etwa 40° Neigung durch terrassenartig übereinandergeschobene einschichtige Wohnungen. Es ergibt sich eine Terrassen-

Zeitgleich mit dem Wiederaufgreifen des terrassierten Bauens in Skandinavien entstehen in der Schweiz erste Überbauungen mit Hangterrassen. Topographie und Bodenknappheit begünstigen eine rasche Entwick-

5.60 Kauttua/SF
(Alvar Aalto, 1937–40)

5.61 Oslo/N, Ullernaasen,
Schnitt und Grundriß
(Anne-Tinne Friis + Mogens
Friis, 1957–62)

5.62 Stockholm/S, Skönstavik
(Axel Kandell, 1957–60)

lung dieses Bautyps, für den über ein besonderes »Überbauungsrecht« auch die gesetzlichen Voraussetzungen geschaffen werden.

Eines der frühesten Beispiele sind die Hangterrassen in Zug in der Schweiz, die zwischen 1957–60 durch die Architekten Stucki und Meuli gebaut werden. An einem sehr steilen Nord-West-Hang entstehen fünf Terrassenhäuser aus je fünf Schichten großer, nach drei Seiten orientierter Wohnungen sehr extrovertierten Charakters. Die Erschließung erfolgt über offene Treppenanlagen zwischen einer unteren und einer oberen Straße. Die zum Teil auch seitlich umlaufenden Terrassen ergeben zwar großzügige, aber gegen Wind und Einblicke nur wenig geschützte Außenräume. Ihre bandartig, schräg auskragenden Brüstungen verleihen der Anlage einen formalen Ausdruck, der sich später vor allem an mondänen Hotelbauten der Mittelmeerküsten wiederfindet (Abb. 5.63).

5.63

5.63 Zug/CH
       (Fritz Stucky, Rudolf Meuli,
       1957–60)

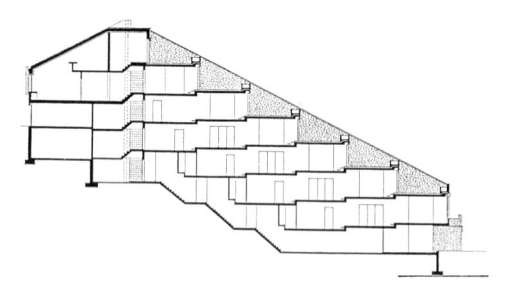

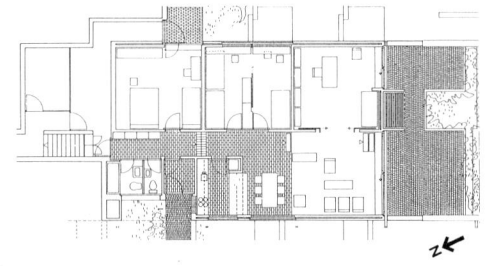

5.64 Zürich/CH, Witikon,
       Schnitt und Grundriß
       (Cramer, Jaray, Paillard,
       1959/60)

In seiner inneren Struktur ist dagegen das kleine Terrassenhaus in Zürich Witikon, das 1959–60 durch Cramer, Jaray und Paillard gebaut wird, enger mit Aaltos Terrassenhäusern in Kauttua verwandt. Allerdings werden die sechs Wohnungen durch eine durchgehende »Traufkante« zu einem einzigen Baukörper vereint – die Terrassen werden durch ihre seitlichen Begrenzungsmauern vor Wind und Einblicken geschützt. Auch hier sind die Wohnungen nach drei Seiten orientiert und haben zusätzliche seitliche Außenräume auf dem ansteigenden Hang. Ein besonderer innenräumlicher Reiz entsteht durch das stufenweise Ansteigen des Grundrisses vom Eingangsniveau über zwei Zwischenniveaus bis zum Terrassenniveau. Die Erschließung erfolgt von einer oben geführten Straße aus, an der auch die Garagen angeordnet sind (Abb. 5.64).

5.64

Mit der Terrassensiedlung Mühlehalde bei Brugg in der Schweiz, die schon 1958 projektiert, aber erst 1963–71 gebaut wird, erreicht das Hangterrassenprinzip einen ersten Höhepunkt. Hans Scherer (Team 2000) überbaut hier einen 30° geneigten Südhang mit einer größeren Zahl von Terrassenhäusern unterschiedlicher Größe. Die nahezu 6 m tiefen Terrassen werden wie beim Gartenhofhaus durch Winkelgrundrisse eingefaßt, bei denen alle Wohn- und Schlafräume auf die Terrasse ausgerichtet sind. Der über Eck angeordnete Wohnraum verhindert zugleich seitliche Einblicke von außen und gibt den in der Fallinie geführten Treppengassen eine prägnante bauliche Fassung. Die Erschließung erfolgt hier von einer unteren Straße aus und wird durch einen Schrägaufzug unterstützt, der seine Haltestellen an horizontal geführten Querwegen hat. Diese sind gleichzeitig die gemeinsamen Spiel- und Aufenthaltsbereiche des Quartiers.

Die auch im Detail sehr sorgfältig durchgebildeten Terrassen erlauben eine intensive Begrünung und neben freier Sicht ins Tal ein großzügiges Wohnen im Freien (Abb. 5.65).

5.65

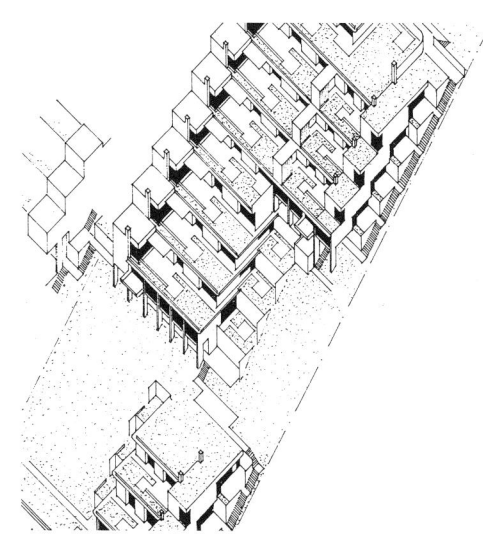

In der Folge werden aber auch erstmals die Grenzen sichtbar, die der flächenhaften Ausdehnung solcher Hangüberbauungen gesetzt sind. Auch die sorgfältigste Detailarbeit kann nicht verhindern, daß durch den großflächigen Zusammenhang Gebilde entstehen, die in ihrer strukturellen Homogenität zu weithin sichtbaren Unterbrechungen und Störungen des Landschaftsraums führen. Die Fernwirkung solcher Bebauungen unterscheidet sich oft nur wenig von der Fernwirkung eines scheibenartigen Hochhauses. Viele Nachfolgeprojekte, vor allem in der Schweiz und in Deutschland, werden so zu städtebaulich unbefriedigenden Fremdkörpern im Randbereich der Städte. Erst allmählich setzt sich die Einsicht durch, daß terrassierte Hangüberbauungen wegen ihrer hohen Dichte genauso sorgfältig gegliedert und portioniert werden müssen wie jede andere Form dichter Bebauung.

Eins der wenigen, vor allem städtebaulich überzeugenden Beispiele aus jüngerer Zeit ist jedoch die um 1988 entstandene Terrassenbebauung von Dietmar Eberle und Carlo Baumschlager am Stadtrand von Bregenz. Durch seine Lage an einem flach geneigten Westhang mit einer Höhendifferenz von nur einem Geschoß nimmt dieses Projekt zugleich eine Zwischenstellung zwischen dem Hangterrassenhaus und dem aus dem ebenen Gelände heraus entwickelten Terrassenhaus ein. Der terrassierte Gebäudequerschnitt ermöglicht hier trotz eines etwa 40 m tiefen Grundstücks, fast alle Wohnungen mit einer großzügigen Dachterrasse auszustatten, die Ausblick auf den naheliegenden Bodensee gewährt. Dies wird durch eine kammartige Gebäudestruktur erreicht, deren Feingliedrigkeit sich trotz hoher Dichte wohltuend in die vorstädtische Situation einfügt und auch im Rücken nur dort dreigeschossig wird, wo die Kammbauten ansetzen. Die hohe Dichte fordert allerdings ihren Tribut in Gestalt einer sehr eingeschränkten Privatheit aller Dachterrassen und in einem sehr engen Gegenüber (7,30 m

5.65 Umiken/CH, Mühlehalde
(team 2000, Scherer, Strickler,
Weber, 1963–71)

Abstand) der Schlafgeschosse im Kamm, von denen außerdem die Hälfte infolge ihrer »back-to-back«-Anordnung nach Norden orientiert ist. Adolf Loos' ungebaut gebliebenes Projekt für zwanzig Villen aus dem Jahr 1923 hat hier eine späte Verwirklichung erfahren, bei der die Stärken und Schwächen des Konzepts gleichermaßen sichtbar werden (Abb. 5.66).

5.66

Ende der fünfziger Jahre wird aber auch jene Variante des terrassierten Bauens wieder aufgenommen, die schon den Stadtvisionen Toni Garniers oder Sant Elias' zugrunde liegen: nicht das an einen Hang gebundene Terrassenhaus, sondern das Terrassenhaus als geländeunabhängiger Bautypus für das Wohnen.

Auch jetzt greift ein Teil dieser Projekte ihrer Zeit weit voraus und orientiert sich an neuen, mehrschichtigen Stadtbaukonzepten, mit denen man dem Flächenwachstum der Städte und ihrer fortschreitenden Entflechtung Gegenmodelle entgegenzusetzen hofft. Sie ähneln sich alle insoweit, als das Wohnen dabei stets eine obere zweite Schicht über einer Ebene der Kommunikation, des Verkehrs, der Arbeitswelt und der Versorgung bildet, weitgehend losgelöst von dieser und getragen von Makrostrukturen oder eingebunden in neuartige konstruktiv-geometrische Großformen. Das Terrassieren dient hier häufig nur dazu, die Bodenberührung solcher Strukturen zu minimieren und die konstruktiven Lasten einer sich nach oben immer weiter öffnenden Wohnwelt auf wenige Punkte zu konzentrieren. Bei den Großformen dominieren deshalb die Metaphern Trichter, Kelch oder Baum zur Beschreibung des jeweiligen strukturellen Prinzips.

So entwickeln Yona Friedmann ab 1957, Ulrich S. v. Altenstadt und Eckart Schulze-Fielitz etwa ab 1960 Konzeptionen, bei denen terrassierte Wohngebilde in stadtüberspannende Raumtragwerke »eingehängt« werden (Abb. 5.67).

Walter Jonas experimentiert ab 1959 mit seiner »città intra« aus großen trichterförmigen Terrassenhäusern, die wie Pilze Städte und Wasserflächen überwuchern sollen (Abb. 5.68).

5.67

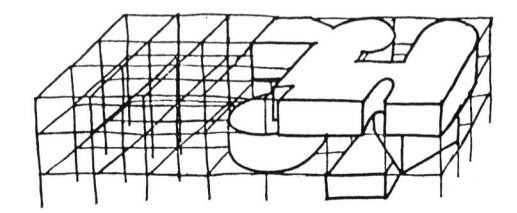

5.68

5.66 *Lochau Tannenbach/AU, Agip-Siedlung (Eberle + Baumschlager, 1987/88)*

5.67 *Raumstadt (Yona Friedmann, 1957)*

5.68 *Intra Haus (Walter Jonas, 1959)*

Ulrich S. v. Altenstadt und Gerhard Boeddinghaus greifen 1962 das Trichterprinzip auf und wandeln es später zu einem räumlich offenen Konzept aus V-förmigen Hausquerschnitten ab (Abb. 5.69).

Der Japaner Kikutake schließlich entwickelt ab 1972 baumartige Hochhäuser, bei denen die Äste aus fünfgeschossigen Wohnpaketen bestehen, die in sich selbst wieder nach außen terrassiert sind (Abb. 5.70).

5.69

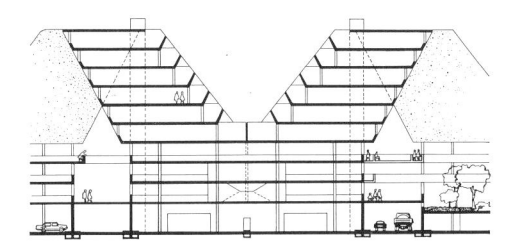

5.70

Die Bedeutung dieser Ansätze liegt in der Entwicklung neuer Vorstellungen von städtischem Raum. An die Stelle des gestanzten Nebeneinander von Positiv und Negativ in der vertikal geschichteten Stadt treten dreidimensionale Stadträume, die sich nach oben öffnen oder schließen und einander vielfältig durchdringen. Das Prinzip der Terrassierung erzeugt über seine diagonalen Raumbegrenzungen zwar die Dynamik dieser neuen Räume, hat aber mit der Suche nach neuen Außenraumqualitäten für das Wohnen oft nur sehr wenig zu tun. Vermutlich wäre das Bewohnen einer Terrasse auf den unteren Rängen eines Trichters wegen der klaustrophoben Bedingungen ebenso anstrengend wie auf einem der windumtosten Äste im 20. Stock eines »Wohnbaums«.

Eine zweite ganz anders geartete Gruppe von Projekten bedient sich eines sehr viel pragmatischeren Ansatzes und bleibt mit dem terrassierten Bauen auf dem Boden – im wörtlichen, wie im übertragenen Sinn. Bei diesen Konzeptionen wird das Terrassenhaus sozusagen von unten her entwickelt mit dem Ziel, Freiraumqualitäten des Einfamilienhauses auf den Geschoßbau zu übertragen, also hohe Wohnqualität mit hoher Dichte zu verbinden.

Ein von der Montan Union 1959 ausgeschriebener Wettbewerb für eine Bergarbeitersiedlung wird zum Anlaß für mehrere Beiträge in dieser Richtung. Neben Vorschlägen für die Bebauung von Abraumhalden, also einer Variante des Hangterrassentyps durch Justus Rudolph (Abb. 5.71), beschäftigen sich zwei Beiträge mit Terrassenhäusern für ebenes Gelände.

Gerhard Boeddinghaus stellt einen zweiseitig terrassierten Bebauungstyp vor, der aus

5.69 *Neuss, Am Neumarkt, Wettbewerb* (v. Altenstadt, Boeddinghaus, 1962)

5.70 *Pear City* (Kiyonori Kikutake, 1972)

5.71

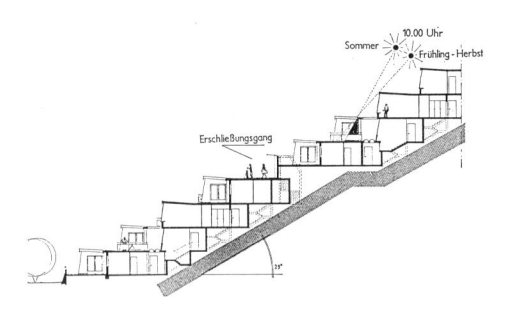

5.73

5.72

5.71 *Terrassenbebauung auf Abraumhalden, Wettbewerb Montanunion (Justus Rudolph, 1959)*

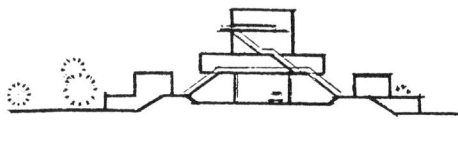

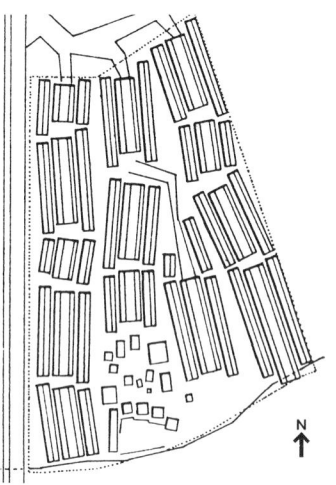

5.72 *Zeilenterrasse in der Ebene, Wettbewerb Montanunion (Gerhard Boeddinghaus, 1959)*

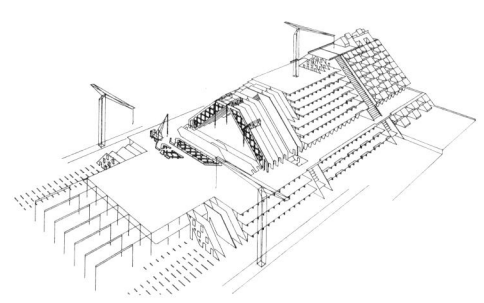

5.73 *Wohnhügel, Wettbewerb Montanunion (Frey, Schröder, Schmidt, 1959)*

jeweils drei parallelen Zeilen besteht, von denen die mittlere über einer offenen Parkierung aufgeständert ist, so daß insgesamt ein fünfgeschossiger Terrassenquerschnitt zustande kommt (Abb. 5.72).
Roland Frey, Hermann Schröder und Claus Schmidt stellen erstmalig ihren »Wohnhügel« vor, einen geschlossenen, prismatischen 12geschossigen Baukörper mit einer Terrassierung nach Osten und Westen (Abb. 5.73).
So unterschiedlich diese Projekte im einzelnen sind, so bemerkenswert sind doch ihre Gemeinsamkeiten, wie zum Beispiel ihr achsialsymmetrischer Aufbau mit einer gleichen Anzahl ost- und westorientierter Wohnungen sowie die Nutzung des inneren Hohlraums für die Parkierung, die stets von Norden angefahren wird. Der sehr viel größere Gebäudequerschnitt des Wohnhügels erlaubt zusätzliche Hohlraumnutzungen für öffentliche Einrichtungen der Versorgung und des Gemeinbedarfs, die über die Giebel des Prismas teilweise mit Tageslicht versorgt werden können. Dazu schreiben die Verfasser: »Der Wohnungsbau hat im besonderen die zunehmende Verknappung des Baulandes und die zunehmende Motorisierung zu berücksichtigen. Dabei sind aber Wohnformen zu finden, die trotz notwendiger Verdichtung der Wohngebiete dem Leben der Familie Raum geben und so variabel sind, daß sie der Vielfalt unserer Gesellschaft gerecht werden können. Es wurde ein Haustyp mit prismatischem Querschnitt, der »Wohnhügel«, entwickelt. Der Wohnhügel ist als Baukörper Nord-Süd-gerichtet und die Wohnungen sind terrassenförmig so angelegt, daß ihre L-förmigen Grundrisse große offene Wohnterrassen umschließen, die ein Äquivalent für den Garten des Einfamilienhauses sind. Unter oder im Innern der Häuser ist für jede Wohnung ein Autoabstellplatz vorgesehen. Größere Bauten können zusätzlich Räume aufnehmen, die kein direktes Tageslicht benötigen, wie Kinos,

Läden oder Kaufhäuser, Versammlungsräume u.ä. Dadurch wird eine intensive Geländeausnutzung erzielt und eine wünschenswerte Durchdringung von Wohn- und Einkaufsgebiet ohne Nachteile ermöglicht.«[69]

Wesentliches Merkmal der Terrassenwohnung im Wohnhügel ist ihr L-förmiger Grundriß, bei dem die Schlafräume frontal zur Terrasse, also nach Osten oder Westen orientiert sind, während die Wohnräume quer zur Terrasse angeordnet werden und durch das Zurückspringen des nächsten Geschosses Südsonne erhalten. Gleichzeitig werden dadurch die einzelnen Terrassen voneinander getrennt und gewinnen ein hohes Maß an Privatheit und Ungestörtheit. Die für den Wohnhügel charakteristische, schräg auskragende Terrassenbrüstung nimmt einen breiten Pflanztrog auf, der den Einblick in die darunterliegende Terrasse verhindert. Gleichzeitig sorgt die schräge Untersicht der Brüstung für eine gute Belichtung der angrenzenden Räume. Da alle Wohn- und Schlafräume direkten Zugang zur Terrasse haben, wird dieser Freiraum ähnlich wie beim Gartenhofhaus zum zentralen Bezugspunkt des Wohnens: ein zum Himmel offener, wind- und sichtgeschützter Außenwohnraum (Abb. 5.74).

Das andere Merkmal des Wohnhügels liegt in seiner Antwort auf das Parkierungsproblem, das Anfang der sechziger Jahre immer drängender wird und den Wohnbau zunehmend belastet. Mit der Nutzung des Hohlraums im Innern des Wohnhügels für die Unterbringung des ruhenden Verkehrs wird es möglich, das zu parkende Blech auch ohne aufwendige Tiefgaragen aus dem Wohnumfeld verschwinden zu lassen und gleichzeitig wohnungsnah unterzubringen.

Dies hat mit dem hier zu behandelnden Thema des privaten Außenraums zwar nur indirekt zu tun, kommt seiner Wohnqualität aber wesentlich zugute. So steckt bei allem Pragmatismus des Ansatzes auch in der Wohnhügelidee eine visionäre Komponente: es ist die Idee einer neuartigen Stadtlandschaft aus begrünten und bewohnten Hügeln, deren große und kleine Freiräume sich nach oben öffnen und damit ein Gegenbild zur damaligen Realität eines steinernen Städtebaus aus senkrecht übereinandergestapelten Wohnungen in solitären Großformen. Trotz immer neuer Anläufe und mehrerer Wettbewerbserfolge, zuletzt 1963 beim städtebaulichen Wettbewerb für Stuttgart-Neugereut, gelingt aber nur eine bescheidene Umsetzung dieser Idee in Marl/Westfalen, wo ab 1967 und nach mehreren Intervallen schließlich eine Gruppe von insgesamt drei Wohnhügeln entsteht.

Rasch entwickeln sich dagegen alle möglichen Abwandlungen und Derivate des durch seinen prismatischen Gebäudequerschnitt auf Ost-West-Orientierung festgelegten Gebäudetyps.

Unter Beibehaltung seines wesentlichen Grundelements, nämlich der großzügigen Wohnterrasse, entstehen andere Gebäudeformen mit veränderten Wohngrundrissen.

Einseitig terrassierte Häuser erlauben die Querlüftung der Wohnungen und die Anpassung an Situationen, wo eine Ost-West-Orientierung ausgeschlossen oder eine Südorientierung sogar erwünscht ist. Beispiele hierfür sind das Terrassenhaus an der Tapachstraße in Stuttgart-Zuffenhausen von Faller und Schröder, wo eine Südorientierung zugleich den nahtlosen Anschluß an eine Gruppe vorgelagerter Einfamilienhäu-

[69] *Hermann Schröder, in Faller/ Schröder, Terrassierte Bauten, S. 40*

5.74

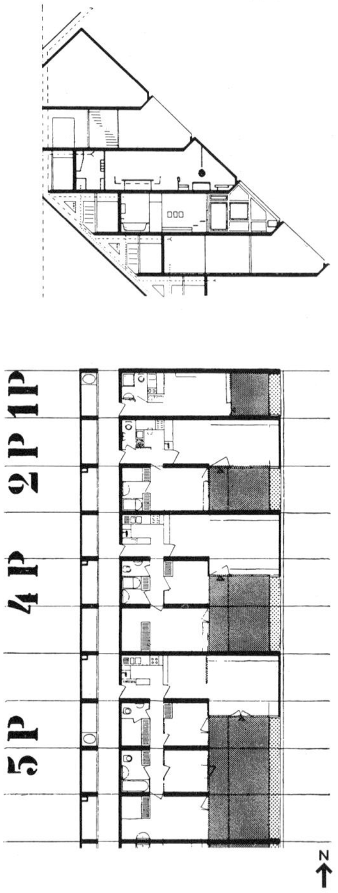

5.76

5.75

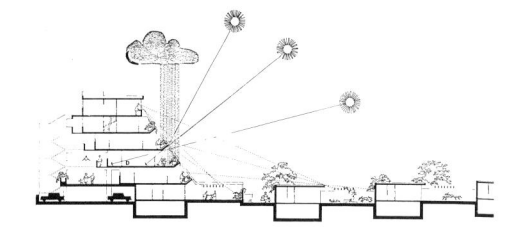

5.74 *Frankfurt, Nord-Weststadt,
Wettbewerb
(Frey, Schröder, Schmidt,
1959)*

5.75 *Stuttgart-Zuffenhausen,
Tapachstraße
(Faller + Schröder, 1965–70)*

5.76 *Ravensburg, Hochberg
(Faller + Schröder, 1971)*

ser erlaubt (Abb. 5.75), oder das Demonstrativbauvorhaben in Ravensburg-Hochberg der gleichen Arckitekten, wo parallel zum Hang angeordnete, einseitig terrassierte Häuser das städtebauliche Rückgrat zwischen einem Feld verdichteten Flachbaus und dem Geschoßwohnungsbau bilden (Abb. 5.76).

Beim Einsatz von Maisonettewohnungen erfolgt eine Terrassierung nur noch in jedem zweiten Geschoß mit dem Ergebnis, daß die Fassade erheblich steiler und der rückwärtige Überhang geringer werden kann. Ähnliches ist der Fall, wenn ein Teil der Terrassierung durch unterschiedliche Terrassentiefen oder Wohnungstiefen aufgefangen wird. Solche Maßnahmen ermöglichen aber auch größere Geschoßzahlen und damit die Rückkehr zum alten Stapelprinzip und zu Stadtstrukturen, die sich nur unwesentlich von Bildern unterscheiden, gegen die der Wohnhügel einmal angetreten war.

Ein Beispiel für diese Entwicklung ist das olympische Dorf der Männer in München, das 1972 von den Architekten Heinle, Wischer und Partner mit ausschließlich einseitig terrassierten Häusern unterschiedlicher Geschoßzahlen realisiert wird (Abb. 5.77).

Einen besonders eigenwilligen Haustyp entwickeln Eiermann, Jacubeit und Brenner 1965 für die »Neue Stadt Wulfen«. Ein kreuzförmiger Gebäudegrundriß, der aus Geschoßwohnungen gebildet wird, erfährt durch die Terrassierung an den Kopfenden der Wohnungen eine allmähliche Verkür-

5.77

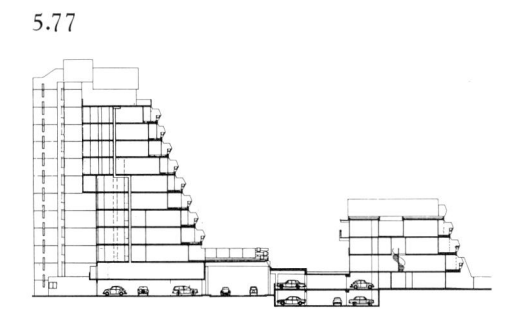

zung, so daß mit jeder Etage auch die Wohnungsgröße abnimmt. Ein Problem ist jedoch die allzu große Länge der unteren Wohnungen, in denen die Terrasse, weitab vom Wohnraum, nur über einen langen Innenflur erreicht werden kann.

Unverständlich bleibt, warum die Erschließung des Kreuzes über zwei dicht beieinanderliegende, aber völlig separate Treppenhäuser erfolgt. Eine gemeinsame Erschließung aller sechs Wohnungen wäre nicht nur wirtschaftlicher gewesen, sondern hätte die Chance genutzt, die sich an diesem Kreuzungspunkt der Grundrisse sowohl organisatorisch wie raumgestalterisch bietet. Statt dessen wird der Müllabwurf zum Dreh- und Angelpunkt des gesamten Grundrisses (Abb. 5.78).

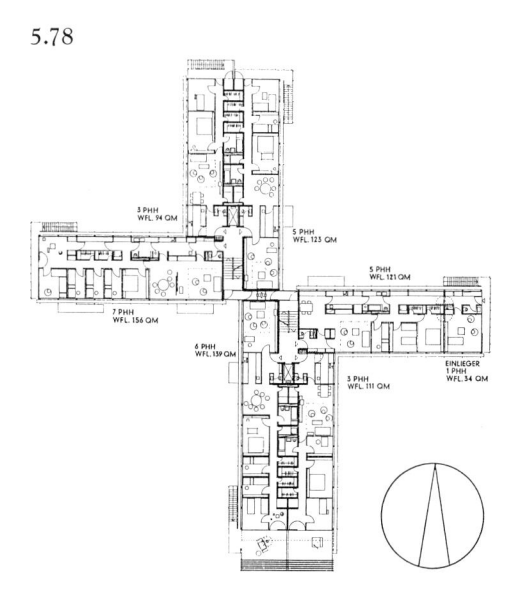

5.78

Eine interessante innerstädtische Variante entwickeln P. Hodgkinson und Sir Leslie Martin 1968–72 für das Brunswick Center in Bloomsbury, London, wo zwei innerstädtische Blocks auf ihrer Ost- und Westflanke durch Terrassenhäuser bebaut werden. Dabei werden je zwei Terrassenhaushälften so gegeneinander versetzt, daß dazwischen eine von oben belichtete innere Erschließungshalle entsteht, deren Unwirtlichkeit allerdings durch diese Art der Belichtung nur geringfügig abgemildert werden kann. Zur jeweiligen Straßenseite werden Maisonette-Terrassenwohnungen angeordnet, die mit insgesamt fünf Ebenen den Maßstab der gegenüberliegenden Straßenbebauung aufnehmen; zur Blockinnenseite bildet ein durchgehendes Ladengeschoß die Basis für die beiden nach innen orientierten Haushälften aus eingeschossigen Terrassenwohnungen, die zusammen mit ihrem Sockelunterbau eine Höhe von acht Geschossen erreichen. Ein besonderes Merkmal dieser Terrassenwohnungen sind die Wintergärten, mit denen die Terrassen teilweise überbaut und voneinander abgesetzt werden (Abb. 5.79).

5.79

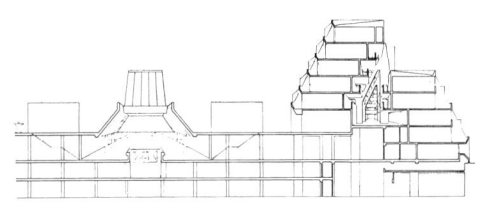

Noch überzeugender in ihrer städtebaulichen Einfügung sind Wilhelm Holzbauers 1978–82 entstandenen Terrassenhäuser »Wohnen Morgen« im 15. Wiener Bezirk. Durch paarweise Anordnung von vier einseitig terrassierten sechs- bis siebengeschos-

5.77 *München, Olympisches Dorf (Heinle, Wischer + Partner, 1972)*

5.78 *Wulfen, Neue Stadt, Wohnhaus (Eiermann, Jakubeit, Brunner, 1965)*

5.79 *London/GB, Brunswick Center (P. Hodkinson, 1968–72)*

sigen Zeilen wechseln öffentliche Erschließungsräume, an denen die Hauszugänge liegen, und halböffentliche Grünräume zwischen den Wohnterrassen einander ab. Auch hier erlauben Maisonettewohnungen trotz großzügiger Terrassentiefe eine so harmlose Rückstaffelung der Häuser, daß unwirtliche und tief ausgehöhlte Erschließungsbereiche gar nicht erst entstehen können. Die zentrale Erschließungsgasse ist unter Estraden auf beiden Seiten mit Läden besetzt; sie überwindet mit ihren beiden Niveaus den Höhenunterschied zwischen den angrenzenden Straßen. Eine Verglasung schützt die Laubengänge vor Zugerscheinungen, ohne ihre Lüftungsfunktion für die angrenzenden Küchen zu beeinträchtigen (Abb. 5.80).

5.80

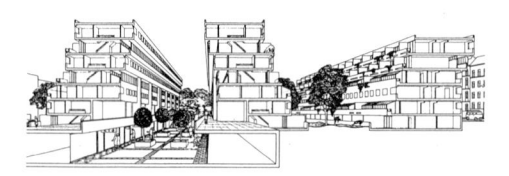

Die Weiterentwicklung des Terrassenhauses gerät nun zunehmend unter den Druck veränderter Standortbedingungen, vor allem mit der Wiederaufnahme des innerstädtischen Wohnungsbaus.
Die Vision von Wohnlandschaften aus begrünten Hügeln erscheint unvereinbar mit der Suche nach verloren gegangener Urbanität und mit der Wiederentdeckung des städtischen öffentlichen Raums.
So wenig aber vorstädtisches Wohnen auf den öffentlichen Raum verzichten kann, so wenig kann innerstädtisches Wohnen ohne den privaten Außenraum auskommen – im Gegenteil: Gerade mit der Abwesenheit nahegelegener Erholungs- und Landschaftsräume – also mit zunehmender städtischer Dichte – steigt die Notwendigkeit, wohnungsnahe private Außenräume zu schaffen. Die formale Oberflächlichkeit eines postmodernen Städtebaus kann nur kurze Zeit darüber hinwegtäuschen, daß eine wesentliche Qualität innerstädtischen Wohnens gerade aus der Ambivalenz städtischer Räume erwächst, nämlich dem Gegenüber aus öffentlichem Straßenraum und halböffentlichem oder privatem Blockinnenraum. Innerstädtisches Wohnen muß in erster Linie auf diese beiden Bedingungen reagieren, die sozusagen im Gebäudequerschnitt aufeinandertreffen und von daher eine differenzierte Grundrißordnung verlangen.
Eine Zuordnung privater Außenräume zum ruhigen und in seinem Charakter weniger formellen Blockinnenraum scheint bei geschlossenen Blockrandbebauungen besonders naheliegend und sinnvoll. Dieses Prinzip läßt sich auch auf das Terrassenhaus anwenden, da es mit einseitig terrassierten Querschnitten beiden Bedingungen zu entsprechen vermag und gleichzeitig vertikal begrenzte Straßenräume wie terrassierte Blockinnenräume erlaubt.
Schon 1964 entwickelt Helmut Schliekmann im Rahmen einer Studienarbeit bei Professor Schwippert in Düsseldorf ein Projekt, das zwar ganz offensichtlich noch für Stadterweiterungen »auf der grünen Wiese« konzipiert ist, das aber mit seiner Blockstruktur aus nach innen terrassierten quadratischen Feldern eine Möglichkeit aufzeigt, wie terrassiertes Wohnen auch mit dem Vokabular innerstädtischen Bauens korrespondieren könnte (Abb. 5.81).
Auch das 1968 von Heinz Hilmer vorgeschlagene »Stadtbausystem« geht von der Bildung geschlossener Blockräume aus,

5.80 Wien/AU, 15. Bezirk, »Wohnen Morgen« (Wilhelm Holzbauer, 1978–82)

5.81

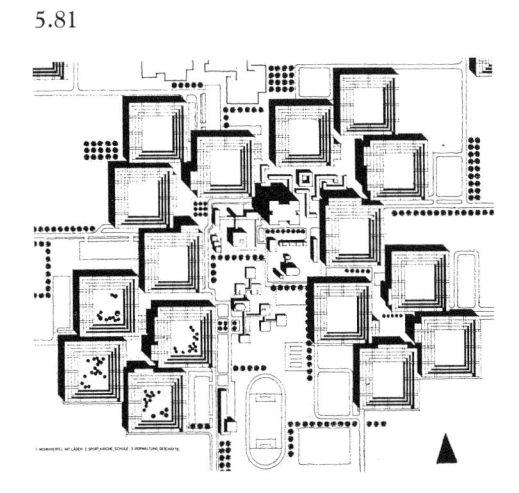

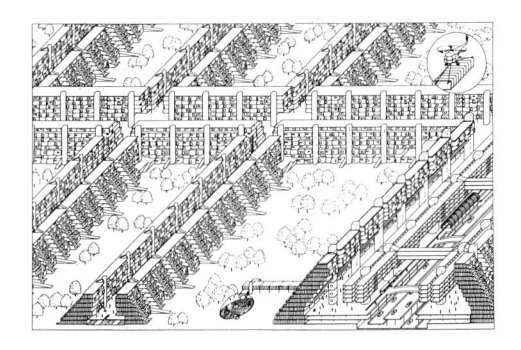

5.82

5.83

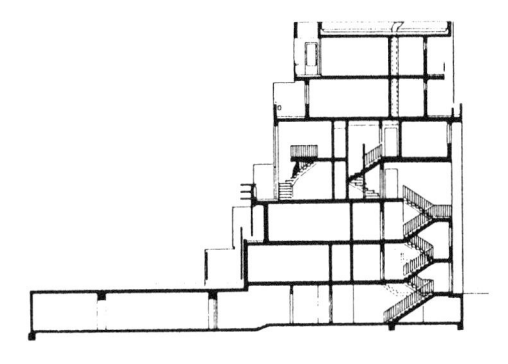

deren Ränder je nach Orientierung aus halbierten Terrassenhäusern bestehen, die bei Ost- oder Westorientierung flacher, bei Südorientierung steiler geneigt sind. Auch dieses Konzept bietet Hinweise darauf, wie das terrassierte Wohnen in innerstädtische Räume integriert werden kann (Abb. 5.82).

Auch das Brunswick Center in London kann als Versuch bezeichnet werden, terrassiertes Bauen in gewachsene innerstädtische Situationen zu transplantieren. Zwar bewahrt es noch sehr deutlich seine formale Eigenständigkeit, aber es fügt sich sowohl maßstäblich wie funktional in die gewachsene Stadtstruktur ein (Abb. 5.79).

Wilhelm Holzbauer dagegen beweist mit seinem Beitrag zur Berliner IBA 1985, daß die Idee einer deutlichen Differenzierung zwischen vertikalen Begrenzungen des Straßenraums und terrassiertem Blockinnenraum nicht nur auf einem schwierigen Dreiecksgrundstück wie dem Block 88 in Kreuzberg realisiert werden kann, sondern daß sich damit gerade jene unterschiedlichen Raumqualitäten akzentuieren lassen, die von jeher das Wesen einer Stadt ausmachen, nämlich die des öffentlichen und des privaten Raums (Abb. 5.83).

Mit einer Diplomarbeit von Günther Tschiesche, die 1988/89 auf Anregung des Verfassers an der Universität Stuttgart entsteht, wird die Anwendbarkeit terrassierten Wohnens auch auf gemischt genutzte Blockstrukturen untersucht. Über einem ein- oder mehrgeschossigen Sockel aus straßenseitigen Dienstleistungseinrichtungen und dahinter angeordneten Garagenebenen entwickelt sich eine zweite Stadtebene für das Wohnen aus nach innen terrassierten Gebäudequerschnitten, deren senkrechte Rückfronten jedoch konventionelle Straßenräume ergeben (Abb. 5.84).

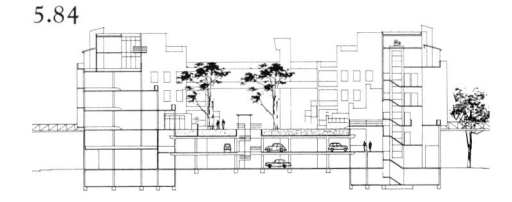

5.84

5.81 *Baublöcke als Trichter, Diplomarbeit Düsseldorf (Helmut Schliekmann, 1964)*

5.82 *Stadtbausystem (Heinz Hilmer, 1968)*

5.83 *Berlin-Kreuzberg, IBA, Block 88 (Wilhelm Holzbauer, 1980–85)*

5.84 *Stuttgart 2000, Diplomarbeit Uni Stuttgart (Günther Tschiesche, 1989)*

6	**Wohngrundriß und Veränderbarkeit**
6.1	Veränderbarkeit als Grundbedürfnis des Wohnens
6.2	Veränderbarkeit des Grundrisses bei konstanter Wohnfläche
6.3	Veränderbarkeit der Grundrißgesamtfläche
6.4	Veränderbarkeit als partizipatorischer Ansatz

Funktionsstudien zu diesem Kapitel befinden sich
auf den Seiten 360–369

6 Wohngrundriß und Veränderbarkeit

6.1 Veränderbarkeit als Grundbedürfnis des Wohnens

Es gibt wohl keinen Bereich des Bauens, der einem vergleichbaren zyklischen Bedarfswandel unterworfen wäre wie der Wohnbau, und keinen, bei dem ein Veränderungsbedarf so vorhersehbar und kalkulierbar wäre wie dort.

Dennoch werden diese Bedürfnisse und Notwendigkeiten gerade im Wohnbau mit erstaunlicher Beharrlichkeit ignoriert, und zwar gerade dort, wo sie sich für alle Beteiligten auszahlen müßten, auf dem Wohnungsmarkt.

In ihrem Wunsch, fertige Endzustände und eine endgültige Form zu schaffen, treffen sich Bauherren und Architekten, Bauträger, Investoren und Makler in einer, wenn nicht unheiligen, so doch sehr unpraktischen Allianz.

Möglichkeiten für eine stufenweise Anpassung baulicher Aufwendungen an den Geldbeutel des Bewohners werden ebenso selten genutzt wie solche, die eine bessere Anpassung des Grundrisses an sich verändernde Bedürfnisse erlauben würden. Denkansätze in dieser Richtung begleiten aber den Wohnbau seit der frühen Moderne und ziehen sich wie ein roter Faden durch seine Entwicklungsgeschichte bis zum heutigen Tag.

Dabei fällt auf, daß die Aspekte praktisch-ökonomischer Anpaßbarkeit und Veränderbarkeit immer dann im Mittelpunkt der Diskussion stehen, wenn die Wohnungsnot besonders groß ist: nach den beiden Kriegen, während der Weltwirtschaftskrise, aber auch während der rezessiven Phasen der zweiten Nachkriegszeit.

Hinzu kommt, daß es heute auch ein emanzipatorisches Bedürfnis nach Veränderbarkeit gibt, das für eine stärkere Nutzerbeteiligung eintritt und sich vor allem dort artikuliert, wo Bewohnerinitiativen über Selbsthilfemodelle und gemeinschaftsorientierte Wohnziele eine stärkere Beteiligung am Planungs- und Bauprozeß anstreben.

Bei diesen Ansätzen geht es vor allem um Möglichkeiten der Selbstdarstellung und einer stärkeren Identifikation mit der eigenen Wohnwelt und erst in zweiter Linie um einen funktionalen oder ökonomischen Aspekt.

Im Ergebnis hat man es mit einem vielschichtigen Bedarfsfeld zu tun, bei dem sich sehr unterschiedliche Motive überlagern können, die meist in einer eher verschwommenen und unscharfen Forderung nach »Flexibilität« münden. Es ist deshalb notwendig, aktuelle Bedürfnisse nach Veränderbarkeit und Anpaßbarkeit präziser einzuordnen und nach ihrer jeweiligen Bedeutung für die Grundrißplanung zu unterscheiden. Auch sind Akzentverschiebungen feststellbar, wenn man frühe Ansätze mit den heutigen Bedürfnissen vergleicht.

Dabei muß von einer grundsätzlichen Prämisse ausgegangen werden, wenn eine Auseinandersetzung mit diesem Thema auch in Zukunft lohnend sein soll: der Annahme, daß sowohl wirtschaftliche wie ökologische

[70] Jörg Werner, arch + 100/101, 10/89, S. 50–59

Rahmenbedingungen uns auch in Zukunft zwingen werden – vielleicht sogar in noch stärkerem Maß als bisher – unseren Wohnungsneubau, aber auch unseren Wohnungsbestand in relativ kurzen Zeitabständen an die sich ständig ändernden Wohnbedürfnisse anzupassen.

Weder eine erhöhte Mobilität (Wohnungswechsel statt Wohnungsanpassung) noch eine größere Nutzungsneutralität der Grundrisse werden darauf entscheidenden Einfluß haben. Erhöhte Mobilität als Phänomen einer ganz bestimmten Lebensphase zwischen Ausbildung und Berufseinstieg bedarf sicherlich neuer Antworten, auch in der Grundrißgestaltung; sie wird aber das Urbedürfnis des Wohnens, nämlich das nach einer dauerhaften Ortsbindung, nicht lange außer Kraft setzen können, im Gegenteil: Je intensiver die Phase der Mobilität ausgelebt wird, desto größer ist meist das spätere Bedürfnis nach Kontinuität.

Nutzungsneutralität wiederum kann zwar einen Teil der Veränderungsbedürfnisse »neutralisieren«, sie hilft aber nicht weiter, wenn es um das Bedürfnis nach Vergrößerung oder Verkleinerung der Wohnfläche geht.

6.2 Veränderbarkeit des Grundrisses bei konstanter Wohnfläche

Unter grundrißlicher Veränderbarkeit im Wohnbau sind jene Aspekte der Anpassung zu verstehen, die durch Umwandlung einer gleichbleibenden Wohnfläche eine verbesserte Brauchbarkeit des Grundrisses zum Ziel haben. Diese Art der Veränderbarkeit und Anpaßbarkeit umreißt zwei Teilbereiche:

– die zyklische Anpaßbarkeit des Grundrisses an die unterschiedlichen Wohnbedürfnisse bei Tag und bei Nacht. Sie hat vor allem bei Minimalgrundrissen eine Bedeutung; im Vordergrund stehen Aspekte der Nutzungsüberlagerung.

– die Anpaßbarkeit des Grundrisses an unterschiedliche Bewohnerbedürfnisse. Hier ist zwischen einer einmaligen Anpassung bei Erstbezug (Angebotsflexibilität) und einer ständigen Anpaßbarkeit an Bedarfsveränderungen (Gebrauchsflexibilität) zu unterscheiden.

Grundrißliche Veränderbarkeit im Tag-Nacht-Rhythmus

Jörg Werner stellt 1989 überzeugend dar, daß zwei Modelle Pate stehen bei den ersten Auseinandersetzungen der Moderne mit dem Prinzip der Nutzungsüberlagerung, die auf eine offene und wandelbare Architektur des Wohnens abzielen[70]: das Japanische Wohnhaus (Abb. 6.1) und der Pullman-Waggon (Abb. 6.2).

6.1

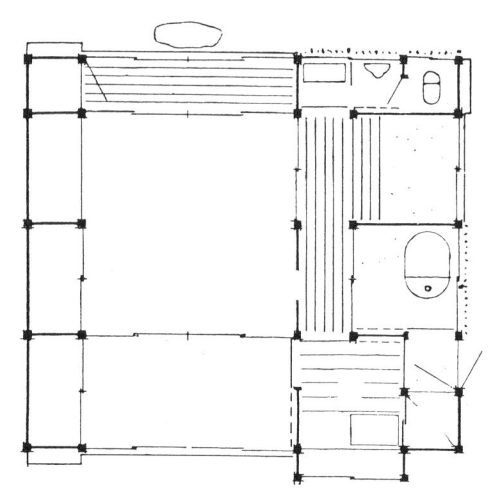

6.1 Traditionelles japanisches Wohnhaus

WOHNGRUNDRISS UND VERÄNDERBARKEIT

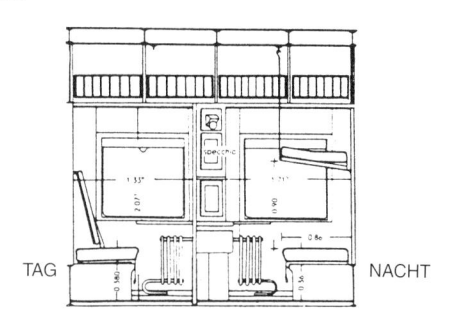

6.2

Das japanische Wohnhaus beeinflußt über Frank Lloyd Wright die Bewegung des »Stijl« und vor allem Theo van Doesburgs Theorie einer neuen Einheit von Raum und Zeit.[71]

Der Pullman-Waggon dagegen wird zum Vorbild für die Verwandlung knappster Raumverhältnisse mit ausgeklügelten technischen Hilfsmitteln, wie sie in Le Corbusiers Faszination für die Welt der Fortbewegung und im Begriff der »Wohnmaschine« zum Ausdruck kommt.

Beide Modelle erzielen einen Raumgewinn ohne Vergrößerung der verfügbaren Fläche. Dieser ökonomische Vorteil macht sie für den Wohnbau des »Existenzminimums« Ende der zwanziger Jahre so interessant.

6.3

Beim japanischen Wohnhaus beruht das Prinzip der Raumverwandlung auf der Verschiebung von Wandelementen, die einen ständigen Wechsel der Raumzusammenhänge zulassen. Zwar ist auch in Europa das Prinzip der Schiebetür längst bekannt – etwa zur Herstellung repräsentativer Raumfluchten im bürgerlichen Wohnhaus (Abb. 6.3) –, die Übernahme dieses Elements aus dem japanischen Haus aber kommt der modernen Raumtheorie entgegen: Die Schiebetür dient nicht mehr nur der Herstellung einer großen Öffnung, sondern der Auflösung der Wand.

6.4

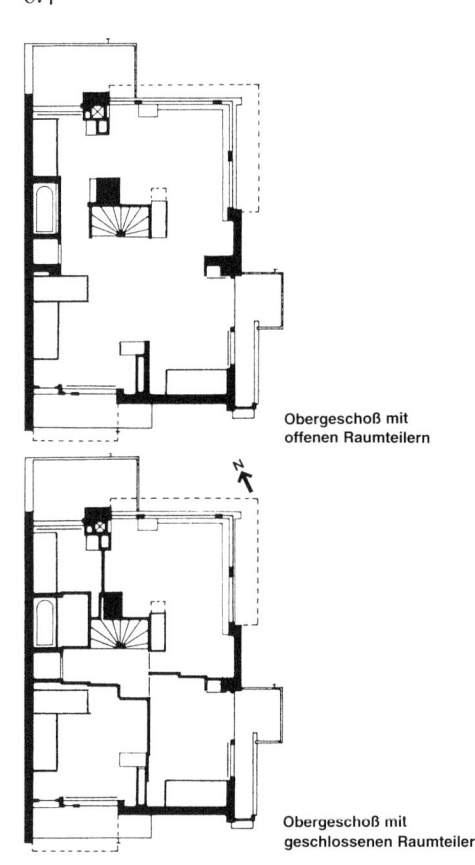

1924 setzt Gerrit Rietveld mit dem Schröder-Haus in Utrecht diese neue, offene Bauweise im Sinne der Konzeption van Doesburgs erstmals baulich um: Das Obergeschoß des Hauses kann durch Schiebeelemente in unterschiedliche Raumkombina-

[71] Theo van Doesburg, Auf dem Wege zu einer plastischen Architektur, 1924, in: Ulrich Conrads, Programme und Manifeste ..., S. 74

6.2 Pullmann-Schlafwagen

6.3 Enfilade in einem holländischen Haus (ca. 1670)

6.4 Utrecht/NL, Schröder-Haus, Grundrisse Tag-Nacht (Gerrit Rietveld, 1924)

tionen unterteilt werden und ermöglicht damit die Herstellung separater Schlafräume bei Nacht und einer zusammengefaßten Wohnzone am Tag. Die Schiebetüren münden in peripher angeordnete Wandtaschen, die den Gesamtraum in unterschiedliche Nutzungsbereiche gliedern (Abb. 6.4).

Dasselbe Prinzip wendet Rietveld 1931 für seine Reihenhäuser in der Erasmuslaan in Utrecht an. Dort wird das Erdgeschoß in ähnlicher Weise durch Schiebewände auf vielfältige Art unterteilbar gemacht (Abb. 6.5).

Auch das Klappbett als patentiertes Verwandlungsmöbel ist eine längst bekannte Erfindung (Abb. 6.6).

Neu ist jetzt sein planmäßiger Einsatz zur Erzielung von Raumgewinn bei minimalen Wohnflächen.

Im Bauwelt-Wettbewerb von 1924 schlägt Anton Brenner, Wien, äußerst präzise durchdachte Kleinstwohnungen für vier bis fünf Personen vor, bestehend aus zwei Zimmern, Kochnische, Bad, WC und Vorraum. Der etwas größere Typ mit 62 qm Wohnfläche ist als Vierspänner, der kleinere mit 45 qm über einen Laubengang erschlossen. Der Wohnraum wird nachts zum Kinderzimmer, die Betten liegen übereinander »wie im Schlafwagen« oder sind als Klappbetten ausgebildet. Das Elternbett ist in einer Nische untergebracht und »zum Reinigen wie eine Schublade vorzuziehen«. Sämtliche Schränke sind eingebaut, der Wäscheschrank nach »Art eines Kabinenkoffers«. Über die Badewanne klappt tagsüber der Küchentisch. Schon das vom Verfasser gewählte Vokabular zur Beschreibung seiner Wohnungen verweist auf die Welt des Reisens: Schiffskabine, Schlafwagen, Speisewagen (Abb. 6.7).

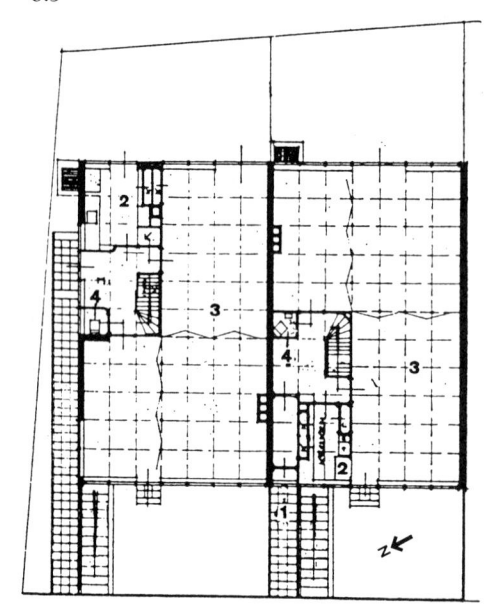

6.5 Utrecht/NL, Erasmuslaan, EG (Gerrit Rietveld, 1931)

6.6 Philadelphia/USA, Weltausstellung, Klappbett (1876)

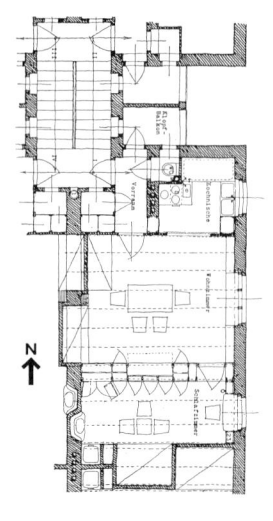

6.7 Das Bauwelthaus 1924, Vierspänner, Wettbewerb (Anton Brenner, 1924)

In der Tat sind uns heute solche »Patentlösungen« fast nur noch aus der Welt des Camping geläufig.

1929 entwickelt Le Corbusier mit den »Maisons Loucheur« einen Haustyp, der bei einer tatsächlichen Wohnfläche von 46 qm (»surface que vous payez«) durch Verwandlungsmöglichkeiten einen Zugewinn von weiteren 25 qm ermöglicht und damit einer sechsköpfigen Familie Raum bietet. Le Corbusier erreicht dies durch Dreh- bzw. Schiebewände und durch vier Klappbetten. Die nutzbare Wohnfläche (Tag und Nacht) addiert sich damit auf 71 qm (Abb. 6.8).

6.8

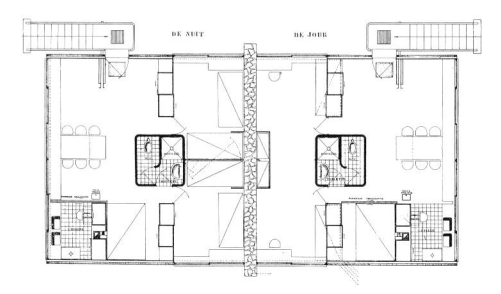

Dasselbe Prinzip stellt Carl Fieger 1931 auf der Berliner Bauausstellung vor, wendet es nun aber auf einen Zweispännergrundriß von 40 qm im Geschoßbau an. Sehr geschickt setzt er einen Kaminblock und ein Duschbad als raumgliedernde Elemente in den Tagesraum. Sie sind zugleich Ausgangselemente für Falt- und Schiebewände, die nachts eine Auszonung von zwei getrennt erschließbaren Schlafräumen erlauben, deren Betten wiederum aus der Wohnungstrennwand herausgeklappt werden. Auch hier wird ein Umwandlungsgewinn von 25 qm erzielt, so daß einer tatsächlichen Wohnfläche von 40 qm eine nutzbare Wohnfläche von 65 qm für drei bis vier Personen gegenübersteht (Abb. 6.9).

6.9

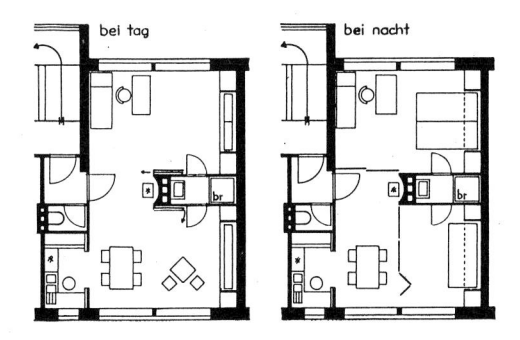

Mit den heute erreichten Wohnflächenstandards des sozialen Wohnbaus sind Umwandlungskonzepte für solche Wohnflächengewinne weitgehend in Vergessenheit geraten. Sie finden nur noch gelegentlich Anwendung zur Bewältigung vorübergehender Engpässe: Stockbetten für Kinder, das umwandelbare Sofa für den Gast, der ausziehbare Eßtisch.

Dagegen werden die Prinzipien der Raumverwandlung durch Schiebeelemente auch heute noch angewandt, so z.B. bei der Raumkonzeption für Personalwohnungen der Universität Stuttgart 1965 von Faller + Schröder. Ein als Abstellraum ausgebildeter Raumteiler zwischen Eingangsbereich, Wohnraum und Eßplatz erlaubt durch

6.10

6.8   *Maison Loucheur, Projekt (Le Corbusier, 1929)*

6.9   *Berlin, Kleinwohnung, Bauausstellung (Carl Fieger, 1931)*

6.10 *Stuttgart-Vaihingen, Personalwohnungen, Detailgrundriß, Raumteiler (Faller + Schröder, 1965)*

Schiebewände, die in diesem Raumteiler verschwinden können, die Zusammenfassung oder Trennung unterschiedlicher Raumbereiche für die Tagesnutzung und die Vermeidung eines dunklen Innenflurs (Abb. 6.10).

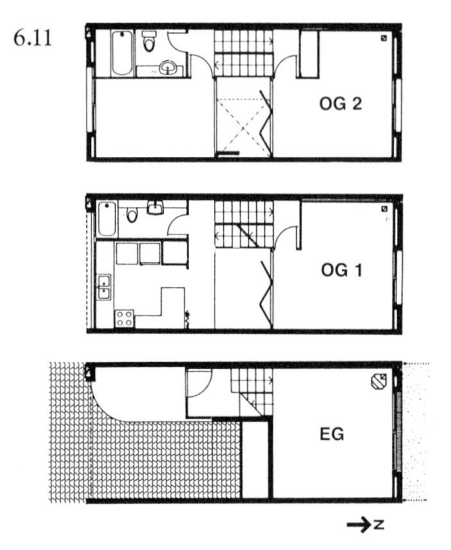

6.11

Sehr viel weiter gehen die katalanischen Architekten Clotet + Tusquets (um 1980) bei ihrem Mehrfamilienhaus in Cerdanyola. Bei den versetztgeschossigen Maisonettewohnungen können die Schlafräume, die an eine von oben belichtete Wohnhalle angrenzen, mit Hilfe von Faltläden über den Brüstungen an diese zentrale Wohnhalle angeschlossen werden. Damit wird bei Tag ein großzügiger Raumzusammenhang möglich – wenn man so will eine Übertragung oder Neuinterpretation des Rietveldschen Konzepts auf den Typus der mehrgeschossigen Wohnung (Abb. 6.11).

Grundrißliche Veränderbarkeit als Angebots- und Gebrauchsflexibilität

Ende der zwanziger Jahre entwickelt sich aus den Denkansätzen für eine »vierdimensionale Konzeption des Innenraums« auch das Konzept für eine Veränderbarkeit konstanter Wohnflächen zur Anpassung an unterschiedliche Wohnbedürfnisse. Hier steht nicht der ökonomische oder räumliche Aspekt im Vordergrund, sondern eine größtmögliche Grundrißvielfalt innerhalb eines rationalisierten Bausystems.

Modell für diese Entwicklung ist der Industriebau mit den Prinzipien der Skelettbauweise und einer modularen Grundrißordnung. Für den Wohnbau wird vor allem das Prinzip regelmäßiger Achsabstände, durchgehender Fensterbänder und konstanter Raumhöhen übernommen. Damit soll eine Grundrißeinteilung durch leichte Trennwände unabhängig von der Lastabtragung und die Anpassung an unterschiedliche Wohnwünsche möglich werden. Von Anfang an zielt das Konzept nicht nur auf eine einmalige Angebotsflexibilität, sondern ausdrücklich auch auf eine nachhaltige Gebrauchsflexibilität.

Beinahe gleichzeitig formulieren Mies van der Rohe, Walter Gropius und Adolf Rading ähnliche Zielsetzungen.

1927 baut Mies van der Rohe in der Stuttgarter Weißenhofsiedlung einen aus vier Zweispännern bestehenden Wohnblock von drei Geschossen, der das städtebauliche Rückgrat der Siedlung bildet. Dem Haus liegt ein Stahlskelett mit Achsmaßen von 9,45 m und 6,30 m zugrunde.

Durch Anlagerung der Installationsräume für Küchen, Bäder und WC an das Treppenhaus verbleibt eine großzügige und frei einteilbare Grundrißfläche jenseits dieser Naßräume. Da das Treppenhaus innerhalb des Zweispänners asymmetrisch angeordnet wird, entstehen zwei unterschiedlich große Ausgangsflächen und damit eine vorweggenommene Verdoppelung der möglichen

6.11 Barcelona/E, Cerdanyola, Untere Wohnlage (Clotet + Tusquets, ca. 1979)

Varianz. Mies van der Rohe schreibt dazu in »Bau und Wohnung«, der Schrift, die anläßlich der Ausstellung 1927 erscheint: »Wirtschaftliche Gründe fordern heute beim Bau von Mietwohnungen Rationalisierung und Typisierung ihrer Herstellung. Diese immer steigende Differenzierung unserer Wohnbedürfnisse aber fordert auf der anderen Seite größte Freiheit in der Benützungsart. Es wird in Zukunft notwendig sein, beiden Tedenzen gerecht zu werden. Der Skelettbau ist hierzu das geeignetste Konstruktionssystem. Er ermöglicht eine rationelle Herstellung und läßt der inneren Raumaufteilung jede Freiheit. Beschränkt man sich darauf, lediglich Küche und Bad ihrer Installation wegen als konstante Räume auszubilden und entschließt man sich dann noch, die übrige Wohnfläche mit verstellbaren Wänden aufzuteilen, so glaube ich, daß mit diesen Mitteln jedem berechtigten Wohnanspruch genügt werden kann.«[72]

Tatsächlich wird nachgewiesen, daß die Grundrisse ebensogut in konventionelle Einzelräume wie in fließende Raumzusammenhänge aufgeteilt werden können. Damit verweist Mies van der Rohe auch auf seine neuen Raumkonzeptionen und auf deren Übertragbarkeit in den Geschoßwohnungsbau (Abb. 6.12; s.a. S. 314 f.).

Adolf Rading stellt ebenfalls 1927 in der Zeitschrift »Die Form« ein Bausystem vor, dem ein Stahlbetonskelett von 5 m Achsmaß und mit einer Gebäudetiefe von 2 × 4,50 m zugrundeliegt. Zwischen zwei Treppenhäusern ordnet er wahlweise zwei bis fünf Achsen an, mit denen er fünf unterschiedliche Wohnungsgrößen von 45 bis 112,5 qm erreichen kann. Auch bei Rading werden die Naßräume an der Treppenhaustrennwand konzentriert, wodurch sich wie bei Mies van der Rohe eine relativ frei unterteilbare Restfläche ergibt. Rading sagt dazu: »Eine vollkommene Uniformierung der Konstruktion, des bautechnischen Teiles führt zu vollkommener Elastizität des Grundrisses und macht – was für die große Masse heute in vom Architekten gesehen individuellen Häusern unmöglich ist – ein individuelles Wohnen wieder möglich.«[73]

Radings Konzept unterscheidet sich vom Mies'schen dadurch, daß er die zwischen den Treppenhäusern liegenden Wohnungs-

[72] Mies van der Rohe, Zu meinem Block, in: Jürgen Joedicke, Bau und Wohnung, 1927, S. 77

[73] Adolf Rading, Wohngewohnheiten, in: Die Form 2/27, S. 48

6.12

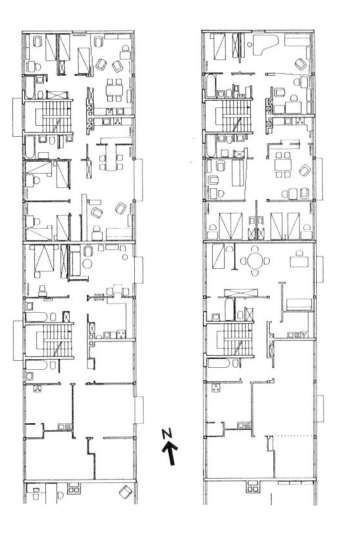

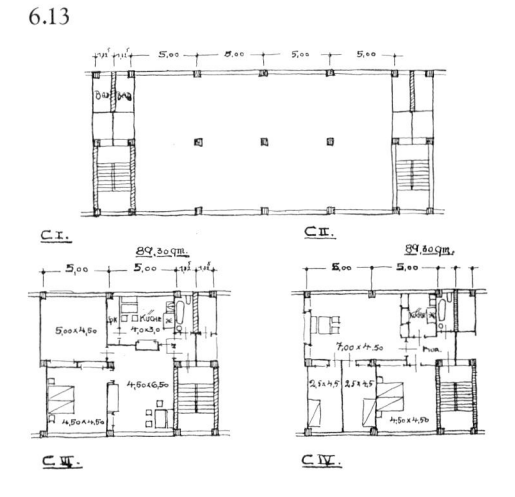

6.13

6.12 Stuttgart, Weißenhofsiedlung, Haus 1–4 (Ludwig Mies van der Rohe, 1927)

6.13 Bausystem mit Betonskelett, Typ C, Normalgeschoß mit unterschiedlichen Grundrißbeispielen (Adolf Rading, 1927)

[74] Walter Böckmann, »Die veränderbare Wohnung«, in: Bauwelt 12/31, S. 394

trennwände ebenfalls verschiebbar macht. Er kann damit fünf unterschiedliche Wohnungsgrößen erreichen, bietet dafür aber weniger Varianten für ihre räumliche Aufteilung an (Abb. 6.13).

Die Erfahrungen aus der Weißenhofsiedlung führen bald zu ersten Anpassungen des Konzepts an die zunehmend stringenteren ökonomischen Bedingungen des Wohnungsbaus gegen Ende der zwanziger Jahre.

1931 bereits versucht Walter Böckmann, Berlin, das Prinzip auf eine dem damaligen Wohnbau gemäßere Massivbauweise mit Holzbalkendecken zurückzuführen. Er wählt hierfür einen Querwandtyp, der nur einen einzigen Unterzug mit einer Fassadenstütze in der Grundrißmitte benötigt. Um diesen Unterzug deckengleich einbauen zu können, wählt er einen Stahl-Breitflanschträger, in den die Holzbalken eingeschoben werden. Auch er verwendet das bewährte Prinzip eines unmittelbar an die Treppe angrenzenden und unveränderlichen Installationsbereichs für Küche und Bad. Dazu stellt er sorgfältige Überlegungen für Fenstereinteilungen, Innenwandbauarten sowie für die Heizungs- und Elektroinstallation an. Trotz der von ihm vorgenommenen Sparmaßnahmen muß er einräumen: »Die Verteuerungen durch die Konstruktion, durch die Installation der Heizung und durch vermehrte Fenster, lassen die Übertragung der hier gemachten Vorschläge auf die Kleinwohnung für den Arbeiter und Angestellten mit geringem Einkommen nicht zu.«[74]

Für seine beiden Ausgangstypen von 69 und 90 qm weist Böckmann je zwölf Ausbauvarianten nach, wobei er sich strikt an die Regeln der Raumorientierung hält – Schla-

6.14 Die veränderbare Wohnung (Walter Böckmann, 1931)

fen nach Osten, Wohnen nach Westen. Seine Bandbreite ist groß und reicht von Wohnungen für zwei bis sieben Personen. Er nimmt damit sehr unterschiedliche Belegungsdichten in Kauf und plädiert ausdrücklich für einen hohen Grad an Durchmischung und eine Vermeidung von Ansammlungen gleichartiger Familiengrößen (Abb. 6.14).

6.14

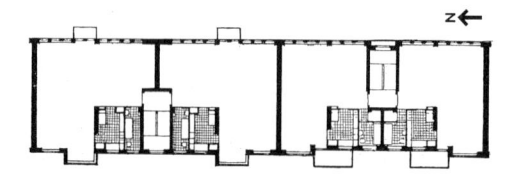

1957 stellen die schwedischen Architekten Jaenecke und Samuelson auf der Berliner Interbau ein ganz anderes Grundprinzip für eine Angebots- und Gebrauchsflexibilität vor. Bei ihren sogenannten »Allraumwohnungen« wird von einem dreiachsigen Querwandsystem ausgegangen, dessen mittleres Feld den Allraum als zentralen Verteilerraum sowie die Küche aufnimmt. Bad und WC sind direkt der Treppenhauswand angelagert. Je nach Familiengröße können die restlichen Grundrißflächen dem Allraum zugeschlagen oder als Zimmer von ihm abgeteilt werden. Für diese Flexibilität sorgen große Öffnungen in den Querwänden, die großzügige Raumzusammenhänge mit dem Allraum ermöglichen, aber auch eine leichte Abtrennung durch teilweises Ausmauern oder durch den Einbau von Türen und Schrankelementen. Die strukturelle Ordnung des Querwandprinzips bleibt dadurch weitgehend unangetastet (Abb. 1.28 und 4.21).

Mit den Elementa-Wettbewerben dagegen wird ab 1972 das Prinzip einer totalen

Grundrißflexibilität in erstaunlich unkritischer Weise wieder aufgenommen, erstaunlich angesichts der von Walter Böckmann schon vor dem Krieg erkannten ökonomischen Konsequenzen für den Wohnbau. Anlaß für diese Neuauflage sind die Fehlentwicklungen einer uniformen und gesichtslosen Massenproduktion, wie sie vor allem die Großtafelbauweise mit ihrem veränderungsfeindlichen Kartenhausprinzip hervorgebracht hatte. Mit den Elementa-Wettbewerben verbindet sich die Hoffnung, daß der flexible Wohnungsgrundriß den Wohnbau aus seiner Erstarrung befreien könnte. Teams aus Architekten, Bauträgern und Unternehmen werden zu Vorschlägen aufgefordert, die prämierten Arbeiten werden in Pilotprojekten mit einer besonderen Förderung ausgestattet.

Ausdrücklich wird jetzt auch eine nachhaltige Gebrauchsflexibilität angestrebt. So empfiehlt das Preisgericht »Vorschlägen, bei denen ohne fachliche Hilfe von den Bewohnern leicht Veränderungen vorgenommen werden können, besondere Beachtung zu schenken«.[75]

Vielfach werden jedoch aufwendige Ausbausysteme eingesetzt, wie sie mittlerweile aus dem Verwaltungs- und Hochschulbau bekannt sind. Die dort entwickelten Trennwandsysteme aus versetzbaren Tür-, Wand- und Schrankelementen sind aber nur bedingt im Wohnbau mit seinen völlig anderen Bedingungen anwendbar. So werfen die im Wohnbau üblichen schwimmenden Estriche mit ihrer begrenzten punktuellen Belastbarkeit ebenso Probleme auf, wie etwa die ganz anders gearteten ästhetischen Ansprüche. Als nahezu unlösbar aber erweisen sich die Konflikte, die die hohen Kosten für die Vorhaltung von Ersatz- und Ergänzungsbauteilen in ausreichender Stückzahl verursachen.

Noch am wenigstens vorherzusehen war dagegen die mangelnde Bereitschaft der Bewohner, dieses Angebot wahrzunehmen und ihre Wohnungen tatsächlich an Bedarfsveränderungen anzupassen, auch wenn damit erhebliche Gebrauchsverbesserungen zu erzielen gewesen wären. Diese unerwartete »Trägheit« von Seiten der Nutzer macht deutlich, wo die Grenzen einer inneren Veränderbarkeit bei konstanter Wohnfläche liegen. Vielleicht ist es deshalb das wichtigste Verdienst dieser Elementa-Wettbewerbe, daß sie – wenn auch ungewollt – einen ganz anderen Aspekt menschlichen Wohnverhaltens sichtbar gemacht haben, den Lucius Burckhardt so formuliert: »Hierzu ist zu bedenken: der einzelne ist sehr wohl in der Lage, seine Umgebung frei zu gestalten; jeder richtet gern sein Zimmer selbst ein, und Zimmer sollten deshalb möglichst frei von Fixierungen sein. Eine Familie aber ist eine Gruppe von einzelnen und ist als solche durchzogen von manchmal nicht einfachen Beziehungen. Eine Familie ist kein harmonisches Gebilde; auch die glückliche Familie beruht auf einem Waffenstillstand – der unter den erschwerenden Bedingungen rasch heranwachsender und so das Kräfteverhältnis verschiebender Kontrahenten aufrechterhalten werden muß. Ihr Friede beruht auf dem Status quo, und dazu gehört die Gegebenheit der Wände. Und um diesen Waffenstillstand einzuhalten, benötigt man auch das Gleichbleiben der Wohnungseinrichtung. Da kann eine Wand so beweglich sein wie sie will.«[76]

Gravierender noch als die offensichtliche Fehleinschätzung menschlichen Verände-

[75] *Elementa Wettbewerbe, Preisgericht, Protokoll der Ausschreibung* aw 74, Aug. 73, S. 1

[76] Lucius Burckhardt, *Die Kinder fressen ihre Revolution*, zit. nach: arch + 100/101

rungsverhaltens ist bei den Elementa-Wettbewerben das Fehlen von Zielvorgaben für eine Veränderung der Wohnungsgröße selbst. Damit aber lassen sie ein wichtiges Bedarfsfeld der Anpaßbarkeit im Wohnbau unbeantwortet.

Als Beispiel sei deshalb einer der wenigen Beiträge vorgestellt, der durch eine Unterteilbarkeit der Wohnfläche auch den Aspekt der Größenanpassung in seine Überlegungen einbezieht. Es handelt sich um die prämierte Arbeit von Deilmann, Bickenbach und Pfeiffer, Dortmund. Durch die Auszonung eines kleinen Eingangsbereichs mit WC und Waschbecken außerhalb der Hauptwohnfläche wird die Abtrennung eines separaten Zimmers möglich, das sowohl als Einlieger genutzt, aber auch untervermietet werden kann. Es erlaubt damit zumindest eine begrenzte Wohnflächenanpassung an Bedarfsveränderungen (Abb. 6.15).

6.15

Beim Bau des Wohnhauses »Schnitz« in Stuttgart-Neugereut von 1972–74 wird zwar eine noch weitergehende Angebotsflexibilität für die Grundrisse angestrebt, indem nur noch der Installationsschacht als Fixpunkt vorgegeben wird. Für die Raumbegrenzungen aber wird ein »low-tech«-System aus ortsfesten Wänden (Einbau auf der Rohdecke) und aus leichten Trenn- und Schiebewänden (Einbau auf schwimmendem Estrich) vorgesehen, das auch den zeitlichen Abläufen der Bewohnermitwirkung entgegenkommt, indem es den beiden Phasen der planerischen Partizipation und des Selbstbaus entspricht. Gleichzeitig wird in der Planungsphase eine Feineinstellung der unterschiedlichen Wohnflächenbedürfnisse durch austauschbare Grundrißflächen über den Treppenhäusern und durch zuschaltbare Maisonette-Ebenen erreicht.

Allerdings ist ein Vergleich dieses Projekts mit den auf den sozialen Wohnbau ausgerichteten Zielen der Elementa-Wettbewerbe nur bedingt zulässig, da es sich hier um Eigentumsmaßnahmen handelt, an denen ein hoher Prozentsatz fachlich kompetenter Bewohner beteiligt ist (Abb. 6.16).

6.16

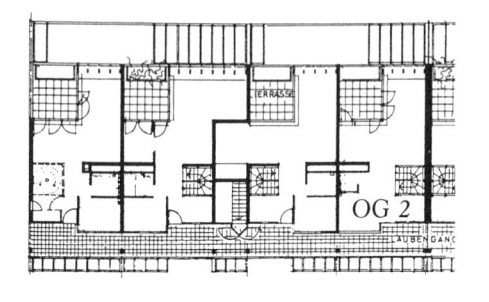

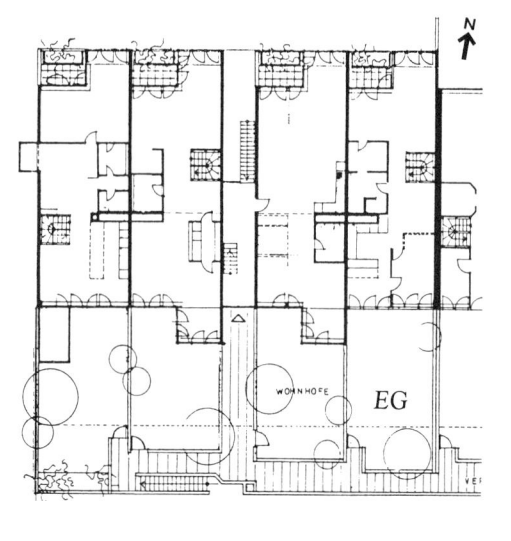

6.15 *Elementa-Wettbewerbe, Grundrißvariante 3 (Deilmann, Pfeiffer, Bickenbach, 1972)*

6.16 *Stuttgart-Neugereut, Wohnanlage Schnitz (Faller + Schröder + Mitbewohner, 1974)*

Faßt man diese Beobachtungen und Erfahrungen zusammen, dann ist im Geschoßbau eine auf den jeweiligen Bedarfsfall zugeschnittene begrenzte Grundrißflexibilität mit entsprechend leicht zu handhabenden Anpassungszonen zu befürworten, wie sie etwa dem Allraumkonzept von Jaenecke und Samuelson zugrundeliegen.

Gegen eine totale Flexibilität sprechen heute mehrere Gründe:

Zum einen lassen unsere städtischen Orientierungs- und Immissionsbedingungen nur noch sehr begrenzte Flexibilitätsspielräume zu, etwa was die Lage lärmempfindlicher Schlafräume betrifft; zum anderen verhindern zu anspruchsvolle und teure Systeme die Veränderungsbereitschaft beim Bewohner anstatt sie zu fördern. Solche Lähmungserscheinungen angesichts großer Wahlfreiheit können aber auch andere Gründe haben, wie Herman Hertzberger vermutet: »Man könnte der Auffassung sein, daß der Architekt nur neutrale leere Formen zu bauen hätte und selbst nicht in den Vordergrund treten sollte. Den Bewohnern wäre dann optimale Freiheit gegeben, indem sie all ihre Wünsche verwirklichen könnten. Wie paradox es auch scheint, es ist eine Frage, ob eine derartige Freiheit nicht lähmend wirken würde, weil man theoretisch wohl viele Möglichkeiten hätte, in Wirklichkeit aber zu keiner geschickten Wahl käme. Es ist wie mit einem Menue aus einem endlosen Assortiment von Gerichten, das anstelle den Appetit anzuregen, die Eßlust vertreibt. Bei zu vielen Möglichkeiten werden die passenden überstimmt durch alle andern. In diesem Fall könnte man sprechen von ›freedom noise‹. Unbeschränkte Freiheit kann wohl die potentielle Möglichkeit für vieles sein; es besteht aber keine Zündung, die den Motor in Bewegung setzt. Deshalb müssen wir mit Ansätzen kommen, die zu persönlicher Interpretation stimulieren und die individuell aufgegriffen und zu verschiedenartigen Lösungen führen.«[77]

Grundrißliche Veränderbarkeit für höhere Belastbarkeit und gruppenspezifische Wohnbedürfnisse

Der Wunsch nach einer inneren Anpaßbarkeit des Wohngrundrisses an unterschiedliche Bedürfnisse hat dagegen einen neuen und höchst aktuellen Bezug, wenn man auf gruppenspezifische Wohnungsnöte reagieren will, ohne an einem zukünftigen Bedarf vorbeizubauen. Hier geht es sowohl um eine Anpaßbarkeit an eine vorübergehend höhere Belegung des Grundrisses wie um ein Reagieren auf die zunehmende Pluralität der Haushaltsformen.

Die Möglichkeiten der Kosteneinsparung im Wohnbau durch immer weitere Verkleinerung der Grundrisse sind weitgehend ausgereizt. Dies führt angesichts weiter ansteigender Wohnkosten dazu, daß sich Angehörige der unteren Einkommensgruppen – in Ballungsräumen gehört dazu sogar die untere Mittelschicht – eine ihrer Familiengröße angemessene Zimmerzahl nicht mehr leisten können und häufig auf die nächst kleinere Wohnungsgröße ausweichen müssen. In solchen Fällen ist dann ein Teil der Familienmitglieder gezwungen, z. B. im Wohnraum zu übernachten, also in einem Raum, der im Regelfall keine vernünftige Abtrennung zuläßt, so daß Kochen und Essen, Wohnen und Schlafen im selben Raumzusammenhang stattfinden müssen. Der mit ähnlichen Bedingungen konfrontierte Wohnbau zur Zeit der Weltwirtschafts-

[77] *Herman Hertzberger, Mitbestimmung, Struktur und Einführung, in: Bauen + Wohnen 1/76, S. 22*

krise Ende der zwanziger Jahre reagierte auf diese Probleme unter anderem mit der rigorosen Verkleinerung der Schlafzimmer auf Zellen oder Kabinen, in denen eine individuelle Tagesnutzung weitgehend ausgeschlossen war.

Ein Wiederaufgreifen solcher Lösungen ist uns heute verwehrt, weil sie mit den veränderten Wohnansprüchen – insbesondere mit dem Anspruch auf vernünftig dimensionierte Individualräume als Rückzugsmöglichkeit für den einzelnen innerhalb der Wohnung – nicht mehr vereinbar sind. Solche Grundrisse wären langfristig, etwa bei Normalisierung der Verhältnisse, nur schwer vermietbar oder verkäuflich.

Es muß also nach Lösungen gesucht werden, die eine vorübergehende höhere personelle Belastung eines Wohngrundrisses zulassen, ohne den Individualbereich einzuschränken.

Eine Alternative in dieser Situation bieten solche Grundrisse, bei denen eine heutigen Ansprüchen genügende Normalwohnung so ausgelegt ist, daß ein Teil des Tageswohnbereichs vorübergehend als weiterer Individualraum abgetrennt werden kann.

Eine solche Abtrennbarkeit muß grundrißlich vorbereitet und ohne großen technischen Aufwand möglich sein.

Voraussetzung ist ein separater Eßbereich, der als Kernbereich erhalten bleibt und somit immer als Familienraum oder »Allraum« zur Verfügung steht. Er muß Tageslicht haben, kann also nicht – wie dies bei schlechten Grundrissen häufig der Fall ist – im dunklen Innenbereich der Wohnung liegen.

Außerdem muß er so groß sein, daß der Eßtisch auch für die vorübergehend größere Familie ausreicht. Darüber hinaus sollte die Aufstellung eines Fernsehers möglich sein, eine zusätzliche Sitzgelegenheit (Couch oder Sessel) ist wünschenswert.

Während also der Eßbereich in einem solchen Grundriß etwas größer ausgelegt werden muß als für die übliche Normalwohnung, kann der übrige Wohnbereich etwas kleiner sein, so daß er gerade für einen weiteren Individualraum von 12–15 qm ausreicht. Bei Abtrennung dieses Bereichs können in diesem Zimmer ein bis zwei weitere Personen untergebracht werden. Wichtig ist die gute räumliche Verbindung zwischen Eßplatz (Kernbereich) und dem umwandelbaren Wohnraum, denn bei »normaler« Wohnungsnutzung soll die Wohnung allen heutigen Raumansprüchen genügen.

Der Freibereich (Balkon, Garten, Dachterrasse), sollte dem Eßplatz (Kernbereich) zugeordnet werden, damit er bei jedem Nutzungszustand für alle Familienmitglieder zugänglich bleibt.

Die übrigen Individualräume sollten so bemessen sein, daß sie austauschbar sind, sich also sowohl für die Aufstellung von Doppelbetten wie von zwei Einzelbetten eignen und zusätzlich Platz für zwei Arbeitsplätze und den erforderlichen Schrankraum bieten.

6.17

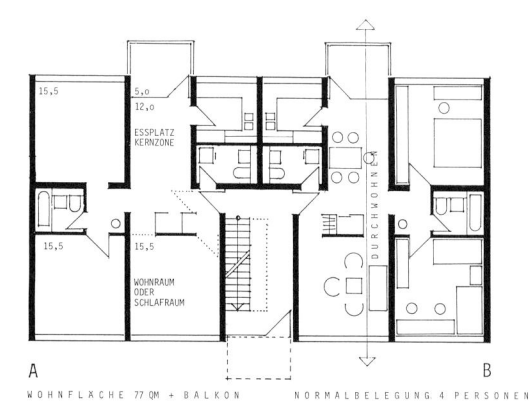

6.17 *Belastbare Wohnung, Studie (Peter Faller, 1994)*

Die Umwandlung muß mit minimalem Aufwand erfolgen können, also ohne Veränderung von tragenden Bauteilen, Fassaden, schwimmenden Estrichen oder haustechnischen Installationen (Abb. 6.17).

Bei entsprechender sanitärer Ausstattung, etwa durch ein zweites kleines Bad im Eingangsbereich, lassen sich auch Grundrisse entwickeln, die sich an die zyklischen Veränderungen der Haushaltsstruktur anpassen können. In einem solchen Raum können ein erwachsenes Kind oder alleinstehende Verwandte innerhalb des Haushalts mit mehr Selbständigkeit wohnen, oder der Raum kann bei Bedarf untervermietet werden.

6.3 Veränderbarkeit der Grundrißgesamtfläche

Das Bedürfnis nach einer Größenanpassung der Wohnung an veränderten Bedarf oder an eine veränderte finanzielle Belastbarkeit des Bewohners umreißt das zweite große Bedarfsfeld der baulichen Veränderbarkeit. Im Gegensatz zur wohnungsinternen Anpaßbarkeit wird hier in der Regel auch das von einer Wohnung beanspruchte Territorium verändert, was naturgemäß bei einer Wohnung auf eigenem Grundstück wie beim freistehenden Einfamilienhaus und selbst im verdichteten Flachbau weniger schwierig ist als bei den Wohnformen des Geschoßbaues. Dadurch haben sich hier auch sehr viel wohnform-spezifischere Anpassungsmodelle entwickelt als auf dem Feld der wohnungsinternen Flexibilität. Da aber trotz solcher Affinitäten keine ganz eindeutigen Zuordnungen möglich sind, wird nach zwei wesentlichen Anpassungsarten unterschieden:

a) Veränderbarkeit durch An-, Auf- oder Ausbauen,
b) Veränderbarkeit durch Unterteilen oder Zusammenfassen von Wohnflächen.

Veränderbarkeit durch An-, Auf- oder Ausbauen

Im Unterschied zu der wohl ältesten Form baulicher Anpassung, bei der eine zu klein gewordene Behausung im Rahmen des verfügbaren Platzes und der verfügbaren Mittel einfach ausgeweitet wird, gibt es auch historische Vorläufer für eine konzeptionelle, das heißt vorausplanbare Erweiterbarkeit. Eines der meist zitierten Beispiele ist das amerikanische Siedlerhaus, das aus den beiden vorhersehbaren Notwendigkeiten – schnellstmögliche Errichtung einer Notunterkunft und rasch wachsender Platzbedarf in den Folgejahren – den Typus der »salt-box« mit ihren charakteristischen Erweiterungsmöglichkeiten über Anbauten (»lean-to«) hervorgebracht hat (Abb. 6.18).

6.18

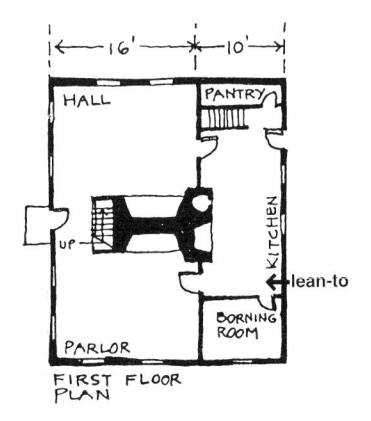

Eine ähnliche Herausforderung lag in den Folgen des Ersten Weltkriegs und in der Notwendigkeit, rasch auf den großen Wohnungsmangel zu reagieren, ohne damit

6.18 Neuengland/USA, Siedlerhaus, »Salt-box« (ca. 1670)

einen später unbrauchbaren – weil zu knapp dimensionierten – Wohnungsbestand zu produzieren.

Im Mittelpunkt der Bemühungen stehen zunächst das Kleinsiedlerhaus mit großem Selbstversorgergarten und die Frage, wie es durch eine schrittweise Errichtung bei möglichst geringem Kapitaleinsatz für breite Bevölkerungskreise realisierbar gemacht werden kann. Der Gedanke des »wachsenden Hauses« wird von verschiedenen Architekten aufgegriffen und führt zu unterschiedlichen Ansätzen.

Schon 1921 entwickelt der Worpsweder Gartenarchitekt Leberecht Migge sein für damalige Verhältnisse revolutionäres ganzheitliches Modell der »Etappenbauweise«, bei dem Haus und Garten zu einem geschlossenen System des Selbstbaus und der Selbstversorgung verknüpft werden unter Einschluß von Aspekten des Recycling von Baustoffen und Abfällen sowie der passiven Nutzung von natürlich vorhandenen Wärmequellen. Migge stellt damit nicht nur das umfassendste Konzept jener Jahre vor, sondern nimmt wesentliche Zielsetzungen eines heutigen Ökologieverständnisses um ein halbes Jahrhundert vorweg (Abb. 6.19).

Verglichen damit sind die Ergebnisse des zehn Jahre später durch den Berliner Stadtbaurat Martin Wagner initiierten Wettbewerbs für »das wachsende Haus« (Berlin 1931/32), von wenigen Ausnahmen (Bruno Taut) abgesehen, sehr viel stärker an urbanen Formen des Einfamilienhauses orientiert. Wagner zielt ausdrücklich auf eine professionelle Bauproduktion und schließt Selbsthilfe als nicht wünschenswert aus. Bei der großen Zahl der Einsendungen überwiegen die Konzepte des Anbauens oder Ausbauens gegenüber denen des Aufbauens. Letzteres wird von den meisten Architekten als eine zu aufwendige Alternative angesehen.

Eine Ausnahme bildet die Arbeit von Eiermann und Jaenecke. Hier wird ein Kernhaus von etwa 30 qm Wohnfläche durch drei Erweiterungsstufen in der Abfolge Aufbau-Anbau-Aufbau auf 60, 90 und 120 qm vergrößert. Flachgeneigte Pultdächer werden in der Aufbaustufe jeweils um ein Geschoß angehoben und ergeben am Schluß ein Satteldach. Die sanitäre Grundausstattung des Kernhauses bleibt unverändert und wird lediglich in der ersten Aufbaustufe um ein Bad ergänzt. Sämtliche bauliche Elemente sind – wie z. B. die Treppe – äußerst einfach und unkompliziert und kommen der von Wagner geforderten Industrialisierung (80 % Werkstattarbeit) deutlich entgegen (Abb. 6.20).

Schwer nachvollziehbar bleibt, zumindest aus heutiger Sicht, warum der Berliner Wett-

6.19

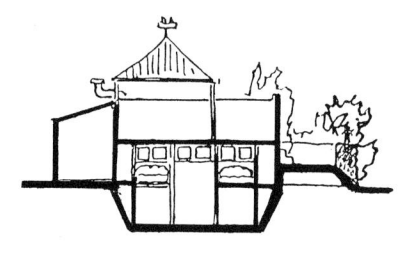

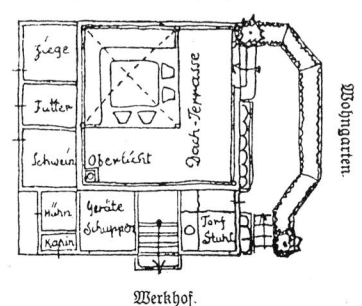

6.19 *Natürliche Architektur, Etappenbauweise* (Leberecht Migge, 1921)

6.20 *»Das wachsende Haus«, Wettbewerb* (Eiermann, Jaenecke, 1932)

6.20

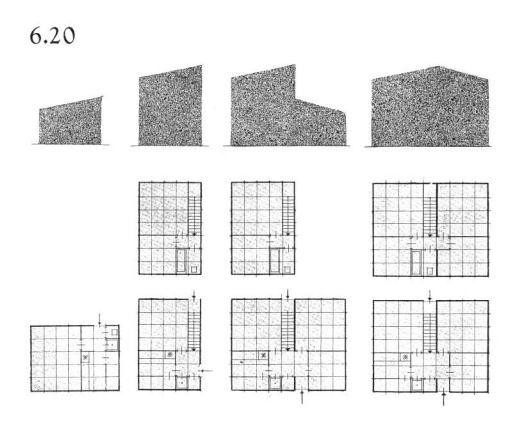

bewerb trotz seines hohen ökonomischen Anspruchs nicht auch das Reihenhaus als wesentlich wirtschaftlichere Ausgangsform eines Einfamilienhauses in seine Zielsetzungen einbeziehen. Dies verwundert um so mehr, als dieser Weg schon 1923 in Wien vorgezeichnet worden war.

Unter Zugrundelegung des von Adolf Loos schon 1920 entwickelten Patents für das »Haus mit einer Mauer« (Abb. 7.24) entsteht 1921–24 mit der Mustersiedlung auf dem Heuberg eine genossenschaftlich organisierte Arbeitersiedlung nach dem Konzept des wachsenden Hauses. Loos untersucht damit schon früh die sehr viel eingeschränkteren Erweiterungsmöglichkeiten für das gereihte Haus unter den Aspekten des »Grenzbaus« und damit für eine Gebäudeform, die sich heute zum wirtschaftlichsten Ausgangstyp des verdichteten Flachbaus entwickelt hat. Sein Vorschlag vereint dabei gleichzeitig die Prinzipien des Anbauens, des Aufbauens und des Ausbauens.

Das Anbauen beschränkt sich naturgemäß auf die Vorder- und Rückseite des Hauses und spielt sich in einem verhältnismäßig bescheidenen Rahmen ab. Auf- und Ausbaukonzept betreffen das Obergeschoß des Hauses, das nachträglich aufgesetzt und nach den jeweiligen Erfordernissen der Familienzusammensetzung aufgeteilt werden

kann. Loos legt dabei vor allem Wert auf eine Lastannahme für die Geschoßdecke, die eine beliebige Anordnung der Schlafzimmertrennwände erlaubt. Damit enthält sein Konzept auch den Aspekt einer funktionalen Anpaßbarkeit (Abb. 6.21; s.a. S. 312 f.).

6.21

In unmittelbarer Nachfolge des Loosschen Prinzips stehen die Wachstums- und Zonungsmodelle, wie sie nach dem Krieg vor allem in den Niederlanden entwickelt werden. Auf der Grundlage des SAR-Systems[78] wird zunächst eine Individualisierung durch Trennung des Bauvorgangs in Trägersystem und Einbausystem angestrebt. Die damit verbundenen Prinzipien einer Zonierung des Grundrisses bilden auch die Grundlage für Wachstums- und Erweiterungsmodelle.

Ein solches Modell entwickeln die Architekten De Jong, Van Olphen und Bax für ein Projekt in Linschoten/NL im Jahre 1970. Das Zonungsprinzip wird hier auf das gesamte Wohnquartier übertragen und definiert unter anderem auch An- und Aufbaumöglichkeiten für die vorgeschlagene Bebauung mit Reihenhäusern. Auch wenn

6.22

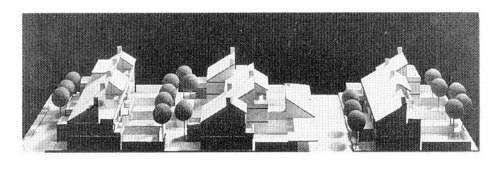

[78] SAR = De Stichting Architecten Research, Niederlande

6.21 Wien/AU, Heuberg, Grundriß OG (Adolf Loos, 1921–24)

6.22 Linschoten/NL, Zonungsmodell (de Jonge, van Olphen, Bax, 1970)

dabei sicherlich die Variabilität des Primärangebots eine große Rolle spielt, enthält das Konzept doch gleichzeitig auch die Möglichkeiten einer stufenweisen Erweiterung durch späteres Auf- und Anbauen (Abb. 6.22).

Auf demselben Prinzip vorherbestimmter Anbauzonen beruhen die Erweiterungsmöglichkeiten bei den Reihenhäusern der Kollektivsiedlung Saettedammen in Dänemark, die 1971–73 entstehen. Hier werden schon die Haustrennwände über das für die Primärstufe erforderliche Maß hinaus verlängert und zeichnen mögliche Erweiterungszonen vor. Diese ordnende Funktion der Haustrennwände wird auch gestalterisch deutlich gemacht, indem sie überall sichtbar bleiben – auch über dem Dach. Auch Ausbauzonen des Obergeschosses werden durch diese Trennwände bereits vor-

6.23

gezeichnet. Ein ganz wesentlicher Vorteil dieses Prinzips liegt darin, daß durch die Vorwegnahme der die Nachbarn betreffenden Baumaßnahmen spätere Konflikt vermieden werden, auch was Störungen durch den Bauvorgang selbst angeht (Abb. 6.23).

Im Gegensatz zu den im Prinzip jedoch begrenzten Erweiterungsmöglichkeiten des Reihenhauses, die eher im Bereich des Auf- und Ausbauens liegen, bietet das Gartenhofhaus als eingeschossige Gebäudeform vor allem Möglichkeiten des Anbauens. Die »starter-home«-Konzepte der frühen siebziger Jahre werden daher vorwiegend an diesem Typ entwickelt, der durch seine Introvertiertheit ebenfalls mit knappen Grundstücksgrößen auskommt. So entwickelt Erskine 1969–71 ein »starter-home«-Konzept für Killingworth/GB. Der Ausgangstyp ist L-förmig angelegt und kann an beiden Enden um bis zu drei Schlafräume erweitert werden. Dabei wächst die Wohnung dergestalt mit, daß das Schlafzimmer des Ausgangshauses später zum separaten Eßplatz wird (Abb. 6.24).

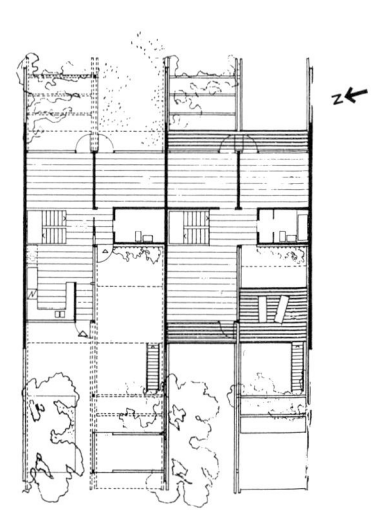

6.24

6.23 Hammersholt/DK,
Saettedammen
(Bjerg + Dyreborg, 1973)

6.24 Killingworth/GB,
Starter-Home,
Stage 1, 2, 4
(Ralph Erskine, 1971)

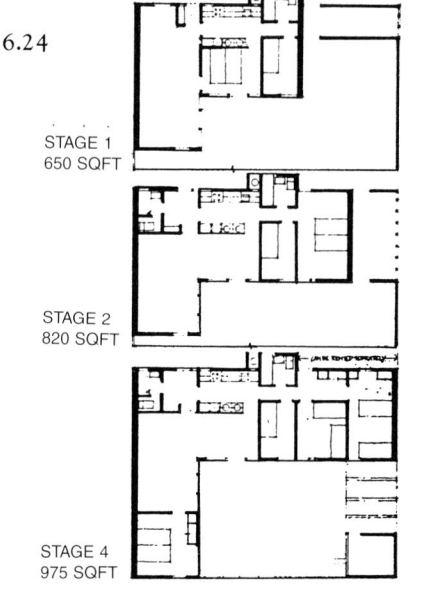

6.25

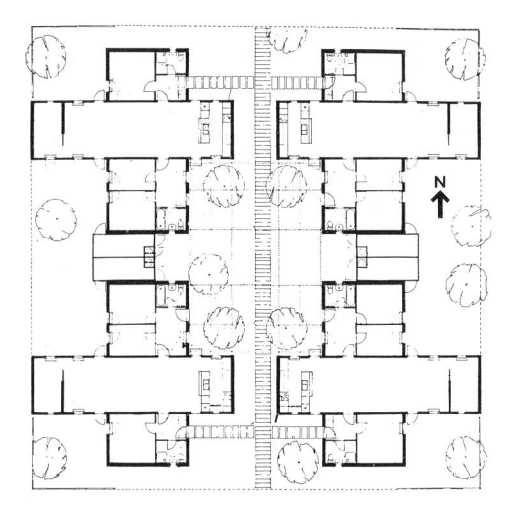

Einen ungewöhnlichen Weg gehen die dänischen Architekten Storgard, Orum-Nielsen und Marcussen mit ihrem Gartenhofhaus für das Wohnquartier Galgebakken bei Kopenhagen 1968–79. Sie entwickeln einen ebenfalls eingeschossigen Haustyp, der im Endzustand ein annähernd quadratisches Grundstück kreuzförmig besetzt. Dabei werden an ein Kernhaus zwei unterschiedlich große Querhäuser angelagert, von denen zunächst nur eins gebaut werden muß. Das andere kann als Erweiterung oder Einliegerwohnung später angefügt werden. Im Endzustand umschließen vier Häuser einen gemeinsamen Innenhof, der groß genug ist, um sowohl gemeinschaftlich wie separat genutzt zu werden (Abb. 6.25).

Das Ausbauprinzip wird dagegen fast ausschließlich für mehrgeschossige Wohnungen angewendet, wie schon der Berliner Wettbewerb von 1932 gezeigt hat. Es geht von der Vorhaltung der gesamten baulichen Hülle aus, die erst durch späteren Ausbau nutzbar gemacht wird.

Genau besehen steckt etwas von diesem Prinzip auch in dem für Saettedammen und verwandte Projekte gewählten Weg. Zwar wird hier nicht die ganze Gebäudehülle vorgehalten, aber mit den Wänden doch ein nicht unwesentlicher Teil derselben. Je umfangreicher aber diese Vorhaltungen sind, um so größer sind die dafür erforderlichen Vorausinvestitionen, wie Martin Wagner schon 1931 festgestellt hat.[79]

Andererseits ist mit dem Ausbauprinzip aber eine der ganz wenigen Möglichkeiten gegeben, in dichten baulichen Situationen eine spätere Erweiterbarkeit von Wohnflächen vorzusehen, ohne daß dafür kompensative Maßnahmen in Kauf genommen werden müssen.

1978–82 entwickelt Renzo Piano für einen Versuchsbau in der Nähe von Perugia einen Reihenhaustyp aus weitgehend industriell gefertigten Bauteilen, der durch schrittweisen Ausbau von 50 auf 120 qm Wohnfläche erweitert werden kann. Der Ausgangstyp gibt bereits das Gesamtvolumen des Endausbaus vor, wobei schon in der Kernstufe beide Ebenen erschlossen sind. Abgesehen

6.26

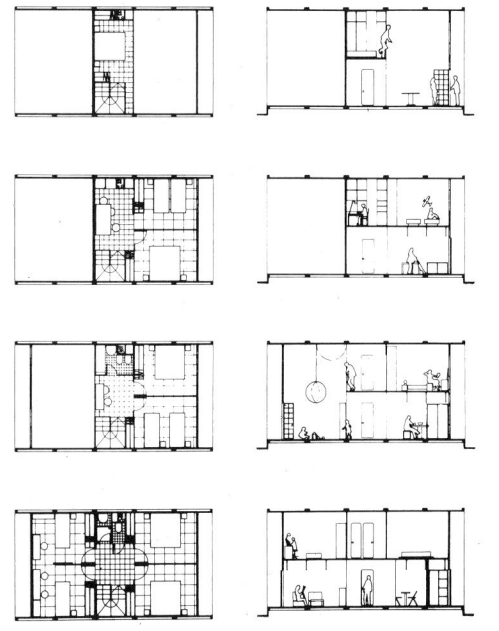

[79] Martin Wagner, Das wachsende Haus, zit. nach Ulrich Cremer, Wohnbau zwischen Dauer und Veränderung, S. 105

6.25 Albertslund/DK, Galgebakken, Typ A 1 (Storgard, Orum-Nielsen, Marcussen, 1968–74)

6.26 Perugia/I, Versuchsreihenhaus (Renzo Piano, 1978–82)

von einem zweiten Bad, das für die Ausbaustufe 3 hinzukommt, beschränkt sich der weitere Ausbau auf die Vergrößerung des Wohn- und Schlafbereichs, ohne daß bereits vorhandene Einrichtungen verändert werden müssen. Zwar soll das Verfahren durch den Einsatz leichter Bauteile, auch für die verschiebliche Fassade, einer Bewohnerselbsthilfe entgegenkommen, der hohe technische Anspruch des Systems läßt aber an dieser Zielsetzung Zweifel aufkommen (Abb. 6.26).

Es liegt nahe, über die dem Reihenhaus verwandte Form der Maisonettewohnung dieses Prinzip auch auf den Geschoßbau zu übertragen. So schlägt Anton Schweighofer 1982 eine ähnliche Lösung für »Starter-Wohnungen« in Berlin vor. Die Ausgangsstufe mit 50 qm Wohnfläche kann innerhalb des vorgegebenen Endvolumens in drei Erweiterungsschritten auf etwa 100 qm vergrößert werden. Auch hier gibt es über dem Laubengang und über dem Bad den Ansatz einer zweiten Ebene, jedoch noch keine Treppe. Sie folgt mit dem ersten Erweiterungsschritt, das obere Bad mit dem zweiten. Anders als bei Renzo Piano, der in Stufe 3 auch seine Fassade verschiebt, finden bei Schweighofer keine nachträglichen Volumenänderungen statt. Sein Projekt dürfte damit auch einer Selbsthilfe beim Ausbauen entgegenkommen, nicht zuletzt durch das Konstruktionsprinzip, mit dem die Geschoßdecke nachträglich eingebaut wird: Schweighofer schlägt vor, sie als Holzkonstruktion wie einen Tisch in das Hüllvolumen hineinzustellen (Abb. 6.27).

Im Zusammenhang mit dem Ausbauprinzip müssen schließlich auch jene Ideen und Konzepte gesehen werden, die aus der Bereitstellung von Megastrukturen im Sinne von »Grundstücken auf der Etage« eine Art vierdimensionalen Städtebau zum Ziel haben. Sie reichen von Le Corbusiers »plan obus« 1931 (Abb. 6.28) über die Metabolisten bis zu den Vorschlägen für die »totale Wohnung« von Roland Frei und Norbert Schmidt-Relenberg 1967.

Auch in Frei Ottos Konzepten für arktische Klimahüllen zur Aufnahme ganzer Städte steckt etwas von diesem Prinzip (Abb. 6.29). Die Veränderbarkeit von Wohnfläche durch An-, Auf- oder Ausbauen zeigt folgende Entwicklungstendenzen:

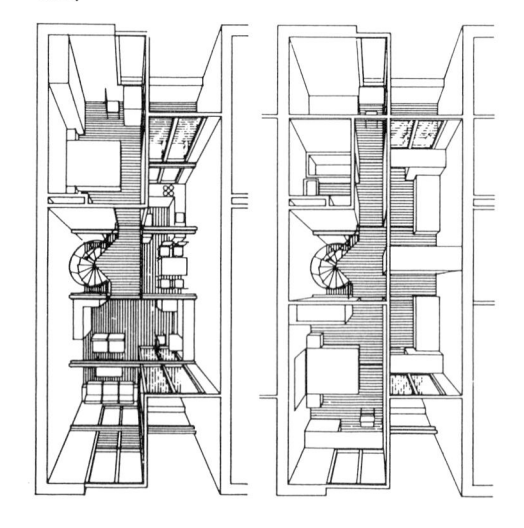

6.27 Berlin, IBA,
»Die wachsende Wohnung«
(Anton Schweighofer, 1982)

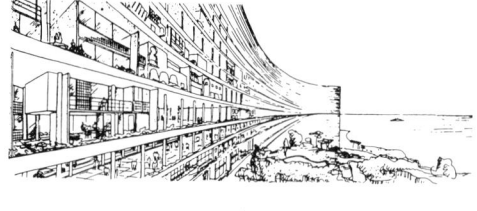

6.28 Algier/Algerien,
Plan Obus
(Le Corbusier, 1931)

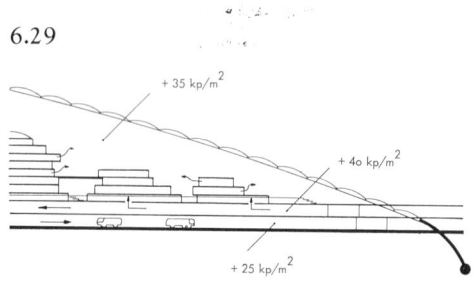

6.29 Stadt unter der Hülle
(Frei Otto, 1971)

- An- und Aufbaumodelle beschränken sich heute angesichts zunehmender Verdichtung des Wohnens auf die Wohnformen des Reihen- und Gartenhofhauses. Auch dort bedarf es präziser Rahmenbedingungen in bautechnischer, baurechtlicher und nachbarrechtlicher Hinsicht. Die genaue Festlegung möglicher An- und Aufbauzonen und ihre weitgehende bauliche Vorbereitung in den Bereichen der Grundstücksgrenzen erleichtern die Durchführbarkeit.
- Im Geschoßbau sind Ausbaumodelle anderen Möglichkeiten überlegen. Sie sind jedoch nur sinnvoll, wenn ihre Vorausinvestitionen in einem angemessenen Verhältnis zur erzielbaren Anpassungsmöglichkeit stehen. Dies ist mit Sicherheit nur bei Eigentumsmaßnahmen der Fall.

Veränderbarkeit der Grundrißgesamtfläche durch Unterteilen oder Zusammenlegen von Wohnflächen

Es liegt in der Natur der Erweiterungsmodelle durch An-, Auf- oder Ausbauen, daß sie in der Regel nicht rückgängig gemacht werden, weil Rückbau Geld kostet, ohne nennenswerte ökonomische Vorteile zu bringen. Damit bleiben jene Bedürfnisse unbeantwortet, die auf Verkleinerungen zielen.

Die Gesetzmäßigkeit von Lebenszyklen lehrt uns aber, daß Wachstums- und Schrumpfungsprozesse einander ablösen, daß also auf Phasen eines erhöhten Wohnflächenbedarfs auch immer wieder Phasen eines Bedarfsrückgangs folgen. Diesem Bedürfnis kommt das Prinzip der Unterteilung und Zusammenlegung von Wohnflächen eher entgegen, als die bereits behandelten Modelle.

Da Teilung und Zusammenlegung in einem reziproken Verhältnis zueinander stehen, sind die Vorgänge stets umkehrbar, Vergrößerung und Verkleinerung können einander abwechseln.

Dem Wachsen und Schrumpfen einer Familie kann in diesen Fällen durch einen in die Wohnung einbeziehbaren oder aus der Wohnung herauslösbaren Teil von Wohnfläche entsprochen werden.

Entscheidend ist dabei die volle Funktionsfähigkeit des jeweiligen Aufteilungszustands und ein möglichst niedriger Aufwand für die Umwandlung. Eine wesentliche Rolle spielt in diesem Zusammenhang die Erschließung.

Es versteht sich, daß frühe Beispiele für dieses Konzept weniger den Aspekt des Teilens als den des Zusammenlegens zum Ziel haben; es geht auch hier zunächst darum, kleinstmögliche Anfangswohnungen durch Zusammenlegung später in brauchbare Familienwohnungen umwandeln zu können.

Auch nach dem Ersten Weltkrieg steht zunächst eher das Kleinsiedlerhaus im Mittelpunkt der Auseinandersetzung.

1919 entwickelt Moritz Wolf den Typ eines »elastischen Reihenhauses«, bei dem die beiden Vollgeschosse zunächst als voneinander unabhängige Kleinwohnungen von 40 bzw. 43 qm genutzt werden können. In einem gemeinsamen Eingangsflur liegen die Treppe und das WC. Die Ost-West-orientierten Häuser sitzen mitten im Grundstück, so daß auf jeder Gebäudeseite ein großer Garten für die beiden Wohnungen entsteht. Nach dem Zusammenschluß der Kleinwohnungen ergibt sich eine Gesamtwohnfläche

6.30

EG   OG

1. Zustand, 2 Wohnungen

EG   OG

Endzustand, 1 Wohnung

6.31

Erdgeschoß 1.Zustand   Obergeschoß 1.Zustand

Erdgeschoß 4.Zustand   Obergeschoß 2. u. 3.Zustand

6.30 Elastische Reihenhäuser (Moritz Wolf, 1919)

6.31 Berlin, Fischtalgrund, teilbares Reihenhaus (F. W. Volz, 1928)

von 86 qm für fünf bis sechs Personen (Abb. 6.30).

Das Reihenhaus von F. W. Volz aus dem Jahre 1928 beruht auf demselben Grundprinzip. Auch hier werden die beiden Vollgeschosse zunächst in zwei identische Kleinwohnungen aufgeteilt. Bei Volz sind beide Wohnungen mit eigenem WC ausgestattet. Ein wesentlicher Unterschied liegt in der hier angebotenen Zwischenstufe mit Hilfe eines Schaltzimmers am oberen Treppenpodest. Dieses Schaltzimmer erlaubt auch Nutzungszustände, bei denen ein Teil des Obergeschosses als verkleinerte Einliegerwohnung von 33 qm abgeteilt werden kann. Bei vollem Zusammenschluß der beiden Wohngeschosse entsteht eine Wohnfläche von 97 qm für fünf bis sieben Personen (Abb. 6.31).

In beiden Beispielen beschränken sich die Umbaumaßnahmen auf das Entfernen einer Kücheneinrichtung und auf die Funktionsänderung einiger Türen.

Für einen ähnlichen Ansatz aus jüngerer Zeit sei das Beispiel von Spengelin, Gerlach und Glauner genannt, das 1977 für Hochdahl entwickelt wird. Es verbindet Prinzipien des An- und Ausbaus mit denen der Teilbarkeit und Zusammenfaßbarkeit von Wohnflächen. Anbauzonen erlauben im Erdgeschoß das Anfügen von Wohnraumerweiterungen auf der Gartenseite oder von kleinen Einliegerzimmern im Eingangsbereich auf jeweils halber Grundstücks-

6.32

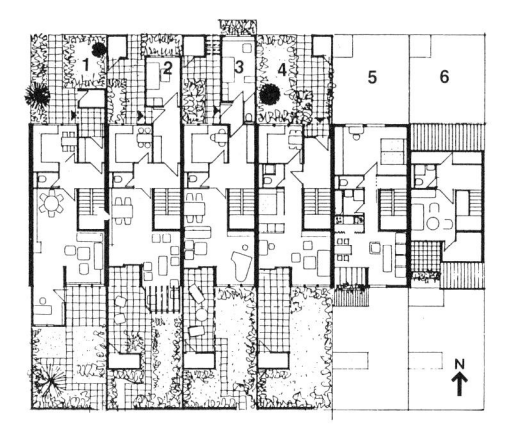

6.33

breite. Als Ausbauzone steht der Dachraum des Satteldachs zur Verfügung.

Die Teilbarkeit wird dadurch sichergestellt, daß die mittig im Grundriß liegende Podesttreppe einem separierbaren Eingangsbereich zugeordnet wird, der in beiden Nutzungszuständen für gute räumliche Verhältnisse sorgt (Abb. 6.32).

Eine besondere Möglichkeit der Anpassung an quantitative Bedarfsveränderungen bietet im verdichteten Flachbau das Prinzip des Nebenhauses auf gleichem Grundstück, das als Altenteil, Gartenhaus, Einliegerhaus oder »Stöckliwohnung«, wie die Schweizer sagen, separate oder integrierte Nutzungen zuläßt. 1984 entsteht in Gebenstorf bei Brugg eine kleine Reihenhausgruppe dieser Art. Dabei verbinden die Architekten Tognola, Stahel und Zulauf ihre »Stöcklihäuser« über einen glasüberdachten Hof mit den Reihenhäusern. Im Gegensatz zu den vor den Reihenhäusern liegenden Privatgärten ist der Hof als Gemeinschaftszone ausgebildet und übergreift damit auch die Parzellengrenzen (Abb. 2.6 und 6.33).

Auch für den Geschoßbau werden schon in den zwanziger Jahren Überlegungen in Richtung auf teilbare bzw. zusammenschließbare Wohnflächen angestellt.

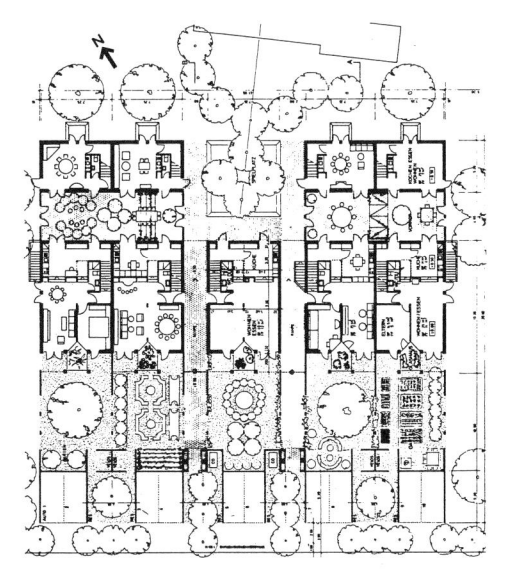

Eine relativ gebräuchliche Möglichkeit bietet das sogenannte »Schaltzimmer«, das häufig zwischen den beiden Wohnungen eines Zweispänners gegenüber der Treppe angeordnet wird. Es erlaubt eine begrenzte Wohnflächenveränderung zugunsten oder zu Lasten der anderen Wohnung.

Sind die beiden Wohnungen ungleich groß, dann kann mit diesem Schaltzimmer zunächst eine größere Angebotsflexibilität bezüglich der Wohnungsgrößen erreicht werden, also eine bessere Anpassung an bestimmte Bedarfskonstellationen bei Bezug.

Ein Beispiel hierfür ist der von der Schweizer Architektenarbeitsgemeinschaft entwickelte Grundriß für die Werkbundsiedlung Neubühl bei Zürich (Abb. 1.6).

Da Schaltzimmer aber keine selbständige Wohneinheit darstellen, also z. B. nur bedingt getrennt untervermietet werden können, bleibt ihr Nutzen für spätere Anpassungen begrenzt, es sei denn, der Zufall ergäbe die passende Bedarfslage bei den Nachbarn. Für den Aspekt einer nachhaltigen Veränderbarkeit sind also jene

6.32 Hochdahl, Wettbewerb
verdichteter Eigenheimbau,
1 Erweiterung Zimmer und
Windfang
2 Zusätzliches Zimmer
3 Einlieger
4 Abgeteilte EG-Wohnung
5 Abgeteilte OG-Wohnung
6 DG-Ausbau
(Spengelin, Gerlach, Glauner,
1977)

6.33 Gebenstorf/CH, Siedlung
Rüssdörfli, Grundriß EG
(Tognola, Stahel, Zulauf,
1984)

6.34

Modelle von größerem Interesse, die auch im Falle der Unterteilung selbständige Wohneinheiten ergeben.

1925 wendet der Nürnberger Architekt Wagner-Speyer dieses Prinzip bei einem Dreispännergrundriß an. Dabei ist die mittlere der drei Zweizimmerwohnungen weit aus der Zeile herausgezogen, um ausreichende Querlüftung sicherzustellen. Wagner-Speyer weist nach, daß er aus diesen drei Wohnungen zwei Vierzimmerwohnungen machen kann, in dem die mittlere Wohnung geteilt und je zur Hälfte den beiden äußeren Wohnungen zugeschlagen wird. Zu diesem Zweck muß er wenige Meter Innenwand und eine Kücheneinrichtung entfernen sowie einige Türen verlegen (Abb. 6.34).

Sehr viel knapper bemessen sind die Ausgangswohnungen des von Jakobus Goettel entwickelten Haustyps für ein Projekt in Berlin-Lichtenberg aus dem Jahre 1928. Es ist genau besehen ein Fünfspänner, bei dem die fünfte Wohnung aus einem Einzimmerappartement gegenüber der Treppe besteht.

Die vier gleichgroßen Zweipersonenwohnungen sind mit 38 qm extrem knapp ausgelegt und sollen auch bei niedrigstem Einkommen zu einer Anfangswohnung verhelfen. Je zwei dieser »back-to-back« angeordneten Wohnungen können später zu einer 76 qm großen Wohnung für vier bis fünf Personen vereint werden.

Dazu muß die Sanitärinstallation einer Wohnung sowie ein Stück Trennwand entfernt und je eine Wohnungstür dichtgemacht werden. Der wesentliche Unterschied zum Konzept von Wagner-Speyer liegt darin, daß Goettels Kleinwohnungen tatsächlich nur für eine Übergangszeit akzeptabel sind – auch weil sie keinerlei Querlüftung aufweisen. Der Vorteil liegt in einer größeren Unabhängigkeit bei der Zusammenlegung, da hier immer nur zwei Wohnungen betroffen sind (Abb. 6.35).

6.35

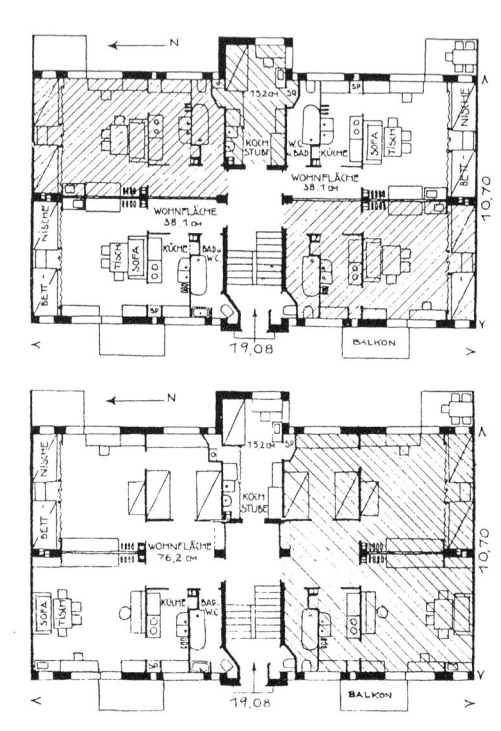

6.34 *Aus 3 Kleinwohnungen 2 Mittelwohnungen (Wagner-Speyer, 1925)*

6.35 *Berlin-Lichtenberg, Ausstellungswohnung (Jakobus Goettel, 1928)*

Der Verfasser des zweiten Preises beim Hamburger Wettbewerb von 1928, Karl Schneider, wählt dagegen eine stichartige Laubengangerschließung für die beiden äußeren der in einer Reihe angeordneten Wohnungen und löst auf diese Weise das Problem der Querlüftung. Bei der Zusammenlegung der Wohnungen werden diese Laubengänge ihrer Erschließungsfunktion enthoben und werden zu großzügigen privaten Loggien. Problematisch ist das am Laubengang liegende Schlafzimmer beim unterteilten Zustand. Dagegen entsteht durch Umwandlung der äußeren Küche in ein Bad eine sehr überzeugende funktionale Bereichsgliederung für den zusammengefaßten Grundriß, der mit etwa 90 qm Wohnfläche bis zu sechs oder sieben Personen aufnehmen kann (Abb. 6.36).

1950 greift Franz Schuster das Vierspännerkonzept erneut auf, ohne es jedoch wirklich verbessern zu können. Zwar haben seine Ausgangswohnungen getrennte Wohn- und Schlafräume, dafür aber kein Bad. Bei 45 qm Wohnfläche für die Ausgangsgrößen entstehen bei Zusammenlegung gut nutzbare Sechspersonenwohnungen mit 90 qm

6.36

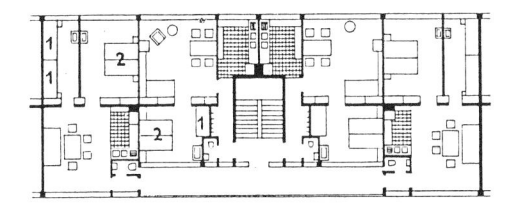

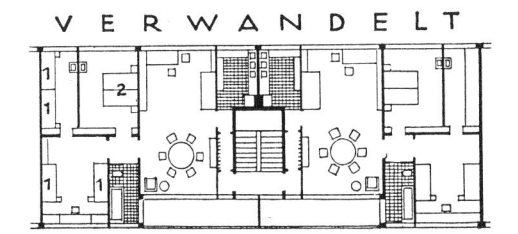

6.37

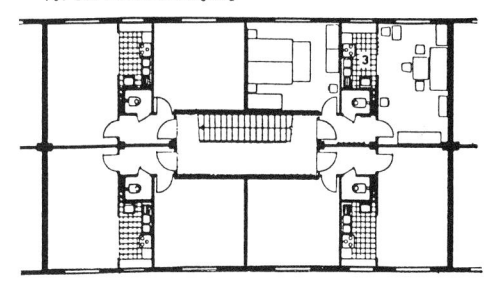

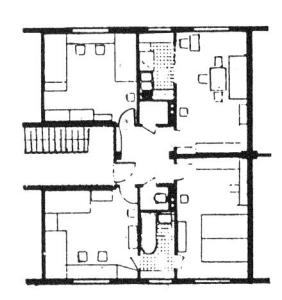

Wohnfläche. Die Umbaumaßnahmen erfordern das Herausnehmen einer Trennwand, die Umwandlung einer Küche in ein Bad und das Schließen einer Wohnungstür (Abb. 6.37).

1965/66 bauen Faller und Schröder für die Universität Stuttgart zwei Personalwohnhäuser als freistehende Vierspänner von je acht Geschossen. Eine begrenzte Anpaßbarkeit des Wohnungsangebots an Bedarfsveränderungen wird gewünscht. Es wird dadurch gewährleistet, daß auf jedem Geschoß ein Schaltzimmer zwischen einer Ein- und einer Dreipersonenwohnung angeordnet wird. Dadurch werden wahlweise die Kombinationen 1 + 4 und 2 + 3 möglich. Zusätzlich können die beiden Wohnungen auch zusammengeschlossen werden, indem ihren beiden über Eck liegenden Zugängen eine äußere Abschlußtür vorgeschaltet wird. Die kleinere Wohnung wird zum Einlieger oder geht ganz in der größeren Wohnung auf. Auch hier beschränken sich die

6.36 *Hamburg, Dulsberg, Wettbewerb (Karl Schneider, 1927/28)*

6.37 *Wien/AU, Duplex-Wohnungen (Franz Schuster, 1950)*

6.38

Umbaumaßnahmen auf das Ein- oder Ausbauen einer Kochnische, das Versetzen der Abschlußtür und das Umpolen eines Stromkreises für das Schaltzimmer (Abb. 6.38).

Für ein Hochhausprojekt in Stuttgart-Neugereut entwickeln dieselben Architekten 1974 einen Grundriß, der aus zwei separaten Türmen besteht, die über Brückengeschosse miteinander verbunden sind. Damit wird eine filigranere Erscheinung des Hochhauses und gleichzeitig eine Querlüftung für alle Wohnungen erreicht.

Jeder Turm kann als Zwei-, Drei- oder Vierspänner ausgebildet werden, wobei zwei Einpersonenwohnungen von 40 qm und zwei Zweipersonenwohnungen von 55 qm die Ausgangswohnungen bilden. Bei deren Zusammenschluß entstehen Vierpersonenwohnungen von 95 qm Wohnfläche. Durch Schaltzimmer sind weitere Varianten möglich. Das Zusammenlegen zweier Wohnungen erfordert den Ausbau von kurzen Wandstücken, das Schließen einer der beiden Wohnungstüren und den Zusammenschluß der beiden Kleinküchen zu einer Familienküche (Abb. 4.22).

6.38 *Stuttgart-Vaihingen, Personalwohnungen (Faller + Schröder, 1965)*

6.4 Veränderbarkeit als partizipatorischer Ansatz

Die Anonymität des Massenwohnbaus der Nachkriegszeit und die durch ihn ausgelöste Identitätskrise seiner Bewohner sind Ursachen dafür, daß sich neben funktional begründeten auch andere Veränderungsbedürfnisse entwickeln können, die vor allem Spielräume für eine Mitwirkung des Bewohners an der Gestaltung seiner Wohnwelt einfordern.

Der frühen Moderne war eine solche Einbeziehung des Wohnenden in den Gestaltungsprozeß nicht nur wesensfremd, sondern sie widersprach geradezu ihrem zentralen Anliegen, mit einer neuen kollektiven Form auch eine bessere Welt zu gestalten. Nur in der Kollektivität läßt sich aus damaliger Sicht die Not des einzelnen überwinden, nur in der Objektivierung individueller Bedürfnisse können die Aufgaben des Neuen Bauens bewältigt werden. Der Widerspruch zu den frühen Bemühungen um einen individuell anpaßbaren Wohnbau seit Ende der dreißiger Jahre ist nur ein scheinbarer, denn die Suche nach neutralen Hüllformen für unterschiedlichste Wohnbedürfnisse beruht letztlich auf demselben Grundprinzip, nämlich der Absorption des Individuellen im Kollektiven. Bei dem hier behandelten Aspekt geht es auch weniger um weitere Ansätze für eine planbare Individualisierung des Wohnens in funktionaler oder quantitativer Hinsicht, sondern vielmehr um den Aspekt einer gestalterischen Einflußnahme nach den Wünschen und Vorstellungen der Bewohner außerhalb professioneller Einwirkung.

Dem liegt die nicht mehr ganz neue Einsicht zugrunde, daß der Wohnbau sehr viel unmittelbarer dem Leben zu dienen hat als die übrige Baukunst und daß er deshalb nicht demselben Perfektionsdrang unterworfen werden darf wie jene. Ein solches Konzept wirft aber die Frage nach dem Selbstverständnis des Architekten auf und appelliert an seine Bereitschaft, auf die Vollendung seines Werkes letztendlich zu verzichten. Gleichzeitig stellt sich damit die Frage nach dem Rahmen, innerhalb dessen sich die Selbstverwirklichung des Bewohners abspielen kann.

Das bis heute wohl tragfähigste Konzept einer Unterscheidung zwischen einem kollektiven Rahmenwerk und einer individuellen Ausfüllung geht auf die Arbeit von Nikolaas John Habraken zurück, die 1961 in den Niederlanden unter dem Titel »Das Ende des Massenwohnungsbaus«[80] erscheint.

Sie verbindet ein industrielles Bauprinzip, bei dem zwischen Trägersystemen und Einbausystemen unterschieden wird, mit Vorschlägen für neue planerische Entscheidungsabläufe, die den Bewohner als »Akteur« in einen Verfahrensplan für den öffentlichen Mietwohnungsbau miteinbeziehen.

Hinter Habrakens Konzept steht vor allem die Vorstellung einer industriell steuerbaren Vielfalt, die schließlich im SAR-65-Konzept ihren Niederschlag findet.[81]

Sie bestätigt aber auch ein gestalterisches Phänomen, demzufolge in einem ausreichend prägnanten Rahmen von regelmäßig sich wiederholenden Elementen eine nahezu unbegrenzte Beliebigkeit der Ausfüllung stattfinden kann, ohne daß dadurch ein gestalterisches Chaos entsteht.

Damit werden aber auch Denkmodelle möglich, bei denen über die Rahmensetzung hin-

6.39

aus keine Einflußnahme auf den Bewohner mehr erfolgt – den individuellen Ausfüllungen also keine Grenzen mehr gesetzt sind. Eine solche Beliebigkeit der Ausfüllung liegt den Arbeiten von Lucien Kroll zugrunde, z. B. bei seinen Studentenwohnungen in Louvain la Neuve (Abb. 6.39).

Hermann Hertzberger will eine so weitgehende Bindungslosigkeit nicht; er hält sie sogar für lähmend, wenn es um die Ingangsetzung eines Aneignungsprozesses geht. Für ihn steckt in der dem strukturalistischen Konzept zugrundeliegenden Analogie zu den Phänomenen »Sprache« und »Sprechen« mehr als nur die Ausfüllung eines vorgegebenen Rahmens durch das Individuum. Aus seiner Sicht muß die vom Architekten geschaffene Form selbst einen Aufforderungscharakter haben; sie ist nach seiner Vorstellung nicht nur der Rahmen, sondern das Bindeglied zwischen dem, was ihr der Architekt an Möglichkeiten mitgibt, und dem, was die Bewohner aus ihr machen. Diesem Konzept kommen seine Diagoon-Häuser in Delft besonders nahe (Abb. 6.40; s. a. S. 326 f.).

Es geht also nicht nur um den Freiheitsgrad dieser Beteiligungsmodelle, sondern auch um ihre Akzeptanz durch diejenigen, denen diese Freiheit zugute kommen soll. Sie wird gesteuert durch den kulturellen Bewußt-

[80] *Nikolaas John Habraken, De Drager en den Mens – Het einde van de massawoningbouws*

[81] *Sanders/Habraken, u. a., SAR 1965*

6.39 *Louvain la Neuve/B (Lucien Kroll, ca. 1970)*

[82] Alexander Mitscherlich, Die Unwirtlichkeit unserer Städte

6.40

6.41

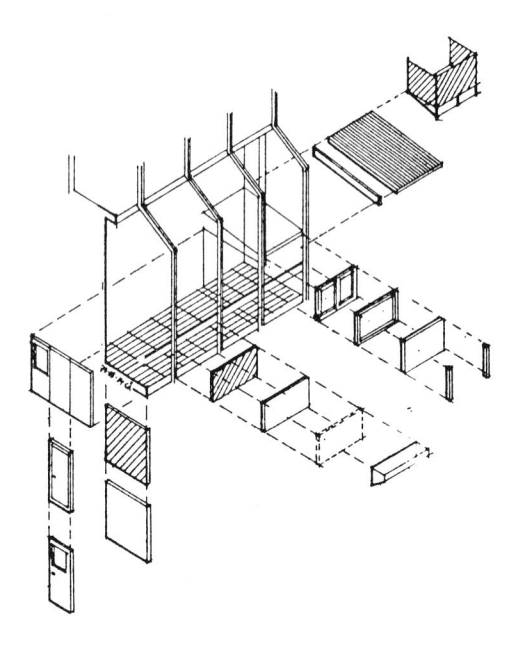

6.40 Delft/NL, Diagoon-Häuser (Herman Hertzberger, 1979)

6.41 Stockholm/S, Fassadenbaukasten für ein Mehrfamilienhaus (Olle Volny, 1981)

6.42 Dehli/Indien, Jungpura extension, Schnitt 1953, Schnitt 1988 (1953–84)

6.42

seinsstand der Betroffenen und ihre Fähigkeit, »positive Objektbeziehungen« im Sinne Alexander Mitscherlichs überhaupt erst zu entwickeln.[82]

Inzwischen hat sich vor allem das Prinzip »Rahmen und Füllung« im Bereich von ausbaufähigen, vor der Fassade liegenden Zonen für individuell gestaltbare Freibereiche durchgesetzt. Es reicht von Balkongerüsten (Abb. 5.34) bis zur Ausbildung kompletter zweiter Fassadenebenen nach der Art eines Baugerüstes, wodurch auch quantitative Spielräume für solche Außenwohnflächen möglich werden (Abb. 6.41). Der Bewohner kann (und soll) innerhalb dieser Vorgaben seinen privaten Außenraum selbst gestalten, je nach Bedarf offener oder geschlossener ausbilden, und damit auch das Gesicht seiner Wohnung mitbestimmen. Je nach Qualität und Ablesbarkeit des vorgegebenen Rahmens entstehen so mehr oder weniger überzeugende Überlagerungen zwischen kollektiver und individueller Wohnarchitektur.

Ein altbekanntes Phänomen wird damit zum Gestaltungsprinzip erhoben: die bekanntlich schon immer zu beobachtende allmähliche Individualisierung der informellen Rückseiten städtischer Wohnbauten (Abb. 5.33), aber auch die eher der Not gehorchende Individualisierung von Großwohnanlagen in stark überbevölkerten Ballungsräumen, wie am Beispiel eines Wohnblocks in Jungpura zu sehen ist (Abb. 6.42).

INHALT

7 Wohngrundriß und Wohnbautechnik
7.1   Das flache Dach
7.2   Wandbauweisen
7.3   Haustechnik

Funktionsstudien zu diesem Kapitel befinden sich
auf den Seiten 370 und 371

7 Wohngrundriß und Wohnbautechnik

7.1 Das flache Dach

7.1

Das flache Dach als das zugleich herausragende, aber auch umstrittene Markenzeichen des Neuen Bauens steht in dieser Betrachtung an erster Stelle, weil keine andere bautechnische Entwicklung auf die bauliche Erscheinung, auf den Grundriß, aber auch auf die Beziehung zwischen Innenraum und Außenraum einen ähnlichen tiefgreifenden Einfluß genommen hat wie der Verzicht auf das in Mitteleuropa über Jahrhunderte angewandte Steildach oder geneigte Dach mit all seinen formalen, bautechnischen und funktionalen Konsequenzen.

Obwohl das flache Dach im alltäglichen Bauen des östlichen Mittelmeerraums, Nordafrikas und des Nahen Ostens eine jahrtausendealte Tradition hat und in dieser Tradition stets auch als Wohnfläche, Lagerfläche und Arbeitsfläche genutzt wird, kann es sich in unseren Breiten mit ihren anderen klimatischen Bedingungen, vor allem Schnee und Frost, erst mit der Verfügbarkeit ausreichend sicherer Herstellungstechniken durchsetzen.

Die Baugeschichte beweist zwar, daß die formalästhetischen Wirkungen »dachloser« Baukörpergestaltung in der offiziellen Architektur seit der Renaissance auch in Nordeuropa geschätzt werden und in den Städten des Inntals sogar bis in die bürgerliche Baukultur vordringen können; in der Regel handelt es sich dabei aber um flach geneigte Dächer, die hinter horizontalen Gesimsen vorgeblendeter Fassaden versteckt werden (Abb. 7.1).

Begehbare Flachdächer und Terrassen bleiben dagegen wegen der sehr hohen Aufwendungen für ihre Herstellung auf wenige Beispiele herrschaftlicher Schloß- und Gartenarchitektur beschränkt (Abb. 7.2).

7.2

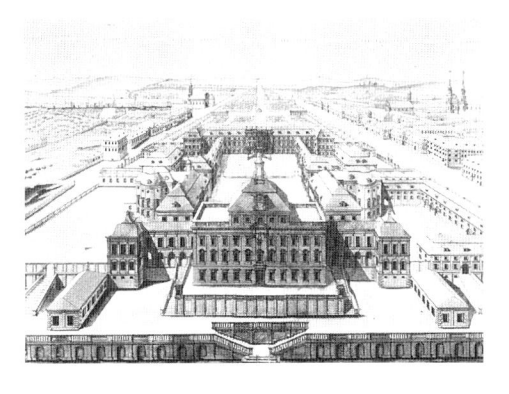

7.1 *Rosenheimer Bürgerhaus, Skizze der Dachausbildung*

7.2 *Ludwigsburg, Schloßgarten (Donato Guiseppe Frisoni, 1733)*

[83] *Meyers Großes Konversationslexikon, S. 515, Stichwort »Holzzement«*

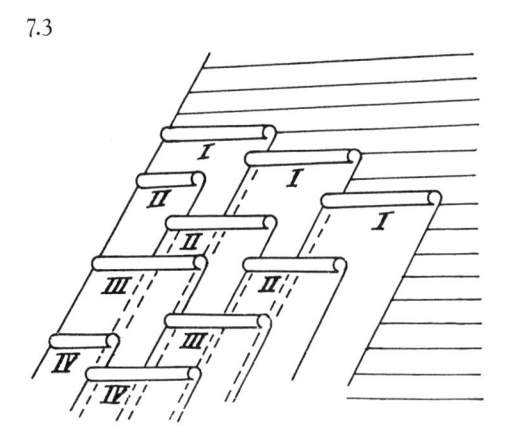

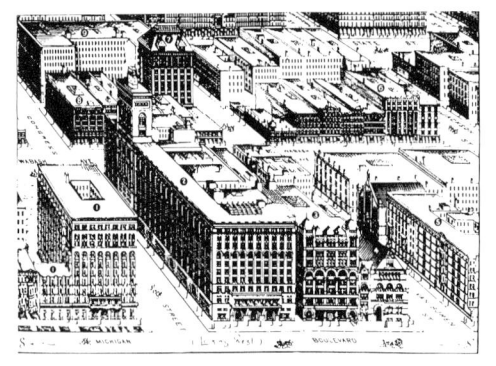

Aber Dürers Darstellung von den »Nürnberger Dachgärtlein« läßt darauf schließen, daß der Wunsch nach dem Wohnen auf dem Dach älter ist als die Verfügbarkeit entsprechender Konstruktionen (Abb. 5.2).

Erst im 19. Jahrhundert entwickeln sich schrittweise die technischen Voraussetzungen für unser heutiges Flachdach: die »Erfindung« des Holzzementdachs durch Samuel Häusler 1839[83] (Abb. 7.3), die Entwicklung von Bitumenpappen als Nebenprodukte der neu aufkommenden Erdölindustrie sowie die neuen konstruktiven Möglichkeiten des Skelettbaus und weit gespannter Flach- und Massivdecken.

Der Wiederaufbau nordamerikanischer Städte nach den großen Bränden in der zweiten Hälfte des 19. Jahrhunderts führt zu einer verbreiteten Anwendung dieser neuen Techniken und zur Entstehung des Hochhauses als neuer Gebäudeform.

Das Flachdach erfüllt dabei nicht nur die ästhetischen, sondern vor allem auch die brandschutztechnischen Anforderungen dieser neuartigen Bauaufgaben (Abb. 7.4). Rasch entwickelt sich eine neue eigenständige Architektur des Flachdachs und erreicht über die sogenannte »Chicago school«, insbesondere aber mit Louis Sullivans Schüler Frank Lloyd Wright einen ersten Höhepunkt um die Jahrhundertwende (Abb. 7.5).

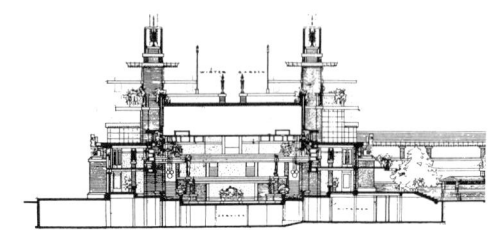

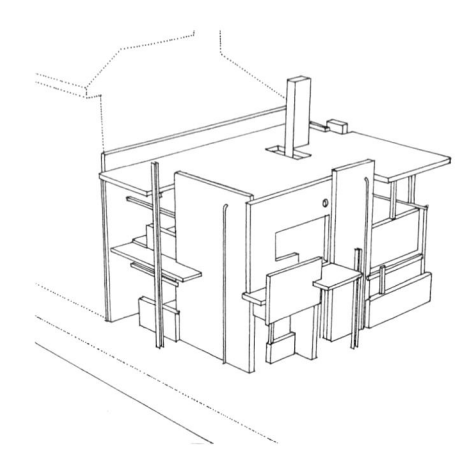

In Frankreich, den Niederlanden, Deutschland und Österreich bilden sich parallel zunächst eigenständige, durch die Publikationen Wrights teilweise aber auch beeinflußte Strömungen, die schließlich über die Bewegung des »De Stijl« und des Bauhauses in einen breiten kulturellen Aufbruch eines

7.3 *Verlegungsart des Holzzementdaches (Elsner v. Gronow, 1929)*

7.4 *Chicago/USA, Downtown development mit Auditorium Building, Isometrie (ca. 1895)*

7.5 *Chicago/USA, Midway Gardens (Frank Lloyd Wright, 1913/14)*

7.6 *Utrecht/NL, Haus Schröder (Gerrit Rietveld, 1924)*

Neuen Bauens nach dem Ersten Weltkrieg münden, ein Aufbruch, bei dem nun das flache Dach eine zentrale Rolle spielt (Abb. 6.4 und 7.6).

Gleichzeitig steht der Wohnbau als soziale Aufgabe erstmals im Zentrum des architektonischen Interesses und mit ihm auch das flache Dach als Ausdruck einer neuen Rationalität des Bauens und all dessen, was man mit der Neuen Sachlichkeit auch ästhetisch zum Ausdruck bringen möchte (Abb. 7.7).

Die neue Dachform befreit den Wohngrundriß zunächst von all jenen Zwängen, die durch das Satteldach und seine geometrischen Abhängigkeiten zwischen Gebäudetiefe, Dachneigung und Dachhöhe bestehen und die nur geringfügige Abweichungen von einfachen Baukörpern mit parallelen Außenwänden zulassen (Abb. 7.8).

Vor allem die durch den Firstverlauf bislang stets fixierte Lage der tragenden Mittelwand, an der zugleich die Schornsteine für die Ofenheizung anzuordnen waren, kann jetzt aufgegeben werden, was Platz und Spielräume für neue Grundrisse schafft.

Flachdach ist auch jetzt ein sehr weit gefaßter Begriff, der das flach geneigte, aber nicht begehbare Dichtdach hinter horizontalen Traufen ebenso bezeichnet wie das Terrassendach, das als begehbares und bewohnbares Flachdach ausgebildet wird und damit bautechnisch weitere Aufgaben zu erfüllen hat.

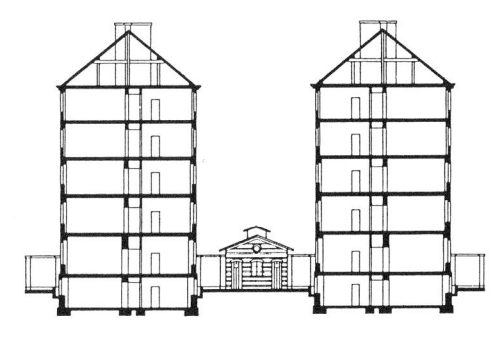

1926 unternimmt Walter Gropius eine breit angelegte Umfrage in der Bauwelt mit dem Ziel, »die technische Durchführbarkeit horizontal abgedeckter Dächer und Balkone« – gemeint sind Terrassen – nachzuweisen und damit ihre weitere Durchsetzung zu erreichen. Neben vergleichenden Darstellungen verschiedener Deckungstechniken und ihrer Kosten stellt Gropius in einem Schlußbericht die Ergebnisse dieser Umfrage zusammen: »Das flache Dach ist in bezug auf Zweckmäßigkeit dem bisherigen Schrägdach gegenüber nicht nur ebenbürtig, sondern überlegen. Seine Vorzüge sind:

Klare rechteckige Dachräume, anstelle der schwer ausnutzbaren Winkel unter dem Schrägdach.

Vermeidung hölzerner Dachstühle, die so häufigen Anlaß zu Dachbränden bieten.

Benutzbarkeit der Dachflächen zu Zwecken der Bewohnung (Dachgärten, Wäschetrocknung).

Bessere An- und Aufbaumöglichkeiten auf allen freistehenden Seiten des kubischen Baukörpers.

Keine Windangriffsfläche, daher geringere

7.7 Scheveningen/NL, Häuserreihe am Meer (Jacobus Johannes Pieter Oud, 1917)

7.8 Berlin, Meyers Hof, Satteldachhaus mit tragender Mittelwand (Adolf Erich Wittig, 1874)

[84] *Walter Gropius, in: Bauwelt 16/26, S. 361*

[85] *Franz Schuster, in: das neue Frankfurt 7/26–27*

7.9 Stuttgart, Weißenhofsiedlung, Haus 1–4 (Ludwig Mies van der Rohe, 1927)

Reparaturbedürftigkeit (Dachziegel, Schiefer, Schindeln).
Vermeidung von Anschlüssen, Rinnen und Abfallrohren aus vergänglichem Zinkblech. Zur Frage der ›Schönheit‹ des flachen Daches: Das flache Dach an sich ist, wie jeder konstruktive Teil, zunächst weder ›schön‹ noch ›häßlich‹. Der künstlerischen Verantwortung des Erbauers muß es überlassen bleiben, wie er der von ihm gewählten Konstruktion das überzeugende Gesicht gibt. Ich persönlich sehe in der Möglichkeit, flache Dächer anzuwenden, ein reineres Ausdrucksmittel der Baugestaltung und sehe in der Schräge des alten Daches ein notwendiges Übel gegenüber Schnee und Regen, das durch unsere neuen technischen Mittel nun überwunden ist. Wie in allen diesen Fragen werden sich die Augen an die neuen Formen, die sich aus sachlicher Notwendigkeit entwickeln, gewöhnen und sie lieben lernen.«[84]

Aber aus einem Beitrag von Franz Schuster in »Das neue Frankfurt« von 1927 wird zugleich deutlich, wie sehr es sich in dieser ersten Phase des Neuen Bauens bei vielen Architekten vor allem um die Durchsetzung eines neuen Stils handelt, letztlich also mehr um eine ästhetische als um eine praktische Frage, auch wenn dabei technische Argumente zur Begründung herangezogen werden: »Aber wer glaubt, das flache Dach sei nur eine Mode, und nicht die inneren Zusammenhänge allen Bemühens um Neugestaltung sieht – gleichgültig auf welchem Gebiet –, der übersieht überhaupt die zeitbedingte Stilbildung des 20. Jahrhunderts, die zu einem einheitlichen Gesamtbild drängt. Wir werden das flache Dach dort, wo es uns richtig erscheint, so lange bauen, bis es so selbstverständlich ist wie die gotischen Dome in der romanischen Stadt, wie die Zwiebeltürme neben den gotischen Häusern, … wie überhaupt das Neue neben dem Alten.

Das Neue wird immer angegriffen und muß sich durchsetzen gegen Gewohnheit und Trägheit; das ist in seinen aufbauenden Werten begründet, und daher sind auf seiner Seite immer die Jugend, die Tatkraft und der Glaube an die Zukunft …«[85]

Nur in wenigen Fällen macht der mehrgeschossige Zeilenbau jener Jahre auch Gebrauch von den Chancen, die die neugewonnenen Dachflächen für das Wohnen selbst bieten. Zu ihnen gehören die Geschoßbauten von Mies van der Rohe auf dem Stuttgarter Weißenhof von 1927 und Ernst Mays Siedlungen in Praunheim und in der Bruchfeldstraße (Abb. 7.9; s.a. S. 314 f.).

7.9

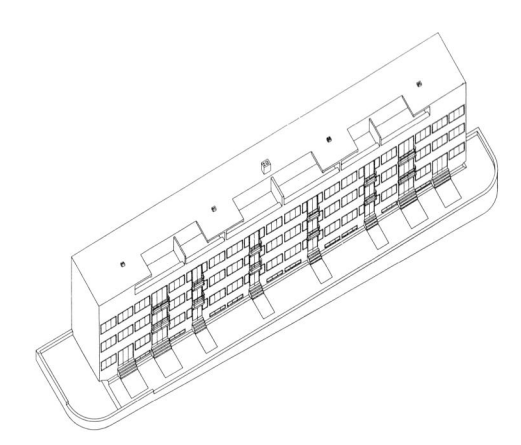

Anders sieht es dagegen im Bereich des freistehenden Einfamilienhauses aus, wo schon sehr früh die neuen Möglichkeiten einer von den Zwängen des geneigten oder steilen Daches befreiten Grundrißgestaltung genutzt werden. Hier entstehen neuartige Baukörperkompositionen aus aneinandergeschobenen oder einander durchdringenden Kuben, deren Dächer zugleich als Terras-

7.10

sen für das damals in Mode kommende »Sonnenbaden« genutzt werden können (Abb. 7.10).

Dieses neue additive Prinzip eignet sich natürlich auch für das Konzept des »wachsenden Hauses«, mit dem sich in jenen Jahren namhafte Vertreter des Neuen Bauens befassen, von Walter Gropius über Marcel Breuer bis zum damals noch sehr jungen Egon Eiermann (Abb. 3.17 und 7.11).

Aber erst mit Adolf Loos, Le Corbusier und Richard Döcker wird das Prinzip des »bewohnbaren« Flachdachs auch auf den Geschoßbau übertragen und die Möglichkeiten einer systematischen Zuordnung von Wohnung und Dachterrasse durch neue gebäudetypologische Ansätze genutzt.

7.11

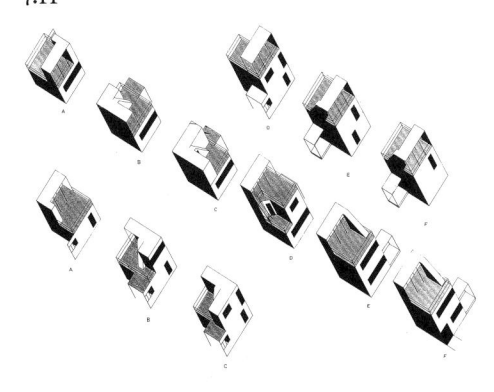

Adolf Loos, der mit dem Haus Scheu in Wien schon 1912 sein erstes Terrassenhaus baut, schlägt 1923 dieses Prinzip nahezu gleichzeitig für verschiedene mehrgeschossige Wohn- und Hotelbauten vor und begründet es mit seinem berühmt gewordenen Hinweis auf die jahrtausendealte Bautradition im Orient (s. Abb. 5.52–5.55).

Für Le Corbusier zählt die Nutzung des flachen Daches zu den »fünf Punkten zu einer neuen Architektur«, die er 1926 mit Pierre Jeanneret formuliert und deren zweiter Punkt lautet: »Die Dachgärten: Das flache Dach erfordert zunächst konsequente Ausnützung zu Wohnzwecken: Dachterrasse, Dachgarten. Andererseits verlangt der Eisenbeton einen Schutz gegen die Veränderlichkeit der Außentemperatur. Zu starkes Arbeiten des Eisenbetons wird durch Erhaltung einer bleibenden Feuchtigkeit auf dem Dachbeton verhindert. Die Dachterrasse genügt beiden Forderungen (regenfeuchte Sandschicht, mit Betonplatten bedeckt, in den Fugen derselben Rasen; die Erde der Blumenbeete mit der Sandschicht in direkter Verbindung). Auf diese Weise fließt das Regenwasser äußerst langsam ab; Abfallrohre im Innern des Hauses. Es bleibt somit eine latente Feuchtigkeit auf der Dachhaut stehen. Die Dachgärten weisen üppigste Vegetation auf. Es können Sträucher, sogar kleine Bäume bis zu 3 bis 4 m Höhe ohne weiteres gepflanzt werden. Auf diese Weise wird der Dachgarten zum bevorzugtesten Ort des Hauses. Allgemein bedeuten die Dachgärten für eine Stadt die Wiedergewinnung der gesamten verbauten Fläche.«[86]

In Projekten wie den »Immeuble Villas« von 1922 oder dem Wohnkomplex Durand in Algier, 1933, entwickelt auch er neue For-

[86] Le Corbusier/Paul Jeanneret, Les 5 points d'une architecture nouvelle 1926, zit nach: Ulrich Conrads, Programme und Manifeste ..., S. 93–95

7.10   Stuttgart, Weißenhofsiedlung, Wohnterrasse
(Richard Döcker, 1927)

7.11   Vorfabrizierte Klein-Metallhäuser, Projekt
(Marcel Breuer, 1927)

[87] Richard Döcker, Der Terrassentyp, S.1

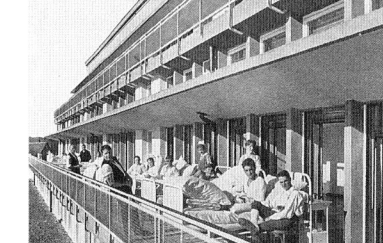

7.12 Waiblingen, Bezirkskrankenhaus, Erdgeschoßterrasse (Richard Döcker, 1926–28)

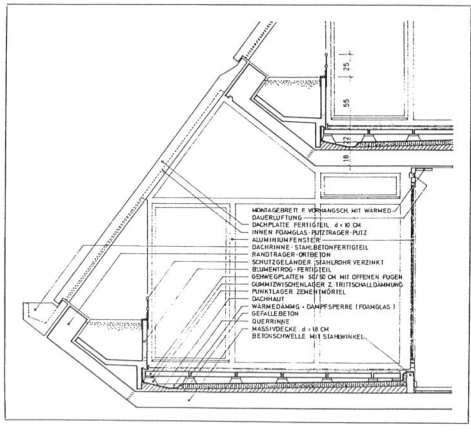

7.13 Stuttgart, Tapachstraße, Terrassendetail (Faller + Schröder, 1972)

men des Geschoßbaus mit einer unmittelbaren Zuordnung von Wohnung und Terrasse (Ab. 5.58 und 5.59).

Richard Döcker schließlich sammelt umfangreiche Erfahrungen mit dem Bau terrassierter Krankenhäuser, aber auch mit großzügig terrassierten Einfamilienhäusern in den Hanglagen Stuttgarts. Mit seinem 1929 erscheinenden Buch »Der Terrassentyp« fordert auch er die prinzipielle Nutzung des flachen Dachs: »Die Sprengung des alten, gewohnten Blockes eines geschlossenen vollen Baukörpers ist erfolgt, die abgeschlossene Welt innerhalb des Hauses hört auf, sie drängt heraus ans Licht, an die Sonne, und sucht die Verbundenheit mit der Natur und der Landschaft. Trennung zwischen Haus und Garten, zwischen Innen und Außen verschwindet. Alles ordnet sich dem Wunsche nach Licht, Luft, Sonne unter und es entstehen allein schon von dieser Forderung aus andere Hauskörper, andere Gebilde.

Der Wohnraum begnügt sich nicht mehr mit seinen vier Wänden und zwei oder drei Fenstern in seiner Front. Das Freie wird hereinbezogen durch große Fenster, Veranden oder Terrassen – das Leben und Wohnen will ins Freie – Freiheit!«[87] (Abb. 7.12).

7.12

7.13

Die Impulse, die von diesen Anfängen auf den Wohnbau ausgegangen sind, haben nicht nur zu vielfältigen Ausprägungen terrassierter Bauformen geführt, sondern zu einem grundlegend neuen Denken im Umgang mit dem Gebäudequerschnitt und mit den Möglichkeiten, die sich damit für die Beziehungen des Wohnens zwischen innen und außen ergeben (Kap. 5).

Heute sind auch die komplexesten Anforderungen, die man an das Flachdach stellen kann, nämlich seine Bewohnbarkeit als Dachterrasse oder Dachgarten über fremden Wohnräumen, technisch und ökonomisch beherrschbar. Dabei müssen neben den Anforderungen an die Dachdichtung und Entwässerung vor allem auch ausreichender Wärmeschutz und Schallschutz im konstruktiven Aufbau berücksichtigt werden (Abb. 7.13).

Dort, wo das Flachdach als bewohnbarer Freiraum dem Wohnen unmittelbar zugute kommt – sei es im Einfamilienhaus, im Terrassenhaus oder auf dem Dach eines Geschoßbaus – wird es heute auch nicht mehr in Frage gestellt wie etwa noch während der Weißenhofsiedlung von 1927, die bekanntlich zu höchst überspitzten Kontro-

7.14

7.15

versen zwischen den Anhängern und Gegnern dieser Bauform geführt hatte[88] (Abb. 7.14).

Dort, wo das Flachdach allerdings nur die ungenutzte und damit oft auch ungestaltete Beendigung eines Hauses darstellt, stößt es auch heute noch auf dieselben emotionalen Widerstände, die es seit der frühen Moderne begleiten. Vor allem hat man mit dem Bau höherer Häuser lernen müssen, daß der Anblick von oben auf ein totes, weil ungenutztes Flachdach zu den weniger erfreulichen Begleiterscheinungen dieser Dachform gehört.

Daß Dachbegrünung dabei sehr nützlich und hilfreich sein kann und auch aus ökologischen Gründen heute beinahe eine Selbstverständlichkeit sein sollte, beweist die kontinuierliche Arbeit des Atelier 5 mit flachen Dächern seit vielen Jahren. Das Luftbild ihres berühmt gewordenen Erstlingswerks Halen bei Bern bestätigt dies (Abb. 5.11 und 7.15; s. a. S. 322 f.).

Ein Bericht von Baurat E. Kaufmann über die Frankfurter Bautagung von 1928 und über Beiträge zu dieser Tagung von Le Corbusier und Leberecht Migge läßt deutlich erkennen, wie klarsichtig die Möglichkeiten und Notwendigkeiten der Dachbegrünung schon damals gesehen werden: »Die moderne Siedlungsbewegung hat den letzten Sinn, daß die Schäden der Zivilisation, wie sie sich im 19. Jahrhundert im Wohnungswesen ganz besonders kraß gezeigt haben, wieder gut gemacht werden, eine Aufgabe von weittragendster Bedeutung, da es geradezu darum geht, die Rettung des Menschen im Menschen zu erreichen. Wichtigster Bestandteil dieser Bewegung ist die Erzielung einer möglichst großen Weiträumigkeit im Wohnungsbau, die Bereitstellung eines Gartens für jede einzelne Familie, wobei es selbstverständlich ist, daß dieser Garten für alle nur ein kleiner Garten sein kann. Wenn die räumlichen Verhältnisse in den Großstädten beschränkt sind oder die Höhe der Bodenpreise der Weiträumigkeit künstliche und zunächst noch unüberwindliche Fesseln auferlegt, so ist der Wunsch, auch die flachen Dächer unserer neuen Häuser zum Aufenthalt und zur Benutzung mit heranzuziehen, verständlich und begrüßenswert. Wie Le Corbusier, so wies auch Migge darauf hin, daß das Bedürfnis nach der Benutzung der Dächer uralt ist. Er erinnerte an die ›hängenden Gärten‹ der Semiramis, an die alten Söller des Mittelalters, die mit ihrer grünen Bepflanzung den Ursprung des modernen Dachgartens darstellen. Es genügt nicht, nur die Terrassen als solche zu schaffen; man muß sie so herrichten, daß sie gegen Sicht, Wind und zuviel Sonne ge-

[88] »In den dreißiger Jahren erreichte die Kritik an der Weißenhofsiedlung neue Höhepunkte. ›Das gutmütige schwäbische Volk‹, so konnte man 1932 in der Zeitschrift ›Die deutsche Bauhütte‹ lesen, habe die Bauten der Weißenhofsiedlung bald abgelehnt wegen ihrer ›orientalischen Imitationen‹, wegen der ›steckengebliebenen Wohnmaschinen‹, der ›Einfamilienhäuser im Quetschsystem‹, der Miethausblocks als ›besser kollektiviertem Termitenhügel der bissigen Waldameisen von Zentralafrika und eben weil sie aussähen wie ›Klein-Jerusalem‹ ...« NS-Kurier vom 22. 7. 32 mit Auszügen aus »Die deutsche Bauhütte« vom 27. 4. 32, zit. nach Karin Kirsch, Die Weißenhofsiedlung, S. 206 f.

7.14 Stuttgart, Weißenhofsiedlung, Das Araberdorf, Photomontage, Polemik (1933)

7.15 Bern/CH, Halen (Atelier 5, 1956–62)

[89] *Frankfurt a. M., Bautagung, Das flache Dach, 1928. E. Kaufmann berichtet über Leberecht Migge, in: Stein Holz Eisen 18/28, S. 351*

7.16 *Farum/DK, Fuglsangpark, Schemaschnitt Typ G, Typ KP (Tegnestuen Vandkunsten, 1981–83)*

schützt sind, vor allem, daß sie bepflanzbar werden. Eine Neuerung stellt das Flachdach in unseren Großstädten nicht dar. Die Stadt des 19. Jahrhunderts war überwiegend flach gedeckt. Nur nach der Straße zu hat man ein Steildach vorgetäuscht. Bis auf wenige Ausnahmen (Frankfurter Belvederchen, Dachgärten von Warenhäusern und Luxushotels) waren diese Dächer nicht begehbar. Der Redner sieht voraus, daß in Zukunft Miethausblocks und Siedlungen ohne Dachgärten undenkbar sein werden. Es ist daher richtig, wenn auch von Corbusier gesagt wurde, daß das letzte Kriterium des flachen Daches auch in unseren Breiten das begrünte Dach sein wird.
Nachdem über den vielfachen Gebrauch des Dachgartens für Sonnenbäder, zum Herausstellen der Kinderwagen, zum Bettenlüften usw. gesprochen war, ging Migge auf die technischen Mittel zur Gestaltung des grünen Daches ein, d.h. auf die festen und beweglichen Einrichtungen, die mit verhältnismäßig geringen Mitteln geschaffen werden können, um einen grünen, wohnlichen Eindruck zu schaffen. So wurden nacheinander die Pflanzenbehälter, die Rankgerüste, die Schutzvorrichtungen und die Sitz- und Liegegelegenheiten auf dem flachen Dach behandelt und endlich auch das Pflanzenmaterial selbst genannt, das für die besonderen Verhältnisse des Dachgartens geeignet ist. Denn der Dachgarten soll nicht die Kopie des Gartens auf der Erde sein, sondern er kann und muß ein anderes, ein gewissermaßen klimatisch gesteigertes Aussehen erhalten, entsprechend den klimatisch gesteigerten Bedingungen, die in dieser etwas größeren Höhe vorhanden sind und die durch geringe Mittel unterstützt und gesteigert werden können.«[89]

Das Bauen »ohne Dach« hat aber rückwirkend auch zu einem entkrampfteren Umgang des Wohnbaus mit geneigten Dächern geführt. So ergeben sich neue Möglichkeiten für die Ausbildung des Gebäudequerschnitts über gestaffelte oder gestufte Dächer, bei denen vor allem das flach geneigte Pultdach eine Rolle spielt, weil es ähnliche Baukörperadditionen zuläßt wie das Flachdach.
Auf diese Weise lassen sich »tote« Dachflächen vor allem dort vermeiden, wo sie auch durch Nutzung nicht sinnvoller werden, nämlich im verdichteten Flachbau mit seinen ebenerdig verfügbaren Freiräumen. Gleichzeitig werden durch die Einbeziehung der Dachschräge in den Wohnraum ungenutzte Dachräume vermieden und über die unterschiedlichen Raumhöhen zusätzlich Belichtungsmöglichkeiten gewonnen.
Für den sehr konsequenten Umgang mit solchen Dächern stehen vor allem die Beispiele des jüngeren dänischen Wohnungsbaus (Abb. 7.16; s.a. S. 330f.).

7.16

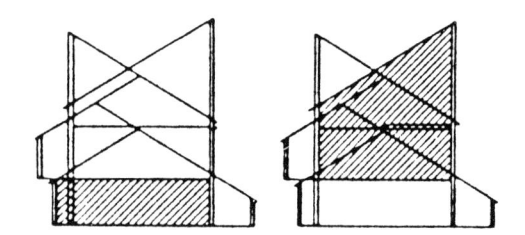

7.2 Wandbauweisen

Es ist sicher nicht zu leugnen, daß die Art und Weise, wie wir heute noch Wohnungen bauen, angesichts der gewaltigen technologischen Entwicklungen dieses Jahrhunderts geradezu vorsintflutlich anmutet. Im selben

Zeitraum, in dem sich die Fortbewegungstechnik vom Automobil zum Überschallflug entwickelt hat, sind im Hausbau kaum nennenswerte Fortschritte in der Produktionstechnik zu verzeichnen. Noch immer brauchen wir für die Entwicklung eines Hauses ähnlich lange wie schon die Zeitgenossen Bismarcks.

Aber wir wissen auch, daß dieser Vergleich hinkt.

Während Auto und Flugzeug gänzlich neue Erfindungen sind – von der Raumfahrt ganz zu schweigen –, Erfindungen ohne Vorbilder, ohne Geschichte und ohne Tradition, haben wir es beim menschlichen Wohnen mit dem genauen Gegenteil zu tun, nämlich wie der Wortstamm Wohnen schon verrät mit »Gewohnheit« schlechthin. Nur so ist zu erklären, warum die so vehement geforderte Rationalisierung und Industrialisierung des Bauens, wie sie den Kern der Visionen, Konzepte und Manifeste der frühen Moderne ausmachen, ausgerechnet im Wohnbau am weitesten hinter allen Erwartungen zurückgeblieben sind.

Wie rasch eine zielgerichtete und vielschichtige Entwicklung angesichts äußerer, aber fachfremder Einflüsse in sich zusammenbrechen kann, läßt sich an den Folgen der Weltwirtschaftskrise ablesen, die das Ende für den Geschoßwohnungsbau der Weimarer Republik und die Rückkehr zu einer vorwiegend am Kleinsiedlungshaus orientierten Bau- und Wohnungspolitik bedeutet. Die Fremdbestimmung des Wohnbaus durch beschäftigungs- und konjunkturpolitische Maßnahmen ist seitdem eines seiner Hauptprobleme geblieben; das kurzatmige Auf und Ab seiner konjunkturellen Steuerung unterbindet nicht nur jede Verstetigung bei der Entwicklung und Erprobung neuer Bauweisen und neuer Bautechniken, sondern läßt sie erst gar nicht in Gang kommen.

Es sind deshalb eher die kleinen Entwicklungsschritte und Verbesserungen, die in ihrem Zusammenwirken zu langfristigen Veränderungen führen, und nicht so sehr die großen spektakulären Umwälzungen. Dies gilt auch für die Entwicklung dessen, was man »Bauweise« nennt und jenen Teilaspekt der Bauproduktion umfaßt, der die Trag- und Hüllstruktur eines Gebäudes ausmacht: Wände, Decken, Dächer.

Die Zahl der großen und kleinen Erfindungen und Entwicklungen, die allein auf diesem Gebiet gemacht worden sind, ist unübersehbar. Es wäre auch sicherlich sehr schwer zu entscheiden, ob dabei einzelne Teilbereiche stärkere Entwicklungsschübe erfahren haben als andere, ob also z. B. die Entwicklung des Flachdachs die Bautechnik mehr verändert hat als der Skelettbau oder die Entwicklung neuer Wandbauarten.

Anders sieht es dagegen aus, wenn man diese Entwicklungen in ihren Auswirkungen auf den Wohngrundriß selbst untersucht.

Da ist nicht zu übersehen, daß das Aufkommen des Flachdachs und die Verdrängung des Steildachs ungleich weitreichendere Folgen für den Wohngrundriß haben, als etwa die Entwicklung neuer Techniken für den Bau von Wänden und Decken. Dies gilt sogar für den Skelettbau, der trotz seiner entwicklungsgeschichtlichen Affinität zum Flachdach weit hinter dessen Wirkungen für den Wohnbau im allgemeinen und für den Wohngrundriß im besonderen zurückgeblieben ist.

Die am Ende des 19. Jahrhunderts in Mitteleuropa dominierende Massivbauweise mit kleinformatigen Ziegelsteinen, Holzbalkendecken und Steildächern aus Holz zwingt schon vor dem Ersten Weltkrieg zur Erprobung und zum Einsatz rationellerer Bauweisen. Im Vordergrund steht der Wunsch, schneller und wirtschaftlicher, d. h. materialsparender zu bauen, die langwierigen Herstellungs- und Trocknungszeiten des Ziegelmauerwerks zu verkürzen und es durch leichtere, großformatigere und nach Möglichkeit vorgefertigte Bauteile zu ersetzen. Gleichzeitig sollen damit die Lohnkosten gesenkt und Zeitverluste durch die langen Winterpausen abgebaut werden.

Die Verfügbarkeit neuer Konstruktionsmöglichkeiten mit Gußeisen, Stahl und armiertem Beton, die Weiterentwicklung des Holzfachwerks zum Ständerbau und zum »balloon-frame«, aber auch die Herstellung neuer Bauplatten aus Holz oder Blech sowie aus zementgebundenen Zuschlagstoffen aller Art kommen diesen Forderungen entgegen und werden vor allem im Wohnbau begierig aufgegriffen. Daß dabei am Beginn solcher Entwicklungen nicht gerade das Bedürfnis nach neuen Grundrissen und Wohnformen im Vordergrund steht, wird an vielen Beispielen sichtbar. Sie orientieren sich nicht nur ganz an herkömmlichen Typologien, sondern bemühen sich auch ästhetisch möglichst wenig aufzufallen, sich also dem herrschenden Baustil eher zu unterwerfen als ihn in Frage zu stellen.

Davon zeugen die mit modernen Vorfertigungs- und Hausbautechniken erstellten »Schweizerhaus«-Villen um die Jahrhundertwende ebenso (Abb. 7.17) wie das Beispiel eines nach dem »Isothermalsystem« aus Stahlprofilen und Blechplatten errichteten Hauses in Berlin-Weißensee aus dem Jahre 1889, das mit seinem Mansarddach ganz den damaligen bürgerlichen Vorstellungen eines Vorstadthauses entspricht (Abb. 7.18).

Man hat es also mit demselben Phänomen zu tun, das auch den Bau der ersten Eisenbahnwaggons nach dem Vorbild der Postkutsche bestimmte. Die Entwicklung eigenständiger und aus den neuen technischen Möglichkeiten abgeleiteter Bauformen ist offenbar eine Angelegenheit der zweiten Generation (Abb. 7.19).

Der Skelettbau, später auch der Betonskelettbau, machen es erstmals möglich, das aus dem Holzbau geläufige Prinzip der Trennung zwischen den Trag- und Hüllfunktionen der Wand auch auf größere, vor allem höhere Bauten anzuwenden. Der Skelettbau stimuliert damit auch die Entwicklung und den Einsatz neuer Materialien und Herstel-

7.17 Heringsdorf, Ferienhaus in Blockbauweise (ca. 1907)

7.18 Berlin-Weißensee, Zweifamilienhaus (F. C. Heilemann, 1889)

7.19

7.20

lungstechniken für die Gebäudehülle wie z. B. großzügigere Verglasungen.
Die Übernahme solcher Techniken in den Wohnbau setzt schon um 1890 ein und führt auch sehr bald zur Entwicklung wohnbauspezifischer Anpassungen, etwa durch den Einsatz abgekanteter Blechprofile für das tragende Gerüst anstelle der teuren und statisch meist nicht ausgelasteten Walzprofile.
Wieder bewahrheitet sich zugleich die Beobachtung, daß die neuen Techniken bevorzugt beim Bau von freistehenden Einfamilien- und Ferienhäusern erprobt werden, wo sich Kostensenkungen und kürzere Bauzeiten am besten demonstrieren lassen, weil man von übergeordneten planerischen Bedingungen und den Unwägbarkeiten des Standorts weitgehend unabhängig ist (Abb. 7.20).
Dennoch wird auch im Geschoßbau überall mit diesen neuen Bauweisen experimentiert. Vorbilder sind vor allem englische Systeme, die teilweise sogar aus montierten Stahlplatten bestehen, die durch Abkantungen zugleich Tragfunktionen übernehmen können.
Aber nur die Skelettbauweise kann kurzfristige Erfolge verbuchen, wie z. B. mit einem Verfahren der Firma Wagner in Ludwigshafen/Rhein, bei dem ein tragendes

Stahlgerüst mit großformatigen Bimssteinen aus Neuwied ausgefacht wird.
Immerhin werden schon um 1925 im süddeutschen Raum mehrere hundert Wohnungen nach diesem Verfahren errichtet, darunter allein 330 in Stuttgart.[90]
Das Bild von einer ähnlichen Baustelle in Leipzig macht aber deutlich, daß es dabei ausschließlich um die rationellere Herstellung von Wänden geht, und nicht um eine Entwicklung neuer Gebäude- und Wohnformen. Man erkennt sowohl das althergebrachte Sockelgeschoß wie das bereits in Aufrichtung befindliche Steildach aus Holz (Abb. 7.21).
Wo die Schwierigkeiten des Stahlskelettbaus im Wohnbau tatsächlich stecken, kommt im Schlußbericht der Reichsforschungsgesellschaft zum Wettbewerb für Spandau-Haselhorst 1929 lapidar zum Ausdruck: »... der Skelettbau bedarf vorsichtig-

7.21

[90] Friedrich Schmidt, in: Bauwelt 9/27, S. 20–24

7.19 Amerikanischer Eisenbahnwaggon, früher Typ (ca. 1890)

7.20 Ausstellung »Das wachsende Haus«, Berlin (Bruno Taut, 1932)

7.21 Leutsch bei Leipzig, Eisenskelettbau (Hochbauamt Leipzig, 1927)

[91] *Zeitschrift für Bauwesen 4/29, S. 82*

[92] *Le Corbusier/Paul Jeanneret, Les 5 points d'une architecture nouvelle 1926, zuerst veröffentlicht in: Almanach de l'Architecture moderne, Paris 1926*

[93] *Ludwig Mies van der Rohe, Zu meinem Block, in: Jürgen Joedicke, Bau und Wohnung, S. 77*

ster Maßnahmen gegen Schallübertragung. Ein wirtschaftlicher Vorteil hat sich für den Skelettbau bei den bisherigen Einzelbauten nicht erreichen lassen, vielleicht wird er bei seiner Anwendung im großen gewonnen.«[91]

Bedauerlich ist, daß damit aber auch übersehen wird, wo die für eine freiere Grundrißgestaltung so wichtigen und spezifischen Möglichkeiten der Skelettbauweise liegen. Schon ab 1926 fordert Le Corbusier mit seinen fünf Punkten für eine neue Architektur den Skelettbau bzw. die Auflösung der Wand in Stützen und stellt den »plan libre« in den Mittelpunkt dieser Forderungen.[92]

Ein Jahr später schon entsteht auf dem Stuttgarter Weißenhof neben zwei Häusern von Le Corbusier und Jeanneret auch ein Mehrfamilienhaus in Stahlskelettbauweise von Mies van der Rohe. Im Unterschied zu allen bisherigen Ansätzen mit dieser Bauweise entwickelt Mies nun aber einen völlig neuartigen Wohngrundriß, bei dem nur Bäder und Küchen in ihrer Lage fixiert werden, die übrige Wohnfläche aber frei eingeteilt werden kann – also leer bleibt. Die beiden unterschiedlich großen Wohnungen werden nur durch eine bzw. zwei Stützen untergliedert.

In seiner Begründung stellt Mies einen geradezu zwingenden Zusammenhang zwischen Typisierung, Rationalisierung und Anpassungsfähigkeit des Grundrisses her und rückt damit die Möglichkeiten des Skelettbaus gerade für den anonymen Geschoßwohnungsbau in ein völlig neues Licht[93] (Kap. 6).

Um diese neuen Möglichkeiten zu unterstreichen, werden alle 24 Wohneinheiten des Hauses nach unterschiedlichen Bedürfnissen und Wohnvorstellungen von über einem Dutzend unterschiedlicher Architekten gestaltet (Abb. 6.12; s. a. S. 314 f.).

Mies geht es dabei weniger um eine ständige Veränderbarkeit des Grundrisses, als vielmehr um die sehr einfache und naheliegende Anpassungsfähigkeit des Grundrisses an die unterschiedlichen Wohnbedürfnisse der neu einziehenden Bewohner.

Aber trotz dieser eindrucksvollen Demonstration neuer grundrißlicher Möglichkeiten bleibt dem Skelettbau gerade dort, wo er in erster Linie ausprobiert wird, nämlich im Zeilenbau, eine breite Anwendung versagt.

Dies gilt auch für die wenigen Versuche, den bauphysikalisch und brandtechnisch günstigeren Stahlbeton im niedrigen Zeilenbau einzusetzen wie bei den beiden zeitlich sehr weit auseinanderliegenden Beispielen für einen Montageskelettbau aus den USA von 1912 (Abb. 7.22) und Otto Steidles Genterstraße in München (1968–72). Auch wenn Steidle mit seinem Montagesystem eine räumlich äußerst reizvolle Durchdringung von Innen- und Außenräumen gelingt, bleibt doch der Eindruck einer in ihren technischen Möglichkeiten unausgelasteten Konstruktion (Abb. 7.23).

Vor allem aber erweist sich sehr bald, daß das Aneinanderbauen von Wohnungen, wie es für den Zeilenbau unerläßlich ist, den Skelettbau durch ein nicht unwesentliches Problem belastet, nämlich durch die Wohnungstrennwand.

Anders als die Gebäudeaußenwand, bei der es vor allem auf eine gute Wärmedämmung und großzügige Belichtungsmöglichkeiten ankommt, muß die Wohnungstrennwand neben dem Brandschutz in erster Linie den Schallschutz zwischen benachbarten Wohnungen gewährleisten, d. h. sie muß nach

7.22

7.23

dem damaligen Erkenntnisstand vor allem schwer sein.

Damit aber können die spezifischen Möglichkeiten des Skelettbaus beim Aneinanderbauen von Wohnungen nur auf zwei Gebäudeseiten genutzt werden, nämlich im Bereich der beiden Fassaden. Diese Einsicht führt im verdichteten Flachbau und im Geschoßbau zur Entwicklung der Querwand- oder Schottenbauweise und damit zur Ablösung vom Prinzip schwerer, tragender Außenwände, wie sie für den Bau von Mehrfamilienhäusern bis dahin charakteristisch sind.

Adolf Loos kommt das Verdienst zu, dieses Prinzip 1920 erstmalig prägnant formuliert und in seiner berühmten Patentschrift für »Das Haus mit einer Mauer« niedergelegt zu haben[94] (Abb. 7.24).

Damit ist genau jener Mittelweg zwischen Massiv- und Skelettbauweise gefunden, der den besonderen Bedürfnissen des additiven, zeilenartig organisierten Wohnbaus entspricht. Er verbindet die bauphysikalischen Vorteile beider Systeme zu einer neuen »gerichteten« Wandbauweise.

Dabei können die schweren Wohnungstrennwände zugleich die Deckenlasten übernehmen und erlauben über die so veränderte Spannrichtung der Geschoßdecke die Ausbildung sturzloser Fassaden.

Dies wiederum gewährleistet eine bessere Tiefenbelichtung der Grundrisse und neue Möglichkeiten für innenräumliche Beziehungen zwischen den beiden Gebäudeseiten, wie sie z. B. im »Durchwohnen« zum Ausdruck kommen.

Frühe Beispiele für die konsequente gestalterische und grundrißliche Anwendung dieses Prinzips sind die Reihenhäuser der Mustersiedlung Heuberg in Wien von 1921 und weitere Siedlungsentwürfe von Loos aus diesem Zeitraum (Abb. 4.42; s. a. S. 312 f.).

Walter Gropius wendet 1927 dieses Prinzip für seine Typenhäuser der Bauhaussiedlung in Dessau-Törten an und unterscheidet auch

7.24

[94] *Adolf Loos, in: Peter Kulka, Adolf Loos, S. 35*

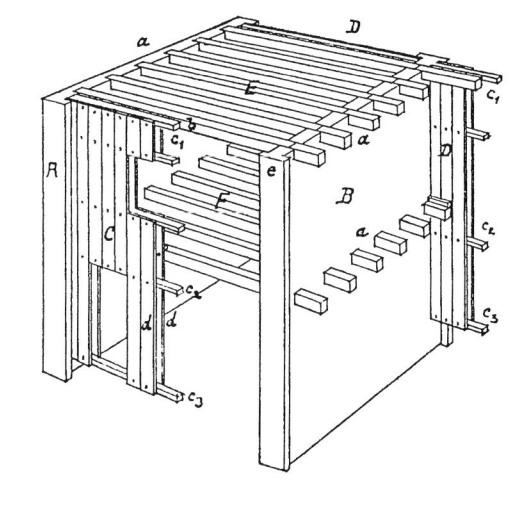

7.22 *Stahlbetonskelettmontagebauweise*
       (E. Conzelmann, 1912)

7.23 *München, Reihenhäuser Genterstraße*
       (Otto Steidle, 1968–72)

7.24 *Haus mit einer Mauer, 6-m-Typ, Konstruktionsschema, Patentschrift*
       (Adolf Loos, 1920)

7.25

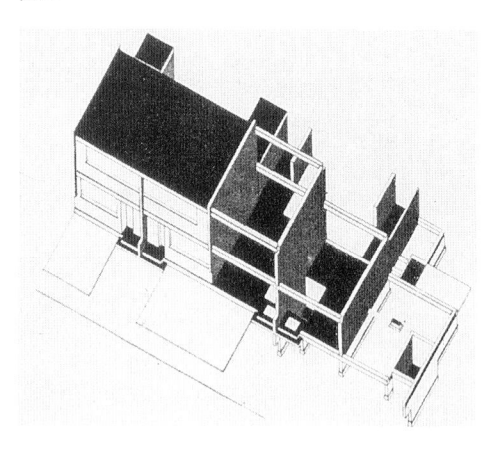

hier gestalterisch deutlich zwischen den tragenden Brandwänden und den als nicht tragende »Füllwände« ausgebildeten Außenwänden, auch wenn die Lage seiner Treppe dem strukturellen Prinzip widerspricht (Abb. 7.25).
Die Grundrisse der Geschoßbauten, die Alvar Aalto im Jahre 1927 in Abo, Finnland, errichtet, zeigen deutlich die verschiedenen Wandfunktionen dieser Bauweise (Abb. 7.26).

7.26

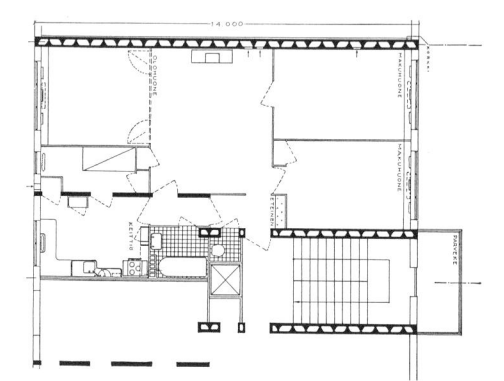

7.25 *Dessau-Törten, Bauhaussiedlung, Isometrie Typenhaus (Walter Gropius, 1926/27)*

7.26 *Abo/SF, Väster Langgatan, Grundriß 80-qm-Wohnung (Alvar Aalto, 1927)*

7.27 *Querwandbauweise (Otto Müller, Philipp Holzmann AG, 1930)*

7.28 *Weit gespannter Querwandtyp (Günther Wilhelm, ca. 1949)*

Eine Patentschrift der Philipp Holzmann AG und ein darauf aufbauendes Projekt der Architekten Luckhardt + Anker (1930) belegen, wie rasch sich diese Bauweise im Neuen Bauen durchsetzen kann (Abb. 7.27). Das Beispiel für einen Wohngrundriß von

7.27

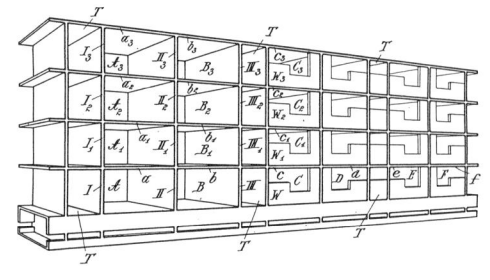

Günther Wilhelm zeigt, daß man bei der Schottenbauweise auch Spannweiten von bis zu 6 m vertreten kann und damit Wohnungsgrößen erreicht, die auch bei 50–60 qm Gesamtwohnfläche noch eine stützenlose Grundrißeinteilung erlauben (Abb. 7.28).

7.28

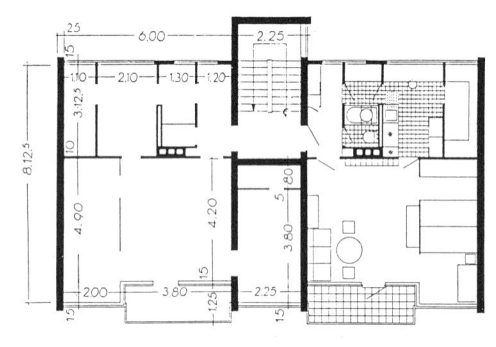

Damit lassen sich auch sämtliche gängigen Spannweiten von Maisonettewohnungen bewältigen, für die die Querwandbauweise ebenso große Vorteile bietet wie für das Reihenhaus (Abb. 7.29).
Schließlich hat die Schottenbauweise auch jene Konzepte des verdichteten Flachbaus unterstützt, wenn nicht sogar stimuliert, die zwischen einer Primärstruktur aus vorweg gebauten Begrenzungsmauern einen stufenweisen Ausbau von Reihenhäusern erlauben. Ein solches Beispiel ist das Wohnquartier Saettedammen in Dänemark aus dem Jahr 1973 (Abb. 2.19 und 6.23).

7.29

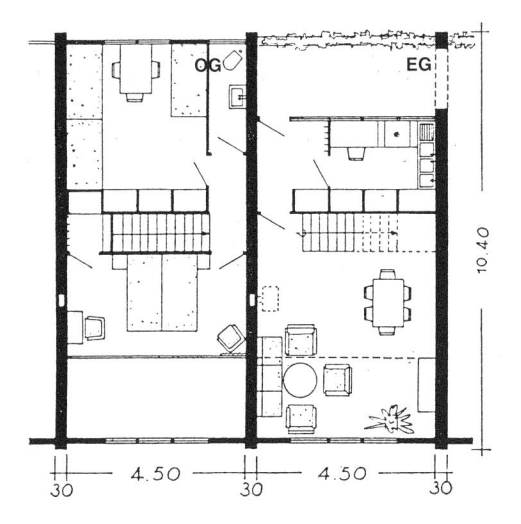

7.30

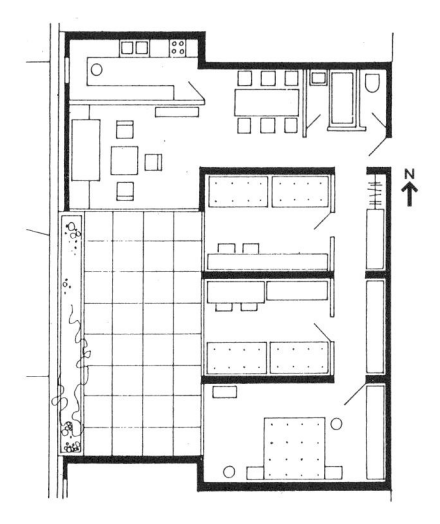

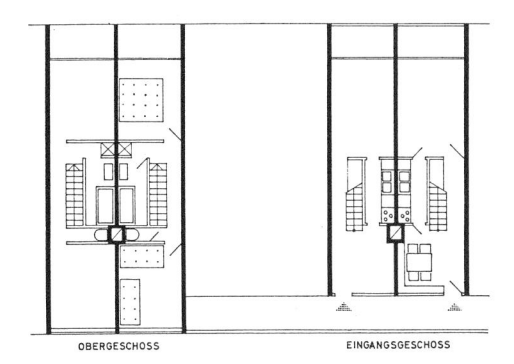

Aber erst mit der Entwicklung differenzierter Gebäudequerschnitte und terrassierter Geschoßbauten wird die Querwandbauweise zum unverzichtbaren konstruktiven Prinzip.

Da sich bei diesen Gebäudetypologien die Lage der Außenwand von Geschoß zu Geschoß ändern kann, ist eine kontinuierliche Lastabtragung überhaupt nur über Querwände möglich oder sinnvoll. Gleichzeitig gewährleistet das Querwandprinzip großzügige räumliche Verbindungen zwischen innen und außen, also zwischen Wohnräumen und Freibereichen, und unterstützt damit das wichtigste Anliegen dieser Wohnform (Abb. 7.30).

Zweifellos ist die heute so große Verbreitung der Querwandbauweise aber auch durch das Zusammenwirken mit anderen bautechnischen Entwicklungen zu erklären.

Dazu gehört in erster Linie das Bauen mit tieferen Grundrissen, das durch die Verlagerung von Nebenräumen ins Gebäudeinnere ermöglicht wird und zu insgesamt geringeren Aufwendungen für Außenfassaden, für die Gebäudeerschließung und für den Energiehaushalt führt (Abb. 7.31).

7.31

Dazu gehört aber auch die Verfügbarkeit neuer Fensterbautechniken und neuer Verglasungsarten. Erst mit dem Einsatz großflächiger Isolierverglasungen können die durch das Querwandsystem ermöglichten Raumzusammenhänge zwischen innen und außen auch erlebbar gemacht werden.

Das Querwandprinzip stützt damit eine Gesamtentwicklung, die nicht nur Kostensenkungen und Zeitgewinne im Auge hat, sondern auch eine nachhaltige Reduzierung der Wohnkosten und des Energieverbrauchs.

Angesichts solcher Vorzüge – wie sie die Querwandbauweise bietet – wird verständlich, warum der Skelettbau keinen ähnlich

7.29 Bausparkasse
GdF, Wüstenrot Wettbewerb
(Weber, Gottwald, ca. 1949)

7.30 Stuttgart-Neugereut,
Wettbewerb, Wohnhügel,
Wohnungsgrundriß 3. OG
(Frey, Schröder, Schmidt,
1963)

7.31 Laubengangerschlossene
Maisonettetypen
(P. Bussat, ca. 1960)

großen Einfluß auf die Grundrißentwicklung des Zeilenbaus nehmen kann und nur dort Vorteile für den Wohngrundriß bietet, wo Gebäudetypologien mit mehr als zwei Orientierungen zur Anwendung kommen. Dies trifft für allseitig orientierte punktartige Grundrisse und damit für viele Hochhausformen ebenso zu wie für vernetzte Baustrukturen.

Ein Beispiel für eine solche Baustruktur ist das 1975 von Sven Hogsbro in Askerod bei Kopenhagen gebaute Wohnquartier aus einer nach allen Seiten orientierten und abgestuften Bebauung. Das Betonskelett baut auf einem Modul von 4,50 x 4,50 m auf und ist mit Fassadenelementen ausgefacht (Abb. 7.32).

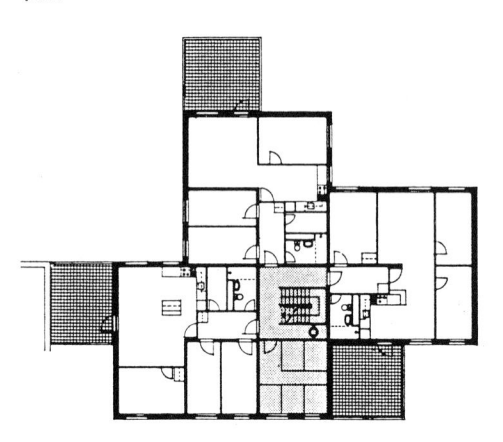

Auch die von Eckhart Schulze-Fielitz entwickelten netzartigen Baustrukturen aus schachbrettartigen Gebäudeanordnungen sind für die Anwendung des Skelettbaus prädestiniert (Abb. 7.33).

Wenn in diesem Zusammenhang schließlich auch die Großtafelbauweise als jüngster und mit Abstand zahlenmäßig erfolgreichster Ansatz zu einer Industrialisierung und Rationalisierung des Wohnbaus angesprochen wird, dann vor allem deshalb, weil die Einflüsse dieser Bauweise auf den Wohnbau heute vorwiegend negativ beurteilt werden. Die zum Teil sehr irrationale Kritik macht es aber erforderlich, genauer hinzusehen. An einem Vergleich mit den Vorläufern dieser Bauweise lassen sich einige wesentliche qualitative Unterschiede aufzeigen.

Zu diesen Vorläufern gehört vor allem Ernst Mays Frankfurter »Häuserfabrik«, mit deren Hilfe schon zwischen 1925 und 1931 1600 Wohneinheiten im Frankfurter Raum mit fabrikmäßig vorgefertigten Bauplatten aus Bimsbeton hergestellt werden (Abb. 7.34). Sie findet schon kurz nach Kriegsende ihre

7.32 *Kopenhagen/DK, Askerod, Normalgeschoß (Sven Hogsbro, 1973–75)*

7.33 *Dornbirn/AU, Schützenstraße (Eckhard Schulze-Fielitz, Jakob Albrecht, 1976/77)*

7.34 *Frankfurt, Häuserfabrik, Messegelände, Montage einer Häuserreihe (1926)*

Fortsetzung in Plattenbauweisen aus Leichtbeton und Porenbeton, unter denen z. B. das Gasbetonsystem von Hebel, Memmingen, bis heute erfolgreich eingesetzt wird (Abb. 7.35).

7.35

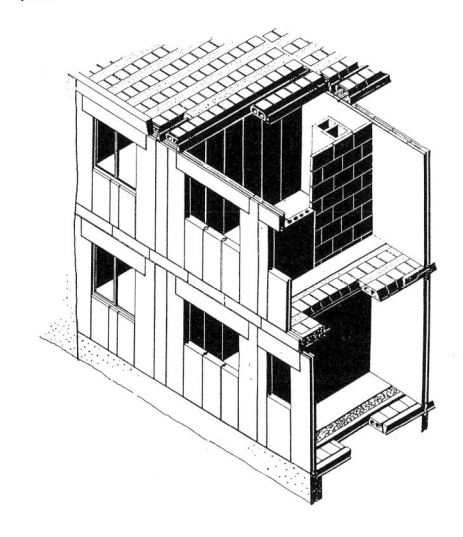

7.36

Die Großtafelbauweise unterscheidet sich von diesen sehr anpassungsfähigen Vorläufern aber nicht nur im Material und in den Dimensionen der Elemente sowie den daraus resultierenden technischen und logistischen Problemen, sondern sie unterscheidet sich auch in ihren systembedingten Auswirkungen auf den Wohngrundriß.

Mit der Großtafelbauweise, die nach den Gesetzmäßigkeiten des Kartenhauses funktioniert, wird erstmalig eine so enge Beziehung zwischen Elementgröße und Raumgröße hergestellt, daß der Planungsprozeß gewissermaßen umgekehrt wird: nicht der Grundriß bestimmt die Bauweise, sondern die Bauweise bestimmt den Grundriß (Abb. 7.36).

Das Problem dabei ist nicht die Entwicklung gut funktionierender und heutigen Wohnbedürfnissen durchaus entsprechender Wohngrundrisse – insoweit ist auch die Großtafelbauweise anpassungsfähig genug, um die Umsetzung jedes denkbaren Wohnungstyps, wie er auch im konventionellen Bauen angewendet würde, zu ermöglichen.

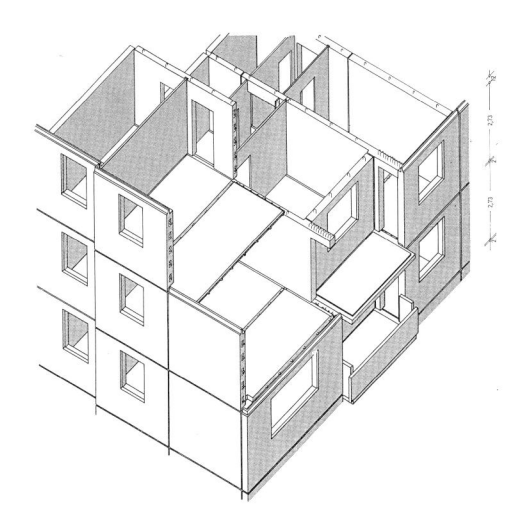

Das Problem liegt im Gesetz der Serie, das Voraussetzung für den wirtschaftlichen Einsatz solcher Systeme ist und wegen hoher Investitionskosten am Produktionsstandort einerseits und hoher Transportkosten für die schweren Bauteile andererseits auch zu einer gewissen räumlichen Konzentration zwingt. Aber erst der Zwang zu großen Stückzahlen gleicher Einheiten und zu ihrer Addition bzw. Stapelung in möglichst großen und ungegliederten Baukörpern führt zu jener systembedingten Monotonie und Anonymität, von der sich dieses Bauprinzip offenbar nur schwer lösen kann und die letztlich auch den guten Einzelgrundriß überschattet und entwertet.

Das Gesetz der Serie scheint auch die Ausbildung differenzierter Gebäudequerschnitte zu verhindern, bei denen sich die Geschosse eines Hauses an unterschiedliche Gelände- und Außenraumbedingungen anpassen können, und es verhindert da-

7.35 *Hebel-Bauweise*
 (ca. 1944)

7.36 *Dywidag Großtafelbauweise*
 (ca. 1968)

mit zugleich einen qualitätsvollen Städtebau.

Auch ein zweiter Aspekt der Grundrißgestaltung wird durch diese Bauweise in seinen Möglichkeiten deutlich eingeschränkt, die innere Anpaßbarkeit.

Auch wenn man dabei nur an bescheidene räumliche Veränderungs- und Anpassungsbedürfnisse der Bewohner denkt und nicht an die sehr weitgehenden Spielräume wie sie etwa der Skelettbau bietet, hat man es bei der Großtafelbauweise mit einem vom Ansatz her starren und unbeweglichen Bausystem zu tun.

Ganz offensichtlich sind es aber nicht solche rationalen Gründe, die der Großtafelbauweise heute entgegengehalten werden, sondern vielmehr gerade das, was ihren wirtschaftlichen Erfolg auszumachen scheint, nämlich der massenhafte Einsatz in zu großen, zu hohen und zu gleichförmigen Baukörpern ohne jedes Angebot an maßstäblich faßbaren Gliederungen oder Details und ohne jegliche Beziehung zum Umfeld (Abb. 7.37).

Schon der Übergang von der vierseitigen Plattenauflagerung nach dem älteren französischen System von Camus mit seinen typischen Lochfassaden (Abb. 7.38) zum heute bevorzugt angewandten Bausystem mit einer nur an drei Seiten aufgelagerten Deckenplatte in Anlehnung an das Schottenprinzip, wie es in Skandinavien entwickelt wurde, schafft wesentlich günstigere Voraussetzungen sowohl für die Belichtung und räumliche Beziehung zwischen innen und außen wie auch für eine differenziertere äußere Gestaltung (Abb. 7.39).

Man sollte angesichts der städtebaulichen Fehlentwicklungen, die zu einem großen Teil gerade mit diesem System zustandegekommen sind, nicht vergessen, daß es z. B. in Dänemark seit Jahren auch im verdichteten Flachbau eingesetzt wird und damit in sehr viel bescheideneren quantitativen

7.37 Berlin-Marzahn
      (ca. 1968)

7.38 Hamburg, Hohenhorst,
      System Camus
      (ca. 1965)

7.39 Genf Cointrin/CH,
      Les Ailes
      (Maurice, Duretund, Dom,
      System Igeco, ca. 1965)

Dimensionen Anwendung findet. Dies zeigen zwei so unterschiedliche Wohnquartiere wie Galgebakken und Gaedekaeret.
In Galgebakken, 1968–74 von den Architekten Storgard, Orum-Nielsen und Marcussen geplant, wird das System für den Bau von eingeschossigen Gartenhofhäusern eingesetzt, die sogar als »wachsende« Häuser in mehreren Baustufen errichtet werden können (Abb. 6.25 und 7.40).

7.40

In Gaedekaeret, 1974–79, werden Großtafeln für eine gemischte ein- bis zweigeschossige Wohnbebauung mit flach geneigten Satteldächern verwendet. Sie stehen auch hier weder einer sehr differenzierten Baukörpergestaltung noch einem betont dörflichen Charakter im Wege (Abb. 7.41).

7.41

7.3 Haustechnik

Im Bereich der Haustechnik vollziehen sich im hier zu betrachtenden Zeitraum Entwicklungen, die den Grundriß des Geschoßbaus und des verdichteten Flachbaus wesentlich stärker beeinflussen als den des individuellen Einfamilienhauses.

Zum einen findet die rasche Folge technischer Neuerungen erst mit einer gewissen Phasenverschiebung auch Eingang in die Wohnformen des verdichteten Bauens, zum andern fordert erst das Aneinander- und Übereinanderbauen von Wohnungen zu jener präziseren Abstimmung zwischen den funktionalen, räumlichen und ökonomischen Aspekten des Grundrisses heraus, die dann auch zu erkennbaren typologischen Veränderungen führen.

Die aktuelle Entwicklung energieökonomischer Bauweisen und Techniken bestätigt diese Beobachtung erneut, denn wieder bemächtigt sich das individuelle Bauen dieser neuen Entwicklungen zuerst und wieder bedarf ihre Anwendung im verdichteten Bauen einer sehr viel sorgfältigeren Abstimmung mit den komplexeren grundrißlichen und planerischen Voraussetzungen.

Zentralheizung

Die beiden wesentlichen Formen der Raumheizung, die am Anfang und am Ende des hier behandelten Entwicklungszeitraums stehen, sind die Einzelofenheizung und die Zentralheizung über Radiatoren oder Konvektoren.

Zwar sind daneben eine Vielzahl anderer Systeme der Erzeugung und Verteilung von Wärmeenergie für den Wohnbau entwickelt worden, jedoch ohne eine vergleichbare Ver-

7.40 Albertslund/DK, Galgebakken (Storgard, Orum-Nielsen, Marcussen, 1968–74)

7.41 Torslunde-Ishoj/DK, Gaedekaeret (Kooperativ Byggeindustri, 1974–79)

[95] DW Dreysse, May-Siedlungen, S. 4

breitung und damit ohne nachhaltige Auswirkungen auf die Grundrißtypologie.
Dies gilt z. B. für Etagenheizungen mit einer wohnungsbezogenen Wärmeerzeugung und einer Verteilung über Einzelheizkörper oder für Kachelofenheizungen nach dem Warmluftprinzip und einer Verteilung über Luftschächte.
Erst mit dem Übergang von der Einzelofenheizung zur Zentralheizung werden für den Geschoßbau die Voraussetzungen für weitreichende Veränderungen geschaffen.
Während das Flachdach den Grundriß von den Zwängen der Schornsteinanordnung in Firstnähe befreit, was angesichts der in den zwanziger Jahren noch weit verbreiteten Einzelofenheizung durchaus von Bedeutung ist, macht die Zentralheizung den Grundriß der Wohnung nun vollends unabhängig von der Dach- und Schornsteinfrage.
Ungleich nachhaltiger aber sind die Auswirkungen der Zentralheizung auf die Raumnutzung.
Charakteristisch für die Raumnutzung bei der Einzelofenheizung ist die unterschiedliche Beheizung der einzelnen Wohnräume und eine sehr bewußte Anpassung des Heizungsaufwands an das absolut Erforderliche.
Die Notwendigkeit, täglich Holz, Kohle sowie Asche schleppen und die Öfen reinigen zu müssen, ist - unabhängig von den wirtschaftlichen Gegebenheiten - ein so großer Arbeitsaufwand, daß man sich auf die Beheizung weniger Räume beschränkt, wie etwa in der kleinbürgerlichen und der Arbeiterwohnung auf die Beheizung der Wohnküche.
Schlafräume dagegen bleiben kalt oder werden allenfalls durch überschüssige Wärme mitversorgt.

Der warme Raum, also die Wohnküche oder der Wohnraum, bildet den Mittelpunkt des Wohnens, wo alle Tagesabläufe konzentriert stattfinden. Dies zwingt die einzelnen Familienmitglieder zu gegenseitiger Rücksichtnahme, fördert aber naturgemäß auch den innerfamiliären Kontakt.
Die Zentralheizung dagegen, selbst wenn es sich nur um eine Stockwerkszentralheizung handelt, bietet die Möglichkeit, alle Räume einer Wohnung dem jeweiligen Bedarf entsprechend und unabhängig voneinander mit Wärme zu versorgen.
Sie schafft damit die Voraussetzung für Entwicklungen, die weit über die haustechnischen Konsequenzen und den damit steigenden Energiebedarf hinausreichen.
Ohne die Zentralheizung wäre die Einführung der reinen Arbeitsküche nicht denkbar, einer Küchenform also, die zunächst die Trennung von Kochen und Wohnen, später auch die Trennung von Kochen und Essen nach sich zieht, wie z. B. bei der Frankfurter Küche.
So gehört der Einbau von Zentralheizungen schon zu den ersten Zielsetzungen des Frankfurter Neubauprogramms von 1925 und führt dazu, daß von den 12 000 Wohneinheiten, die bis 1930 fertiggestellt werden, 75 % tatsächlich mit Zentralheizung ausgestattet sind.[95]
Rückschläge erleidet diese Entwicklung des Baus zentraler Heizanlagen nur durch den Krieg und die in seiner Folge auftretende Brennstoffknappheit, die sich auf zentralbeheizte Wohnungen naturgemäß viel nachhaltiger auswirkt als auf Wohnungen mit Ofenheizung. Konsequenzen aus dieser Erfahrung führen zur Verordnung über »Notkamine«, die in Neubauten vorgesehen werden müssen; schon Mitte der sechziger

Jahre werden diese Verordnungen in vielen Bundesländern aber wieder aufgehoben.

Ohne die Zentralheizung hätte sich aber auch jene Individualisierung des Wohnens nicht vollziehen können, wie sie sich schon Anfang der siebziger Jahre abzuzeichnen beginnt (Kap. 1).

Erst die Zentralheizung ermöglicht die allmähliche Verlagerung von Tagesfunktionen des Wohnens in die Schlafräume, die nun zu Individualräumen werden können, weil sie auch tagsüber als individuelle Rückzugsmöglichkeiten für die einzelnen Familienmitglieder zur Verfügung stehen.

Mit dieser Individualisierung des Wohnens ändert sich wiederum die tageszeitliche Raumnutzung und damit die bevorzugte Raumorientierung.

So führt die ganztägige Nutzung der Individualräume dazu, daß ihre Orientierung heute auch nach Süden oder Westen wünschenswert sein kann, während ihre ausschließliche Orientierung nach Osten, wie sie Verfechter orthodoxer Orientierungsregeln vor Einführung der Zentralheizung noch gefordert hatten, an Bedeutung verliert.

Zusammengefaßt bewirkt die Entwicklung solcher zentraler Heizungssysteme sowie die Wärmeverteilung auf alle Räume einer Wohnung folgende Veränderungen für den Wohngrundriß:
- der Grundriß wird von den Zwängen einer schornsteinabhängigen Raumordnung befreit, Schornsteine für die einzelne Wohnung entfallen;
- die Individualisierung des Wohnens wird begünstigt und damit eine Verlagerung von Tagesfunktionen in die Schlafräume. Dies ermöglicht größere Freiheiten für die Orientierung der Individualräume;
- die Verlagerung der einzelnen Wärmequelle von der Innenwand (Schornsteinnähe) an die Außenwand (Fensternähe) ist eine physiologische Verbesserung des Wohnens und erlaubt zugleich günstigere Raummöblierungen und damit Einsparungen an Wohnfläche. Diese beziffert Walter Gropius schon 1930 in einer Untersuchung über »wirtschaftlich zweckmäßige Kleinwohnungen« mit etwa 8 %[96];
- Neben- und Lagerräume für die individuelle Brennstoffvorsorge können entfallen.

Im Zusammenhang mit globalen ökologischen Problemen und den Notwendigkeiten eines energiebewußteren Bauens wird auch das Prinzip Zentralheizung erneut zu hinterfragen sein – spätestens dann, wenn seiner Erhaltung zuliebe andere, schwerwiegende Eingriffe in den Wohngrundriß und damit in die Wohnqualität hingenommen werden müssen.

Noch konzentrieren sich jedoch die Entwicklungsschwerpunkte auf den Bereich alternativer Energiegewinnung und -verteilung sowie auf Bemühungen zur Verbesserung des baulichen Wärmeschutzes.

Gerade letztere könnten allerdings rasch zu empfindlichen Einbußen an Wohnqualität führen, insbesondere was die Forderung nach kompakteren Grundrissen und die Minimierung von Gebäudeaußenflächen angeht.

Hier bringt das verdichtete Bauen aber ungleich günstigere Voraussetzungen mit als das freistehende Eigenheim, weshalb sich im Geschoßbau und verdichteten Flachbau bislang nur wenige Ansätze für neue Grundrißtypologien abzeichnen.

[96] s. Kap. 1. Walter Gropius, Bauwelt 39/30, S. 1251

Küchen und Sanitärtechnik

Eines der auffallendsten Phänomene in der Wohnbauentwicklung von 1920 bis heute ist die rapide Zunahme an haus- und sanitärtechnischen Einrichtungen. Dies betrifft sowohl den Bereich Küche und Waschküche wie den gesamten Komplex der Wohnhygiene.

Voraussetzung für diese Entwicklung ist die zunehmende Verfügbarkeit von installierbaren Energieformen wie Gas und Elektrizität für das Kochen und für die Aufbereitung von Warmwasser sowie der stetige Ausbau der Kanalisationsnetze.

Mit der »Frankfurter Küche« entwickelt Grete Schütte-Lihotzky in Zusammenarbeit mit Ernst May 1926/27 auch in Deutschland eine Küchenform, die als reine Arbeitsküche die seitherige Wohnküche abzulösen beginnt (Abb. 7.44).

7.42

Zu den wenigen Ausnahmen zählen die beiden Baustufen der Wohnsiedlung Passau-Neustift von Schröder und Widmann, die sowohl mit einem extrem schmalen und tiefen Reihenhaus in der ersten Baustufe wie mit den »back-to-back«-Häusern der zweiten Baustufe ein sehr kompaktes Bauen anstreben, gleichzeitig aber ein hohes Maß an räumlicher Qualität und an Besonnung sicherstellen (Abb. 7.42 und 7.43).

7.43

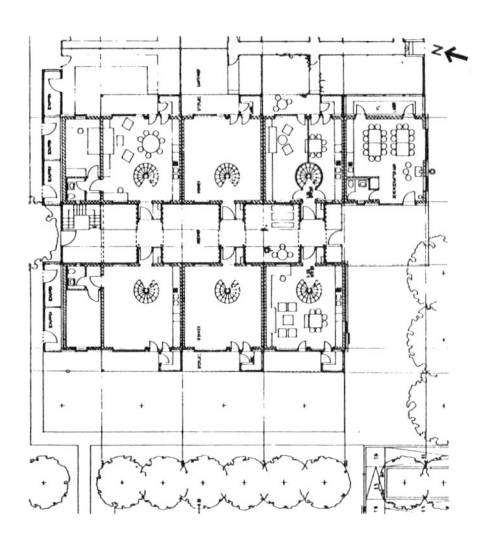

7.44

Allmählich entsteht eine Küchenindustrie, die mit immer neuen Gerätschaften bisherige Einrichtungen und Erfordernisse des Wohngrundrisses verdrängt.

Der Kühlschrank macht die Speisekammer entbehrlich, die Kühltruhe den täglichen Einkauf bei Tante Emma um die Ecke; Schnellkochtopf und Mikrowelle verkürzen die Kochzeiten, die Geschirrspülmaschine den Abwasch.

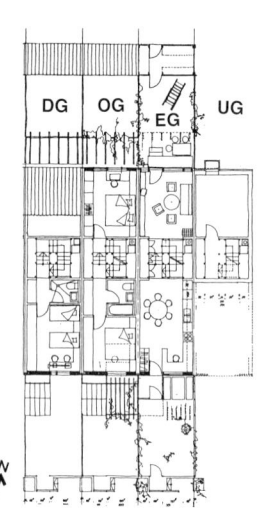

7.42 Passau-Neustift,
Wohnmodell Bayern,
1. Bauabschnitt
(Schröder, Widmann, 1988)

7.43 Passau-Neustift,
Wohnmodell Bayern,
2. Bauabschnitt,
Grundriß EG
(Schröder, Widmann, 1993)

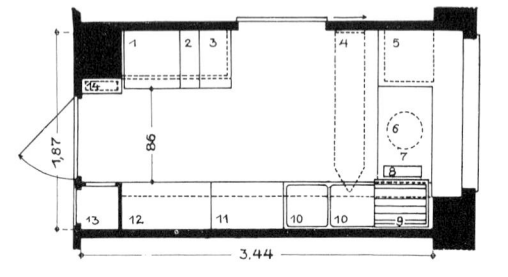

7.44 Frankfurter Küche
1 Herd   2 Abstellplatte
3 Kochkiste
4 klappbares Plättbrett
5 Speiseschrank
6 Drehstuhl   7 Tisch
8 Abfalleinwurf
9 Abtropfbrett
10 Spülbecken
11 Vorratsschubladen
12 Topfschrank
13 Müll- und Besenschrank
14 Heizkörper

(Grete Schütte-Lihotzky,
1926)

Der Staubsauger ersetzt die Teppichklopfstange im Hof, die private Waschmaschine macht die Gemeinschaftswaschküche entbehrlich und mit ihr den wöchentlichen Waschtag.

Eine inzwischen hochentwickelte Einbauindustrie ist aber längst dabei, die Küche nicht nur immer weiter zu technisieren, sondern sie hinter jedem erdenklichen Dekor zu verstecken, sie »salonfähig« zu machen. Die Wohnküche, die durch die Arbeitsküche ursprünglich ersetzt werden sollte, gewinnt nun wieder an Boden, wenn auch in völlig veränderter Gestalt.

Die Küche wird zum Erkennungszeichen für Lebensstil und Wohnattitüde und damit zum Bestandteil eines der Mode und raschem Wechsel unterworfenen Konsums.

Gerade die Entwicklung der Küche zur reinen Arbeitsküche wirft immer wieder die Frage auf, inwieweit sie als solche noch eine direkte Belichtung und Belüftung braucht. Sie wird mehr und mehr als »Nebenraum« gesehen und zu jenen Räumen gerechnet, die wie Bad und WC auch im Inneren des Grundrisses liegen und künstlich belichtet und belüftet werden können.

Dem steht jedoch entgegen, daß die Küche als Arbeitsraum auch Aufenthaltsqualitäten haben muß und dies um so mehr, je größer der zu versorgende Haushalt ist.

Eine Innenlage sollte deshalb auch in Zukunft Kleinküchen und Kochnischen vorbehalten bleiben. Bewährt hat sich dagegen in zahllosen Grundrißbeispielen die offen hinter dem Eßplatz angeordnete Küche, bei der eine kurze Distanz zum Fenster des Eßplatzes gewährleistet werden kann (Abb. 7.45).

7.45

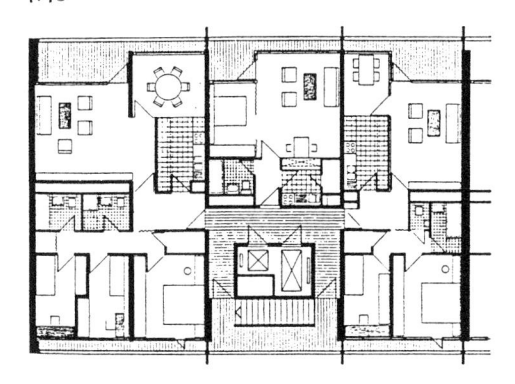

In ihrer räumlichen Ausstattung wird die Küche zukünftig vor allem mehr Platz für eine getrennte Sammlung und Unterbringung der verschiedenen Abfallsorten ausweisen müssen – eine Entwicklung, die auch die seitherigen Stellflächen für Sammelbehälter der Müllabfuhr erweiterungsbedürftig macht.

Die getrennte Entsorgung von Wertstoffen, Hausmüll und Kompost beginnt innerhalb der Wohnung und braucht entsprechend leicht zugängliche Behälter und Möglichkeiten für deren Unterbringung – ein noch weitgehend unentdecktes Arbeitsfeld für das Küchendesign.

Die Entwicklung im Bereich der sanitären Wohnungsausstattung übertrifft in ihrer Dynamik womöglich noch die der Küchentechnik.

Auch wenn man davon absieht, daß im ländlichen Raum bis in die Nachkriegszeit hinein in aller Regel noch keine Kanalisation zur Verfügung steht, dort also noch mit dem vorzugsweise außerhalb der Wohnung liegenden Trockenabort vorliebgenommen werden muß, ist selbst für städtische Verhältnisse eine erstaunliche Entwicklung auf diesem Gebiet in wenig mehr als vierzig Jahren zu verzeichnen. Städtische Neubauwoh-

7.45 *Stuttgart, Hannibal, Normalgeschoß, 113, 48 und 80,5 qm Wohnfläche (Jäger, Müller, Wirth, 1964)*

nungen für untere und mittlere Einkommensschichten werden noch Anfang der zwanziger Jahre häufig nur mit einem WC ausgestattet und bieten nur eine Waschgelegenheit in der Küche.

Die Grundrisse der Krupp-Siedlung auf der Margarethenhöhe in Essen, die Georg Metzendorf zwischen 1910 und 1917 errichtet, sind ein interessanter Zwischenschritt auf dem Weg zum Badezimmer.

Metzendorf wendet dabei in allen Bautypen eine Raumkombination an, die aus »Wohnküche« und »Spülküche« besteht. In der Wohnküche befinden sich Herd und zentraler Kachelofen, welche unter anderem einen Speicher in der Spülküche mit Warmwasser versorgen. Die »Spülküche« ist aber nicht nur für die nassen Küchenarbeiten da, sondern ist zugleich Waschküche und Baderaum und damit der zentrale Ort für alle wasserverbrauchenden Reinigungsvorgänge des Wohnens. Völlig unabhängig von dieser Raumkombination befindet sich das WC stets im Eingangsbereich der Grundrisse (Abb. 7.46).

7.46

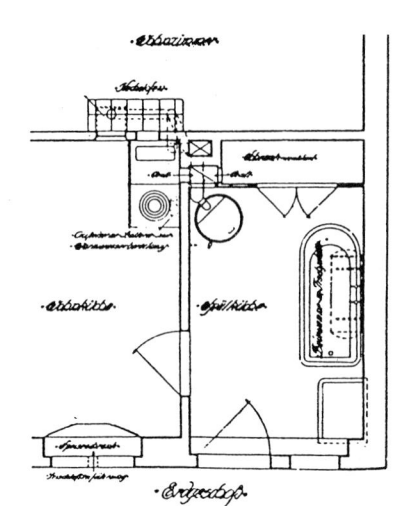

7.46 *Essen, Margarethenhöhe, Heizanlage der Wohnungen (Heinrich Metzendorf, 1912)*

7.47 *München, Alte Haide, Normalgeschoß (Theodor Fischer, 1919–23)*

7.47

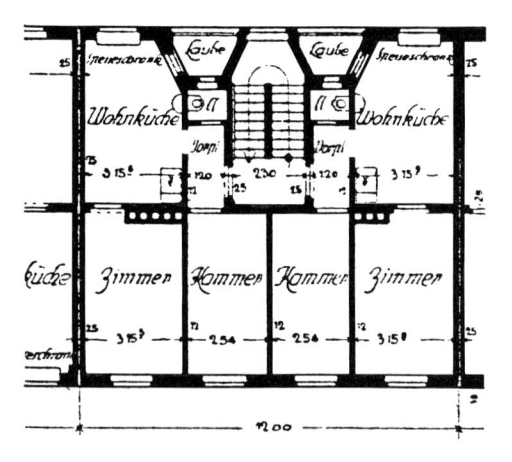

Dagegen weisen die Kleinwohnungen der unter Theodor Fischer 1919–23 entstehenden Siedlung »Alte Haide« in München noch keinerlei Badeeinrichtung innerhalb der Wohnungen auf; die einzige Waschmöglichkeit bietet die Küche, die hier jedoch mit dem WC installationstechnisch zusammengefaßt ist (Abb. 4.6 und 7.47).

Es ist deshalb um so erstaunlicher, daß schon wenige Jahre später und unter schwierigen ökonomischen Bedingungen die Bereitstellung eines Badezimmers selbst dort für erforderlich gehalten wird, wo sich Grundrisse mit dem »Existenzminimum« auseinandersetzen. So zeigt die unter diesem Begriff veranstaltete Frankfurter Ausstellung schon 1930 eine große Anzahl von Grundrißbeispielen mit Bad (Abb. 7.48). Alternativen, bei denen das Bad nur Wanne und WC enthält, während die Waschbecken auf die Schlafräume verteilt werden, setzen sich nicht durch, weil die Schlafräume in ihrer Möblierbarkeit beeinträchtigt werden und ein zu großer Leitungsaufwand entsteht (Abb. 7.49).

Heute haben wir uns dagegen daran gewöhnt, daß zur Mindestausstattung einer Wohnung ein Badezimmer gehört, in dem

7.48

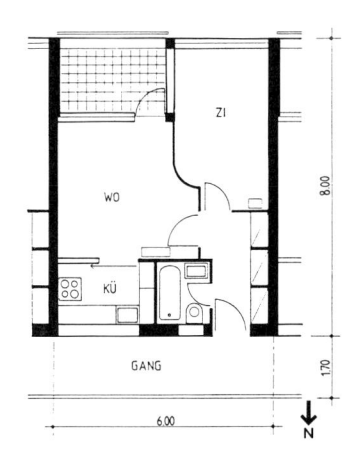

7.49

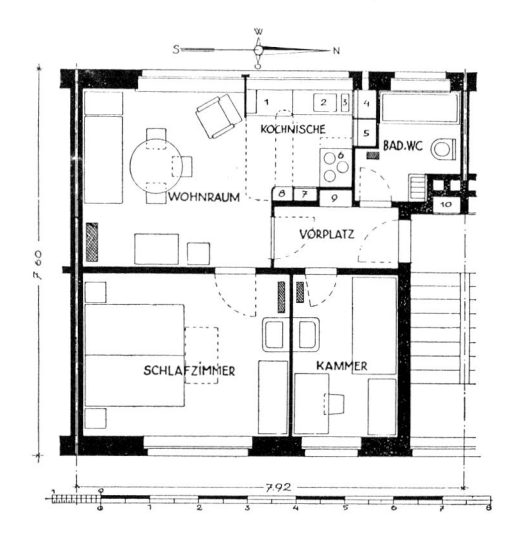

erforderlich hält. Beim Bau anspruchsvoller Einfamilienhäuser zeichnet sich eine solche Entwicklung durchaus schon ab, im Hotelbau ist sie längst vollzogen.

Es ist aber andererseits zu vermuten, daß diese Entwicklung ihren Zenith bereits erreicht hat, wenn man nicht nur an ihre ökonomischen, sondern vor allem an ihre ökologischen Konsequenzen denkt.

Ein weiteres Wachstum der sanitären Ansprüche des Wohnens ist überhaupt nur noch vorstellbar, wenn es über einen sparsameren Verbrauch an Wasser und Wärmeenergie erreicht werden kann.

Schachtlüftung

Abgesehen von dieser schon in ihren quantitativen Aspekten beeindruckenden Technisierung des Wohnens mit allen positiven und negativen Begleiterscheinungen, interessieren aber auch hier vor allem die Auswirkungen dieser Entwicklung auf den Wohngrundriß selbst.

Schon früh wird erkannt, daß der durch Sanitärräume verursachte Mehrbedarf an Wohnfläche vor allem zu unerwünschten »Verlängerungen« des Grundrisses führt, daß also mehr Außenwand gebraucht wird. Vor allem die deutschen Bauordnungen schreiben die direkte Belichtung und Belüftung von Bad und WC vor, weil nur Tageslicht und Fensterlüftung ausreichende hygienische Voraussetzungen zu gewährleisten scheinen.

Obwohl schon um 1926 in vielen Beiträgen der Fachpresse darauf hingewiesen wird, daß man in den Nachbarländern gute Erfahrungen mit künstlich belichteten und belüfteten Baderäumen gemacht hat, daß man sie also bedenkenlos auch ins Innere des

Wanne oder Dusche, WC, Waschbecken und der Anschluß für eine Waschmaschine vorgesehen sind. Darüber hinaus wird schon ab vier Personen ein getrenntes WC gefordert, bei größeren Grundrissen auch im Zusammenhang mit einem zweiten Badezimmer.

Es ist durchaus vorstellbar, daß die fortschreitende Tendenz zur Individualisierung des Wohnens auch noch weitere Ansprüche für die Sanitärausstattung nach sich zieht, daß man also eines Tages für jeden Individualraum auch das individuelle Bad für

7.48 Frankfurt, Hellerhof, zweigeschossige Kopfbauten, Obergeschoß, Zweizimmerwohnung, 33 qm (Mart Stam, 1930)

7.49 München, Ausstellung »Heim und Technik« (Otto Völckers, 1928)

[97] W. Köhler, Neuere Bauten in Amsterdam, in: Bauwelt 48/26, S. 1165–1168

[98] Walter Gropius, Der Berliner Wohnungsbau, in: Bauwelt 49/28, S. 1149–1151

[99] Reichsforschungsgesellschaft RFG, Stein Holz Eisen 11/29, S. 169, Nr. 10

[100] Walter Neuzil, Eine Forderung der Hygiene, in: Bauwelt 18/29, S. 426

Grundrisses verlegen und über einfache Belüftungsschornsteine belüften kann, werden solche Lösungen in Deutschland nur in Verbindung mit aufwendigen Motorlüftungen zugelassen und gelten deshalb für den Bau von »Volkswohnungen« als ungeeignet.[97]

Die zum Teil irrationalen Widerstände gegen die Verlegung von Bädern und WCs ins Innere der Grundrisse wirken sich bei uns bis weit in die Zeit nach dem Zweiten Weltkrieg aus und führen dazu, daß der überwältigende Anteil aller während der Weimarer Republik und bis in die sechziger Jahre hinein entstehenden Geschoßbauten und Reihenhäuser dem Prinzip tagesbelichteter Sanitärräume verhaftet bleibt (Abb. 7.50).

7.50

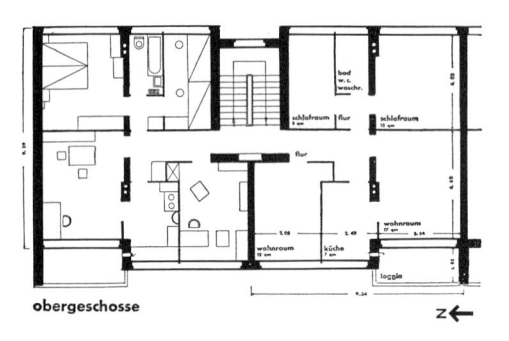

7.50 Karlsruhe, Dammerstock, Zweispänner, Vierzimmerwohnung (Walter Gropius, 1929)

Zwangsläufig lassen sich damit kaum größere Gebäudetiefen als etwa 10 m erreichen. Gleichzeitig entstehen Zwänge für den Wohngrundriß aus der damit eingeschränkten Anordnungsmöglichkeit der Sanitärräume.

1928 fordert Walter Gropius in einer Auseinandersetzung mit dem Berliner Stadtbaurat Martin Wagner unter anderem erneut eine Aufhebung der »veralteten Bestimmungen« bezüglich der Anordnung dieser Räume: »Zu einer wesentlichen Verbesserung und Verbilligung der Grundrisse würde ferner eine Aufhebung der veralteten Bestimmung führen, nach der Bäder und Aborte direkt belichtet und belüftet an der Außenwand liegen müssen. Diese Bestimmungen stammen aus einer Zeit, in der unsere heutigen technisch-sanitären Einrichtungen noch nicht existierten. In Amerika, Holland, England und Skandinavien bestehen zahlreiche Beispiele für die Anordnung von Bädern und WCs hinter den Wohnräumen im Innern des Grundrisses, die tadellos funktionieren und weder von Bewohnern noch von Behörden beanstandet wurden. Wegfall oder Milderung der diesbezüglichen Bestimmungen würde in der Grundrißgestaltung nicht nur eine Raumersparnis, also Verbilligung herbeiführen, sondern auch den Wohneffekt heben.«[98]

Doch selbst die Ergebnisse des 1929 veranstalteten Wettbewerbs für die Forschungssiedlung in Spandau-Haselhorst, aus der Gropius als Preisträger hervorgeht, werden von den Vertretern der »Reichsforschungsgesellschaft« in diesem Punkt erneut kritisiert. In einer zusammenfassenden Würdigung der Wettbewerbsergebnisse kommt man unter Punkt 10 zu der Feststellung: »Die Entlüftung von Bädern und Klosetts nach Luftschächten wird nicht als befriedigend bezeichnet, da die moderne Hygiene neben einwandfreier Belüftung auch eine günstige Belichtung solcher Nebenräume fordert.«[99]

Da helfen auch präzise Nachweise über die erzielbaren Gewinne an Wohnfläche nicht weiter, wie sie z.B. von Walter Neuzil im selben Jahr in der Bauwelt vorgerechnet und mit über 6,5 % beziffert werden[100] (Abb. 7.51).

7.51

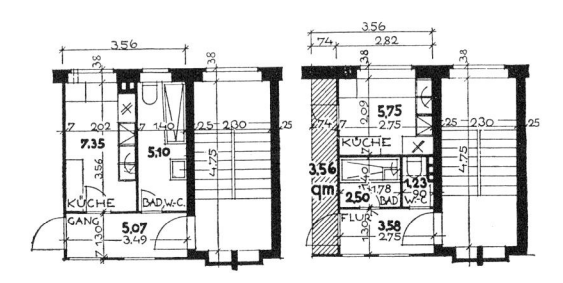

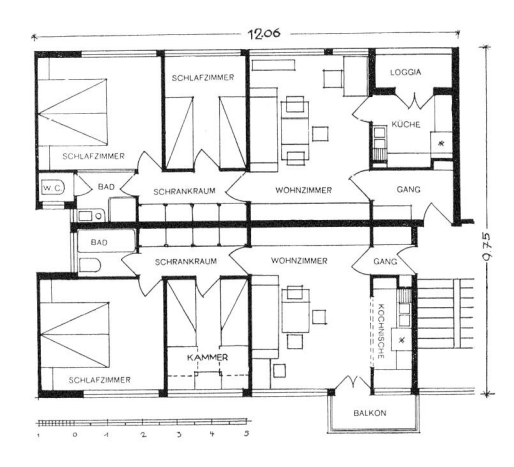

7.53

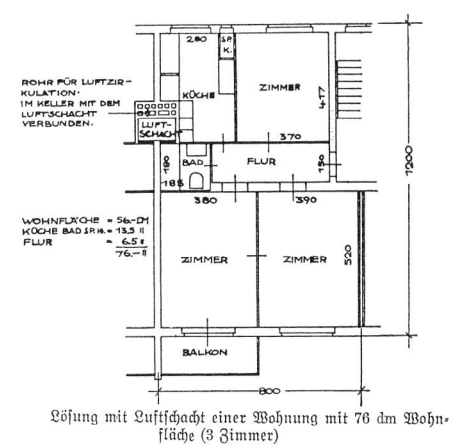

Lösung mit Luftschacht einer Wohnung mit 76 dm Wohnfläche (3 Zimmer)

7.54

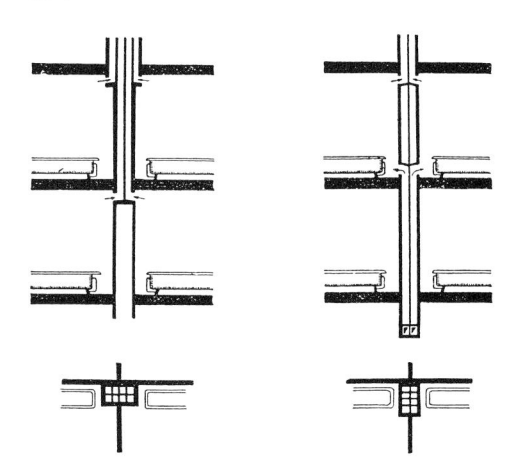

Auch bezüglich der technischen Möglichkeiten, mit denen man Sanitärräume be- und entlüften kann, gehen die Meinungen weit auseinander. Sie reichen von der Forderung nach Lichtschächten mit einer Grundfläche von mindestens 6 qm in der Berliner Bauordnung (Abb. 7.52) über besteigbare Luftschächte von 1–1,5 qm Grundfläche (Abb. 7.53) bis zu den heute üblichen Systemen mit schornsteinartigen Schachtlüftungen.

Dabei werden die verschiedenen Möglichkeiten der Luftführung für solche Anlagen wie die reine Abluftführung mit Zuluft über die Tür des Naßraums oder Systeme mit Zu- und Abluftöffnungen und schließlich solche mit motorischer Unterstützung ausführlich verglichen (Abb. 7.54).

7.52

So muß z. B. davon ausgegangen werden, daß es sich bei den innenliegenden Sanitärräumen, die Alexander Klein schon 1922–25 bei einer Gruppe von großbürgerlichen Stadtwohnungen in Berlin-Wilmersdorf vorsieht, um Räume mit motorisch unterstützter Schachtlüftung handelt.
Auch bei den Reihenhäusern seiner Großsiedlung in Bad Dürrenberg von 1929 gelingt ihm die Durchsetzung eines Grundrißtyps, bei dem das Bad im ersten OG künstlich belüftet ist (Abb. 7.55).
Hugo Häring löst das Problem innenliegender Bäder und ihrer Versorgung mit Licht und Luft über Oberlichter, wie bei seinem eingeschossigen Reihenhaustyp von 1931.

7.51 *Bad und Abort*
a) an der nördlichen Hauswand
b) im Inneren des Hauses, motorisch entlüftet
(Walter Neuzil, 1929)

7.52 *München, Ausstellung »Heim und Technik«, Kleinstwohnungen von 45 qm Nutzfläche (Luckhardt + Anker, 1928)*

7.53 *Wohnung mit Luftschacht (Heinz Rau, Heinrich Schäfer, 1926)*

7.54 *Lüftungsrohre für fensterlose Badezimmer, Systemschnitt (M. Mengeringshausen, ca. 1932)*

[101] *Wasmuths Monatshefte für Baukunst 1927, S. 394 f.*

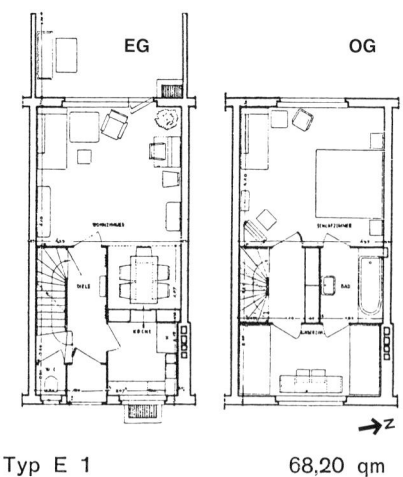

7.55

Typ E 1   68,20 qm

7.55 Bad Dürrenberg, Reihenhaus, Typ E 1 (Alexander Klein, 1929)

Auch Pieter Ouds Reihenhäuser auf dem Stuttgarter Weißenhof von 1927 haben innenliegende Bäder mit Belichtung und Belüftung über das Dach (Abb. 5.9).
Daß er damit in Widerspruch zu deutschen Baugepflogenheiten steht, wird aus einer Besprechung der Weißenhofsiedlung von Edgar Wedepohl deutlich: »Gegenüber der deutschen Gewohnheit und den entsprechenden Bauvorschriften ist es bemerkenswert, daß nach holländischer Art Bad und Klosett im 1. Stock in der Mitte des Hauses liegen. Diese Lage macht eine geringere Hausbreite möglich, als wenn Bad und Klosett Fenster an der Außenwand haben müssen. Sie verlangt das flache Dach, weil sonst die direkte Belichtung und Entlüftung beider Räume nicht so einfach wären ...«[101]
Doch alle diese Beispiele bleiben Ausnahmen und haben keinerlei Einfluß auf den allgemeinen Wohnungsbau.
Erst nach dem Zweiten Weltkrieg und mit dem Einsetzen des Hochhausbaus mit seinen kompakten Grundrissen, setzt sich das Prinzip innenliegender Sanitärräume auch in der Bundesrepublik allmählich durch. Jetzt erst werden mit der DIN 18061 die gesetzlichen Voraussetzungen für Schachtanlagen, insbesondere für die praktikable und platzsparende Sammelschachtanlage nach Blatt 2 geschaffen. Letztere erlaubt durch das Prinzip eines durchgehenden Sammelschachts und geschoßweise versetzt angeschlossener Nebenschächte die Belüftung mehrgeschossiger Wohnbauten über das Dach bei gleichbleibendem Schachtquerschnitt.
Damit aber werden nicht nur jene typischen Hochhausgrundrisse möglich wie sie z. B. auf der Berliner Interbau einer breiten Öffentlichkeit vorgestellt werden, sondern es vollziehen sich auch im niedrigen und zeilenartigen Geschoßbau der Folgezeit einschneidende Grundrißveränderungen.
Bei Ost-West-Orientierungen können jetzt beide Gebäudeseiten ausschließlich für die höherwertigen Wohnräume genutzt werden, Bad und WC wandern auch hier in das Innere des Grundrisses. Damit wächst die Gebäudetiefe von rund 10 auf etwa 15 m an und erlaubt entsprechend kompaktere Grundrisse mit geringerem Fassadenanteil. Mit »kürzeren« Wohnungen schrumpft der Anteil an Erschließungsaufwendungen für Straßen, Wege und Versorgungsleitungen, und die Gebäude selbst werden in ihrem Oberflächen-Volumen-Verhältnis auch energieökonomisch günstiger.
Das Zusammenwirken dieser Faktoren führt zu einem grundlegenden Wandel in der Grundrißgestaltung zeilenartiger Geschoßbauten und erzeugt eine neue Generation tiefer, meist dreizoniger Grundrisse, bei denen häufig auch Erschließungselemente ins Gebäudeinnere verlegt werden (Abb. 7.56).
Gleichzeitig aber erreicht damit eine Entwicklung ihren Höhepunkt, bei der sich am

7.56

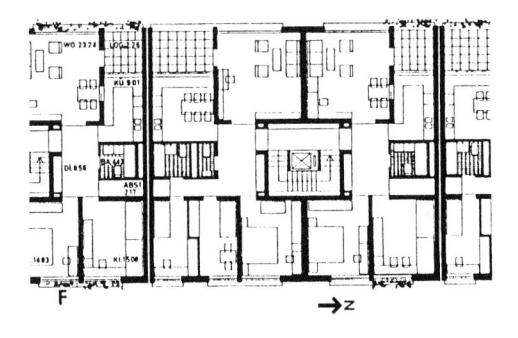

Ende genau jene Räume im Zentrum des Grundrisses versammeln, die am Beginn dieses Prozesses noch so weit wie möglich an dessen Rand oder sogar außerhalb angesiedelt waren: der zum WC avancierte Trockenabort und die zur Waschmaschine geschrumpfte Gemeinschaftswaschküche.

Neue Probleme entstehen nun mit der schalltechnischen Bewältigung dieser Funktionen, die mit ihren Spül- und Fließgeräuschen und mit den Motorgeräuschen der Waschmaschine aus dieser zentralen Position heraus sehr viel störender sind als aus ihrer ursprünglich peripheren Lage.

Im Zusammentreffen dieser Entwicklung mit gleichzeitig kontinuierlich ansteigenden Ansprüchen an ein lärmfreies Wohnen, rächt sich jetzt der allzu späte Einstieg in die Erfahrung mit innenliegenden Sanitärräumen, was eine Erklärung dafür sein mag, daß wir im europäischen Vergleich heute übertriebene Schallschutznormen und entsprechend hohe Aufwendungen in diesem Bereich haben.

Um so zwingender ist deshalb die Forderung nach grundrißlicher Zusammenfassung und Bündelung dieser Lärmquellen, weil nur so die bautechnisch aufwendigen Kontaktflächen zu den lärmempfindlichen Wohn- und Schlafräumen minimiert werden können.

Auch die inzwischen gesetzlich vorgeschriebene Verbrauchsmessung wirkt in dieselbe Richtung und verlangt eine möglichst weitgehende Bündelung der Verbrauchsstellen – also der Sanitärräume – im Interesse der Einsparung teurer Meßeinrichtungen.

Waren es am Anfang nur die teuren Leitungslängen, die zur Konzentration von Naßräumen Anlaß gaben, so zwingt uns die beschriebene Entwicklung heute mehr denn je zu einer sorgfältigen Grundrißplanung im haustechnischen Bereich.

Im Geschoßbau und im verdichteten Flachbau kann deshalb nur dann von sanitärtechnisch ökonomischen Grundrissen gesprochen werden, wenn Küche, Bad und WC bei kleineren Wohneinheiten an einem, bei größeren an maximal zwei Vertikalverteilern angebunden sind – und zwar gleichgültig, ob es sich um innen- oder außenliegende Naßräume handelt.

Außerdem wird sich die Lüftungstechnik für innenliegende Naßräume in Zukunft vom Prinzip der Dauerlüftung mit Zuluft aus der Wohnung zu einer kontrollierten Bedarfslüftung hin entwickeln müssen, wenn die Wärmeverluste aus Lüftung in vertretbaren Grenzen gehalten werden sollen. Wenn heute die im europäischen Vergleich besonders hohen Baukosten in der Bundesrepublik beklagt werden, dann trägt der Teufelskreis aus hohen Ansprüchen an die technische Ausstattung des Wohnens und den zur Bewältigung ihrer Folgen ebenso hoch entwickelten Baunormen nicht unwesentlich zu diesem Zustand bei.

Dies wird am Beispiel der privaten Waschmaschine im Geschoßbau besonders deutlich, wo alle rationalen Argumente für die Rückkehr zur Gemeinschaftswaschküche versagen. Weder die Entlastung der Woh-

7.56 Karlsruhe-Rüppur,
Normalgeschoß
(Hirsch, Horn, Hoinkis, Lanz,
Schütz, Stahl, 1963–68)

nung und der Baukosten von einem beachtlichen Lärmerzeuger, noch die Möglichkeiten eines zentralen und damit sehr viel effizienteren Waschbetriebs mit nahegelegenen Einrichtungen für das Wäschetrocknen und mit hilfreichen Geräten, die der einzelne in seiner Wohnung gar nicht unterbringen kann – z. B. eine Heißmangel –, sind offenbar in der Lage, dieses individualistische Bedürfnis auch nur in Frage zu stellen; von den nicht zu unterschätzenden Möglichkeiten, sich in einer Gemeinschaftswaschküche gegenseitig helfen zu können, ganz zu schweigen.

Im übrigen ist in der Wohnbauentwicklung der letzten Jahre trotz der grundrißökonomischen Vorteile innenliegender Installationsräume eher wieder eine Rückwärtsentwicklung zu beobachten, eine Rückkehr also zu schlankeren Grundrissen mit direkt belichteten und belüfteten Sanitärräumen.

Gründe dafür mögen sowohl in erschwerten städtebaulichen Randbedingungen liegen, also z. B. in Situationen, die wegen Verkehrslärm oder ungünstiger Orientierung zu Grundrissen mit einseitig orientierten Wohn- und Schlafräumen zwingen und damit zwangsläufig zu außenliegenden Nebenräumen auf der Gegenseite dieser Grundrisse; auch die oft erhobene Forderung nach Südorientierung zum Zwecke passiver Energiegewinnung hat derartige Grundrisse zur Folge. Dabei wird häufig übersehen, daß gerade diese Forderung zu schlankeren und damit energieökonomisch ungünstigeren Grundrissen zwingt, aus energetischer Sicht also kontraproduktiv ist. Wo immer die Gründe liegen mögen, mit dieser Entwicklung rücken auch Grundrißtypologien wieder ins Blickfeld, wie sie teilweise schon Ende der zwanziger Jahre entstanden waren, mit dem Ziel, den alten Innenflurgrundriß durch räumlich großzügigere »Durchwohngrundrisse« abzulösen, ohne auf eine ökonomische Bündelung der Sanitärräume zu verzichten (Abb. 1.9).

Neben dem Prinzip der »Bündelung« von hochinstallierten Räumen setzt sich aber heute immer häufiger auch das Prinzip der »Zonung« durch. Dieses Prinzip ist im Gegensatz zur Bündelung anpassungsfähiger, weil es statt einer definitiven eine territoriale Ortszuweisung für diese Raumkategorie vorsieht.

In der Regel werden bei gezonten Grundrissen drei Raumkategorien unterschieden: die Zone der Aufenthaltsräume, die Zone der Installations- und Nebenräume und die Zone der Zirkulation.

Zonungsmodelle des Geschoßbaus mit einer Zonung parallel zur Gebäudelängsrichtung sichern ein stets gleichbleibendes Verhältnis zwischen diesen drei Raumkategorien unabhängig von der Wohnungsgröße und erleichtern damit die Differenzierung im Wohnungsgemenge.

Die bereits dargestellten Unterschiede in der Grundrißorganisation bei außen- bzw. innenliegenden Installationsräumen bestimmen auch die beiden überwiegend eingesetzten Zonungsmodelle mit außen- bzw. innenliegenden Installationszonen.

Außenliegende Installationszonen sind die Konsequenz einseitig orientierter Grundrisse, die vor allem dort zu finden sind, wo entweder eine Südorientierung aller Aufenthaltsräume notwendig oder erwünscht ist – z. B. zur Nutzung passiver Sonnenenergie – oder wo Lärmimmissionen eine einseitige Grundrißausrichtung zur lärmabgewandten Gebäudeseite erzwingen.

Innenliegende Installationszonen sind dagegen vor allem dort sinnvoll, wo eine Ost-West-Orientierung die Nutzung beider Gebäudeseiten für Wohn- und Schlafräume erlaubt.

Bei den einseitig orientierten Reihenhäusern des Wohnquartiers in Röthenbach bei Nürnberg ist das Ziel eine optimale Ausrichtung zur Sonne und damit nach Süden. Entsprechend geschlossen ist daher auch die nach Norden ausgerichtete Installationszone.

Eine besondere Zirkulationszone ist hier nicht ausgewiesen, sondern in die Installationszone integriert (Erschließung der Schaltzimmer). Die Gebäudetiefe ist mit 6,40 m entsprechend gering (Abb. 4.41).

Beim Manessehof in Zürich dient das Zonungsprinzip dagegen vor allem dem Lärmschutz der empfindlichen Wohn- und Schlafräume, die hier nach Westen und damit zum Blockinneren ausgerichtet werden, während die Installationszonen konsequent der Straßenseite zugeordnet sind.

Dazwischen liegt eine Zirkulationszone mit den in Gebäudelängsrichtung angeordneten Maisonettetreppen. Da nicht die gesamte Straßenseite der Grundrisse für die Installationsräume benötigt wird, ergibt sich auf der jeweiligen Schlafebene eine dielenartige Raumerweiterung für lärmunempfindliche Tagesaktivitäten.

Eine vierte Zonung bildet hier die äußere Wohnungserschließung mit dem jeweils auf der Wohnebene angeordneten Außengang. Ohne diesen Gang liegt die Grundrißtiefe bei knapp 10 m (Abb. 4.39 und 7.57).

Ein Beispiel für eine innenliegende Installationszone ist das Wohngebäude in Graz-Straßgang. Zwei unterschiedlich tiefe Wohnzonen mit Ost- bzw. West-Orientierung werden durch das innenliegende Installationsband voneinander getrennt.

Zirkulationszonen sind hier sowohl in die Installations- wie in die Wohnzone integriert und erlauben bei knappen Wohnflächen ein ausreichendes Maß an innenräumlicher Flexibilität. Allerdings dürfte die Verbindung von Individualräumen ausschließlich über Schiebetüren keine ausreichende Schalltrennung darstellen. Die verhältnismäßig geringe Tiefe der beiden Wohnzonen mit 3 bzw. 4 m führt zu einer Gebäudetiefe von nur 10 m, was für diese Art der Zonung eher untypisch ist. Die nach beiden Seiten orientierten Wohn- und Schlafräume lassen nur geringe Abweichungen von der Ost-West-Orientierung zu (Abb. 7.58).

Bei den Geschoßwohnungen in der Hellmutstraße in Zürich verbinden sich Charakteristika der Außengang- und der Spännererschließung zu einem hybriden Gebäudetypus, bei dem eine durchgehende Installa-

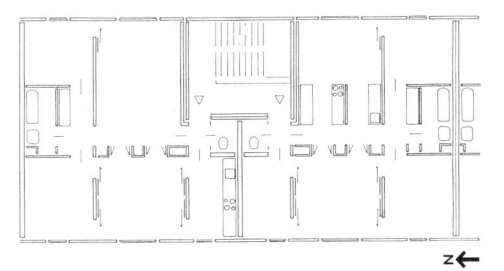

7.57 Zürich/CH, Manessehof, Obere 3geschossige Maisonettewohnung (Marbach + Rüegg, 1985)

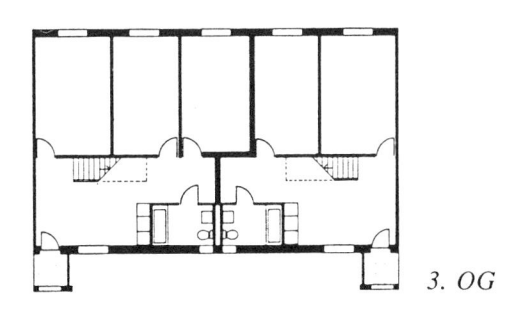

7.58 Graz-Straßgang/AU, Normalgeschoß (Riegler + Riewe, 1994)

tionszone teilweise außen (am Laubengang) und teilweise innen liegt. Es entstehen abwechselnd Gebäudetiefen von rund 8,50 m (ohne Laubengang) und 17 m. Das System läßt eine Vielzahl unterschiedlicher Wohnungskombinationen zu.

Auch hier sind die Zirkulationszonen innerhalb der Grundrisse in die jeweiligen Wohnzonen integriert und durch Systemöffnungen in den Schotten vorbereitet.

Die Nutzung beider Gebäudeseiten für Wohnzonen verlangt auch hier eine der Ost-West-Orientierung angenäherte Gebäudestellung (Abb. 7.59; s.a. S. 332f.).

7.59

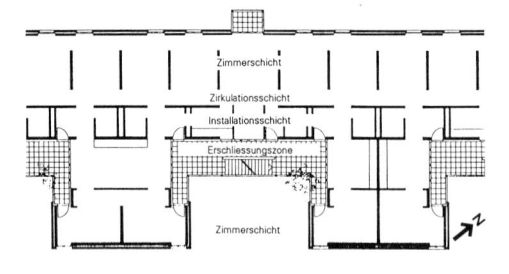

Mit der Wohnanlage Buchgrindel II in Wetzikon wird trotz großer Gebäudetiefe eine Direktbelichtung und -belüftung aller Installationsräume sowie der innenliegenden Treppenhäuser über Lichthöfe erreicht. Diese Höfe ermöglichen im Erdgeschoß zugleich eine durchgehende innere Längserschließung. Es entstehen fünf klar definierte Zonen für die auch hier durchbindenden Wohnungen. Trotz der Innenhöfe liegt die Gesamttiefe des Gebäudes mit 20 m noch unter der Unité d'Habitation von Le Corbusier (Abb. 7.60).

Bei den genannten Beispielen schwankt die Tiefe der Installationszone zwischen 1,70 m wie im Beispiel Röthenbach, wo die Länge der Badewanne dieses Maß bestimmt, und

7.60

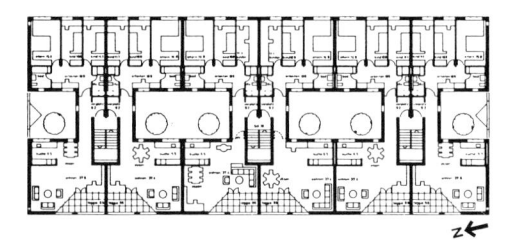

3,00 m, wie im Beispiel Graz-Straßgang, wo die Einbeziehung von Zirkulationsflächen zu besonders tiefen Mittelzonen führt.

Sehr häufig dagegen wird eine Tiefe von etwa 2,25 m gewählt, da sie bei Bädern eine Parallelanordnung von drei Objekten (WC, Waschtisch, Wanne oder Dusche) erlaubt und bei Küchen einen zweizeiligen Einbau zuläßt (Beispiele Wetzikon und Hellmutstraße).

Ein ungewöhnliches Konzept, das aber als Grenzfall der Zonung in einer solchen Gegenüberstellung nicht fehlen darf, ist das von den französischen Architekten Yves Lion und François Leclercq vorgeschlagene Prinzip der »bande active«, bei dem eine beide Gebäudeseiten begleitende außenliegende Installationszone so ausgedünnt wird, daß sie im Sinne einer hochtechnisierten Fassade zugleich die indirekte und direkte Belichtung und Belüftung der innenliegenden Wohnzone erlaubt.

Mit einer Tiefe von knapp 1 m kann diese Zone wahlweise für kleine selbständige Naßzellen (WC, Dusche) genutzt oder als nischenartige Erweiterung für eine Badewanne oder eine Küchenzeile an die innere Wohnzone angeschlossen werden. Ebenso kann sie als Fensternische oder Loggia der Direktbelichtung dieser Innenzone dienen. Ob mit der »bande active« auch die Veränderbarkeit und Zugänglichkeit von Installationszeilen wesentlich verbessert wird – wie

7.59 Zürich/CH, Hellmutstraße, Schematischer Grundriß (A.D.P. Ramseier, Jordi, Angst, Hofmann, 1991)

7.60 Wetzikon/CH, Buchgrindel II, OG 1 (Theo Hotz, 1979–85)

die Verfasser meinen –, muß dahingestellt bleiben, solange noch keine praktischen Erfahrungen vorliegen. In jedem Falle aber fordert dieses Prinzip neue grundrißliche Möglichkeiten und ein völlig andersartiges Wohnen heraus (Abb. 7.61).

7.61

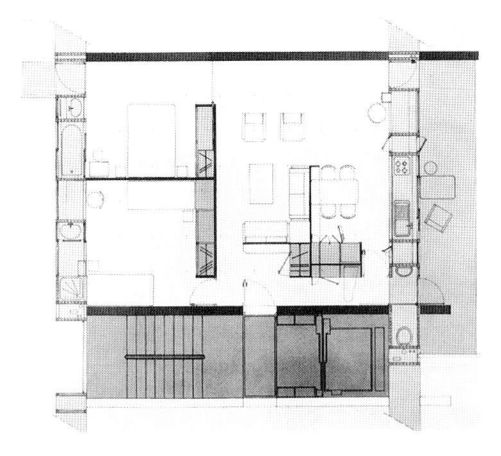

Wenn die Technisierung des Wohnens heute immer mehr zu einer Bündelung oder Zonung für die haustechnischen Einrichtungen zwingt, dann gilt das in besonderem Maß dort, wo Selbstbaumöglichkeiten in den Bauablauf einbezogen werden sollen. Hier bietet das Zonungsprinzip einen ähnlichen Ansatz, wie er mit den »site and service«-Programmen in vereinfachter Form auch für das Bauen in Entwicklungsländern eingesetzt wird.

Von einem solchen Ansatz geht beispielsweise das von Thomas Herzog und Knut Gitter 1980 für Darmstadt-Kranichstein entwickelte Projekt für ein- und zweigeschossige Reihenhäuser aus. Quer zu den Zeilen angeordnete schmale und langgestreckte Installationszonen werden jeweils paarweise zusammengeschlossen und bilden die hochinstallierte bauseitige »Vorleistung«. Zwischen einer Installationszone und der gegenüberliegenden Grundstücksmauer entsteht eine 5,40 m breite und von jeglicher Sanitärinstallation entlastete Selbstbauzone, die sowohl ein- wie zweigeschossig genutzt werden kann. Durch die paarweise Zusammenlegung der Installationszonen gelingt die »Neutralisierung« der Selbstbauzonen allerdings nur auf jeweils einer der beiden Grundstücksgrenzen (Abb. 7.62).

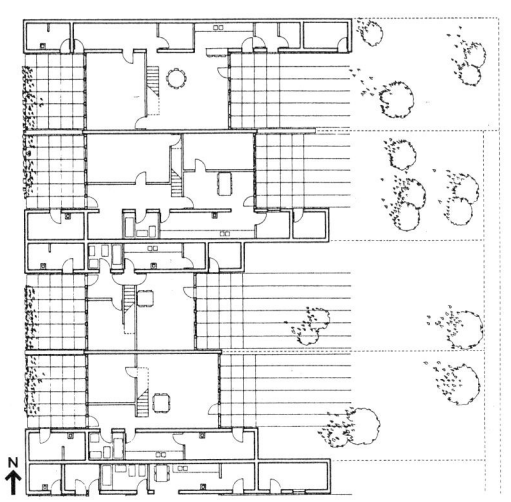

7.61 Bande active
(Yves Lion, François Leclercq, 1989)

7.62 Darmstadt-Kranichstein, Reihenhaussiedlung
(Thomas Herzog, Knut Gitter, 1980)

8 Wohngrundriß und Gebäudeerschließung

8.1 Erschließungsformen des niedrigen Zeilenbaus mit sich wiederholender Geschoßfolge (Stapelprinzip)

8.2 Erschließungsformen des hohen Geschoßbaus mit sich wiederholender Geschoßfolge (Stapelprinzip)

8.3 Erschließungsformen des niedrigen Geschoßbaus mit differenzierter Geschoßfolge (Wohnlage-Prinzip)

8.4 Erschließungsbereiche in der Überlagerung mit Wohnnutzungen

8.5 Erschließung raumbildender Bebauungsformen

Funktionsstudien zu diesem Kapitel befinden sich
auf den Seiten 372–380

8 Wohngrundriß und Gebäudeerschließung

8.1 Erschließungsformen des niedrigen Zeilenbaus mit sich wiederholender Geschoßfolge (Stapelprinzip)

Für die Frühphase der Moderne ist bezeichnend, daß die Elemente der Gebäudeerschließung nach fast ausschließlich rationalen Gesichtspunkten eingesetzt werden. Ausgehend von einem Geschoßbau, bei dem schon aus ökonomischen Gründen stets identische Geschosse aufeinander folgen, wird auch dessen Erschließung nach streng ökonomischen Prinzipien vorgenommen.
Die Leistungsfähigkeit der drei Grunderschließungsformen

- Spännererschließung,
- Innengangerschließung,
- Außengangerschließung

wird sehr genau auf die jeweils zu erschließenden Wohnungsgrößen sowie deren spezifische Orientierungs- und Belüftungsbedürfnisse abgestimmt. Dabei überwiegt die lineare Gebäudeform des Zeilenbaus. Nur ganz wenige gebaute Beispiele bestätigen als Ausnahme die Regel; so z. B. Michiel Brinkmans Wohnquartier »Spangen« in Rotterdam von 1919–21, das als früher Vorläufer einer erst sehr viel später einsetzenden Entwicklung gesehen werden muß (s. a. S. 310 f.).

Spännererschließung

Bei der Spännererschließung wird eine begrenzte Zahl von Wohnungen von einem gemeinsamen Treppenpodest aus erschlossen; man spricht vom Zwei-, Drei- oder Vierspänner, je nach Anzahl der Wohnungen.
Für größere, eingeschossige Wohnungen (»flats«) wird der Zweispänner bevorzugt, weil die beiden Wohnungen nach zwei Gebäudeseiten orientiert und querbelüftet werden können.
Das Treppenhaus ist in seiner Größe unabhängig von den Wohnungsgrößen; je größer die angeschlossenen Wohnungen, desto wirtschaftlicher ist diese Erschließungsform.
Auf diese Zusammenhänge hat vor allem Otto Haesler hingewiesen und seine Typenreihen entwickelt, bei denen unterschiedlich große Wohnungen am stets gleichen Erschließungselement angeordnet sind (Abb. 8.1; s. a. S. 316 f.).
Bei den in diesem Zeitraum vorherrschenden Gebäudetiefen von 8–10 m benötigt das Treppenhaus für die übliche zweiläufige Podesttreppe ungefähr die halbe Gebäudetiefe und endet damit in der Regel an der damals üblichen tragenden Mittelwand. Dadurch liegen die Wohnungseingänge an zentraler Stelle des Grundrisses nahe der Gebäudemitte und erlauben eine günstige Erschließung der Wohnungen von innen her. Nachteil dieser Erschließungsform ist, daß der Hauseingang prinzipiell auf der Höhe des Zwischenpodestes liegt und damit auch nicht wesentlich größer sein kann als dieses.
Es gehört daher zu den Charakteristiken dieser Erschließungsform, daß sie häufig

8.1

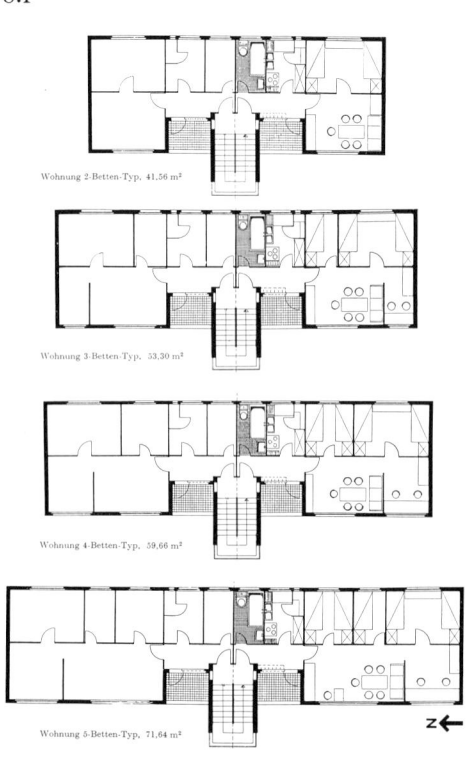

Wohnung 2-Betten-Typ, 41,56 m²
Wohnung 3-Betten-Typ, 53,30 m²
Wohnung 4-Betten-Typ, 59,66 m²
Wohnung 5-Betten-Typ, 71,64 m²

8.2

8.3

← Eingang

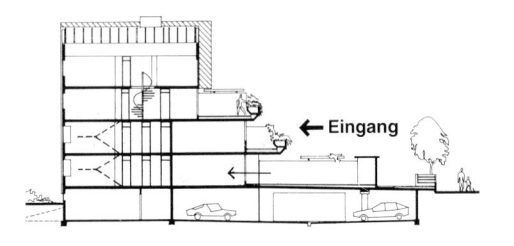

8.1 Kassel, Rothenberg,
     Grundrißstudien
     (Otto Haesler, ca. 1929)

8.2 Stuttgart, Waldsiedlung Rohr
     (Hochbauamt Stuttgart, 1950)

8.3 Stuttgart-Neugereut,
     Pelikanstraße
     (Faller + Schröder, 1970)

sehr knapp bemessene Hauseingänge zur Folge hat. Auch der unvermeidliche Kellersockel prägt die Erscheinungsform dieser Geschoßbauten (Abb. 8.2).

Ein typisches Beispiel für einen solchen Zweispänner sind die Geschoßwohnungen, die Walter Gropius 1929 für den Karlsruher Dammerstock baut. Hier sind beide Wohnungen gleich groß, weshalb die Trennwand auf der Mitte des Treppenhauses endet (Abb. 7.50).

Mit einem »Schaltzimmer« gegenüber der Treppe können zwei unterschiedlich große Wohnungen erreicht werden. Außerdem erlaubt diese Anordnung bei Bedarf einen größeren Eingangsbereich im EG, wenn man dort auf das Schaltzimmer verzichtet und das Haus von der gegenüberliegenden Gebäudeseite her erschließt (Abb. 5.45 und 8.3).

Eine besondere Variante der Erschließung entwickelt sich vor allem in Holland und taucht in den zwanziger Jahren hin und wieder auch bei uns auf. Dabei werden die Wohnungen im Erdgeschoß direkt von außen, in den Obergeschossen dagegen über einläufige Stichtreppen erschlossen. Genau genommen handelt es sich um eine Einspännererschließung. Im ersten OG endet eine solche Stichtreppe etwa in der Gebäudemitte, also an einer günstigen Stelle. Will man auch ein zweites OG erschließen, dann endet der direkt anschließende zweite Treppenlauf schon auf der gegenüberliegenden Gebäudeseite. Nachteile solcher Treppenanlagen sind die von Geschoß zu Geschoß wechselnde Lage der Wohnungseingänge und das Fehlen eines hausinternen neutralen Kellerabgangs (Abb. 8.4 und 8.5).

Größere Gebäudetiefen, wie sie mit der Zulassung innenliegender Sanitärräume

8.4

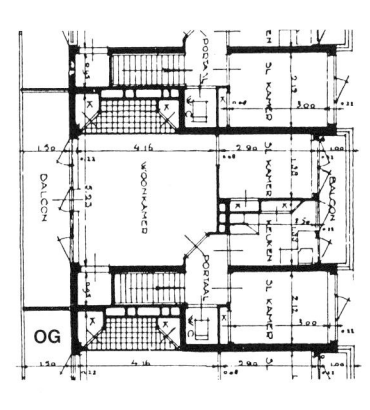

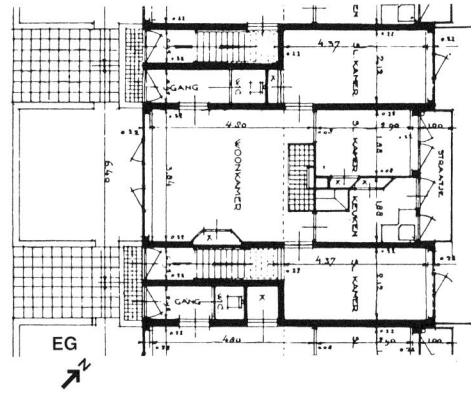

8.6

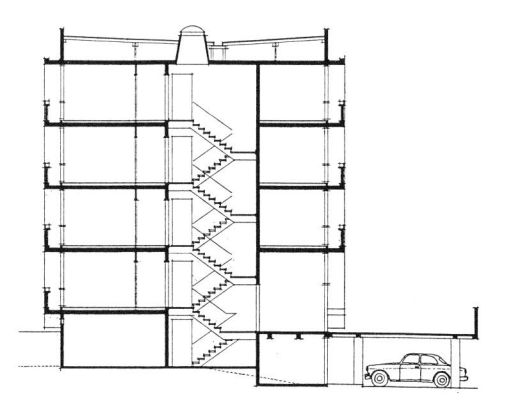

für den Hauseingang lediglich ein Zimmer im Erdgeschoß (Abb. 8.6).

Einen Zweispänner sehr viel größerer Gebäudetiefe entwickelt Theo Hotz 1979 für das Projekt Buchgrindel II in Wetzikon/CH. Hier werden Wohn- und Schlafbereich der Wohnungen durch Innenhöfe und eingestellte Treppenhäuser voneinander getrennt und jeweils für sich querbelüftet. Die Erschließung im Erdgeschoß erfolgt in Gebäudelängsrichtung über Innenhöfe (Abb. 8.7).

8.5

8.7

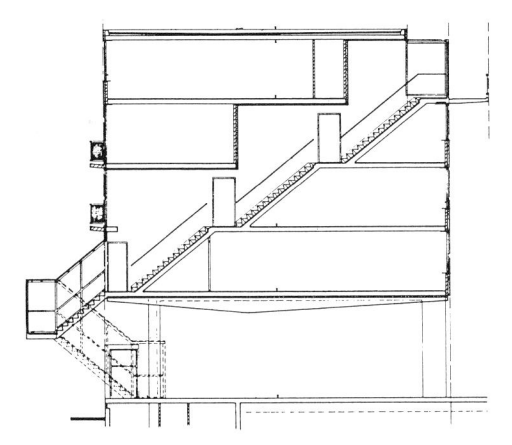

nach dem Krieg entstehen, erlauben auch innenliegende Treppenhäuser. Sie können bei geeigneter Ausbildung der Treppe über ein Oberlicht vom Dach her mit Tageslicht versorgt werden. Für den Brandfall muß eine automatische Lüftung über Rauchklappen sichergestellt werden. Auch hier entfällt

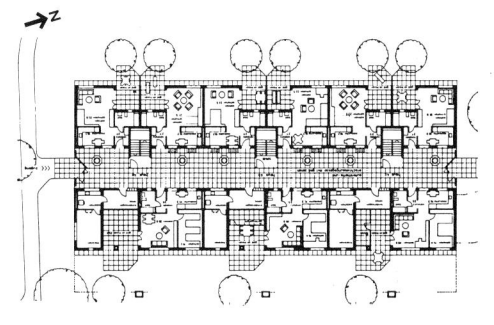

Noch wirtschaftlicher wird die Nutzung des Treppenhauses beim Dreispänner. Zwischen die beiden größeren Wohnungen schiebt sich eine dritte, meist kleinere, die damit dem Treppenhaus gegenüber liegt. Der Nachteil dieser dritten Wohnung ist ihre einseitige Orientierung und die damit fehlende

8.4 *Hoek van Holland/NL (Jacobus Johannes Pieter Oud, 1924–27)*

8.5 *Amsterdam/NL, IJ-Plein (Oma, ca. 1982)*

8.6 *Brabrand/DK, Gjellerup (Petersen, Harbo, 1972)*

8.7 *Wetzikon/CH, Buchgrindel II, OG (Theo Hotz, 1979–85)*

8.8

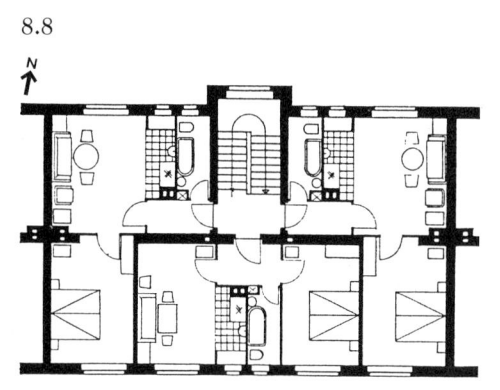

8.10

8.9

Otto Haesler hat 1951, also kurz nach dem Krieg, solche äußerst ökonomisch organisierten Kleinwohnungen in Rathenow in der damaligen DDR realisiert (Abb. 8.10).

Aber auch beim Vierspänner kann eine zweiseitige Orientierung und eine zumindest diagonale Lüftung erreicht werden, wenn zwei der vier Wohnungen aus dem Gebäude herausgezogen werden, so daß eine kammartige Gebäudestruktur entsteht. Kleinwohnungen von Guiseppe Nicolosi, die 1935 für Littoria in Italien entwickelt werden, zeigen einen solchen Ansatz (Abb. 8.11).

Querlüftung. Dies trifft jedoch nur zu, wenn sie wie im Beispiel Rudower Allee, Berlin, von Bruno Schneidereit, 1931, innerhalb der üblichen Gebäudetiefe untergebracht wird (Abb. 8.8).

Dagegen erlaubt das weite Herausziehen aus dem Gebäudegrundriß auch für die dritte Wohnung eine Verbesserung von Orientierung und Querlüftung, wie der für Berlin-Lichtenberg 1927 entwickelte Grundriß von Erwin Gutkind zeigt (Abb. 8.9).

Beim Vierspänner muß der Nachteil einer einseitigen Orientierung für alle vier Wohnungen in Kauf genommen werden, wenn sie auch hier innerhalb einer gleichbleibenden Gebäudetiefe untergebracht werden sollen.

8.11

Einen doppelten Vierspänner baut Adolf Rading 1929 für die Breslauer Werkbundausstellung. Das Haus erlaubt eine Über-Eck-Orientierung und Diagonalbelüftung

8.8 Berlin, Rudower Allee, OG
(Bruno Schneidereit, 1931)

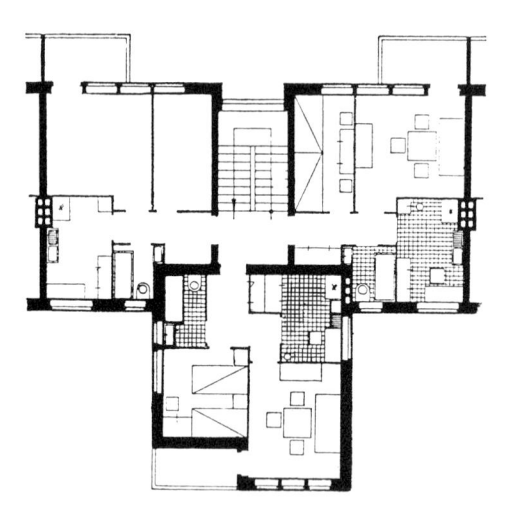

8.9 Berlin-Lichtenberg,
Dreispänner, OG
(Erwin Gutkind, 1927)

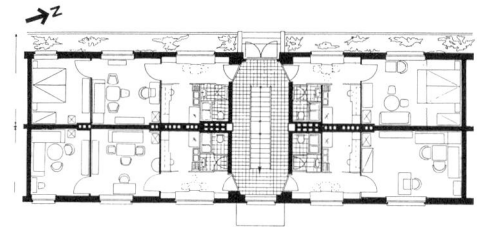

8.10 Rathenow,
Vierspänner, EG
(Otto Haesler, 1951)

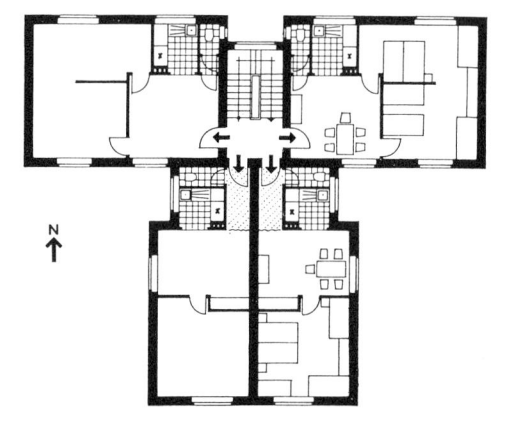

8.11 Littoria/I,
Vierspänner, OG
(Guiseppe Nicolosi, ca. 1935)

8.12

für alle acht Wohnungen, weil es als Solitär und nicht als Teil einer Zeile gebaut wird (Abb. 8.12).

Neue Möglichkeiten der Vierspännererschließung wenden Candilis, Josic und Woods 1965-72 bei ihren niedrigen Geschoßbauten für Toulouse-Le-Mirail an. Hier entstehen netzartige Baustrukturen aus einem Grundelement, bei dem vier Wohnungen nach dem Windmühlenprinzip von einem zentralen Treppenhaus erschlossen werden. Alle Wohnungen sind nach zwei Seiten orientiert und querbelüftet. In sämtliche vier Richtungen kann nach Art eines Strickmusters angebaut werden (Abb. 8.13).

8.13

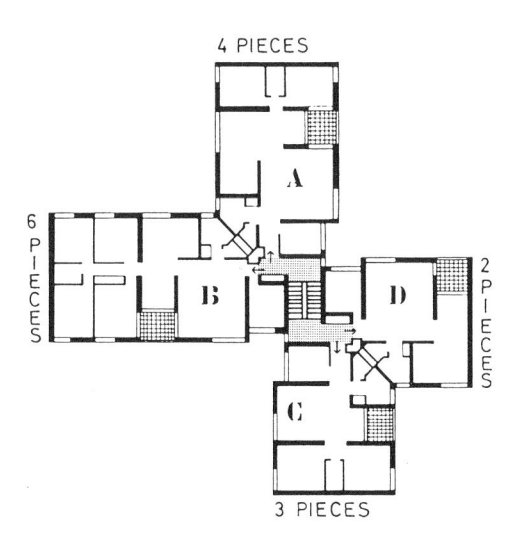

8.14

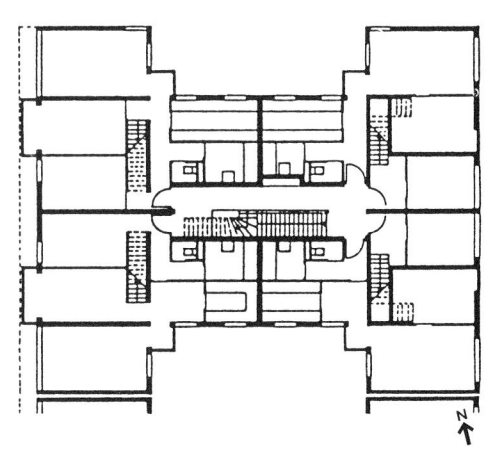

Das von Theo Hotz angewandte Prinzip einer Zweispännererschließung über Innenhöfe läßt sich bei entsprechend großen Höfen auch für eine Vierspännererschließung einsetzen. In verschiedenen Projekten für Wien hat Otto Steidle solche Erschließungsformen erprobt (Abb. 8.14).

Gangerschließungen

Will man im Zeilenbau mehr als vier Wohnungen je Geschoß mit nur einem Treppenhaus erschließen, dann müssen die Wohnungszugänge in eine lineare Anordnung gebracht werden, d.h. man benötigt einen Gang. Dieser kann im Inneren eines Gebäudes liegen und wird deshalb als »Innengang« bezeichnet, oder er wird als »Außengang« oder »Laubengang« entlang der Gebäudeaußenseite geführt.

Die Wirtschaftlichkeit solcher Gangerschließungen steigt mit der Zahl der erschlossenen Wohneinheiten, ist also nur dann gegeben, wenn die einzelne Wohneinheit wenig Ganglänge beansprucht. Die maximale Gesamtlänge des Ganges richtet sich nach den für Fluchtwege zulässigen Entfernungen zwischen der letzten erschlossenen Wohneinheit und dem Treppenhaus.

8.12 Breslau, Werkbundsiedlung, Wohntürme, OG
(Adolf Rading, 1929)

8.13 Toulouse Le Mirail/F, OG
(Candilis, Josic, Woods, 1965-72)

8.14 Wien/AU, Wienerberggründe
(Otto Steidle, 1992)

[102] *Walter Gropius, in: Internationale Kongresse, Die Wohnung für das Existenzminimum, Frankfurt 1930*

Innengangerschließung

Die Innengangerschließung von eingeschossigen Grundrissen im Zeilenbau hat für die Wohneinheiten alle Nachteile der einseitigen Orientierung und fehlender Querlüftung, wie sie auch beim ungegliederten Vierspänner schon gegeben sind. Innengangerschließungen werden deshalb bei Geschoßwohnungen im Zeilenbau kaum eingesetzt.

Da der Innengang eine beidseitige Anlagerung von Wohneinheiten erlaubt, ist er für sehr kleine Wohneinheiten und vor allem für Zimmer und Apartments in Hotels oder Heimen die mit Abstand wirtschaftlichste Form der Erschließung.

Der einfache Innengang hat dabei den Nachteil, daß er im dunklen Innenbereich des Grundrisses liegt und nur in größeren Abständen über das Treppenhaus oder das Gebäudeende mit Tageslicht versorgt und belüftet werden kann. Dieser Mangel an räumlichen und kommunikativen Qualitäten mag für Formen des temporären Wohnens hinzunehmen sein; im Geschoßwohnungsbau sollte er jedoch vermieden werden.

Aus der ersten Phase des Neuen Bauens sind nur wenige Beispiele für Innengangerschließungen bekannt.

Anlagen dieser Art werden in aller Regel als »Hotelwohnungen« bezeichnet. In den Veröffentlichungen der CIAM, wie etwa in »Die Wohnung für das Existenzminimum«[102], werden solche Beispiele aus USA, Schweden und der Sowjetunion als »Hotelwohnungen« bezeichnet. Ein Beispiel aus Deutschland ist das Projekt von Hans Schumacher für Hotelwohnungen in Köln von 1929 (Abb. 8.15).

8.15

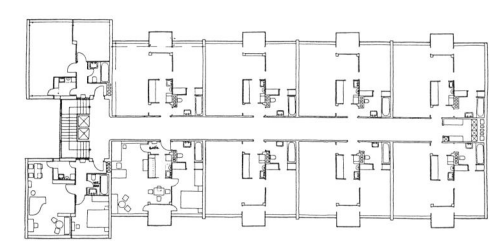

Neue Bedeutung erlangt der Innengang erst mit den besonderen Erschließungsproblemen des Hochhauses; heute wird er besonders bei aktuellen Umnutzungsaufgaben für den Wohnbau, z. B. bei der Umnutzung von Industrie- und Kasernenbauten verwendet.

Laubengang- oder Außengangerschließung

Im Gegensatz zum Innengang hat der Laubengang für die Geschoßbauerschließung eine sehr viel größere Bedeutung.

Er erlaubt eine zweiseitige Belichtung und Querlüftung für die Wohnungen und kann bei sorgfältiger Ausbildung auch zu einer hohen räumlichen Qualität der Erschließung beitragen. Allerdings setzt sich in der ersten Phase seiner Anwendung im Neuen Bauen erst allmählich die Erkenntnis durch, daß diese Erschließungsform auch anders aufgebaute Grundrisse erfordert und daß z. B. Schlafräume für eine Lage am Außengang ungeeignet sind. Da ein Laubengang aber um so unwirtschaftlicher wird, je breiter die ihm angelagerten Wohnungen sind, richtet sich das Augenmerk vor allem auf die Ausbildung möglichst schmaler Wohnungen.

So nimmt Gropius 1929 im Dammerstock in Kauf, daß sein Wohnraum sehr schmal wird und daß im Schlafraum die Betten hintereinander stehen müssen. Er erreicht damit aber einen Grundriß, der schmaler als

8.15 *Wohnhotel, Projekt, OG (Hans Schumacher, 1929)*

8.16

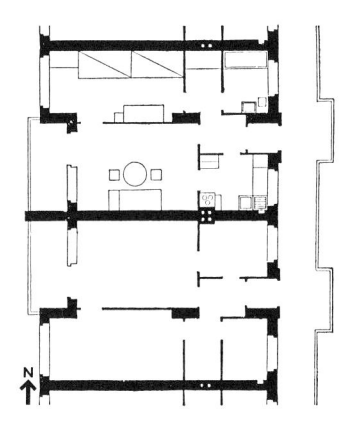

8.17

tief ist, und kann somit acht Wohnungen über nur eine Treppe erschließen.

Am Laubengang liegen Eingang, Küche und Bad und damit nur unempfindliche Räume. Gropius verbreitert seine Laubengänge an ihrer Außenseite jeweils gegenüber den Wohnungseingängen und reagiert damit auf einen zusätzlichen Bedarf an Raum an diesen für die Qualität des Laubengangs so bedeutsamen Stellen (Abb. 8.16).

Eine sehr viel überzeugendere Lösung für diese Notwendigkeit schlägt Erwin Gutkind schon 1927 vor. Sein leider ungebaut gebliebenes Laubenganghaus hat großzügige Eingangsnischen auf der Wohnungsseite des Ganges. Mit der Idee, hier sogar einen kleinen Sitzplatz einzurichten und damit auf den privaten Balkon ganz zu verzichten, weist er auf Möglichkeiten der Nutzungsüberlagerung hin, die erst sehr viel später wieder aufgegriffen werden (Abb. 8.17).

Die Laubenganghäuser der Werkbundsiedlung von 1931 auf dem Neubühl bei Zürich bauen auf Gropius' Grundprinzip auf und ordnen dem Laubengang ebenfalls nur die unempfindlichen Wohnfunktionen zu. Im Unterschied zum Dammerstock wird hier aber zwischen kleinen Einpersonenwohnungen am Gang und größeren Zweipersonenwohnungen an den Kopfenden unterschieden. Der Gang wird dadurch verkürzt, und die besonderen Grundrißmöglichkeiten am Gebäudeende werden genutzt. Die Treppe liegt bei diesen ohnehin sehr kurzen Häusern am Ende des Ganges (Abb. 8.18).

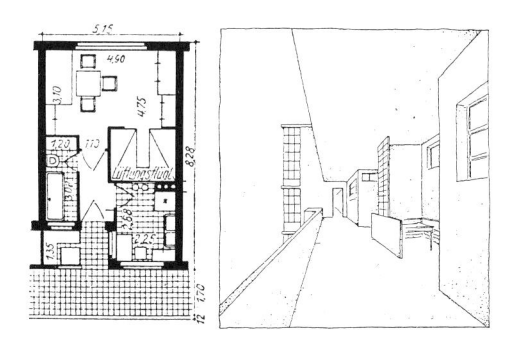

8.18

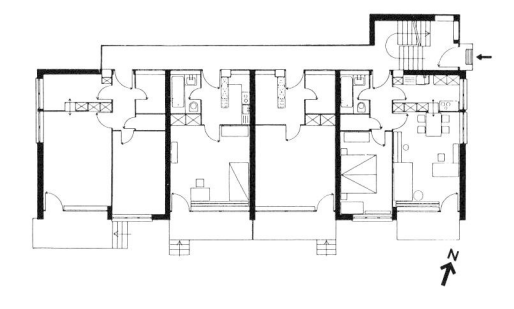

Sehr früh wird in dieser ersten Phase des offenen Zeilenbaus auch erkannt, daß Maisonettes für Außengangerschließungen besonders geeignet sind, weil die geringe Wohnungsbreite der von Kleinwohnungen entspricht, der Gang aber nur in jedem zweiten Geschoß erforderlich ist.

Auf frühe Beispiele dieser Art wurde bereits im Kapitel »Wohngrundriß und Familienwohnung« hingewiesen.

An dieser Stelle sei deshalb nur an das Haus von Hans Schmidt erinnert, das er 1928 in einem 1:1-Modell auf der Münchner Ausstellung »Heim + Technik« vorschlägt.

8.16 *Karlsruhe, Dammerstock, Laubenganghaus, Normalgeschoß (Walter Gropius, 1929)*

8.17 *Ganghaus, Projekt, Grundriß OG, Perspektive (Erwin Gutkind, ca. 1927)*

8.18 *Zürich/CH, Neubühl, Werkbundsiedlung, Laubenganghaus, EG (Haefeli, Hubacher, Steiger, Moser, Roth, Artaria + Schmidt, 1931)*

8.19

Der in den Baukörper eingezogene Laubengang im zweiten OG wird über zwei einläufige Treppen am Kopfende des Hauses erschlossen. Im Erdgeschoß entsteht statt des Laubengangs eine offene, ebenerdige Galerie für die Erschließung der unteren Maisonettewohnungen (Abb. 1.20 und 8.19).

8.20

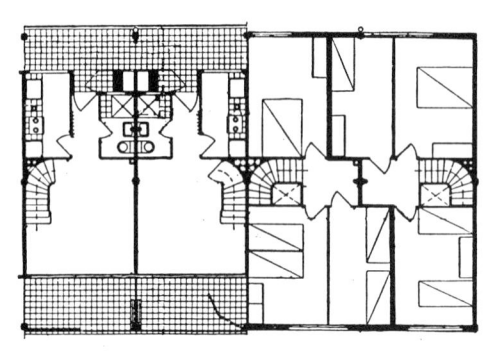

Auch bei der »Casa Bloc«, die Louis Sert 1936 in Barcelona baut, handelt es sich um große 4-Zimmer-Maisonettes, die über eingezogene Laubengänge erschlossen werden. Sert legt drei solcher Wohnungen übereinander und erreicht mit sechs Geschossen bereits eine sehr städtische Dimension (Abb. 8.20).
Einen außergewöhnlichen Vorschlag für die Erschließung kleiner Apartments macht Hans Scharoun bei seinem Ledigenheim für die Breslauer Werkbundsiedlung, das 1929 errichtet wird.

8.21

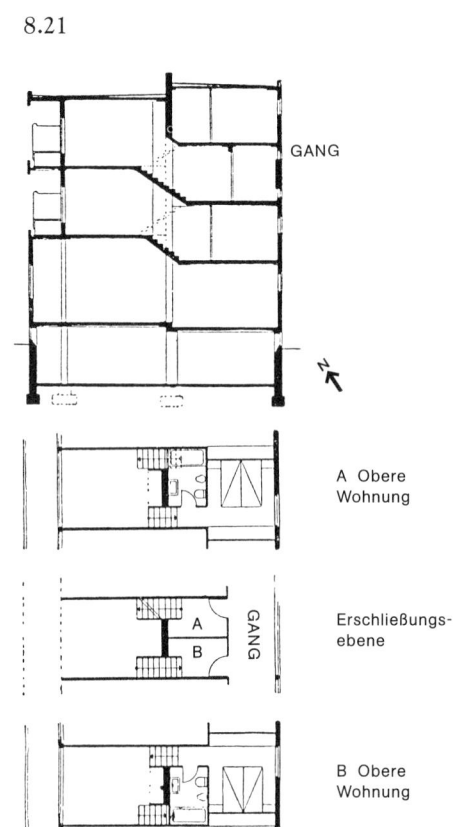

GANG

A Obere Wohnung

Erschließungsebene

B Obere Wohnung

Er erschließt dort zwei versetztgeschossige Kleinwohnungen über einen gemeinsamen Laubengang. Damit kann eine Wohnung über die andere unter dem Gang durchgreifen, so daß in beiden Fällen eine zweiseitige Orientierung ohne Störung durch den Gang möglich wird (Abb. 8.21).
Im niedrigen Geschoßbau liegen die räumlichen Vorzüge des Laubengangs gegenüber dem Treppenhaus vor allem in seiner Offenheit und unmittelbaren Beziehung zum öffentlichen Raum und damit in seinen kommunikativen Qualitäten.
Diese Qualitäten gehen in einer Phase der exzessiven Nutzung dieses Erschließungsprinzips beim Bau linear organisierter Hochhäuser weitgehend verloren und werden erst mit der Rückkehr zum niedrigen Geschoßbau und zu differenzierten Gebäudequerschnitten wiederentdeckt.

8.19 *München, Ausstellung »Heim und Technik«, Stockwerkswohnung mit Laubengang (Artaria + Schmidt, 1928)*

8.20 *Barcelona/E, Casa Bloc (Jose Luis Sert, 1936)*

8.21 *Breslau, Werkbundsiedlung, Ledigenwohnheim (Hans Scharoun, 1929)*

8.2 Erschließungsformen des hohen Geschoßbaus mit sich wiederholender Geschoßfolge (Stapelprinzip)

Die Wiederaufnahme des niedrigen Zeilenbaus nach dem Krieg steht zunächst ganz im Zeichen des Wiederaufbaus und stützt sich auf die bewährten Erschließungsformen der Vorkriegszeit. Dabei herrscht das geneigte Dach vor, das zu weitgehend ungegliederten Baukörpern mit konventionellen Spänner- und Gangerschließungen zwingt.

Schon Mitte der fünfziger Jahre beginnt sich jedoch mit dem Hochhaus eine neue Form des Wohnens durchzusetzen. Das Hochhaus verspricht geringere Überbauungsdichten bei hoher Gesamtdichte im Sinne der »gegliederten und aufgelockerten Stadt«.[103] Steigende Bodenkosten rechtfertigen jetzt den Einsatz von Personenaufzügen auch im öffentlich geförderten und sozialen Wohnungsbau.

Im Mittelpunkt der Entwicklung steht das sogenannte »Punkthaus«, bei dem eine möglichst große Zahl von Wohnungen rund um einen Erschließungskern mit Aufzug angeordnet werden.

Im Bereich unterhalb der feuerpolizeilich definierten »Hochhausgrenze«[104] dominiert in der Regel der achtgeschossige Gebäudetyp mit vier Wohnungen je Geschoß. Die Treppe kann hier noch in einem offenen Treppenraum geführt werden, und es genügt ein einziger Personenaufzug.

Mit seinen eher unglücklichen Proportionen – Dicke und Höhe des Hauses sind nahezu identisch – kann man aber mit diesem Gebäudetyp weder städtebauliche Räume bilden noch wirkungsvolle städtebauliche Akzente setzen.

Bei kompakten Grundrissen auf der Grundform des Quadrats lassen sich meist vier Wohnungen so anordnen, daß sie über Eck orientiert werden können. Dabei sind die nach Nordost oder Nordwest orientierten Wohnungen gegenüber den beiden anderen in ihrer Besonnungsqualität deutlich benachteiligt.

Ein Beispiel für eine solche punktartige Gebäudeform – allerdings nur für ein viergeschossiges Haus – haben die Architekten Luckhardt + Anker schon 1927 vorgeschlagen (Abb. 8.22).

Sehr viel günstigere Orientierungsbedingungen zeigen die achtgeschossigen Punkt-

[103] Göderitz/Rainer/Hoffmann, *Die gegliederte und aufgelockerte Stadt*

[104] Hochhausgrenze, oberstes Wohngeschoß mehr als 22 m über Gelände

8.22

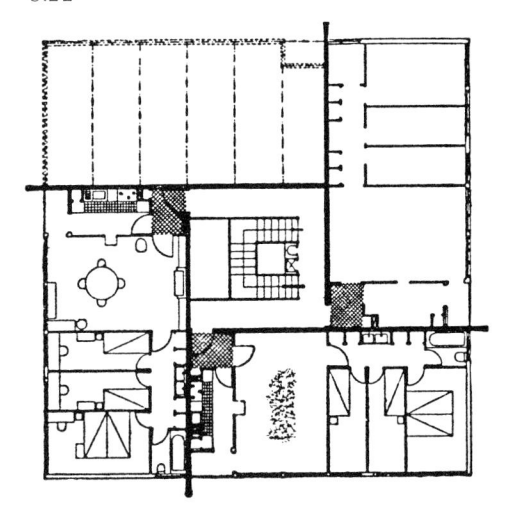

8.23

8.22 Wohntürme, Typ 57 qm, OG (Luckhardt + Anker, 1927)

8.23 Frankenthal, Carl-Bosch-Siedlung, 8geschossiges Wohnhaus, OG (Gutbier, Kammerer + Belz, 1957–64)

häuser der Carl-Bosch-Siedlung in Frankenthal, die 1957–64 von den Architekten Gutbier, Kammerer und Belz gebaut werden (Abb. 8.23).

Mit einer extrem starken Auffächerung des Grundrisses lassen sich die Orientierungsbedingungen solcher Punkthäuser weiter verbessern.

Diese Möglichkeiten nutzen zwei achtgeschossige Personalwohnhäuser, die 1966 von Faller + Schröder für die Universität Stuttgart geplant und gebaut werden. Sämtliche Wohnungen haben eine Orientierung nach zwei bis drei Seiten und können quergelüftet werden (Abb. 2.7 und 6.38).

Aurelio Galfetti gelingt dagegen 1987 mit seinem Wohnhaus für Lugano-Cassarate eine nahezu turmartige und prismatische Erscheinungsform. Er erreicht sie durch die Beschränkung auf eine Grundfläche von etwa 20 × 20 m bei einer Geschoßhöhe von über 3,00 m und nimmt dabei in Kauf, daß größere Wohnungen als Maisonettes ausgebildet werden müssen (Abb. 8.24).

Im Bereich oberhalb der sogenannten »Hochhausgrenze« muß ein zweiter Fluchtweg, der bis zur Höhe von 22 m noch von der Feuerwehrleiter übernommen werden kann, durch ein Sicherheitstreppenhaus oder durch alternative Fluchtwege baulich ersetzt werden. Außerdem wird ab dieser Gebäudehöhe ein zweiter Aufzug erforderlich. Damit werden aber die Erschließungsaufwendungen je Geschoß nahezu verdoppelt.

Um solche Aufwendungen zu rechtfertigen, versucht man auch die Wohnungsanzahl zu vergrößern.

Will man dabei noch annehmbare Orientierungsbedingungen erreichen, dann führt dies in der Regel zu einer Wohnungsanordnung symmetrisch zur Nord-Süd-Achse des Hauses, wobei sich die vertikalen Erschließungselemente im Norden zwischen diese beiden Gebäudehälften schieben. Es entstehen jene typischen, nach Süden zugespitzten Grundrißbilder mit ebenso typischen Gebäuderückseiten nach Norden.

Eins von vielen Beispielen dieser Art sind die von Tiedje und Lehmbrock 1965 für Edigheim bei Ludwigshafen entwickelten Hochhausgrundrisse (Abb. 8.25).

Dabei entstehen innere Erschließungsräume, die man als Grenzfälle zwischen Spänner- und Innengangerschließung bezeichnen muß, schon weil die Treppe in der

8.24 Lugano-Cassarate/CH,
   Punkthaus, OG
   (Aurelio Galfetti, Antonio
   Antorini, 1987)

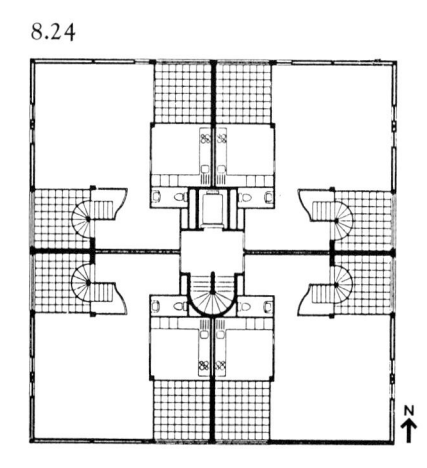

8.25 Edigheim,
   Hochhaus, OG
   (Tiedje + Lehmbrock, 1965)

Regel von diesen Erschließungsräumen abgekoppelt wird.

Besonders deutlich wird dies bei den beiden Wohntürmen der Marina City in Chicago, die 1963 von Bertrand Goldberg gebaut werden.

Diese beiden kreisrunden Wohnhochhäuser mit einem Durchmesser von nahezu 40 m und mit bis zu 16 Wohneinheiten je Geschoß können mit ihren mittig angeordneten vertikalen Erschließungselementen sicherlich als stereometrische Idealform des Punkthauses bezeichnet werden.

Die schiere Größe eines Geschosses führt jedoch dazu, daß aus diesem Sechzehnspänner ein Innenganghaus wird, da der kreisförmige Innengang eine Länge von 30 m erreicht. Im übrigen machen die beiden Türme deutlich, daß zugunsten einer solchen Idealform auf eine gleichwertige Besonnung der Wohnungen verzichtet werden muß (Abb. 8.26 und 9.28).

8.26

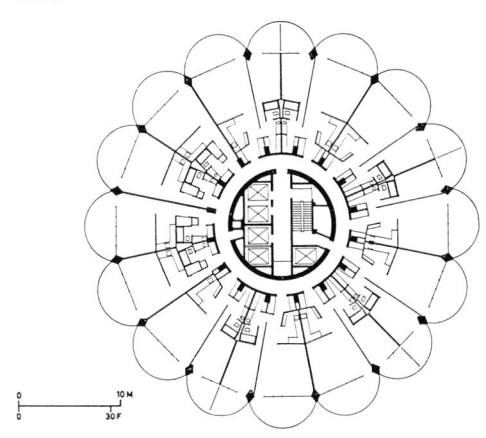

8.27

Im zweifellos orientierungsbewußteren Europa werden deshalb andere Versuche unternommen, um die Orientierungsbedingungen solcher Hochhäuser zu verbessern und ihnen dabei nach Möglichkeit auch zu einem filigraneren Aussehen zu verhelfen.

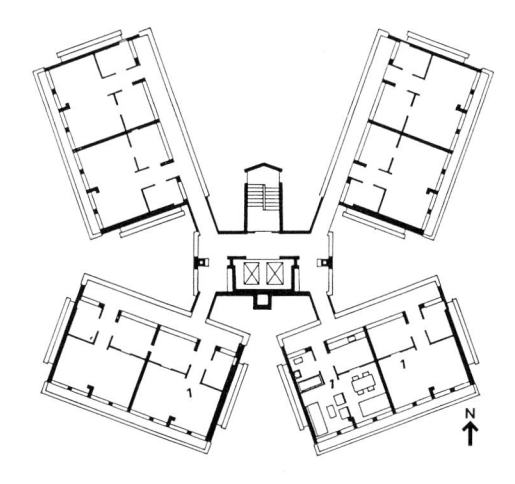

Einen solchen Weg versucht Denis Lasdun mit seinen »Cluster-Blocks«, die 1959 im Zuge einer Flächensanierung im Londoner Stadtteil Bethnal Green entstehen.

Lasdun zerlegt seine Hochhäuser in je vier separate Wohntürme und einen zentralen Erschließungskern.

Je zwei Maisonettes bilden die Grundfläche eines 15 geschossigen Turmes. Dadurch können alle Wohnungen nach zwei Seiten orientiert und querbelüftet werden.

Die Wohnungen sind über offene Brücken an den Erschließungsturm angebunden, der auf seinen Zwischenebenen Plattformen für das Wäschetrocknen aufweist (Abb. 8.27).

Auch die von den Architekten Jäger und Müller für den Stuttgarter Fasanenhof entwickelten Zwillingstürme verfolgen das gleiche Ziel: günstigere Orientierungsbedingungen für die Wohnungen und eine Auflockerung der Baumasse (Abb. 8.28).

Eine ganze Reihe weiterer Hochhausprojekte im Stuttgarter Raum baut auf diesem Prinzip auf.

Dabei geht es auch um die Vermeidung unnötiger Erschließungsaufwendungen. Zwar ist jeder Turm mit Treppe, Aufzug und zweitem Fluchtweg ausgestattet; wenn er

8.26 Chicago/USA, Marina City, Wohngeschoß
(Bertrand Goldberg, 1963)

8.27 London/GB, Bethnal Green, Cluster-Block, 5. OG
(Denys Lasdun, 1959)

8.28

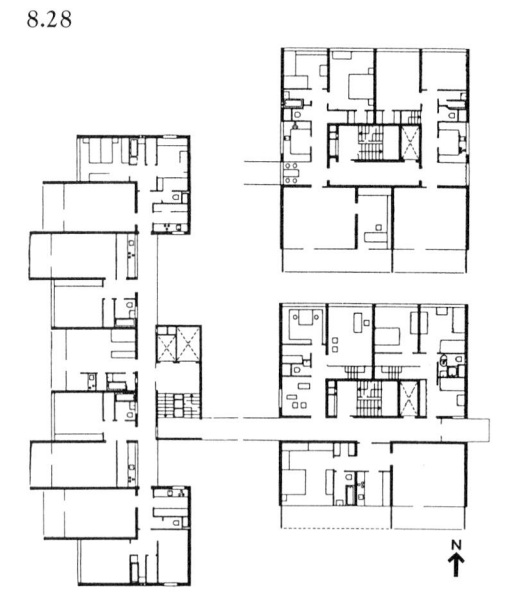

aber nur zwei Wohnungen enthält, können die beiden Treppen so ineinandergelegt werden, daß jede Wohnung über zwei unabhängige Fluchtwege verfügt. Je ein Treppensystem ist für die eine Hälfte der Geschosse von innen, für die andere Hälfte von außen über den Balkon zu erreichen. Verbindungsbrücken zwischen den beiden Türmen stellen sicher, daß bei Ausfall eines Aufzugs der Aufzug des anderen Turms erreicht werden kann. Damit kann der zweite Aufzug je

8.29

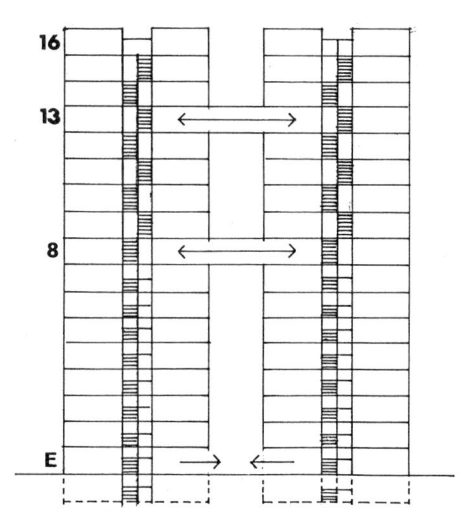

8.28 *Stuttgart, Fasanenhof, Zwillingshochhäuser (Jäger + Müller, 1964)*

8.29 *Stuttgart-Neugereut, Vorprojekt, Zwillingshochhaus, Systemschnitt (Faller + Schröder, ca. 1970)*

Turm eingespart werden. Auch hier haben die Wohnungen Fenster nach drei Seiten und sind querlüftbar (Abb. 4.22 und 8.29).

Alle diese Bemühungen machen aber deutlich, daß der Konflikt zwischen Wohnfunktion, Ökonomie und Gestalt des Hochhauses nur schwer zu lösen ist. Diesem Konflikt wird beim scheibenförmigen Hochhaus mit langgestrecktem Grundriß und gangartigen Erschließungssystemen aus dem Wege gegangen.

Schon 1931 weist Walter Tralau in einer theoretischen Untersuchung für 12geschossige Hochhausscheiben nach, daß mit gangartigen Erschließungssystemen sowohl eine optimale Wohnungsorientierung wie eine ökonomische Nutzung der aufwendigen vertikalen Anlagen möglich ist.

Dabei untersucht er vor allem Möglichkeiten für den Einsatz von Maisonettes und kombinierten Erschließungsformen, um die Zahl der Gänge zu reduzieren. Tralau greift damit jedoch den ökonomischen Möglichkeiten seiner Zeit weit voraus; tatsächlich werden seine Überlegungen erst ein Vierteljahrhundert später bauliche Wirklichkeit (Abb. 8.30).

1952 wird Le Corbusiers erstes Scheibenhochhaus in Gestalt der berühmt gewordenen Unité d'Habitation in Marseille fertiggestellt. Dieses Haus mit seinen 15 Wohngeschossen wird über Innengänge erschlossen, die jeweils drei Wohnebenen bedienen. Fünf solcher »Erschließungspakete« sind übereinander angeordnet und werden durch zwei Laden- und Versorgungsebenen zwischen dem zweiten und dritten Wohnpaket ergänzt. Die jeweils als Maisonettes ausgebildeten Wohnungen binden über bzw. unter dem Innengang auf volle Gebäude-

8.30

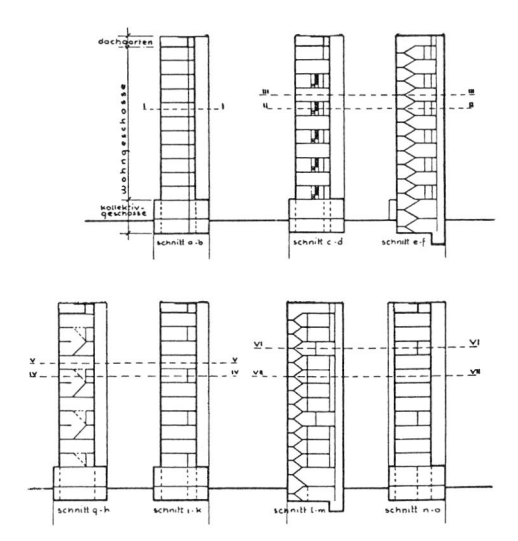

8.31

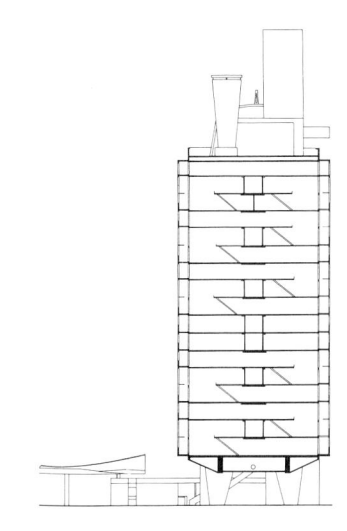

tiefe durch und können damit nach zwei Gebäudeseiten orientiert und quergelüftet werden. Neben vielen anderen Aspekten zeigt Le Corbusier damit Wege auf, wie mit dem scheibenförmig organisierten Hochhaus sowohl eine optimale Wohnungsorientierung wie eine ökonomische Erschließung erreicht werden kann.

Die »atmosphärischen« Mängel des langen dunklen Innengangs – an jedem liegen 50 große Wohneinheiten – werden jedoch zum meist kritisierten Bestandteil dieses Hauses und tragen entscheidend zur früh einsetzenden Kritik an dieser Wohnform bei (Abb. 8.31; s.a. S. 318 f.).

Van den Broek und Bakema gehen mit ihrem Hochhaus für die Interbau Berlin von 1957 noch einen Schritt weiter, indem sie dort versetztgeschossige und von Innengängen erschlossene Wohnpakete jeweils seitenverkehrt aufeinanderstapeln. Durch dieses ausgeklügelte Prinzip wiederholen sich identische Geschoßfolgen erst nach jeweils fünf Geschossen, so daß das 15geschossige Haus sich in seiner Fassade nur dreimal wiederholt.

Das Haus ist aber mit 24 m Gesamtlänge so kurz, daß seine Innengänge über Kopflicht ausreichend mit Tageslicht versorgt werden können (Abb. 8.32).

8.32

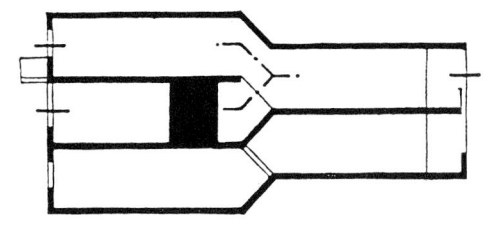

Die Innengänge bei Mies van der Rohes Lafayette-Apartments in Chicago von 1962 sind dagegen in ihrer Raumqualität eher noch problematischer als die der Unité von Marseille. Daß sie nicht auf ähnliche Widerstände stoßen, mag an der Vertrautheit der Nordamerikaner mit dieser Erschließungsform liegen und daran, daß hier maximal 15–18 Wohneinheiten über einen Gang erschlossen werden. Anders als bei der Unité haben die Wohnungen aber nur einseitige Orientierung und keinerlei natürliche Belüftung (Abb. 8.33).

8.30 *Typologische Abhandlung, Wohnhochhäuser, Fall 1–3 (Walter Tralau, 1931)*

8.31 *Marseille/F, Unité d'Habitation, Zeichnung von Spriglio (Le Corbusier, 1952)*

8.32 *Berlin, Interbau 57, 16geschossiges Wohnhochhaus, Schnitt Erschließungseinheit (Van den Broek, Bakema, 1957)*

8.33

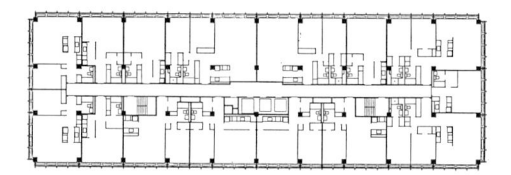

Das im gleichen Jahr entstehende Hochhaus für die Neue Vahr in Bremen von Alvar Aalto hat ebenfalls eine Innengangerschließung.

Allerdings werden hier die Wohnungen ausschließlich nach Süden orientiert und bestimmen mit ihrer fächerartigen Anordnung die besondere Erscheinungsform dieses Hauses.

Eine räumliche Ausweitung am östlichen Kopf des Innengangs sorgt für dessen gute Belichtung (Abb. 3.9).

Auch der Außengang oder Laubengang wird für die Erschließung scheibenartiger Hochhäuser eingesetzt. Im Gegensatz zum niedrigen Geschoßbau wirkt sich nun aber die hohe Windbelastung in den oberen Geschossen sehr ungünstig auf dieses Erschließungselement aus und macht den Zugang zur Wohnung an vielen Tagen des Jahres zu einem sehr unwirtlichen Erlebnis. Damit gehen naturgemäß auch die kommunikativen Qualitäten des Außengangs verloren.

In Roehampton im Londoner Süden entstehen 1958 fünf zehngeschossige Hochhausscheiben mit je 15 Maisonettewohnungen pro Doppelgeschoß.

Sie werden in jedem zweiten Geschoß über offene Außengänge erschlossen. Zwei Aufzüge und ein Sicherheitstreppenhaus übernehmen die Vertikalerschließung. Die Wohnungseingänge selbst haben kleine windgeschützte Eingangsnischen (Abb. 1.25).

Beim Wohnquartier Park Hill in Sheffield von J. C. Womersley wird Anfang der sechziger Jahre eine Wohnbebauung mit bis zu 12 Geschossen als mäanderförmige städtebauliche Großform über ein durchgehendes System von Außengängen zusammengefaßt. Hier erschließen die Außengänge jeweils drei Wohnebenen und werden deshalb als großzügige Deckstraßen ausgebildet. Je nach Himmelsrichtung wechselt die Deckstraße im Mäander von der einen auf die andere Gebäudeseite. Vertikale Erschließungselemente liegen an den Gebäudeenden und an wichtigen Verknüpfungspunkten.

Die Wohnungen haben hier keinerlei visuellen Kontakt zur Deckstraße und nutzen damit deren kommunikative Möglichkeiten nur bedingt (Abb. 1.27 und 8.34).

8.34

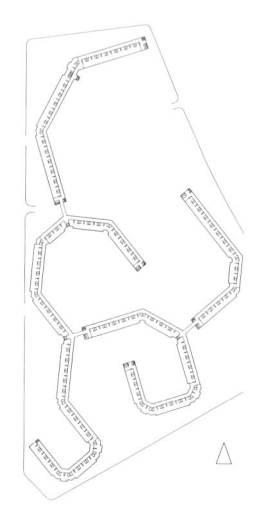

Während Park Hill durch die konsequent eingehaltene Traufhöhe immerhin noch Raumform und Topographie ablesbar und erlebbar macht, wird andernorts versucht, mit untauglichen Mitteln zu einem stärker raumbildenden Städtebau zurückzukehren.

8.33 *Chicago/USA, Lafayette Apartments, Normalgeschoß (Ludwig Mies van der Rohe, 1962)*

8.34 *Sheffield/GB, Park Hill, Gesamtgrundriß (J. C. Womersley, 1957–61)*

8.35

Jetzt wird das freistehende Hochhaus als Solitär abgelöst durch großräumige Verkettungen von Hochhäusern, die mit ständig wechselnden Gebäudehöhen ganze Stadtquartiere umstellen und einmauern.

Dabei verliert das Hochhaus seine eigentliche und vielleicht einzige Tugend, städtebauliche Transparenz bei hoher Dichte zu ermöglichen.

Großsiedlungen wie das Märkische Viertel in Berlin werden nun plötzlich zum Inbegriff für einen verfehlten Städtebau, das Hochhaus zum Synonym für falsches Wohnen schlechthin (Abb. 8.35).

8.3 Erschließungsformen des niedrigen Geschoßbaus mit differenzierter Geschoßfolge (Wohnlage-Prinzip)

Als erstes europäisches Land reagiert England mit seinem Wohnbau auf die sich langsam durchsetzende Erkenntnis, daß mit dem Hochhaus zu erzielende Dichtegewinne in keinem Verhältnis zu den Nachteilen stehen, die diese Wohnform vor allem für das Familienwohnen mit sich bringt: hierzu gehören vor allem die zu großen Entfernungen zwischen Wohnung und Spielbereichen im Freien und die Gefahren der Aufzugsbenutzung besonders für kleine Kinder.

Mit dem griffigen Schlagwort »high density – low rise« initiiert das »Greater London Council« als wohl größte damalige Planungsbehörde im westlichen Teil Europas eine grundlegende Umkehr zu einem niedrigen hochverdichteten Wohnungsbau.

Bodennahes Wohnen, Verzicht auf Aufzugserschließung wo immer möglich, Reduktion öffentlicher zugunsten privater Freiflächen, ein möglichst hohes Maß an Identität für die einzelne Wohnung – auf viele dieser neuen Zielsetzungen wurde in anderem Zusammenhang bereits hingewiesen. Für die Gebäudeerschließung bedeutet diese Umkehr, daß von nun an auch Erschließungselemente differenzierter einzusetzen sind mit dem Ziel, die besonderen Qualitäten der einzelnen Wohnlagen im Gebäude zu unterstützen.

Erdgeschossige Wohnungen werden – wo immer möglich – durch direkten Zugang aus dem Straßenraum erschlossen, obere Wohnlagen bevorzugt durch Außengänge, die über offene Treppenanlagen erreicht werden können und damit auch für das Wohnen in den Obergeschossen einen möglichst direkten Kontakt zum öffentlichen Umfeld sicherstellen.

Nach Möglichkeit sollen sich solche Außengänge auch nicht wiederholen, sondern ihren festen Platz in einem differenzierten Gebäudequerschnitt erhalten. Dafür wird auch hin und wieder in Kauf genommen, daß Maisonettes von oben nach unten erschlossen werden und daß man damit den Bewohnern einen kleinen Umweg über den höherliegenden Außengang zumuten muß.

Überhaupt spielen Maisonettewohnungen sowohl als Doppelstockwohnungen wie als versetztgeschossige Wohnformen bei die-

8.35 *Berlin, Märkisches Viertel (1964–71)*

sen Erschließungsprinzipien eine wichtige Rolle.

So erlaubt der Einsatz von Maisonettes am oberen Ende des Gebäudequerschnitts ein weiteres Wohngeschoß ohne Verlängerung der Haupterschließung. Damit lassen sich bis zu fünf Wohnebenen noch ohne Aufzug erschließen.

Mit dem Projekt Lillington Gardens im Londoner Stadtteil Pimlico entwickeln Darbourne und Darke zwischen 1961 und 1970 ein innerstädtisches Wohnquartier, das sich durch zwei bemerkenswerte Gesichtspunkte vom vorangegangenen Wohnbau unterscheidet:

Städtebaulich nimmt die Wohnbebauung sowohl im Maßstab wie in der Raumbildung Bezüge zum vorgefundenen Umfeld auf; im Wohnbau wird das Prinzip gleicher Geschoßfolgen aufgegeben und ein nach Wohnlagen differenzierter Gebäudequerschnitt entwickelt.

Hier werden vor allem die Möglichkeiten versetztgeschossiger Maisonettes für die Erschließung genutzt: Direkter Außenzugang für die erdgeschossigen Wohnlagen sowie gemeinsame Erschließung der oberen Wohnlagen durch ein geräumiges Erschließungsdeck, von dem aus durch den Geschoßversatz jeweils zwei Wohnlagen auf kurzem Wege erreicht werden können (Abb. 8.36; s.a. S. 324f.).

Der Außengang wird als geräumiger Wohnweg auf der Etage ausgebildet und durch Eingangsnischen gegliedert. Ein breiter Pflanztrog auf der Außenseite verhindert Störungen für die darunterliegenden Balkone und erlaubt ein gefahrloses Spielen der Kinder.

Mit seinen beiden wesentlichen Merkmalen hat Lillington Gardens einen frühen Vorläufer im Wohnquartier Spangen in Rotterdam von Michiel Brinkman, bei dem dieser schon 1919–22 ähnliche Prinzipien anwendet.

Dort werden die viergeschossigen Blöcke eines großen städtischen Areals über eine sehr großzügig angelegte Deckstraße im zweiten OG durchgängig miteinander verbunden. Die Deckstraße erschließt eine obere Wohnlage aus Maisonettes und dient ihr zugleich als Spiel- und Freibereich.

Unterhalb dieser Deckstraße werden zwei Wohnebenen mit kleineren Wohnungen durch getrennte Zugänge direkt über den Hof erschlossen.

Die Aufgänge zu den Deckstraßen liegen an den torartigen Hofzugängen und stellen damit eine direkte Verbindung zum äußeren Straßenraum her.

Mit diesem Erschließungsprinzip weist Brinkman früh auf das kommunikative Potential großzügiger Außengangerschließungen hin. Daß sie auch zu bewohnbaren Freiräumen werden können, ist ein Gedanke, der bei Spangen zum Greifen nahe liegt, seltsamerweise aber erst ein halbes Jahrhundert später wieder aufgegriffen wird (Abb. 8.37; s.a. S. 310f.).

8.36

8.36 London/GB, Lillington Street, Systemquerschnitt (Darbourne + Darke, 1961–70)

WOHNGRUNDRISS UND GEBÄUDEERSCHLIESSUNG

8.37

Auch die Kombination von Außengang- und Spännererschließung tritt nun in neuen Varianten auf.

James Stirling und Michael Wilford entwickeln ab 1967 eine fünfgeschossige Blockbebauung für Runcorn New Town in England, die sich dieser beiden Erschließungselemente bedient.

Der terrassierte Hausquerschnitt besteht aus drei Wohnlagen mit jeweils unterschiedlicher Erschließung. Die untere Wohnlage aus Maisonettes ist direkt von außen zu erreichen. Ein Außengang im zweiten OG erschließt die mittlere Wohnlage, die ebenfalls aus Maisonettes besteht. Den Abschluß des Hauses bilden eingeschossige Wohnungen, die als Zweispänner über die verlängerten Treppenhäuser der Laubengangerschließung erreicht werden (Abb. 8.38).

8.38

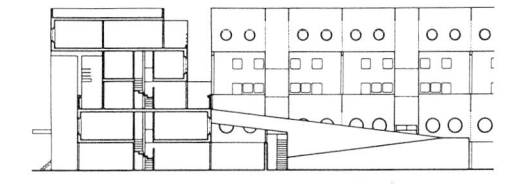

Ein ähnliches Prinzip wendet M. Neylan 1961–67 für eine viergeschossige Bebauung in Bishopsfield, Harlow, an. Hier wird die mittlere Wohnlage aus Maisonettes direkt von einem Fußgängerdeck aus erreicht, unter dem sich die Parkierung befindet. Die obere Wohnlage aus eingeschossigen Atriumwohnungen wird von diesem Deck aus nach Art eines Zweispänners erschlossen. Talseitig angeordnete eingeschossige Gartenwohnungen wiederum haben ihre Zugänge an den Wohnwegen, über die die vorgelagerte Flachbebauung zu erreichen ist (Abb. 8.39).

8.39

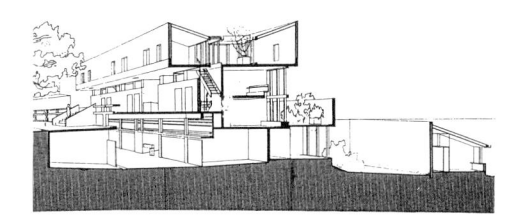

1967–69 bauen Martorell, Bohigas und Mackay, Barcelona, ein Laubenganghaus in Pineda, Spanien. Auch hier sind drei Wohnlagen auf fünf Geschosse verteilt. Eingeschossige Wohnungen bilden das Erdgeschoß und haben Außenzugang. Ein Laubengang im zweiten OG erschließt die

8.40

8.37 Rotterdam/NL, Spangen
(Michiel Brinkman, 1919–22)

8.38 Runcorn New Town/GB,
Southgate
(James Stirling, Michael
Wilford, 1967)

8.39 Harlow New Town/GB,
Bishopsfield
(M. Neylan, 1961–67)

8.40 Pineda/E, Lehrerhaus,
Außengang
(Martorell, Bohigas, Mackay,
1967–69)

mittlere Wohnlage aus Maisonettes über deren obere Wohnebene. Rucksackartig angeordnete Wendeltreppen führen von dort aus zur oberen Wohnlage und erschließen je zwei weitere Maisonettes nach dem Spännerprinzip (Abb. 8.40).

8.4 Erschließungsbereiche in der Überlagerung mit Wohnnutzungen

Über den Umgang mit differenzierten Gebäudeerschließungen werden auch neue Möglichkeiten für eine stärkere Wechselwirkung mit dem Wohnen selbst entdeckt. Das beginnt beim Hauseingang, seinem Vorfeld, seiner räumlichen Ausformung; man macht sich Gedanken über ebenerdige Unterbringungsmöglichkeiten für Kinderwagen und Fahrräder; man erkennt, daß sich die Anonymität eines Treppenhauses, üblicherweise geprägt durch Türspion und Kehrwochenschild, in einen Ort verwandeln läßt, wo aus der Unverbindlichkeit einer zufälligen Begegnung ein nachbarliches Gespräch werden kann.

Laubengänge werden nicht nur in den Gebäudequerschnitt eingezogen, sondern erhalten Nischen vor den Wohnungseingängen oder werden mit Wetterschutz ausgestattet. In der Raumzuordnung werden Küchen, aber auch Eßplätze bevorzugt an den Laubengang gelegt, um eine stärkere Korrespondenz zwischen Wohnung und Erschließung zu ermöglichen.

Erschließungselemente des Wohnbaus können in besonderen Fällen aber auch zur Erweiterung privater Wohnflächen herangezogen werden, wenn ihre Wohnqualitäten dies zulassen. Bekannt sind vormoderne

8.41

Typen von Arbeiterwohnhäusern in Süddeutschland, deren besondere Wohnqualität auf diesem Prinzip beruht. Die sehr einfachen drei- bis viergeschossigen Häuser haben auf der Küchenseite Laubenvorbauten aus Holz, die über die gesamte Hauslänge durchlaufen. Sie sind zugleich Außengangerschließung und Außenwohnraum. Hier werden Hausarbeiten ausgeführt, spielen die Kinder, wird Wäsche getrocknet. Die erschließungsbedingte Neutralität dieser Außengänge gibt den Bewohnern ein individuell besetzbares Territorium, das zugleich als Reibungs- und Kommunikationsfeld funktioniert (Abb. 8.41).

An dieser Stelle sei noch einmal an Erwin Gutkinds Vorschlag von 1927 erinnert, mit dem eine solche unmittelbare Nachbarschaft zwischen Wohnen und Erschließung bereits antizipiert wird (Abb. 8.17).

Schon für den dritten Bauabschnitt in Lillington Gardens, vor allem aber für das Wohnquartier Marquess Road im Londoner Stadtteil Islington schlagen Darbourne und Darke 1966 eine neue Form des Außengangs als sogenannte »Dachstraße« vor. Sie ist offen und verbindet über Stege alle Häuser des Quartiers miteinander – analog dem von Brinkman für Spangen angewandten Prinzip.

Diese windgeschützte, aber nach oben

8.41 Zell im Wiesental,
      Arbeiterwohnhaus für die
      Textilindustrie
      (ca. 1900)

offene Dachstraße erschließt alle Wohnungen der oberen Wohnlage.

Sie wird in der warmen Jahreszeit zum bevorzugten Aufenthaltsbereich für die Anwohner. Vor den Wohnungen bilden sich private Territorien wie bei einer Dorfstraße (Abb. 8.42).

8.42

Ähnliches strebt Herman Hertzberger 1974 mit seinem Altenheim »Drie Hoven« in Amsterdam an, hier allerdings mit seitlich verglasten Innengängen, die über Innenfenster mit den Wohnungen in Verbindung stehen.

Auch hier vollziehen sich solche »Inbesitznahmen« von Teilflächen der Erschließung, und es entstehen gewissermaßen vorgeschobene Außenposten des Privaten (Abb. 8.43).

Die besondere Sorgfalt, die Hertzberger auf diesen Gestaltungsbereich verwendet, wird auch bei allen seinen anderen Beiträgen sichtbar.

Seine Wohnbebauung Haarlemmer Houttuinen in Amsterdam von 1982 (Abb. 8.44) zeigt dies ebenso wie sein Beitrag für die Berliner IBA an der Lindenstraße in der südlichen Friedrichstadt. Dort werden einfache Zweispänner-Treppenhäuser durch ihre Verbindung mit Hausdurchgängen, durch interessante Durchblicke und durch ihre verglasten Dachabschlüsse so aufgewertet, daß sie wesentlich zur Wohnlichkeit dieser Anlage beitragen.

8.43

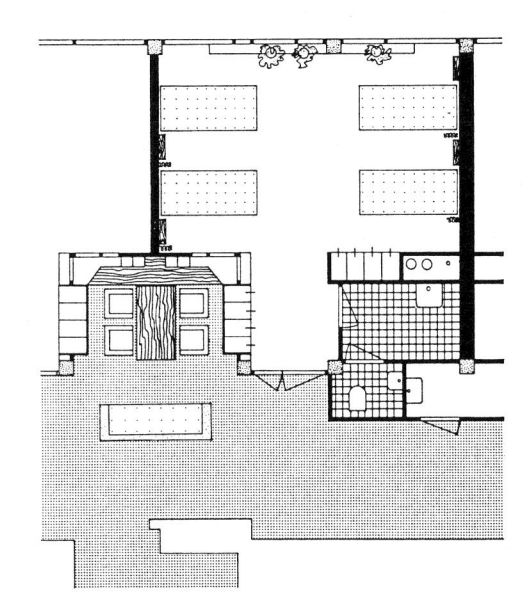

8.44

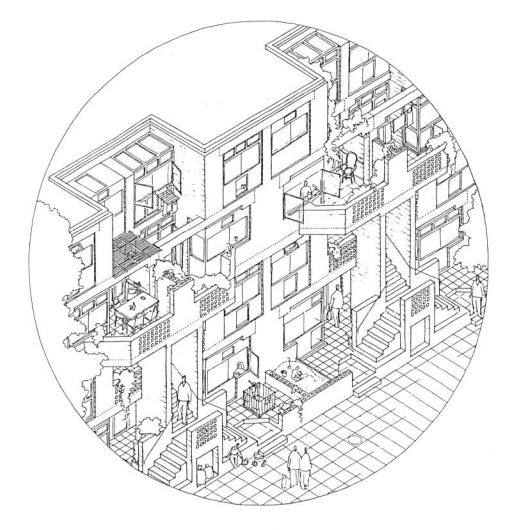

Möglichkeiten für einen engeren Kontakt zwischen Wohnen und Erschließung bietet aber auch eine Erschließungsvariante,

8.42 London/GB, Marquess Road, Deckstraße
(Darbourne + Darke, 1966–76)

8.43 Amsterdam/NL, Drie Hoven, Altersheim, Eingangsbereich mit Sitznische
(Herman Hertzberger, 1974)

8.44 Amsterdam/NL, Haarlemmer Houttuinen
(Herman Hertzberger, 1982)

die man als Zwischending zwischen Spänner- und Gangerschließung bezeichnen könnte.

Der Außengang ist dabei nur wenig länger als die parallel zur Fassade geführte einläufige Treppe und erschließt in der Regel maximal vier Wohneinheiten. Zwei davon schließen den Gang räumlich ab, können als normale Spännerwohnungen jede beliebige Größe annehmen und nach zwei Seiten orientiert werden. Die beiden anderen sind meist kleiner und werden wie übliche Laubengangwohnungen über den Gang querbelüftet.

Eine solche Erschließungsform zeigt das Beispiel Hellmutstraße in Zürich von 1989, das die Architekten Ramseier, Jordi, Angst und Hofmann entwickeln.

Die Häuser ermöglichen durch straffe Zonung des Grundrisses variable Wohnungsgrößen. Dabei liegen alle Wohnküchen am Außengang und bieten gute Voraussetzungen für eine ähnlich intensive Korrespondenz zwischen privater Wohnnutzung und gemeinsamen Erschließungsflächen wie beim eingangs erwähnten Beispiel von Arbeiterwohnungen (Abb. 8.45; s.a.S. 332f.).

Auf die Notwendigkeit solcher baulicher Angebote angesichts einer zunehmenden Vereinsamung des Wohnens in Kleinhaushalten wurde in Kapitel 2 »Wohngrundriß und gruppenspezifische Wohnbedürfnisse« bereits hingewiesen.

Bei gemeinschaftsorientierten Wohnformen ist die Nutzung von Erschließungsbereichen für kommunikative und wohnungserweiternde Zwecke inzwischen eine Selbstverständlichkeit.

An das besonders überzeugende Beispiel der Wohnanlage Jystrup Savvaerk sei in diesem Zusammenhang noch einmal erinnert (Abb. 2.20; s.a.S. 330f.).

Nach dem gleichen Prinzip überlagern sich Gemeinschafts- und Erschließungsflächen beim Projekt Hjulby Hegn, Trige (Abb. 8.46).

Diese Beispiele verweisen im übrigen auf Möglichkeiten, mit denen auch Innengangerschließungen räumlich verbessert und bewohnbar gemacht werden können: durch Belichtungen über das Dach.

8.45

8.46

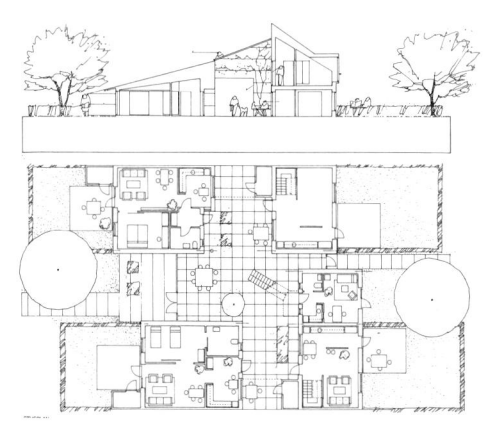

8.45 Zürich/CH, Hellmutstraße, Treppenanlage
(A.D.P. Ramseier, Jordi, Angst, Hofmann, 1989)

8.46 Trige/DK, Hjulby Hegn
(Arkitektgruppen i Arhus K/S, 1991)

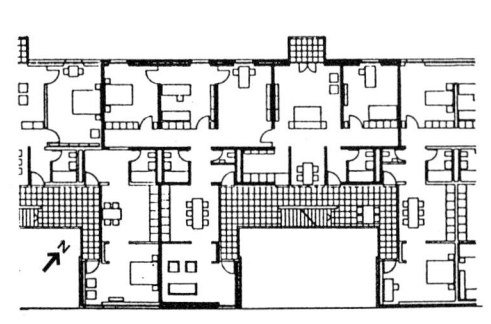

8.47

Ein frühes und noch immer sehr überzeugendes Beispiel entstand lange vor dem hier behandelten Zeitraum schon in der Mitte des vorigen Jahrhunderts. Es sind die Arbeiterwohnungen der Cité Napoleon, die 1853 von Marie-Gabriel Veugny in Paris errichtet werden. Die in ihrer Längsachse geteilten Wohnblöcke sind durch eine glasüberdeckte Halle miteinander verbunden. Gänge, Treppen und Verbindungsstege bilden eine lichtdurchflutete innere Erschließungslandschaft, die an kommunikativen Angeboten nichts zu wünschen übrig läßt (Abb. 8.47).

Ein ähnliches Prinzip überträgt Manfred Kovatsch auf eine Wohnbebauung an der Tyrolgasse in Graz, wo eine Innenhalle zwei

8.48

flankierende Wohnbaukörper über das Erdgeschoß und über Laubengänge erschließt (Abb. 8.48).

In bescheidenerem Maßstab wenden Auer + Weber 1986 die Möglichkeiten einer hallenartigen Innenerschließung bei ihrem Altenstift in Lemgo an – hier in Verbindung mit einer zweigeschossigen Bebauung aus ortstypischen Satteldachhäusern (Abb. 8.49).

8.49

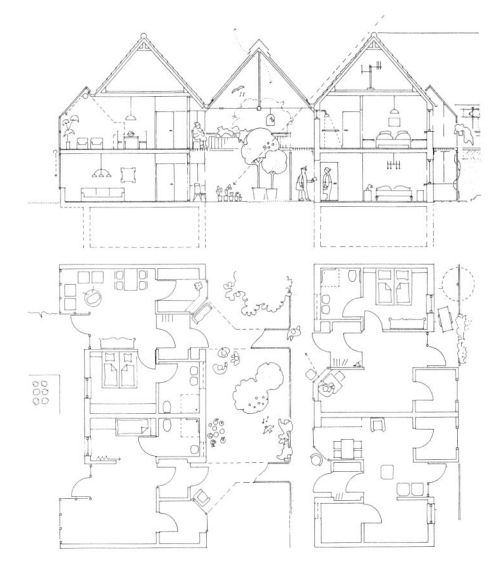

Im zweiten Bauabschnitt der im Rahmen der bayrischen Wohnmodelle für Passau-Neustift entwickelten Reihenhausbebauung erproben Schröder und Widmann eine neue Form der »back-to-back«-Anordnung von Reihenhäusern. Die nach Osten bzw. Westen orientierten Wohnungen werden durch eine glasüberdeckte Innenhalle erschlossen und können damit eine Belichtung und Besonnung aus der jeweiligen Gegenrichtung erhalten. Neben den Vorteilen eines energieökonomisch günstigen Gebäudequerschnitts bietet die Innenhalle vielfältige Möglichkeiten für private und gemeinschaftliche Nutzungen (Abb. 7.43 und 8.50).

8.47 *Paris/F, Cité Napoleon,*
Innenhalle
(Marie-Gabriel Veugny, 1853)

8.48 *Graz/AU, Tyrolgasse*
(Kovatsch, Bielinski, Breu,
1993)

8.49 *Lemgo, Altenheim*
(Auer + Weber, 1986)

8.50

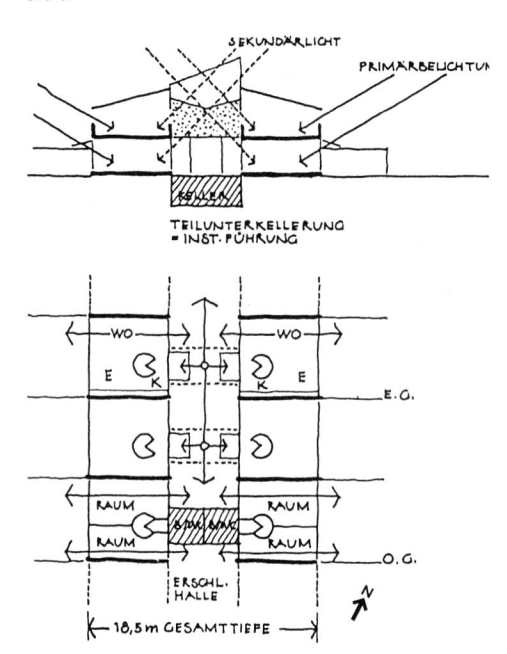

8.51

8.5 Erschließung raumbildender Bebauungsformen

Am Schluß dieser Betrachtung muß auf eine Reihe von Erschließungsmodellen des Wohnbaus hingewiesen werden, die vorzugsweise im niedrigen, also aufzugslosen Geschoßbau eingesetzt werden, um mit geringstmöglichem Erschließungsaufwand raumbildende Baukörperanordnungen, wie z. B. kammartige oder hofartige Bebauungen zu erreichen.

Bei einer Wohnbebauung in Riehen bei Basel aus dem Jahr 1991 nutzt Michael Alder seine Treppenhäuser, um damit einerseits Laubengangwohnungen mit Südorientierung als Maisonettes und andererseits Ost-West-orientierte eingeschossige Vierzimmerwohnungen als Flats zu erschließen. Es entsteht eine kammartige Baustruktur, die Alder über freistehende Balkonspangen zu Höfen schließt (Abb. 8.51).

Viktor Hufnagl erreicht mit dem Wechsel von Zwei- und Dreispännererschließungen eine hofartige Überbauung eines Geländes an der Gerasdorfer Straße in Wien. Die Entstehungszeit liegt zwischen 1973 und 1984.

Zwei nach Osten bzw. Westen orientierte Flanken der Bebauung werden über Querspangen in regelmäßigen Abständen miteinander verbunden. Es entsteht eine Folge von Höfen, die über einen zentralen Erschließungsweg und über Durchlässe in den Querspangen miteinander in Verbindung stehen. Die beiden Wohnlagen der

8.52

8.50   Passau-Neustift,
       2. Bauabschnitt
       (Schröder, Widmann, 1994)

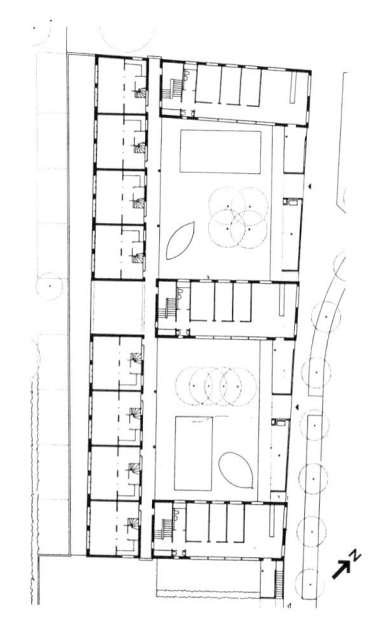

8.51   Riehen bei Basel/CH,
       Grundrißausschnitt EG
       (Michael Alder, 1991)

8.52   Wien/AU, 21. Bezirk,
       Gerasdorfer Straße,
       Ansicht Hof
       (Viktor Hufnagl, 1973–84)

Randbebauung werden unten direkt, oben als Zweispänner mit doppelter Wohnungsbreite erschlossen. Dort wo Querspangen angeordnet sind, wird aus dem Zweispänner ein Dreispänner (Abb. 4.28, 5.47 und 8.52). Einen ähnlichen Weg geht 1991 das Atelier 5 mit einer Hofbebauung für Ried-Niederwangen bei Bern. Dort werden quadratische Erschließungshöfe aus einer dreigeschossigen Bebauung gebildet. Diese besteht aus zwei »Bausteinen«: quadratischen Eckhäusern und linearen Zwischenhäusern. Die Eckhäuser dienen der Vertikalerschließung und enthalten zwei Kleinwohnungen je Geschoß. Die Zwischenhäuser setzen sich aus zwei Wohnlagen zusammen: einer unteren, die aus jeweils vier in Reihe angeordneten und direkt über den Hof erschlossenen Maisonettes besteht und einer oberen aus je zwei doppelachsigen Flats, die an die Treppenhäuser der Hofecken angebunden werden. Dort wird somit aus dem Zweispänner ein Drei- oder Vierspänner. Das sehr anpassungsfähige Erschließungsprinzip erlaubt eine Fülle von Wohnkombinationen (Abb. 8.53).

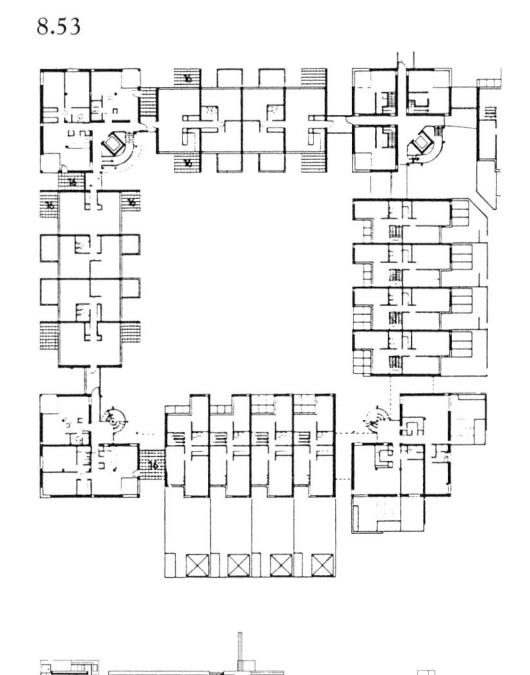

8.53

8.53 *Ried-Niederwangen/CH, Hofbebauung, Schnitt, Grundrißausschnitt Ebene 3 (Atelier 5, 1991)*

9 Wohngrundriß und Auto
9.1 Wohngrundriß und Stellplatzversorgung während der Weimarer Republik
9.2 Wohngrundriß und Stellplatzversorgung seit 1948
9.3 Wohngrundriß und Stellplatzversorgung unter umweltkritischen Bedingungen

Funktionsstudien zu diesem Kapitel befinden sich
auf den Seite 381–383

9 Wohngrundriß und Auto

9.1 Wohngrundriß und Stellplatzversorgung während der Weimarer Republik

Das Automobil als privates Transportmittel hat zweifellos zu den dramatischsten Veränderungen unserer Lebens- und Wohngewohnheiten innerhalb der vergangenen vierzig Jahre beigetragen und damit natürlich auch zu ebenso dramatischen Veränderungen gegenüber jenen Verhältnissen, die das Neue Bauen während der Weimarer Republik prägten.
Obwohl in den USA um 1925 schon die Zahl von 19 Millionen Pkws erreicht wird – gegenüber 175 000 im damaligen Reichsgebiet – und obwohl auch in Deutschland 1930 bereits 500 000 Pkws gezählt werden[105], was immerhin fast eine Verdreifachung in nur fünf Jahren bedeutet, werden aus diesen statistischen Tatsachen noch keine praktischen Konsequenzen für das Neue Bauen gezogen. Zwar wird der zunehmende Kraftverkehr als Störfaktor für das Wohnen bereits registriert und die Notwendigkeit erkannt, daß die neuen Wohnquartiere vor allem von Fremdverkehr freigehalten werden müssen, aber die übermächtige Forderung nach erschwinglichen Wohnungen, vor allem für die unteren Einkommensschichten, schließt offenbar zunächst selbst hypothetische Auseinandersetzungen mit der Möglichkeit aus, daß in diese neu geschaffenen Wohnwelten eines Tages auch das Auto eindringen könnte »wie der Wolf in die Schafhürde«[106], um es mit Schwagenscheidt zu sagen. Die zwar wenig später schon propagierte, aber erst nach dem Zweiten Weltkrieg tatsächlich einsetzende »Sozialisierung« des Automobils als Transportmittel für jedermann – auch für den deutschen Arbeiter – wird weder antizipiert noch, wie es scheint, auch nur erträumt. Für die großen Stadtrandsiedlungen des Neuen Bauens existiert das Automobil als etwas, das es unterzubringen gilt, und zwar im Sinne eines konkreten Bedarfs an »Stellfläche«, noch nicht einmal als Anlaß zu einer vorsichtigen Ausweisung von Reserveflächen für die Zukunft.
In »Das neue Frankfurt«, Heft 4/5 von 1930, jener bedeutsamen Publikation, in der eine Bilanz über fünf Jahre Wohnungsbau von 1926 bis 1930 gezogen wird, findet sich bezeichnenderweise nur ein einziges Bauvorhaben, bei dem von »Garagen« die Rede ist. Es handelt sich um eine Bebauung an der Miquelstraße, deren erster Bauabschnitt 1930 von Ernst May und C. H. Rudloff bearbeitet wird. »Die Miquelstraße bildet einen Abschnitt des zweiten konzentrischen Straßengürtels um die Innenstadt, dem die Funktion der Sammlung des innerstädtischen Verkehrs zufallen wird. Längs dieser Straße sind jeweils zwischen zwei Köpfen benachbarter Wohnreihen erdgeschossige Garagenbauten angeordnet, die den Bewohnern der anliegenden Wohnungen mietweise zur Verfügung stehen.«[107]
Hier handelt es sich also um eine sehr zentral gelegene und vermutlich auch wegen höherer Grundstückskosten einer zahlungs-

[105] *Oskar Büttner, Parkplätze und Großgaragen*, S. 31

[106] *Walter Schwagenscheidt, Die Raumstadt*, S. 10

[107] *»das neue Frankfurt« 4–5/30*, S. 93

[108] *Bauwelt 8/27, S.173 f.*

[109] *Josef Gantner, in: das neue Frankfurt 3/31, S. 41*

[110] *Robert Michel, in: das neue Frankfurt 3/31, S. 43*

[111] *Hans Conradi, Garagen, S. 38*

9.1

kräftigen Bewohnerschaft vorbehaltene Wohnanlage, bei der man sich einen Bedarf an Garagen bereits vorstellen kann (Abb. 9.1).

Ähnlich dürfte es sich bei den Wohnungsbauten des Frankfurter Handwerks verhalten haben, die kurz zuvor an der Raimundstraße, also in enger Nachbarschaft zur Miquelallee, von Franz Roeckle mit May und Rudloff projektiert worden waren. Auch hier dürfte die relativ zentrale Lage und die eher mittelständische Klientel der Grund dafür gewesen sein, »daß auch an die Errichtung einiger Garagen gedacht ist, falls sich das Bedürfnis nach solchen ergeben sollte. Sie sollen als eingeschossige Zwischenbauten an die südliche Seite der Grünhöfe gestellt werden«[108] (Abb. 9.2).

9.2

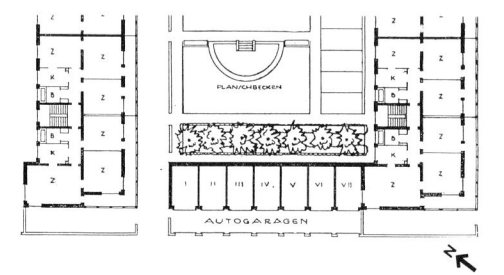

Der nahezu völlige Verzicht auf jegliche Auseinandersetzung mit der Stellplatzfrage in fast allen übrigen Neubauquartieren Frankfurts ist um so überraschender, als »Das neue Frankfurt« schon ein knappes Jahr später, nämlich im März 1931, eine direkte Beziehung zwischen den Problemen des Wohnbaus und denen des Automobilbaus herstellt. Anläßlich der Berliner Automobilausstellung vom Februar 1931, der eine ganze Ausgabe gewidmet wird, schreibt der Herausgeber: »Die Welt ist ärmer geworden in der Zwischenzeit. Im Wohnungsbau gilt fast nur noch die Kleinstwohnung als realisierbar, im Städtebau werden neue, aufs letzte rationalisierte Formen gesucht, und es zeigt sich immer klarer, daß diese neuen Formen zwangsläufig einen neuen wirtschaftlichen Typ des Kleinautos hervorrufen werden.«[109] Im selben Heft fährt Robert Michel fort: »In diesem Jahr wird der Weg sichtbar: unabhängig von dem bekannten Klassenautomobil, dem ästhetisch-mechanischen Standard-Luxusspielzeug der oberen Zehntausend, wird sich ein neuer Gebrauchsgegenstand, eine Fahrmaschine für jedermann: das wirtschaftliche Kleinauto entwickeln.«[110]

Was war geschehen? Auf der genannten Automobilausstellung waren erstmals Neuentwicklungen im europäischen Automobilbau vorgestellt worden, die dank rahmenloser, selbsttragender Karosserien und Einzelradaufhängung anstelle der Starrachse, aber auch dank neuer Antriebsarten wie dem Frontantrieb, erstmals in die Preiskategorie von unter RM 2000,– vorgestoßen waren.

In seinem 1931 erschienen Buch »Garagen« nimmt wohl auch Hans Conradi Bezug auf dieses Ereignis, wenn er schreibt: »... daß nach der Überwindung der jetzigen Krise (gemeint ist die Weltwirtschaftskrise, Verf.), selbst wenn sie Jahre andauert, sich die Zahl der Wagen nochmals vervielfachen wird, ganz besonders, wenn schon heute billige und gute Typenwagen auf dem Markt erscheinen, deren Anschaffungskosten unter der RM-2000-Grenze liegen ...«[111] Tatsächlich ist das Automobil zu diesem

9.1 *Frankfurt, Miquelstraße (May, Rudloff, 1930)*

9.2 *Frankfurt, Raimundstraße (May, Roeckle, Rudloff, 1927–29)*

Zeitpunkt gerade erst im Begriff, für mittelständische Bevölkerungskreise erschwinglich zu werden. Dies bedeutet, daß sich das Parkierungsproblem vorläufig auf innerstädtische Bereiche bzw. auf Villenviertel und Gartenstädte beschränkt. Dabei entstehen erste Parkierungsanlagen auch in innerstädtischen Bereichen zunächst hauptsächlich in der Form von Garagenhöfen, die gewerblich betrieben werden, und wo das Automobil nicht nur untergestellt, sondern auch gewaschen und gewartet wird. Meist handelt es sich dabei um Boxenanlagen in Verbindung mit Werkstätten in städtischen Hinterhöfen, seltener um Garagenhallen oder Tiefgaragen. Im Villenviertel, wo der Besitzer sein Auto auf seinem eigenen Grundstück unterbringen kann, erfolgt die Wartung durch den Chauffeur oder die nahegelegene Tankstelle. Wer sich ein Auto leisten kann, der leistet sich auch das dazugehörige Gehäuse und den dazugehörigen Service. Ob auch die oben erwähnten Garagenzeilen der Miquelstraßenbebauung in Frankfurt mit einem Wartungsdienst verbunden waren, ist nicht bekannt.

Dagegen darf man annehmen, daß der sehr zentrale Standort der Wohnanlage einer besser verdienenden Bewohnerschaft vorbehalten war und deshalb auch damals schon ein Bedarf an Garagen bestand. Eine eher großbürgerliche Bewohnerschaft hatte auch Walter Gropius im Sinn, als er 1931 mit seinen Vorschlägen für eine Uferbebauung in Berlin-Wannsee mit elfgeschossigen Hochhausscheiben versuchte, sein für die Siedlung Haselhorst neu entwickeltes Bebauungskonzept an den Mann zu bringen. Bei Wohnungsgrößen, die jetzt weit über 100 qm liegen, werden neben Gemeinschaftsanlagen und Clubräumen auch großzügige Garagenzeilen projektiert, die Gropius parallel zur Erschließungsstraße vorschlägt, womit er immerhin 0,7 Stellplätze je Wohneinheit erreicht. Außerdem erhält jede Hochhausscheibe eine eigene Vorfahrt mit Taxistandplätzen im Erdgeschoß (Abb. 9.3).

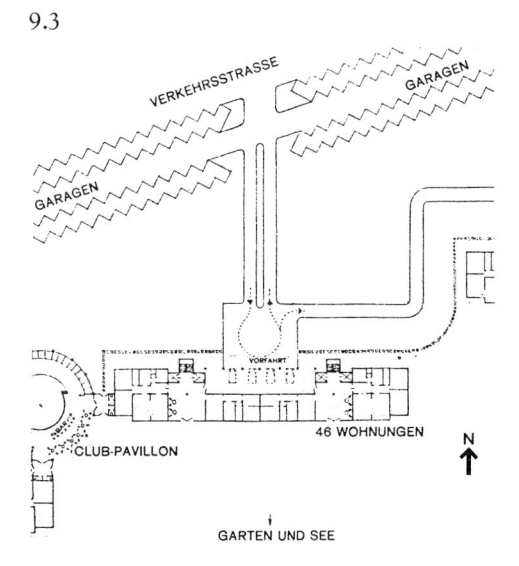

9.3

Mit wenigen Ausnahmen wird jedoch in der Praxis das Stellplatzproblem noch ganz den Möglichkeiten der jeweiligen Situation und weniger dem Bedarf angepaßt. Parkierungsanlagen entstehen nicht aus vorausschauender Planung, sondern nach eher zufälligen Gegebenheiten. Da außer in den gehobenen Villenvierteln die zentrale Parkierung mit Service vorläufig noch überwiegt, entstehen Beispiele für eine wohnungsbezogene Stellplatzversorgung im Geschoßbau oder im verdichteten Flachbau nur in ganz wenigen Einzelfällen.

So gelingt Richard Döcker in der Stuttgarter Weißenhofsiedlung von 1927 die Integration einer Garage in das Sockelgeschoß bei einem seiner beiden Häuser, und zwar – so wird betont – ohne Überschreitung des vorgegebenen Kostenrahmens, in dem eine Garage nicht vorgesehen war (Abb. 9.4);

9.3 Berlin, Uferbebauung am Wannsee (Walter Gropius, 1931)

9.4

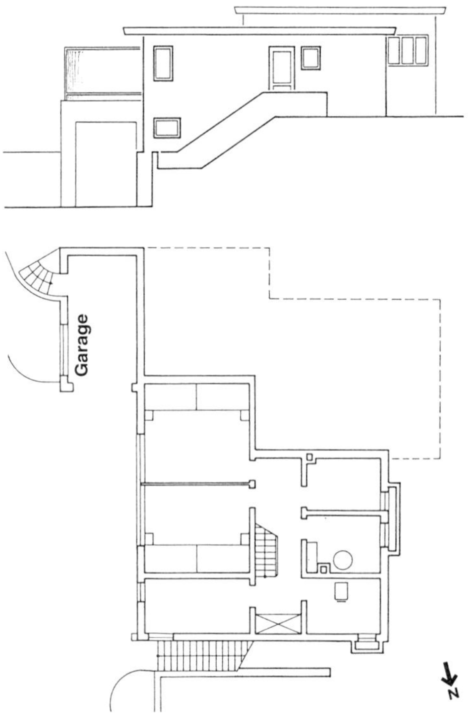

9.5

Le Corbusier und Pierre Jeanneret müssen dagegen ihre Garagenpläne am Weißenhof wegen der zu befürchtenden Kostenüberschreitung wieder fallen lassen.

Dagegen werden für die Werkbundsiedlung auf dem Neubühl bei Zürich erstmals auch Garagenbauten mitgeplant. Die für eine mittelständische Bewohnerschaft konzipierte Bebauung aus Reihenhaus- und Geschoßbauzeilen wird quer zu den Erschließungsstraßen angeordnet und über Wohnwege erschlossen.

An drei Stellen werden jedoch Baukörper parallel zu den Straßen angeordnet, wodurch sie auch städtebaulich eine Sonderstellung einnehmen. Sie enthalten neben Kleinwohnungen und Versorgungseinrichtungen für das Quartier auch Reihengaragen im talseitig liegenden Sockelgeschoß. Diese Garagen stehen dem Gesamtquartier zur Verfügung, was bei 30 Garagen und 195 Wohnungen einem Verhältnis von 1:6,5 entspricht. Die Garagen sind als Doppelboxen ausgebildet und mit ihren tragenden Querschotten auf das Achsmaß der darüberliegenden Kleinwohnungen abgestimmt (Abb. 9.5).

Auch die von Alfred und Emil Roth mit Marcel Breuer 1935/36 errichteten Häuser im Züricher Doldertal dürften mit ihren ins Haus eingebauten Garagen noch recht ungewöhnlich gewesen sein. Die für je fünf Wohneinheiten konzipierten Häuser enthalten im talseitigen Sockelgeschoß je eine Doppelgarage, die aufgrund der Hangsituation ebenerdig angefahren werden kann (Abb. 9.6).

9.6

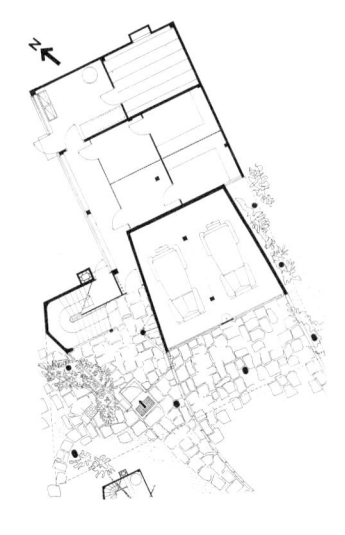

9.4 Stuttgart, Weißenhofsiedlung, Grundriß Hanggeschoß, Seitenansicht (Richard Döcker, 1927)

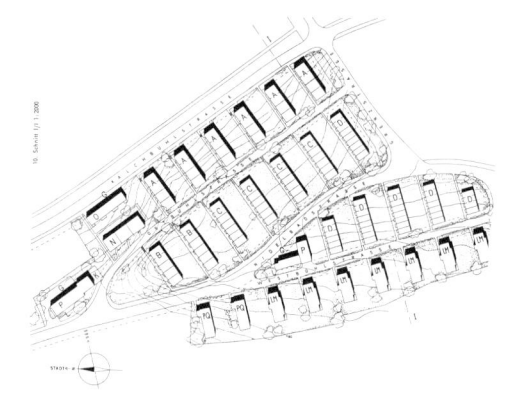

9.5 Zürich-Neubühl/CH, Werkbundsiedlung, (Haefeli, Hubacher, Steiger, Moser, Roth, Artaria + Schmidt, 1931)

9.6 Zürich/CH, Doldertal, Eingangsgeschoß (Emil + Alfred Roth, 1936)

Ein ganz anderes Beispiel für die Integration von Garage und Wohnbau sind die sogenannten »Drive-in-Woningen«, die Mart Stam 1937 zusammen mit Lotte Stam-Beese, Willem van Tijen und H. A. Maaskant errichtet; angeblich die ersten Reihenhäuser mit eingebauter Garage in Holland. Die dreieinhalbgeschossige Zeile aus fünf Einheiten hat im Erdgeschoß jeweils eine Garage neben dem Eingangsbereich des Hauses in Verbindung mit einer Art »Gartenzimmer«. Darüber folgen dann zweieinhalb Wohngeschosse. Die Hauptwohnebene im ersten OG ist über eine Außentreppe mit dem Garten direkt verbunden. Bemerkenswert ist, daß die Garage mit einem schmalen überdeckten Vorplatz ausgestattet ist, von dem aus auch der Hauseingang seitlich erschlossen wird (Abb. 9.7).

9.7

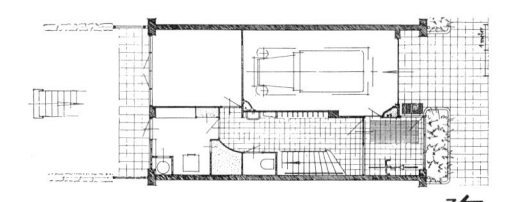

Immerhin gibt es in zentralen großstädtischen Lagen auch schon Ende der zwanziger Jahre Tiefgaragen in Verbindung mit innerstädtischer Blockbebauung – meist um den unschönen Einblick in offene Garagenhöfe im Blockinneren zu vermeiden.

Conradi zeigt zwei Beispiele, die man als Vorläufer unserer heutigen wohnungsbezogenen Tiefgaragen bezeichnen könnte.

Die Bebauung auf dem Schrammschen Gelände in Berlin-Wilmersdorf nutzt sämtliche Flächen eines Straßenblocks, die nicht durch die Wohnbebauung beansprucht werden, für eine auf der Kellerebene angeordnete Tiefgarage. Es werden 300 Stellplätze in taschenartigen Stellplatzgruppen zu beiden Seiten einer zentralen Durchgangsfahrbahn angeordnet und über zwei gegenüberliegende Zufahrten erschlossen. Die Garagendecke wird mit »LUXFER-Platten« versehen, um die Fahrbahn zu belichten. Der Hof über der Garagendecke wird als Gartenhof gestaltet. Obwohl die Garage überall direkt an das Wohngebäude angrenzt, werden keine Direktzugänge in die Treppenhäuser vorgesehen; die Ausgänge der Garage münden auf die Straße. Zwar stimmen Wohnungsanzahl und Stellplatzanzahl überein, es ist aber anzunehmen, daß die Garage für ein größeres Wohnumfeld zur Verfügung stand. Conradi bemängelt hier die unzureichenden Flächen für Serviceeinrichtungen wie Waschplätze und dergleichen und befürchtet, daß dies die Wirtschaftlichkeit der Garage beeinträchtigen könnte (Abb. 9.8).

Das andere Beispiel zeigt eine ganze Reihe interessanter Problemlösungen, die im wohnungsbezogenen Bau von Tiefgaragen erst in den letzten Jahren wieder aufgegriffen worden sind. Es handelt sich um eine

9.7 Amsterdam/NL, Drive-in-Woningen (Maaskant, Beese, Stam, van Tijen, 1937)

9.8

9.9

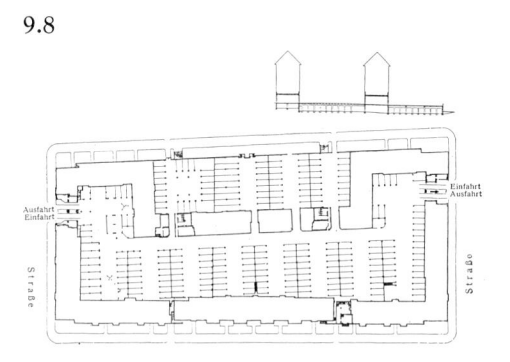

Garage der Grundstücksgesellschaft »Elbe« in Hamburg in einem fünfgeschossigen Wohnblock, der 1928 errichtet worden ist. Nicht nur, daß hier zur Senkung der Entstehungskosten die Garage zur Hälfte unter die Wohnbebauung geschoben wird, so daß nur noch die Fahrbahn unter dem Innenhof liegt – ein heute wieder bewährtes Prinzip im niedrigen Geschoßwohnungsbau –, es wird auch ein Direktzugang in die Treppenhäuser vorgesehen und dadurch eine sehr wohnungsnahe Stellplatzversorgung erreicht.

Sodann wird durch Absenkung des verbleibenden Innenhofs um etwa 1,20 m eine seitliche Belichtung der Fahrbahn mit Tageslicht ermöglicht. Gleichzeitig erlaubt die innere Hoffläche das Anpflanzen großkroniger Bäume im nichtunterkellerten Bereich und damit sicherlich eine sehr wesentliche Aufwertung des Blockinnenraums –, auch wenn Conradi sich erstaunt darüber äußert und meint, daß dieser Teil des Innenhofs ebenfalls für Stellplätze hätte genutzt werden können. Schließlich wird sogar die Decke über der Fahrbahn als private Terrassenfläche den Wohnungen des Erdgeschosses zugeschlagen – und all dies zu einem Zeitpunkt, der gute 50 Jahre vor der Wiederentdeckung und breiteren Anwendung solch sinnvoller Maßnahmen liegt (Abb. 9.9).

9.8 Berlin-Wilmersdorf, Schrammsches Gelände (ca. 1930)

9.9 Hamburg, Kellergarage Elbe (1928)

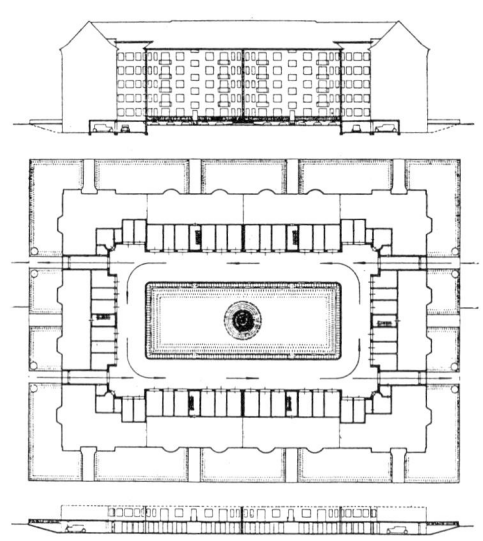

Mit dem Bau der Reichsautobahnen und mit der Gründung der »Gesellschaft zur Vorbereitung des deutschen Volkswagens« im Jahr 1937 gibt Hitler dem »Automobil für jedermann« endgültig die Weihen einer großen nationalen Aufgabe. Hinter diesem Ziel verbergen sich in Wahrheit aber schon die Vorbereitungen für den Zweiten Weltkrieg.

9.2 Wohngrundriß und Stellplatzversorgung seit 1948

Nach dem Ende des Zweiten Weltkriegs holen die westeuropäischen Länder zunächst einmal nach, was die USA schon runde 40 Jahre zuvor erreicht hatten. Trotz sehr unterschiedlicher Startbedingungen vollziehen sich die nationalen europäischen Entwicklungen in erstaunlicher Parallelität.

1965 erreicht die Bundesrepublik mit acht Millionen Pkws ungefähr die gleiche Zulassungsdichte je Einwohner wie die Vereinigten Staaten im Jahr 1925.

Die Städtebautheorien der Nachkriegszeit, aber auch die städtebauliche Wirklichkeit sind von nun an eine ununterbrochene Folge von Reaktionen auf die rapide Zunahme des Straßenverkehrs und insbesondere des Individualverkehrs.

Die Freiheiten und Unabhängigkeiten, die das Auto dem einzelnen zunächst verschafft, bewirken nun gleichzeitig eine Zersiedelung des Landschaftsraums, wie sie ohne Auto gar nicht möglich gewesen wäre. Sie verändern die Einkaufsgewohnheiten und das Freizeitverhalten und schaffen damit am Ende neue Abhängigkeiten. Aus dem ursprünglichen Luxusartikel Auto wird ein zunehmend unentbehrlicher Gebrauchsgegenstand, der sich seine Unentbehrlichkeit selbst schafft.

Der öffentliche Nahverkehr kann sich nur in Ballungsräumen noch als nennenswerte Konkurrenz behaupten und verliert seine entscheidende ökonomische Basis.

Das fein gesponnene Netz der privaten und öffentlichen Versorgungseinrichtungen beginnt sich aufzulösen, der zu Fuß erreichbare Laden an der Ecke geht ein, der Arzt kommt nicht mehr ins Haus. An deren Stelle tritt eine Zentrenbildung, die alle Bereiche des Konsums und öffentlicher Versorgungseinrichtungen erfaßt, vom Supermarkt bis zum Großkrankenhaus. Aus einer so veränderten Welt läßt sich das Auto nicht einfach wieder entfernen, die Entwicklung ist unumkehrbar geworden.

Eine ganz unmittelbare Folge dieser Vorgänge aber ist das rapide Anwachsen des sogenannten »ruhenden Verkehrs«, all jener Flächen und umbauten Räume also, die das Auto für seine Unterbringung benötigt. Sie belasten vor allem die Quartiere in denen gewohnt wird, denn dort ist der überwiegende Anteil aller Pkws ebenfalls beheimatet. Bauordnungen und Stellplatzerlasse können mit der Geschwindigkeit dieser Entwicklung kaum Schritt halten.

Die Senatsanweisung der Hansestadt Hamburg vom 18. 6. 1949 fordert im sozialen Wohnungsbau noch einen Stellplatz für zehn bis fünfzehn Wohnungen.[112] 1966 verlangt der Garagenerlaß des Landes Baden-Württemberg dagegen schon einen Stellplatz für jede Wohnung.

Zentrale Stellplatzversorgung im verdichteten Flachbau

In einer ersten Phase der städtebaulichen Nachkriegsentwicklung versucht man vor allem durch Verkehrstrennung den Fahrverkehr aus den neuen Wohngebieten zu verbannen. Das schon 1928 von Clarence Stein für die New Yorker Vorstadt Radburn entwickelte Erschließungsprinzip der Stichstraße mit Wendeplatte setzt sich vor allem in Verbindung mit äußeren Erschließungsringen durch und erlaubt die Freihaltung der Quartiersinnenbereiche von jeglichem Fahrverkehr. Einkaufszentren, Kindergärten und Schulen werden in diese inneren Grünbereiche eingebettet und können zu Fuß oder mit dem Fahrrad ohne Berührung mit dem Straßenverkehr erreicht werden (Abb. 9.10).

[112] *Senatsanweisung Hansestadt Hamburg, 19. 6. 49, in: Vahlefeld/Jaques, Garagen, S. 21*

9.10

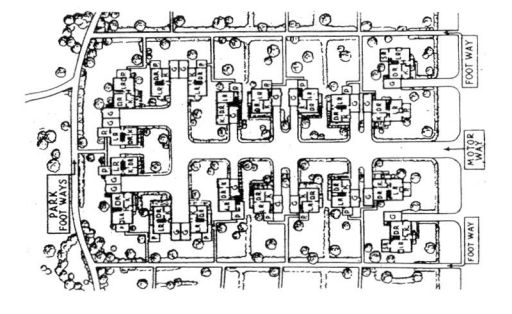

9.10 *New York/USA, Radburn (Clarence Stein, 1928)*

Der Versuch, auch die Stichstraßen vom Fahrverkehr zu befreien, führt zur Anlage von Sammelstellplätzen in Form von Garagenhöfen oder Garagenzeilen entlang der äußeren Erschließungsringe. Ihre Verteilung und Lage richtet sich nach den gerade noch zumutbaren Wegelängen zu den Wohnungen, die man mit 60–100 m einschätzt. Zwar bleibt das Wohnen auf diese Weise am wirkungsvollsten vor den Störungen durch das Auto geschützt, aber Anlieferungen, Notdienste und das Müllauto müssen nach wie vor die Wohnungen erreichen können und erfordern einen entsprechenden Ausbau der Wohnwege.

Beispiele für dieses Parkierungsprinzip sind das Wohnquartier Baumgarten in Karlsruhe-Rüppur (Abb. 4.25) oder auch Halen bei Bern (s.a.S. 322f.).

Dem ständig wachsenden Bedarf gegenüber erweisen sich diese zentralen Stellplatzanlagen aber häufig als besonders inflexibel, da entweder keine Reserveflächen vorgehalten werden oder sich Erweiterungen erst bei entsprechenden Bedarfsgrößen lohnen. Dies verursacht vor allem bei Bebauungen des verdichteten Flachbaus mit realer Grundstücksteilung, also mit Einzeleigentum, große Abstimmungs- und Koordinationsprobleme.

Integrierte Stellplatzversorgung im verdichteten Flachbau

Die Inflexibilität dieses Parkierungsprinzips und die weiter zunehmende Abhängigkeit vom Auto – auch für die tägliche Bedarfsdeckung – führen in einer nächsten Phase wieder zurück zur grundstücksbezogenen dezentralen Parkierung. Aus der Stichstraße wird jetzt der befahrbare Wohnweg. Auch für das Reihenhaus mit seiner relativ schmalen Parzelle werden Typologien mit grundstücksbezogener Parkierung entwickelt, wobei die Garage entweder direkt im Haus oder in einer eigens dafür ausgewiesenen Zone vor dem Haus ihren Platz findet (Abb. 9.11).

9.11

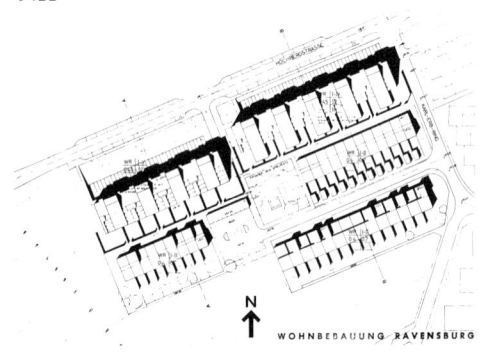

Zwar läßt sich mit einigem Geschick auch für den Zweitwagen noch ein offener Stellplatz vor oder neben der Garage einplanen, aber das dichte Nebeneinander von Garagen und Stellplätzen bei immer kleineren Grundstücksparzellen nimmt dem Wohnweg seine unmittelbare Beziehung zum Haus und macht ihn selbst zu einer Art Garagenhof (Abb. 9.12).

9.12

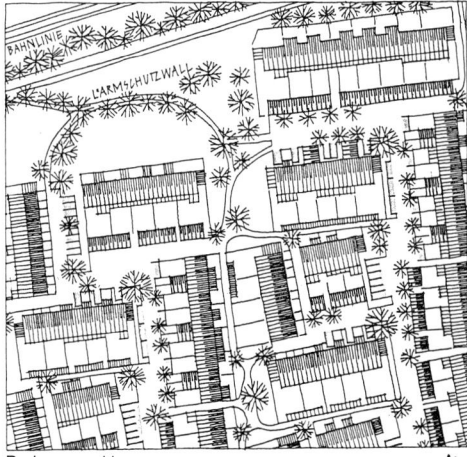

9.11 Ravensburg, Hochberg, 2. Bauabschnitt (Faller + Schröder, ca. 1970)

9.12 München-Eching, Wohnweg und Stellplätze (H. Gropper, R. M. Huber, 1984–88)

Der abweisende Eindruck, den zu dicht aufeinanderfolgende Garagen erzeugen, läßt sich mit Hilfe von »carports« verbessern. Dieses aus den USA kommende Zwischending zwischen Garage und Stellplatz ist überdacht, sonst aber ringsum offen und hat den Vorteil, daß es tagsüber während der Abwesenheit des Autos anderweitig Verwendung finden kann, beispielsweise als Spielfläche. Allerdings findet der »carport« in Europa, vor allem in den nördlichen Breiten, wo mit Schnee und Frost gerechnet werden muß, nur wenig Anklang. Der »carport« kann die Garage schon deswegen nicht voll ersetzen, weil sie ja meist zugleich Werkstatt und Stauraum für das gesamte Autozubehör ist und mittlerweile auch immer mehr sperriges Sport- und Freizeitgerät aufzunehmen hat.

Zu einem funktionierenden »carport« gehört also zumindest ein nahegelegenes Abstellgelaß, das wie im Beispiel Cerdanyola von Tusquets und Clotet im Gebäudeinneren hinter dem »carport« (Abb. 9.13, 3.28 und 6.11) oder auch wie beim Beispiel Passau-Neustift von Schröder und Widmann als freistehende Abstellraumzeile zwischen Stellplatz und Haus angeordnet werden kann (Abb. 9.14).

9.13

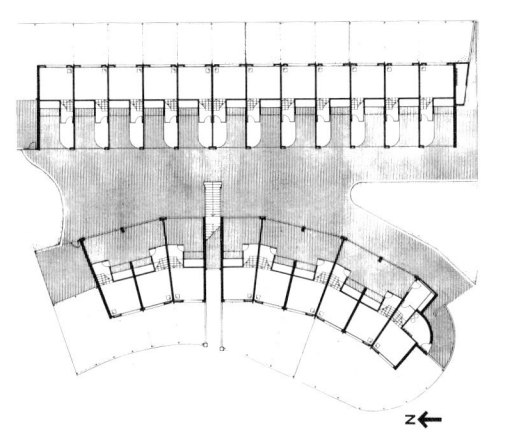

9.14

Im Bereich des verdichteten Flachbaus läßt sich heute keine eindeutige Präferenz für das eine oder das andere Parkierungsprinzip feststellen. Vor- und Nachteile zentraler und dezentraler Parkierung halten sich die Waage. Überall dort, wo aber ein größeres Maß an gemeinschaftlichem Wohnen angestrebt wird, was sich ja oft auch in einer gemeinsamen Baudurchführung ausdrückt, wird das Auto eher vom Wohnen ferngehalten und irgendwo im Randbereich untergebracht. »Wesentlich ist die grundsätzliche Entscheidung des Bauherrn und des Architekten, ob dem Wunsch des bequemeren Bewohners, mit dem Fahrzeug bis ans Haus fahren zu können, entsprochen wird, was teuer ist und mehr Störungen und Gefahren mit sich bringt, oder ob den Bewohnern längere Wege zwischen Parkplatz und Haus zugemutet werden sollen. Da der Bauherr nicht der künftige Nutzer ist und in der Regel die finanziellen Mittel beschränkt sind, wird die Wahl im Mietwohnungsbau allgemein, besonders aber im Sozialen Wohnungsbau, auf die kostengünstigere Alternative fallen. Der Verkehrsexperte sieht die Erschließungsfrage heute viel gelassener als die Planergeneration vor ihm, die noch fest auf die Trennung von Fahr- und Fußwegen eingeschworen war. Mit der sich immer mehr durchsetzenden Erkenntnis, daß Stra-

9.13 Barcelona/E, Cerdanyola, Eingangsebene (Clotet + Tusquets, ca. 1980)

9.14 Passau-Neustift, Wohnmodell Bayern, 2. Bauabschnitt, Carports (Schröder, Widmann, 1989)

[113] Elmar und Sigrid Dittmann, in: Bayr. Staatsministerium, Wohnmodelle Bayern, S. 130

ßen, Plätze und Wege nicht nur dem Transport dienen, sondern gleichzeitig als Erholungsflächen nahe am Haus, wird die Planung jedoch nicht regelloser und einfacher – sie wird vielmehr wieder eine Aufgabe der sensitiven Einfühlung. Nicht was hier mit Bordsteinen und Markierungen vorgeschrieben wird, ist die Frage, sondern wie der Mensch als Autofahrer, Radfahrer, flanierender Spaziergänger oder als spielendes Kind diesen angebotenen Raum schließlich nutzen wird. Aus dem Parkplatz, der nachts dicht belegt ist, wird untertags eine Fläche zum Rollschuh- oder Radfahren, aus dem Wohnweg, auf dem sich abends die Nachbarschaft zum Plaudern trifft, untertags ein Belieferungsweg.«[113]

Die meisten der kleinen Wortquartiere, die im Rahmen des bayrischen Wohnmodells entstanden sind, haben vom Wohngrundstück getrennte und peripher angelegte Stellplätze, offen, in Garagen oder auch in überdachten »carports«.

Auch in Dänemark, wo Wohnungen überwiegend im verdichteten Flachbau entstehen, wird vorzugsweise mit peripheren Parkierungsanlagen gearbeitet, so z. B. bei allen in den letzten Jahre entstandenen Projekten von Tegnestuen Vandkunsten (Abb. 9.15).

9.15

9.15 Farum/DK, Fuglsangpark (Tegnestuen Vandkunsten, 1981-83)

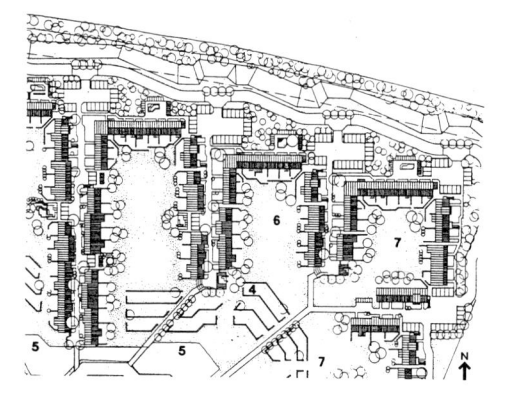

Sonderfälle der Stellplatzversorgung im verdichteten Flachbau

Es gibt nur wenige Versuche, einen Kompromiß – oder man könnte auch sagen eine Optimierung – zwischen diesen beiden Prinzipien der Stellplatzversorgung zu finden. Dazu gehört die schon 1972 gebaute Kasbah in Hengelo von Piet Blom. Sie ist der Versuch, Zentralität der Parkierung und gleichzeitig Nähe zur Wohnung durch das Prinzip der Schichtung zu erreichen. Piet Blom nutzt die Einsicht, daß im verdichteten Flachbau der Flächenbedarf für den Wohngrundriß einerseits und für die Parkierung einschließlich Zufahrten andererseits nahezu identisch sind, und legt deshalb beide Flächen einfach übereinander. Statt Gärten haben die Häuser Terrassen und können nun, da keine Straßen und Wege mehr nötig sind, dicht aneinander gebaut werden. Jeder kann unter seinem Haus parken und von unten in sein Haus »einsteigen«.

Leider geht diese Dichte aber auch zu Lasten der Erschließungsebene, die, anders als bei einer Tiefgarage, zugleich Hauptzugangsebene ist. Zwar ist sie ringsum offen und wird zusätzlich durch große Lichthöfe von oben mit Tageslicht versorgt, doch bleiben dennoch dunkle und unübersichtliche Zonen unter den Häusern, die am Ende verhindern, daß sich hier das soziale Leben einer Kasbah wirklich entfalten könnte (Abb. 9.16).

Einen sehr viel weniger spektakulären Versuch unternimmt Franz Oswald mit dem Wohnquartier Bleiche in Worb bei Bern aus dem Jahr 1981.

Oswald kehrt hier die übliche Hierarchie zwischen Wohnen und Parkierung einfach um und beginnt sozusagen beim Auto. Aus-

9.16

gangselement seiner Planung ist ein großer zentraler Parkierungshof, um den er seine Wohnungen herumlegt. Die als »carports« ausgebildeten Stellplätze gruppieren sich dabei zu einem zweiten inneren Ring und verstärken somit die räumliche Wirkung dieses Hofes. Da aber nur ein Teil des Raums für die Freiflächen benötigt wird, ist er zugleich Spiel- und Gemeinschaftshof für das ganze Quartier. Oswald erreicht auf diese Weise, daß trotz einer zentral zusammengefaßten Parkierung die meisten Bewohner ihr Auto sehr nahe vor der eigenen Haustür abstellen können (Abb. 9.17).

9.17

Zentrale Stellplatzversorgung im Geschoßbau

Der Geschoßwohnungsbau reagiert nach dem Krieg naturgemäß sehr viel langsamer auf die allmählich einsetzende Motorisierung als dies beim Bau von Eigenheimen der Fall ist. Zu prägnant sind vorläufig noch die sozialen Unterschiede zwischen diesen beiden Wohnwelten.

Man kann aber insoweit von einer Parallelität beider Entwicklungen sprechen, als auch im Geschoßbau eine Tendenz der schrittweisen Annäherung zwischen Stellplatz und Wohnplatz festzustellen ist. Dennoch ist zum Beispiel beim großen ECA-Wettbewerb von 1951, den das Bundesministerium für Wohnungsbau zusammen mit der »Economic Cooperation Administration« durchführt, weder in den Ausschreibungskriterien noch bei der Beurteilung von über 700 Arbeiten eine Auseinandersetzung mit Fragen der Stellplatzversorgung zu erkennen. Einige wenige Teilnehmer schlagen zwar straßenbegleitende Stellplatzbuchten oder Garagenzeilen vor, knüpfen dabei jedoch eher zufällig an Lösungen an, wie sie schon um 1930 in Frankfurt bei den Beispielen der Miquelstraße oder Raimundstraße angewendet worden waren (Abb. 9.18).

9.18

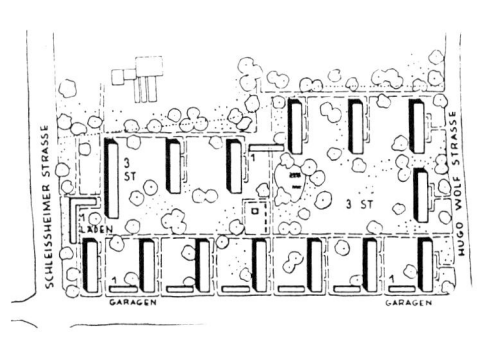

9.16 Hengelo/NL, Kasbah
(Piet Blom, 1972)

9.17 Worb bei Bern/CH, Bleiche
(Franz Oswald, 1981)

9.18 München,
Schleißheimer Straße,
ECA Wettbewerb
(F. C. Throll, 1951)

[114] Senator für Bau- und Wohnungswesen, Interbau Berlin 57, Heft 3, S. 128

[115] Bauwelt 46/59, S. 1347–1359

[116] Wulfen, 1961. architektur + wettbewerbe X, Sonderheft, S. 11

Auch die Berliner Interbau von 1957 löst das Stellplatzproblem im Geschoßbaubereich noch ausschließlich durch oberirdische offene Stellplätze: »...da bei allen Wohngebäuden – mit Ausnahme der Einfamilienhäuser – bewußt auf die Anlage von Garagen verzichtet worden ist, sind neben den erforderlichen Wagenabstellplätzen auf den Grundstücken selber an verschiedenen Stellen öffentliche Parkstreifen parallel zur Straße angelegt worden, die zusätzlich der Aufnahme des ruhenden Verkehrs dienen.«[114]

Die Autos werden also selbst bei diesem internationalen Vorzeigeobjekt noch ausschließlich in offenen Sammelparkplätzen und Stellplatzbuchten untergebracht, was angesichts der sehr hoch angesetzten Ziele für eine großzügige Freiraumgestaltung des Quartiers darauf schließen läßt, daß der ruhende Verkehr auch 1957 noch nicht besonders ernst genommen wird (Abb. 9.19).

9.19

9.19 Berlin, Interbau 57, Hansaviertel (1957)

Auch beim zwei Jahre später durchgeführten Wettbewerb von 1959 für die Nordweststadt in Frankfurt scheint das Auto noch keinerlei planerische Rolle zu spielen. Unter den prämierten Arbeiten werden zwischen 0 und 3 % Garagenplätze vorgesehen und in der Wettbewerbsstatistik erfaßt. Angaben über offene Stellplätze fehlen ganz. Lediglich der nicht prämierte Wettbewerbsbeitrag für eine Bebauung mit Wohnhügeln weist schon damals, wenn auch systembedingt, eine Stellplatzversorgung von 90 % nach![115]

Dagegen fordert die Wettbewerbsauslobung für die »Neue Stadt Wulfen« 1961, also wiederum nur zwei Jahre später: »In den Wohnbereichen muß für je zwei Geschoßwohnungen ein Garagenplatz ausgewiesen werden.«[116]

Tatsächlich bewegen sich die nachgewiesenen Stellplatzzahlen bei den prämierten Arbeiten zwischen 60 % (Eggeling) und 80 % (Lehmbrock), bezogen auf die Gesamtzahl der jeweils geplanten Wohneinheiten, Einfamilienhäuser eingeschlossen.

Vergleicht man diese Zahlen mit denen des Nordweststadt-Wettbewerbs, dann muß man annehmen, daß der Stellplatzbedarf in diesem kurzen Zeitraum natürlich nicht von 3 auf 60 % zugenommen haben kann, sondern daß jetzt die Stellplatzfrage erstmals in das Bewußtsein der Stadtplaner vorgedrungen ist und nun erst ihren Niederschlag in konkreten Planungsvorgaben findet. Wiederum nur vier Jahre nach Wulfen wird 1965 für einen vergleichsweise unbedeutenden städtebaulichen Wettbewerb in Bietigheim-Buch bei Stuttgart schon ein Pkw-Stellplatz für jede Wohneinheit im Geschoßbau verlangt, was einer erneuten Verdoppelung der Anforderungen gleichkommt.

Erstmals werden nun auch präzisere Vorstellungen über die Art der Unterbringung entwickelt und den Teilnehmern zur Aufgabe gemacht: »Für Mehrwohnungshäuser: zwei Garagenplätze auf drei Wohneinheiten, ein Stellplatz im Freien auf drei Wohneinheiten. Garagen in Gruppen- oder Tiefgaragen, nicht unter den Wohnhäusern. Außerdem: Park- und Halteplätze im öffentlichen Verkehrsraum für Anlieferung und Besucher.«[117]

Mit dieser Forderung nach einem Stellplatz je Wohnung im Geschoßbau erreicht der Flächenbedarf für den ruhenden Verkehr die Größenordnung von einem Viertel bis zu einem Drittel der zu versorgenden Wohnflächen, wenn man für einen Stellplatz mit Zufahrten rund 25 qm und für die Bruttogrundrißfläche einer Wohnung 75–100 qm ansetzt. Oder anders ausgedrückt: Schon bei drei- bis viergeschossiger Bebauung entspricht der Flächenbedarf für die Parkierung der überbauten Grundstücksfläche. Bei voller Ausnutzung der zulässigen Grundflächenzahl von 0,4 bedeutet dies, daß Wohnbebauung und Parkierung zusammen 80 % des Nettobaulandes verbrauchen, daß also für Wege, Spiel- und Freiflächen noch ganze 20 % übrigbleiben.

Sehr viel gravierender aber ist, daß damit zwischen Wohnung und Parkierung keine ausreichende Distanz mehr eingehalten werden kann, wodurch nicht nur die Qualität der einzelnen Wohnung, sondern die des Wohnumfelds und des ganzen Quartiers betroffen ist. Damit aber tritt die Stellplatzfrage zunehmend in direkten Konflikt mit dem Ziel einer möglichst hohen baulichen Dichte, weshalb der Wettbewerb für Bietigheim-Buch bereits auf die Möglichkeit der Unterbringung in »Tiefgaragen« verweist.

Man kann eine erste Phase der Stellplatzversorgung im Geschoßbau als die Phase der zentralen Unterbringung bezeichnen. Sie umfaßt etwa den Zeitraum zwischen 1955 und 1970 und beginnt mit der offenen, oberirdischen Unterbringung auf Sammelparkplätzen wie bei der Berliner Interbau, gefolgt von den Wohnquartieren mit einer gemischten Unterbringung aus Garagen und offenen Stellplätzen in Hofgruppen, wie z. B. in sehr differenzierter Verteilung bei der Carl-Bosch-Siedlung in Frankenthal von Gutbier, Kammerer und Belz von 1957–64[118] oder in größeren Konzentrationen von eingeschossigen Garagenhallen, wie in der fast gleichzeitig entstehenden Siedlung Edigheim bei Ludwigshafen von Tiedje und Lehmbrock von 1958–65.[119]

Es ist die Zeit der Hochhäuser und freistehender, punktartiger Geschoßbauten von vier bis 20 Geschossen – eine Zeit also, in der der Zeilenbau fast bedeutungslos geworden ist. Mit der rasch zunehmenden baulichen Verdichtung – Frankenthal etwa 400 Wohneinheiten auf 15,86 ha; Edigheim nur ein Jahr später 700 Wohneinheiten auf 15,7 ha – und einem überproportional zunehmenden Individualverkehr werden die Flächen für eine zentrale oberirdische Unterbringung knapp.

Zwei Lösungen bieten sich an: Tiefgaragen und mehrgeschossige oberirdische Parkierungsbauten. Obwohl ein Tiefgaragenplatz ungefähr das Siebenfache eines offenen Stellplatzes kostet und immerhin noch das Zweieinhalb- bis Dreifache einer individuellen Garagenbox, »rechnen sich« solche Aufwendungen angesichts der erzielbaren höheren Dichten. Für die Frankfurter Nordweststadt, bei deren schon erwähntem Wettbewerb man sich 1959 noch mit dem Nachweis

[117] *Bietigheim-Buch, Wettbewerb 1959. architektur + wettbewerbe* XIV/1966, Heft 46, S. XVIII

[118] *Frankenthal, Carl-Bosch-Siedlung 1957–64. db (Deutsche Bauzeitung)* 7/66, S. 533

[119] *Ludwigshafen-Edigheim 1958–65. db (Deutsche Bauzeitung)* 7/66, S. 566

[120] *Frankfurt, Nordweststadt 1959–65. Deutsche Bauzeitschrift 9/64, S. 1429–1432*

[121] *Bietigheim-Buch, Wettbewerb 1959. architektur + wettbewerbe XIV/1966, Heft 46, S. 1 ff.*

9.20 *Frankfurt, Nord-Weststadt, Lageplanausschnitt mit Tiefgaragen (1959–65)*

9.21 *Hamburg-Steilshoop, Lageplanausschnitt mit Parkpalette (3) (Burmester, Ostermann, Candilis, Josic, Woods, 1966–76)*

von weniger als 3% Garagenplätzen begnügt hatte, werden bei der Baudurchführung schon 1962–64 insgesamt 41 Tiefgaragen mit 2800 Einstellplätzen errichtet.[120] Typisch für diese Phase ist, daß die Tiefgaragen eher willkürlich als planvoll unter die verfügbaren Freiflächen geschoben werden und dabei weder eine innere Verbindung zu den Wohngebäuden ermöglichen, noch in irgendeiner Weise Rücksicht auf landschaftsplanerische Gesichtspunkte nehmen, wie etwa auf die für großkronige Bäume besonders geeigneten Freiflächen (Abb. 9.20).

9.20

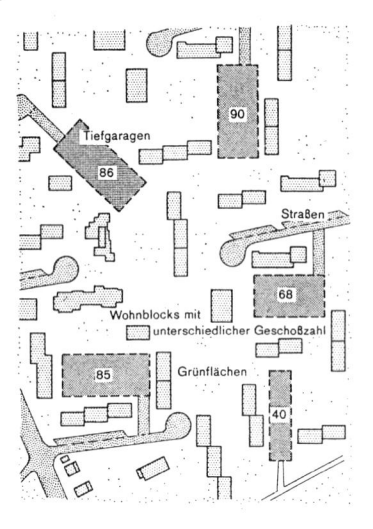

Vermutlich aus bautechnischen Gründen wird sogar eine Unterbringung unter den Wohngebäuden zunächst ausdrücklich abgelehnt, wie das Beispiel Bietigheim-Buch belegt.[121]
Der andere Ausweg, die Anlage mehrgeschossiger, oberirdischer Parkierungsbauten, ist seltener begangen worden. Er hat seine konsequenteste Realisierung wohl in Hamburg-Steilshoop erfahren. Dort ist jedem der 20 großen Wohnhöfe an jeweils einer Hofecke eine zweigeschossige Parkpalette zugeordnet, die die Stellplätze für rund 270 Wohneinheiten aufzunehmen hat. Einer so konzentrierten Lösung zuliebe werden Wege von 150 m zwischen Auto und Wohnung sowie eine städtebaulich wenig überzeugende »Verstopfung« der offenen Blockecken durch die großflächigen Parkierungsgebäude in Kauf genommen (Abb. 9.21).

9.21

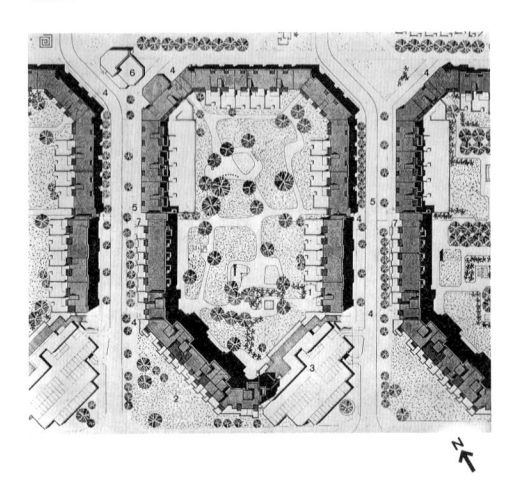

Damit macht Steilshoop auch sichtbar, daß mit der allmählichen Abkehr von solitären Formen des Geschoßbaus und der Wiederaufnahme von linearen und raumbildenden städtebaulichen Strukturen neue Antworten für die Unterbringung des Autos gefunden werden müssen. Das Bedürfnis nach kürzeren Wegen vom Auto zur Wohnung spielt dabei ebenso eine Rolle wie die zunehmende Unsicherheit, die sich in zu großen und damit schwer kontrollierbaren Parkierungsanlagen bemerkbar macht.

Integrierte Stellplatzversorgung im Geschoßbau

In einer nächsten Phase beginnen sich, vor allem von England ausgehend, neue Bebauungsformen des niedrigen, hochverdichteten Geschoßbaus durchzusetzen, bei denen erstmalig versucht wird, das Parkierungsproblem in direkter Verbindung mit der Wohnbebauung zu lösen, den Autostellplatz also in den Gebäudequerschnitt der Wohnbebauung zu integrieren. Da es sich bei diesen Ansätzen ohnehin um ganz anders geartete Gebäudequerschnitte handelt, bei denen unter Anwendung von Terrassierungen oder differenzierten Geschoßfolgen vor allem ein verbessertes Freiraumangebot gesucht wird, ergibt sich eine Einbeziehung der Parkierung beinahe von selbst. Sie wird unterstützt durch die Rückkehr zu mehr linearen baulichen Strukturen, auf die sich die ebenfalls linearen Parkierungsordnungen besser abstimmen lassen. Die besonderen Vorteile integrierter Parkierung aber liegen im direkten Zugang zur Gebäudeerschließung, also in denkbar kurzen Wegen vom Auto zur Wohnung. Da hier der niedrige Geschoßbau ohne Aufzug und mit maximal fünf Geschossen dominiert, läßt sich sogar die Zahl der Stellplätze genau auf die Zahl der am Treppenhaus liegenden Wohnungen abstimmen, was u. a. auch der Sicherheit im Garagenbereich zugute kommt. Es entwickeln sich zwei prinzipielle Varianten dieser integrierten Parkierungslösung:

– unterirdische Parkierungen bei Gebäudequerschnitten geringer Basistiefe, wobei das UG ganz, teilweise oder gar nicht in Anspruch genommen, in jedem Falle aber ein Anschluß an die innere Gebäudeerschließung hergestellt wird.
– ebenerdige Parkierungen vor allem unter rückwärtigen Gebäudeüberhängen bei einseitiger Terrassierung oder als Hohlraumnutzung bei zweiseitiger Terrassierung und »high-deck«-Lösungen.

In der Regel bedeutet die Integration der Parkierung in den Gebäudequerschnitt auch die Notwendigkeit der sorgfältigen Abstimmung zwischen den konstruktiven Erfordernissen beider Nutzungen. Vor allem bei Wohnungsbausystemen mit tragenden Querwänden (Schottenprinzip) bilden sich bevorzugte Maßordnungen heraus, häufig z. B. die Entsprechung 1 Wohnungsachse = 2 Stellplatzachsen = rund 5 m.

Integrierte Parkierungslösungen beginnen dort, wo Tiefgaragen in direkter räumlicher Verbindung mit der Gebäudeerschließung stehen, so daß die Wohnung ohne den Umweg durchs Freie erreicht werden kann. Dies gilt auch dann, wenn Tiefgaragen nur an das Wohngebäude angeschoben werden.

Im geschichteten Geschoßbau mit Gebäudetiefen zwischen 10 und 15 m wird die Möglichkeit der Integration in den Gebäudequerschnitt vor allem durch die Geschoßzahl bestimmt. Aus ihr ergeben sich sowohl der Pkw-Stellplatzbedarf wie der Bedarf an Wohnungsabstellräumen und Nebenräumen für das UG.

Bei einer vier- bis fünfgeschossigen Bebauung mit Wohnungen mittlerer Größe entspricht der Längenbedarf für die Tiefgarage bei Mittelfahrbahn und beidseitiger Senkrechtaufstellung ungefähr der zugehörigen Gebäudelänge, wenn man von einer Stellplatzversorgung zwischen 1,0 und 1,5 pro Wohneinheit ausgeht. Nimmt man ferner den Bedarf an Abstell- und Nebenräumen mit 10–12 % der Wohnfläche an, dann benötigt man bei einer vier- bis fünfgeschossigen Bebauung nur die Hälfte des Untergeschosses für diese Räume. Daraus ergibt sich im niedrigen (aufzugslosen) Geschoßbau die heute sehr gebräuchliche Anordnung, bei der die Tiefgarage um eine Stellplatztiefe unter das Wohngebäude greift.

Daraus ergibt sich gleichzeitig, daß bei größeren Geschoßzahlen, also bei etwa acht Geschossen, das Untergeschoß für die Wohnungsabstellräume weitgehend gebraucht wird. Es muß dann im Einzelfall entschieden werden, ob sich ein teilweises Unterschieben der Tiefgarage noch lohnt.

Andererseits können beengte Platzverhältnisse, etwa in innerstädtischen Wohnlagen, bei einer entsprechend hohen Geschoßzahl auch zur Anordnung von zwei Untergeschossen führen, die dann wieder eine um eine Stellplatztiefe untergreifende Tiefgarage ermöglichen. Ziel solcher Querschnittsausbildungen ist neben der Minimierung des teuren unterirdischen Bauvolumens vor allem die Vermeidung unnötiger Freiflächenuntersiegelungen.

Die einseitig terrassierten Häuser an der Pelikanstraße in Stuttgart-Neugereuth (Faller + Schröder 1970) zeigen einen Gebäudequerschnitt, bei dem die Tiefgarage um eine Stellplatztiefe unter das Gebäude geschoben ist und im übrigen unter den Gartenhöfen des Erdgeschosses liegt. Die Trennmauern zwischen den einzelnen Gartenhöfen tragen als Überzüge gleichzeitig die Decke über der Fahrbahn (Abb. 8.3).

Auch beim Vinetaplatz in Berlin-Wedding wendet Kleihues 1974 das Prinzip der um Stellplatztiefe unterschobenen Tiefgarage an. Neben direkten Zugängen in alle Treppenhäuser führen weitere Ausgänge in den zentralen Grünbereich des Blocks. Durch die Unterschiebung der Tiefgarage vergrößert sich deren Umfang, so daß 1,4 Stellplätze je Wohneinheit bei fünf Wohngeschossen erreicht werden. Gleichzeitig bleibt ein großzügiger Wurzelraum für Bäume im

9.22 Berlin, Vinetaplatz, UG
(Josef Paul Kleihues, 1974)

9.22

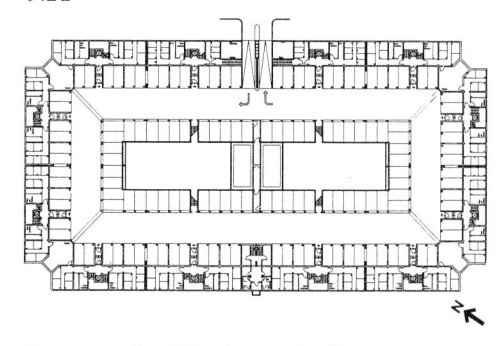

Zentrum des Blockinnenhofs unangetastet (Abb. 9.22).

Bei der 1972 konzipierten Wohnsiedlung Langäcker in Wettingen/CH von Theo Hotz werden je zwei parallel angeordnete viergeschossige Gebäudezeilen über die Tiefgarage gekoppelt. Die geringfügige Unterschiebung unter beide Zeilen dürfte eher aus dem gewünschten Gebäudeabstand für die darüberliegende Erschließungsgasse zu erklären sein, als etwa aus ökonomischen Überlegungen. Die Tiefgarage stützt hier ein Konzept, bei dem gassenartig verengte Erschließungsräume mit großzügigeren Gebäudeabständen auf der Gartenseite abwechseln (Ab. 4.27).

Eines der wenigen Beispiele mit vollständig unter dem Wohngebäude liegenden Tiefgaragen ist das Wohnquartier Farum-Midtpunkt in Dänemark aus dem Jahr 1974. Eine sehr flach terrassierte dreigeschossige Bebauung aus großzügigen Terrassenwohnungen und Maisonettes ergibt eine Basistiefe von etwa 30 m und damit die Möglichkeit einer doppelten Parkierungsgasse unter jedem Haus. Die Abstellräume für die Wohnungen liegen in diesem Fall an einer Innengangerschließung über den Garagengeschossen. Letztere sind nur zur Hälfte eingegraben und werden über eine Querstraße erschlossen, die in der Gebäudemitte die Zeilen unterfährt (Abb. 9.23).

9.23

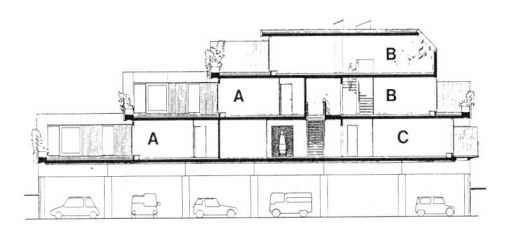

Die zweite Gruppe integrierter Parkierungssysteme im Geschoßbau nutzt erdgeschossige Möglichkeiten der Stellplatzversorgung, die sich vor allem bei terrassierten Bauten ergeben.

Beim Wohnquartier Alsen Road in Islington/London (1972–76), das vom Greater London Council planerisch betreut wird, sind ebenerdige Einzelgaragen unter dem rückwärtigen Überhang einer einseitig terrassierten, viergeschossigen Zeilenbebauung angeordnet. Zur Vermeidung von Überschneidungen zwischen Fahrverkehr und Wohnungserschließung werden die erdgeschossigen Flats von der Gartenseite, die oberen drei Wohnebenen über einen Außengang im ersten OG erschlossen. Für sechs bis acht Wohneinheiten stehen fünf Garagenplätze zur Verfügung, ergänzt durch offene Stellplätze auf der gegenüberliegenden Seite der Erschließungshöfe (Abb. 9.24).

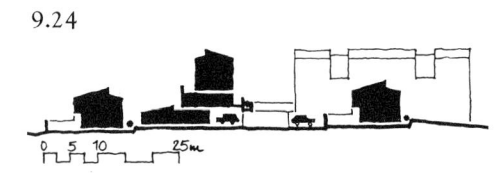

9.24

Beim Bauvorhaben Tapachstraße in Stuttgart-Zuffenhausen von Faller + Schröder wird 1968–70 bei einem sechs- bis siebengeschossigen einseitigen Terrassenhaus nicht nur die innere Garagenzeile, sondern auch die Fahrbahn mit einem breiten Außengang überdacht, so daß nur die äußere Stellplatzreihe unter freiem Himmel liegt.

Das Längsgefälle des Grundstücks erlaubt sowohl eine ebenerdige Erschließung des Parkierungsgeschosses ungefähr in der Gebäudemitte wie eine ebenerdige Anbindung des Fußgängerdecks an den öffentlichen Gehweg am oberen Ende des Grundstücks. Die überzogen erscheinenden Dimensionen des Fußgängerdecks waren dafür ausgelegt, eine ursprünglich vorgesehene Bebauung des gegenüberliegenden Hangs über Stege anzubinden. Diese Bebauung wurde bis heute nicht ausgeführt.

Die Parkierung versorgt auch die vor dem Terrassenhaus liegenden 19 Gartenhofhäuser. Insgesamt ist ein Stellplatz je Wohneinheit untergebracht, davon etwa die Hälfte in Einzelboxen (Abb. 5.75).

9.25

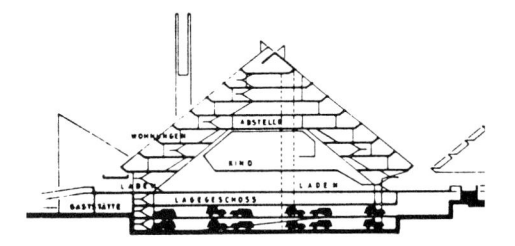

Der von der Planungsgruppe Frey, Schröder und Schmidt ab 1959 in zahlreichen Wettbewerben vorgestellte »Wohnhügel« als zweiseitig terrassierter Gebäudetyp, geht in der Grunddisposition von einer integrierten Parkierung aus.

Je nach Geschoßzahl erlaubt der prismatische Gebäudequerschnitt die Unterbringung von einer oder mehreren Garagenebenen im inneren Hohlraum (Abb. 9.25). Die Garagenzufahrt erfolgt über den Nordgiebel des nach Osten, Westen und Süden terrassierten Hauses. Beim ersten, im Jahre

9.23 *Farum-Midtpunkt/DK*
(Faelletegnestuen, 1969–74)

9.24 *London/GB, Alsen Road*
(GLC, 1972–76)

9.25 *Berlin, Ruhwald,*
Wettbewerb
(Faller, Frey, Schröder,
Schmidt, Brandstetter, 1965)

1974 realisierten Wohnhügel in Marl/ Westfalen liegt die Parkierung im Untergeschoß, da der nur viergeschossige Querschnitt eine erdgeschossige Unterbringung nicht zuläßt. Die Abstellräume liegen im verbleibenden Hohlraum des Erdgeschosses über den Garagen. Je Wohneinheit ist ein Stellplatz ausgewiesen (Abb. 9.26).

9.26

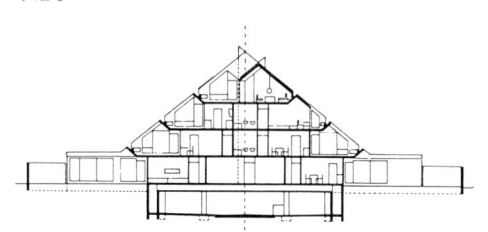

Im Gegensatz zum geschlossenen Baukörper des Wohnhügels werden beim »high-deck«-Prinzip von Higgins und Ney, London, zwei einseitig terrassierte Gebäudequerschnitte über eine hochliegende Fußgängerebene im zweiten OG Rücken an Rücken miteinander verbunden. Es entstehen ähnliche Orientierungsbedingungen wie beim Wohnhügel mit einer dominierenden Ausrichtung der Wohnlagen nach Osten bzw. Westen. Allerdings haben die oberhalb des Decks liegenden Wohnungen zusätzliche Belichtungsmöglichkeiten auf der dem Deck zugewandten Seite. Unter dem »high-deck« liegt die Fahrgasse, während sich die Stellplätze beidseitig unter die terrassierten Baukörper schieben. Über den Stellplätzen befinden sich die Wohnungsabstellräume. Die große Höhe der Fahrgasse ist durch die vorgeschriebene Möglichkeit zur Befahrbarkeit mit Müllfahrzeugen bedingt. Beim hier dargestellten Beispiel Reporton Road kommen auf vier Wohneinheiten sechs Stellplätze (Abb. 9.27).

9.27

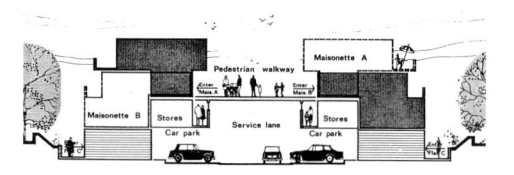

Sonderfälle der Stellplatzversorgung im Geschoßbau

Eine Sonderstellung unter den Beispielen für eine Integration der Parkierung in Gebäuden des Wohnbaus nehmen die beiden Turmhäuser der Marina City in Chicago ein, die 1963 unter Bertrand Goldberg als Architekt entstehen. Sie sind wohl als reine Wohngebäude mitten im hochverdichteten Geschäftszentrum von Chicago, wie auch mit der hier entwickelten Lösung des Parkierungsproblems ein Sonderfall.

Die beiden kreisrunden Türme bestehen aus je 15 Parkierungsgeschossen und 40 Wohngeschossen darüber. Die Parkierungsgeschosse sind als Spiralrampen angelegt und nehmen je Wendelung 32 Stellplätze auf. Die nach Art einer Torte in 16 Segmente gegliederten Wohngeschosse können in unterschiedlich große Wohnungen aufgeteilt werden, wobei keinerlei Rücksicht auf die jeweilige Himmelsrichtung genommen wird. Insgesamt werden je Turm rund 480 Wohnungen und ebenso viele Stellplätze untergebracht. Der dafür erforderliche Bauaufwand läßt sich in der Anzahl von Parkierungsgeschossen und Wohngeschossen im Verhältnis 1:2,7 wie an einem Fieberthermometer ablesen (Abb. 9.28).

In den vergangenen Jahren hat bei größeren Parkierungsanlagen und insbesondere bei Tiefgaragen ein neuer Aspekt an Bedeutung gewonnen: die Frage ihrer Sicherheit. Dabei

9.26 Marl, Wohnhügel 1
(Frey, Schröder, Schmidt, 1959–64)

9.27 London/GB, Reporton Road, High-deck
(Higgins, Ney, 1964–68)

9.28

geht es vorwiegend um die Sicherheit der Garagenbenutzer, aber auch um die der abgestellten Fahrzeuge. Zwischen diesem Aspekt und der Erkenntnis, daß auch Parkierungsbauten Teil unserer täglich erlebten baulichen Umwelt sind, häufig aber atmosphärisch und gestalterisch einiges zu wünschen übrig lassen, besteht ein enger Zusammenhang. Die wichtigsten Vorbedingungen für die Entschärfung der »Erlebniswelt Tiefgarage« sind Begrenzung der absoluten Größe, Übersichtlichkeit und Helligkeit.

Der Einbau von verschließbaren Einzelboxen in einer ohnehin mit Tor ausgestatteten Sammelgarage ist zwar ökonomisch aufwendig, hat aber den Vorteil, daß unübersichtliche Zonen hinter abgestellten Fahrzeugen weitgehend entfallen und damit die Sicherheit oder zumindest das Sicherheitsgefühl erhöht wird. Die bei Einzelboxen wegen des Türaufschlags erforderliche größere Stellplatzbreite kann teilweise zur Unterbringung von Fahrrädern und anderen Kleinfahrzeugen genutzt werden.

Ein sehr großer Sicherheitsvorteil liegt bei integrierten Parkierungsanlagen in der Möglichkeit, Stellplatz und Treppenhauszugang in sehr kurzer Entfernung zueinander anzuordnen, wenn es gelingt, Wohnungsanzahl und Stellplatzanzahl je Erschließungselement aufeinander abzustimmen.

Tageslicht sowie Sicht- und Rufverbindungen zum Freiraum können wesentlich zur atmosphärischen Verbesserung beitragen und erhöhen ebenfalls die Sicherheit.

Trotz dieser vielfach noch ungenutzten Möglichkeiten zur Verbesserung von Parkierungsanlagen, vor allem von unterirdischen, sollte überall dort auf geschlossene Tiefgaragen verzichtet werden, wo eine geringere städtebauliche Dichte oder andere Möglichkeiten der Stellplatzunterbringung dies erlauben. Dies muß nicht bedeuten, daß damit auch das Prinzip der baulichen Integration aufgegeben werden muß, wie nachstehende Beispiele zeigen.

Auf einem sehr beengten Grundstück einer innerstädtischen Sanierung in Zwolle/NL, die von 1971–74 durchgeführt wird, entwickeln die Architekten Aldo van Eyck und Theo Bosch einen ungewöhnlichen Parkierungsvorschlag. Es entstehen vier Gruppen bzw. Zeilen giebelständiger Häuser, die die Baustruktur der Altstadt aufnehmen und sich teilweise dem Verlauf der alten Stadtmauer anpassen. Das Erdgeschoß der mittleren Zeile wird um ein halbes Geschoß über das Gelände angehoben, das Untergeschoß aufgeständert und zur Hälfte eingegraben. Es entsteht ein offener Tiefhof unter dem Haus, der als Garagenhof funktioniert und auf harmlose Weise eine beachtliche Zahl von Stellplätzen aufnimmt. Zwar wird die Parkierung nicht in ihrer vollen Breite durch das Haus überdeckt, verschwindet jedoch durch die Absenkung weitgehend aus dem Blickfeld. Gleichzeitig aber bleibt die Anlage ringsum offen und hell und

9.28 *Chicago/USA, Marina City (Bertrand Goldberg, 1963)*

[122] Otto Steidle, in: Bayr. Staatsministerium, Wohnmodelle Bayern, S. 177

9.29

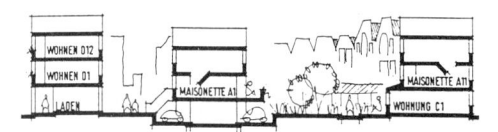

damit ausgesprochen benutzerfreundlich (Abb. 9.29).

Einen ähnlichen Weg gehen Inken und Hinrich Baller bei ihrer Brandmauerbebauung am Fraenkelufer in der Berliner Luisenstadt. Dort werden Stellplätze ebenfalls in Tiefhöfen unter die Bebauung geschoben und durch Geländemodellierung und Bewuchs dem direkten Einblick entzogen. Auch hier gelingt ein überzeugender Kompromiß in Gestalt einer Parkierungslösung, bei der das Auto die umgebende Wohnlandschaft nicht mehr stört, aber gleichzeitig so untergebracht ist, daß die übliche Klaustrophobie einer Tiefgarage zugunsten offener und heller Abstellplätze vermieden werden kann (Abb. 9.30).

9.30

Einen ganz anderen Weg geht dagegen Otto Steidle 1988 bei seinem Projekt »Integriertes Wohnen« in München-Nymphenburg. Seine Geschoßwohnhäuser, die sich in ihren Dimensionen dem umgebenden Villenviertel anpassen, sind im Erdgeschoß jeweils auf zwei Seiten unterschnitten und erlauben damit je Haus acht überdachte, ansonsten aber offene Stellplätze. »Die Erschließung der einzelnen Gebäude wurde bewußt von der Straße weg in die Hauszwischenräume gelegt, die als gemeinsame Eingangshöfe dienen. Hier können die Autos unter den Häusern geparkt werden oder bei schlechtem Wetter die Kinder spielen. Gleichzeitig entsteht ein Erschließungskontinuum von Haus zu Haus mit Verbindung zum inneren Wohnpark und einem öffentlichen Spazierweg in seiner Mitte.«[122]

Auch Steidle gelingt auf diese Weise eine harmlose, aber optisch durchaus verträgliche Unterbringung seiner Autos und gleichzeitig eine Parkierungslösung, die den besonderen Problemen körperlich behinderter Bewohner entgegenkommt (Abb. 2.5 und 9.31).

9.31

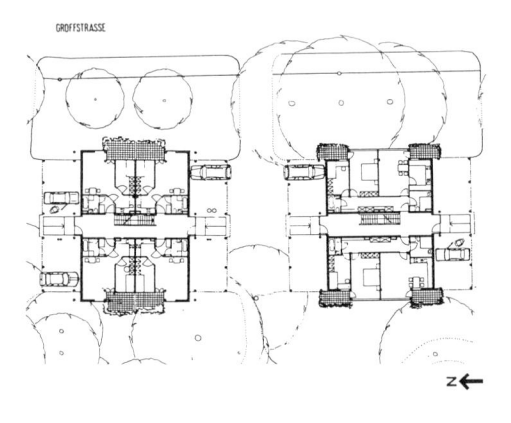

Mit einem Wettbewerbsbeitrag des Verfassers im Jahre 1991 wird versucht, eine um Stellplatztiefe unter das Wohngebäude geschobene, integrierte Tiefgarage dadurch kostengünstiger und freundlicher zu machen, daß auf die Überdachung der äußeren Stellplatzreihe zugunsten einer Pergola verzichtet wird. Letztere hat nur die Funktion, die abgestellten Fahrzeuge mit einfa-

9.29 Zwolle/NL
(Aldo van Eyck, Piet Blom, 1971–74)

9.30 Berlin, Kreuzberg, Fraenkelufer
(Hinrich + Inken Baller, 1984)

9.31 München, Nymphenburg, Integriertes Wohnen, Ausschnitt EG
(Otto Steidle, 1988)

chen baulichen Mitteln dem direkten Anblick zu entziehen. Der Deckel über der Fahrbahn dient den Erdgeschoßwohnungen als privat nutzbare Terrasse, die inneren Stellplätze sind als Garagenboxen mit Toren ausgestattet. Anstelle der Tiefgarage entsteht ein reichlich mit Tageslicht versorgter Tiefhof, der im Gehbereich überdacht ist (Abb. 9.32).

9.32

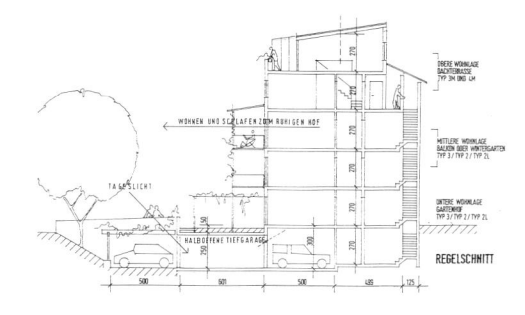

9.3 Wohngrundriß und Stellplatzversorgung unter umweltkritischen Bedingungen

Angesichts zunehmender Belastungen der Umwelt durch einen nach wie vor ungebremsten Individualverkehr werden Forderungen nach einem autofreien Wohnen immer häufiger. Sie lassen sich vorläufig aber nur in kleinem Rahmen und durch Initiativen »von unten« verwirklichen, also durch Bewohnergemeinschaften, die bereit sind, auch die damit verbundenen Opfer gemeinsam auf sich zu nehmen. Stadtplanerisch angestrebte Modelle des Autoverzichts im Rahmen städtebaulicher Teillösungen – etwa über »car-sharing« – stoßen zur Zeit nicht nur auf grundgesetzliche Hindernisse, sondern bedürfen einer sehr viel umfassenderen stadtplanerischen Einbindung. Sie sind nur in Verbindung mit einem grundlegenden Stadtumbau denkbar, angefangen von einem sehr viel effizienteren öffentlichen Nahverkehr bis hin zur Wiederherstellung eines dezentralen Versorgungsnetzes sowohl für öffentliche wie für privatwirtschaftliche Versorgungseinrichtungen. Solche Initiativen »von oben« sollten, wo immer möglich, als öffentlich geförderte Modellvorhaben durchgeführt werden, weil sie nur dann Erfolg versprechen, wenn sie in einem ausreichend großen und vielschichtig abgestimmten Rahmen erprobt werden können.

Es ist aber auch denkbar, daß die »Entstörung« des Automobils raschere Fortschritte macht als der zu seiner Abschaffung erforderliche Umbau unserer gesamten Lebensbedingungen. Damit aber hätten wir uns auch zukünftig mit der Stellplatzfrage auseinanderzusetzen, denn auch das geräusch- und geruchlose Solarmobil braucht einen Stellplatz.

Denkbar wäre, daß man sich zukünftig auf eine Regelung einigt, wonach zu jeder Wohnung, unabhängig von ihrer Größe, ein möglichst wohnungsnah untergebrachter, sicherer und stets verfügbarer Stellplatz gehört, so wie auch ein Abstellraum zur selbstverständlichen Wohnungsausstattung zählt. Ein Stellplatz, nicht mehr. Damit muß sich ein Haushalt arrangieren können, darauf sollte er aber auch Anspruch haben. Genauso konsequent sollte für alle weiteren Fahrzeuge, die ein Haushalt zu benötigen glaubt, die für Quartier und Umwelt verträglichste Unterbringungsform gewählt werden – ohne Rücksicht auf Kosten und Bequemlichkeit. Im Gegenteil: Hier müssen von den Wohnkosten getrennte Kostenregelungen und, wenn es sein muß, auch weite Wege bis zum Auto für den Autofahrer

9.32 Göppingen,
Wettbewerb Baumannsche
Ziegelei
(Peter Faller, 1991)

sichtbar und fühlbar machen, was die bloße Unterbringung eines zweiten oder dritten Fahrzeugs heute kostet.

Da die Erreichbarkeit jeder Wohnung für Andienung, Entsorgung und Notdienste ohnehin gewährleistet sein muß, bedeutet eine solche Regelung keinen Mehraufwand für den Straßenbau – etwa gegenüber einer autofreien Lösung –, sondern nur die längst fällige Unterscheidung zwischen einem gerechtfertigten und einem Luxus-Stellplatzbedarf.

Statt dessen gehört heute zu jedem Wohngebäude ein ebenerdig oder zumindest ohne Treppen erreichbarer Fahrradabstellraum in ausreichender Größe. Die Anzahl der Plätze sollte der möglichen Bewohnerzahl eines Hauses entsprechen. Mit seiner bequemen Erreichbarkeit und Benutzbarkeit läßt sich schon ein ganz beachtliches Stück Autoverzicht unterstützen (Abb. 9.33).

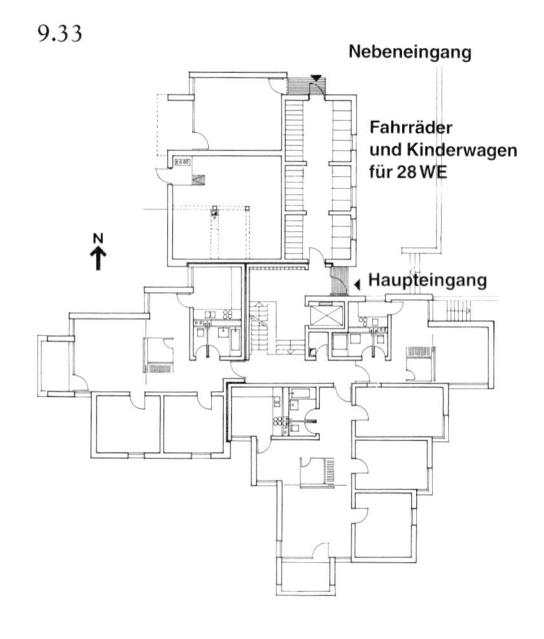

9.33

9.33 Stuttgart-Vaihingen, Personalwohnungen EG (Faller + Schröder, 1965)

10		**Wohngrundriß und städtebaulicher Kontext**
	10.1	Wohnen und Stadt
	10.2	Vom Hinterhof zum »durchfließenden Grün«
	10.3	Die Annäherung zwischen den Wohnformen des Ein- und des Mehrfamilienhauses
	10.4	Die Wiederentdeckung des öffentlichen Raums
	10.5	Wohnen und Arbeiten und die Rückkehr zur gemischt genutzten Stadt…

10 Wohngrundriß und städtebaulicher Kontext

10.1 Wohnen und Stadt

Die Grundrißentwicklung des Wohnens ist innerhalb der vergangenen 90 Jahre unlösbar mit einer städtebaulichen Entwicklung verknüpft, die in diesem Zeitraum zwei entscheidende Phasen durchläuft: zunächst eine Phase der Stadtflucht und der Befreiung aus den Fesseln der Stadt und eine zweite Phase der erneuten Hinwendung zur Stadt und der Wiederentdeckung städtischer Lebensqualität.

Dabei geht es nicht nur um die deutliche Standortverlagerungen des Wohnbaus von den Zentren nach außen und wieder zurück, sondern es geht um einen grundsätzlichen Wandel in der Einstellung zur Stadt und ihren Bedingungen für das Wohnen.

Was heute vielfach nur als Fluchtbewegung aus der überfüllten oder unbewohnbar gewordenen Stadt des Industriezeitalters gesehen wird, war aber nicht nur eine Flucht nach außen, sondern zugleich ein Angriff nach innen.

Die »Gartenstadt« und die Grundsätze der »Charta von Athen« oder die Perspektiven der »gegliederten und aufgelockerten Stadt« waren nicht nur Ziele für das Wachstum der Stadt, sondern sollten diese langfristig umbauen und neu gestalten.

Diese negative Einstellung zum Wohnen in der Stadt mußte sich wandeln, weil die negativen Folgen der Stadtflucht, die einmal als Befreiung begonnen hatte, unübersehbar geworden waren, und sie konnte sich wandeln, weil sich auch die Bedingungen für das Wohnen in der Stadt inzwischen grundlegend verändert haben.

Die Stadt, in die der Wohnbau seit Anfang der siebziger Jahre zurückzukehren begonnen hat, ist nicht mehr dieselbe Stadt, die ihn zu Beginn dieses Jahrhunderts zur Flucht gezwungen hatte.

Dennoch haben sich bestimmte strukturelle Merkmale der Stadt unabhängig von allen zivilisatorischen Veränderungen dieses Zeitraums erhalten können und sind noch immer dafür verantwortlich, daß das, was man heute als »Verstädterungsprozeß« bezeichnet, nicht zu einer Homogenisierung der Stadtlandschaft, sondern eher zu ihrer Differenzierung beigetragen hat.

An diesem Sachverhalt sind vor allem zwei Zielsetzungen des Neuen Bauens beteiligt und für die Disposition des Wohnens nach wie vor wirksam, nämlich das Prinzip der Zonung, also der räumlichen Segregation von Wohnen, Arbeiten, Freizeit und Verkehr, und das Prinzip der Schaffung gleicher und optimaler Wohnbedingungen für alle, ein Prinzip, das letztendlich zur Auflösung des städtischen Straßenblocks und hin zum offenen Zeilenbau führen mußte.

Der durch diese beiden Prinzipien ausgelöste und durch die gleichzeitige Entwicklung des Individualverkehrs beschleunigte Prozeß der Suburbanisierung mußte in dem Augenblick seine kritische Grenze erreichen, wo er die Stadt selbst in ihrer Gewachsenen Wohnsubstanz auszuhöhlen und damit ihre Lebensfähigkeit in Frage zu stellen begann.

Im folgenden soll versucht werden, die Bedeutung dieser beiden Zielsetzungen für die Phase der »Stadtflucht« nachzuvollziehen und dabei sichtbar zu machen, welche Nachwirkungen und Konsequenzen sie auch für den in die Innenstadt zurückgekehrten Wohngrundriß haben, in welcher Weise sie also ein neues innerstädtisches Bauen mitbestimmen; umgekehrt soll aber auch untersucht werden, wie der außerstädtische Wohnbau durch die erneute Auseinandersetzung mit spezifischen innerstädtischen Qualitäten Veränderungen und Impulse erfährt.

10.2 Vom Hinterhof zum »durchfließenden Grün«

Die erste Kampfansage an die Fehlentwicklungen der gründerzeitlichen Stadt in Form einer umfassenden neuen Stadtkonzeption kommt aus England und wird unter dem Begriff »Gartenstadt« um die Jahrhundertwende auch nach Deutschland importiert (Abb. 10.1).

10.1

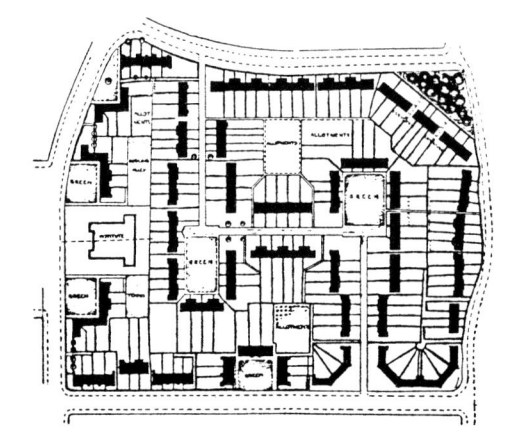

10.1 Welwyn/GB, Garden City
(Ebenezer Howard mit Parker
+ Unwin, 1920)

10.2 Berlin,
Gründerzeitliche
Blockbebauung
(ca. 1900)

Im Gegensatz zu den Ansätzen paternalistischer Industriesiedlungen des 19. Jahrhunderts zielt die Gartenstadt auf ökonomische und politische Unabhängigkeit und Selbständigkeit und damit zugleich auf neue Formen eines genossenschaftlich organisierten Zusammenlebens ihrer Bewohner. Sie entwickelt damit auch ein gesellschaftliches Gegenmodell zu der in ihren Augen nicht mehr reparierbaren gründerzeitlichen Stadt (Abb. 10.2).

10.2

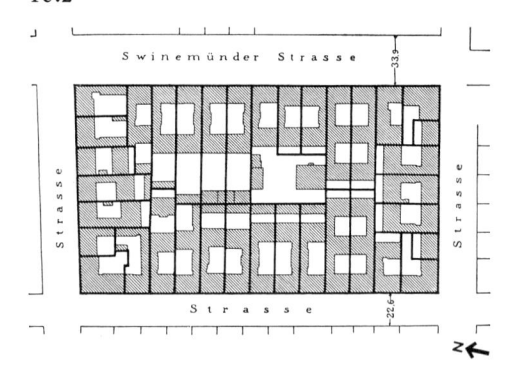

Wesentliche Merkmale dieser gründerzeitlichen Stadt sind Blockbebauung und Mietskaserne, denen die Gartenstadtidee ein an kleinstädtischen und ländlichen Leitbildern orientiertes Wohnen im Grünen entgegensetzt.

Wesentliches Merkmal der gründerzeitlichen Stadt ist aber auch das chaotische Durcheinander ihrer Nutzungen. Dazu zählt insbesondere der durch die Industrialisierung verursachte Wildwuchs an ihren Rändern, der sich aber auch in zentralen Lagen finden läßt. Dem setzt die Gartenstadt ein umfassendes Neuordnungskonzept entgegen, bei dem durch Zonung und Funktionstrennung eigene Stadtbereiche für Wohnen, Arbeiten, Freizeit und Verkehr entstehen sollen.

Den Verkehr soll das neue Transportmittel Eisenbahn übernehmen, denn ohne Transporteinrichtungen wäre das großzügig angelegte Konzept der Gartenstadt nicht denkbar. Das erst wenige Jahre zuvor erfundene Automobil wird in seinem Entwicklungspotential noch nicht erkannt.

Die Kampfansage der Gartenstadt an den städtischen Block als einer geschlossenen Bebauung von ringsum durch Straßen begrenzten innerstädtischen Bauflächen gilt jedoch weniger seiner Form oder räumlichen Geschlossenheit, als vielmehr der maßlosen Überforderung seiner Innenbereiche durch die liberalistisch-spekulative Bau- und Bodenpolitik in den Großstädten.

Seine Charakteristika wie enge Hinterhofschluchten, licht- und sonnenlose Wohnungen, einseitig orientierte Grundrisse ohne Querlüftung, gefangene Zimmer, fehlende Freiräume und unzulängliche sanitäre Verhältnisse machen ihn aber zum Synonym und zum Inbegriff für all das, was zur Verelendung städtischen Wohnens am Ausgang des 19. Jahrhunderts beiträgt (Abb. 10.3).

10.3

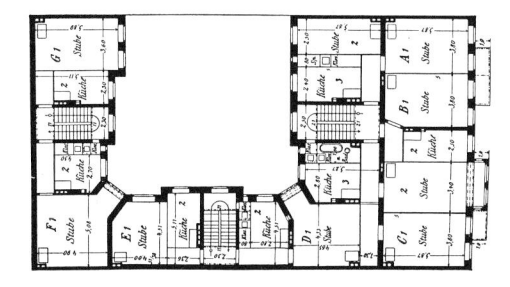

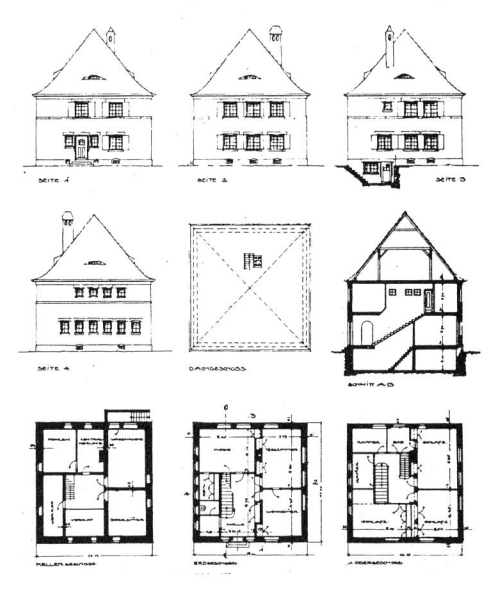

Mit der Gartenstadt Hellerau bei Dresden, 1906–14 (Abb. 10.4), entsteht die erste Gartenstadt auf deutschem Boden auf der Grundlage neuer Wohnvorstellungen. Richard Riemerschmid entwickelt einen umfangreichen Typenkatalog für kleine Einzel- und Doppelhäuser mit eigenem Garten (Abb. 10.5).

Sie alle haben nun ausreichend Licht und Luft, richten sich in ihrer Stellung aber weniger nach der optimalen Orientierung zur Sonne als nach dem Verlauf der Straßen. Dieser wird nach formalästhetischen Gesichtspunkten entwickelt und in Anlehnung an Camillo Sittes Lehren gestaltet. Die Häu-

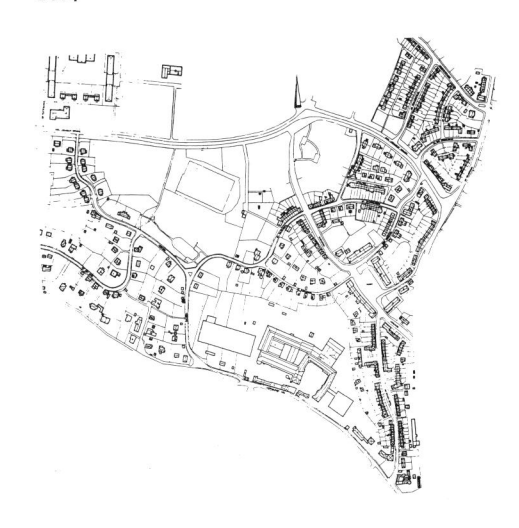

10.4

10.5

10.3   Berlin, Mietskaserne
       mit einfachem Quergebäude
       (ca. 1900)

10.4   Dresden-Hellerau,
       Lageplan
       (Richard Riemerschmid,
       1906–14)

10.5   Dresden-Hellerau,
       Typenhaus III
       (Richard Riemerschmid,
       1909)

ser dienen der Gestaltung dieses Straßenraums – nicht umgekehrt.

Erst mit Tessenows späterer Mitwirkung wird dieser trotz Typisierung eher romantisierende Ansatz Riemerschmids mit einer schlichteren und zugleich moderner anmutenden Architektursprache fortgesetzt. Dabei ist Tessenows besonders sorgfältiger Umgang mit den Übergangszonen des Wohnens zwischen innen und außen in ersten Ansätzen bereits zu erkennen (Abb. 10.6).

10.6

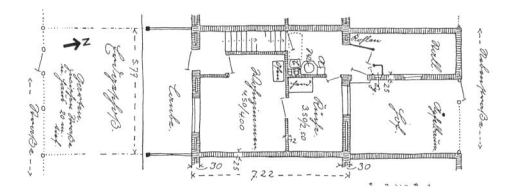

Ähnlich wie in Hellerau werden Straßen- und Hofräume der Gartenstadt Falkenberg bei Berlin, 1912–18, auch von Bruno Taut nach räumlichen Gesichtspunkten angelegt und bebaut (Abb. 10.7).

10.7

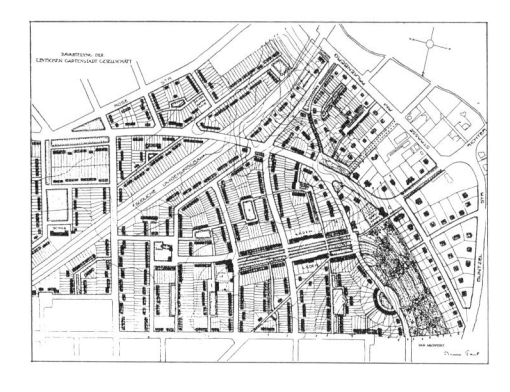

Trotz ihrer leichten Krümmung bilden diese Straßen jedoch ein wesentlich strafferes Netz mit annähernd rechtwinkligen Baufeldern, die damit stärker an städtische Straßennetze erinnern.

Aber auch hier ist die vorwiegend aus Reihenhauszeilen gebildete Bebauung offen und wird bei größeren Blöcken durch eine innere, hofartige Baugruppe akzentuiert. Interessant ist die typologische Differenzierung, die Taut zwischen Einfamilienhäusern und Geschoßbauten vornimmt. Während bei ersteren die größeren Zimmer zur Straße und die Küchen zum Garten ausgerichtet sind, wird bei den Vierfamilienhäusern umgekehrt verfahren. Küche und Bad liegen zur Straße, die Wohnräume zum Garten (Abb. 10.8 und 10.9).

10.8

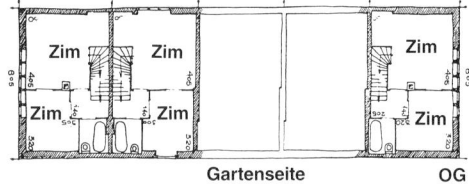

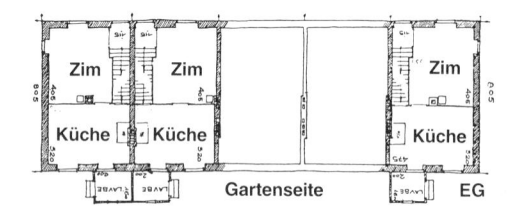

10.9

Dennoch ist auch bei Taut die Gebäudeorientierung noch nicht eine Frage der optimalen Besonnung, sondern richtet sich ganz nach dem Bezugsraum Straße.

Gemessen an ihren ursprünglichen Zielsetzungen und im Vergleich mit ihren mögli-

10.6 *Dresden-Hellerau, EG*
(Heinrich Tessenow, ca. 1910)

10.7 *Falkenberg,*
Bebauungsplan
(Bruno Taut, 1912)

10.8 *Falkenberg,*
Typ I + II
(Bruno Taut, 1913/14)

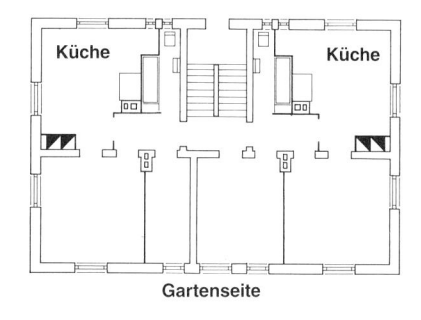

10.9 *Falkenberg, Gartenstadtweg,*
Vierfamilienhaus Typ B
(Bruno Taut, 1915)

chen Vorbildern bleiben die deutschen Gartenstädte in ihrem Umfang bescheiden. Dennoch lassen sich in der grundsätzlichen Verteilung der übergeordneten Einrichtungen deutliche Unterschiede erkennen. Während bei Hellerau ein polyzentrisches Prinzip vorherrscht – Marktplatz, Arbeitsstätten (Deutsche Werkstätten) und kulturelle Einrichtungen (Dalcroze-Bildungsanstalt) haben keinen räumlichen Zusammenhang (Abb. 10.4) – wird in Falkenberg so etwas wie eine zentrale Achse aufgebaut. Sie geht vom Bahnhof aus und führt über ein Gasthaus am Quartiersende zur zentralen Ladenstraße und in deren Verlängerung zur Schule und zur Kirche (Abb. 10.7).

10.10

Ungeachtet solcher Unterschiede überzeugt aus heutiger Sicht aber vor allem der Umgang mit den Versorgungseinrichtungen dieser Konzepte. Die Marktplätze der Gartenstadt sind vor allem bewohnte Plätze (Abb. 10.10). Über den Läden liegen Wohnungen, und an den Plätzen wird das Wohnen sogar verdichtet, wie z. B. durch das mehrgeschossige Ledigenheim in Hellerau. Die Gartenstadt sucht damit trotz ihrer programmatischen Tendenz zur Zonung eine Einheit und Überlagerung von Nutzungen dort, wo sie für das soziale Leben und das »Funktionieren« der Gemeinschaft unentbehrlich sind.

10.11

Überall dort aber, wo sich das Wohnen sozusagen im Grünen verliert, bleibt der Straßenraum das entscheidende sozialräumliche Bindeglied der Gartenstadt (Abb. 10.11). Im Unterschied zur Gartenstadt, die der gründerzeitlichen Stadt gewissermaßen den Rücken zukehrt, gibt es aber eine Reihe zeitlich paralleler Ansätze, die sich direkt mit dem innerstädtischen Block auseinandersetzen und ihn zu reformieren versuchen. Die Bemühungen Bruno Tauts, die Berliner Bauordnung im Interesse offener Blockbebauungen zu reformieren, wurden im Zusammenhang mit der Orientierungsfrage bereits erwähnt.[24]

Bemerkenswert in diesem Zusammenhang sind auch die Berliner Privatstraßen-Konzepte, die im Grunde Versuche sind, zu groß geratene städtische Blöcke durch private Innenstraßen zu unterteilen und damit den für das damalige Wohnen höherwertigen Straßenraum zu vermehren. Dabei sollte der Gewinn an sozialem Prestige und an Wohnqualität jene Flächenverluste ausgleichen, die durch die Privatstraße selbst entstehen. Wohlklingende Namen für diese »Adressen« unterstreichen diese Zielsetzung.

Daß damit nicht gerade das Wohnungsproblem ärmerer Bevölkerungskreise zu lösen war, liegt auf der Hand.

10.10 Dresden-Hellerau, Marktplatz, Detail der Kaufhausgruppe (Richard Riemerschmid, ca. 1910)

10.11 Hohensalza, Einfamilien-Kleinhäuser (Heinrich Tessenow, ca. 1910)

10.12

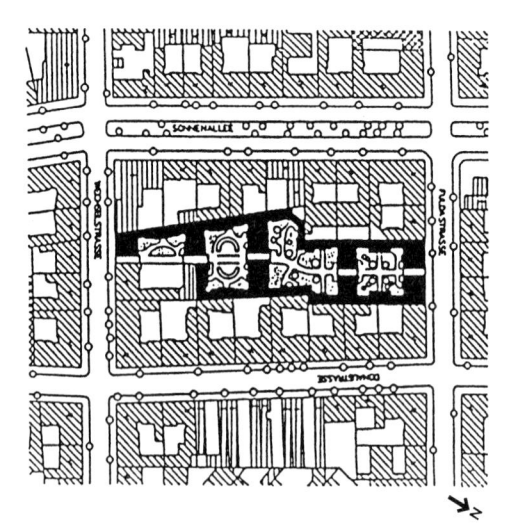

10.13

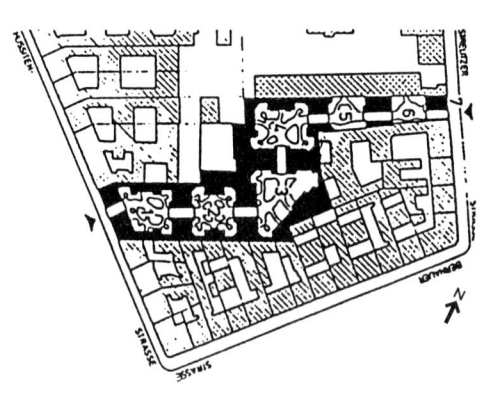

10.14

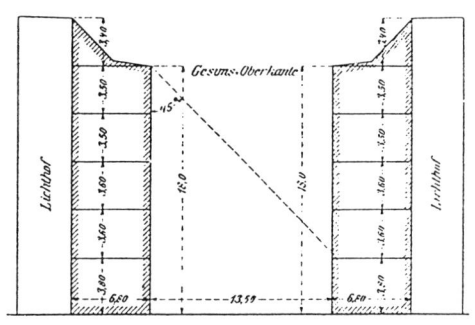

Auch im Paris der zwanziger und dreißiger Jahre werden Versuche unternommen, die Wohnqualität innerstädtischer Blocksituationen zu verbessern. Hier werden durch Einstülpungen des Blockrands dessen Abwicklungslängen vergrößert und damit Möglichkeiten geschaffen, mehr Wohnungen als bisher dem Straßenraum zuzuordnen.

10.15

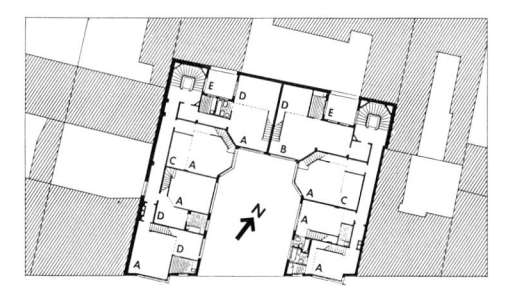

10.12 Berlin, Idealpassage (Willi + Paul Kind, 1907/08)

10.13 Berlin, Versöhnungs-Privatstraße, Lageplan (E. Schwarzkopff, 1903/04)

10.14 Berlin, Goethepark, Querschnitt (Paul Geldner, 1902/03)

10.15 Paris/F, Rue Blomet (J. de Saint-Maurice, 1928/29)

Ihre torartigen Abschlüsse zur öffentlichen Straße und die räumliche Abgeschiedenheit dieser Privatstraßen lassen sie aber noch heute wie Oasen im Getriebe der Stadt erscheinen (Abb. 4.29, 10.12 und 10.13). Häufig sind die Grundrisse – wie etwa beim »Goethepark« oder bei der »Versöhnungs-Privatstraße« – nur einseitig orientiert und deshalb nur ein Zimmer tief, so daß Schächte auf der Rückseite für die notwendige Querlüftung sorgen müssen. Zwar gewährt die geräumige Privatstraße ausreichende Belichtung, aber ob die Wohnungen auch Sonne erhalten, hängt von den Zufälligkeiten der jeweiligen Situation ab (Abb. 10.14).

Auch dabei entstehen vor allem einseitig orientierte Grundrisse geringer Tiefe, bei denen die bevorzugten Wohnräume nun direkt oder über Vorhöfe indirekt auf den Straßenraum ausgerichtet werden können (Abb. 10.15).

Wenn wir angesichts der heutigen Lärmbelastung auf innerstädtischen Straßen der Berliner Variante sicherlich den Vorzug geben würden, so muß doch festgestellt werden, daß beide Ansätze für die Probleme innerstädtischen Wohnens nur Teillösungen und keine umfassenden Antworten sein können.

Bedeutsamer, weil in ihrem Ansatz sehr viel grundlegender, sind dagegen jene frühen Beispiele für Blockbebauungen, bei denen der Blockinnenraum freigehalten und so dimensioniert wird, daß er als privater oder halböffentlicher Freiraum den Wohnungen zur Verfügung steht.

Vor allem in den Niederlanden entsteht eine Reihe von Wohnquartieren kurz nach dem Ende des Ersten Weltkriegs, die eine solche Neuinterpretation des allseitig geschlossenen Blocks darstellen.

Dazu gehören die Pläne von Jacobus Johannes Pieter Oud für das Wohnquartier Tuschendijken in Rotterdam von 1920–23 (Abb. 10.16) ebenso wie Michiel Brinkmans berühmte Bebauung für Spangen von 1919–22 (s. a. S. 310 f.).

In ihrer grundrißlich konsequenten Ausrichtung auf den Blockinnenraum, aber auch mit ihren ganz neuen Überlegungen zur Ausbildung differenzierter Gebäudequerschnitte greifen sie ihrer Zeit weit voraus und liefern über ein halbes Jahrhundert später wichtiges Anschauungsmaterial für eine erneute Auseinandersetzung mit dem innerstädtischen Wohnen (Abb. 1.17 und 8.37).

Soweit erkennbar, gibt Oud dabei seinen Wohnungen eine einheitliche Ausrichtung auf den Blockinnenraum und ignoriert damit die sehr unterschiedlichen Orientierungsbedingungen der vier Blockseiten; um so erstaunlicher ist demgegenüber Michiel Brinkmans Planung, mit der er sorgfältig auf die Vermeidung von Nordwohnungen achtet, wie sein Lageplan zweifelsfrei erkennen läßt.

Der Aufbruch in den Zeilenbau findet also keineswegs so abrupt und schlagartig statt, wie es aus heutiger Sicht oft erscheinen mag. Kähler weist mit seinem Vergleich zwischen den Städten Hamburg, Frankfurt und Wien nach, daß sich ortstypisch sehr unterschiedliche Entwicklungen des Neuen Bauens herausbilden und etablieren können.[123]

So zeigt die Hamburger Entwicklung größere Ähnlichkeiten mit der holländischen als etwa mit der anderer deutscher Städte

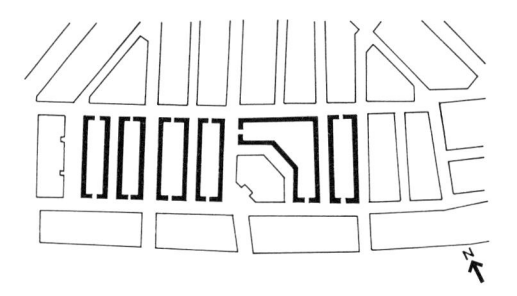

[123] Gert Kähler, Wohnung und Stadt

10.16 Rotterdam/NL, Tuschendijken, Lageplanübersicht, Blockinnenraum (Jacobus Johannes Pieter Oud, 1920–23)

[124] *Julius Posener, in: Stadt und Städtebau, S. 67*

und hält damit eine Art moderatere Zwischenstellung zwischen den extremen Beispielen eines Frankfurter Zeilenbaus einerseits oder der Großwohnblöcke des Wiener kommunalen Wohnungsbaus andererseits. In der Dialektik zwischen »Gleichheit« und »Brüderlichkeit« können sich auf diese Weise verschiedene Facetten eines Neuen Bauens entwickeln, die sich deutlich voneinander unterscheiden, oft sogar im Werk ein- und desselben Architekten. So riskiert zum Beispiel Ernst May wesentliche Grundsätze seines der »Gleichheit« verpflichteten rationalen Zeilenbaus, wenn er wie in der Frankfurter Bruchfeldstraße (»Zickzackhausen«) seinem großen Wohnhof und damit einem Symbol der Gemeinschaft zuliebe auf die optimale Orientierung seiner Wohnungen und auf allerlei andere Rationalitäten verzichtet (Abb. 2.12, 4.4 und 10.17).

10.17

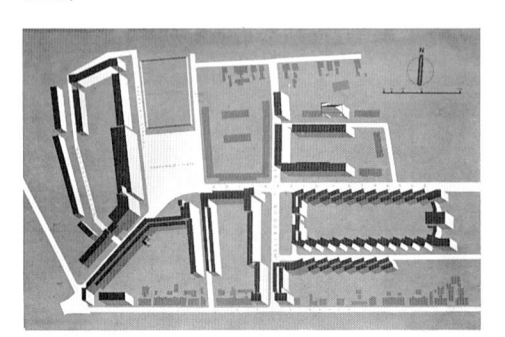

Auch Bruno Taut mißachtet alle Grundsätze einer damals schon sehr ernstgenommenen Grundrißorientierung, wenn er mit seinem Hufeisen in der Großsiedlung Berlin Britz, 1925–28, einer baulich räumlichen Geste der Kollektivität zuliebe in Kauf nimmt, daß die das Hufeisen bildenden Wohnungen höchst ungleichwertigen Orientierungsbedingungen ausgesetzt werden (Abb. 10.18).

10.18

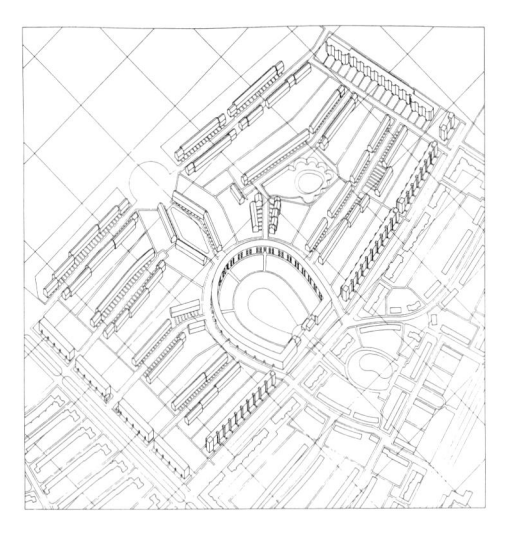

Beide erschließen übrigens ihre Wohnungen von außen und nicht aus dem zentralen Bezugsraum heraus. Damit bleibt auch der Gestus der Gemeinsamkeit eine Angelegenheit formaler Ästhetik, zu der Julius Posener einmal gesagt hat: »Aber das Räumliche in abstracto gibt es gar nicht, das bleibt leer.«[124]

Sind die Marktplätze der Gartenstädte noch sozialräumlicher Mittelpunkt, bei denen Raumanspruch und Raumnutzung einander entsprechen, gerät der öffentliche Raum jetzt in Gefahr, nur noch das Produkt aufgestellter Häuser und ihrer Zwischenräume zu sein anstatt Ausgangspunkt für das Bauen der Stadt; er gerät nun immer mehr in den Sog einer Entwicklung, an deren Ende er zu einer Nebensache, nämlich zum bloßen Verkehrsträger wird.

Dieser Schritt wird aber erst mit der endgültigen Ablösung des Wohnens von der Straße durch den reinen Zeilenbau vollzogen.

Nun erst können Gebäudestellung, Gebäudedimensionen und Gebäudeabstände, aber auch Orientierung und Erschließung der Wohnungen unabhängig von der Straße

10.17 Frankfurt, Bruchfeldstraße (Ernst May, 1926/27)

10.18 Berlin-Britz, Hufeisensiedlung (Bruno Taut, 1925–28)

nach gleichen und optimierten Bedinungen festgelegt werden; nun erst wird der städtische Block in seiner Ambivalenz zwischen außen und innen und der Unterschiedlichkeit seiner Orientierungsbedingungen endgültig überwunden.

Dieses Prinzip der Egalisierung aller Wohnbedingungen führt in letzter Konsequenz auch zur völligen Entmischung der Stadt und zur Aussonderung aller andersgearteten Funktionen, es führt sogar zur Entmischung des Wohnens selbst. Nur in der Zuweisung gesonderter Quartiere unter jeweils optimierten Bedingungen glaubt man den unterschiedlichen Anforderungen, etwa des Reihen-Einfamilienhauses oder des niedrigen Zeilenbaus im Geschoßbau, gerecht zu werden.

Der Einzelgrundriß einer Wohnung bestimmt nun in seiner Wiederholbarkeit den gesamten Stadtgrundriß, dessen Grenzen nur noch durch die Zufälligkeiten des Grundstückszuschnitts definiert werden.

»Gleichheit« verdichtet sich nun zu einer Kollektivität und Gemeinsamkeit identischer Wohnbedingungen, die des räumlichen Ausdrucks gar nicht mehr bedürfen, die sich selbst genügen.

Dem in dieser Untersuchung mehrfach erwähnten Dammerstock in Karlsruhe (1927/28) (Abb. 10.19) folgen andere, ähnliche Beispiele eines konsequent am Zeilenbau orientierten Städtebaus. Er erreicht mit den Wettbewerbsbeiträgen für die Reichsforschungs-Siedlung in Spandau-Haselhorst (1929–32) (Abb. 10.20) oder mit den Planungen Ernst Mays für Frankfurt-Goldstein (1929) (Abb. 10.21) seinen vorläufigen Höhepunkt.

Gerade am Beispiel des Dammerstock und der durch ihn ausgelösten Orientierungsdebatte wird aber sichtbar, daß selbst dieser finale Befreiungsschlag in Richtung Zeilenbau nicht die endgültige Lösung aller funk-

10.19

10.20

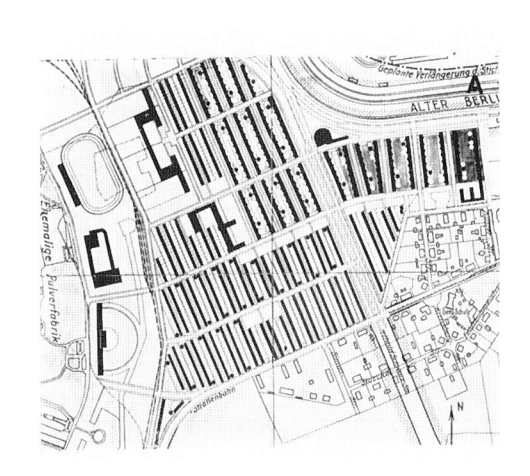

10.21

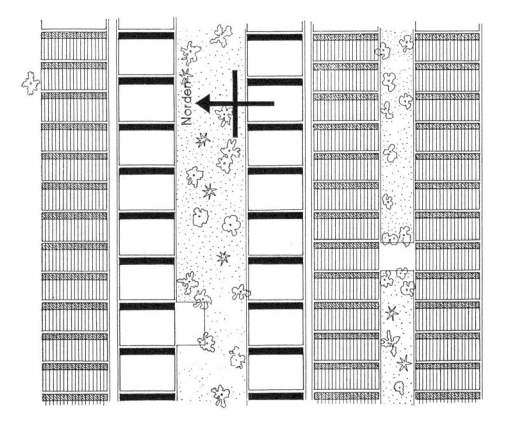

10.19 Karlsruhe, Dammerstock (1929)

10.20 Berlin, Haselhorst, Wettbewerb (Walter Gropius, 1929)

10.21 Frankfurt-Goldstein (May, Böhm, Schwagenscheidt, Mauthner, 1929)

[125] Adolf Behne, in: Die Form 6/30, S. 1

tionalen Probleme des Wohnens bringen kann, auch für den nicht, der sich auf eine solch funktionalistische Verengung von Städtebau einzulassen bereit ist (s. Kap. 4). Genau darum geht es Adolf Behne, wenn er in seiner Kritik am Dammerstock nicht den Zeilenbau selbst, wohl aber dessen Selbstüberschätzung kritisiert: »Indem er Leben zum Wohnen spezialistisch verengt, verfehlt dieser Siedlungsbau auch das Wohnen. Dies ist kein Miteinander, sondern ein Auseinander. Die ganze Siedlung scheint auf Schienen zu stehen. Sie kann auf ihrem Meridian um die ganze Erde fahren, und immer gehen die Bewohner gegen Osten zu Bett und wohnen gegen Westen.

Es liegt in jeder Sache Ein Begriff von Richtigkeit, der auf die Dauer nicht übersehen werden kann. Eine Siedlung ohne Bindung ist nicht in Ordnung. Ist die Ebene nur groß genug, so kann der Zeilenbau nach Norden und nach Süden kilometerweit auseinanderlaufen. Das heißt Menschen im laufenden Band verpacken, nicht aber Städtebau. Die Ausgangspunkte des Zeilenbaus sind ausgezeichnet und sollen weiterhin nutzbar gemacht werden. Aber er kann Städtebau nur sein, wenn er ein Mittel des Städtebaus wird, nicht aber, wenn er an die Stelle des Städtebaus treten will...«.[125]

Aber erst am Ende der ersten Wiederaufbauphase nach dem Krieg beginnt der Auflösungsprozeß des gebauten städtischen Raums seinem letzten Höhepunkt zuzustreben.

Während die ersten geplanten Stadterweiterungen (Abb. 10.22) noch ganz den Prinzipien des Zeilenbaus folgen und sich allenfalls durch Äußerlichkeiten von ihren zwanzig Jahre älteren Vorbildern unterscheiden, verändert sich dieses Bild nun sehr rasch.

10.22

Die rapide Zunahme des Individualverkehrs auf der Straße durch den schnell ansteigenden Wohlstand der Nachkriegsgesellschaft macht neue Erschließungs- und Parkierungskonzepte erforderlich; der Personenaufzug wird nun auch für den sozialen Wohnungsbau erschwinglich und führt innerhalb kurzer Zeit zur Abkehr vom niedrigen Zeilenbau und zur Entwicklung neuer solitärer Gebäudeformen des Hochhauses, zunächst auf punktartigen, später aber auch auf linearen Grundrissen. Ihr gemeinsames Merkmal einer hohen Geschoßfläche bei einem vergleichsweise niedrigen Maß der Überbauung wird zum entscheidenden Argument bei ihrer Durchsetzung.

Damit aber entfernen sich die Wohnformen des Geschoßbaus und des Einfamilienhauses so weit voneinander, daß jeder soziale und räumliche Zusammenhang verloren geht. Er wird jetzt auch nicht mehr gesucht, sondern durch ein neues Bindemittel ersetzt: »das durchfließende Grün« (Abb. 10.23).

Damit aber erfährt nicht nur die »gegliederte und aufgelockerte Stadt«, sondern auch die in ihre Bestandteile zerlegte und

10.22 Stuttgart-Rot (ca. 1955)

10.23

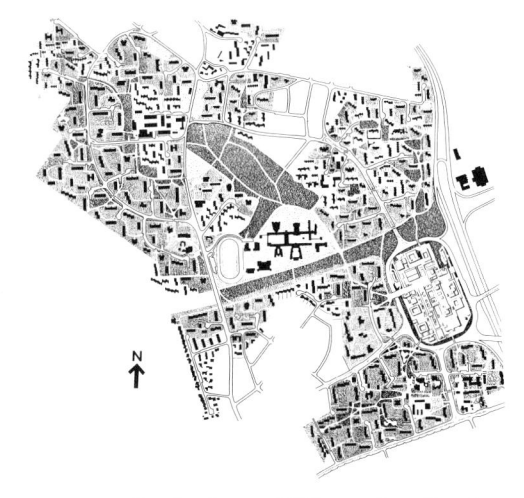

10.24

sortierte Stadt ihren Höhepunkt. Rasch erweist sich nämlich das vermeintliche Bindemittel eher als Trennmittel.

Denn diese Grünräume trennen nicht nur den Fußgänger vom Autofahrer, sondern sie trennen auch den, der im eigenen Garten wohnt, von dem, der dieses Glück nicht hat, und sie trennen beide von ihrem Arbeitsplatz und von allem, was sie an Wohnfolgeeinrichtungen brauchen.

Diese aber werden in ihrer zunehmenden Konzentration durch das Auto begünstigt und wachsen zu immer größeren »Zentren« heran, bis sie schließlich mit dem Wohnen gar nicht mehr vereinbar sind. Sie verlieren damit ihre wichtige sozialräumliche Funktion und verkümmern zu reinen Konsumlandschaften, die nachts so ausgestorben sind wie die Schlafstädte, von denen sie leben, am Tage.

Wer sich aber solchen Bedingungen entziehen will, der leistet sich mit allen Hilfen der Wohnungspolitik und staatlicher Förderung sein Häuschen weit außerhalb der Stadt (Abb. 10.24).

Dort hat er die Wahl zwischen immer kleiner, weil teurer werdenden Parzellen oder zunehmender Entfernung vom Arbeitsplatz.

Stadtentwicklung wird so über das Medium individueller Mobilität zur Stadtzersiedelung.

Es wäre vermessen zu behaupten, daß sich hier inzwischen ein grundlegender Wandel vollzogen hätte. Aber eine zunehmend kritische Einstellung der jüngeren Generation im Zusammenhang mit ökologischen Fragen läßt hoffen, daß langfristig auch das Wohnen in den Sog dieses Wertewandels gerät. Zwei inzwischen erkennbare Tendenzen, die den Keim einer Umkehr in sich tragen, lassen diese Hoffnung gerechtfertigt erscheinen: auf der einen Seite ist es die Tendenz einer Annäherung zwischen den Wohnformen des Ein- und Mehrfamilienhauses im außerstädtischen Siedlungsprozeß und auf der anderen Seite ist es die Wiederentdeckung von Qualitäten und Chancen eines innerstädtischen Wohnens.

10.3 Die Annäherung zwischen den Wohnformen des Ein- und des Mehrfamilienhauses

Eine erste und nachhaltige Kritik gegen die im vorigen Abschnitt geschilderten Entwicklungen gilt den Erscheinungen der Polarisierung zwischen den Wohnformen des Einfamilienhauses und denen des Hochhauses.

10.23 Frankfurt, Nord-Weststadt (Walter Schwagenscheidt, 1959)

10.24 Weissach-Flacht, Im Wengert (ca. 1975)

Man erkennt, daß weder die immer kleiner werdenden Minigrundstücke des individuellen freistehenden Einfamilienhauses, noch die rationalisierten und gestapelten »Wohneinheiten« des Massenwohnungsbaus weiter entwicklungsfähig sind.

Aber die Zersiedelungserscheinungen verlangen nach weiterer Verdichtung des Wohnens und nach einer noch intensiveren Baulandnutzung im Umfeld der Städte.

Gleichzeitig geraten sowohl das Hochhaus wie die als »Niemandsland« erlebten Grün- und Freiflächen seines Umfelds unter zunehmende Kritik.

Das Hochhaus wird als kinderfeindlich empfunden, vor allem wegen der Gefahren der Aufzugsbenutzung und wegen der zu großen Distanzen zwischen Wohnung und Spielplatz.

Die schwer kontrollierbaren und oft unübersichtlichen Außenanlagen sind trotz ihrer Größe und ihres vielfältigen Angebots kein Ersatz für einen geschützten Freibereich bei der Wohnung, wie ihn das Hochhaus allenfalls in den der Windbelastung weniger ausgesetzten unteren Geschossen bieten kann.

Außerdem sind die Kosten für Anlage und Unterhaltung der unverhältnismäßig umfangreichen Freiflächen sehr hoch und belasten die Wohnkosten zusätzlich.

Schließlich muß man erkennen, daß das Hochhaus wegen der erforderlichen Gebäude- und Fensterabstände im Endeffekt keineswegs so deutliche Gewinne an Dichte zuläßt wie erwartet.

Die Reaktion auf diese Erfahrungen führt zu einer Rückbesinnung auf ein bodennahes Wohnen und die damit verbundenen Wohnqualitäten auch für den Geschoßbau. Mit der Formel »high density – low rise« (hohe Dichte – geringe Höhe) setzt zuerst im englischen Wohnbau, der zu jener Zeit mit dem Wirken des »Greater London Council« gleichzusetzen ist, die Gegenbewegung ein. Andere europäische Länder folgen nach, der damalige Ostblock ausgenommen.

Die Wiederannäherung zwischen Einfamilienhaus und Mehrfamilienhaus nimmt hier ihren Anfang. Die wesentlichen Zielsetzungen lauten:

– Verzicht auf den Aufzug für alle dem Familienwohnen gewidmeten Wohnbauten, also eine Begrenzung auf maximal fünf Geschosse.

– Integration einfamilienhausähnlicher Wohnformen in den Geschoßbau unter Nutzung aller Möglichkeiten des Gebäudequerschnitts zur Erzielung eines differenzierten Wohnungsgemenges bei größtmöglicher Individualität der Einzelwohnung.

– Nutzung aller Möglichkeiten für die Zuordnung privater Freiräume nach den spezifischen Geschoßlagen; entsprechende Reduzierung halböffentlicher und öffentlicher Grünflächen.

– Weitgehend öffentliche, d. h. kommunikationsfreundliche Erschließung der Wohnungen durch Direktzugänge aus dem Straßenraum oder über entsprechend gestaltete Erschließungselemente wie Außengänge etc.

– Integration der Parkierung in den Gebäudequerschnitt.

Dabei ist die Bereitstellung eines differenzierten Angebots an großzügigen, privat nutzbaren Freiräumen zweifellos das entscheidende Moment dieser neuen Entwicklung.

Man könnte deshalb auch von einer »Privatisierung« des Freiraums sprechen, indem

dieser nun weitgehend den Wohnungen zugeordnet wird und ein völlig neues Wohnen zwischen innen und außen erlaubt.
Was der Schrebergarten einmal als notwendiger Ausgleich für die überfüllten Innenstädte war, soll nun dem Wohnen unmittelbar zur Verfügung stehen und unter anderem dazu beitragen, daß Freizeit nicht immer nur durch die Flucht aus der eigenen Wohnung erlebbar wird.
Im einzelnen ist diese Entwicklung in Kapitel 5 »Wohngrundriß und privater Außenraum« ausführlich dargestellt.
Sie wird unterstützt durch die Übertragung einfamilienhausähnlicher Wohnformen auf den Geschoßbau und auf neue, differenzierte Gebäudequerschnitte.
Sowohl die Maisonettewohnung als Verwandte des Reihenhauses wie die Terrassenwohnung als Verwandte des Gartenhofhauses werden nun nicht mehr in beliebiger Stapelung auf den Geschoßbau übertragen, sondern besetzen bevorzugte Situationen am Gebäudefuß oder am Dach und gehen mit ihren zugehörigen Außenräumen lagespezifische Bindungen ein.
Wo immer möglich, werden Wohnungen nach Art des Einfamilienhauses direkt aus dem Straßenraum erschlossen oder erhalten auf der Etage eine möglichst öffentlichkeitsnahe und wohnlagengerechte Erschließung.
Da die Gebäudequerschnitte nun in der Regel auf maximal fünf Geschosse und zwei bis drei Wohnlagen begrenzt werden, erlauben sie eine zahlenmäßig direkte Zuordnung der Stellplätze und die Einbeziehung der Parkierung in den Gebäudequerschnitt. Damit lassen sich unnötige Unterkellerungen ebenso einschränken wie unnötige »Untersiegelungen« von Freiflächen durch Tiefgaragen. Die Beschränkung der Geschoßzahl erlaubt damit insgesamt eine wohnungsnahe und benutzerfreundliche Stellplatzversorgung.
In der Bundesrepublik wird diese Entwicklung neuer Formen des Geschoßbaus vor allem durch das Wohnungseigentumsgesetz unterstützt, das geeignete Regelungen für die Rechte und Pflichten der Bewohner an ihrem jeweiligen Teil- oder Gemeinschaftseigentum vorsieht und gerade damit auch die Eigentumsbildung im Geschoßbau fördert. Die Annäherung zwischen den Wohnformen vollzieht sich nun aber auch vom anderen Ende her, nämlich durch eine zunehmende Verdichtung im Bau von Einfamilienhäusern.

10.25

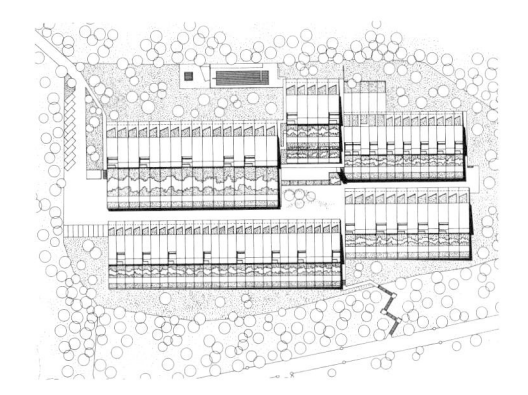

Mit der Wohnsiedlung Halen bei Bern (Abb. 10.25) wird für die Wohnform des Einfamilienhauses ein ähnlich bedeutsamer Schritt für den Prozeß der Annäherung vollzogen wie später mit den Wohnquartieren Lillington Gardens (Abb. 10.26) und Marquess Road in London für den Bereich des Mehrfamilienhauses (s. a. S. 322–325).
Aber nicht nur dem freistehenden Einfamilienhaus auf längst zu klein gewordener Parzelle, sondern auch dem ungeliebten Reihenhaus mit seinen baulich meist ungeregelten Nachbarschaftsbeziehungen wird mit

10.25 Bern/CH,
Wohnsiedlung Halen,
(Atelier 5, 1961)

WOHNGRUNDRISS UND STÄDTEBAULICHER KONTEXT

10.26

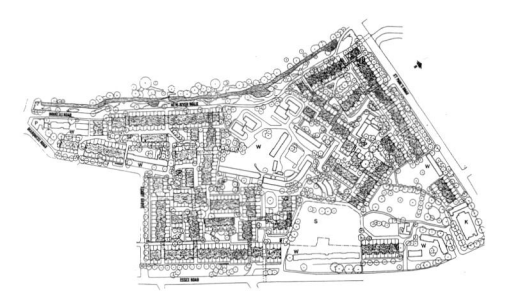

Halen ein völlig neues Modell des Wohnens entgegengesetzt.

Hier endet die planerische Auseinandersetzung mit dem Wohnen nicht an der Außenwand des Hauses, sondern schließt alle umbauten und freien Räume und Einrichtungen eines Siedlungsquartiers in ihre sorgfältigen Überlegungen ein: Wege, Höfe und Gärten sind mit den Wohnungen zusammen Teil eines im Zusammenhang geplanten und räumlich differenzierten Siedlungskörpers. Damit lassen sich bei geringerem Grundstücksverbrauch deutlich höhere Wohnqualitäten erreichen als durch die vermeintlichen Freiheiten des individuellen freistehenden Hauses.

10.27

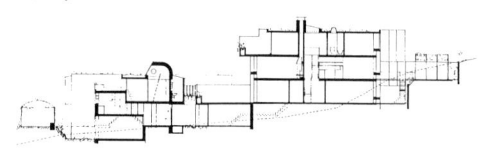

Die Wohnquartiere Thalmatt bei Halen (Abb. 10.27) oder Ried bei Niederwangen (Abb. 10.28) sind weitere Schritte des Ateliers 5 zu einer vom Einfamilienhaus ausgehenden Verdichtung des Wohnens und damit zu einer Annäherung gewissermaßen »von unten her«. Es sind Schritte in Richtung auf eine Wohnwelt, bei der sich die bis dahin harten Grenzen zwischen den tradierten Wohnformen zu verwischen beginnen.

10.28

Ähnliches vollzieht sich im Bereich des terrassierten Wohnens.

10.29

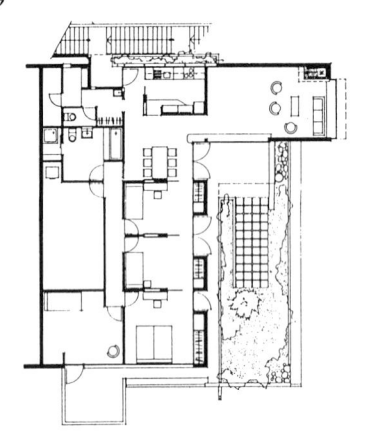

10.30

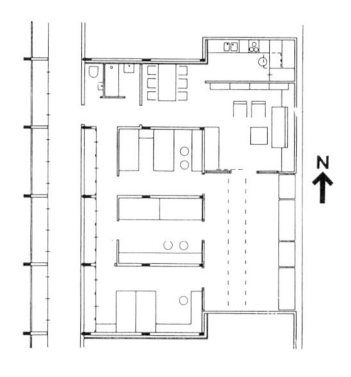

10.26 London/GB, Marquess Road (Darbourne + Darke, 1966–76)

10.27 Thalmatt I/CH, (Atelier 5, 1968–74)

10.28 Niederwangen-Ried/CH (Atelier 5, 1983–90)

10.29 Umiken/CH, Mühlehalde (team 2000, Scherer, Strickler, Weber, 1963–71)

10.30 Wohnhügel (Frey, Schröder, Schmidt, ab 1959)

Hangterrassenwohnungen als verdichtete Einfamilienhausbebauungen, bei denen das Dach des tieferliegenden Hauses dem höherliegenden als Freiraum dient (Abb. 10.29), sind in ihrer räumlichen Charakteristik und in ihrer Wohnqualität kaum noch von ihren Entsprechungen im terrassierten Geschoßbau zu unterscheiden (Abb. 10.30). Durch diese sowohl vom Geschoßbau wie auch vom Einfamilienhaus her aufeinander zulaufenden Entwicklungen bilden sich nun bauliche Strukturen heraus, bei denen die alten Unterscheidungen zwischen Hausbesitzer und Etagenbewohner nicht nur aufgehoben werden, sondern wo sich beide in einer neuen Wohnwelt wiederfinden, die sowohl im individuellen wie im gemeinschaftlichen Wohnen höhere Qualitäten bietet als die alte. Hinzu kommt, daß die enge Verflechtung von Gemeinschafts- und Sondereigentum auch den Bau solcher Gemeinschaftseinrichtungen stimuliert und möglich macht, die über das Soll von Waschküche und Fahrradabstellräumen hinausgehen.

Damit entstehen auch im Eigentumsbereich völlig neue Gruppenwohnformen und neue bauliche Typologien als Ergebnis eines räumlichen Ordnungsprozesses, der sich um solche Gemeinschaftsanlagen herum bilden kann (Abb. 10.31 und Kap. 2).

10.31

Es entsteht sozusagen ein neues Selbstverständnis für Ziele und Möglichkeiten eines Wohnens im Randbereich der Städte, aber auch in ländlichen Räumen – in Räumen also, wo bodennahes Wohnen noch möglich und besonders sinnvoll ist.

Die »Wohnmodelle Bayern« aus der zweiten Hälfte der achtziger Jahre beweisen, daß solche Ziele durchaus auch auf den Sozialen Wohnungsbau übertragbar sind und daß es möglich ist, auch die Qualitäten eines mit Garten ausgestatteten Reihenhauses im Rahmen des öffentlich geförderten Mietwohnungsbaus zu verwirklichen.

Als Beispiele dafür sei an die Bebauungen für Passau-Neustift von Schröder und Widmann oder an das Projekt Röthenbach von der Gruppe Metron erinnert (Abb. 4.41 und 7.42).

Die sorgfältige Abstimmung aller Belange eines verdichteten Wohnens bei gleichzeitig hoher Qualität läßt sich allerdings mit herkömmlichen Verteilungs- und Vermarktungsstrategien kaum in Einklang bringen.

Solche intensiv genutzte Wohnlandschaften lassen sich nur in sinnvollen Zusammenhängen und Portionen verwirklichen, wie sie etwa beim »Wohnmodell Bayern« als Größenordnung gewählt wurden.

Dies gilt vor allem dann, wenn nicht nur einfache Zeilenstrukturen, sondern komplexere räumliche Zusammenhänge verwirklicht werden sollen.

Die große Selbstverständlichkeit, mit der in Dänemark seit Mitte der siebziger Jahre solche gemischt genutzten Wohnquartiere aus Ein- und Mehrfamilienhäusern geplant und gebaut werden, zeigt auch, daß sich die Einigung auf ein gemeinsames Bausystem und auf einheitliche Materialien keineswegs

*10.31 München-Perlach,
Neubiberger Straße
(Thut + Thut, 1974–78)*

nivellierend im negativen Sinne auswirken müssen.

Die dort angewendeten Baukastensysteme aus weitgehend vorgefertigten Einzelbauteilen erlauben eine solche Variationsbreite für Grundrisse, Gebäudequerschnitte und Fassadenelemente, daß Formenvielfalt einerseits und Materialeinheit andererseits geradezu zum Kennzeichen dieser Quartiere geworden sind (Abb. 10.32).

10.32

Individuelles und Gemeinsames kommt damit gleichermaßen zum Ausdruck und wird zum Abbild einer Wohnkultur, die ihrer selbst sicher ist.

10.4 Die Wiederentdeckung des öffentlichen Raums

Die Defizite der gegliederten und aufgelockerten Stadt sind Defizite im öffentlichen, nicht im privaten Bereich.

»Grüne Witwen« sind nicht die Opfer schlechter Wohngrundrisse, sondern Opfer einer abhanden gekommenen Stadt.

Um diese Stadt wiederzufinden, begibt sich eine ganze Architekten- und Städteplanergeneration in den sechziger Jahren auf die Suche nach einer neuen »Urbanität«, obwohl niemand so recht weiß, was das eigentlich ist.

Die einen suchen diese Urbanität mit (noch) höheren städtebaulichen Dichten, andere meinen, es läge an der fehlenden »Räumlichkeit« der neuen Städte.

Steilshoop ist ein Versuch, Urbanität dadurch wiederzugewinnen, daß die großen Grünräume jetzt durch Wohnungen räumlich eingefaßt werden; aber man muß sehr bald feststellen, daß diese Grünräume dadurch weder an Nützlichkeit noch an Lebendigkeit gewinnen, und daß man das Problem im Grunde nur in überschaubare Portionen aufgeteilt hat (Abb. 10.33).

10.33

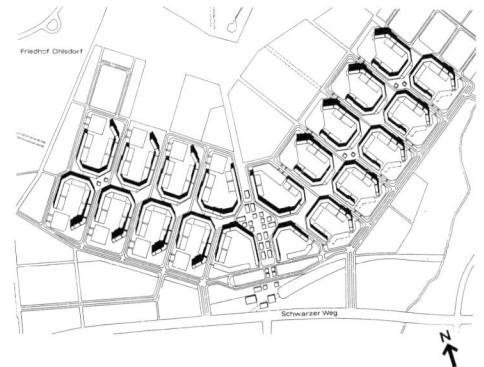

10.32 *Herfolge/DK, Tinggarden I (Tegnestuen Vandkunsten, ca. 1978)*

10.33 *Hamburg-Steilshoop (Burmester, Ostermann, Candilis, Josic, Woods, 1966–76)*

10.34

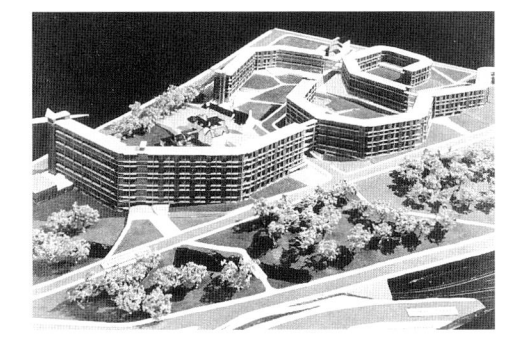

10.35

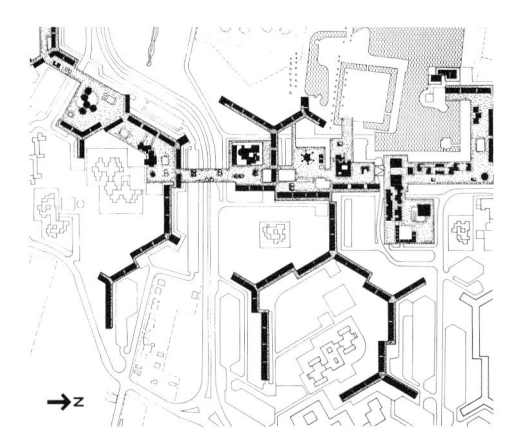

Auch Parkhill in Sheffield, England (Abb. 10.34) oder Toulouse le Mirail in Frankreich (Abb. 10.35) sind Versuche, Urbanität durch raumbildende Großformen zurückzugewinnen.

Erst allmählich beginnt sich die Erkenntnis durchzusetzen, daß der Schlüssel zur Urbanität im Umgang mit dem öffentlichen Raum gesucht werden muß, denn wie anders wäre sonst zu erklären, daß jeder kleine Dorfplatz oder fast jede beliebige Kleinstadtstraße mehr von jener scheinbar so flüchtigen Substanz aufzuweisen haben als die großzügigen öffentlichen Räume der neuen Städte.

Mit Köln-Chorweiler (Planung Gottfried Böhm ab 1966) oder mit Stuttgart-Neugereut (Ausführungsplanung Faller und Schröder ab 1965) entstehen erste Beispiele für neue Erschließungskonzepte, die auf dem Prinzip von straßenartigen Fußgängerführungen aufbauen.

In Köln-Chorweiler wird zwar noch immer das Konzept eines großen zentralen Grünraums weiterverfolgt, die öffentlichen Wege werden nun aber innerhalb der Bebauung selbst geführt und beidseitig dicht angebaut (Abb. 10.36).

10.36

In Neugereut wird auf große und zentrale Grünräume ganz verzichtet und eine weitgehend private Nutzung aller Freiflächen angestrebt.

Auch hier wird ein Wegenetz entwickelt, an das durch eine vorwiegend kammartige Gebäudestellung dicht angebaut werden kann. Trotz zum Teil ungünstiger Orientierungsbedingungen wird sichergestellt, daß sämtliche Wohnungszugänge ausschließlich über diese Fußgängerstraßen erschlossen werden.

Kindergärten werden an den wichtigen Kreuzungen dieses Wegenetzes angeordnet. Für den Versuch, auch Läden und andere Wohnfolgeeinrichtungen in diese Fußgängerstraßen zu integrieren, ist allerdings die Zeit noch nicht reif; er muß zugunsten eines Konzepts aus Haupt- und Nebenzentren aufgegeben werden, wobei jedoch eine weit-

10.34 *Sheffield/GB, Park Hill, Modell*
(A. C. Womersley, 1957–61)

10.35 *Toulouse le Mirail/F, Lageplanausschnitt*
(Candilis, Josic, Woods, 1965–72)

10.36 *Köln-Chorweiler*
(Gottfried Böhm, 1966–73)

WOHNGRUNDRISS UND STÄDTEBAULICHER KONTEXT

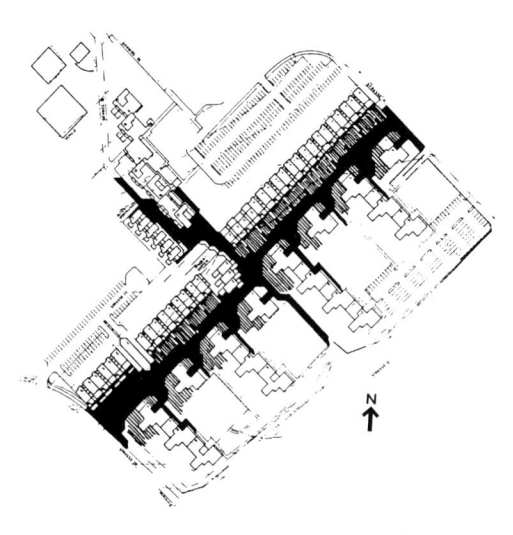

10.37

gehende Integration mit dem Wohnen erreicht werden kann (Abb. 10.37 und 10.42). Parallel zu dieser Entwicklung entstehen im Rahmen innerstädtischer Sanierungsprojekte die ersten autofreien Fußgängerzonen, dort allerdings ausschließlich in den für den Einzelhandel ausreichend attraktiven Lagen.

Dabei wird umgekehrt eher das Wohnen verdrängt, was die Gefahr mit sich bringt, daß solche am Tag sehr geschäftigen und lebendigen Zonen nachts und an den Wochenenden veröden.

Jane Jacobs macht am Beispiel amerikanischer Großstadtprobleme deutlich, daß eine lebendige Öffentlichkeit sich nur dort entfalten kann, wo die Menschen sich zugleich sicher fühlen.

Nun erst wird auf einmal deutlich, daß die aus Gründen der Verkehrssicherheit weitab von allen Fahrstraßen durchs Grüne geführten Fußwege, aber auch jene zeitweilig entvölkerten innerstädtischen Kaufstraßen genau jener anderen Sicherheit entbehren, die erst durch die dauernde Anwesenheit von städtischem Leben entstehen kann.

Erst die Überschaubarkeit des öffentlichen Raums und damit dessen Wahrnehmung durch seine Anlieger, aber auch die Dichte und Frequenz seiner Nutzung, erzeugen Sicherheit und damit eine der wichtigen Voraussetzungen für städtische Lebendigkeit.

Immer deutlicher zeichnet sich nun ab, daß diese Qualität des öffentlichen Raums nicht nur von seiner dreidimensionalen Erfaßbarkeit, sondern von den Wechselwirkungen abhängt, die sich zwischen ihm und den umgebenden Nutzungen entfalten können (Abb. 10.38).

10.38

Ein jahrzehntelang jedes Öffentlichkeitsbezugs entwöhnter Wohnbau entdeckt die Polarität zwischen Öffentlichkeit und Privatheit im städtischen Raum neu – eine Polarität, wie sie ursprünglich in den Blockstrukturen der Städte angelegt war, bevor deren Innenbereiche der Spekulation anheimfielen.

Damit wird aber auch eine engere Nachbarschaft und Verflechtung zwischen dem Wohnen und anderen städtischen Nutzungen wieder denkbar, denn beiden stehen jetzt spezifische städtische Bezugsräume zur Verfügung und erlauben so ein weitgehend störungsfreies Nebeneinander dieser Nutzungen.

10.37 Stuttgart-Neugereut (Faller + Schröder mit Knut Lohrer, ab 1965)

10.38 Amsterdam/NL, Haarlemmer Houttuinen (Herman Hertzberger, 1978–82)

Neben großräumigen Zonungen, wie sie für die Randbereiche der Städte noch immer sinnvoll sein mögen, tritt nun die kleinräumige Zonung des Blocks mit seiner strukturell bedingten Ambivalenz zwischen außen und innen, laut und ruhig, öffentlich und privat, formell und informell.

Zwischen der noch offenen Blockstruktur, wie sie Wilhelm Holzbauer 1975 für seine Bebauung im 15. Wiener Bezirk im Rahmen des Wettbewerbs »Wohnen Morgen« verwirklicht, und dem geschlossenen Block am Vinetaplatz im Berliner Wedding von Paul Kleinhues aus dem Jahr 1977 vollzieht sich nun ein grundlegender Wandel im Umgang mit dem Wohngrundriß.

Die lineare und an ihren Kopfenden offene Blockbebauung im Wiener Beispiel ist noch immer eine aus dem Wohngrundriß heraus entwickelte städtebauliche Ordnung. Durch den Wechsel zwischen öffentlichen und privaten Blockinnenräumen als Ergebnis der grundrißlichen Spiegelung, aber auch durch die einseitige Terrassierung der Häuser entstehen annähernd gleichwertige Wohnsituationen nach Osten bzw. Westen und eine gemeinsame Erschließung der Wohnungen aus der Ladenstraße (Abb. 5.80 und 10.39).

Demgegenüber geht der städtebauliche Ansatz im Berliner Beispiel eindeutig vom Ziel der Blockbebauung aus und muß diesem Ziel zwangsläufig die Grundrißbelange des Wohnens unterordnen (Abb. 10.40).

Beide Ansätze machen das Konfliktfeld sichtbar, dem sich ein innerstädtischer Wohngrundriß gegenübersieht, der nun nicht mehr Ausgangspunkt, sondern Produkt einer städtebaulichen Ordnung ist.

Dies gilt vor allem, wenn gleichzeitig der Versuch unternommen wird, die räumliche Einheit des Blocks auch zum Anlaß für eine

10.39

10.40

Einheit seiner Erschließung und seiner Gestaltung zu machen und damit neben den unterschiedlichen Orientierungsbedingungen seiner vier Seiten weitere Bindungen für den einzelnen Wohngrundriß zu schaffen.

Das Beispiel Vinetaplatz schließt hier an die Prinzipien von Tuschendijken oder Spangen an, wenn auch mit einer ganz anderen Grundrißtypologie.

Inwieweit sich eine solche räumliche und organisatorische Identität innerhalb eines

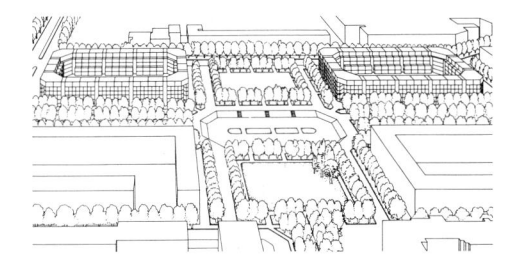

10.39 Wien/AU, 15. Bezirk, Wohnen Morgen, Fußgängerstraße, Lageplan (Wilhelm Holzbauer, 1975)

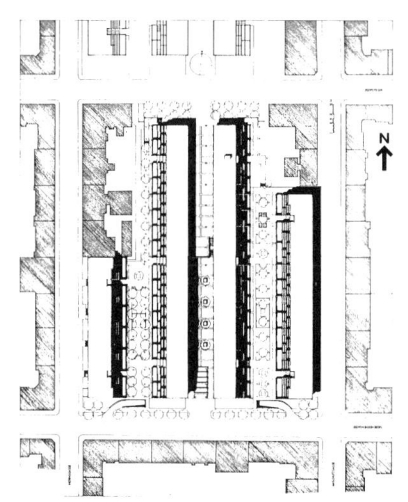

10.40 Berlin, Vinetaplatz (Josef Paul Kleihues, 1977)

Blocks jeweils verwirklichen läßt, hängt vom Grad seiner Parzellierung und den Möglichkeiten der Koordination unter seinen Anliegern ab. Diese ist meist schon aus Gründen einer wirtschaftlichen Gebäudeerschließung und Stellplatzversorgung unumgänglich.

Künstliches Herunterparzellieren zur Erzeugung größerer Vielfalt kann in diesem Zusammenhang ausgesprochen kontraproduktiv sein, weil es wesentlichen ökonomischen Erfordernissen zuwiderläuft; es gehört aber zu den derzeit beliebtesten Strategien der Stadtgestaltung (Abb. 10.41).

10.41

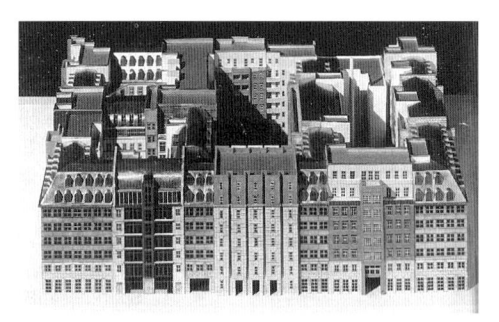

Unabhängig aber vom jeweiligen Parzellierungsgrad zwingt die kleinräumige Zonung, wie sie der Block vorgibt, zu sehr sorgfältigen Abstimmungen zwischen einander möglicherweise widersprechenden Zielsetzungen – insbesondere dort, wo es um das Wohnen geht.

Bei ausschließlich dem Wohnen vorbehaltenen Blockbebauungen wird vor allem die Dimension des Blockinnenraums darüber entscheiden, ob neben privat genutzten Freiflächen noch Raum für gemeinschaftliche oder gar öffentliche Außenräume zur Verfügung steht.

Dies wird unter anderem entscheidenden Einfluß auf die Ausbildung der Gebäudeerschließungen haben.

Die Betrachtungen zur Orientierungsfrage (s. Kap. 4) zeigen, wie rasch Aspekte der Besonnung mit den für Schlafräume, aber auch für Wohnungsaußenräume wichtigen Aspekten der größeren Wohnruhe in Konflikt treten können.

Umgekehrt kann eine Ausrichtung aller hochwertigen Wohnräume nach innen rasch zur Konzentration weniger attraktiver Nebenräume auf der Straßenseite führen, was nicht nur den Straßenraum als öffentlichen Raum entwertet, sondern auch den Wohngrundriß selbst dieser wichtigen Beziehung beraubt.

Sowohl die vier sehr unterschiedlichen Orientierungsbedingungen jeder Blockbebauung, wie auch die Ausbildung der Blockecken machen deshalb den geschlossenen Block zu einem hochgradig komplexen Gebilde und stellen deutlich höhere Anforderungen an Bebauungsplanung und Entwurf als jede andere Bebauungsform.

Von daher drängt sich auch die Schlußfolgerung auf, daß es wenig sinnvoll erscheint, geschlossene Blockstrukturen städtebaulich dort einzusetzen, wo in den Randbereichen der Städte oder gar in ländlichen Siedlungsräumen eine großzügigere Zonung möglich und sinnvoll ist und damit durch offenere Bebauungsstrukturen sowohl grundrißlich wie wirtschaftlich wesentlich günstigere und differenziertere Voraussetzungen für das Wohnen geschaffen werden können.

Wenn es nur um Wohnen geht, dann ist der in seinem Inneren entkernte und freigelegte Block heute wieder ein unentbehrliches Instrument zur Bewältigung schwieriger innerstädtischer Randbedingungen, insbesondere zur Schaffung von Zonen relativer Wohnruhe innerhalb des städtischen Raumzusammenhangs.

10.41 Berlin, Stadtmodell (Aldo Rossi, ca. 1994)

Diese Qualitäten müssen aber erkauft werden durch Kompromisse bei optimalen Wohnbedingungen, insbesondere im Hinblick auf die Besonnung, aber auch im Hinblick auf die kleinklimatischen Bedingungen in geschlossenen Blockinnenräumen, die mangels ausreichender Durchlüftung je nach Standort problematisch sein können.

Es wäre aber falsch, sie nur einer städtebaulichen Form zuliebe dort in Kauf zu nehmen, wo das gar nicht nötig ist.

Zu den positiven Auswirkungen innerstädtischer Erfahrungen auf das Wohnen außerhalb zentraler Lagen gehört aber zweifellos eine neue Einschätzung der Bedeutung des öffentlichen Raums.

Die »Straße« in ihren vielfältigen Dimensionen und Funktionen, vom öffentlichen Wohnweg bis zur baumbestandenen Fahrerschließung tritt wieder in eine sehr viel unmittelbarere Wechselbeziehung mit dem Wohnen. Dabei bauen Nutzungsüberlagerungen Gefährdungen eher ab, als sie zu verschärfen.

Sorgfältig geplante Übergänge von den öffentlichen Räumen in die Privatheit des Wohnens nutzen die kommunikativen Möglichkeiten, die sich aus der Konfrontation beider Welten ergeben.

Damit bekommt »Raum« wieder eine Funktion, einen Inhalt, und ist nicht nur das, was zwischen den Häusern übrigbleibt (Abb. 10.42).

Schon die einfache Bündelung zweier Ost-West-Zeilen an einem gemeinsamen Wohnweg, wie sie Theo Hotz beim Quartier Langäcker in Wettingen/CH vornimmt und durch wenige bauliche Hilfsmittel auch räumlich wirksam werden läßt, unterscheidet sich wohltuend von der Unverbindlichkeit, die solche Gebäudeerschließungen sonst kennzeichnen (Abb. 10.43).

10.42

10.43

10.44

10.42 Stuttgart-Neugereut,
Pelikanstraße,
Straßenszene, EG
(Faller + Schröder, 1970)

10.43 Wettingen/CH, Langäcker,
Eingang zur Gartensiedlung
(Theo Hotz, 1972–81)

10.44 Wien/AU, 21. Bezirk,
Gerasdorfer Straße
(Viktor Hufnagl, 1984)

Auch die Raumfolgen, die der zentrale öffentliche Weg bei der Gerasdorfer Straße im 21. Wiener Bezirk durchläuft, sind das Ergebnis eines ganz von der Erschließung her entwickelten, baulich-räumlichen Ansatzes (Abb. 4.28 und 10.44).

Er ist zwar für Viktor Hufnagls Arbeiten besonders typisch, scheint aber in Wien eine lange Tradition zu haben – angefangen bei den alten Laubenhöfen (Abb. 10.45) bis hin zu den Erschließungsqualitäten der Wohnquartiere Roland Rainers (Abb. 10.46).

10.45

10.46

10.45 Wien/AU, Josefsstadt,
Laubengang
(ca. 1870)

10.46 Puchheim/AU,
Am Oberfeld in Attnang
(Roland Rainer, 1971–80)

10.5 Wohnen und Arbeiten und die Rückkehr zur gemischt genutzten Stadt

Eines der wichtigen Nahziele für die städtebauliche Entwicklung in den kommenden Jahren muß es sein, Wohnen und Arbeiten wieder in eine engere räumliche Nachbarschaft zurückzuführen.

Dafür gibt es wichtige Gründe: zum einen geht es um eine größere Nähe zwischen Wohnplatz und Arbeitsplatz mit dem ökologischen Ziel, wo immer möglich, die Wege zur Arbeit zu verkürzen und damit Umweltbelastungen durch den Individualverkehr zu reduzieren, aber auch mit dem sozialen Ziel einer zeitlichen Entlastung für den einzelnen; zum anderen geht es um eine größere Nähe zwischen dem Wohnen und den dafür erforderlichen Versorgungseinrichtungen, wobei die Zielsetzungen ganz ähnlich sind, nämlich auch hier eine Nahversorgung sicherzustellen, die ohne Auto erreichbar ist und damit ebenfalls Zeit sparen hilft und Umweltbelastungen reduziert.

Der Begriff »Nähe« ist dabei zu relativieren und hängt unter anderem vom Vorhandensein leistungsfähiger alternativer Nahverkehrseinrichtungen ab.

Für die engere räumliche Nachbarschaft von Wohnplatz und Arbeitsplatz sprechen Entwicklungen, die sich inzwischen sehr weit von jener Ausgangslage entfernt haben, die einmal Anlaß für das Entstehen der Gartenstadtbewegung oder der Forderungen einer Charta von Athen war, obwohl diese in ihren Grundzügen noch heute unserem städtebaulichen Ordnungsinstrumentarium zugrunde liegen:

– störende Industrien sind in den hochentwickelten Industrieländern im Rückzug begriffen und werden entweder durch nichtstörende Industrien oder durch den ständig wachsenden tertiären Sektor ersetzt. Damit entfallen aber die Notwendigkeiten für großräumige Trennungen zwischen Wohnen und Arbeiten in zunehmendem Maße;

– die unaufhaltsame Entwicklung neuer elektronischer Kommunikationstechniken macht für viele Berufe eine individuelle Mobilität überflüssig und erlaubt die Dezentralisierung von Arbeitsplätzen bis hin zu ihrer Verlagerung in die Wohnung.

Damit wird es möglich, Stadtentwicklungskonzepte engmaschiger als bisher auszulegen und damit zumindest tendenziell zu einer Verminderung von Pendlerbewegungen beizutragen.

Dabei muß stärker als bisher auf ein ausgewogenes Mischungsverhältnis im Arbeitsplatzangebot geachtet werden, um möglichen sozialen Entmischungen in den angrenzenden Wohnquartieren entgegenzuwirken. Die Ausweisung neuer Wohn- und Gewerbegebiete wird also in einem sehr viel engeren Zusammenhang erfolgen müssen als bisher.

Des weiteren bietet die mögliche Dezentralisierung von Arbeitsplätzen im Gefolge der »elektronischen Revolution« auch neue Möglichkeiten für Heimarbeit und wohnungsnahe Teilzeitarbeit. Sie kommt vor allem jenen zugute, die unter der Doppelbelastung von Haushalt und Beruf stehen oder als Behinderte nur eingeschränkt mobil sind.

Noch gibt es kaum Ansätze für Wohngrundrisse, die auf die Einrichtung solcher Arbeitsplätze vorbereitet wären.

Arbeitsplätze dieser Art sind meist weniger von ihrer Größe abhängig als davon, daß sie abgeschlossen und damit z. B. vor dem mutwilligen Zugriff von Kindern geschützt werden können.

Dort, wo auch mit Publikumsverkehr zu rechnen ist, sollte ein solcher Arbeitsplatz auch nicht über den Privatbereich einer Wohnung erschlossen werden müssen.

Besonders geeignet für solche gewerblichen Nutzungen sind vor allem Grundrisse, bei denen ein Einliegerzimmer dem Eingangsbereich einer Wohnung zugeordnet ist und damit von außen auf kurzem Wege erreicht werden kann.

Solche Grundrisse sind im Kapitel 6 »Wohngrundriß und Veränderbarkeit« bereits in anderem Zusammenhang angesprochen worden.

Ihr großer Vorteil ist, daß sie jederzeit wieder in die Wohnnutzung einbezogen werden können und damit eine sehr anpassungsfähige Teilwohnfläche darstellen.

Ein weiterer Schritt ist die Ausweisung von separat anmietbaren, räumlich aber zusammengefaßten Arbeitsräumen im engen Verbund mit Wohnanlagen. Durch ihre bauliche Bündelung könnten sie ein breiteres Spektrum an Nutzungen zulassen, als dies bei Räumen innerhalb von Wohnungen möglich ist.

Durch solche baulichen Kombinationen könnten Gebäudeteile des Wohnbaus nutzbar gemacht werden, die z. B. wegen mangelhafter Besonnung für das Wohnen selbst ungeeignet sind.

Besonders sinnvoll sind solche anmietbaren Büro- und Gewerberäume im Verbund mit Servicehäusern, die mit ihren sozialen Einrichtungen zugleich Entlastungen im Bereich der Hausarbeit und Kinderbetreuung anbieten.

Für den Aspekt einer engeren räumlichen Verbindung des Wohnens mit all jenen Einrichtungen, die seiner unmittelbaren und mittelbaren Versorgung dienen, sprechen gerade jene Erfahrungen, die in den vergangenen Jahren durch eine erneute Konfrontation des Wohnens mit innerstädtischen Gemengelagen gemacht werden konnten.

In solchen Lagen wird die engere Nachbarschaft unterschiedlicher Nutzungen durch zwei Aspekte unterstützt:

Zum einen schaffen innerstädtische Blockstrukturen mit ihrem kleinräumigen Zuordnungsprinzip ein differenziertes Bezugssystem für das Nebeneinander von öffentlichen, also der Straße zugewandten Einrichtungen der Versorgung, und von privaten Nutzungen des Wohnens, die sich bevorzugt den ruhigen Blockinnenbereichen zuordnen lassen.

Zum anderen erlaubt das Prinzip der Nutzungsschichtung eine Sortierung der Nutzungen nach ihrer jeweiligen Höhenlage im Gebäude.

Diese im Grunde uralten Prinzipien städtischer Nutzungsverflechtung sind aber auch dort anwendbar, wo offene bauliche Strukturen eine orientierungsbezogene Entflechtung zulassen und wo auch ohne das Vorhandensein geschlossener Blöcke eine Differenzierung zwischen öffentlichen und privaten Außenräumen sichergestellt werden kann.

Die Erfahrungen mit der Innenstadt sind in diesem Falle also auch auf Dauer in Randlagen anwendbar.

Es versteht sich, daß hier zunächst vor allem solche Wohnfolgeeinrichtungen gemeint sind, die in ihren Größenordnungen nicht wesentlich über die üblichen Erschließungseinheiten des Wohnbaus hinausgehen und auch dessen Gebäudetiefe nicht nennenswert überschreiten: Einrichtungen des Einzelhandels, des Gaststättengewerbes, Praxen, Agenturen, kleine Verwaltungseinheiten.

Auch eine ganze Reihe nichtstörender Handwerksbetriebe läßt sich hier integrieren.

Schwieriger wird es bei Handwerks- und kleinen Fertigungsbetrieben mit störenden Emissionen (Lärm, Abgase) und mit einem betriebsbedingten Freiflächenbedarf für Anlieferung, Produktion und Auslieferung.

Aber auch unter diesen gibt es viele, deren Standortnähe schon allein deshalb wünschenswert ist, weil sie z. B. als Reparaturbetriebe des Ausbaugewerbes ihren Markt vor allem dort haben, wo auch gewohnt wird. Sie sind bisher die klassischen Stiefkinder des Städtebaus, weil sie sich entweder die teuren Innenstadtlagen nicht mehr leisten können oder aber planerisch weit in die Randzonen verbannt werden.

Hier müssen auch unter marktwirtschaftlichen Bedingungen Voraussetzungen geschaffen werden, die die standortgerechte Ansiedlung solcher Betriebe im Interesse des Gemeinwohls fördert.

In innerstädtischen Lagen könnten für solche Betriebe ausgewählte Blöcke reserviert werden, wo sie sich mit ihrem Freiflächenbedarf den gesamten Blockinnenraum teilen können und wo auch eine störungsfreie Erschließung dieser Betriebshöfe über den Blockinnenraum erfolgen kann.

In städtischen Randlagen können solche Betriebe vor allem dort in unmittelbarer Nachbarschaft von Wohnquartieren angesiedelt werden, wo diese gegen Lärm von Umgehungsstraßen oder Bahnlinien geschützt werden müssen und wo ohnehin sogenannte »Lärmschutzbebauungen« erforderlich werden.

Hier können Erdgeschoßlagen so genutzt werden, daß die gewerblichen Betriebshöfe der Lärmseite zugeordnet werden, während die Wohnungen in den darüberliegenden Geschossen zur verkehrsabgewandten Seite ausgerichtet werden.

Wie aber soll langfristig mit jenen großflächigen Einrichtungen umgegangen werden, die als Supermärkte, Heimwerkermärkte und Möbelmärkte heute einen nicht zu übersehenden Anteil der Kaufkraft an sich binden und damit die Existenz des kleineren stadtverträglichen Einzelhandels zunehmend gefährden?

Zwar sind viele Städte inzwischen dazu übergegangen, die Ansiedlung weiterer Einkaufszentren an ihren Rändern zu unterbinden und damit auch einer Entwicklung Einhalt zu gebieten, die ihre Existenz ausschließlich einem hochentwickelten Individualverkehr verdankt, zugleich aber zu dessen Erzeugung und Vermehrung nachhaltig beiträgt.

Solche kommunale Selbstbeschränkung wird aber nur dann zu einer allmählichen Veränderung des Konsumverhaltens führen, wenn nicht schon die Nachbargemeinde das Gegenteil tut.

Gerade weil unter marktwirtschaftlichen Bedingungen eine Änderung dieser Verhältnisse aus sich heraus nicht zu erwarten ist, sondern nur durch einen allmählichen Bewußtseinswandel herbeigeführt werden kann, müssen Entwicklungen unterstützt werden, die auf einen solchen Bewußtseinswandel hinwirken können:

Es gibt zum Beispiel im Bereich des Lebensmitteleinzelhandels zur Zeit eine kleine Renaissance des Familienbetriebs in den Händen griechischer, spanischer oder türkischer Familien, die uns den verloren geglaubten »Tante-Emma-Laden« sozusagen als Gastgeschenk noch einmal zurückbringen.

Solche Betriebe könnten z. B. durch ein auf ihre Bedürfnisse und Möglichkeiten zugeschnittenes Ladenschlußgesetz nachhaltig unterstützt werden, wie das in England schon lange geschieht; ein bescheidener Schritt, der aber Signalwirkung haben könnte.

Wenn nämlich das Einkaufen nach der Arbeit auch am Wohnstandort noch möglich ist, weil dort jemand seinen Laden bis 20 Uhr offenhält, dann wird es auch gelingen, kleinere Wohnquartiere wieder mit einem Nachbarschaftsladen auszustatten und damit nicht zuletzt all denen entgegenzukommen, die zu den notorischen Verlierern des Konzentrationsprozesses gehören: ältere Menschen, Behinderte und alle, die kein Auto haben oder keines wollen.

Sicherlich wird damit die Welt der Supermärkte und Einkaufszentren nicht zusammenbrechen, aber es könnten die Grenzen sichtbar werden, die alle zu groß gewordenen Strukturen irgendwann erreichen.

Vielleicht kommen die Menschen eines Tages auf die Idee, daß man von einem nahegelegenen kleinen Laden bis nach Hause seinen Einkaufstrolley auch nicht weiter schieben muß als zwischen den endlosen Regalen der Supermärkte, dafür aber ungleich Interessanteres erlebt, nämlich die eigene Stadt.

Viele Ladenketten des Lebensmittel-Einzelhandels beweisen, daß sie auch mit stadtverträglichen Dimensionen ihrer Verkaufsflächen durchaus existieren können.

Hoffen läßt aber vor allem ein wachsendes gesellschaftliches Bewußtsein für die Verantwortung des Menschen gegenüber ökologischen Notwendigkeiten. Damit entsteht eine zunehmende Bereitschaft, auch den Umgang mit der Stadt an diese Notwendigkeiten anzupassen.

Eine solche Anpassung wird vor allem zu kleineren und übersichtlicheren Bereichsbildungen innerhalb der Stadt führen und zu einer sehr viel engeren Vernetzung ihrer Funktionen als bisher.

Die zukünftige Stadt wird dieses Problem nicht mehr ausschließlich durch eine horizontale Nutzungsverteilung lösen können, weil monofunktionale Investitionsportionen zu groß geworden sind und mit ihren Dimensionen längst unsere Wahrnehmungsmöglichkeiten und die Erlebbarkeit von Vielfalt sprengen. Die zukünftige Stadt braucht ein Ordnungsinstrumentarium, das Nutzungsmischungen in engen, aber ökonomisch noch vertretbaren Durchdringungen sicherstellt. Dazu gehören vor allem Modelle der Nutzungsschichtung.

Nicht das extrovertierte Wohnen im innerstädtischen Hochhaus, sondern das lärmabgewandte Wohnen auch in den oberen Schichten gemischt genutzter Baustrukturen wird den städtischen Wohngrundriß in Zukunft bestimmen.

Nur die Entwicklung neuer baulicher Typologien, die solche Schichtungen und Mischungen systematisch vorbereiten, kann das nötige Instrumentarium für das Zusammenspiel zwischen Stadtplanung und partikularen Interessen liefern. Eine Stadt bewohnter Dachlandschaften aus intensiv genutzten privaten und gemeinschaftlichen Freibereichen könnte zugleich eine ökologische Vision sein, die den alten Widerspruch zwischen dem Wohnen in der Stadt und dem Wohnen außerhalb der Stadt aufhebt.

Zusammenfassung

Die lebendige, durchmischte, gleichzeitig aber mit hohen Wohnqualitäten ausgestattete Stadt muß die neue Synthese aus beiden eindringlichen Erfahrungen sein, die das Wohnen im Laufe dieses Jahrhunderts machen konnte: die Erfahrungen mit der Flucht aus der Stadt und die Erfahrungen mit der Rückkehr in die Stadt.

Die Flucht aus der Stadt war nur die halbe Wahrheit, weil sie das Wohnen zwar physisch gesünder, zugleich aber sozial und psychisch ärmer gemacht und weil sie uns einen exzessiven Individualverkehr beschert hat. Auch die Rückkehr in die Stadt könnte sich als nur halbe Wahrheit erweisen, wenn dabei wichtige Qualitäten des Wohnens ohne Notwendigkeit wieder geopfert werden und es nicht gelingt, alle sozialen Schichten und Gruppierungen an der Stadt teilhaben zu lassen.

Soziale und ökologische Bedingungen des Wohnens werden also nicht mehr voneinander zu trennen sein, weil unsere zukünftigen Lebensräume nur dann gesund und lebenswert sein können, wenn sie auch sozial gesund sind.

Nur die bewohnte und multikulturelle Stadt wird auch in Zukunft eine offene und sichere Stadt sein, und nur die bewohnte Stadt wird langfristig zu ihrer ökologischen Selbsterhaltung und Selbsterneuerung fähig sein.

Je mehr bauliche Einzelinvestitionen zu immer größeren, monofunktionalen Einheiten tendieren, desto weniger wird Stadtpolitik zukünftig darauf verzichten können, in die Strukturierung solcher Investitionen einzugreifen und damit Entwicklungen zu verhindern oder zu bremsen, die langfristig stadtfeindlich sind.

Hier werden neue gebäudekundliche Arbeitsfelder entstehen, bei denen das Wohnen als eigentlicher Träger städtischen Lebens und als dessen anspruchsvollster Bestandteil eine vorgeordnete Rolle bei der baulichen und städtebaulichen Überlagerung und Verflechtung von Nutzungen spielen wird.

Für den Wohngrundriß selbst bedeutet dies:

– Entwicklung neuer Typologien für die bauliche Integration von Wohnen, Arbeiten und Wohnfolgeeinrichtungen zur Schaffung städtischer Lebensräume, die sich ökologisch und sozial nachhaltig selbst erhalten und erneuern können.

– Schaffung unterschiedlicher Wohnangebote in enger Nachbarschaft durch Grundrisse und Gebäudequerschnitte mit einem hohen Maß an Differenzierbarkeit und Anpaßbarkeit, jedoch im Rahmen ökonomisch und ökologisch brauchbarer Ausgangstypologien und minimaler Anpassungs-Aufwendungen; Abbau gruppenspezifischer zugunsten integrierter Wohnungsversorgung und Stärkung sozialer Durchmischung.

– Erweiterung barrierefreier Lebensräume für Menschen mit körperlicher Behinderung aller Altersgruppen, z. B. durch die Erschließung anderer als nur ebenerdiger

Wohnlagen und durch den Ausbau der mobilen Betreuung.
- Sicherung der nach innen gewandten Wohnbedürfnisse für ein ungestörtes und individuell gestaltbares Wohnen, zu dessen Privatbereich immer auch ein Stück bewohnbarer Freiraum gehört.
- Bauliche Unterstützung der nach außen gewandten kommunikativen Bedürfnisse des Wohnens in der Wohnungserschließung, in den Übergängen zum öffentlichen Raum, in der Bereitstellung von Orten für gemeinschaftliche Aktivitäten.
- Integrierte und auf Alternativangebote abgestimmte Vorsorge für die wohnungsnahe Unterbringung individueller Transportmittel vom Fahrrad bis zum umweltfreundlichen Automobil mit dem Ziel einer langfristigen Reduktion dieses Flächenbedarfs.

Schlüsselprojekte

Spangen, Rotterdam/NL, 1919–22
Michiel Brinkman 310

Mustersiedlung Heuberg, Wien/A, 1921–24
Adolf Loos 312

Haus 1-4, Werkbundsiedlung Weißenhof, Stuttgart 1927
Ludwig Mies van der Rohe 314

Entwicklungsreihe für Mehrfamilienhäuser, 1924–31
Otto Haesler 316

Unité d'Habitation, Marseille/F, 1945–52
Le Corbusier 318

Berlin, Interbau 1957, Hansaviertel, Objekt Nr. 16
Alvar Aalto 320

Halen, Herrenschwanden bei Bern/CH, 1955–61
Atelier 5 322

Lillington Street, Pimlico, London/GB, 1961–70
John Darbourne + Geoffrey Darke 324

Diagoon Häuser, Delft/NL, 1967–71
Herman Hertzberger 326

Byker Redevelopment, Newcastle upon Tyne/GB, 1969–81
Ralph Erskine 328

Savvaerk Jystrup/DK, 1983/84
Tegnestuen Vandkunsten 330

Hellmutstraße, Aussersihl, Zürich/CH, 1984–91
A. D. P. Ramseier, Jordi, Angst, Hofmann 332

SPANGEN, ROTTERDAM/NL, 1919–1922

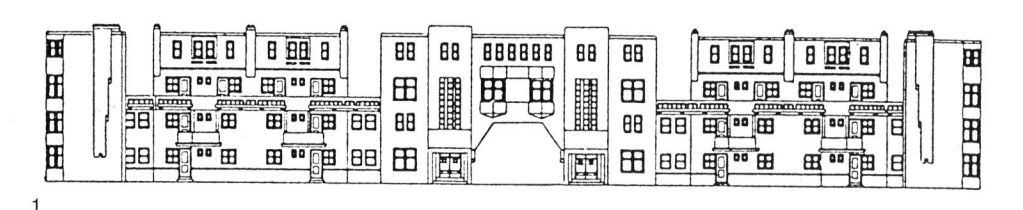

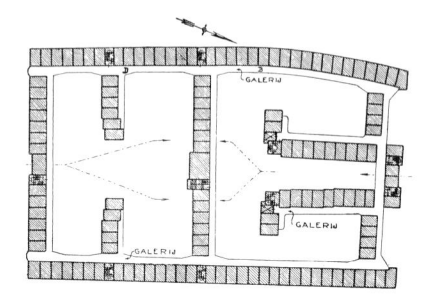

1 Ansicht Nord
2 Eingangstor
3 Lagepläne
  2.OG Gangebene
  EG Hofebene
4, 5 Laubengang-Aktivitäten
6 Hofansicht
7 Zentrales Waschhaus

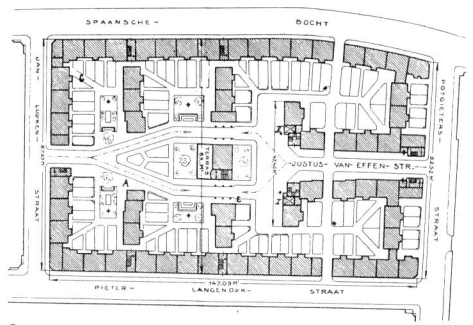

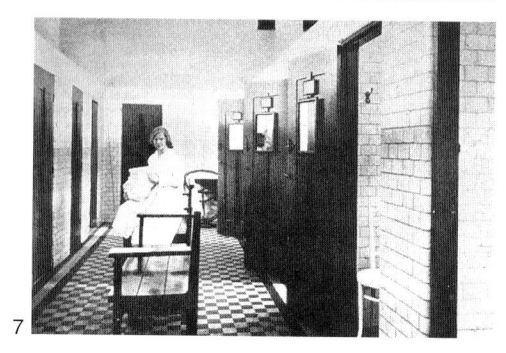

- Arbeiterwohnquartier in einem Vorort von Rotterdam
- 270 Familienwohnungen mit je drei Schlafkammern, ca. 50 qm Wohnfläche
- EG und 1. OG: zweiachsige Flats mit Direktzugang aus dem Hof
- 2. OG und 3. OG: einachsige Maisonettes mit Direktzugang über Laubengang
- im Hof Mietergärten und zentrale Waschanlage mit Duschzellen

In der Umkehr des traditionellen Straßenblocks durch Verlagerung der Erschließung von der Straße in den Blockinnenraum nimmt das Wohnquartier Spangen das Prinzip der Wiener Großwohnhöfe (1923–1934) vorweg, jedoch ohne deren architektonisches Pathos. Brinkman gliedert die Freiräume seines Blockes von ca. 85 × 150 m Abmessung in überschaubare, aber durchlässige Teilräume, die sowohl privat wie gemeinschaftlich genutzt werden.

Die Besonderheit dieses Projekts ist seine Gebäudeerschließung in Gestalt eines zusammenhängenden Netzes von offenen Laubengängen im 2. OG, das zweierlei bewirkt: Es ermöglicht eine direkte und öffentliche Erschließung für die Obergeschosse, wo jede Wohnung ihren eigenen Hauszugang erhält, und es bietet mit mehr als 2 m Gangbreite eine großzügige, wohnungsnahe Kommunikationszone.

Brinkman entwickelt damit das Konzept vom »Haus im Haus« für den mehrgeschossigen Wohnungsbau und demonstriert überzeugend die Zusammenhänge zwischen dem neuartigen Erschließungsprinzip der »Etagenstraße« und den Möglichkeiten eines differenzierten, nach Wohnlagen geordneten Gebäudequerschnitts.

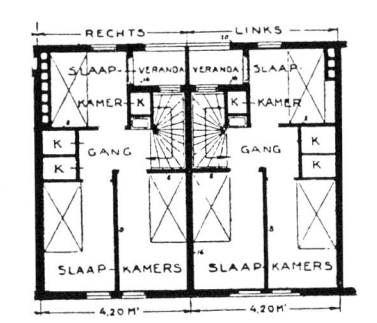

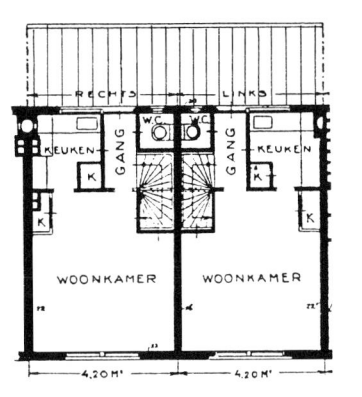

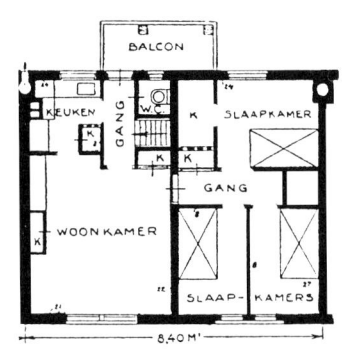

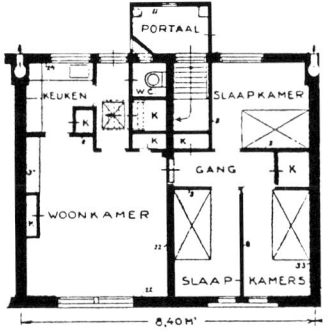

8   8 Grundrisse M 1:200

MUSTERSIEDLUNG HEUBERG, WIEN/A, 1921–1924

- Reihenhausgruppe aus acht Einheiten mit Selbstversorgergärten
- Parzellengröße 400 qm, Parzellentiefe 61,50 m
- Innenhäuser 5,50 m breit, Endhäuser 8,12 m breit
- Wohnraum (Wohnküche), Spülküche und Wirtschaftsräume im EG
- drei bis vier Schlafräume im OG, frei einteilbar
- Konstruktionsprinzip »Haus mit einer Mauer«, flachgeneigtes Pultdach

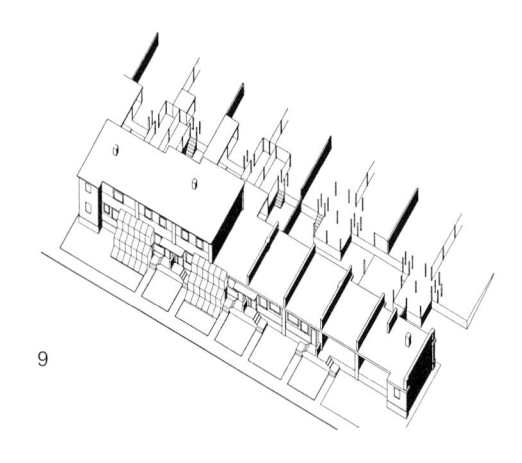

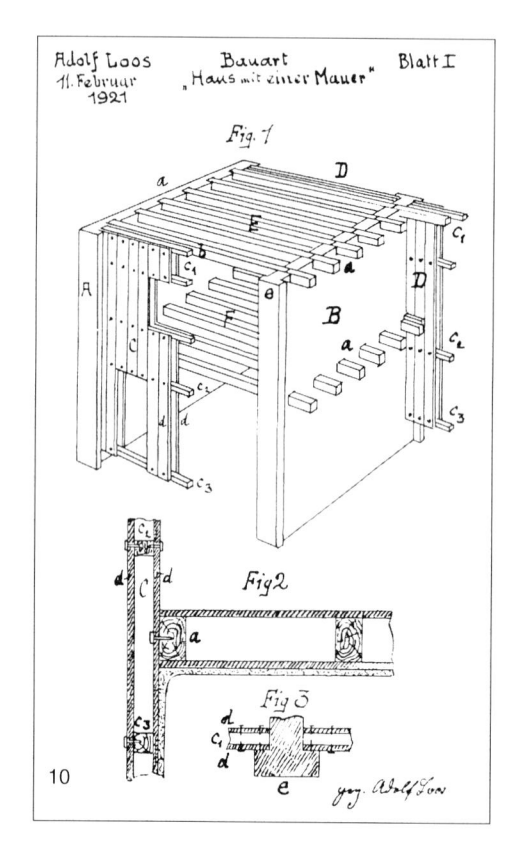

9

10

11

9 Isometrie
10 Patentschrift
   Haus mit einer Mauer 1921
11 Außenaufname

Mit seiner Reihenhausgruppe für den Heuberg baut Adolf Loos den aus typologischer Sicht wohl bedeutsamsten kontinentalen Beitrag zur englischen Gartenstadt-Idee.
Hier verbinden sich Leberecht Migges ökologische Reformkonzepte eines vom Garten her entwickelten Siedlerhauses mit der baulichen Ökonomie eines Konstruktionsprinzips, das Loos 1921 als »Haus mit einer Mauer« in einer Patentschrift niedergelegt hat. In der Reihung benötigt jedes Haus nur eine tragende, massiv ausgeführte Querwand, die alle Lasten aus der Holzkonstruktion für Decken und eingehängte Fassaden übernimmt und damit zugleich schalltechnischen, wärmetechnischen und brandschutztechnischen Erfordernissen entgegenkommt.
Mit dieser konsequenten Differenzierung der Wandbauarten nach ihrer Funktion definiert Loos ein Bauprinzip, das als Schottenbauweise die Entwicklung additiver und gereihter Wohnformen sowohl konstruktiv und ökonomisch wie gestalterisch nachhaltig beeinflußt hat.
Über diesen rationalen Ansatz hinaus gelingt Adolf Loos zugleich die Anwendung seiner »Raumplan«-Prinzipien auf das kleine Siedlerhaus. Niveaudifferenzierungen im EG, die Führung der Treppe, aber auch die räumliche Verzahnung von Haus und Garten machen deutlich, wie sehr diese Häuser vom Innenraum her entwickelt sind.
Die auf Anregungen Migges zurückgehenden Treibhausverglasungen der Außenwände können als Vorläufer passiver Solarnutzung gelten und verleihen den Entwurfszeichnungen für den Heuberg eine überraschende Aktualität.

MUSTERSIEDLUNG HEUBERG, SYSTEM LOOS.

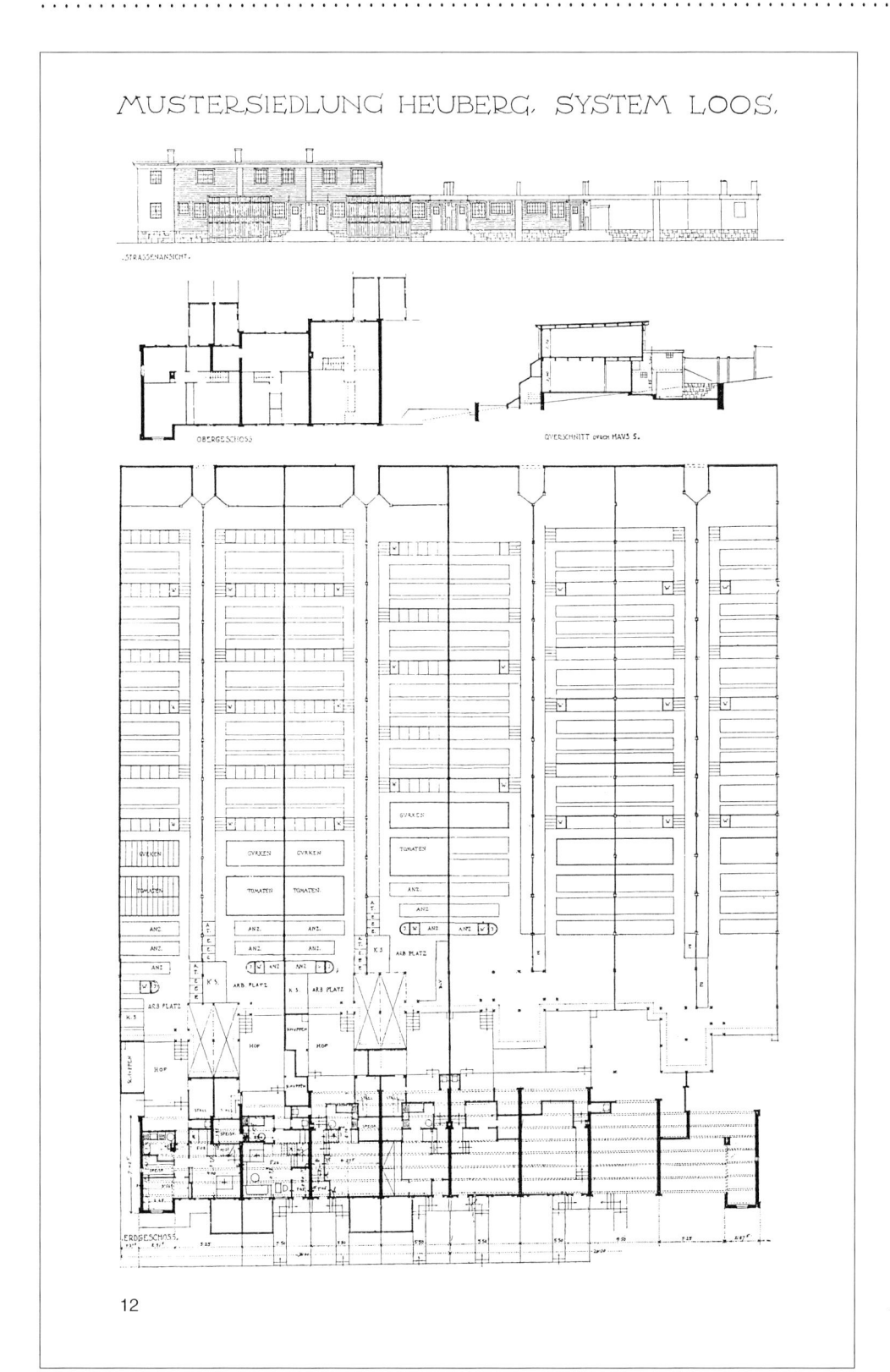

12 Präsentationsblatt
„Mustersiedlung Heuberg,
SYSTEM LOOS" M 1:500

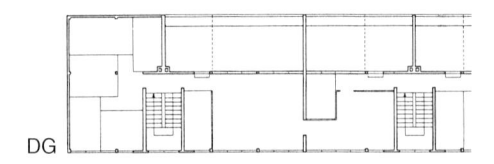

HAUS 1-4 WERKBUNDSIEDLUNG WEISSENHOF, STUTTGART 1927

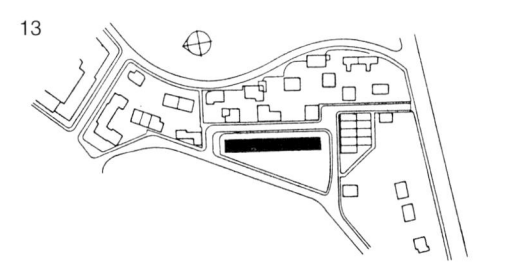

- dreigeschossiges Mehrfamilienhaus, 24 Wohnungen, ein kleiner Laden
- Zweispänner-Erschließung mit asymmetrischer Treppenlage
- Wohnflächen ca. 48 und 75 qm, Ost-West-Orientierung
- Flachdach mit Dachgärten, Waschküchen und Nebenräumen
- Stahlskelettkonstruktion verputzt, Ausfachung aus halbsteinstarkem Ziegelmauerwerk und Torfisotherm-Isolierung
- freie Grundrißordnung durch Konzentration der Naßräume am Treppenhaus und Verzicht auf tragende Innenwände

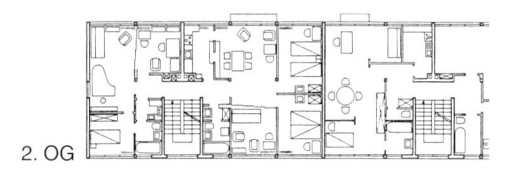

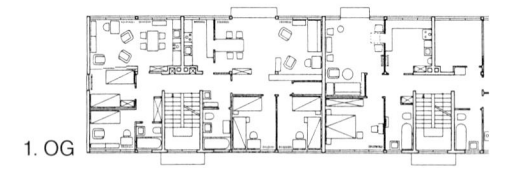

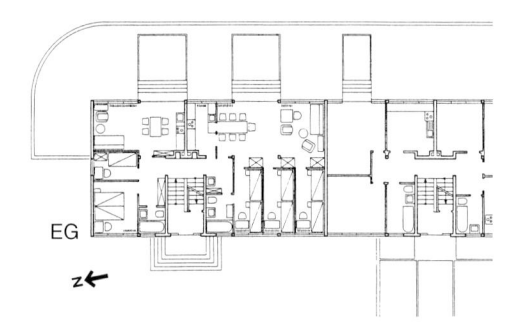

Die Stuttgarter Werkbundsiedlung wird durch Mies van der Rohe in mehrfacher Hinsicht geprägt: als künstlerischem Leiter obliegt ihm die Gesamtplanung und die Auswahl der beteiligten Architekten. Seinem zentral angeordneten, langgestreckten Mehrfamilienhaus weist er die Rolle der »Stadtkrone« zu; sie bindet die kleineren Ein- und Mehrfamilienhäuser in eine städtebauliche Gesamtheit ein.

Die besondere Bedeutung dieses Hauses für den Wohnbau beruht jedoch auf der demonstrativen Anwendung neuer Möglichkeiten der Anpaßbarkeit und Veränderbarkeit auf den Wohngrundriß.

Mies van der Rohe nutzt die besonderen Eigenschaften des Stahlskeletts, um auf tragende und damit ortsfeste Innenwände verzichten zu können und umreißt diese Ziele in einer knappen programmatischen Erklärung (s. a. S. 177). Zum Nachweis der gewonnenen Freiheiten läßt er seine Wohnungen von 17 verschiedenen Architekten bzw. Arbeitsgruppen einrichten.

Neben dieser Angebots-Flexibilität wird aber auch eine nachhaltige Veränderbarkeit angestrebt. Dies kommt in durchgehenden Fensterbändern, raumhohen Türen und in der Suche nach »billigen Sperrholzwänden« zum Ausdruck.

Auch wenn von diesen Möglichkeiten später nur wenig Gebrauch gemacht wird, bleibt das Haus einer der wichtigen Vorläufer eines anpassungsfähigen Bauens im Bereich des Geschoßbaus.

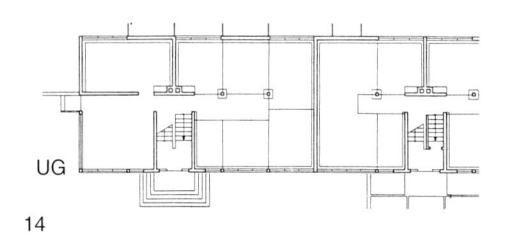

13 Lageplan M 1:5000

14 Grundrisse M 1:500 mit alternativen Möblierungen

15 Ansicht Südosten

16 Stahlskelett mit Ausmauerung

- Zweispännergrundrisse nach gleichbleibendem Grundprinzip
- Ost-West-Orientierung
- Wohnbereich wächst mit der Anzahl der Schlafräume
- Verzicht auf innere Erschließungsflure

Otto Haesler vertritt in der Orientierungsdebatte der zwanziger Jahre die Fraktion der »Ost-West-Sonnler«. Nach seiner Meinung muß jeder Raum eines Wohngebäudes mindestens einmal täglich Sonne erhalten – Nebenräume und Treppenhäuser eingeschlossen. Haesler gehört damit zu den konsequentesten Verfechtern des Ost-West-orientierten Zeilenbaus.

Unter dieser Prämisse entwickelt er einen äußerst ökonomischen Geschoßbaugrundriß ohne Innenflur, indem er dem gemeinsamen Wohnbereich zugleich die Erschließungsfunktion für die Schlafräume zuweist. Damit wächst der Wohnbereich in seiner Länge mit der Zahl der Schlafräume. Dieses Grundprinzip wird über nahezu alle Projekte beibehalten, lediglich die Lage von Küche und Bad und die Anordnung von Balkonen und Loggien unterliegen Anpassungen von Projekt zu Projekt.

Auf dem Weg zum »Existenzminimum« reduziert Haesler seine Schlafräume schrittweise zu Schlafkabinen, in denen allenfalls Bett und Schrank, am Ende sogar nur noch die Betten Platz finden. Haesler kompensiert jedoch diese Sparmaßnahmen mit einem Arbeitsraum, den er bei Wohnungen für mehr als drei Personen in der Verlängerung des Wohnraums anordnet.

Mit dem Verzicht auf einen ausgezonten Innenflur zugunsten eines großzügigen Wohnbereichs steht Haesler damals zwar nicht allein, aber nur ihm gelingt die Integration unterschiedlicher Haushaltsgrößen in ein übergreifendes typologisches Gesamtkonzept.

Seinem Kabinengrundriß als ultimo ratio dieser Entwicklung kann nur eine Kritik gerecht werden, die die äußerst knappen Wohnflächen und die ökonomischen Zwänge am Ende der Weimarer Republik berücksichtigt.

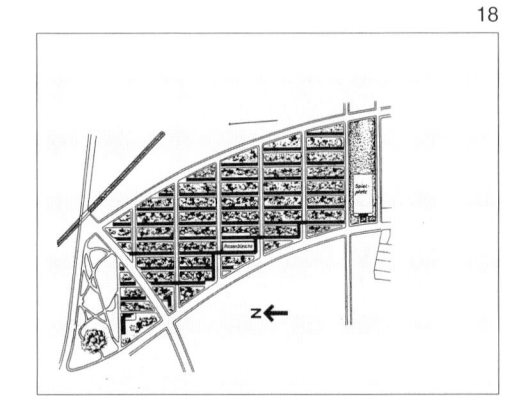

17

18

RATHENOW 1928–29   19

5-Betten-Typ   77,70 qm

17, 20
Ansicht von Westen

23
Wohnraum mit Arbeitsnische

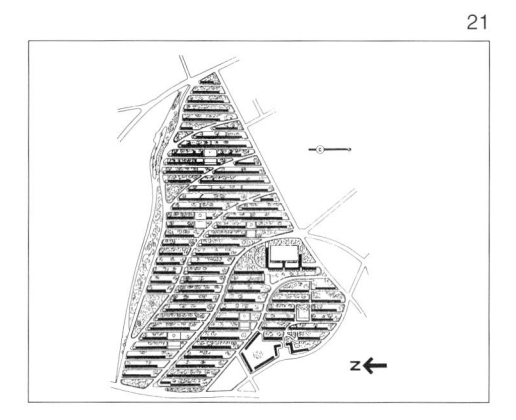

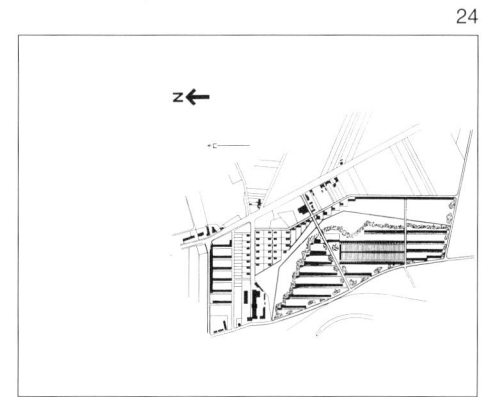

18, 21, 24
Lagepläne

KASSEL 1929–31

5-Betten-Typ   71,69 qm

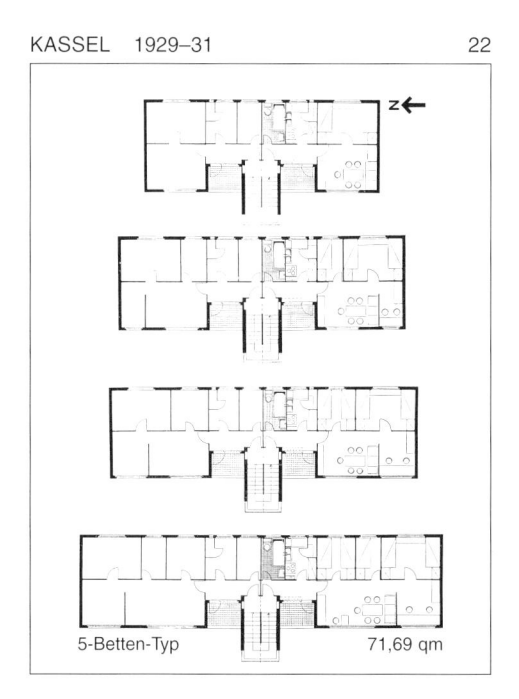

CELLE 1930–31

6-Betten-Typ   48,90 qm

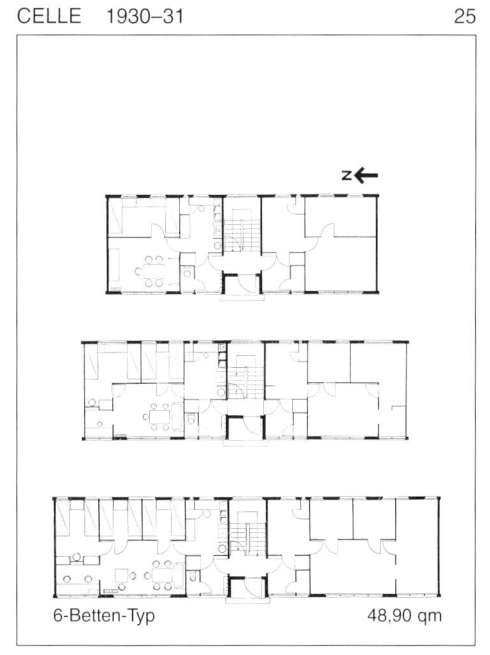

19, 22, 25
Typengrundrisse M 1:500

UNITÉ D'HABITATION, MARSEILLE/F, 1945–1952

Mit der Unité d'Habitation in Marseille verwirklicht Le Corbusier seine in Jahrzehnten entwickelten Ideen und Konzepte für die Zukunft städtischen Wohnens zu einem Zeitpunkt, da Europa in Trümmern liegt und mit ihm viele der Utopien und Ideale aus der Vorkriegszeit. Die Bedeutung dieses Hauses, an dem nichts mehr dem entspricht, was bis dahin als Wohnung gelten konnte, muß vor allem an seinem Entstehungszeitpunkt gemessen werden. Seine Wirkungen auf die Entwicklung des Massenwohnungsbaus nach dem Zweiten Weltkrieg können wohl bis heute nicht endgültig abgeschätzt werden, denn noch immer stehen viele der mit diesem Haus aufgeworfenen Fragen im Mittelpunkt der Wohnbaudiskussion.

Im Rahmen dieser Untersuchung zum Wohngrundriß interessiert vor allem die höchst ökonomische Anordnung schmaler und tiefer Grundrisse, die trotz der großen Gebäudetiefe noch querlüftbar sind und durch eine wohlüberlegte Abfolge ihrer Möblierung bei nur 3,66 m Breite z. B. noch ein teilbares Kinderzimmer und einen großzügigen, zweigeschossigen Wohnbereich mit Galerie erlauben. Ebenso interessant ist die Erschließung des Hauses über nur einen Knotenpunkt und über die Bündelung von drei Wohngeschossen an jeweils einem Innengang.

Nicht zuletzt demonstriert Le Corbusier hier seine unter dem Namen »Modulor« entwickelte Maßordnung in allen Einzelheiten.

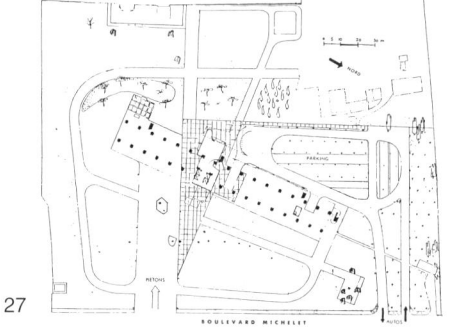

- 17geschossiger Großwohnblock mit 337 Wohnungen
- Konzept der baulichen Einheit von Wohnen, Versorgung, Freizeit
- Ost-West-orientierte Maisonettes mit Querlüftung, 3,66 m breit
- Erschließung von je drei Wohngeschossen über eine gemeinsame Innenstraße
- Versorgungseinrichtungen im 7. und 8. OG, Freizeiteinrichtungen auf dem Dach
- Gebäudedimensionen 165 × 24 m, Höhe 56 m

26 Ansicht von Südost

27 Lageplan

28 Organisationsprinzip

ARCHITEKT: LE CORBUSIER, 1887–1965

29

30

31

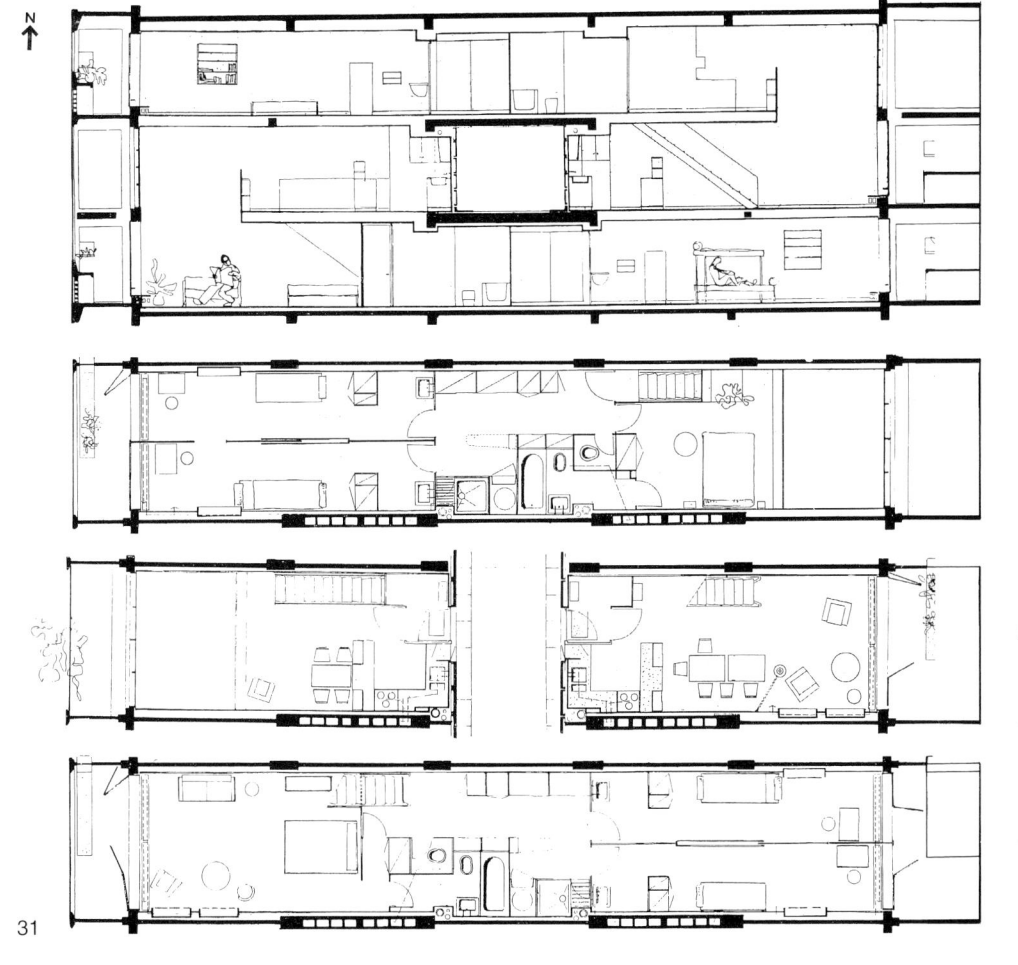

29 Wohnraum
von der Galerie

30 Kinderzimmer
mit Schiebewand
zur Unterteilung

31 Grundrisse und Schnitt
einer dreigeschossigen
Erschließungseinheit
M 1:200

- achtgeschossiges Mehrfamilienhaus mit 78 Wohnungen von einem bis 4,5 Zimmern
- Erschließung über zwei Treppenhäuser (Fünfspänner)
- alle größeren Wohnungen haben eine zweiseitige Orientierung
- großzügige überdachte Eingangshalle im Hochparterre
- ebenerdige Direktzugänge zu den Aufzügen sowie zu den Abstell- und Kellerräumen

32

Alvar Aaltos Haus für die Berliner Interbau gehört aus damaliger Sicht zu den weniger spektakulären Beiträgen dieser internationalen Bauausstellung. Das simple Prinzip der Stapelung gleicher Geschosse ist von den komplexen Wohn- und Erschließungsmodellen Le Corbusiers oder der Niederländer Van den Broek + Bakema ebenso weit entfernt wie von Pierre Vagos dreidimensionalen Raumkonzepten.

Aalto löst jedoch als einziger die ihm zugewiesene »Kiste« auf und schafft sich so die Vorbedingung für eine sehr differenzierte Gruppierung seiner Wohnungen um zwei tagesbelichtete Treppenhäuser.

Dieser räumliche Ansatz kommt jedoch erst im Wohnungsgrundriß selbst zu voller Entfaltung. Bei Aalto rückt der Wohnraum im Sinne eines »Allraums« auch geometrisch ins Zentrum der Wohnung und wird zusammen mit dem großzügigen Balkon zu seiner räumlichen Mitte. Damit gelingt ihm die Übertragung von Qualitäten des Atriumhauses auf die Etagenwohnung. Der Balkon wird zum »Zimmer im Freien«, an das auch der Eßplatz und das Elternschlafzimmer angeschlossen sind.

Die Sorgfalt, mit der die Beziehungen zwischen Innenraum und Außenraum gestaltet sind, setzt sich im Eingangsbereich des Hauses fort, wo die große überdachte Eingangshalle zugleich Bindeglied zwischen beiden Hauseingängen und Überleitung zum Freiraum ist.

Aalto zeigt damit auf subtile Weise, daß auch im ganz normal geschichteten Geschoßbau bislang noch nicht alle Entwicklungsmöglichkeiten des Wohnungsgrundrisses ausgeschöpft sind.

32 Gesamtansicht von Südwesten

33 Grundriß Hochparterre M 1:500   33

ARCHITEKT: ALVAR AALTO, 1898-1976

34

35

36

37

34 Wohnbereich

35 Modell der Patiowohnung

36 Grundriß Normalgeschoß
    M 1:500

37 Eingangshalle
    mit Zugängen zum
    nördlichen Treppenhaus

38 Lageplan M 1:2000

39 Hangschnitt

40 Luftbild von Westen

- Wohnquartier mit 78 Häusern und fünf Ateliers
- Südhang, Waldgrundstück
- Bebauung aus vorwiegend dreigeschossigen Reihenhäusern
- Achsmaß der Häuser 4,20 m und 5,15 m
- zentraler Platz mit Laden, Restaurant, Gemeinschaftswaschküche
- gemeinsame Garagenhalle mit Tankstelle

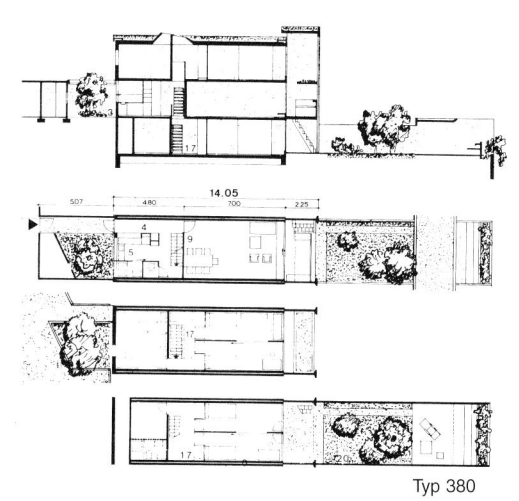

Typ 380

Typ 12

Mit der Wohnsiedlung Halen bei Bern macht ein junges Büro quasi mit seinem Erstlingswerk Wohnbaugeschichte. Dies ist um so erstaunlicher, als das Zustandekommen dieser Siedlung sich auch im Rückblick als eine Folge von Schwierigkeiten und Problemen darstellt, denen die Architekten nur ihre beiden Obsessionen entgegenzusetzen hatten – neue Wege im Wohnbau zu gehen und dies im Geiste Le Corbusiers zu tun.

Halen ist für den Bau von Einfamilienhäusern das Gegenstück zur Unité d'Habitation. Es ist das Signal zu einem völlig neuen Umgang mit dem bodennahen Wohnen und dem gereihten Haus und der Nachweis dafür, daß Privatheit und Öffentlichkeit einander auch bei hoher Verdichtung nicht ausschließen müssen, sondern daß Gemeinsamkeit erst auf diese Weise entstehen kann.

Die schmalen, tiefen Grundrisse, die über Schiebewände teilbaren Kinderzimmer, der Umgang mit Materialien und Farben und vieles mehr sind direkte Analogien zur Arbeit Le Corbusiers. Aber die selbstgestellte Aufgabe ist dennoch neu, nämlich diese Wohnfunktionen in einem einzigen, präzise begrenzten und in allen seinen überbauten und nicht überbauten Flächen genau definierten Siedlungskörper zusammenzufügen.

Halen ist vor allem eine Lektion in der Ausformung der Übergänge von innen nach außen und in der sorgfältigen Gestaltung privater und gemeinschaftlich genutzter Außenräume und Freiflächen.

41 Schnitt und Grundrisse
    M 1:500

42 Wohnraum mit Blick
    zum Gartenhof

LILLINGTON STREET, PIMLICO, LONDON/GB, 1961–1970

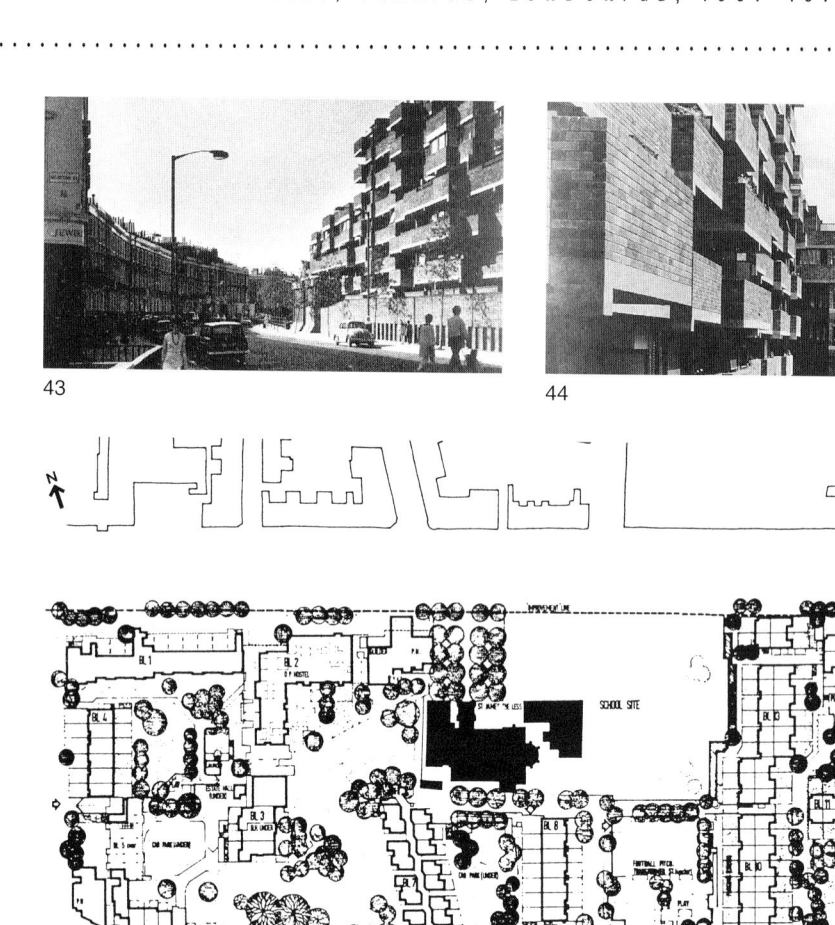

43 Ansicht Tachbrook Street

44 Ansicht Blockinnenraum

45 Lageplan

46 Erschließungsdeck

47 Mieter-Hof

- innerstädtisches Umbauquartier aus Mehrfamilienhäusern
- 777 Wohnungen auf 4,8 ha in drei Abschnitten, sowie ein Altenheim
- nach Wohnlagen differenzierte Gebäudequerschnitte und private Freiräume
- Erschließung über straßenartige Laubengänge und Dachstraßen
- dreigeschossige Umgebung, Neubauten drei- bis achtgeschossig
- zentrale Einrichtungen teils vorhanden, teils ergänzt
- Parkierung vorwiegend in Tiefgaragen, 0,45 Stellplätze/WE

Die Wohnanlage Lillington Street geht 1961 aus einem Wettbewerb des Westminster City Council hervor und wird sehr bald zum weithin beachteten Beispiel für die Abkehr des englischen Wohnungs- und Städtebaus von solitären Geschoßbauten und Hochhäusern und für die Hinwendung zum niedrigen, aber hochverdichteten Wohnen nach der Devise »hig density – low rise«.

Dieser Wandel in der Zielsetzung bedeutet aber nicht nur eine Rückkehr zu geringeren Geschoßzahlen und zu einem stärker raumbildenden Städtebau, sondern zugleich die Suche nach neuen Wohnformen, bei denen die Qualitäten des in England so geschätzten Reihen-Einfamilienhauses mit den ökonomischen Vorteilen des Geschoßbaus verknüpft werden können.

Im Projekt Lillington Street treffen mehrere dieser neuen Zielsetzungen zusammen und begründen seine weit über England hinausreichende Wirkung: das Wiederaufgreifen der Straßenrandbebauung innerhalb eines gewachsenen Stadtteils; die Integration von vorhandenen und neuen Gemeinbedarfseinrichtungen in die Bebauung; die Ausbildung differenzierter Gebäudequerschnitte zur Nutzung spezifischer Wohnlagen für geschützte private Außenräume und schließlich die Schaffung von wohnungsnahen Spiel- und Begegnungszonen mit Hilfe straßenartiger Erschließungsgänge auf der Etage.

Lillington ist damit in vielerlei Hinsicht mit Michiel Brinkmans Spangen verwandt, das somit vierzig Jahre nach seiner Entstehung eine eindringliche Bestätigung erfährt.

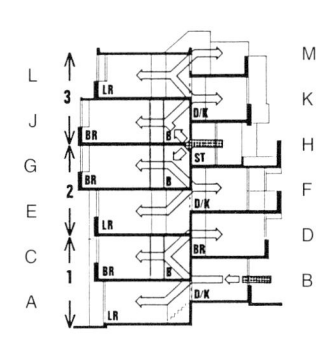

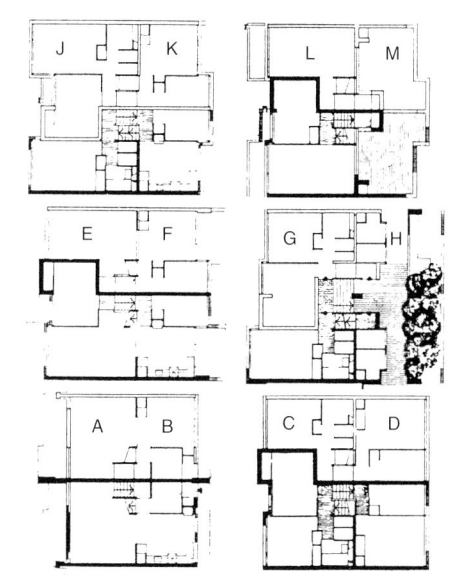

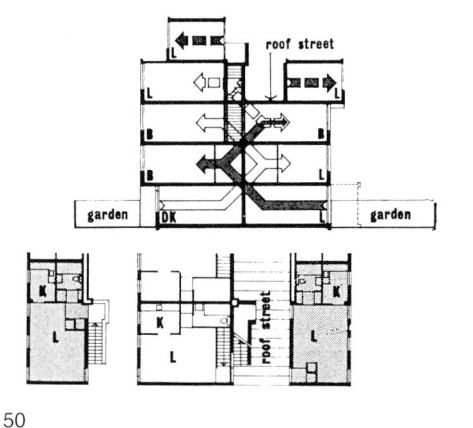

48 Schnitt durch sechsgeschossiges Haus M 1:500

49 Haustyp 1. + 2. BA Block 6 + 9 Grundrisse M 1:500

50 Dachstraßen-Typ 3. BA Schnitt, Grundrisse Obere Wohnlagen M 1:500

DIAGOON HÄUSER, DELFT/NL, 1967-1971

51

Mit seiner Forderung nach assoziativen Angeboten für die Beteiligung der Bewohner am Hausbau distanziert sich Hertzberger von einem Bauen ohne Spielräume ebenso wie von einem Bauen mit zuviel Spielräumen. Er sucht einen Weg zwischen dem, was er »unvollständiges Bauen« nennt, und dem, was er treffend mit »freedom-noise« bezeichnet, nämlich ein Überangebot an Freiheit, das die Partizipation des Bewohners lähmen kann. Hertzberger begreift diesen Weg auch als besondere gestalterische Herausforderung an den Architekten, der eine Vielfalt individueller Interpretationen antizipiert und stimuliert, zugleich aber Ansatzpunkte für ihre Verwirklichung bietet. Die Diagoon Häuser sind über dieses Angebot hinaus ein herausragendes Beispiel für die räumliche Weiterentwicklung des Reihenhauses. Durch Grundriß- und Höhenversatz verklammern sich die beiden Hälften eines Hauses so miteinander, daß einerseits durch Vor- und Rücksprünge geschützte nischenartige Freibereiche entstehen, andererseits ein Innenbereich gebildet wird, der alle Ebenen des Hauses miteinander verbindet. Das von oben einfallende Tageslicht läßt das sonst dunkle Innere des Hauses zu einer räumlichen Mitte werden, eine Raumqualität, die der gewohnten linearen Ausrichtung des gereihten Hauses eine neue Dimension hinzufügt.

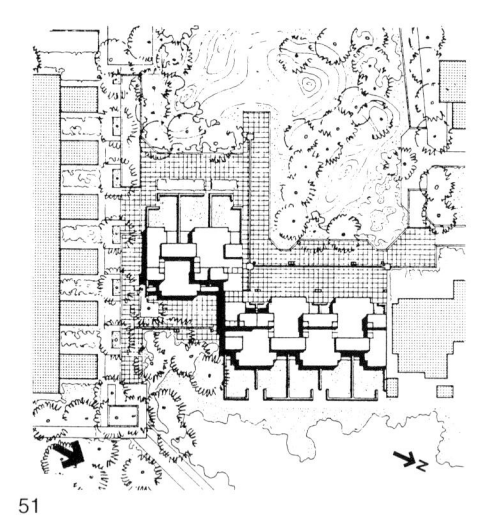

- Experimentelle Reihenhausgruppe aus acht (fünf + drei) Einheiten
- Orientierung Nordost – Südwest, 2,5 Geschosse mit Dachterrassen
- im Grundriß und Schnitt diagonal versetzte Ebenen, gespiegelt angeordnet
- offener, von oben belichteter Innenbereich
- in den Baukörper integrierte Garage
- vorgegebener baulicher Rahmen für individuelle Interpretation im Grundriß und im Außenbereich

52

51 Lageplan

52 Selbstbau

ARCHITEKT: HERMAN HERTZBERGER

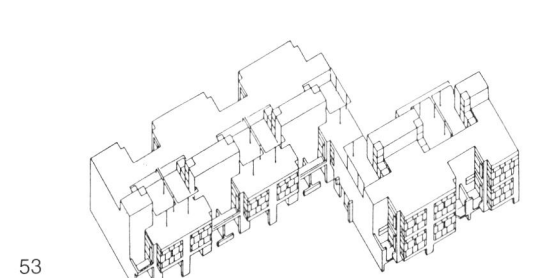

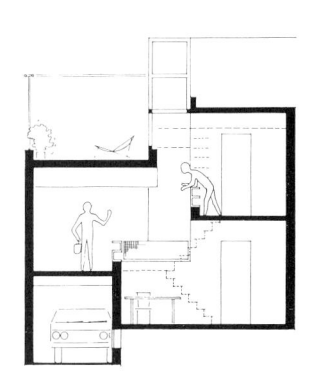

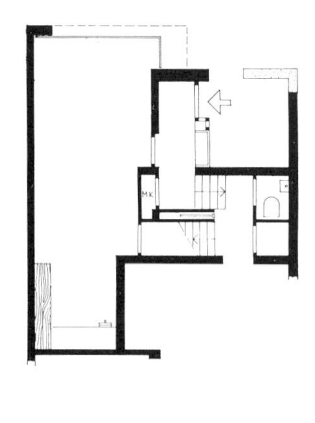

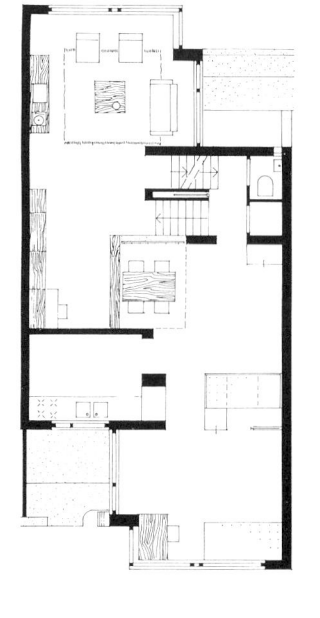

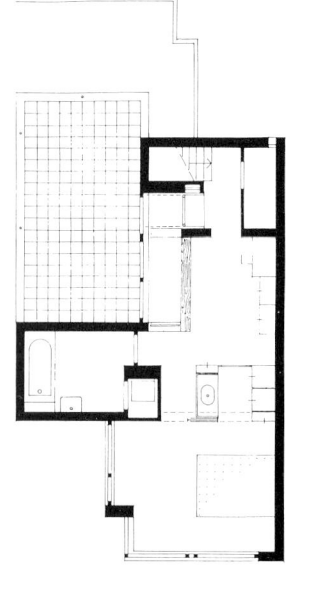

53 Isometrie

54 Innenhalle

55 Raumkonzept

56 Grundrisse und Schnitt M 1:200

BYKER REDEVELOPMENT, PERIMETER BLOCK, NEWCASTLE UPON TYNE/GB, 1969–1981

- innerstädtische Sanierung eines Arbeiterwohnquartiers
- 1150 WE in Ein- und Mehrfamilienhäusern auf 12,24 ha
- Mehrfamilienhäuser als lärmschützende, einseitig orientierte Randbebauung von drei bis acht Geschossen
- Einfamilienhäuser als Doppel- und Reihenhäuser im Quartiersinneren
- Parkierung im Randbereich außerhalb der Bebauung
- Übernahme der Gemeinbedarfseinrichtungen aus dem alten Quartier

Die Sanierung des Wohnquartiers Byker entsteht auf Betreiben Ralph Erskines in enger Kooperation zwischen Architekten und Bewohnern und wird so zu einem weithin bekannten Modell eines partizipatorischen Stadtumbaus.

Seine Berühmtheit verdankt das Quartier aber mindestens ebensosehr seiner signifikanten Randbebauung, die als »Byker-Wall« deshalb so bedeutsam ist, weil hier auf Probleme des Verkehrslärms erstmals mit einem umfassenden planerischen, grundrißlichen und gestalterischen Konzept reagiert wird.

Diese Randbebauung von 1200 m Länge schützt nicht nur das gesamte Quartier vor den zu erwartenden Imissionen einer im Norden und Osten vorbeiführenden Stadtautobahn, sondern erlaubt zugleich die Unterbringung aller erforderlichen Geschoßwohnungen in den hoch gelegenen Quartiersrändern mit besonders guter Aussicht.

Durch eine konsequente Zonierung der Grundrisse – Neben- und Abstellräume auf der Lärmseite, Wohn- und Schlafräume, Balkone und Laubengänge auf der ruhigen Innenseite – schützen sich die Geschoßwohnungen auch selbst vor dem Verkehrslärm.

Die unterschiedlichen Funktionen der beiden Gebäudeseiten spielt Erskine auch gestalterisch in dramatischer Weise gegeneinander aus: Geschlossenheit nach außen, Offenheit und Detailvielfalt nach innen.

Damit gelingt ihm über die Bewältigung des konkreten Planungsproblems hinaus die Sichtbarmachung und Verarbeitung eines Konflikts, der heute beinahe alltäglich geworden ist: der Konflikt zwischen den Bedürfnissen des Wohnens und den zunehmenden Belastungen aus dem Wohnumfeld.

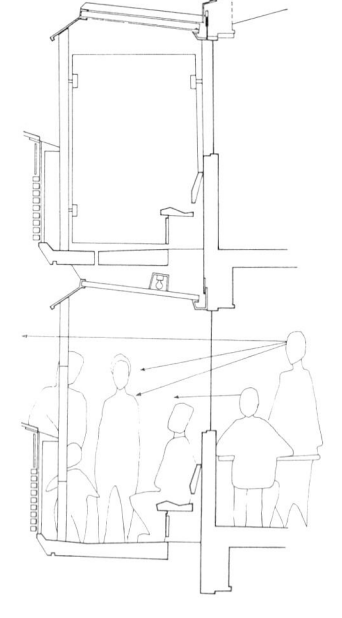

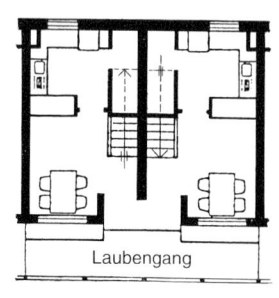

57 Schnitt durch Laubengang und Balkon

58 Perimeter Block 2-Pers.-Maisonettes M 1:200

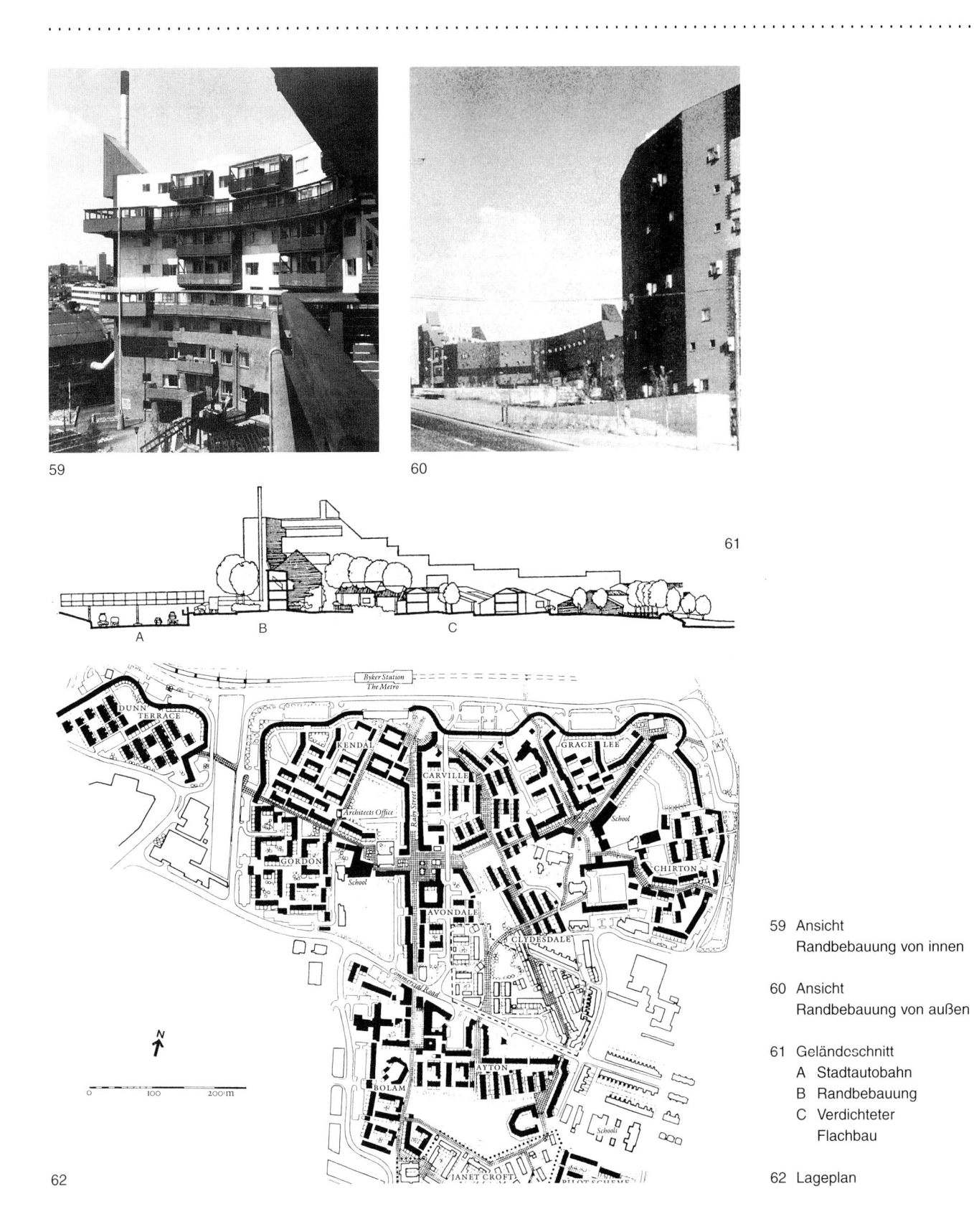

ARCHITEKT: RALPH ERSKINE

59

60

61

62

59 Ansicht
Randbebauung von innen

60 Ansicht
Randbebauung von außen

61 Geländeschnitt
A Stadtautobahn
B Randbebauung
C Verdichteter
   Flachbau

62 Lageplan

- Gemeinschaftswohnanlage mit 21 WE, 63–98 qm Wohnfläche
- eingeschossige Wohnungen mit Gartenhof, zweigeschossige mit Dachterrasse
- Zusammenfassung über einen gemeinsamen Erschließungsgang mit Oberlicht
- Gemeinschaftsbereiche einschließlich Erschließungsgänge betragen 40 % der Wohnfläche

Die Arbeit der Architektengruppe Tegnestuen Vandkunsten repräsentiert die sehr eigenständige Entwicklung des dänischen Wohnungsbaus im Bereich von überwiegend genossenschaftlich organisierten Wohngemeinschaften und niedriggeschossigen Quartierseinheiten, bei denen die Grenzen zwischen Einfamilienhaus, Geschoßwohnung und Kleinappartement sowohl in der baulichen Typologie wie in der Freiraumnutzung weitgehend aufgehoben sind.

Eine nach dem Baukastenprinzip hochentwikkelte Vorfertigung erlaubt neben kurzen Bauzeiten Vielfalt und Abwechslung in der Baukörperausformung innerhalb verdichteter Bauweisen, sichert aber zugleich die notwendige gestalterische Einheit von Dachneigungen, Materialien und baulichen Details. Im Zusammenhang geplante Freiflächen und Gemeinschaftseinrichtungen unterstreichen die Identität solcher Quartiere.

Mit dem Sägewerk Jystrup geht diese Architektengruppe noch einen Schritt weiter. Hier werden die Wohnungen über einen glasüberdachten Gang zusammengefaßt und erhalten damit eine wettergeschützte, gassenartige Innenzone, die als gemeinsamer Wohn- und Spielbereich ganzjährig zur Verfügung steht. Gleichwohl hat jede Wohnung einen ungestörten privaten Freibereich nach Süden oder Westen in Gestalt eines Gartenhofs oder einer Dachterrasse.

Hier verdichten sich die Erfahrungen aus dem gemeinschaftsorientierten Wohnen in einem neuartigen Gebäudetyp, bei dem die Bedeutung von Erschließungsbereichen für das nachbarliche Zusammenleben in besonderer Weise zum Ausdruck kommt.

63 Innere Erschließungshalle

64 Spielzone

65 Zweigeschossige Wohnung

ARCHITEKTEN: TEGNESTUEN VANDKUNSTEN, SEIT 1969

Gartenhofhaus   Maisonette
                mit Dachterrasse

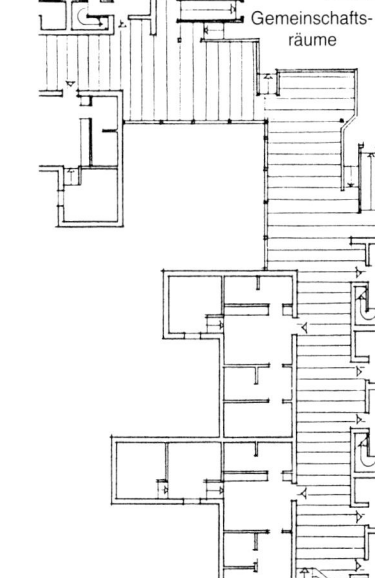

69

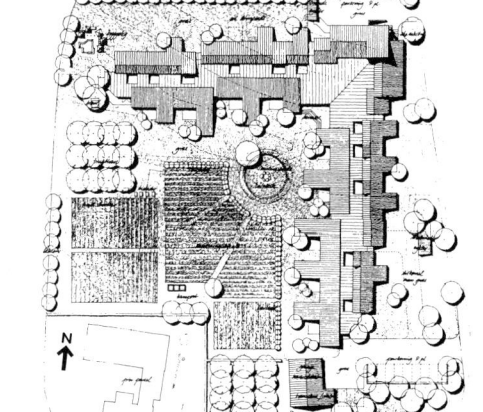

Gemeinschafts-
räume

66 Luftbild

67 Hofansicht

68 Lageplan ca. M 1:2000

69 Querschnitt M 1:500

70 Grundrißauschnitt M 1:500

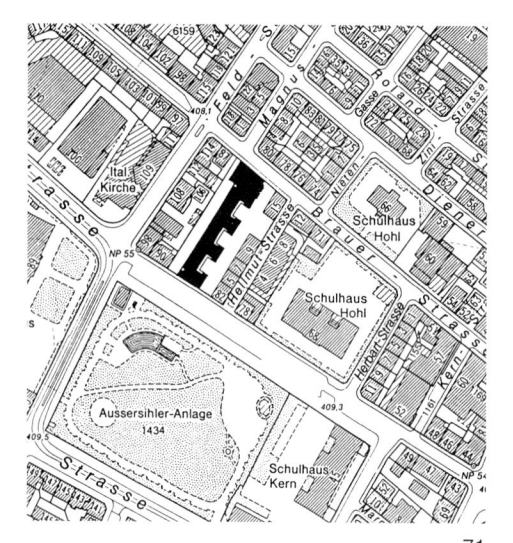

HELLMUTSTRASSE, AUSSERSIHL, ZÜRICH/CH, 1984–1991

- viergeschossiges Mehrfamilienhaus mit anpaßbarem Wohnungsgemenge
- Wohnungsgrößen von 2,5 bis 9,5 Zimmern (u. a. für Wohngemeinschaften)
- vorwiegend Nordwest-Südost-Orientierung
- Erschließung über offene, laubenartige Treppenhäuser
- Veränderbarkeit des Wohnungsgemenges über nutzungsneutrale Schaltzimmer und funktionale Grundrißzonung

Die sich im letzten Viertel dieses Jahrhunderts abzeichnenden gesellschaftlichen Veränderungen, durch die neue Sozialisationsformen neben der Familie entstanden, finden im aktuellen Wohnungsbau noch kaum Berücksichtigung.

Mit dem Projekt Hellmutstraße in Zürich setzt sich die Architektengruppe A. D. P. mit genau diesen Veränderungen auseinander und entwickelt einen Geschoßbau, bei dem eine ganze Reihe wohlüberlegter Schritte zu einem neuen Typus führt.

Auffälligstes Merkmal dieses Ansatzes ist die Gebäudeerschließung über tief in den Grundriß eingezogene offene Treppen. Sie verbinden die Überschaubarkeit einer Spännererschließung mit den kommunikativen Qualitäten des Laubengangs. Damit stehen zugleich beide Grundrißtypologien zur Verfügung: tiefe, zweiseitig orientierte Grundrisse wie sie für den Zweispänner charakteristisch sind und flache, einseitig orientierte wie sie dem Laubengang entsprechen.

Aus diesem Wechsel resultiert eine Gebäudegliederung, die von innen her durch eine Zonung des Grundrisses unterstützt wird und in Verbindung mit nutzungsneutralen Zimmereinheiten ein hohes Maß an Anpaßbarkeit ermöglicht – vom Einzimmerappartement über die Familienwohnung bis zur Wohngemeinschaft.

Die über das Zonungsprinzip präzise definierten und eingegrenzten Bereiche für Anpassungsmaßnahmen lassen nicht nur eine hohe Angebotsflexibilität zu, sondern sichern eine nachhaltige Gebrauchsflexibilität mit anspruchslosen technologischen Mitteln.

71 Lageplan

72 Offene Treppenanlage

73 Laubengang

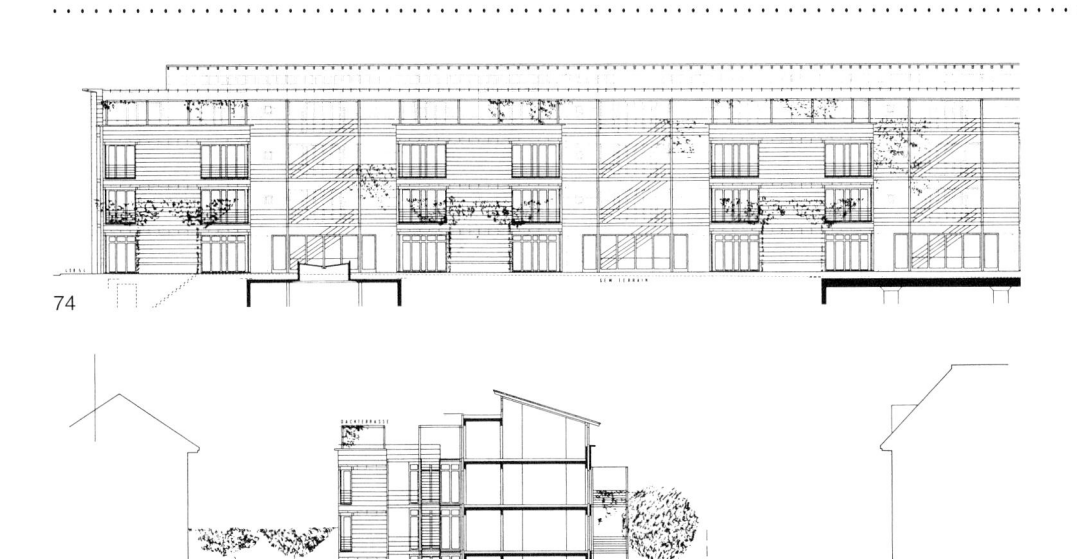

ARCHITEKTEN: A. D. P. RAMSEIER, JORDI, ANGST, HOFMANN

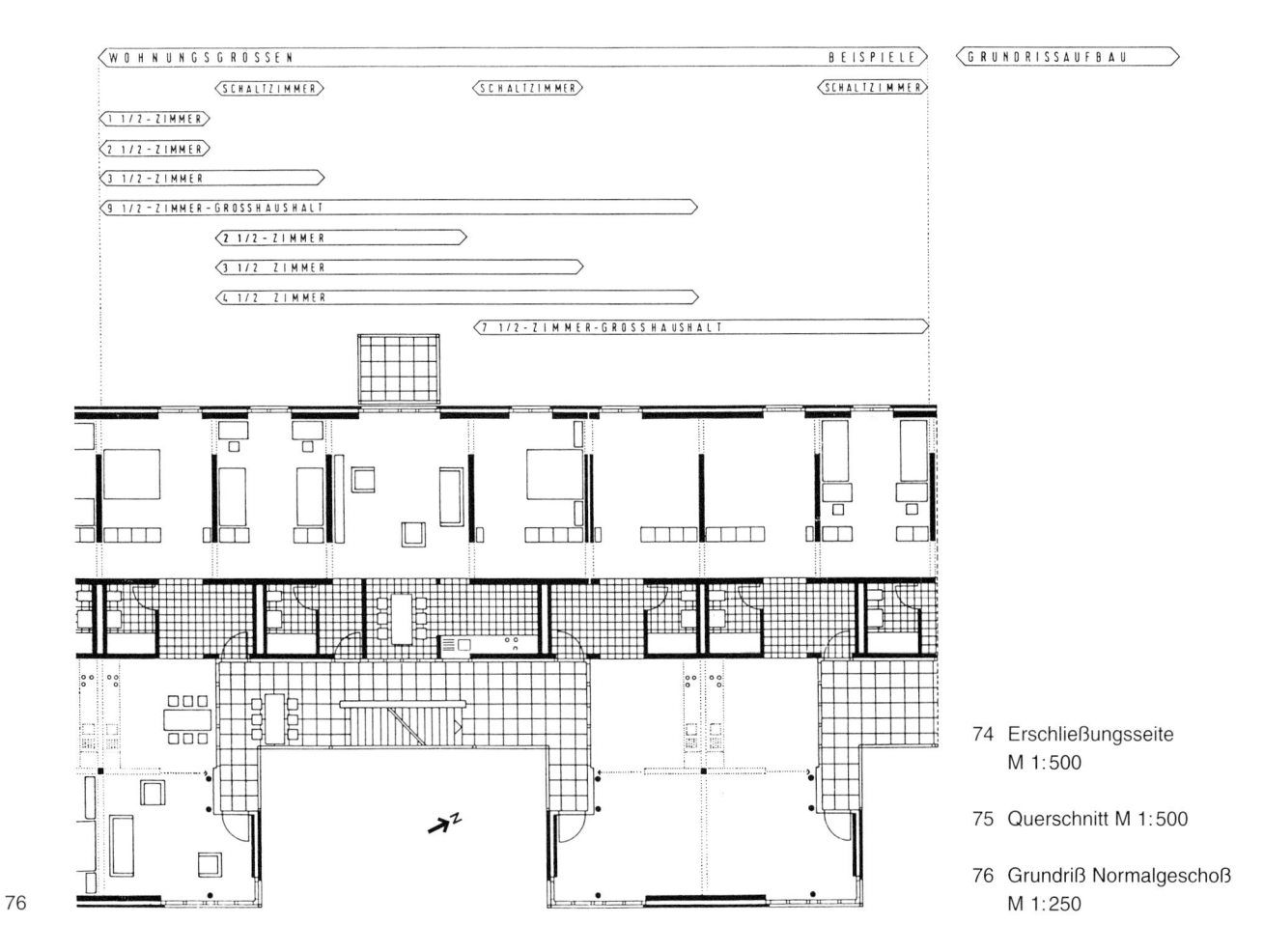

74 Erschließungsseite M 1:500

75 Querschnitt M 1:500

76 Grundriß Normalgeschoß M 1:250

Funktionsstudien

Wohngrundriß und Familienwohnung
Blatt 12.10–12.18 336

Wohngrundriß und gruppenspezifische Wohnbedürfnisse
Blatt 12.20–12.21 345

Wohngrundriß und Raum
Blatt 12.30–12.31 347

Wohngrundriß und Orientierung
Blatt 12.40–12.42 349

Wohngrundriß und privater Außenraum
Blatt 12.50–12.57 352

Wohngrundriß und Veränderbarkeit
Blatt 12.60–12.69 360

Wohngrundriß und Wohnbautechnik
Blatt 12.70–12.71 370

Wohngrundriß und Gebäudeerschließung
Blatt 12.80–12.88 372

Wohngrundriß und Auto
Blatt 12.90–12.92 381

WOHNGRUNDRISS UND FAMILIENWOHNUNG

Wohnen auf 1 Ebene
Zeilenbau
Zweiseitige Orientierung
Spänner-Erschließung

Alternativen der
Bereichsbildung

4 Personen
ca. 80 qm

A 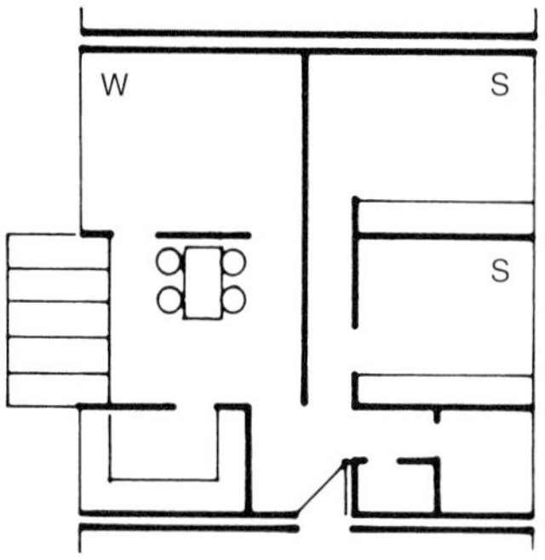
Bereichsordnung nach der Orientierung:
Wohnen West • Schlafen Ost
Bereiche separat erschlossen
Zusammenhängender Wohn-Eß-Bereich
2 Installationsbereiche

B 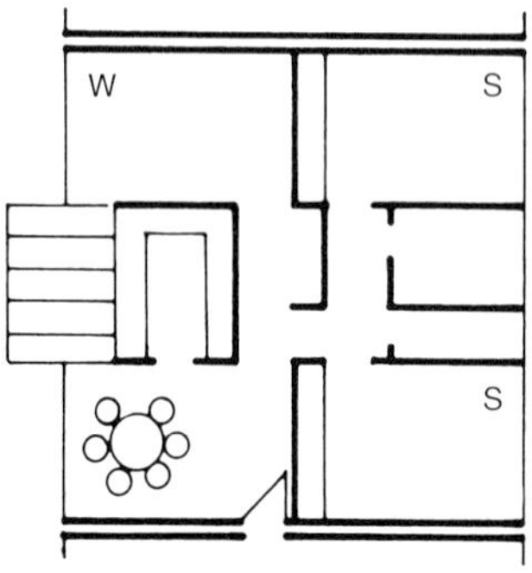
Bereichsordnung nach der Orientierung:
Wohnen West • Schlafen Ost
Schlafen über Wohnen erschlossen
Getrennter Wohn-Eß-Bereich
2 Installationsbereiche

C 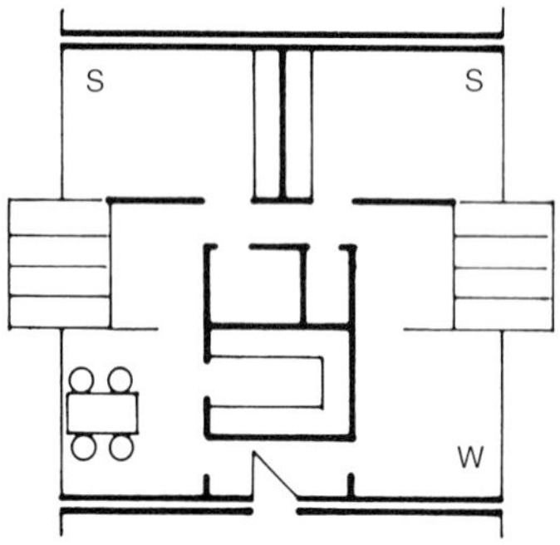
Bereichsordnung nach der Familienstruktur:
Kinder + Essen West
Eltern + Wohnen Ost
Schlafen über Wohnen erschlossen
Getrennter Wohn-Eß-Bereich
Kompakter Installationsbereich

D 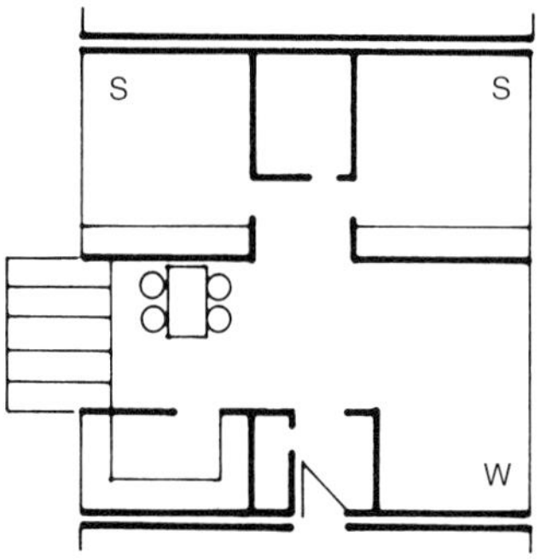
Bereichsordnung nach dem Durchwohnprinzip:
Wohnbereich zweiseitig orientiert
Schlafen über Wohnen erschlossen
Zusammenhängender Wohn-Eß-Bereich
2 Installationsbereiche

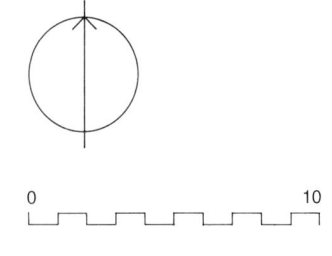

BLATT 12.10

WOHNGRUNDRISS UND FAMILIENWOHNUNG 337

56 qm

- Ehepaar
- Alleinerzieher + Kind
- 2-Personen-WG

88 qm

- 4-Personen-Familie, Schlafräume beisammen

88 qm

- 4-Personen-Familie, Schlafräume getrennt
- Ehepaar + Einlieger
- 3-Personen-WG

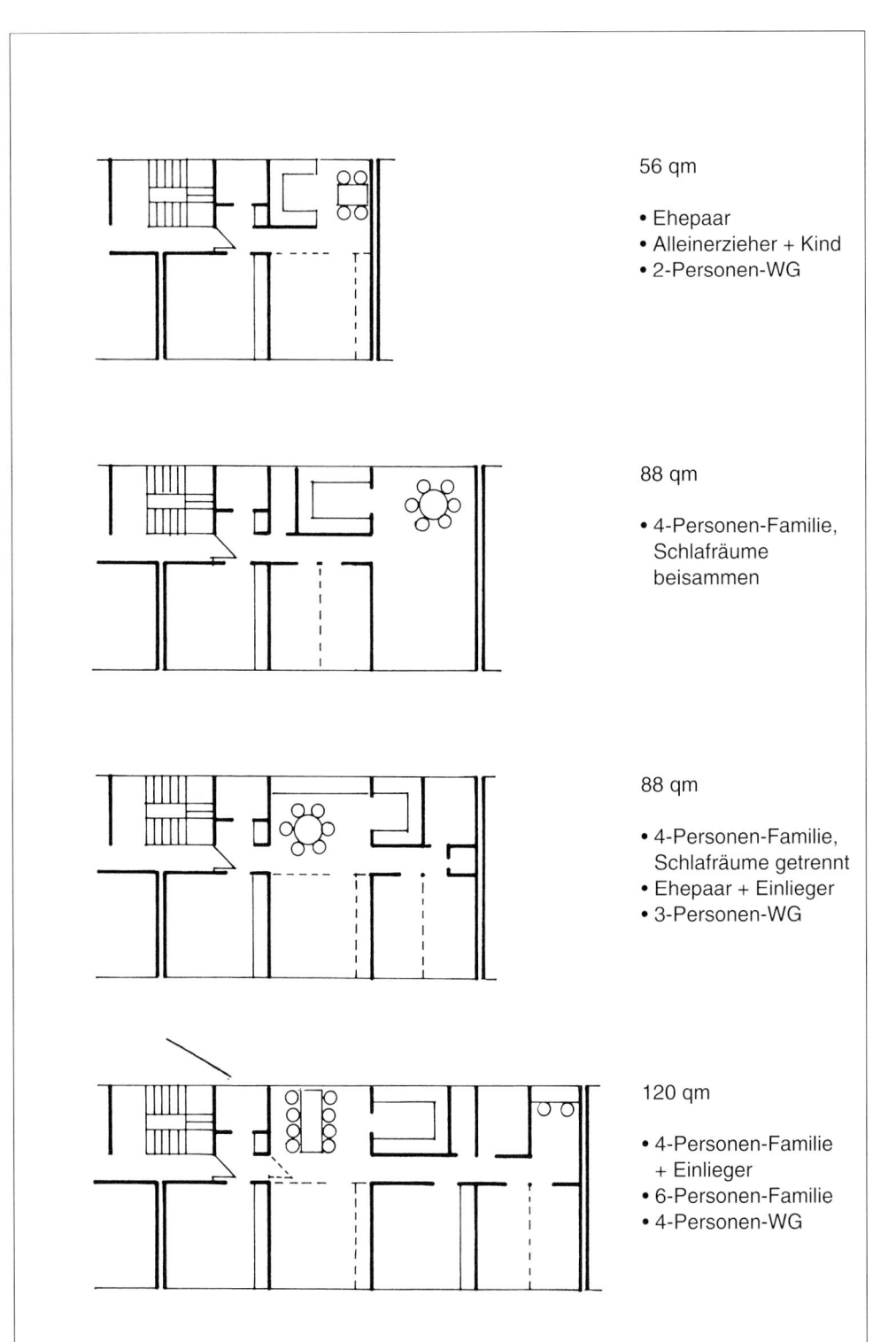

120 qm

- 4-Personen-Familie + Einlieger
- 6-Personen-Familie
- 4-Personen-WG

Wohnen auf 1 Ebene
Zeilenbau
Einseitige Orientierung
Spänner-Erschließung

Alternativen der Bereichsbildung

2–8 Personen
56–120 qm

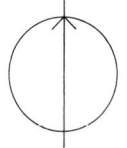

0   10

BLATT 12.11

WOHNGRUNDRISS UND FAMILIENWOHNUNG

Wohnen auf
2, 3 und 4 Ebenen
Zeilenbau
Zweiseitige Orientierung
Außengang-
Erschließung oder
Reihenhaus

Alternativen der
Bereichsbildung im
Querschnitt

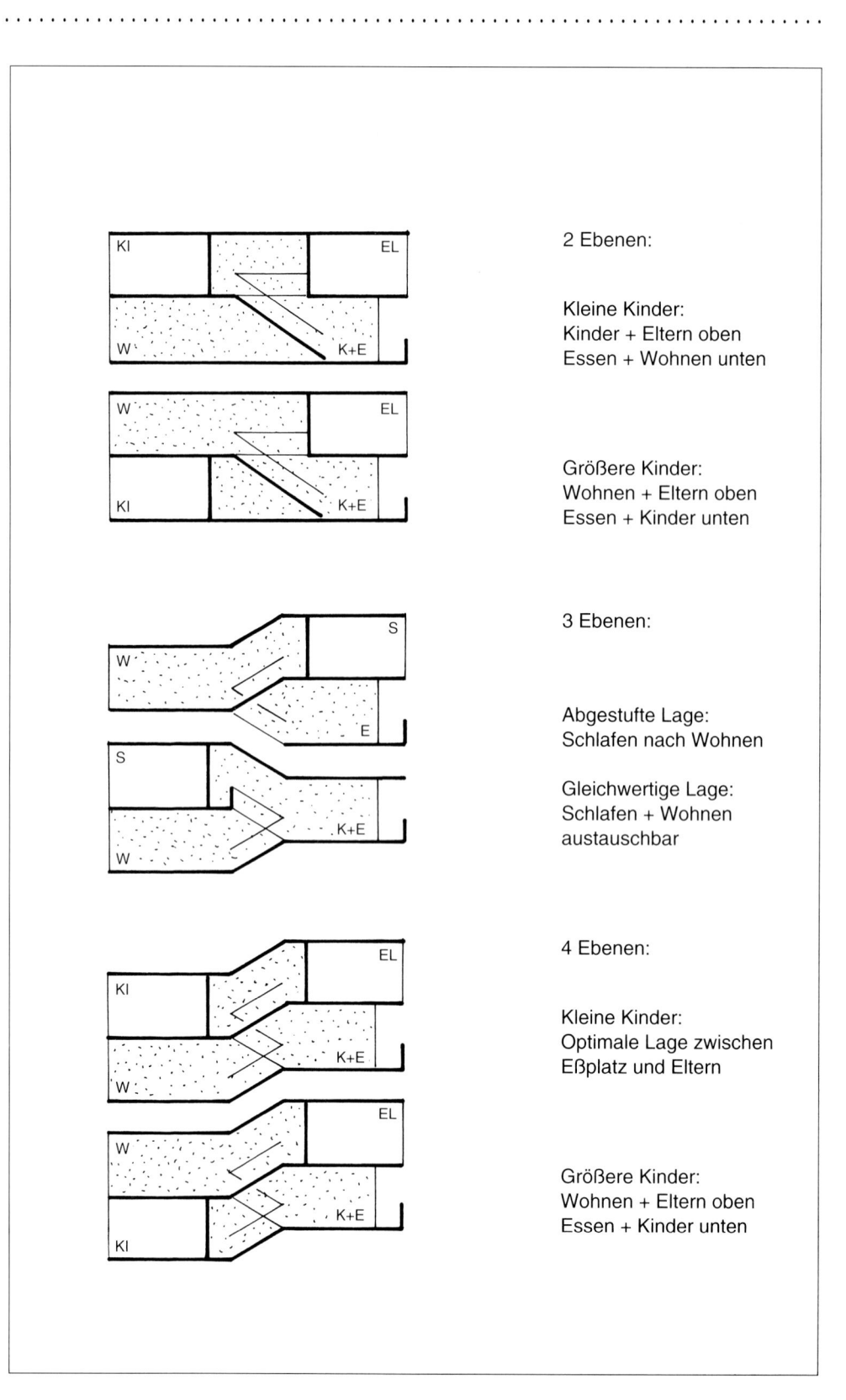

2 Ebenen:

Kleine Kinder:
Kinder + Eltern oben
Essen + Wohnen unten

Größere Kinder:
Wohnen + Eltern oben
Essen + Kinder unten

3 Ebenen:

Abgestufte Lage:
Schlafen nach Wohnen

Gleichwertige Lage:
Schlafen + Wohnen
austauschbar

4 Ebenen:

Kleine Kinder:
Optimale Lage zwischen
Eßplatz und Eltern

Größere Kinder:
Wohnen + Eltern oben
Essen + Kinder unten

BLATT 12.12

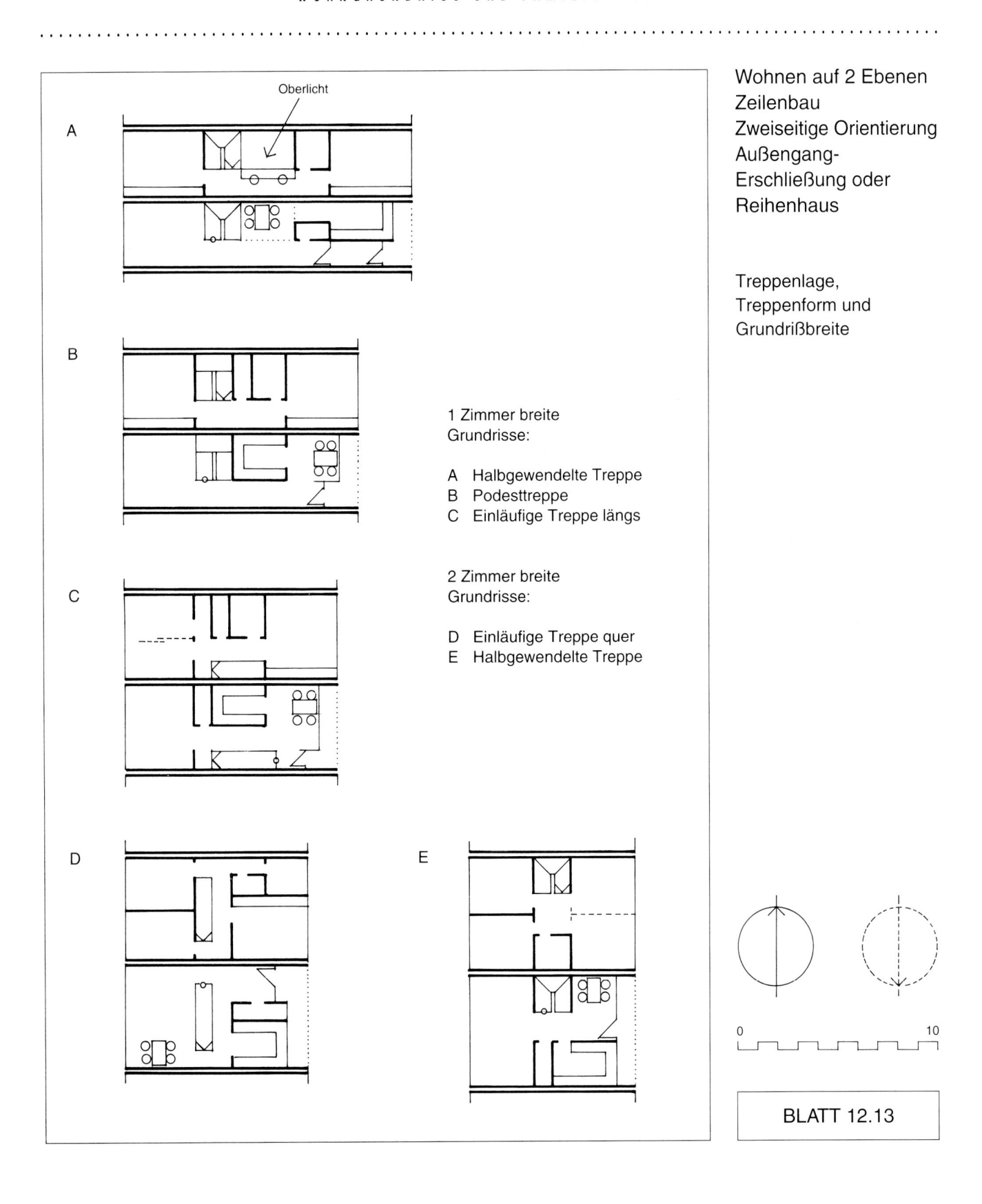

WOHNGRUNDRISS UND FAMILIENWOHNUNG

Wohnen auf 2 Ebenen
Zeilenbau
Zweiseitige Orientierung
Außengang-
Erschließung oder
Reihenhaus

Treppenlage,
Treppenform und
Grundrißbreite

1 Zimmer breite
Grundrisse:

A Halbgewendelte Treppe
B Podesttreppe
C Einläufige Treppe längs

2 Zimmer breite
Grundrisse:

D Einläufige Treppe quer
E Halbgewendelte Treppe

Oberlicht

BLATT 12.13

340 WOHNGRUNDRISS UND FAMILIENWOHNUNG

Wohnen auf mehr
als 2 Ebenen
(versetzte Geschosse)
Zeilenbau
Zweiseitige Orientierung
Außengang-
Erschließung oder
Reihenhaus

Treppenlage,
Treppenform und
Grundrißbreite

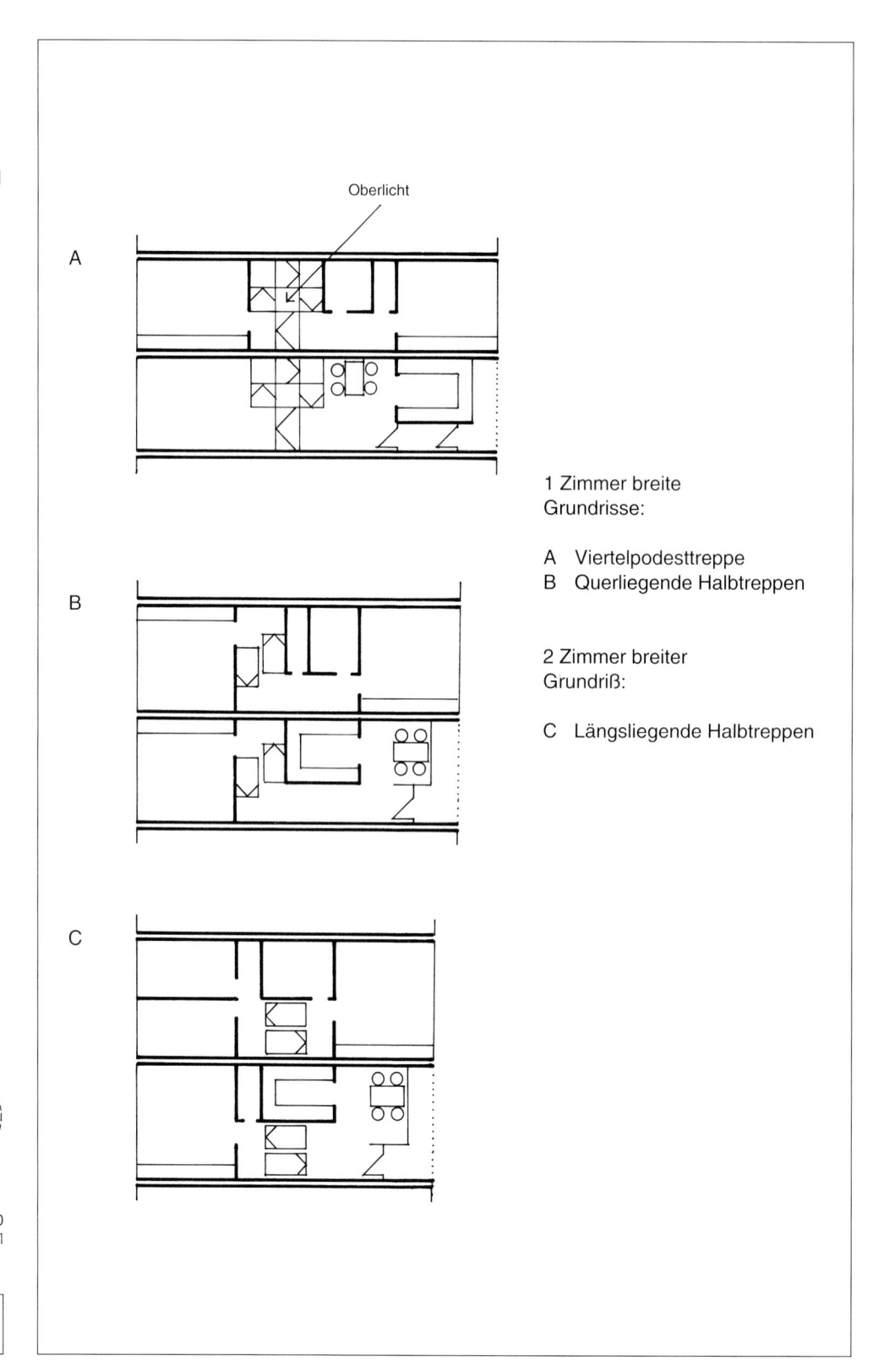

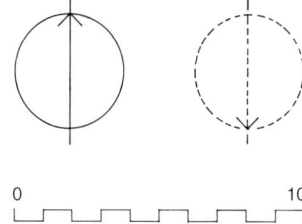

A Oberlicht

B

C

1 Zimmer breite
Grundrisse:

A Viertelpodesttreppe
B Querliegende Halbtreppen

2 Zimmer breiter
Grundriß:

C Längsliegende Halbtreppen

0   10

BLATT 12.14

WOHNGRUNDRISS UND FAMILIENWOHNUNG 341

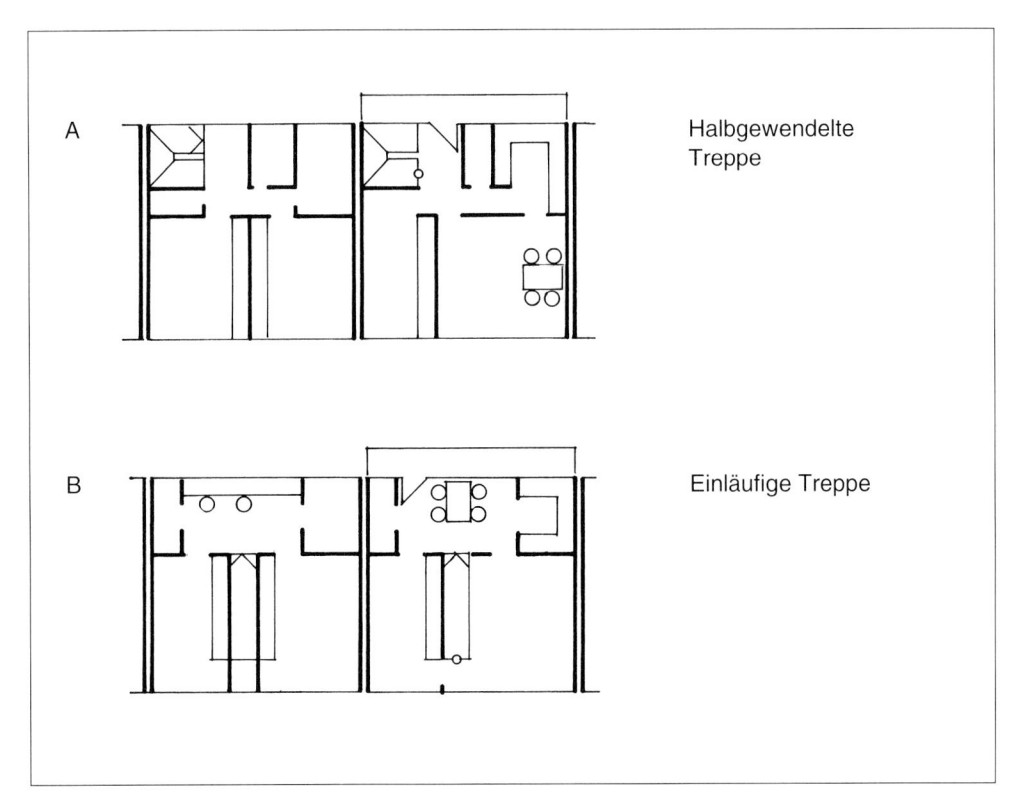

A — Halbgewendelte Treppe

B — Einläufige Treppe

Wohnen auf 2 Ebenen
Zeilenbau
Einseitige Orientierung
Außengang-
Erschließung oder
Reihenhaus

Alternative Lage
der Innentreppe

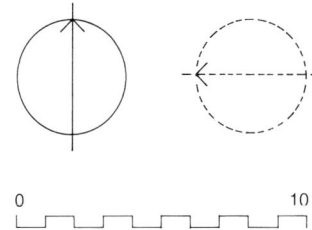

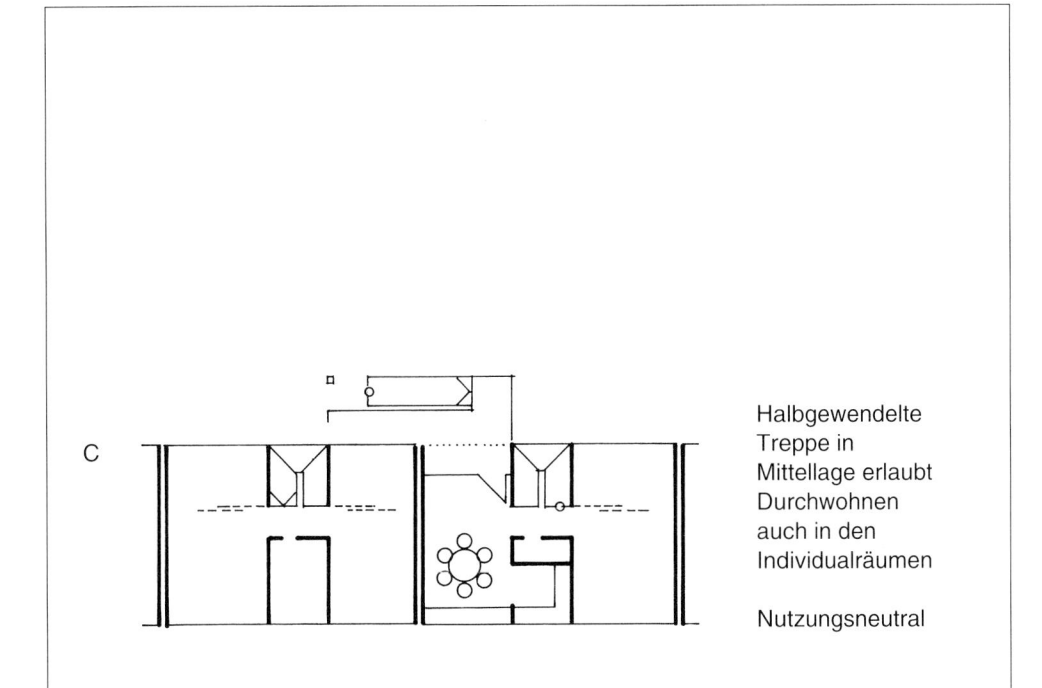

0 — 10

C — Halbgewendelte Treppe in Mittellage erlaubt Durchwohnen auch in den Individualräumen

Nutzungsneutral

Zweiseitige Orientierung
Durchwohnprinzip
Weitgehend
orientierungsunabhängig

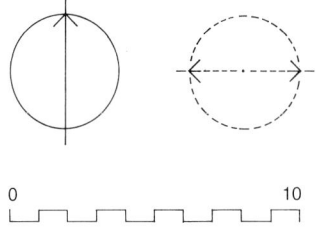

0 — 10

BLATT 12.15

342　　　　　　　　　　WOHNGRUNDRISS UND FAMILIENWOHNUNG

**Funktions-
verdichtungen im
Wohngrundriß**

Alternativen
der Anordnung
Kochen
Essen
Wohnen

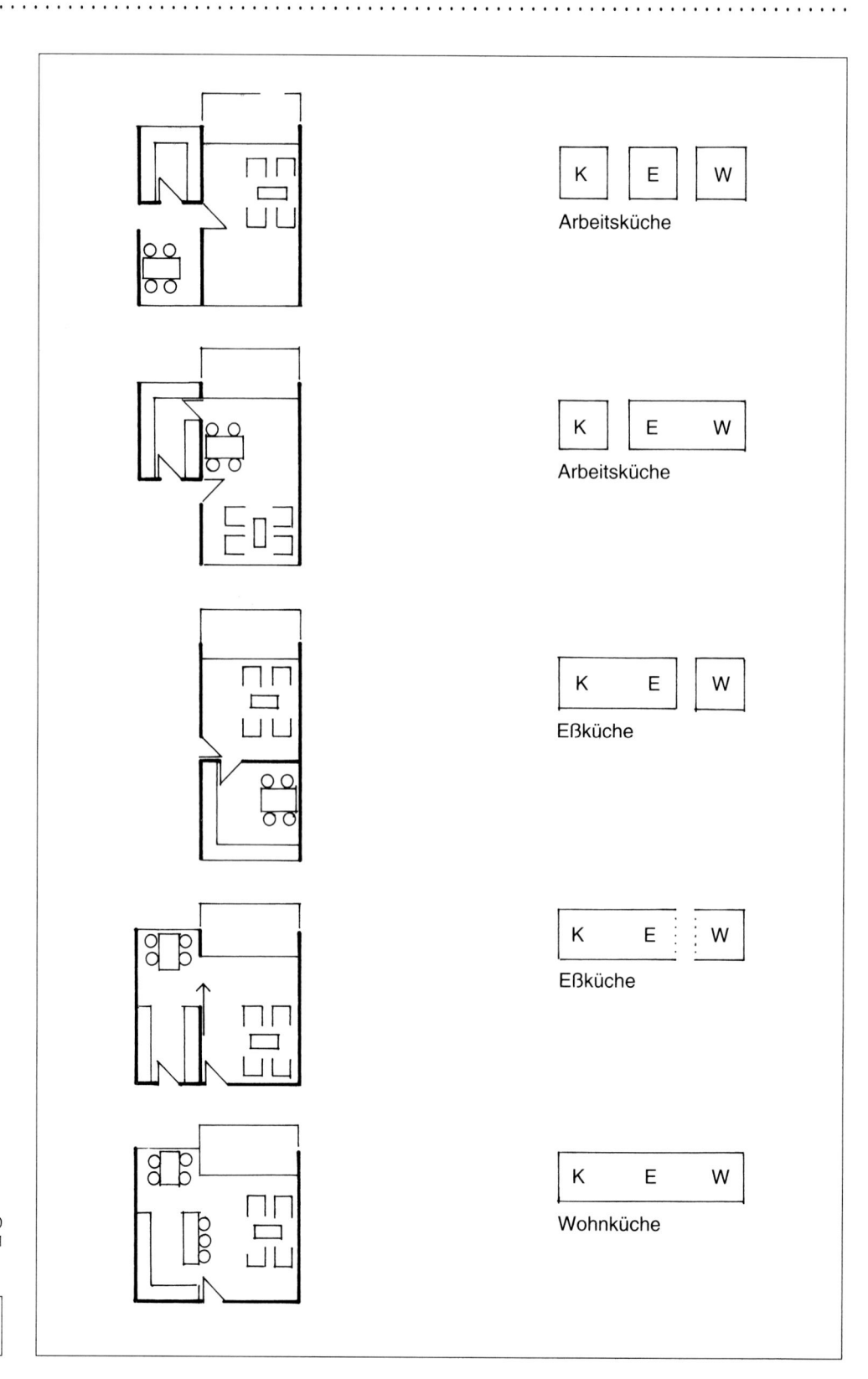

Arbeitsküche

Arbeitsküche

Eßküche

Eßküche

Wohnküche

0　　　　　10

BLATT 12.16

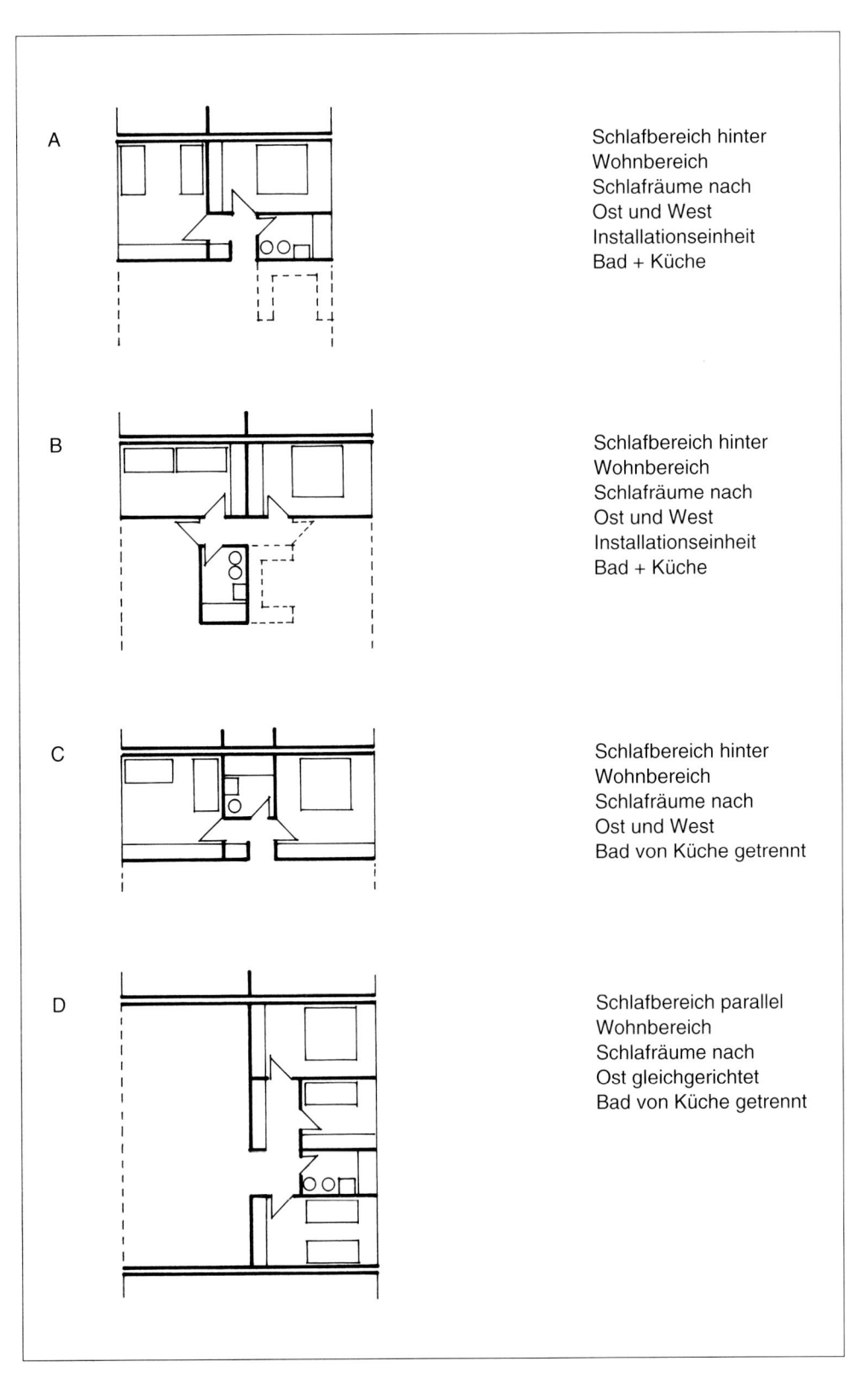

Funktionsverdichtungen im Wohngrundriß

Alternativen der Anordnung Schlafräume (Individualräume) und unmittelbar zugeordnetes Bad

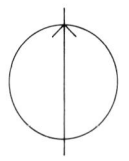

A Schlafbereich hinter Wohnbereich
Schlafräume nach Ost und West
Installationseinheit Bad + Küche

B Schlafbereich hinter Wohnbereich
Schlafräume nach Ost und West
Installationseinheit Bad + Küche

C Schlafbereich hinter Wohnbereich
Schlafräume nach Ost und West
Bad von Küche getrennt

D Schlafbereich parallel Wohnbereich
Schlafräume nach Ost gleichgerichtet
Bad von Küche getrennt

BLATT 12.17

Nutzungsneutrale Räume

Mindestgrößen
Anordnung von Tür(en) und Fenstern

Alternative Möblierungen

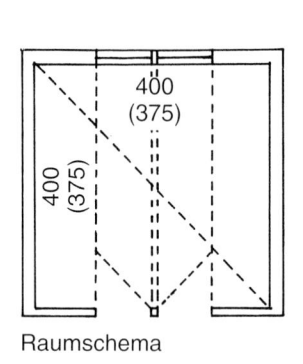

Raumschema: 400 (375) × 400 (375)

Mindestraumgröße
4 x 4 = 16 qm

Bei Verzicht auf Variante D
3,75 x 3,75 = 14 qm

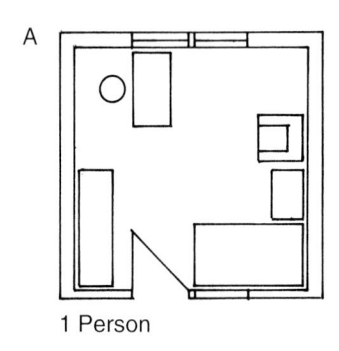

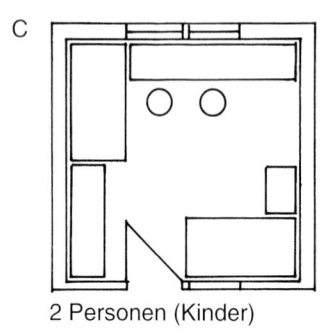

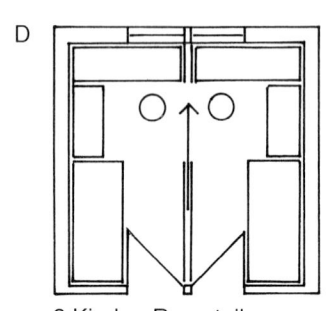

A — 1 Person

B — Eltern

C — 2 Personen (Kinder)

D — 2 Kinder, Raumteilung

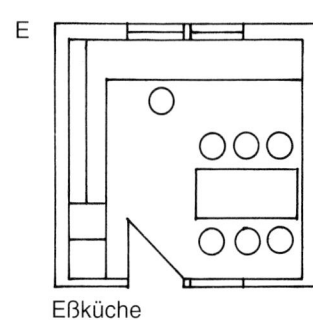

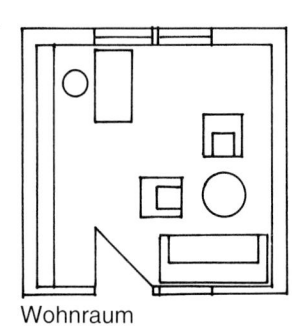

E — Eßküche

F — Wohnraum

BLATT 12.18

WOHNGRUNDRISS UND GRUPPENSPEZIFISCHE WOHNBEDÜRFNISSE

Kleinhaushalt und Nutzungsneutralität

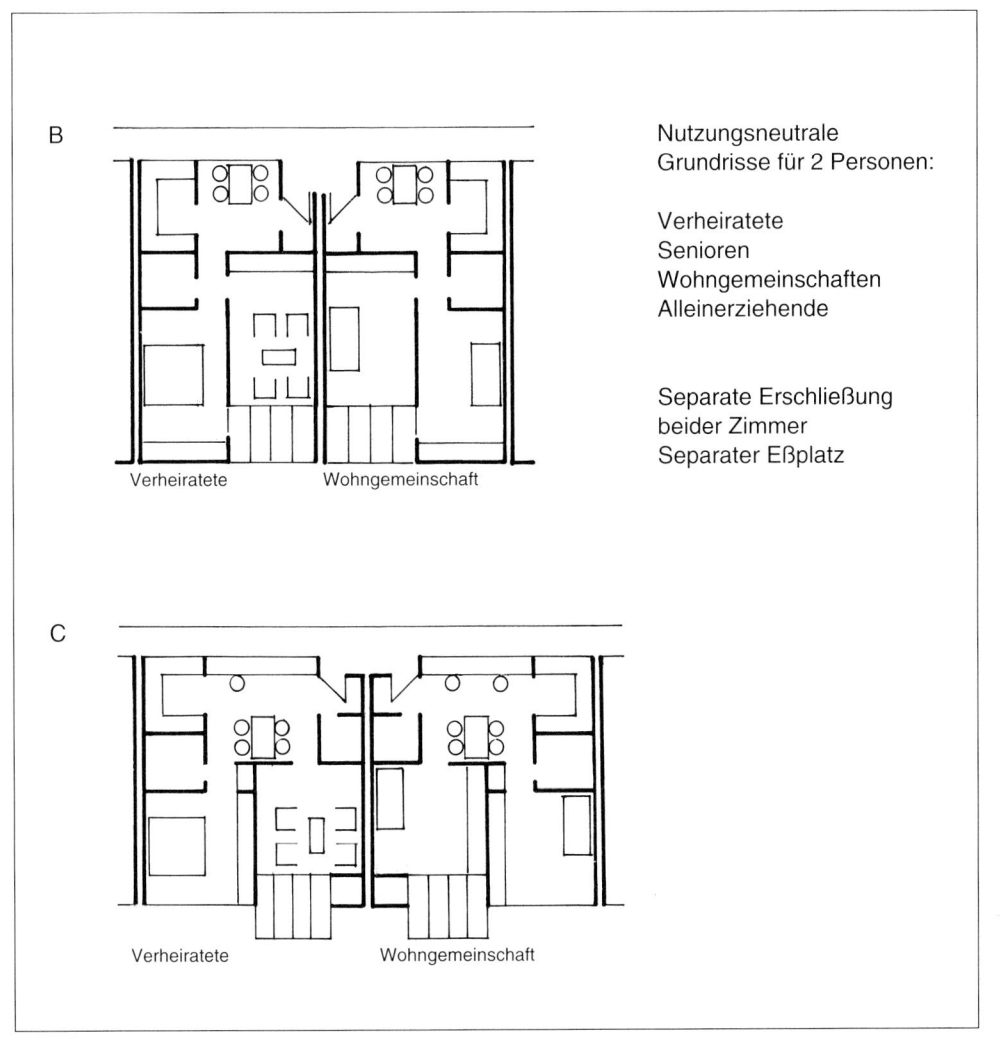

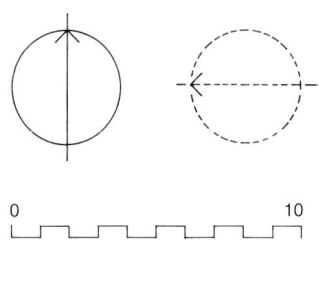

A

Typische
2-Personen-Wohnung
für Verheiratete

Keine Nutzungsneutralität

B

Nutzungsneutrale
Grundrisse für 2 Personen:

Verheiratete
Senioren
Wohngemeinschaften
Alleinerziehende

Separate Erschließung
beider Zimmer
Separater Eßplatz

Verheiratete   Wohngemeinschaft

C

Verheiratete   Wohngemeinschaft

0   10

BLATT 12.20

WOHNGRUNDRISS UND GRUPPENSPEZIFISCHE WOHNBEDÜRFNISSE

Gemeinschafts-orientiertes Wohnen in kleinen Gruppen

Typologie
gebauter Beispiele

A   6 WE   G:W = 28%

B   5 WE   G:W = 9%

C   8 WE   G:W = 15%

D   6 WE   G:W = 18%

E   5 WE   G:W = 27%

F 21 WE   G:W = 40%

G:W
Verhältnis
Gemeinschaftsfläche
zu Wohnfläche

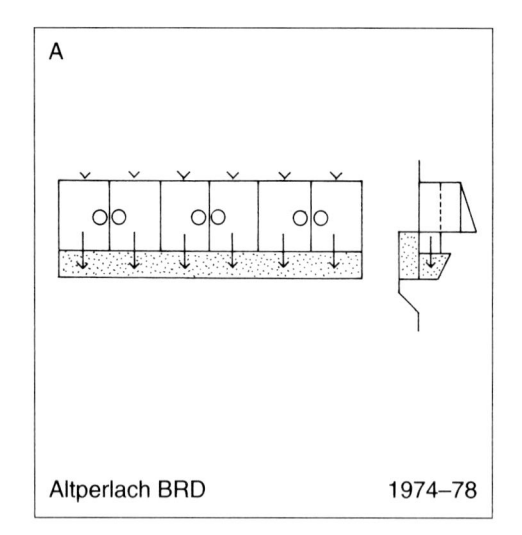

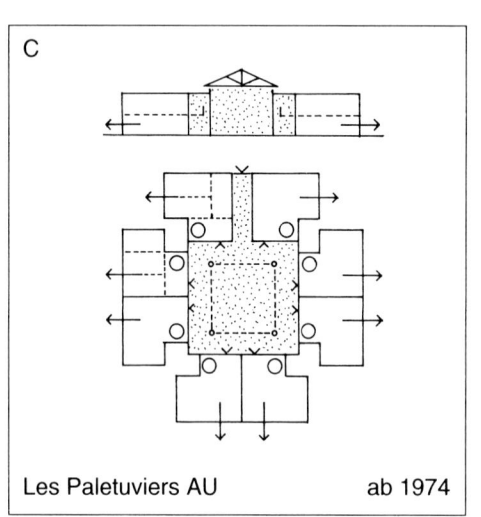

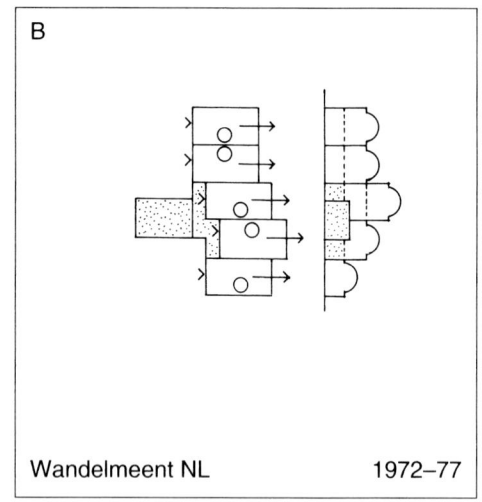

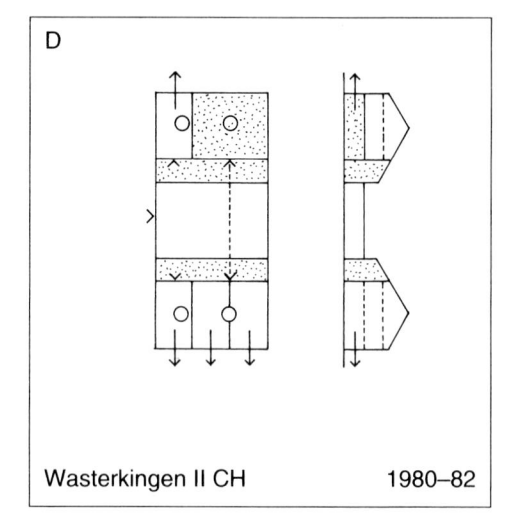

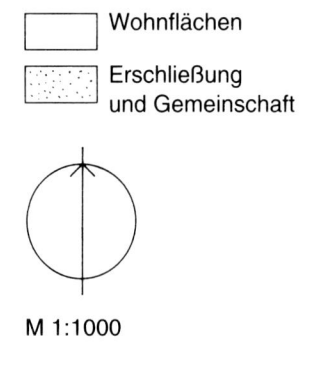

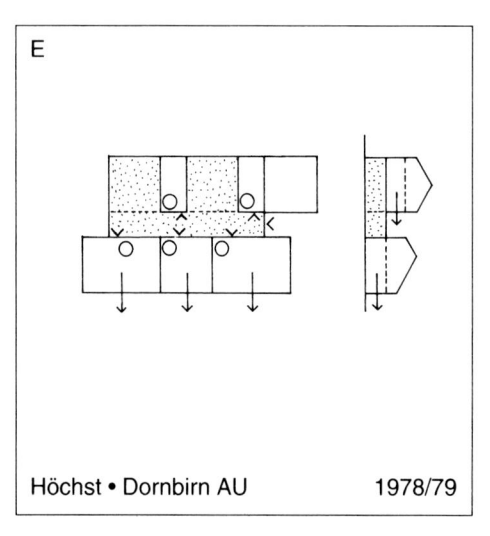

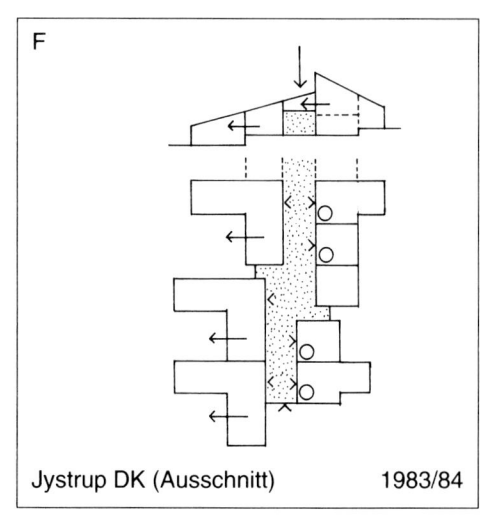

Wohnflächen

Erschließung und Gemeinschaft

M 1:1000

BLATT 12.21

A Altperlach BRD   1974–78

B Wandelmeent NL   1972–77

C Les Paletuviers AU   ab 1974

D Wasterkingen II CH   1980–82

E Höchst • Dornbirn AU   1978/79

F Jystrup DK (Ausschnitt)   1983/84

WOHNGRUNDRISS UND RAUM 347

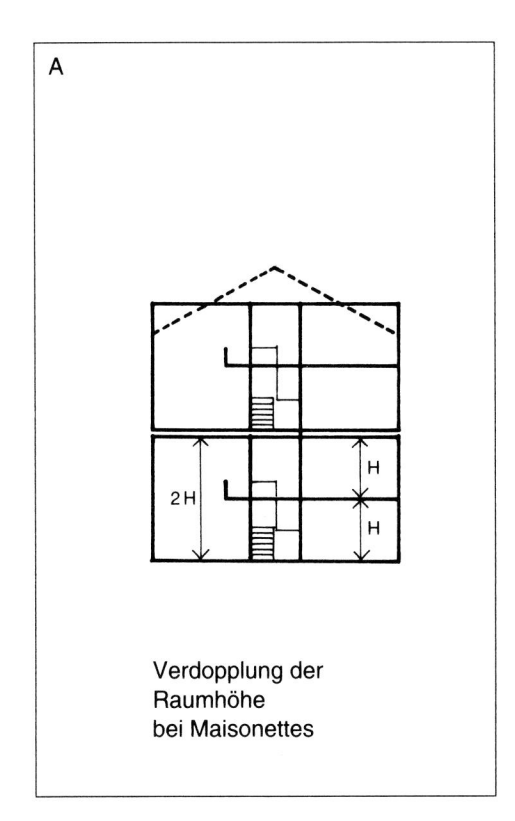

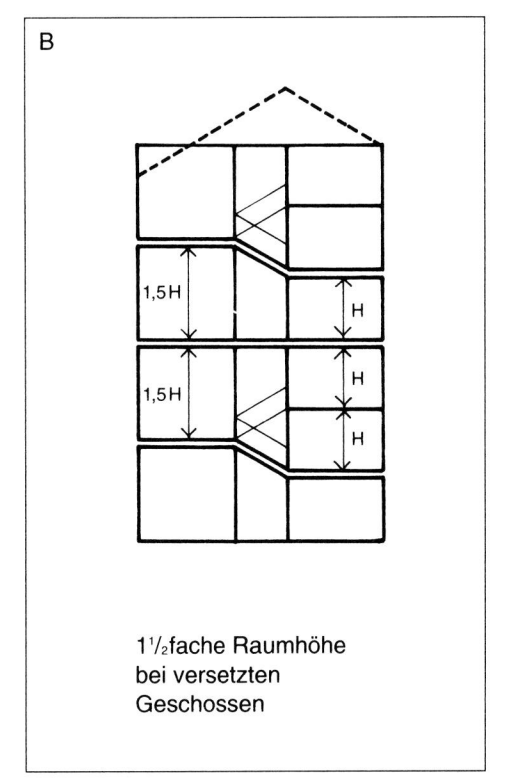

Möglichkeiten der Raumerweiterung in der dritten Dimension im Geschoßbau

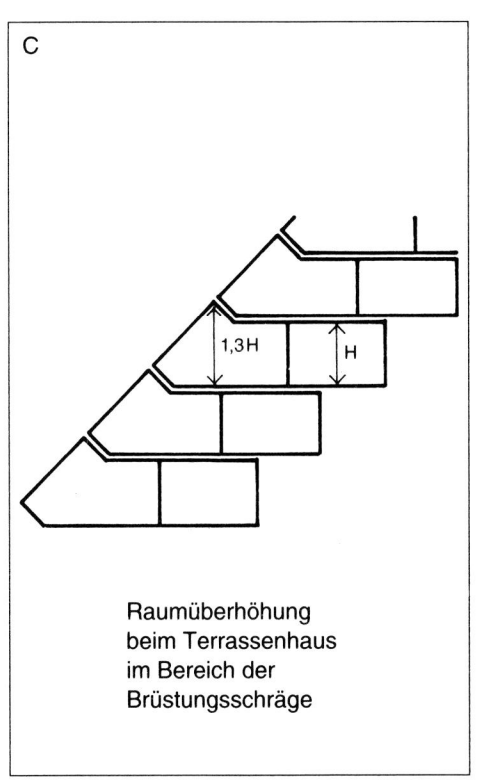

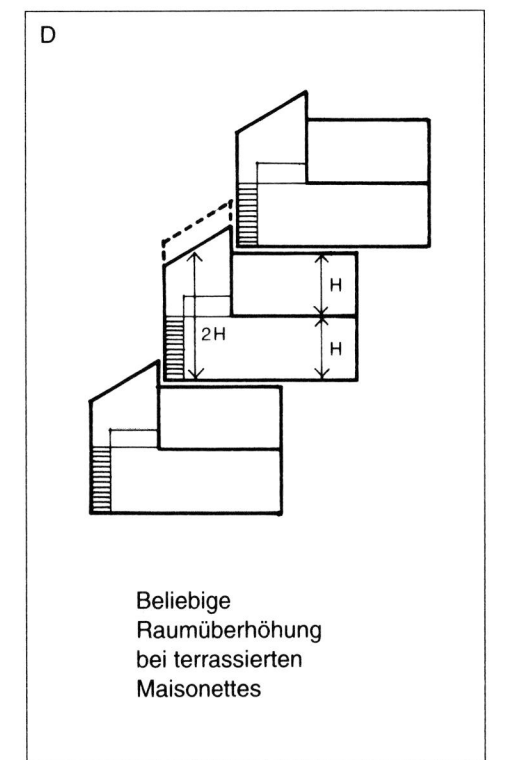

A Verdopplung der Raumhöhe bei Maisonettes

B 1½fache Raumhöhe bei versetzten Geschossen

C Raumüberhöhung beim Terrassenhaus im Bereich der Brüstungsschräge

D Beliebige Raumüberhöhung bei terrassierten Maisonettes

BLATT 12.30

348 WOHNGRUNDRISS UND RAUM

Reihenhäuser mit »Innenleben«

Raumerweiterung und Nutzung von Innenzonen tiefer Reihenhausgrundrisse durch Oberlicht und Einbeziehung der Treppe

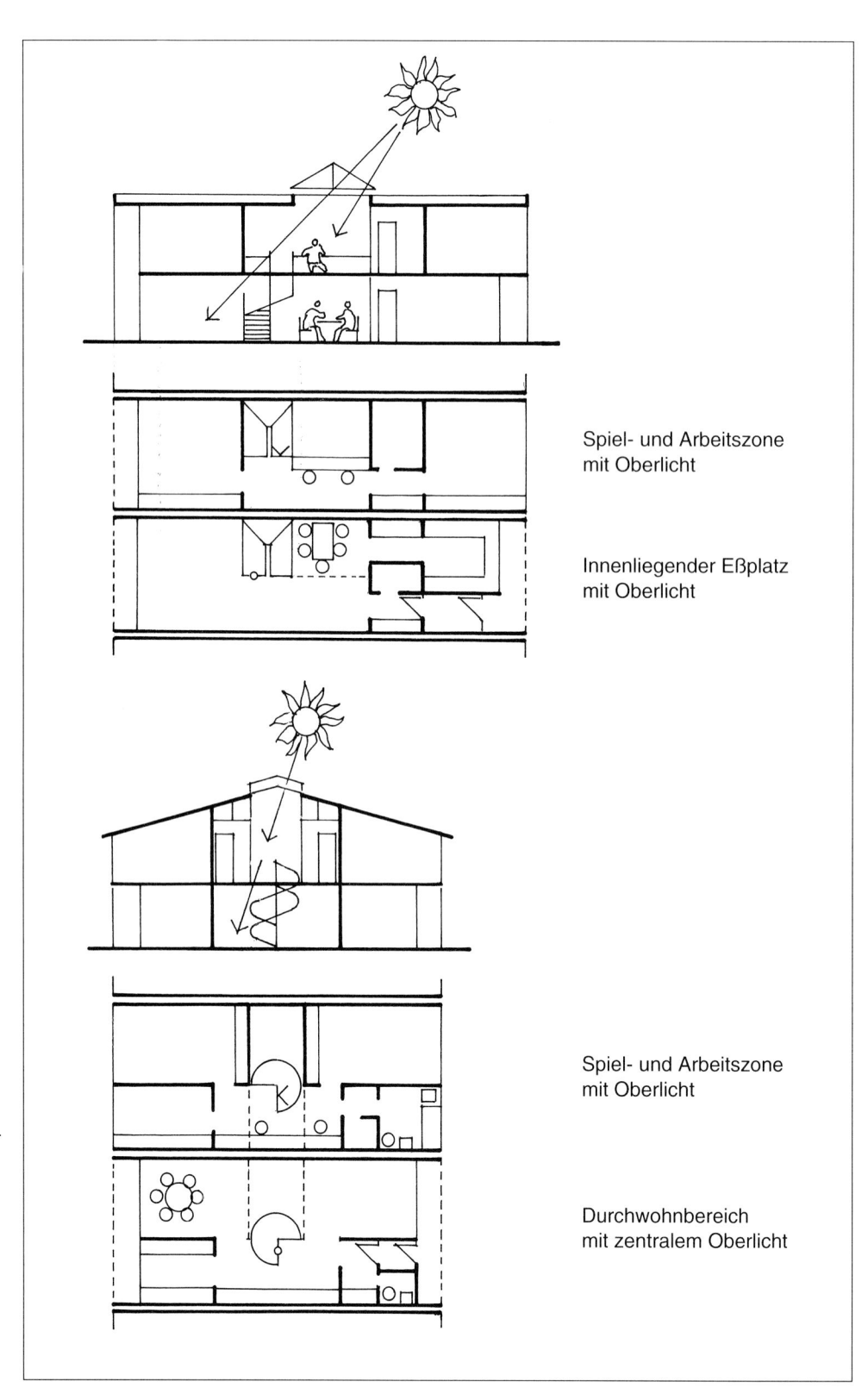

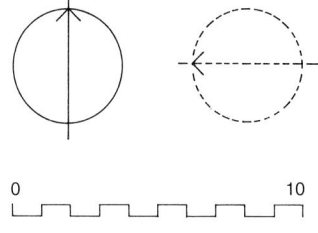

Spiel- und Arbeitszone mit Oberlicht

Innenliegender Eßplatz mit Oberlicht

Spiel- und Arbeitszone mit Oberlicht

Durchwohnbereich mit zentralem Oberlicht

BLATT 12.31

WOHNGRUNDRISS UND ORIENTIERUNG 349

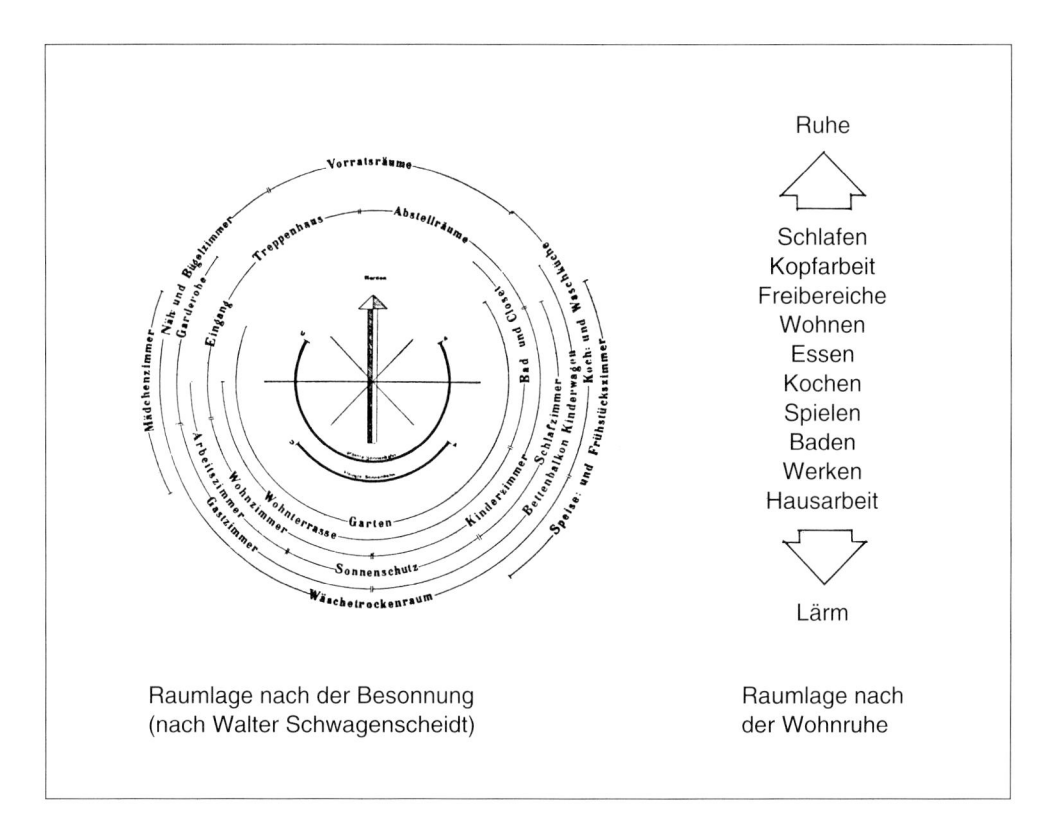

Kriterien der Raumlage und Raumorientierung

Ruhe ↑
Schlafen
Kopfarbeit
Freibereiche
Wohnen
Essen
Kochen
Spielen
Baden
Werken
Hausarbeit
↓ Lärm

Raumlage nach der Besonnung (nach Walter Schwagenscheidt)

Raumlage nach der Wohnruhe

Orientierung im Idealfall

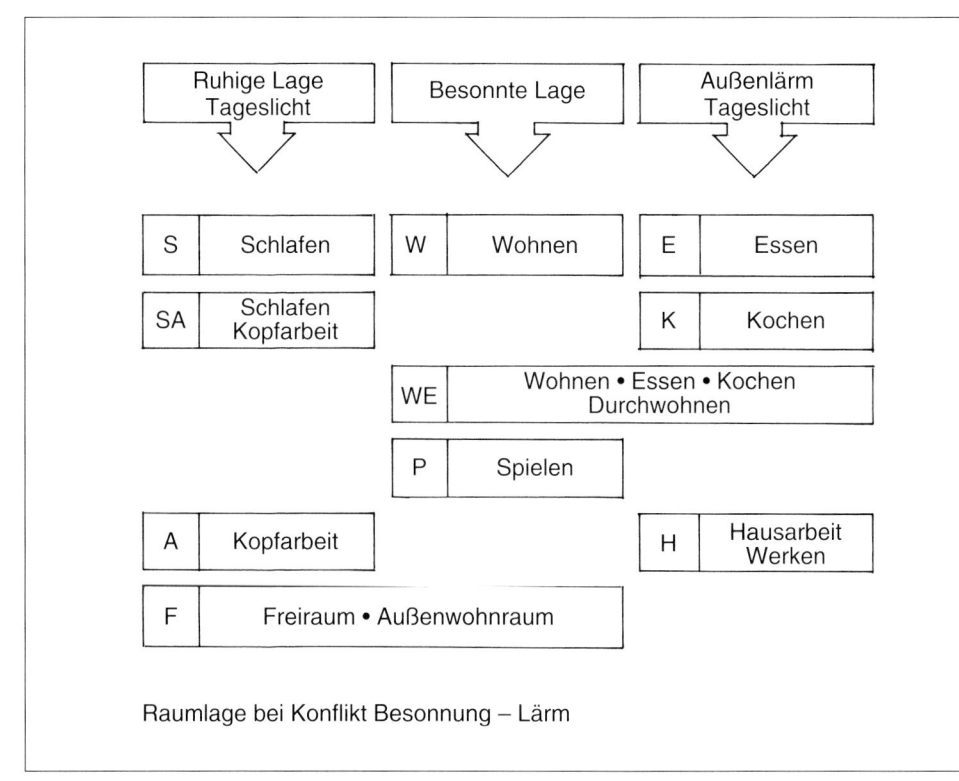

Orientierung im Konfliktfall

Ruhige Lage Tageslicht	Besonnte Lage	Außenlärm Tageslicht

| S | Schlafen |
| SA | Schlafen Kopfarbeit |

| W | Wohnen |

| E | Essen |
| K | Kochen |

| WE | Wohnen • Essen • Kochen Durchwohnen |

| P | Spielen |

| A | Kopfarbeit |

| H | Hausarbeit Werken |

| F | Freiraum • Außenwohnraum |

Raumlage bei Konflikt Besonnung – Lärm

BLATT 12.40

WOHNGRUNDRISS UND ORIENTIERUNG

Geschlossener Block mit allseitiger Lärmbelastung von außen

Differenzierte Grundrißordnung führt zu unterschiedlichen Bautiefen (Regelfall)

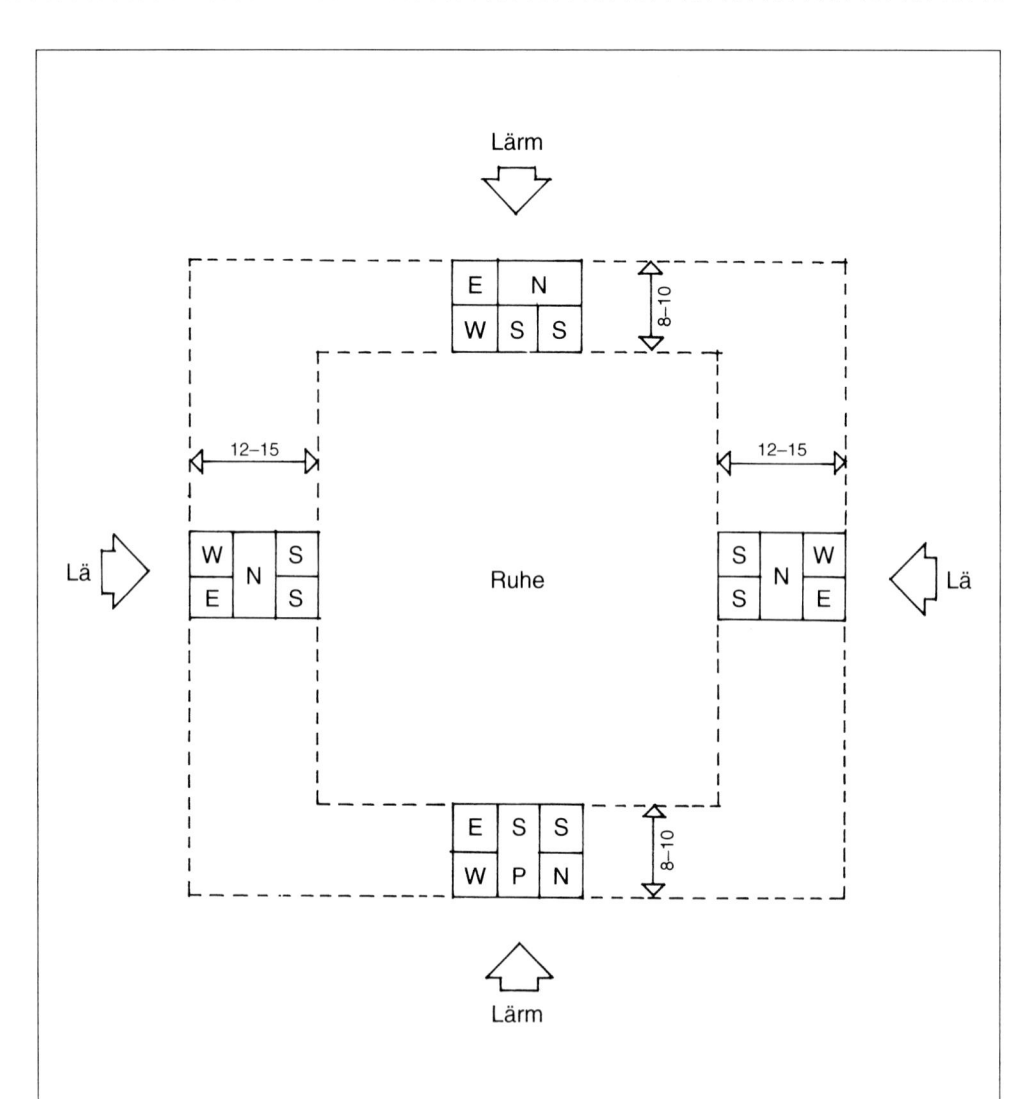

W = Wohnen
E = Essen
S = Schlafen
P = Spielen
N = Nebenräume

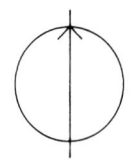

Ost-West-Grundrisse erlauben ausgeglichene Nutzung der Außen- und Innenseite
Nebenräume vorwiegend im Grundrißinneren führen zu größerer Gebäudetiefe

Nord-Süd-Grundrisse führen zu unausgeglichener Nutzung der Außen- und Innenseite
Nebenräume vorwiegend auf der Blockaußenseite führen zu geringerer Gebäudetiefe

BLATT 12.41

WOHNGRUNDRISS UND ORIENTIERUNG

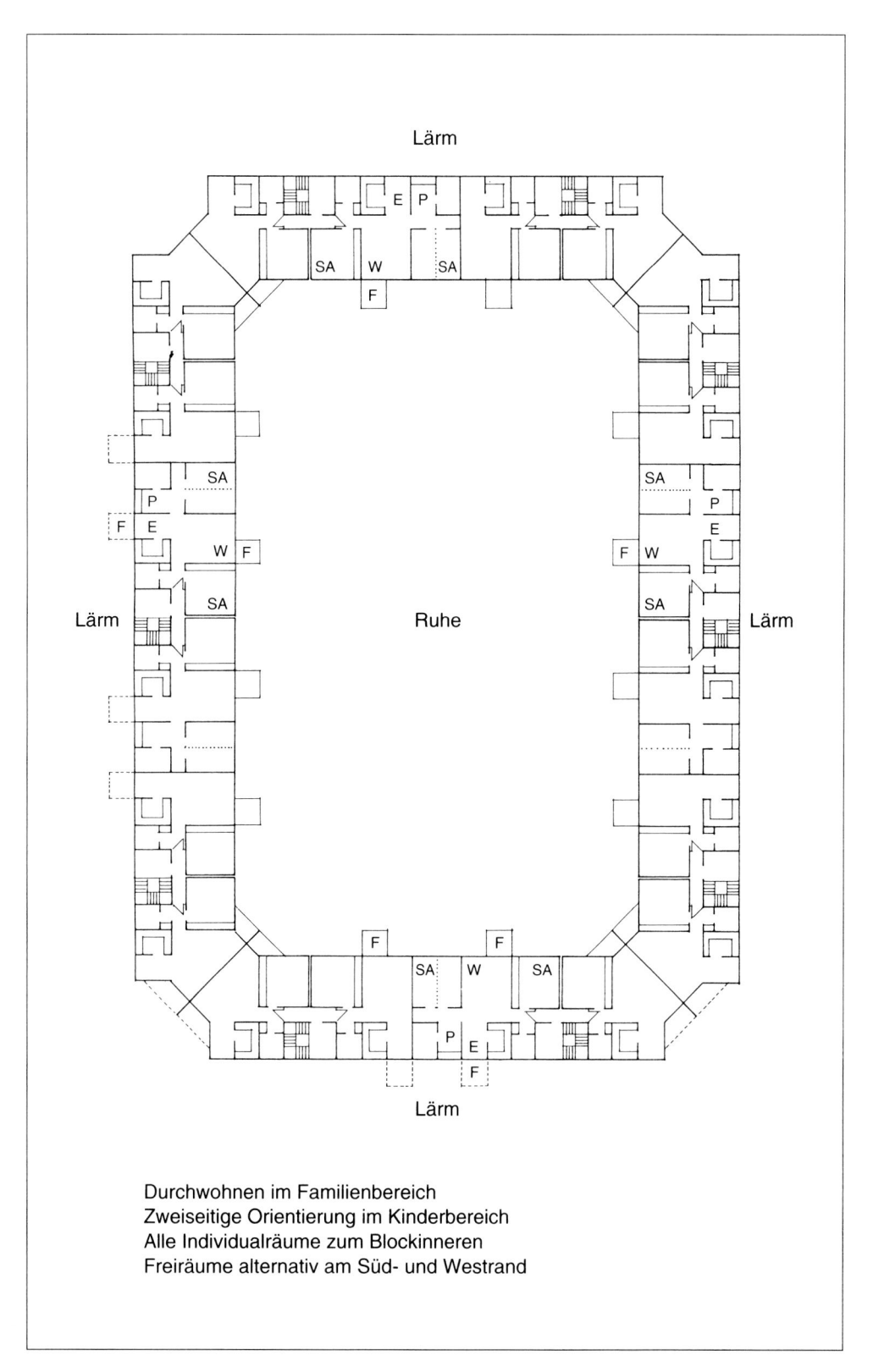

Lärm

Lärm Ruhe Lärm

Lärm

Durchwohnen im Familienbereich
Zweiseitige Orientierung im Kinderbereich
Alle Individualräume zum Blockinneren
Freiräume alternativ am Süd- und Westrand

Geschlossener Block mit allseitiger Lärmbelastung von außen

Gleichbleibende Grundrißordnung mit Hauptorientierung nach innen

Geringe Gebäudetiefe (Durchwohnen)

W = Wohnen
E = Essen
S = Schlafen
P = Spielen
A = Arbeiten
N = Nebenräume
F = Freibereich

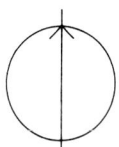

M 1:500

BLATT 12.42

Extrovertierte und introvertierte Außenräume des Wohnens

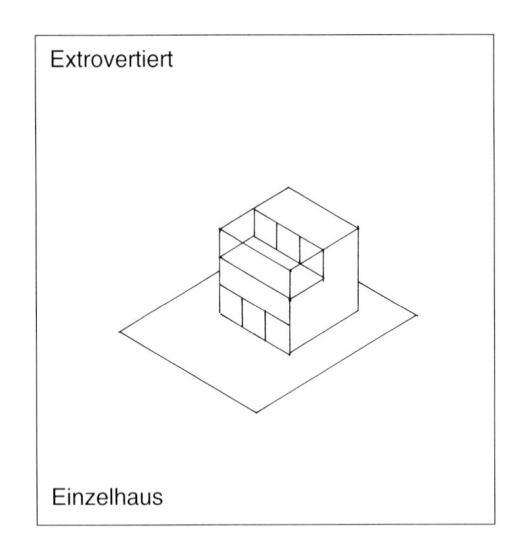

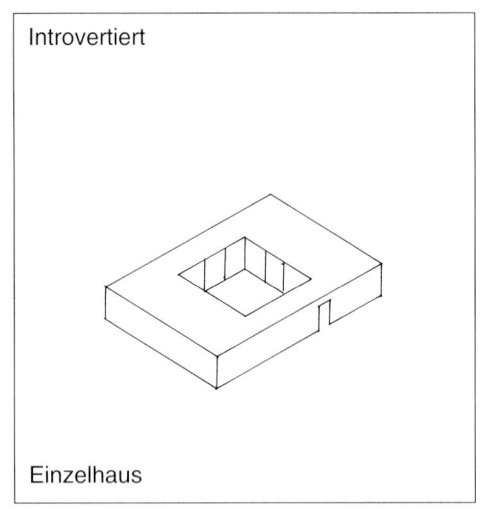

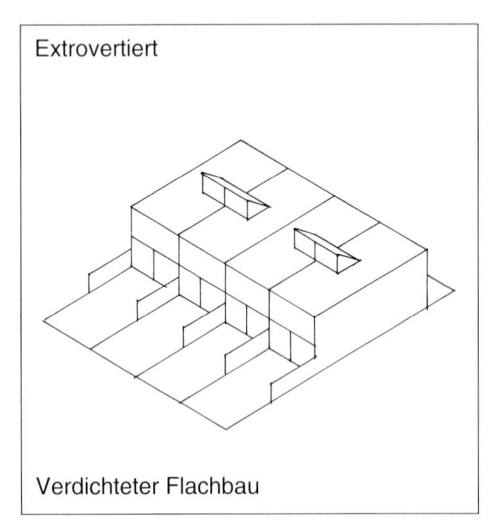

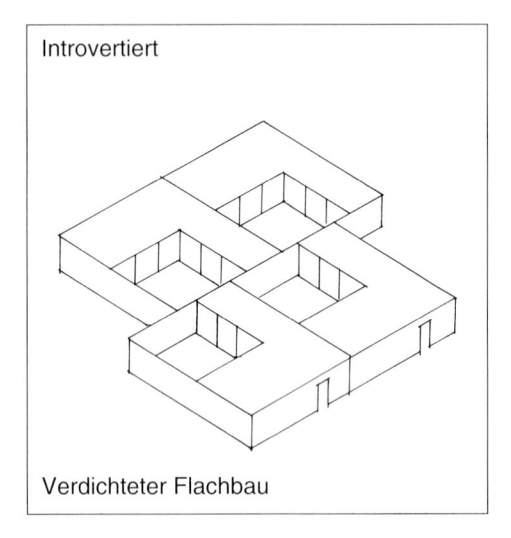

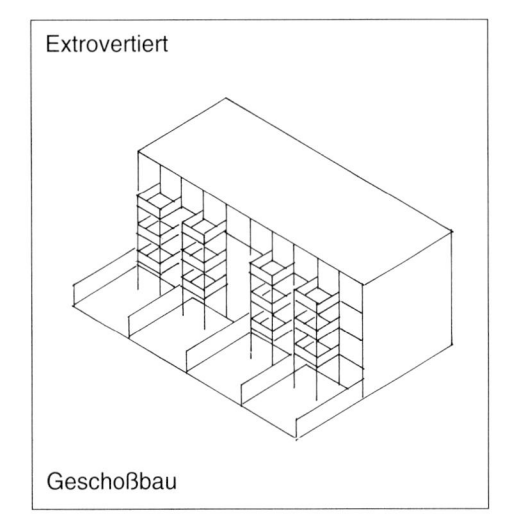

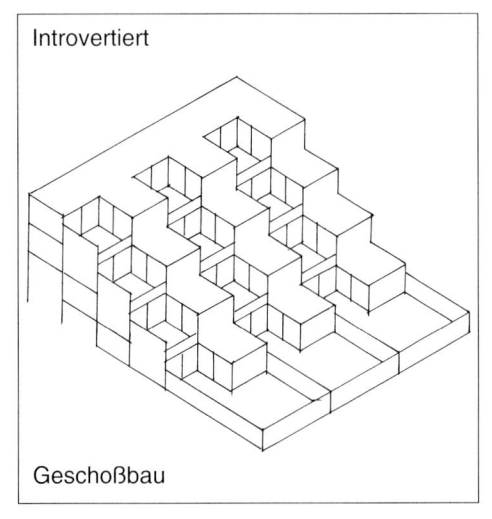

Extrovertiert	Introvertiert
Einzelhaus	Einzelhaus
Verdichteter Flachbau	Verdichteter Flachbau
Geschoßbau	Geschoßbau

BLATT 12.50

WOHNGRUNDRISS UND PRIVATER AUSSENRAUM 353

Introvertierte und extrovertierte Außenräume

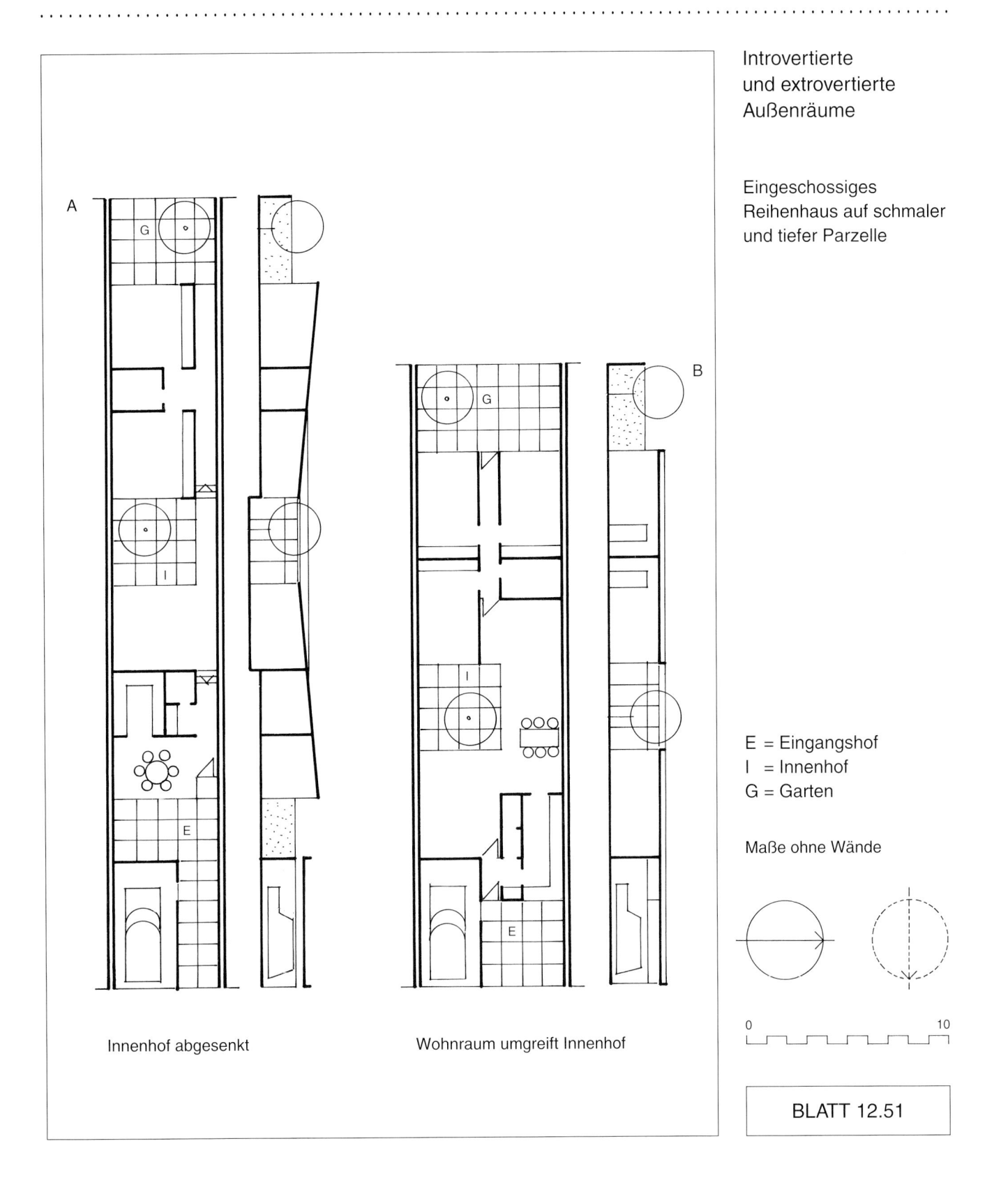

Eingeschossiges Reihenhaus auf schmaler und tiefer Parzelle

E = Eingangshof
I = Innenhof
G = Garten

Maße ohne Wände

Innenhof abgesenkt

Wohnraum umgreift Innenhof

0 10

BLATT 12.51

Wohnungsbezogene Außenräume im Geschoßbau, Begriffe

Loggien:
Außenräume innerhalb des Hausgrundes (Fassadenebene) auf 3 Seiten umbaut

Balkone:
Außenräume außerhalb des Hausgrundes (Fassadenebene) auf 1 • 1½ oder 2 Seiten umbaut

Terrassen:
Befestigte, nach oben offene Außenräume über darunterliegenden Wohnräumen vorzugsweise auf 2 Seiten umbaut

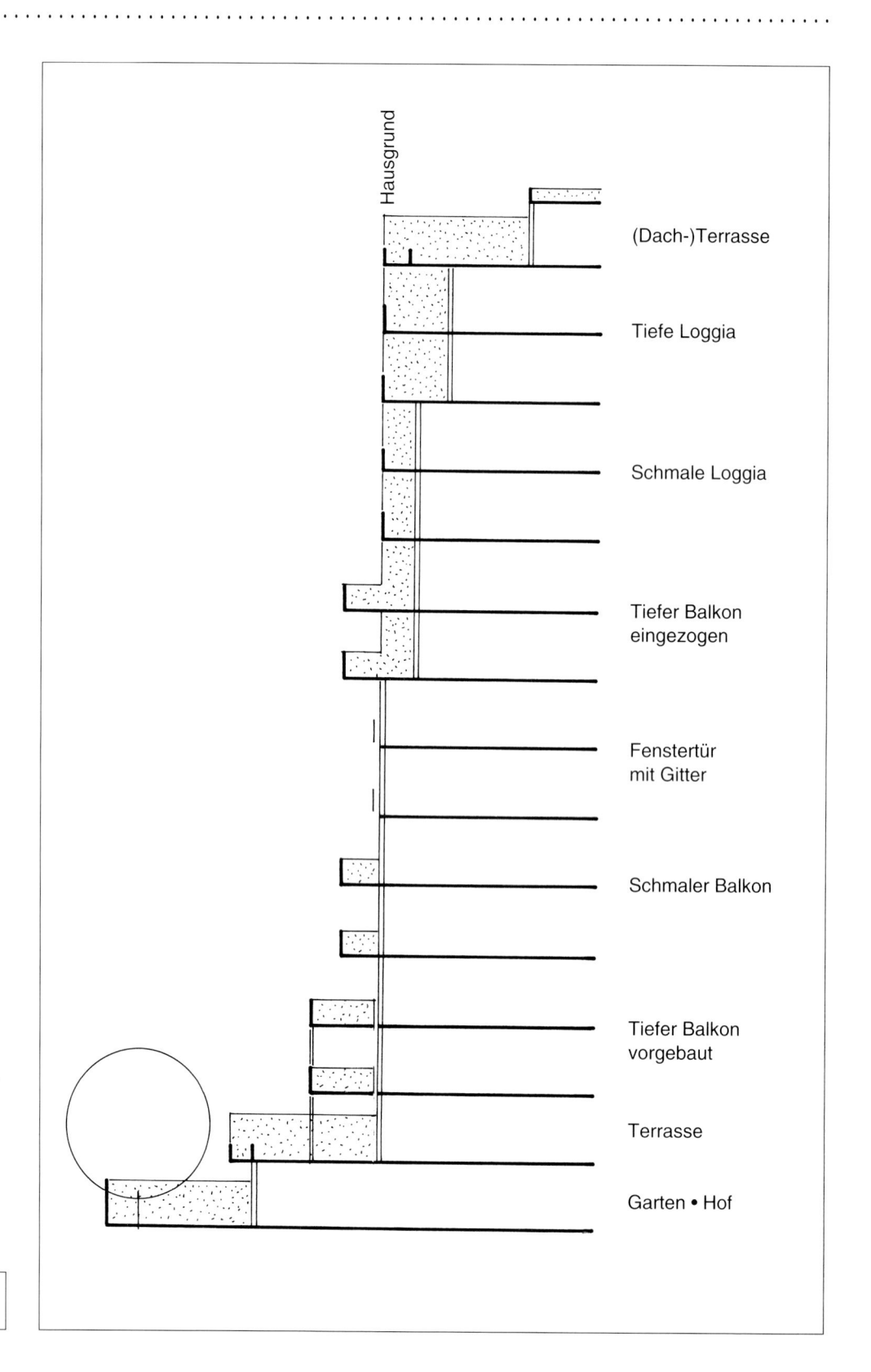

BLATT 12.52

Hausgrund

- (Dach-)Terrasse
- Tiefe Loggia
- Schmale Loggia
- Tiefer Balkon eingezogen
- Fenstertür mit Gitter
- Schmaler Balkon
- Tiefer Balkon vorgebaut
- Terrasse
- Garten • Hof

Wohnungsbezogener
Außenraum
im Geschoßbau

Kriterien

A — Schmale Loggien und Balkone sind als Außenräume nur brauchbar als Erweiterung des Innenraums
Viel Transparenz zwischen innen und außen erforderlich,
keine geschlossenen Brüstungen

B — Auch Außenräume sind »Räume« und müssen möblierbar sein
Länge kann Tiefe nicht ersetzen

C — Tiefe Außenräume so anordnen, daß daneben Direktbelichtung der Wohnräume möglich ist

D — Vorgebaute Balkone brauchen Wind- und Sichtschutz
Balkongerüste erlauben individuelle Anpassungen

E — Aneinanderstoßende Balkone durch Abstellräume o. ä. vor gegenseitigen Störungen schützen

M 1:200

BLATT 12.53

WOHNGRUNDRISS UND PRIVATER AUSSENRAUM

Stapelprinzip
und Wohnlagenprinzip
im Vergleich

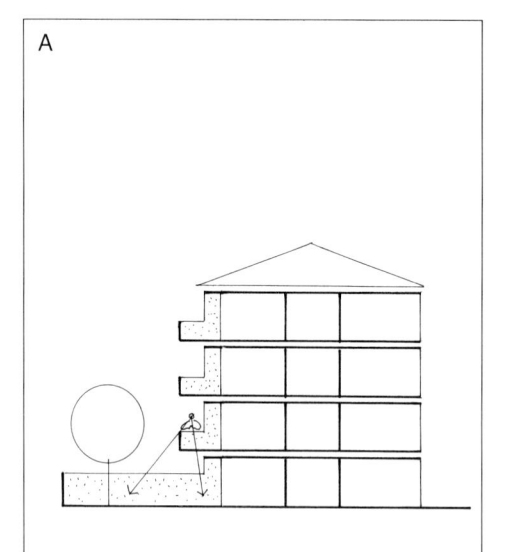

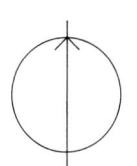

A

B

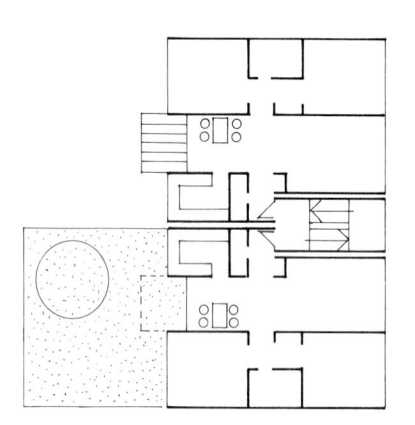

Stapelprinzip:

Schichtung
gleicher Wohneinheiten • Flats

Große Unterschiede
im Außenraumangebot:
EG: Garten
1.–3. OG: Balkon

Einblicke unvermeidlich

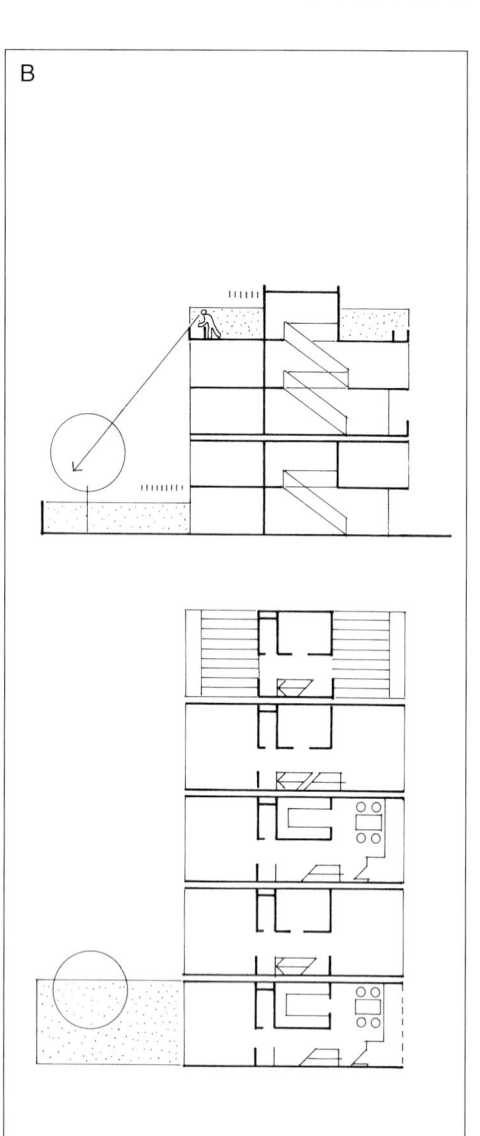

Wohnlagenprinzip:

Differenzierter
Gebäudequerschnitt • Maisonettes

Ausgeglichenes
Außenraumangebot:
Untere Lage: Gartenhof
Obere Lage: Dachterrasse

Einblicke vermeidbar

BLATT 12.54

WOHNGRUNDRISS UND PRIVATER AUSSENRAUM 357

A

2½ Geschosse
2 Wohnlagen

U: Flats mit Garten
O: Maisonettes mit Terrasse

B

3 Geschosse
2 Wohnlagen

U: Maisonettes mit Garten
O: Flats mit Terasse

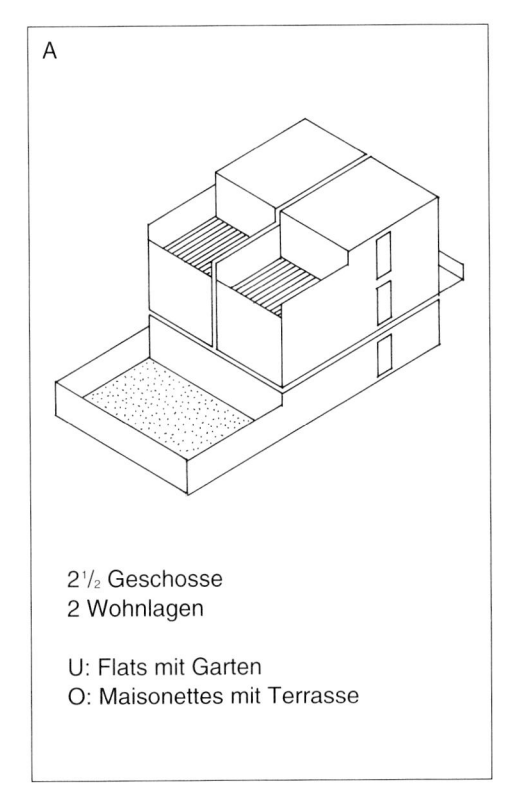

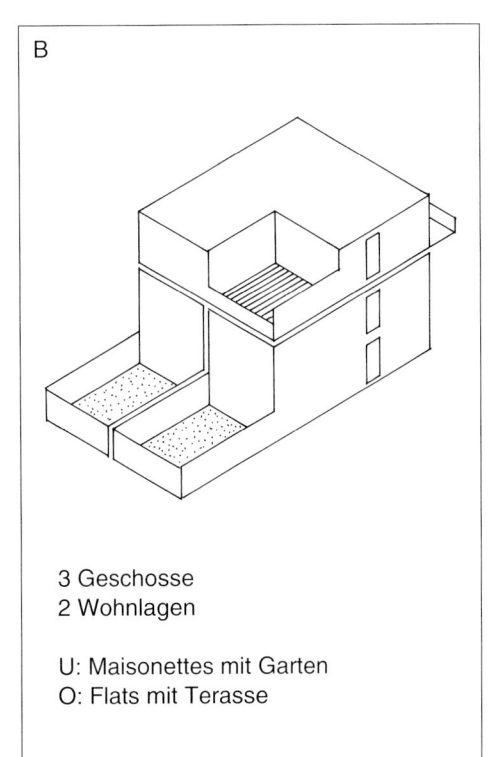

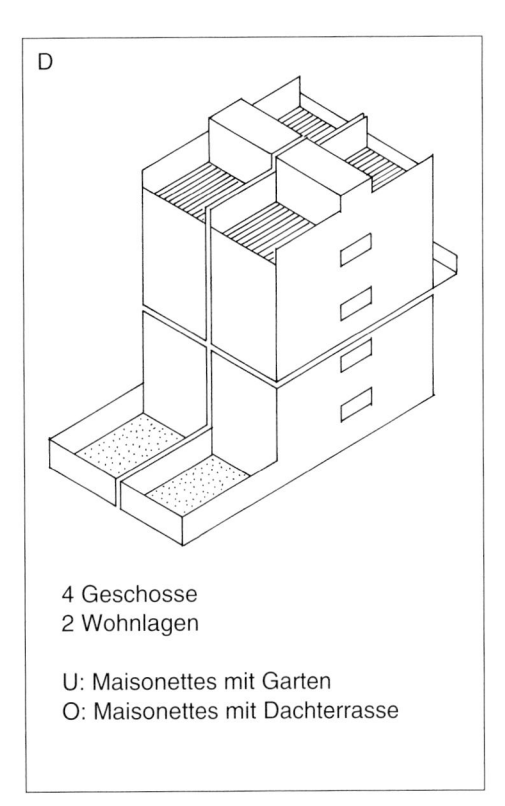

Außenräume im mehrgeschossigen Zeilenbau nach dem Wohnlagenprinzip

2 Wohnlagen

U = Untere Wohnlage
O = Obere Wohnlage

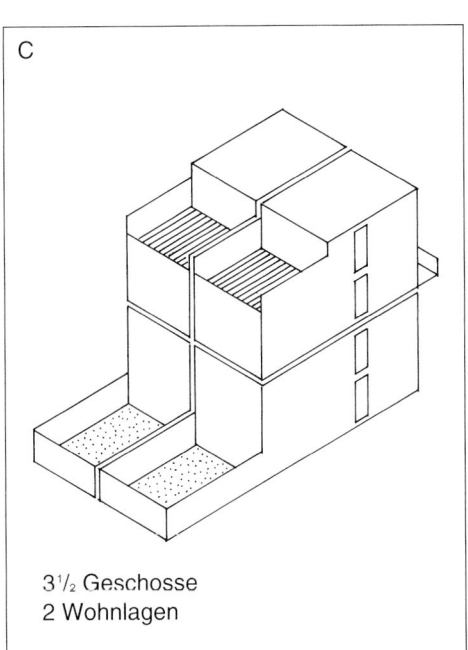

C

3½ Geschosse
2 Wohnlagen

U: Maisonettes mit Garten
O: Maisonettes mit Terrasse

D

4 Geschosse
2 Wohnlagen

U: Maisonettes mit Garten
O: Maisonettes mit Dachterrasse

BLATT 12.55

WOHNGRUNDRISS UND PRIVATER AUSSENRAUM

Außenräume im mehrgeschossigen Zeilenbau nach dem Wohnlagenprinzip

3 Wohnlagen

U = Untere Wohnlage
M = Mittlere Wohnlage
O = Obere Wohnlage

A

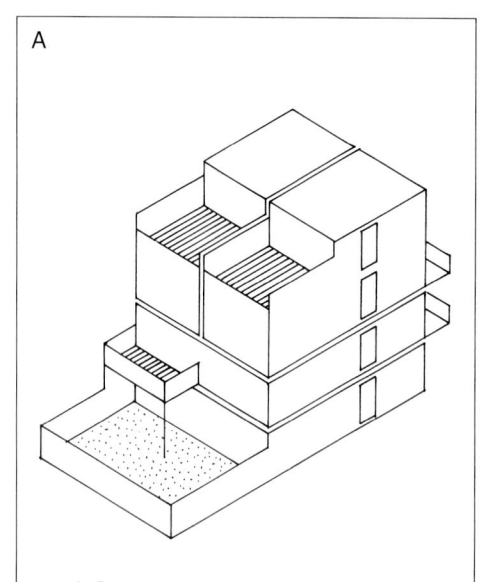

3½ Geschosse • 3 Wohnlagen

U: Flats mit Garten
M: Flats mit Balkon
O: Maisonettes mit Terrasse

B

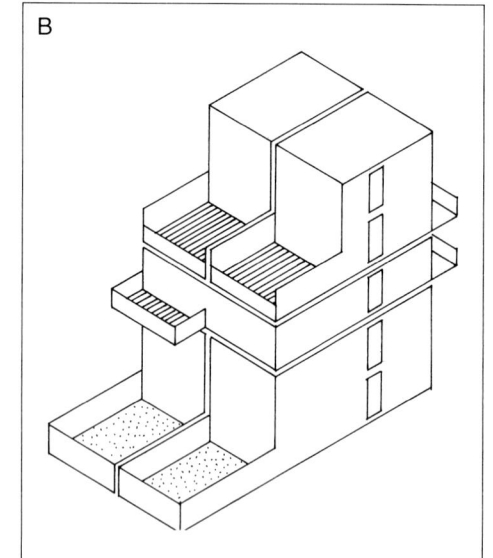

3²⁄₂ Geschosse • 3 Wohnlagen

U: Maisonettes mit Garten
M: Flats mit Balkon
O: Maisonettes mit Terrasse

C

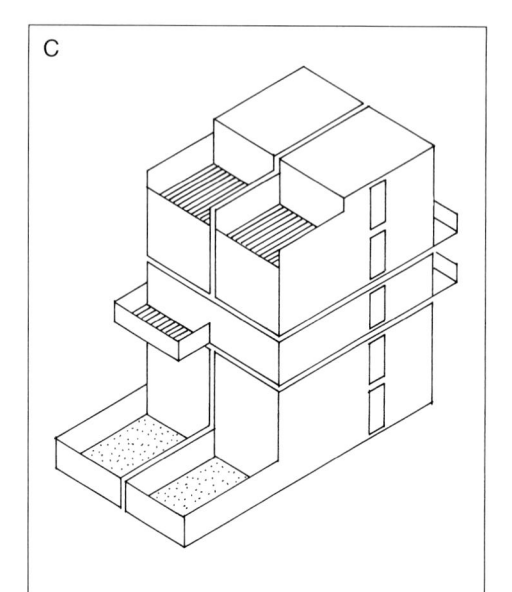

4½ Geschosse • 3 Wohnlagen

U: Maisonettes mit Garten
M: Flats mit Balkon
O: Maisonettes mit Terrasse

D

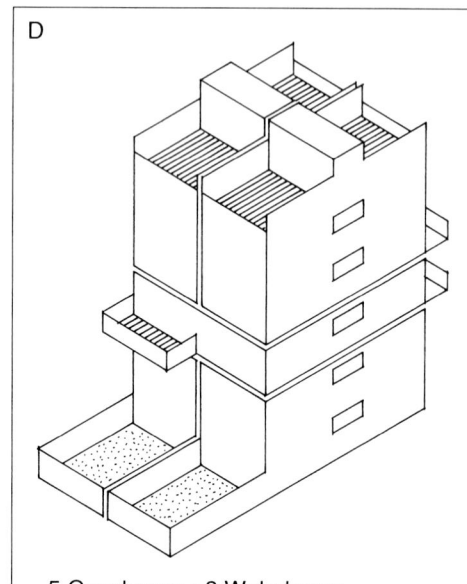

5 Geschosse • 3 Wohnlagen

U: Maisonettes mit Garten
M: Flats mit Balkon
O: Maisonettes mit Dachterrasse

BLATT 12.56

Außenräume im terrassierten Geschoßbau

A

Kombination aus Stapelprinzip und Wohnlagenprinzip

U = Untere Wohnlage
M = Mittlere Wohnlage
O = Obere Wohnlage

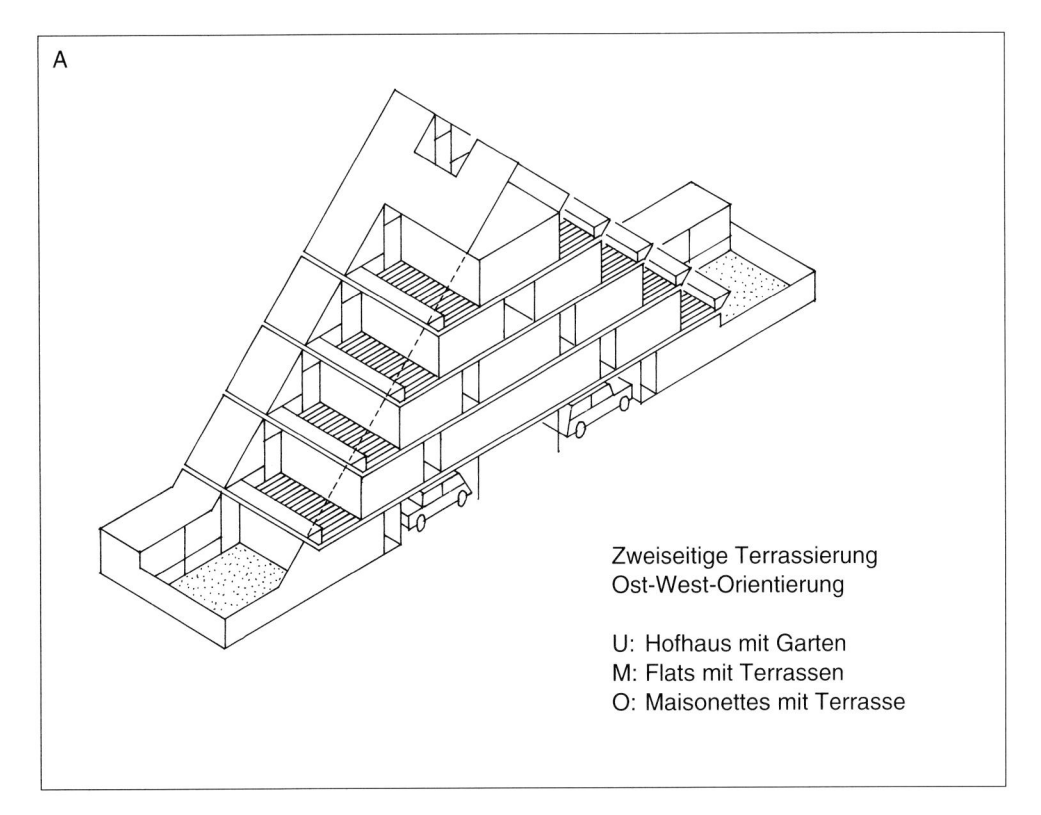

Zweiseitige Terrassierung
Ost-West-Orientierung

U: Hofhaus mit Garten
M: Flats mit Terrassen
O: Maisonettes mit Terrasse

B

Bei gleicher Terrassentiefe und gleichem Überdeckungsgrad ist der Neigungswinkel des Terrassenhauses bei Maisonettes (B) steiler als bei Flats (A)

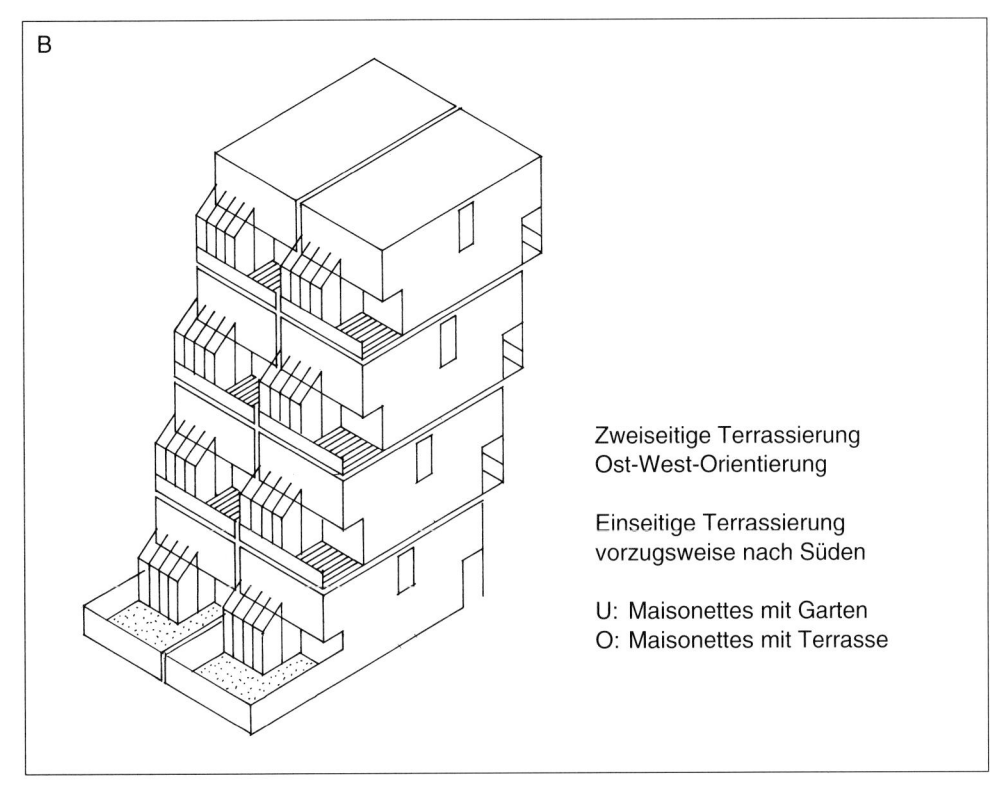

Zweiseitige Terrassierung
Ost-West-Orientierung

Einseitige Terrassierung
vorzugsweise nach Süden

U: Maisonettes mit Garten
O: Maisonettes mit Terrasse

BLATT 12.57

Veränderbarkeit und
Anpaßbarkeit im
mehrgeschossigen
Zeilenbau

Grundprinzipien
Begriffe

Kriterien:

Angebotsflexibilität

Gebrauchsflexibilität

Nutzungsneutralität

A   Baulich differenzierte Wohnungsgrößen

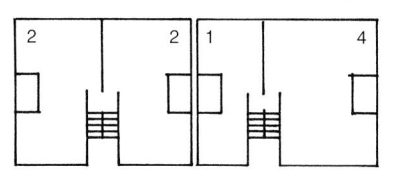

B   Systembedingt veränderbare Grundrisse

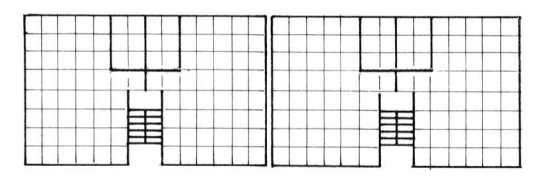

C   Nutzungsneutrale Grundrisse

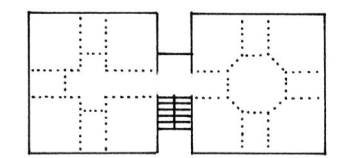

D   Nutzungsneutrale und schaltbare Räume

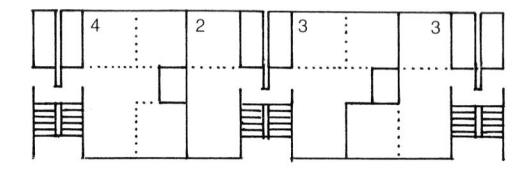

E   Kombinierbarkeit kleiner selbständiger Wohneinheiten

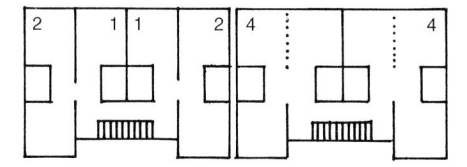

BLATT 12.60

Wohnungsmischung und Angebotsflexibilität:

Schaltzimmer SZ mit 2 Türen (Blindtüre) ermöglichen differenzierte Wohnungsmischung bei gleichbleibender Grundrißordnung

Wohnflächen inklusive Balkon
( ) bei Raumgröße 3,75 x 3,75 m

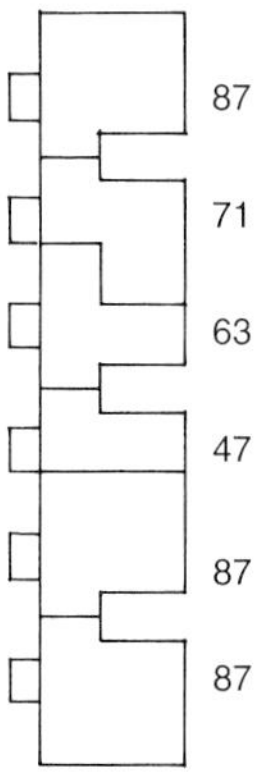

87
71
63
47
87
87

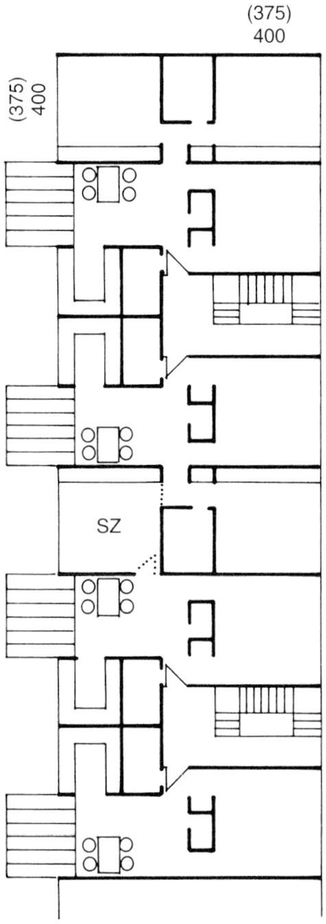

87 (78) qm

71 (64) qm

63 (56) qm

47 (42) qm

Veränderbarkeit und Anpaßbarkeit im mehrgeschossigen Zeilenbau

Flats im Zweispänner

Wohnungsmischung und Angebotsflexibilität durch Schaltzimmer

Nutzungsneutralität und Gebrauchsflexibilität dieses Typs siehe Blatt 12.62

.... flexibler Ausbau Maßangaben o. Wände

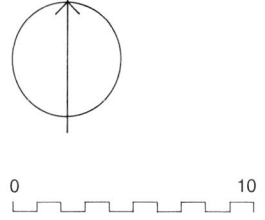

BLATT 12.61

WOHNGRUNDRISS UND VERÄNDERBARKEIT

Veränderbarkeit und
Anpaßbarkeit im
mehrgeschossigen
Zeilenbau

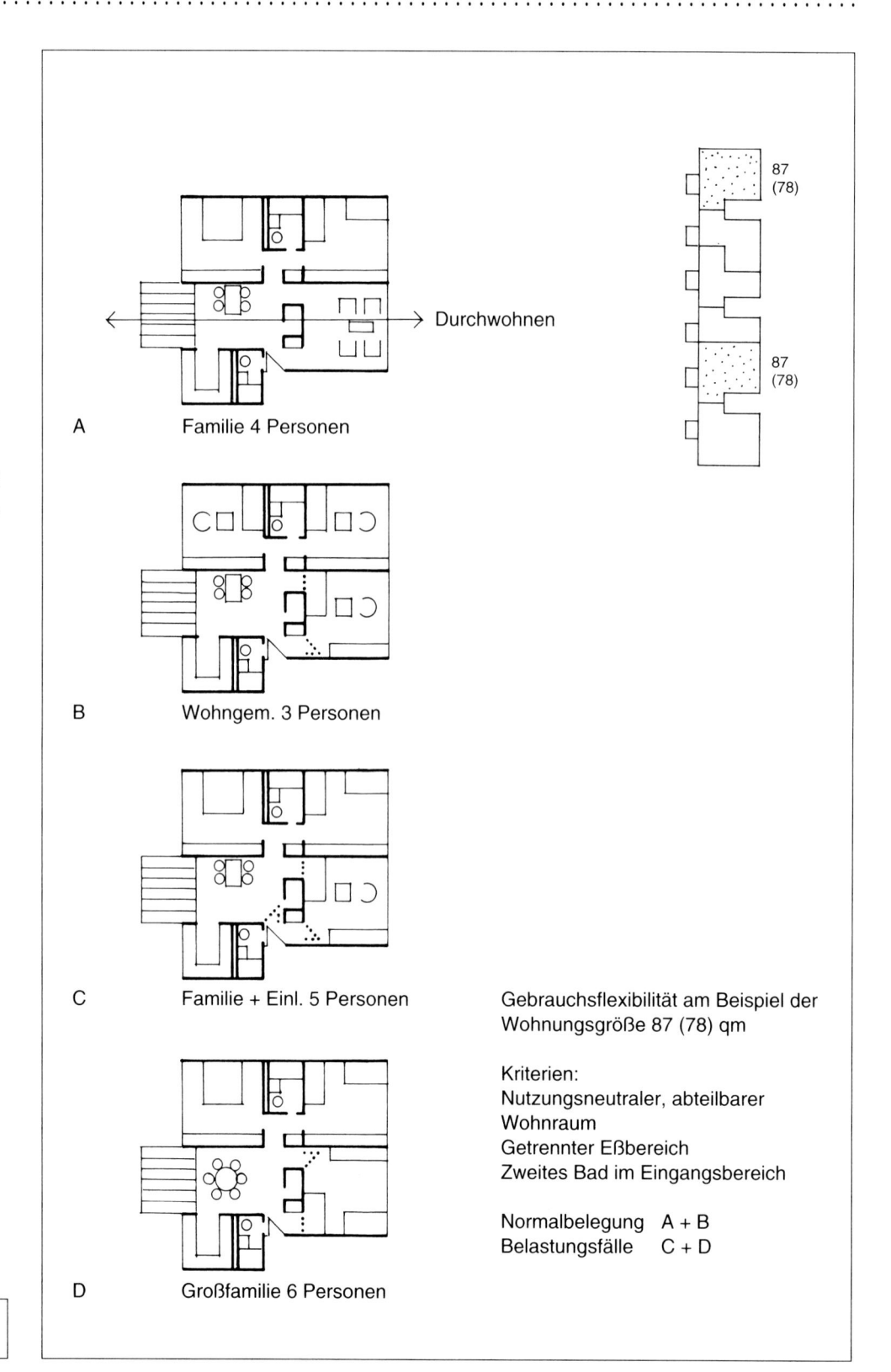

Flats im Zweispänner

Nutzungsneutralität
und Gebrauchsflexibilität
im Einzelgrundriß

Wohnungsmischung und
Angebotsflexibilität siehe
Blatt 12.61

.... flexibler Ausbau

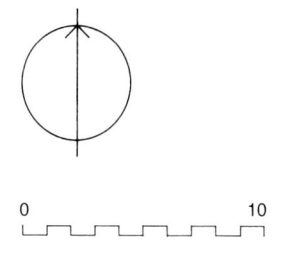

BLATT 12.62

A Familie 4 Personen — Durchwohnen

87 (78)

87 (78)

B Wohngem. 3 Personen

C Familie + Einl. 5 Personen

D Großfamilie 6 Personen

Gebrauchsflexibilität am Beispiel der
Wohnungsgröße 87 (78) qm

Kriterien:
Nutzungsneutraler, abteilbarer
Wohnraum
Getrennter Eßbereich
Zweites Bad im Eingangsbereich

Normalbelegung   A + B
Belastungsfälle   C + D

WOHNGRUNDRISS UND VERÄNDERBARKEIT 363

Wohnungsmischung und Angebotsflexibilität:

Schaltzimmer SZ mit 2 Türen (Blindtüre) ermöglichen differenzierte Wohnungsmischung bei gleichbleibender Grundrißordnung

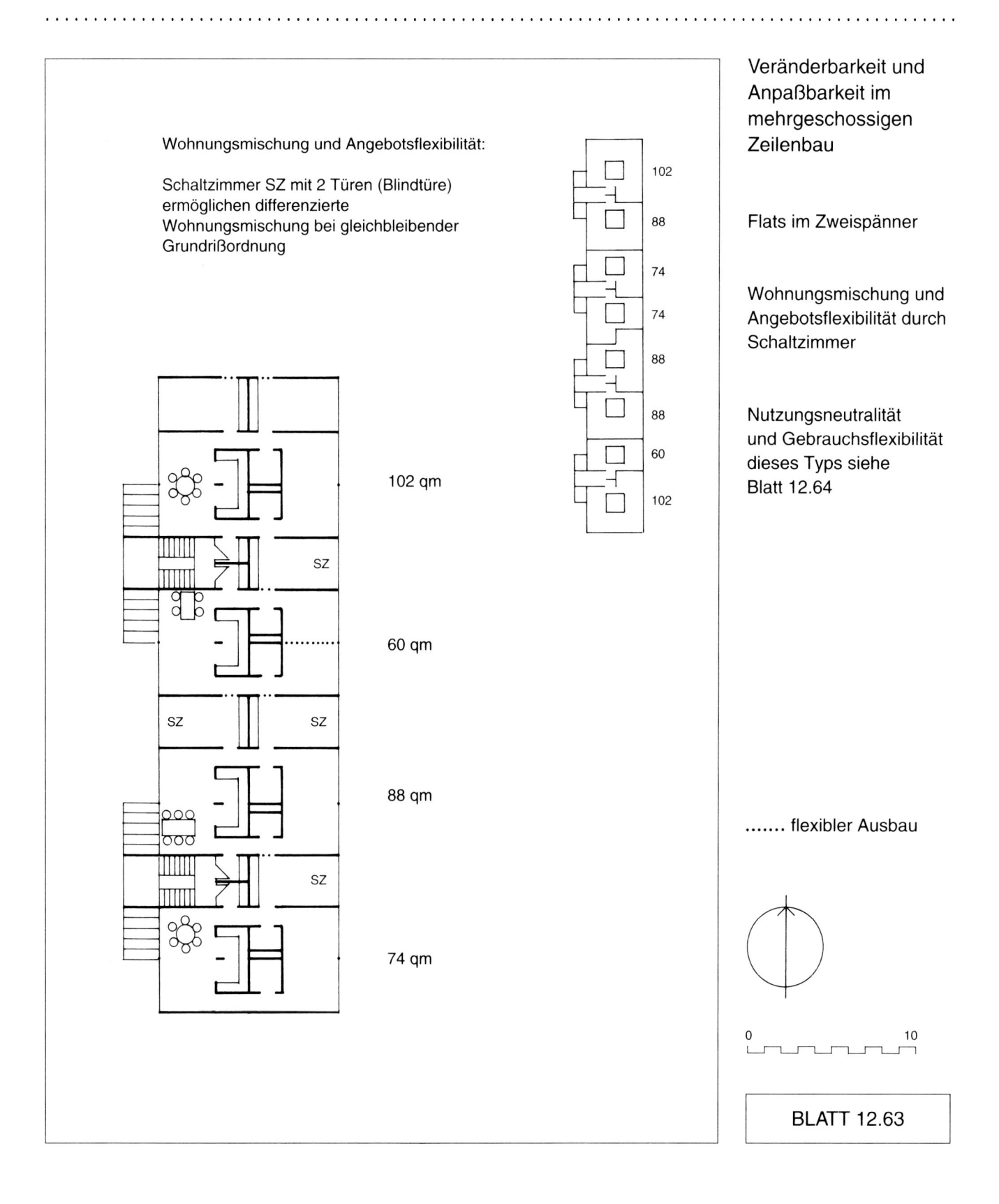

102 qm

60 qm

88 qm

74 qm

Veränderbarkeit und Anpaßbarkeit im mehrgeschossigen Zeilenbau

Flats im Zweispänner

Wohnungsmischung und Angebotsflexibilität durch Schaltzimmer

Nutzungsneutralität und Gebrauchsflexibilität dieses Typs siehe Blatt 12.64

.... flexibler Ausbau

0　　　　10

BLATT 12.63

WOHNGRUNDRISS UND VERÄNDERBARKEIT

Veränderbarkeit und Anpaßbarkeit im mehrgeschossigen Zeilenbau

Flats im Zweispänner

Nutzungsneutralität und Gebrauchsflexibilität im Einzelgrundriß

Wohnungsmischung und Angebotsflexibilität siehe Blatt 12.63

A Familie
   4 Personen

B Wohngem.
   3 Personen

C Familie
   + Einlieger
   5 Personen

D Familie
   6 Personen

.... flexibler Ausbau

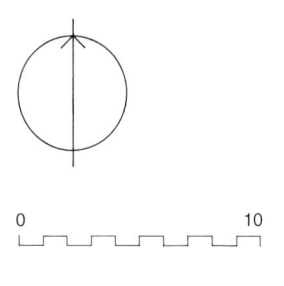

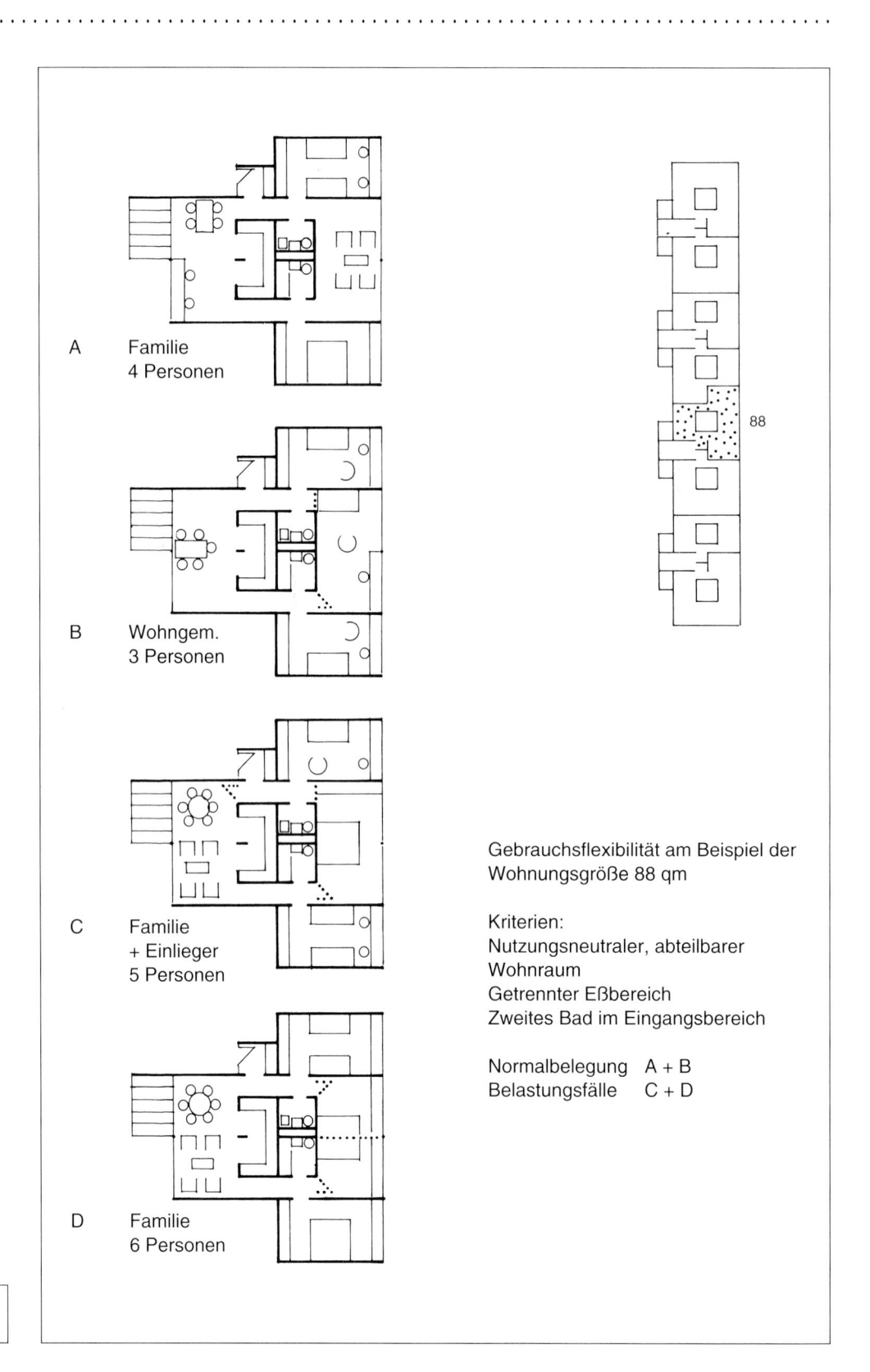

0 — 10

BLATT 12.64

Gebrauchsflexibilität am Beispiel der Wohnungsgröße 88 qm

Kriterien:
Nutzungsneutraler, abteilbarer Wohnraum
Getrennter Eßbereich
Zweites Bad im Eingangsbereich

Normalbelegung A + B
Belastungsfälle C + D

WOHNGRUNDRISS UND VERÄNDERBARKEIT

365

Veränderbarkeit und Anpaßbarkeit im mehrgeschossigen Zeilenbau

Flats im Zweispänner

Wohnungsmischung und Angebotsflexibilität durch Kombinieren selbständiger Kleinwohnungen

Reversibilität (Teilbarkeit) sichert langfristige Gebrauchsflexibilität bei schrumpfendem Flächenbedarf

1 Person 45 qm

2 Personen 60 qm

6 Personen 105 qm

Einlieger EI 22 qm

4 Personen 83 qm

8 Personen 105 qm
Belastungsfall

.... flexibler Ausbau

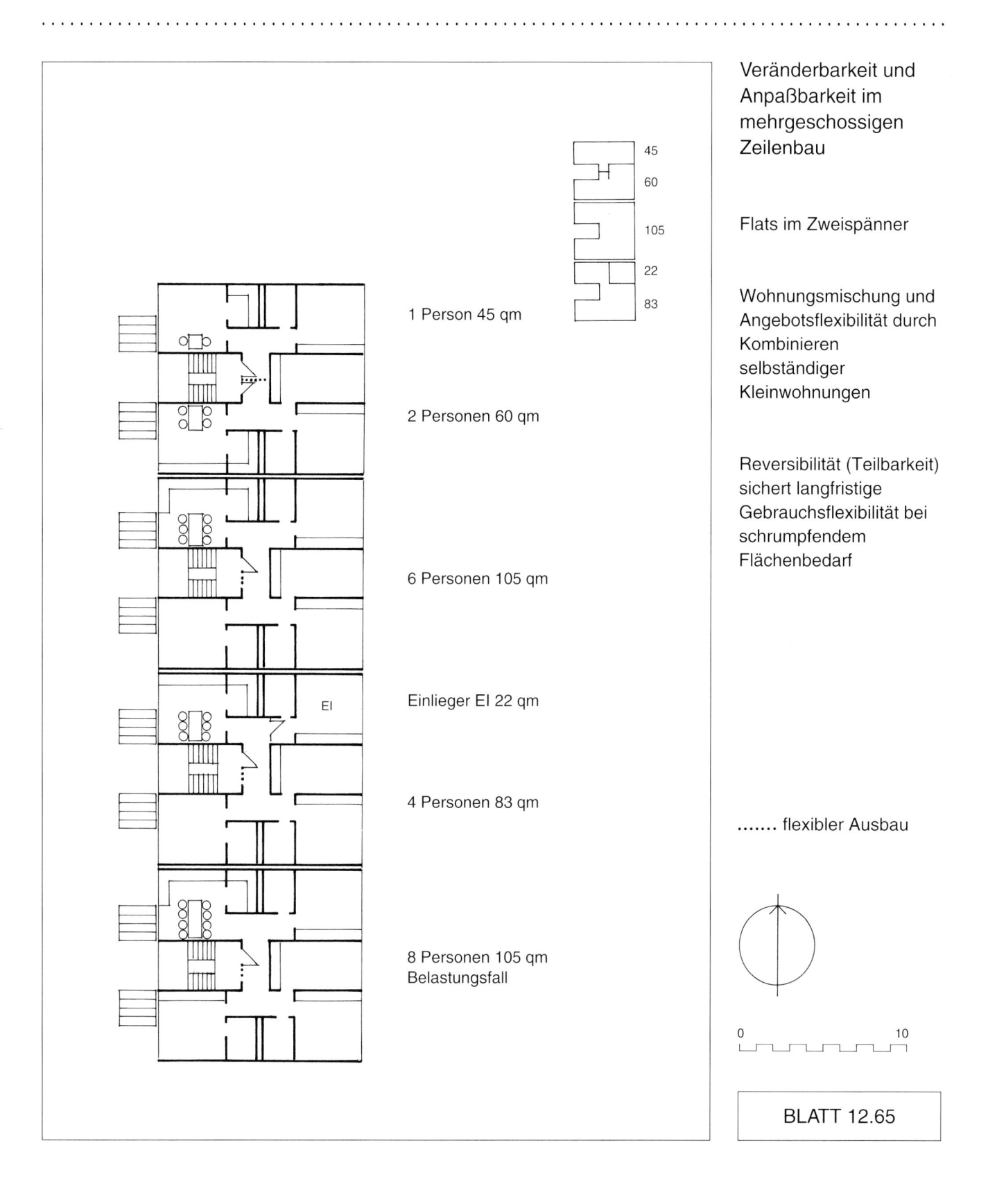

BLATT 12.65

WOHNGRUNDRISS UND VERÄNDERBARKEIT

Veränderbarkeit und Anpaßbarkeit im mehrgeschossigen Zeilenbau

Flats im Dreispänner

Wohnungsmischung und Angebotsflexibilität durch Kombinieren selbständiger Kleinwohnungen

Reversibilität (Teilbarkeit) sichert langfristige Gebrauchsflexibilität

.... flexibler Ausbau

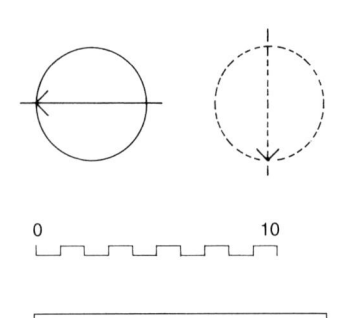

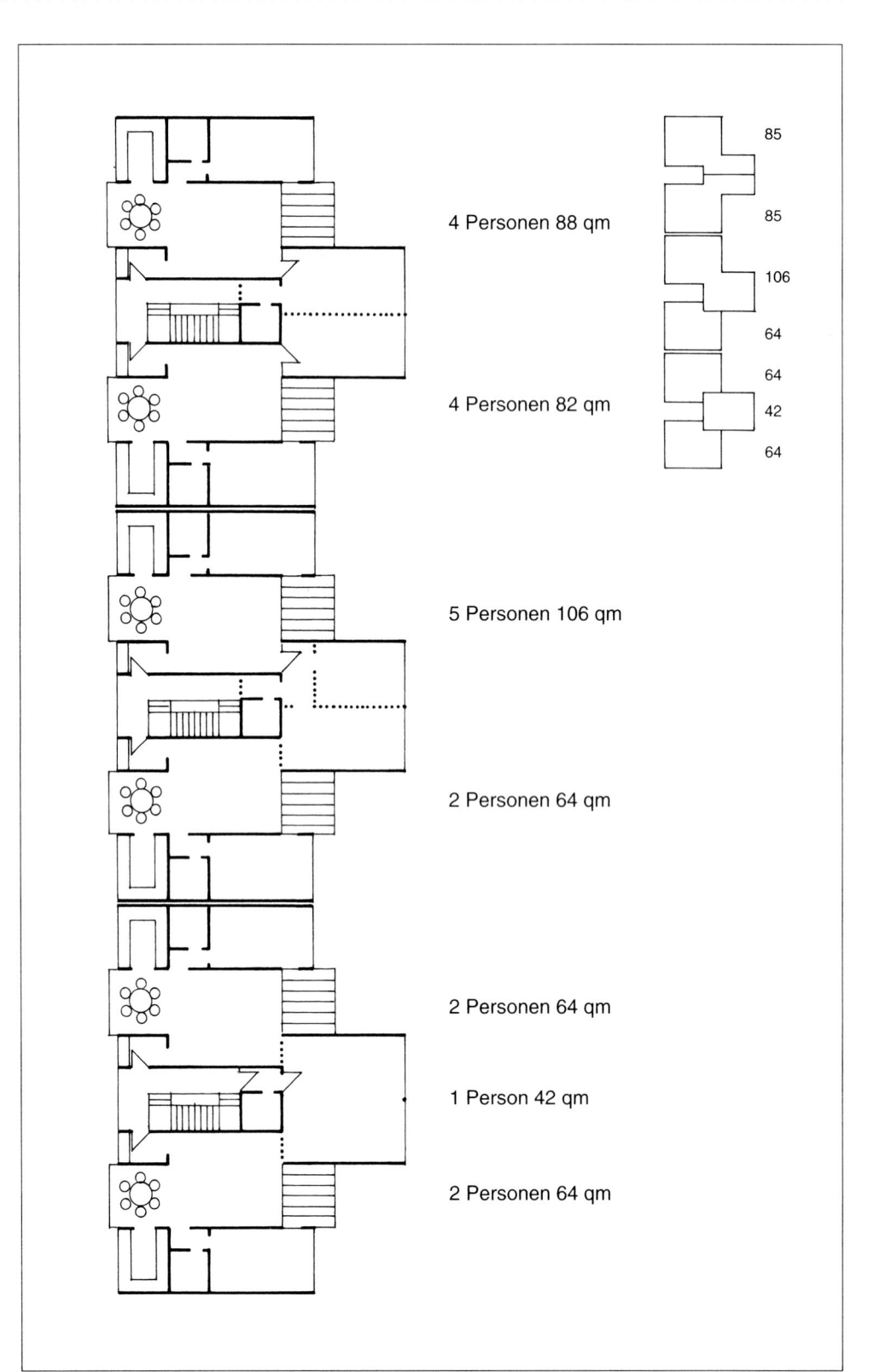

4 Personen 88 qm

4 Personen 82 qm

5 Personen 106 qm

2 Personen 64 qm

2 Personen 64 qm

1 Person 42 qm

2 Personen 64 qm

85
85
106
64
64
42
64

0 — 10

BLATT 12.66

WOHNGRUNDRISS UND VERÄNDERBARKEIT

Veränderbarkeit und Anpaßbarkeit im mehrgeschossigen Zeilenbau

Flats am Laubengang

Wohnungsmischung und Angebotsflexibilität durch Schaltzimmer und Kombinieren selbständiger Kleinwohnungen

Reversibilität (Teilbarkeit) sichert langfristige Gebrauchsflexibilität bei schrumpfendem Flächenbedarf

58	
32	
58	
32	
90	
90	Haupterschließung und Gemeinschaftsräume
48	
42	
32	
58	

4 Personen 90 qm

2 Personen 48 qm

1 Person 42 qm

1 Person 32 qm

2 Personen 58 qm

.... flexibler Ausbau

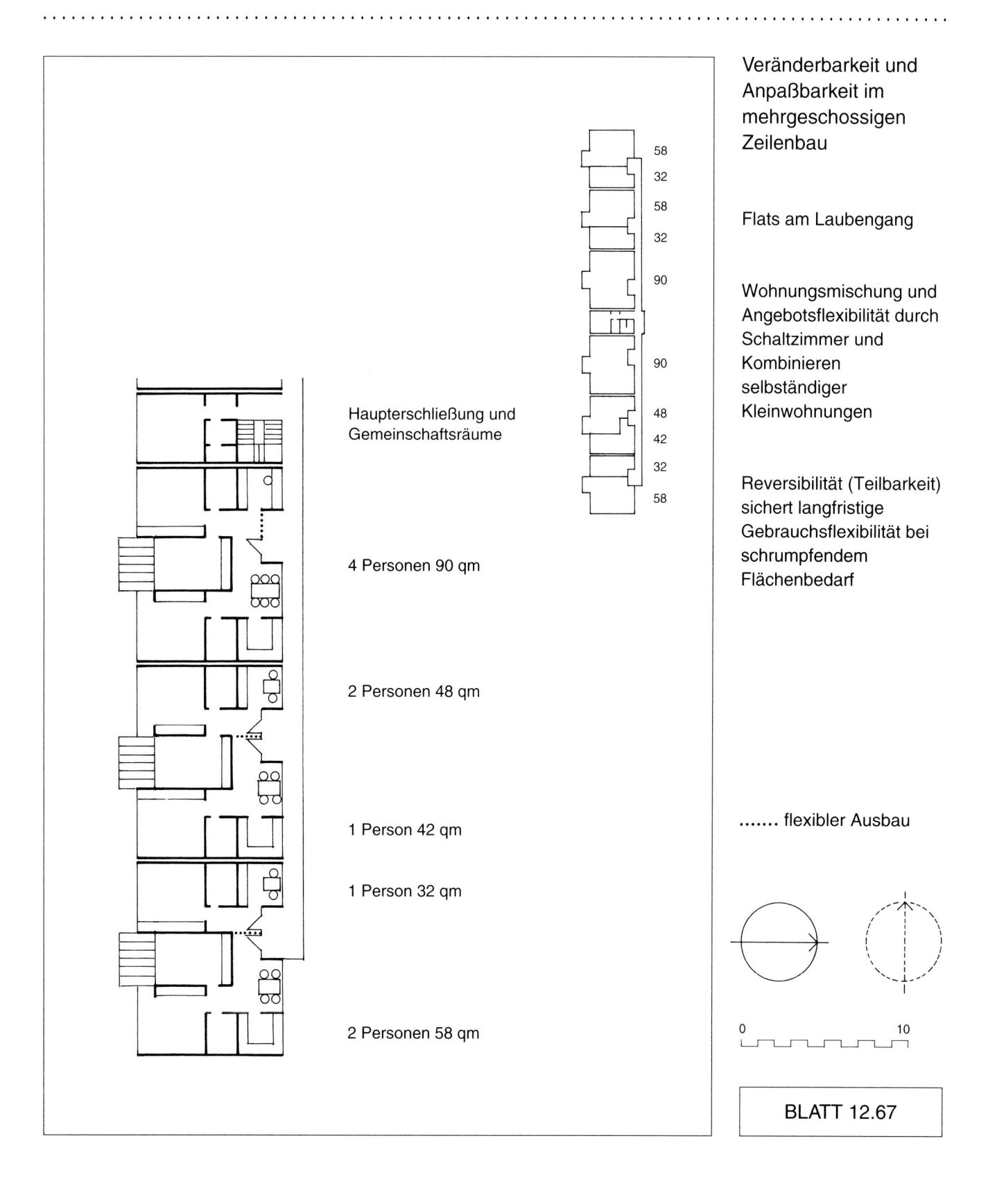

0   10

BLATT 12.67

WOHNGRUNDRISS UND VERÄNDERBARKEIT

Veränderbarkeit und Anpaßbarkeit im mehrgeschossigen Zeilenbau

Außengang als Zwei-, Drei- oder Vierspänner

Wohnungsmischung und Angebotsflexibilität durch kombinierbare selbständige Kleinwohnungen sowie durch Maisonettes in der oberen Wohnlage

Reversibilität (Teilbarkeit) bei den Flats gegeben

.... flexibler Ausbau

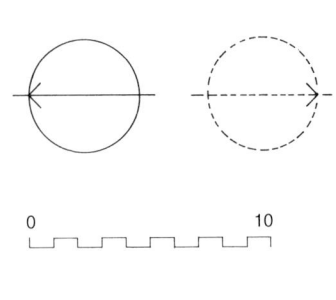

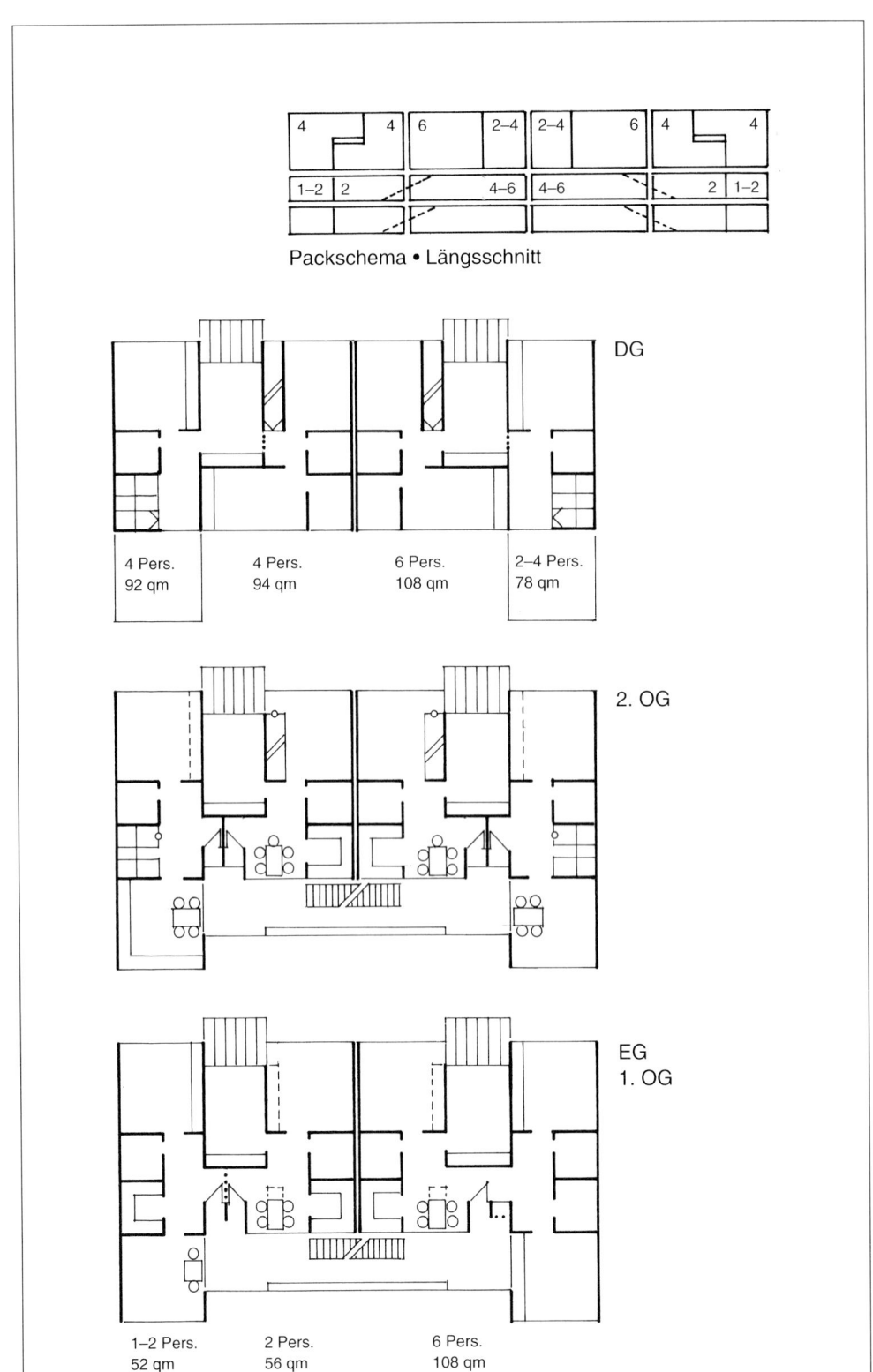

BLATT 12.68

Packschema • Längsschnitt

DG
4 Pers. 92 qm | 4 Pers. 94 qm | 6 Pers. 108 qm | 2–4 Pers. 78 qm

2. OG

EG 1. OG
1–2 Pers. 52 qm | 2 Pers. 56 qm | 6 Pers. 108 qm

WOHNGRUNDRISS UND VERÄNDERBARKEIT

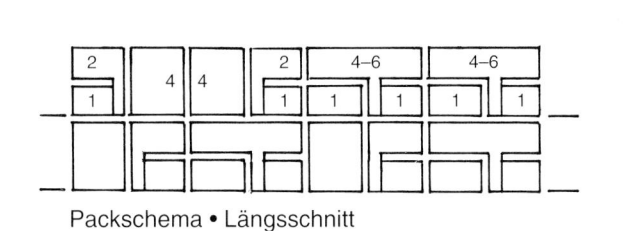

Packschema • Längsschnitt

A	4 Personen Maisonette	96 qm
B	1 Person Flat	45 qm
C	1–2 Personen Flat	51 qm
D	1 Person Flat	47 qm
E	4 Personen Flat	105 qm

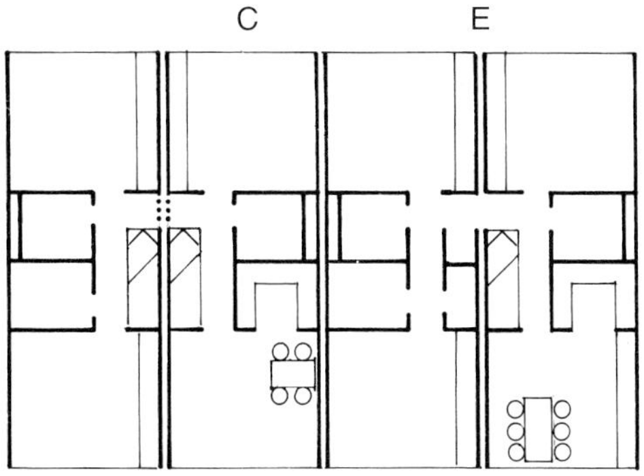

Obere Ebene

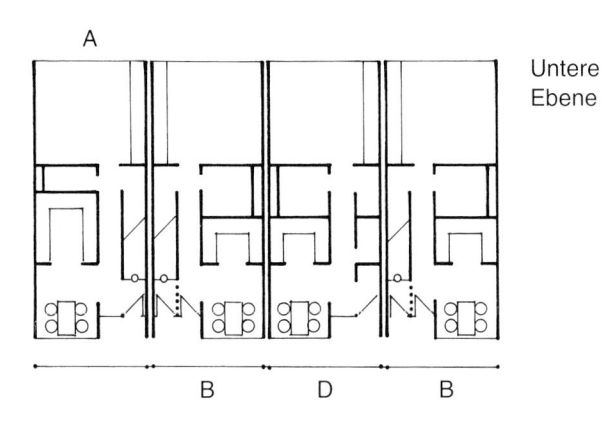

Untere Ebene

Veränderbarkeit und Anpaßbarkeit im mehrgeschossigen Zeilenbau

Maisonettes am Außengang

Wohnungsmischung und Angebotsflexibilität durch Teilbarkeit von Maisonettes in Flats

Gebrauchsflexibilität durch nutzungsneutrale Räume

.... flexibler Ausbau

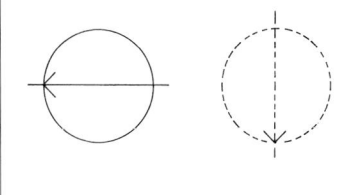

BLATT 12.69

Zonung
Orientierung
Grundrißtiefen
im Zeilenbau

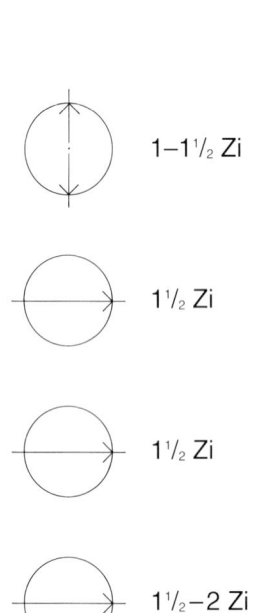

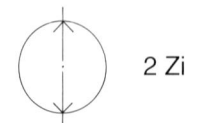

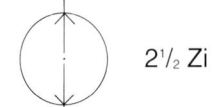

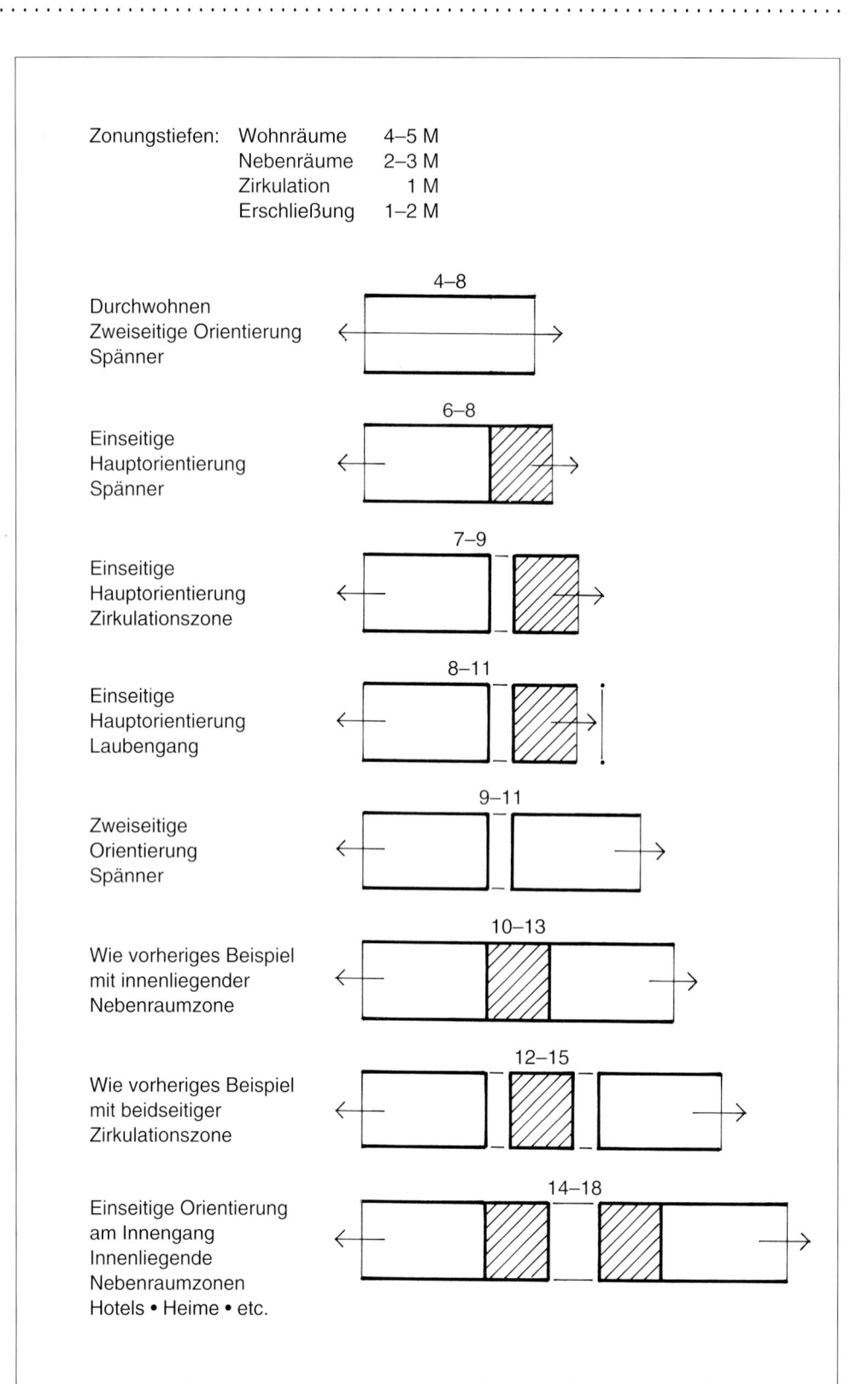

Zonungstiefen:	Wohnräume	4–5 M
	Nebenräume	2–3 M
	Zirkulation	1 M
	Erschließung	1–2 M

1–1½ Zi — Durchwohnen / Zweiseitige Orientierung / Spänner — 4–8

1½ Zi — Einseitige Hauptorientierung / Spänner — 6–8

1½ Zi — Einseitige Hauptorientierung / Zirkulationszone — 7–9

1½–2 Zi — Einseitige Hauptorientierung / Laubengang — 8–11

2 Zi — Zweiseitige Orientierung / Spänner — 9–11

2½ Zi — Wie vorheriges Beispiel mit innenliegender Nebenraumzone — 10–13

2½ Zi — Wie vorheriges Beispiel mit beidseitiger Zirkulationszone — 12–15

2½–3 Zi — Einseitige Orientierung am Innengang / Innenliegende Nebenraumzonen / Hotels • Heime • etc. — 14–18

BLATT 12.70

WOHNGRUNDRISS UND WOHNBAUTECHNIK

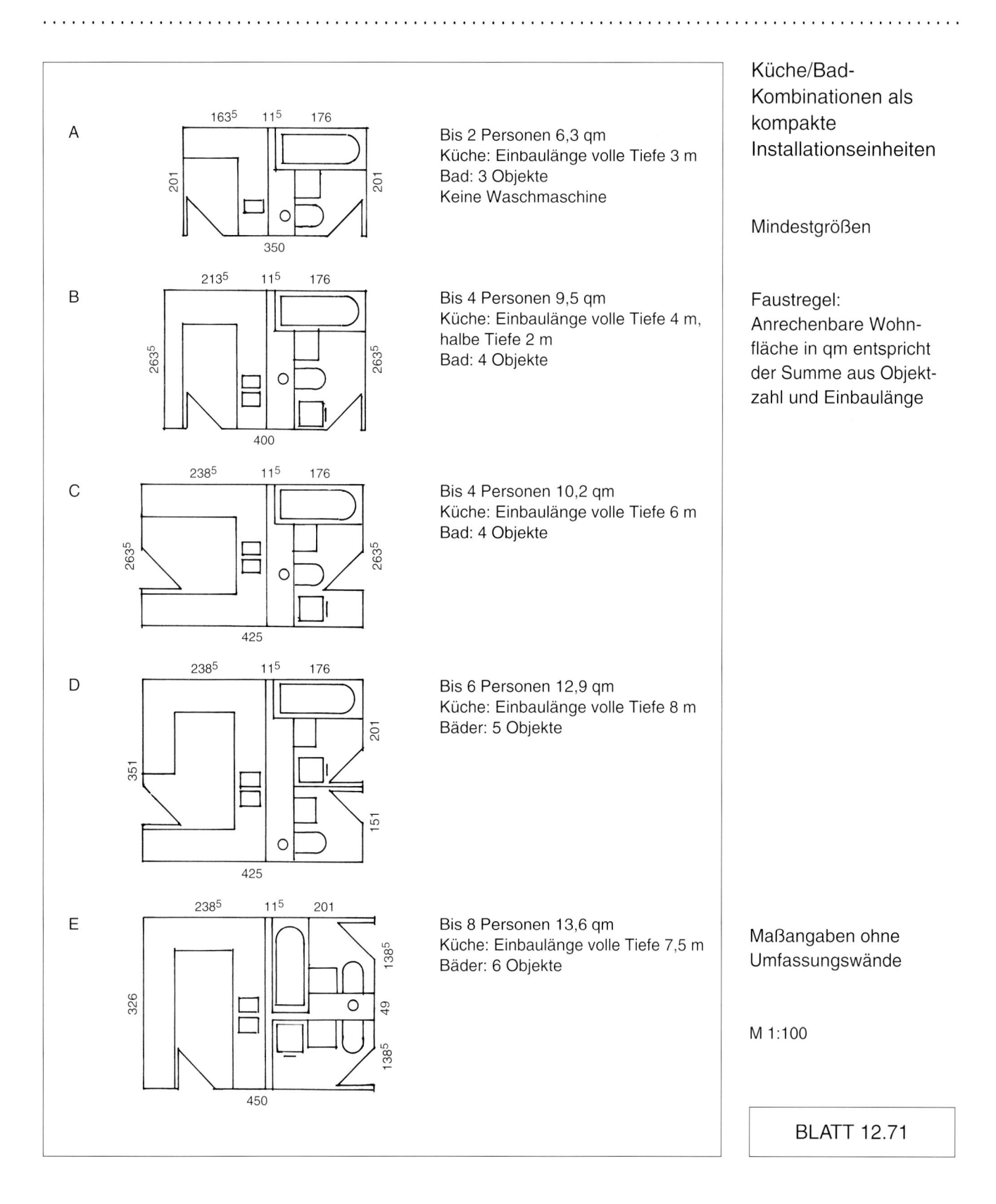

Küche/Bad-Kombinationen als kompakte Installationseinheiten

Mindestgrößen

Faustregel: Anrechenbare Wohnfläche in qm entspricht der Summe aus Objektzahl und Einbaulänge

A
Bis 2 Personen 6,3 qm
Küche: Einbaulänge volle Tiefe 3 m
Bad: 3 Objekte
Keine Waschmaschine

B
Bis 4 Personen 9,5 qm
Küche: Einbaulänge volle Tiefe 4 m, halbe Tiefe 2 m
Bad: 4 Objekte

C
Bis 4 Personen 10,2 qm
Küche: Einbaulänge volle Tiefe 6 m
Bad: 4 Objekte

D
Bis 6 Personen 12,9 qm
Küche: Einbaulänge volle Tiefe 8 m
Bäder: 5 Objekte

E
Bis 8 Personen 13,6 qm
Küche: Einbaulänge volle Tiefe 7,5 m
Bäder: 6 Objekte

Maßangaben ohne Umfassungswände

M 1:100

BLATT 12.71

Erschließung im mehrgeschossigen Wohnbau

Die 3 primären Erschließungsprinzipien und ihre bevorzugte Anwendung

A Spänner-Erschließung

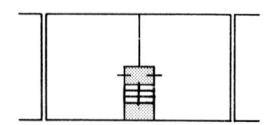

Größere, eingeschossige Wohnungen
Große Bautiefe bei Ost-West-Orientierung
Kombinierbare Grundrisse in 3- oder 4-Spänner-Anordnungen
Freistehende, punktartige Wohnhäuser
Begrenzte Gebäudelänge, z. B. in Baulücken
Anonymität der Erschließung

B Innengang-Erschließung

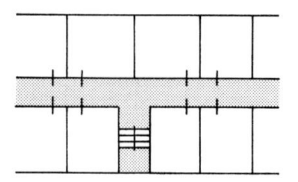

Kleine, eingeschossige Wohneinheiten (Flats)
ohne Querlüftungsbedarf
Besonders große Bautiefen bei Ost-West-Orientierung
z.B. Umnutzung von Altbauten
Zimmer in Heimen, Hotels
Geringe Ansprüche an Erschließungsqualität,
außer bei Innenhallen (siehe Sonderfälle)

C Außengang-Erschließung

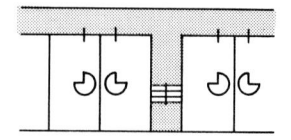

Kleine, eingeschossige Wohneinheiten (Flats)
mit Querlüftungsbedarf
Maisonettes aller Art
In Verbindung mit Maisonettes zur Gewinnung eines zusätzlichen
Geschosses bei Aufzugsverzicht
Zur ökonomischen Aufzugsnutzung
Hohe kommunikative Ansprüche

BLATT 12.80

WOHNGRUNDRISS UND GEBÄUDEERSCHLIESSUNG

A 2-Spänner an außenliegender zweiläufiger Treppe

B 2-Spänner an innenliegender Treppe

C 2-Spänner an »Rucksacktreppe«, darunter Laubengang

D 3-Spänner kompakt Wohnung C ohne Querlüftung

E 3-Spänner gegliedert Alle Wohnungen querlüftbar

F 4-Spänner gegliedert Wohnung C + D bedingt querlüftbar

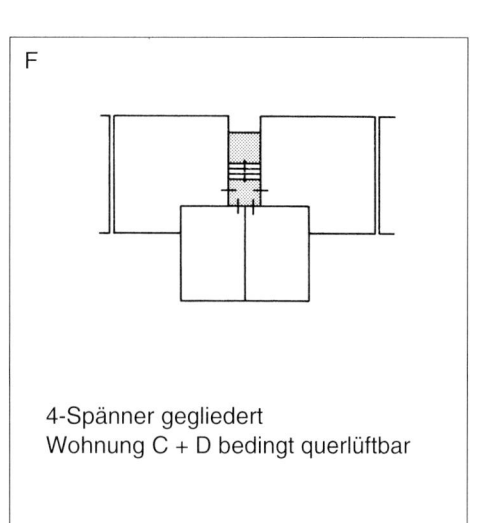

Erschließung im mehrgeschossigen Wohnbau

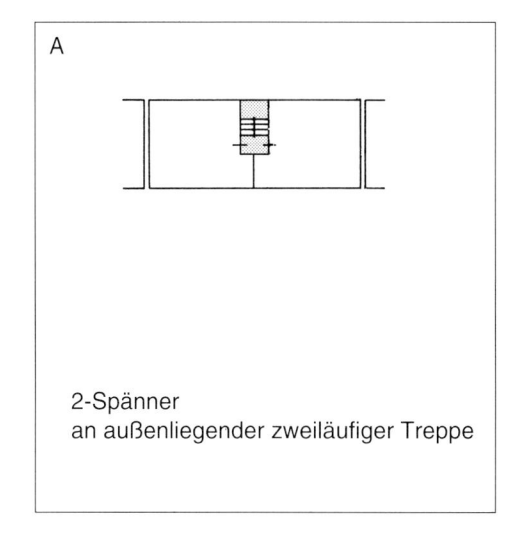

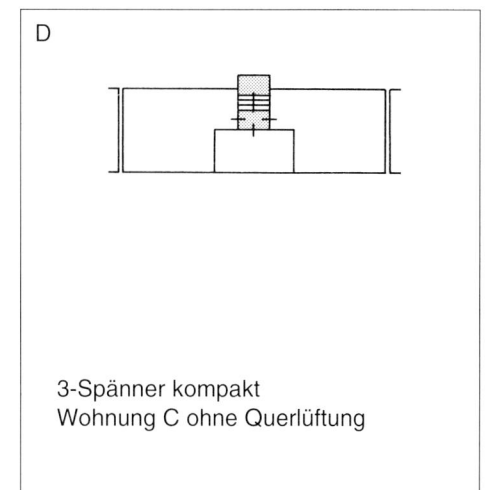

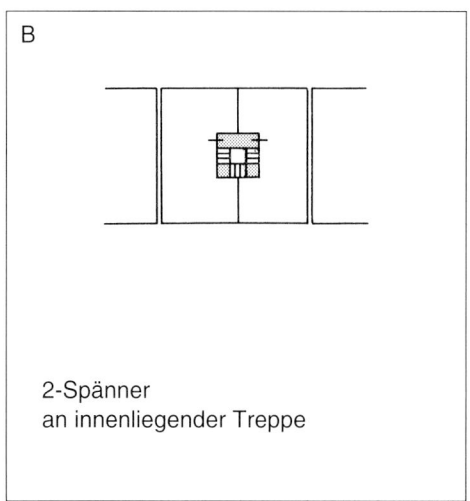

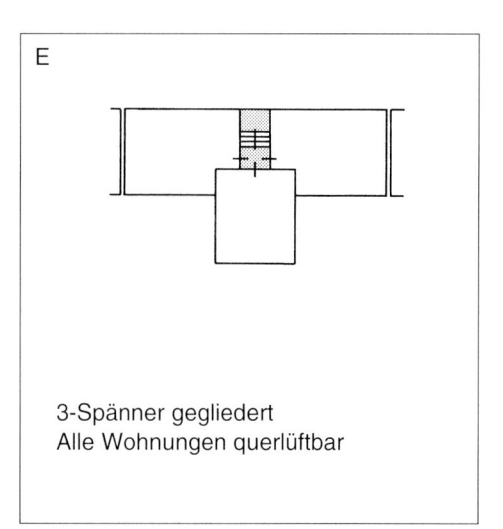

Spänner-Erschließungen im addierbaren Zeilenbau

A • B • C
Zweispänner

D • E
Dreispänner

F
Vierspänner

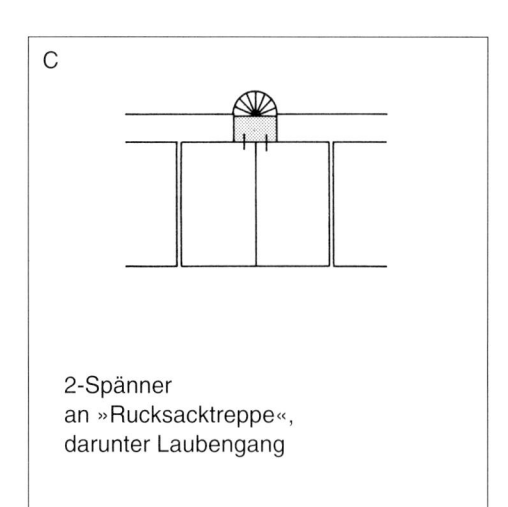

BLATT 12.81

Erschließung im mehrgeschossigen Wohnbau

Spänner-Erschließungen

A • B • C
Hofbildende Spänner-Erschließungen im addierbaren Zeilenbau

D • E • F
Punktartige Spänner-Erschließungen für freistehende Häuser

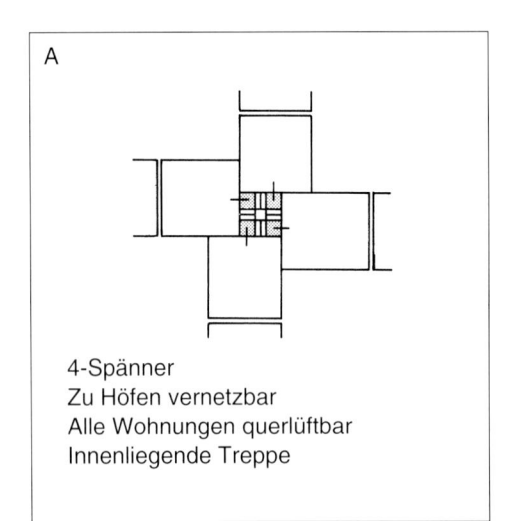

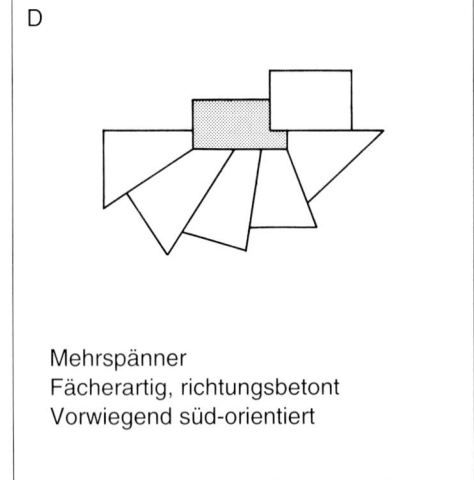

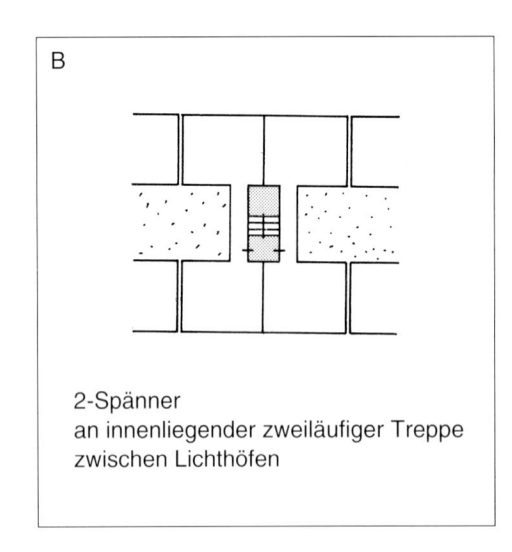

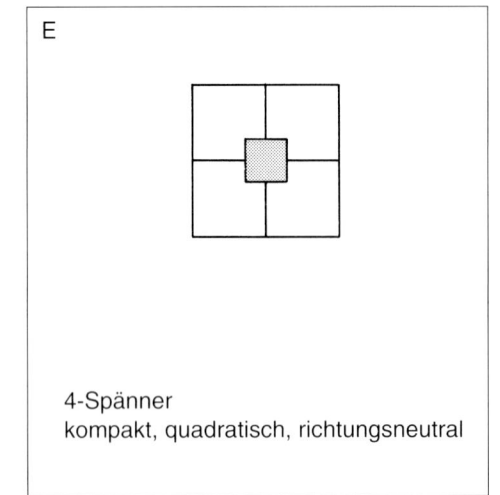

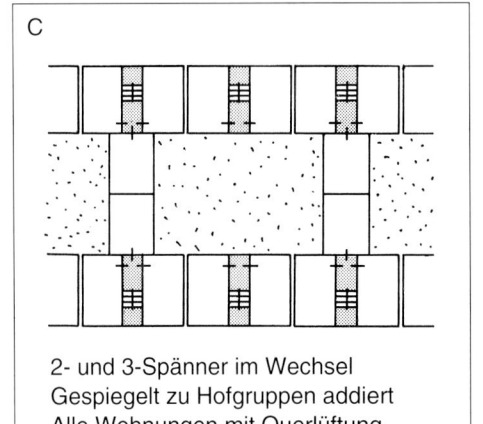

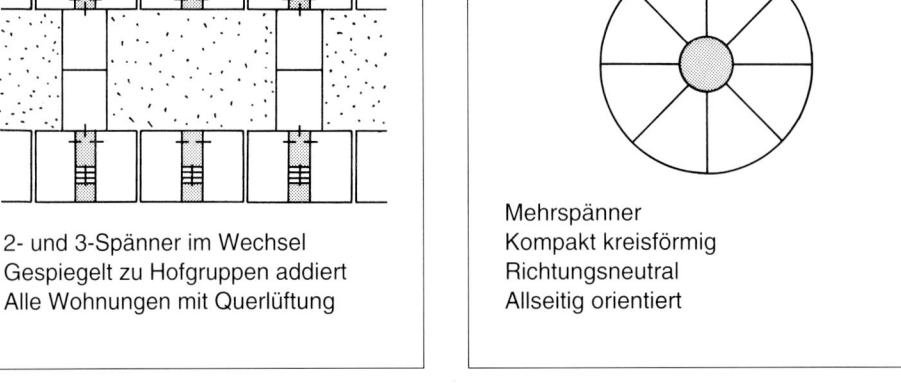

BLATT 12.82

A
4-Spänner
Zu Höfen vernetzbar
Alle Wohnungen querlüftbar
Innenliegende Treppe

B
2-Spänner
an innenliegender zweiläufiger Treppe
zwischen Lichthöfen

C
2- und 3-Spänner im Wechsel
Gespiegelt zu Hofgruppen addiert
Alle Wohnungen mit Querlüftung

D
Mehrspänner
Fächerartig, richtungsbetont
Vorwiegend süd-orientiert

E
4-Spänner
kompakt, quadratisch, richtungsneutral

F
Mehrspänner
Kompakt kreisförmig
Richtungsneutral
Allseitig orientiert

WOHNGRUNDRISS UND GEBÄUDEERSCHLIESSUNG

Erschließung im mehrgeschossigen Wohnbau

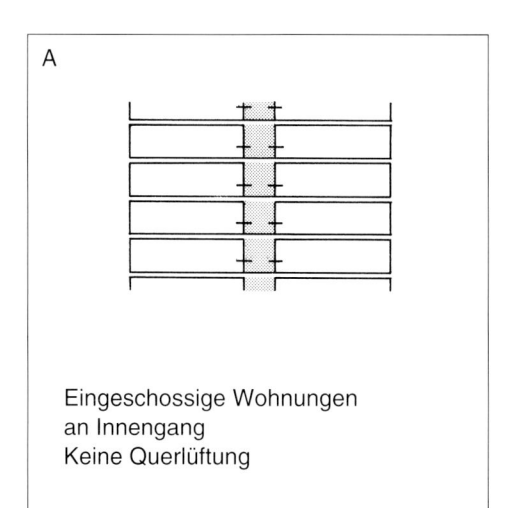

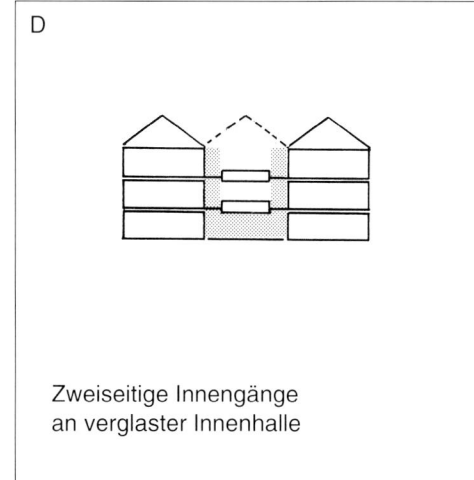

Innengang-Erschließungen

A • B • C
Innengang-Erschließungen im Zeilenbau

D • E • F
Innengänge in hallenartigen Erschließungsräumen

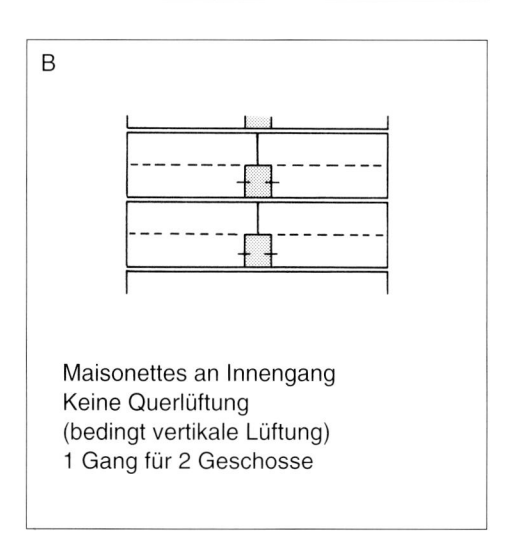

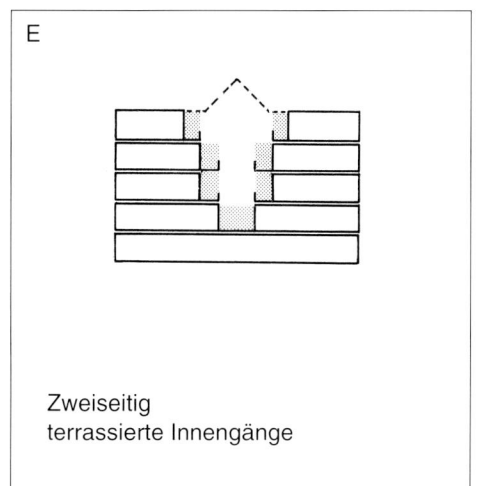

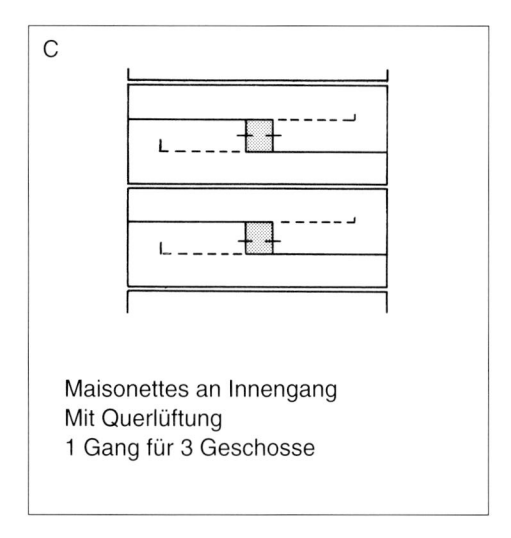

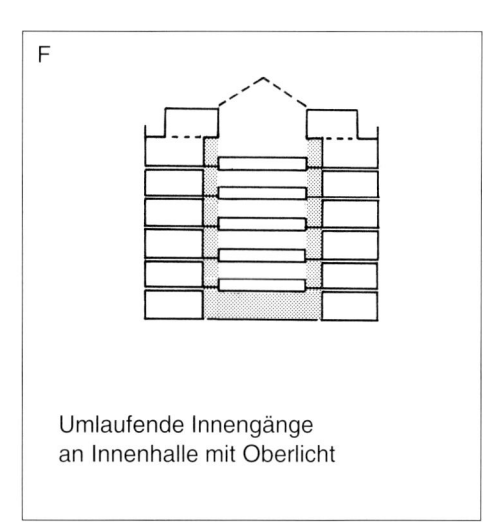

A Eingeschossige Wohnungen an Innengang
Keine Querlüftung

B Maisonettes an Innengang
Keine Querlüftung
(bedingt vertikale Lüftung)
1 Gang für 2 Geschosse

C Maisonettes an Innengang
Mit Querlüftung
1 Gang für 3 Geschosse

D Zweiseitige Innengänge an verglaster Innenhalle

E Zweiseitig terrassierte Innengänge

F Umlaufende Innengänge an Innenhalle mit Oberlicht

BLATT 12.83

Wohngrundriss und Gebäudeerschliessung

Erschließung im mehrgeschossigen Wohnbau

Außengang-Erschließungen

A • B • C
Außengänge für die Erschließung je 1 Wohnlage

D • E
Außengänge und »Etagenstraßen« für die Erschließung von 2 Wohnlagen

F
Spännerartig begrenzte Außengang-Erschließung

O = obere Wohnung
U = untere Wohnung

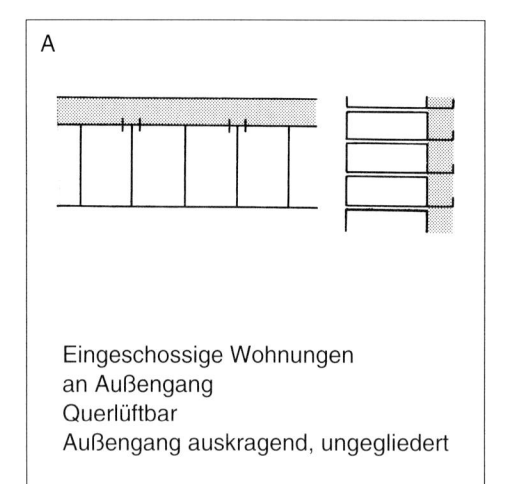

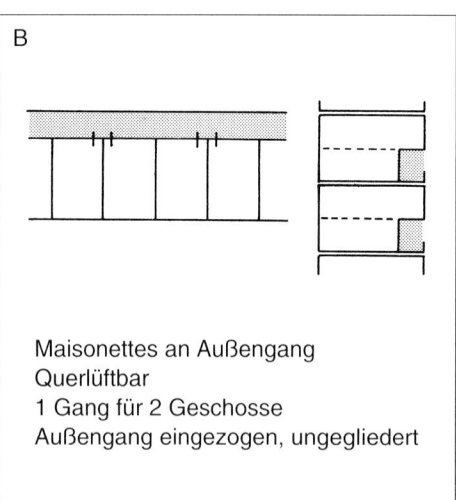

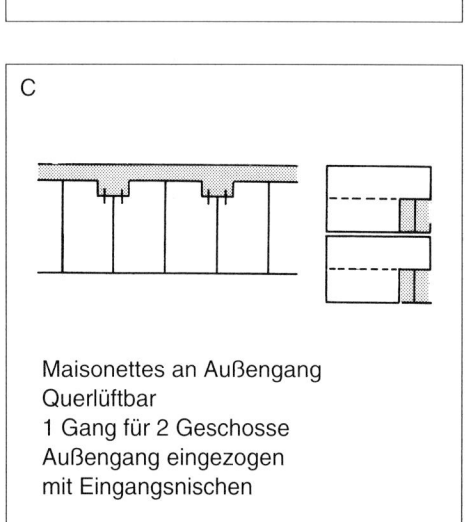

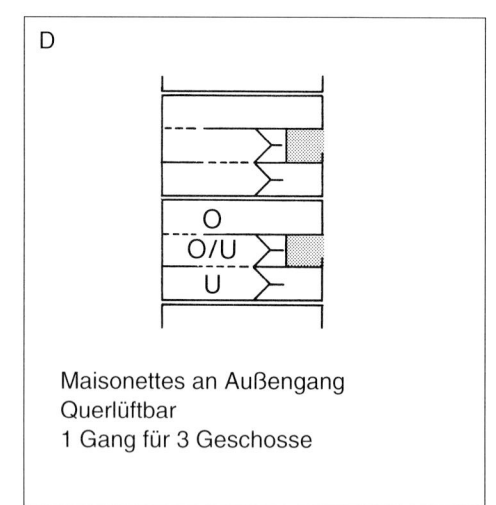

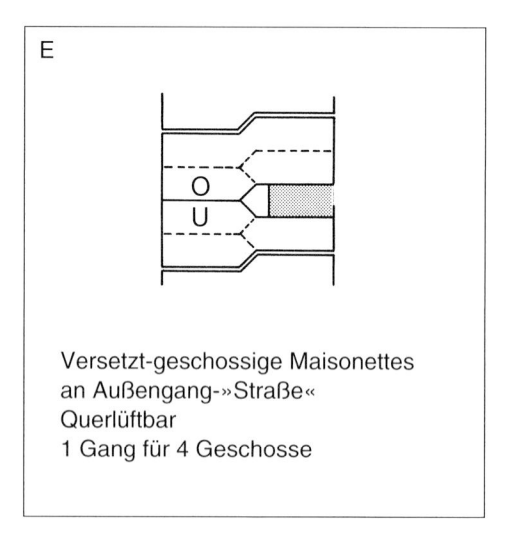

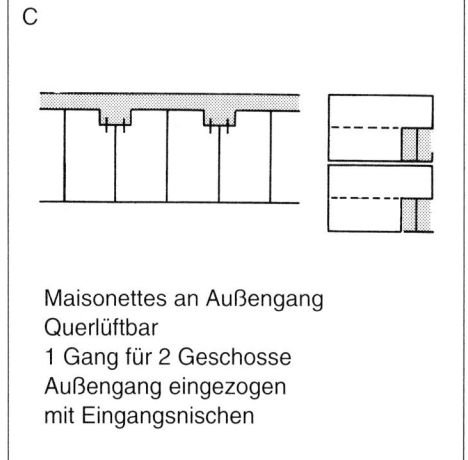

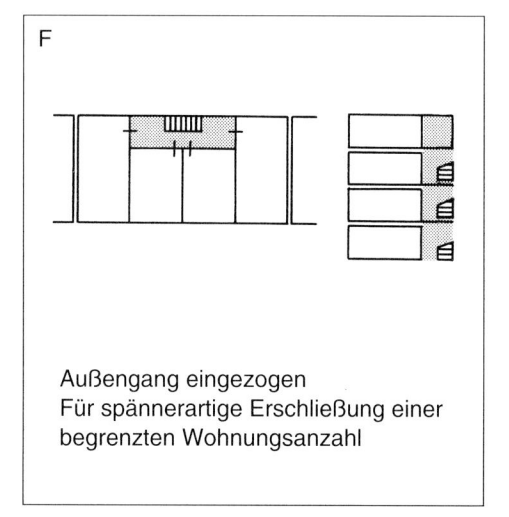

BLATT 12.84

A
Eingeschossige Wohnungen an Außengang
Querlüftbar
Außengang auskragend, ungegliedert

B
Maisonettes an Außengang
Querlüftbar
1 Gang für 2 Geschosse
Außengang eingezogen, ungegliedert

C
Maisonettes an Außengang
Querlüftbar
1 Gang für 2 Geschosse
Außengang eingezogen
mit Eingangsnischen

D
Maisonettes an Außengang
Querlüftbar
1 Gang für 3 Geschosse

E
Versetzt-geschossige Maisonettes an Außengang-»Straße«
Querlüftbar
1 Gang für 4 Geschosse

F
Außengang eingezogen
Für spännerartige Erschließung einer begrenzten Wohnungsanzahl

Erschließung im mehrgeschossigen Wohnbau

Kombinierte Gang-Spänner-Erschließungen nach dem Wohnlagenprinzip

A

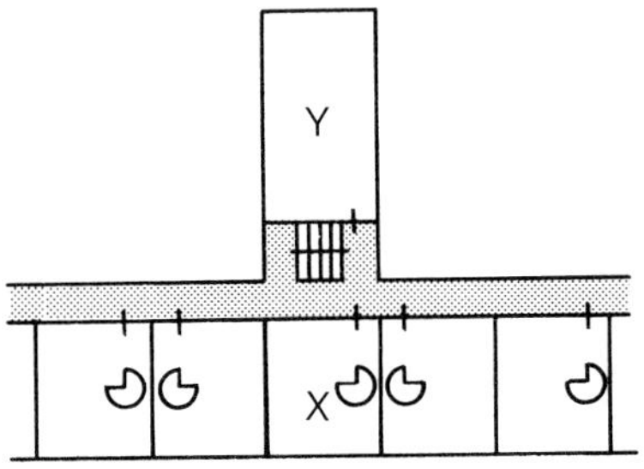

Kombinierte Erschließung
Alle Wohnungen mit Querlüftung
X Maisonettes an Außengang
Y 1-Spänner Flats an der gemeinsamen Treppe

B

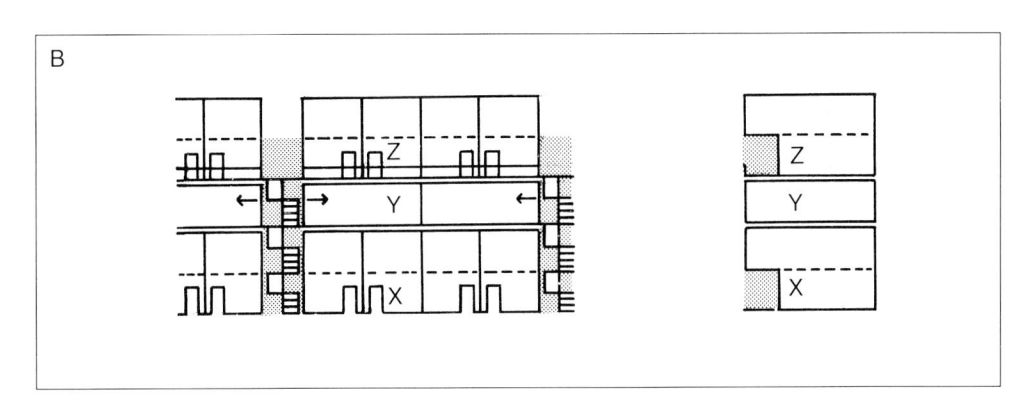

X Maisonettes,
  Außenzugang im EG
Y Flats,
  2-Spänner im 2. OG
Z Maisonettes
  Außengang im 3. OG

C

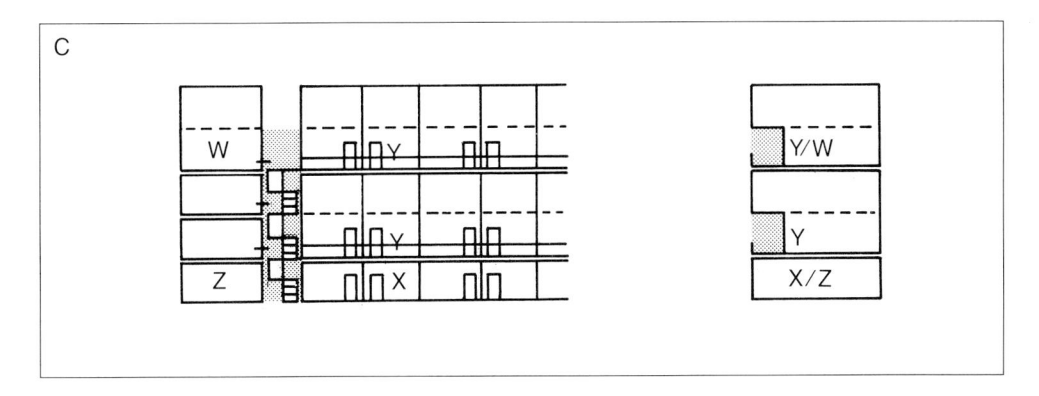

X Kleine Flats,
  Außenzugang im EG
Y Maisonettes
  Außengang im 1.+ 3. OG
Z Große Flats
  1-Spänner im EG,
  1.+ 2. OG
W Große Maisonette
  1-Spänner im 3. OG

D

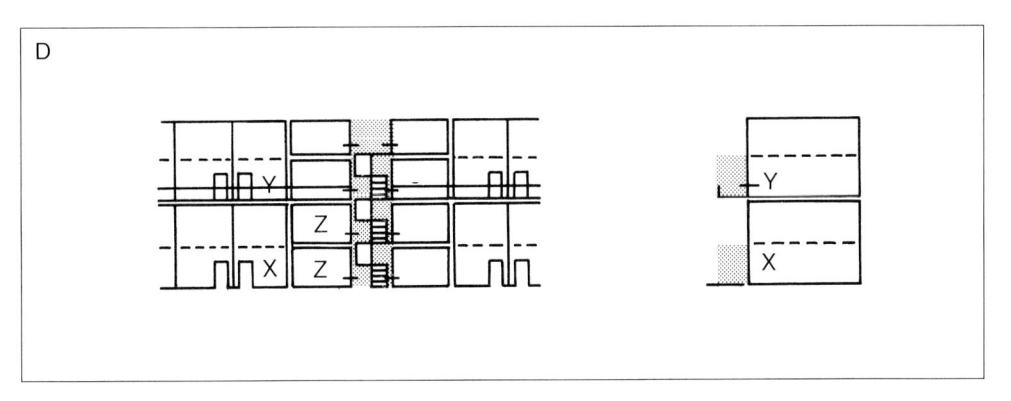

X Maisonettes,
  Außenzugang im EG
Y Maisonettes,
  Außengang im 2. OG
Z Kleine Flats
  2-Spänner
  im Treppenhaus

BLATT 12.85

Erschließung im mehrgeschossigen Wohnbau

Geschoßzahl und Erschließungsaufwand

Typische Höhenbegrenzungen im Geschoßbau

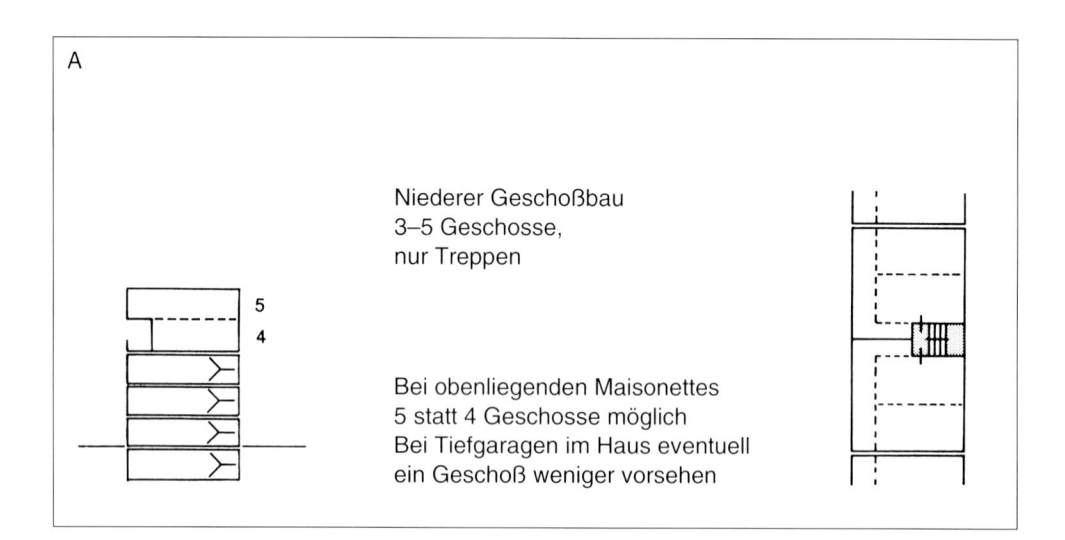

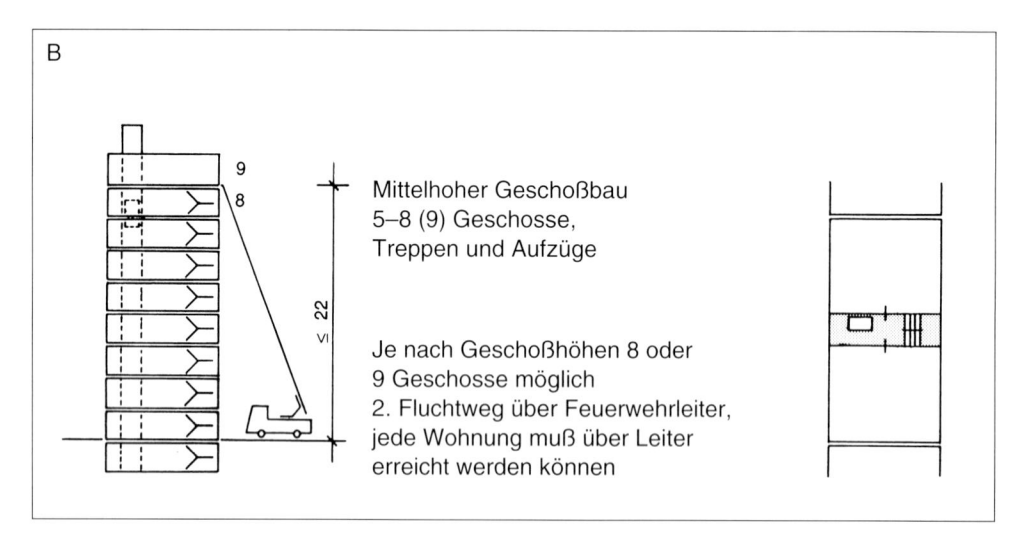

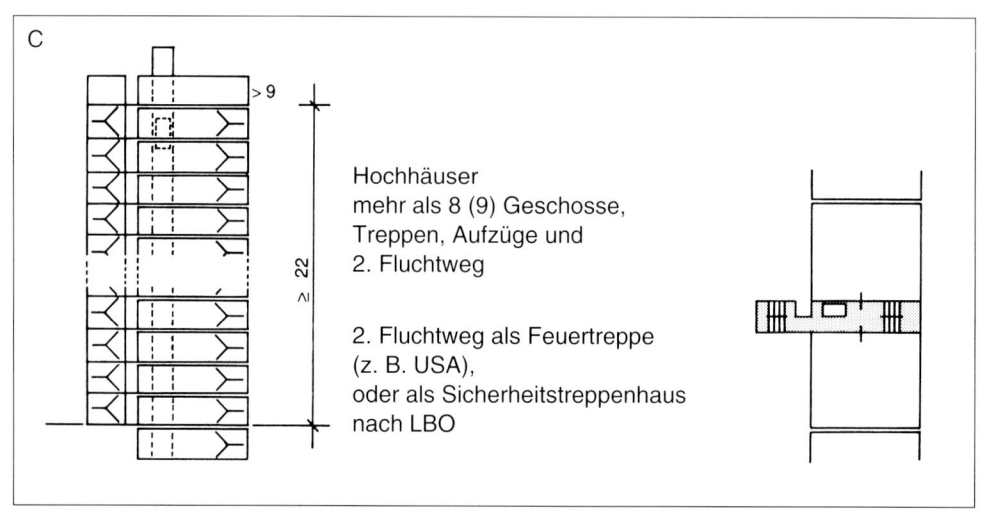

A

Niederer Geschoßbau
3–5 Geschosse,
nur Treppen

Bei obenliegenden Maisonettes
5 statt 4 Geschosse möglich
Bei Tiefgaragen im Haus eventuell
ein Geschoß weniger vorsehen

B

Mittelhoher Geschoßbau
5–8 (9) Geschosse,
Treppen und Aufzüge

Je nach Geschoßhöhen 8 oder
9 Geschosse möglich
2. Fluchtweg über Feuerwehrleiter,
jede Wohnung muß über Leiter
erreicht werden können

C

Hochhäuser
mehr als 8 (9) Geschosse,
Treppen, Aufzüge und
2. Fluchtweg

2. Fluchtweg als Feuertreppe
(z. B. USA),
oder als Sicherheitstreppenhaus
nach LBO

BLATT 12.86

Erschließung im mehrgeschossigen Wohnbau

Ökonomie der Gebäudeerschließung im Vergleich Zweispänner mit Außengang

A bei Flats
B bei Maisonettes

A

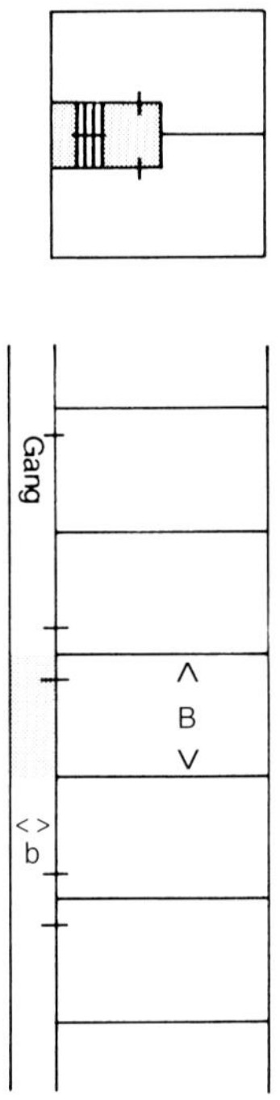

Erschließungsflächenaufwand eingeschossiger Wohnungen (Flats)

Spänner: Der Erschließungsflächenaufwand E/Woe ist konstant und unabhängig von der Wohnungsgröße. Er entspricht der halben Treppenhausfläche.
Beispiel: Treppenhaus 3,0 x 5,0 m = 15 qm
$E = 1/2 \times 15 = 7,5$ qm/Woe

Außengang: Der Erschließungsflächenaufwand E/Woe wächst mit der Wohnungsbreite B.
Beispiel: B = 5,0 m (Wohnungsbreite)
b = 1,2 m (Laubengangbreite)
Annahme 10 WE je Treppenhaus
$E = 5,0 \times 1,2 + {}^{15}/_{10} = 7,5$ qm WE

Ergebnis: Bei einer Wohnungsbreite B von 5 m ist unter den hier getroffenen Annahmen (Dimensionen) der Erschließungsflächenaufwand E für Spänner und Außengang identisch. Bei kleineren Wohnungsbreiten B ist unter diesen Annahmen der Außengang günstiger, bei größeren Wohnungsbreiten der Spänner.

B

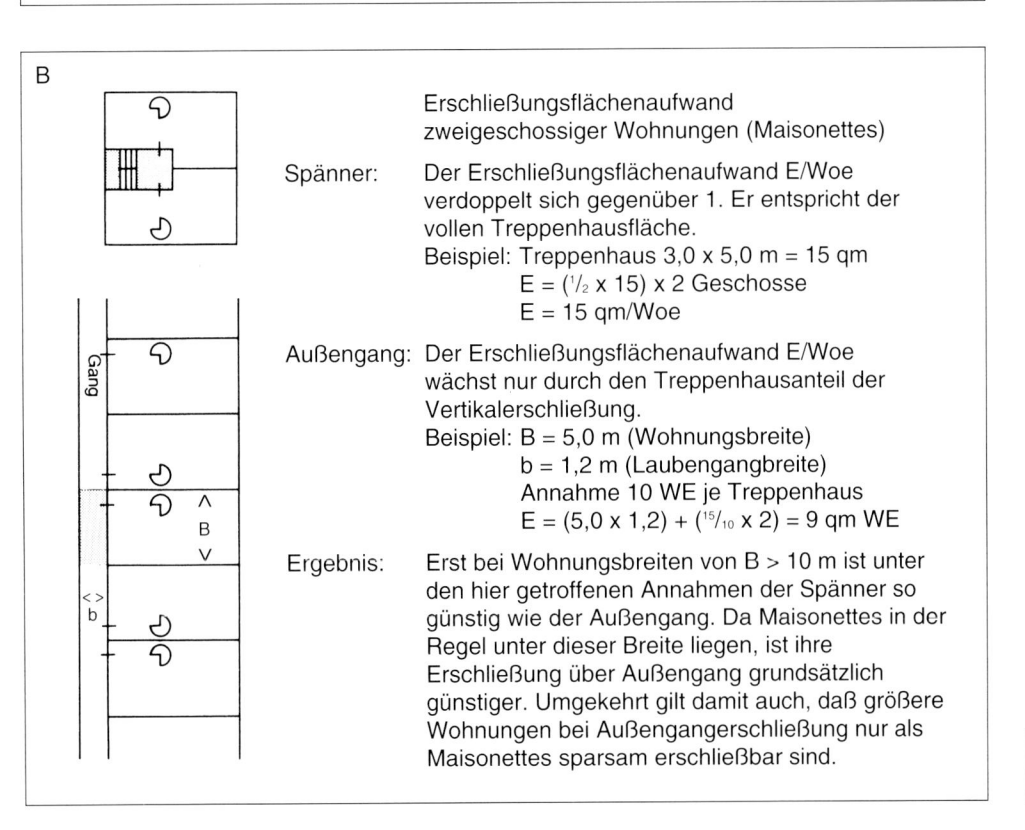

Erschließungsflächenaufwand zweigeschossiger Wohnungen (Maisonettes)

Spänner: Der Erschließungsflächenaufwand E/Woe verdoppelt sich gegenüber 1. Er entspricht der vollen Treppenhausfläche.
Beispiel: Treppenhaus 3,0 x 5,0 m = 15 qm
$E = (1/2 \times 15) \times 2$ Geschosse
$E = 15$ qm/Woe

Außengang: Der Erschließungsflächenaufwand E/Woe wächst nur durch den Treppenhausanteil der Vertikalerschließung.
Beispiel: B = 5,0 m (Wohnungsbreite)
b = 1,2 m (Laubengangbreite)
Annahme 10 WE je Treppenhaus
$E = (5,0 \times 1,2) + ({}^{15}/_{10} \times 2) = 9$ qm WE

Ergebnis: Erst bei Wohnungsbreiten von B > 10 m ist unter den hier getroffenen Annahmen der Spänner so günstig wie der Außengang. Da Maisonettes in der Regel unter dieser Breite liegen, ist ihre Erschließung über Außengang grundsätzlich günstiger. Umgekehrt gilt damit auch, daß größere Wohnungen bei Außengangerschließung nur als Maisonettes sparsam erschließbar sind.

BLATT 12.87

Erschließung im mehrgeschossigen Wohnbau

Ökonomie der Gebäudeerschließung

A
Geschoßgewinn durch obere Außengang-Erschließung

Obere Außengangerschließung mit Maisonettes ermöglicht ein weiteres Geschoß bei Häusern ohne Aufzug
Die Zahl der Geschoßtreppen bleibt gleich

B
Ökonomie der Aufzugsnutzung im Vergleich Zweispänner-Außengang-Erschließung

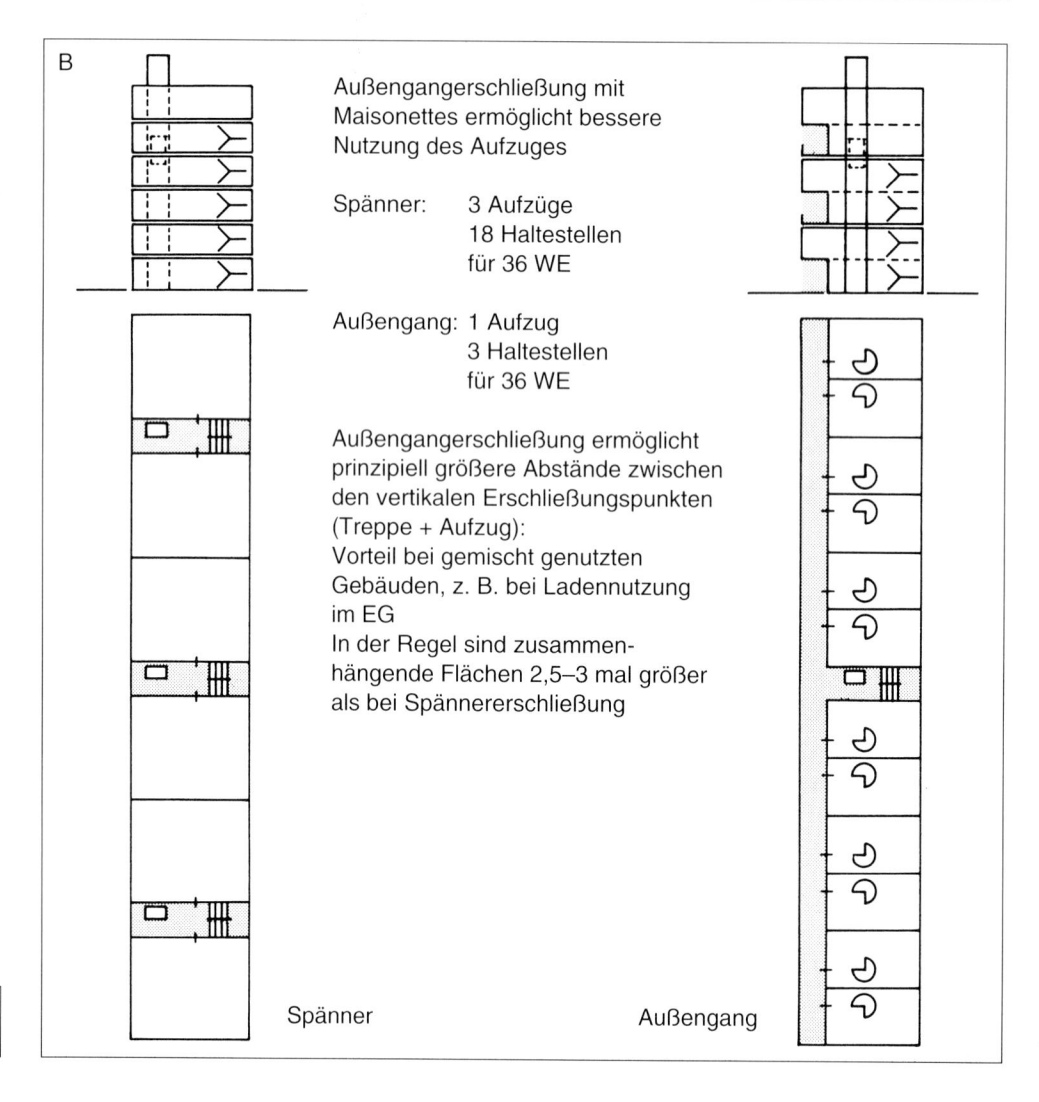

Außengangerschließung mit Maisonettes ermöglicht bessere Nutzung des Aufzuges

Spänner: 3 Aufzüge
18 Haltestellen
für 36 WE

Außengang: 1 Aufzug
3 Haltestellen
für 36 WE

Außengangerschließung ermöglicht prinzipiell größere Abstände zwischen den vertikalen Erschließungspunkten (Treppe + Aufzug):
Vorteil bei gemischt genutzten Gebäuden, z. B. bei Ladennutzung im EG
In der Regel sind zusammenhängende Flächen 2,5–3 mal größer als bei Spännererschließung

Spänner | Außengang

BLATT 12.88

WOHNGRUNDRISS UND AUTO

Stellplatzversorgung im mehrgeschossigen Zeilenbau

Gebäudebezogene Parkierung vorwiegend auf der erschließungs-abgewandten Seite

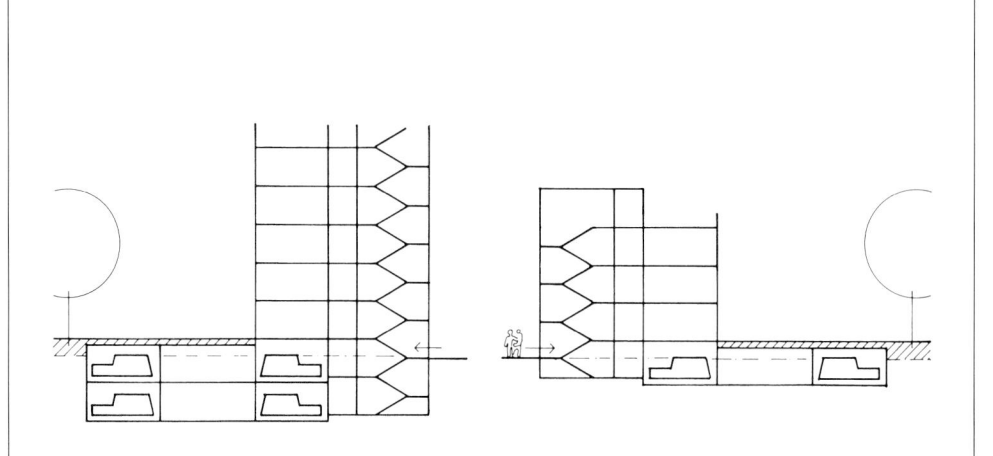

A Parkierung in Tiefgaragen unter den Wohngärten
1 Stellplatzreihe unterschoben
zur Verminderung der Flächenuntersiegelung

ca. 2 Stellplätze/WE

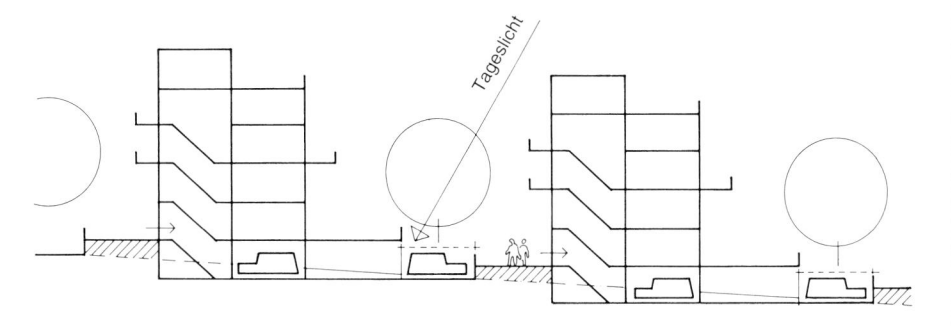

B Parkierung halboffen in Hanglage
Bergseitige Stellplätze unterschoben
Talseitige Stellplätze offen (Pergolen)

Vorzugsweise für einseitige Hauptorientierung
Fahrbahnüberdeckung durch Wohnterrassen

ca. 2 Stellplätze/WE

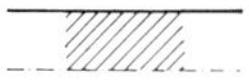

Erdmassenausgleich

M 1:500

BLATT 12.90

Stellplatzversorgung im mehrgeschossigen Zeilenbau

Gekoppelte Parkierung im Erschließungsbereich

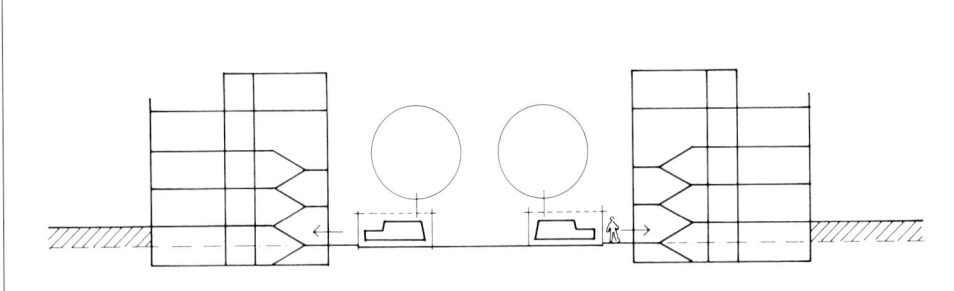

C Parkierung offen (unter Pergolen) an der Wohnstraße
   Straßenseitig Sockel • Gärten halbgeschossig angehoben
   (Erdmassenausgleich)

   ca. 1 Stellplatz/WE

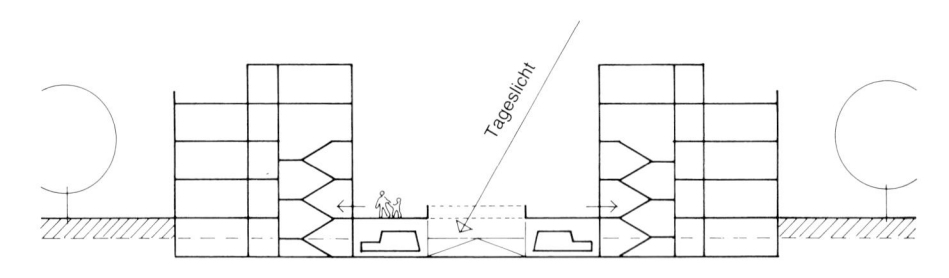

D Parkierung halboffen in Tieflage
   Koppelung zweier Wohnzeilen
   Feuerwehrzufahrt über Tiefhof (Stiche)
   Gärten halbgeschossig angehoben (Erdmassenausgleich)

   ca. 1 Stellplatz/WE

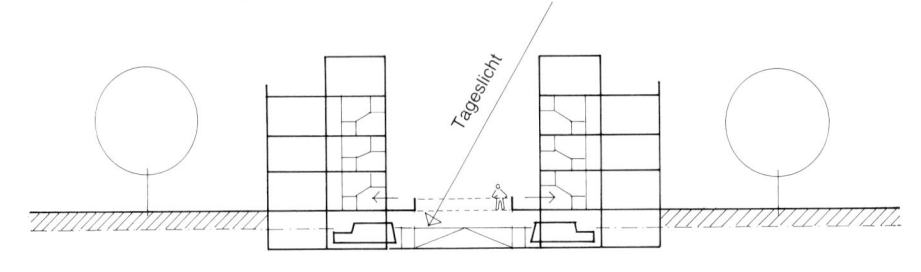

E Parkierung wie D, Stellplätze jedoch beidseitig
   unterschoben
   Einseitige Grundrißorientierung nach Osten bzw. Westen
   Minimaler Versiegelungsgrad

   ca. 1 Stellplatz/WE

Erdmassenausgleich

M 1:500

BLATT 12.91

WOHNGRUNDRISS UND AUTO

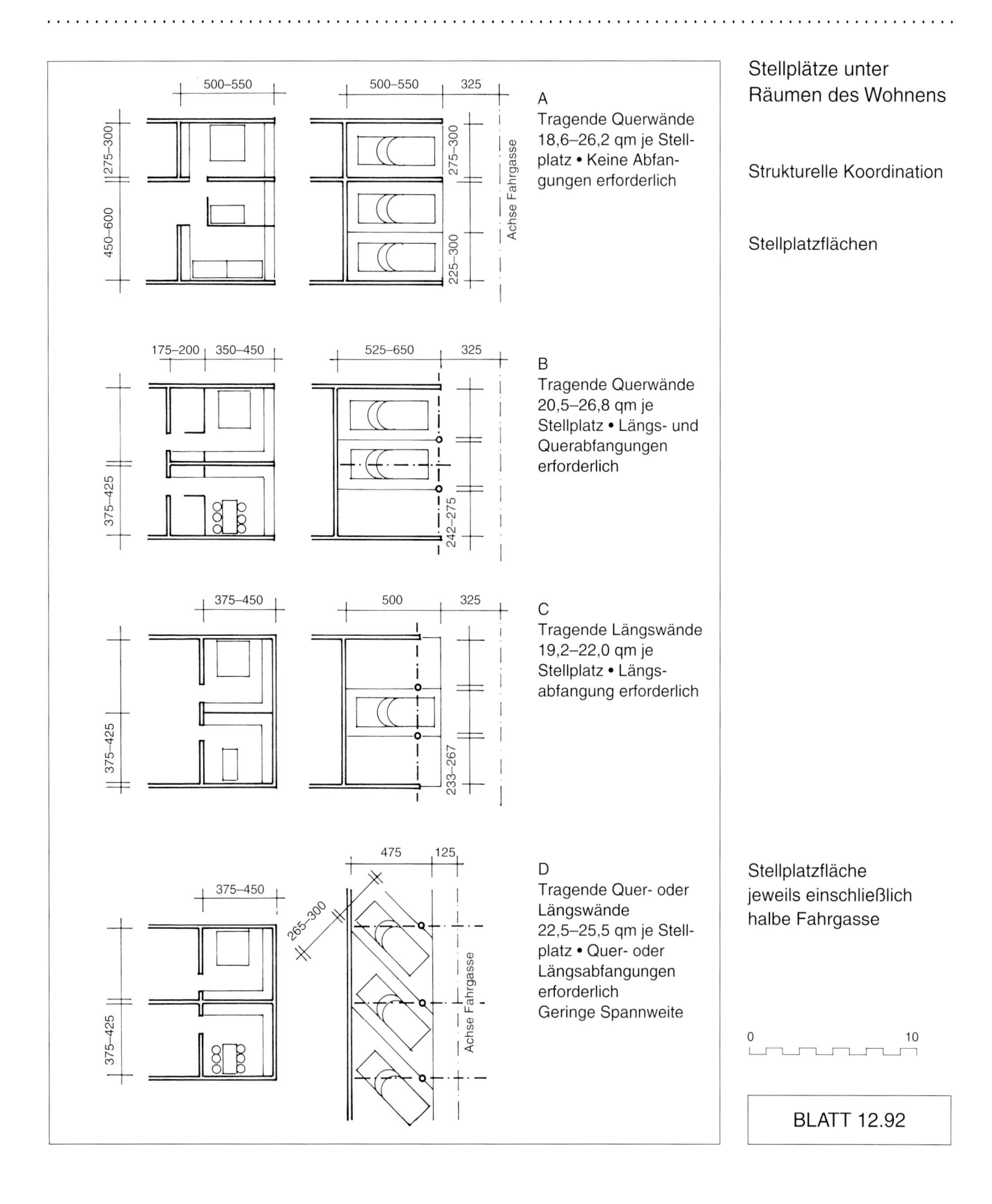

Stellplätze unter Räumen des Wohnens

Strukturelle Koordination

Stellplatzflächen

A
Tragende Querwände
18,6–26,2 qm je Stellplatz • Keine Abfangungen erforderlich

B
Tragende Querwände
20,5–26,8 qm je Stellplatz • Längs- und Querabfangungen erforderlich

C
Tragende Längswände
19,2–22,0 qm je Stellplatz • Längsabfangung erforderlich

D
Tragende Quer- oder Längswände
22,5–25,5 qm je Stellplatz • Quer- oder Längsabfangungen erforderlich
Geringe Spannweite

Stellplatzfläche jeweils einschließlich halbe Fahrgasse

BLATT 12.92

Verwendete Zeitschriften und Literatur

Verwendete Zeitschriften

	Arch+
A+U	Architecture and Urbanism
A+W	Architektur und Wohnform
AA	L'Architecture d'aujourd'hui
AD	Architectural Design
AIT	Architektur, Innenarchitektur, Technischer Ausbau
AR	The Architectural Review
arch.viv.	l'architecture vivante
ark DK	arkitektur DK
aw	architektur + wettbewerbe
B+W	Bauen + Wohnen
	Die Baugilde
	Baukunst, Bauwirtschaft, Bautechnik
BKV	Bouwkundig Weekblad
Bm	Baumeister
Bw	Bauwelt
Cas	Casabella
	rivista di architettura e urbanistica
DAB	Deutsches Architektenblatt
DBZ	Deutsche Bauzeitschrift
db	deutsche bauzeitung
Detail	Detail
	Zeitschrift für Architektur und Baudetail
Form	Die Form
	Zeitschrift für gestaltende Arbeit
Forum	Forum
GA	Global Architecture
	Häuser, Architektur, Kunst, Interieur, Garten
	Moderne Bauformen,
	Monatshefte für Architektur
	das neue Frankfurt
	Perspektiven, der aufbau
	plan
PA	Progressive Architecture
	Stadt
	Zeitschrift für Wohnungs- und Städtebau
SHE	Stein Holz Eisen,
	Bauwirtschaft und Baugestaltung
	Studienhefte zum Fertigbau
TVS	Tijdschrift voor Volkshuisvesting en Stedebouw
	Die Volkswohnung,
	Zeitschrift für Wohnungsbau und Siedlungswesen
WB+W	Werk, Bauen + Wohnen
Werk	Das Werk,
	Schweizer Monatszeitschrift für Architektur, freie Kunst, angewandte Kunst
werk	werk/œuvre
	Schweizer Monatszeitschrift für Architektur, Kunst, künstlerisches Gewerbe
WMB	Wasmuths Monatshefte für Baukunst
	Wohnungswirtschaft
	Zeitschrift für Bauwesen
	Zentralblatt der Bauverwaltung

Verwendete Literatur

Achleitner, Friedrich, Österreichische Architektur im 20. Jahrhundert, Band 1, Salzburg, Wien 1980

Akademie der bildenden Künste Wien, Roland Rainer. Arbeiten aus 65 Jahren, Wien 1990

Architektenkammer Baden-Württemberg, Wohnen und Wohnungen bauen, Stuttgart 1993

Aregger, Hans/Glaus, Otto, Hochhaus und Stadtplanung, Zürich 1967

Atelier 5, Atelier 5. Siedlungen und städtebauliche Projekte, Braunschweig, Wiesbaden 1994

Atelier 5, Zürich 1986

Barr, A. W. Cleeve, Public Authority Housing, London 1958

Bastlund, Knud, José Luis Sert, Zürich 1967

Das Bauwelthaus. Wohnungen mit eingebautem Hausrat, Berlin 1924

Bayerisches Staatsministerium des Innern, Oberste Baubehörde (Hrsg.), Wohnmodelle Bayern 1984–1990, Beispiele des sozialen Wohnungsbaus, Erfahrungen aus der Vergangenheit – Wege in die Zukunft, München 1990

Bayerisches Staatsministerium des Innern, Oberste Baubehörde (Hrsg.), Arbeitsblätter »Bauen und Wohnen für Behinderte«, Nr. 2, München 1992

Bayerisches Staatsministerium des Innern, Oberste Baubehörde (Hrsg.), Parkplätze, Arbeitsblätter für die Bauleitpl. Nr. 11, München 1990

Benjamin, Walter, Städtebilder, Frankfurt 1963

Berger Fix, Andrea/Merten, Klaus, Die Gärten der Herzöge von Württemberg im 18. Jahrhundert, Worms 1981

Berndt, Kurt, Die Montagebauarten des Wohnungsbaues in Beton, Wiesbaden, Berlin 1969

Blundell Jones, Peter, Hans Scharoun: eine Monographie, Stuttgart 1979

Boesiger, W. (Hrsg.), Le Corbusier. Œuvre complète 1938–46, Zürich, 8. Auflage 1986

Boesiger, W. (Hrsg.), Le Corbusier. Œuvre complète 1946–52, Zürich, 8. Auflage 1985

Boesiger, W./Stonorov, O. (Hrsg.), Le Corbusier et Pierre Jeanneret. Œuvre complète 1910–29, Zürich, 11. Auflage 1984

Boesiger, W./Stonorov, O. (Hrsg.), Le Corbusier et Pierre Jeanneret. Œuvre complète 1929–34, Zürich, 10. Auflage 1984

Brech, Joachim, Neue Ansätze im Wohnungsbau und Konzepte zur Wohnraumerhaltung, Darmstadt 1982

Bruckmann, Hans Martin/Lewis, David L., Neuer Wohnbau in England, Stuttgart 1960

Burckhardt, Lucius/Beutler, Urs, Terrassenhäuser. werk-Buch 3, Winthertur 1968

Büttner, Oskar, Parkplätze und Großgaragen. Bauten für den ruhenden Verkehr, Stuttgart Bern 1967

City of Sheffield, Housing development committee, Ten years of housing in Sheffield, Sheffield 1962

Conradi, Hans, Garagen: Kleingaragen, Hallengaragen, Teil 1, Großgaragen, Teil 2, in: Handbuch der Architektur, IV Teil, 2. Halbband. Heft 6a, 6b, Leipzig 1931

Conrads, Ulrich, Programme und Manifeste zur Architektur des 20. Jahrhunderts, Bauweltfundamente Band 1, Braunschweig, Wiesbaden, 2. Auflage 1975

Conrads, Ulrich/Sack, Manfred (Hrsg.), Otto Steidle. Reißbrett 3, Gütersloh, Braunschweig 1985

Cooper, Jackie, Mackintosh architecture, London, New York 1978

Cremer, Ulrich, Wohnbau zwischen Dauer und Veränderung. Konzepte und Erscheinungsformen baulicher Entwicklungsfähigkeit, Stuttgart 1992

Dannatt, Trevor, Modern Architecture in Britain, London 1959

Davey, Peter, Arts and Crafts Architektur, Stuttgart 1996

Dechau, Wilfried, Gestaltung – mit und ohne Architekten, Katalog zur Ausstellung, Braunschweig, 2. Auflage 1980

Deilmann, Harald/Kirschenmann, Jörg C./Pfeiffer, Herbert, Wohnungsbau, Stuttgart 1973

DIN 18025, Teil 1 und 2, Ausgabe 1992

Döcker, Richard, der Terrassentyp, Stuttgart 1929

Dreysse, DW, May-Siedlungen. Architekturführer durch acht Siedlungen des Neuen Frankfurt 1926–1930, Frankfurt 1987

Droste, Magdalena/Ludewig, Manfred/Bauhaus Archiv, Marcel Breuer Design, Köln 1992

Dunster, David, Leitbilder der Architektur im 20. Jahrhundert, Band 1: Wohnhäuser 1900–1944, München 1986

Durth, Werner, Deutsche Architekten. Biographische Verflechtungen 1900–1970, München 1992

Durth, Werner/Gutschow, Niels, Architektur und Städtebau der fünfziger Jahre, Schriftenreihe des deutschen Nationalkomitees für Denkmalschutz, Band 33, Bonn 1987

Eberstadt, Rudolf, Handbuch des Wohnungswesens und der Wohnungsfrage, Jena, 4. Auflage 1920

Egelius, Mats, Ralph Erskine. Architect, Stockholm 1990

Ellis, Hamilton, The lore of the train, New York 1973

GHS Kassel, Fachbereich Stadt- und Landschaftsplanung (Hrsg.), *Leberecht Migge 1881–1935. Gartenkultur des 20. Jahrhunderts*, Worpswede 1981

Faller, Peter/Schröder, Hermann, *Terrassierte Bauten in der Ebene, Beispiel Wohnhügel*, in: Schriftenreihe »Städtebauliche Forschung« des BM Bau I 4-704102-84, Bonn 1972

Fanelli, Giovanni, *Stijl-Architektur. Der niederländische Beitrag zur frühen Moderne*, Stuttgart 1985

Fleig, Karl (Red.), *Alvar Aalto 1922–1962*. Band 1, Zürich, 3. Auflage 1970

Frey/Schmidt-Relenberg, *Totale Wohnung*, Stuttgart 1967

Geist, Johann Friedrich/Kürvers, Klaus, *Das Berliner Mietshaus 1862–1945*, Band 2, München 1984

Giedion, Sigfried, *Raum, Zeit, Architektur. Die Entstehung einer neuen Tradition*, Zürich, München 1976

Göderitz, Johannes/Rainer, Roland/Hoffmann, Hubert, *Die gegliederte und aufgelockerte Stadt*, Tübingen 1957

Gollwitzer, Gerda/Wirsing, Werner, *Dachgärten + Dachterrassen*, Schriftenreihe der Deutschen Gesellschaft für Gartenkunst und Landschaftspflege, Band 5, München 1962

Greiff, Rainer/Werner, Peter, *Ökologischer Mietwohnungsbau. Konzepte für eine umweltverträgliche Baupraxis*, Karlsruhe 1991

Gretzschel/Rings, *Die Praxis der Wohnungsreform*, Darmstadt 1912

Grinberg, David, *Housing in the Netherlands 1900–1940*, Delft 1982

Habraken, Nikolaas John, *De Drager en den Mens. Het einde van de massawoningbouws*, 1961

Haesler, Otto, *Mein Lebenswerk als Architekt*, Berlin 1957

Hartmann, Kristiana, *Deutsche Gartenstadtbewegung*, München 1976

Hassenpflug, Gustav/Peters, Paulhans, *Scheibe, Punkt und Hügel*, München 1966

Hegger, Manfred/Pohl, Wolfgang/Reissschmidt, Stephan, *Vitale Architektur*, Braunschweig 1988

Hilberseimer, Ludwig, *Entfaltung einer Planungsidee*, Bauweltfundamente Band 6, Berlin 1963

Hilpert, Thilo (Hrsg.), *Le Corbusiers »Charta von Athen«. Texte und Dokumente*, Kritische Neuausgabe, Bauweltfundamente Band 56, Braunschweig, Wiesbaden 1984

Hoffmann, Hubert, *Urbaner Flachbau, Reihenhäuser, Atriumhäuser, Kettenhäuser*, Stuttgart 1967

Hoffmann, Ot/Repenthin, Christoph, *Neue urbane Wohnformen. Gartenhofhäuser, Teppichsiedlungen, Terrassenhäuser*, Berlin 1966

Huse, Norbert (Hrsg.), *Vier Berliner Siedlungen der Weimarer Republik*, zur Ausstellung vom 24.10.84–7.1 85 im bauhaus-archiv, Berlin 1984, 1987

Interbau Berlin 1957, Amtlicher Katalog der internationalen Bauausstellung Berlin 1957, Berlin 1957

Interbau/Svedberg, Margit (Red.), *Sonderausstellung Schweden, Interbau Berlin 1957*, Broschüre, 1957

Internationale Kongresse für neues Bauen, Zürich (Hrsg.), *Die Wohnung für das Existenzminimum*, Frankfurt 1930

Irion, Ilse/Sieverts, Thomas, *Neue Städte. Experimentierfelder der Moderne*, Stuttgart 1991

Jahn, Dieter, *Weissach und Flacht*, Leonberg 1987

Jencks, Charles, *Modern Movements in Architecture*, New York 1973

Joedicke, Jürgen (Hrsg.), *Toulouse le Mirail. Geburt einer neuen Stadt. Candilis, Josic, Woods*, Dokumente der modernen Architektur 10, Stuttgart 1975

Joedicke, Jürgen (Hrsg.), *Bau und Wohnung*, 1927, Faksimile Stuttgart 1992

Jonas, Walter, *Das Intra-Haus. Vision einer Stadt*, Zürich 1962

Junghanns, Kurt, *Das Haus für Alle. Zur Geschichte der Vorfertigung in Deutschland*, Berlin 1994

Junghanns, Kurt, *Bruno Taut 1880–1938*, Berlin 1970

Kähler, Gert, *Wohnung und Stadt Hamburg, Frankfurt, Wien. Modelle sozialen Wohnens in den zwanziger Jahren*, Braunschweig, Wiesbaden 1985

Kamm, Peter (Hrsg.), *Roland Rainer. Bauten Schriften und Projekte*, Tübingen

Kirsch, Gerhard, *The Weißenhofsiedlung. Experimental Housing built for the Deutscher Werkbund, Stuttgart 1927*, Stuttgart 1985

Kirsch, Karin, *Die Weißenhofsiedlung: Werkbund-Ausstellung »Die Wohnung« – Stuttgart 1927*, Stuttgart 1987

Kirsch, Karin, *Werkbund-Ausstellung »Die Wohnung« – Stuttgart 1927. Die Weißenhofsiedlung*, Stuttgart 1993

Kirschenmann, Jörg C./Muschalek, Christian, *Quartiere zum Wohnen*, Stuttgart 1977

Kistenmacher, Gustav, *Fertighäuser. Montagebauweisen, industriemäßiges Bauen*, Tübingen 1950

Klapheck, Hermann, *Wohnqualität im Massenwohnungsbau, dargestellt und analysiert an Sonderformen der Mietshausbebauung Berlins um 1900*, Dissertation, Stuttgart 1990

Kleihues, Josef Paul (Hrsg.), *Die Neubaugebiete. Dokumente, Projekte*, Schriftenreihe zur Internationalen Bauausstellung Berlin 1984/87, Heft 7, Die Projekte, Stuttgart 1993

Kräftner, Johann/Rosei, Peter, *Innenhof. Elemente der Architektur*, St. Pölten 1979

Kuldschun, Herbert/Rossmann, Erich, *Planen und Bauen für Behinderte*, Stuttgart 1974

Kulka, Heinrich, *Adolf Loos*, Wien 1931

Le Corbusier/Jeanneret, Paul, *Les 5 points d'une architecture nouvelle 1926*, zuerst veröffentlicht im Almanach de l'Architecture moderne, Paris 1926; s.a. Ulrich Conrads, Programme und Manifeste zur Architektur des 20. Jahrhunderts, Bauweltfundamente Band 1, Braunschweig, Wiesbaden, 2. Auflage 1975

Lippisches Damenstift Lemgo; *Festschrift zur Einweihung am 26.9.86*, Lemgo 1986

Lüchinger, Arnulf (Hrsg.), *Herman Hertzberger 1959–86. Bauten und Projekte*, Den Haag 1987

Mackay, David, *Wohnungsbau im Wandel. Von der Addition zur Integration*, Stuttgart 1977

Marchart, Peter, *Wohnbau in Wien, 1923–83*, Wien 1984

Mariani, Riccardo (Hrsg.), *Tony Garnier. Une cité industrielle*, New York 1990

Marx, Lothar, *Barrierefreies Planen und Bauen für Senioren und Behinderte Menschen*, Stuttgart 1994

Mehlau-Wiebking, Friederike, *Richard Döcker. Ein Architekt im Aufbruch zur Moderne*, Braunschweig, Wiesbaden 1989

Menkhoff, Herbert, *Grundrißsammlung von Wohnungen, Teil III. Mehrfamilienhäuser in Demonstrationsmaßnahmen*, Schriftenreihe »Versuchs- und Vergleichsbauten und Demonstrativmaßnahmen« des BM Bau 01.051, Bonn 1975

Meyers Großes Konversationslexikon, Stichwort »Holzzement«, Band 9, Leipzig, Wien 1905

Michelis, Marco de, *Heinrich Tessenow 1876–1950. Das architektonische Gesamtwerk*, Stuttgart 1991

Mills, Edward D., *1946–1953 The New Architecture in Great Britain*, London 1953

Mitscherlich, Alexander, *Die Unwirtlichkeit unserer Städte*, Frankfurt 1965

Moser, Werner M., *Frank Lloyd Wright, Work Song. Achtzig Jahre lebendige Architektur*, München 1952

Mühlestein, Erwin (Hrsg.), *Das andere neue Wohnen. Neue Wohn(bau)formen*, Zürich 1986

Nerdinger, Winfried, *Theodor Fischer. Architekt und Städtebauer*, Berlin 1988

Nerdinger, Winfried, *Walter Gropius*, Berlin 1985

Neuzil, Walter, *Messung der Besonnung von Bauwerken*, Berlin 1942

Olanda 1870–1940. Città, casa, architettura, Mailand 1980

Pedersen, Johan, *Arkitekten Arne Jacobsen*, København 1954

Pehnt, Wolfang (Einl.), *Lucien Kroll. Bauten und Projekte*, Stuttgart 1987

Peichl, Gustav (Hrsg.), *Wiener Wohnbau. Beispiele*, Wien 1985

Peichl, Gustav/Steiner, Dietmar (Hrsg.), *Neuer Wiener Wohnbau*, Wien 1986

Peters, Paulhans, *Häuser in Reihen, Mehrfamilienhäuser, Kettenhäuser, Häusergruppen*, München 1973

Peters, Paulhans, *Wohnhochhäuser Punkthäuser*, München 1958

Preusler, Burghard, *Walter Schwagenscheidt 1886–1968. Architektenideale im Wandel sozialer Figurationen*, Stuttgart 1985

Probst, Hartmut/Schädlich, Christian, *Walter Gropius, Band 1, Der Architekt und Theoretiker, Werkverzeichnis Teil 1*, Berlin 1986

Purin, Bernhard (Red.), *Architektur in Vorarlberg seit 1960*, Bregenz, 2. Auflage 1993

Quantrill, Malcolm, *Alvar Aalto. A Critical Story*, New York 1983

Rainer, Roland, *Lebensgerechte Außenräume*, Zürich 1972

Rainer, Roland, *Die Behausungsfrage*, Wien 1947

Rainer, Roland/Akademie der bildenden Künste Wien (Hrsg.), *Roland Rainer. Arbeiten aus 65 Jahren*, Salzburg, Wien 1990

Reichow, Hans Bernhard, *Organische Baukunst*, Braunschweig 1949

Reichsforschungsgesellschaft, *Die billige, gute Wohnung*, 1930

Reichsstatthalter in Hamburg, Schriftenreihe B Nr. 2, Hamburg 1940

Roth, Alfred, *Neue Architektur*, Zürich 1948

Rukschio, Burghardt/Schachel, Roland, *Adolf Loos*, Salzburg, Wien 1982

Rümmele, Simone, *Mart Stam*, Zürich, München 1991

Sanders, P./Habraken, N.J., *SAR 1965*, Eindhoven 1965

Sbriglio, Jacques, *Le Corbusier. L'Unité d'Habitation de Marseille*, Marseille 1992

Schmitt, Karl Wilhelm (Hrsg.), *Architektur in Baden-Württemberg nach 1945*, Stuttgart 1990

Schmitt, Karl Wilhelm, *Mehrgeschossiger Wohnbau*, Stuttgart 1964

Schulze, Franz, *Mies van der Rohe. Leben und Werk*, Berlin 1986

Schuster, Max Eberhard, *Das Bürgerhaus im Inn- und Salzachgebiet*, Tübingen 1964

Schwab, Gerhard, *Mehrfamilienhäuser*, Stuttgart 1964

Schwab, Gerhard, *Differenzierte Wohnanlagen*, Stuttgart 1975

Schwagenscheidt, Walter, *Raumstadt*, Heidelberg 1949

Schwagenscheidt, Walter, *Ein Mensch wandert durch die Stadt*, Bad Godesberg 1957

Schwagenscheidt, Walter, *Die Raumstadt und was daraus wurde*, Stuttgart 1971

Senator für Bau und Wohnungswesen, Berlin BDA, *Wiederaufbau Hansaviertel*, Sonderveröffentlichung zur Interbau Berlin 57, Darmstadt 1957

Sherwood, Roger, *Modern Housing Prototypes*, Cambridge (Mass.) London 1978

Stamm, Günter, *J. J. P. Oud. Bauten und Projekte 1906 bis 1963*, Mainz, Berlin 1984

Stemshorn, Axel, *Bauen für Behinderte und Betagte*, Stuttgart 1979

Stimmann, Hans (Hrsg.), *Stadt, Haus, Wohnung. Wohnungsbau der 90er Jahre in Berlin*, Berlin 1995

Sting, Hellmuth, *Der Grundriß im mehrgeschossigen Wohnungsbau*, Stuttgart 1969

Stuttgart Stadtverwaltung, *Bauherr Stadt Stuttgart*, Band 1, Wirtschaftsmonographien des Bauwesens, Folge 2, Stuttgart 1952

Stuttgart Stadtverwaltung, *Bauherr Stadt Stuttgart*, Band 2, Wirtschaftsmonographien des Bauwesens, Folge 12, Stuttgart 1956

Taut, Bruno, *Die neue Wohnung. Die Frau als Schöpferin*, Leipzig 1924

Tessenow, Heinrich, *Hausbau und dergleichen*, München, 3. Auflage 1916

Tessenow, Heinrich, *Die kleine und die große Stadt*, München 1961

Thornton, Peter, *Innenarchitektur in drei Jahrhunderten*, Herford 1985

Triebel, Wolfgang, *Rationalisierungsfibel*, Schriftenreihe »Versuchs- und Vergleichsbauten und Demonstrativmaßnahmen« des BM Bau Nr. 39, 1972

Uhlig, Günther, *Kollektivmodell Einküchenhaus*, Werbund-Archiv 6, Giessen 1981

Ungers, Liselotte, *Die Suche nach einer neuen Wohnform. Siedlungen der zwanziger Jahre damals und heute*, Stuttgart 1983

Universität Hannover, Institut für Städtebau, Wohnungswesen und Landesplanung, *Hollandexkursion*, Hannover 1980

Universität Stuttgart, Fachgebiet für Gebäudekunde und Entwerfen, *Metzendorf-Seminar 85/86*, Stuttgart 1986

Universität Stuttgart, Fachgebiet Gebäudekunde und Entwerfen, *Gemeinschaftsorientiertes Wohnen in der kleine Gruppe*, Seminarbericht, Stuttgart 1983

Universität Stuttgart, Institut für leichte Flächentragwerke, *Stadt in der Arktis, IL 2*, Stuttgart 1971

Vahlefeld, Rolf/Jaques, Friedrich, *Garagen- und Tankstellenbau*, München 1953

Völckers, Otto, *Neuzeitliche Miethausgrundrisse*, Sonderheft Aufbau Wohnen Nr. 10, Stuttgart 1949

Völckers, Otto, *Grundrisse zu Einfamilienreihenhäusern*, Sonderheft Aufbau Wohnen Nr. 11, Stuttgart 1950

Völckers, Otto, *Das Grundrißwerk*, Stuttgart 1949

Wagner, Martin, *Das wachsende Haus. Ein Beitrag zur Lösung der städtischen Wohnfrage*, Berlin 1932

Walker, Lester, *American shelter*, Woodstock NY 1981

Wandersleb, Hermann (Hrsg.), *Neuer Wohnbau*, Band II: *Durchführung von Versuchssiedlungen*, Ravensburg 1958

Wandersleb, Hermann/Schoszberger, Hans (Hrsg.), *Neuer Wohnbau*, Band I: *Bauplanung*, Ravensburg 1952

Wangerin, Gerda/Weiss, Gerhard, *Heinrich Tessenow, ein Baumeister 1876–1950*, Essen 1976

Wegner, Hermann (Hrsg.), *Stadt + Städtebau. Vorträge und Gespräche während der Berliner Bauwochen 1962*, Berlin 1963

Wolf, Gustav, *Vom Grundriß der Volkswohnung. Ein Beitrag zur Raumbewirtschaftung und zu methodischem Entwerfen*, Ravensburg 1950

Woud, Auke van der, *Het Nieuwe Bouwen Internationaal, CIAM Volkshuisvesting, Stedebouw*, Delft 1982

Zöller-Stock, Bettina, *Bruno Taut. Die Innenraumentwürfe des Berliner Architekten*, Stuttgart 1993

Bildnachweis

1.1 Völckers, *Neuzeitliche Miethausgrundrisse*, S. 9; **1.2** SHE 38/28, S. 692; **1.3** Taut, *neue Wohnung*, S. 72 f.; **1.4** SHE 43/29, S. 673; **1.5** Zentralblatt der Bauverwaltung 32/29, S. 510; **1.6** Roth, S. 84; **1.7** SHE 33/28, S. 607; **1.8** SHE 40/29, S. 630; **1.9** SHE 49/29, S. 768; **1.10** B+W 9/72, S. 401; **1.11** Interbau-Katalog, S. 80; **1.12** A+W 7/68, S. 354; **1.13** Interbau-Katalog, S. 73; **1.14** Deilmann/Kirschenmann/Pfeiffer, S. 110 f.; **1.15** Baugilde 15/27, S. 846; **1.16** WB+W 4/88, S. 23; **1.17** Grinberg, S. 75; **1.18** Baugilde 4/27, S. 183; **1.19** Bw 5/27, S. 255; **1.20** SHE 38/28, S. 694; **1.21** SHE 10/30, S. 219; **1.22** SHE 15/28, S. 301; **1.23** Fondation Le Corbusier, Paris (FLC 29364); **1.24** Interbau-Katalog, S. 71; **1.25** Bruckmann, Lewis, S. 87; **1.26** Bruckmann, Lewis, S. 89; **1.27** City of Sheffield, S. 46; **1.28** Interbau, Svedberg; **1.29** Architektenkammer B-W, S. 5/71; **1.30** Echo Kirchheim und Nürtingen 21.02.95; **2.1** Schmitt, *Architektur in B-W*, S. 79; **2.2** db 8/90, S. 57; **2.3** Arch+ 57/58, S. 2; **2.4** AR 6/86, S. 58; **2.5** Conrads, Sack, *Otto Steidle*, S. 29; **2.6** WB+W 5/90, S. 57; **2.7** db 4/68, S. 241; **2.8** Uhlig, S. 43 ff.; **2.9** B+W 6/73, S. 227; **2.10** AA 217, S. 75; **2.11** Huse, S. 116; **2.12** Dreysse, S. 35; **2.13** Reichsstatthalter; **2.14** Purin, S. 131; **2.15** Stadt 2/82, S. 18 ff.; **2.16** Stadt 2/82, S. 54; **2.17** db 5/83, S. 33; **2.18** Stadt 2/82, S. 52; **2.19** ark DK 6/74, S. 233; **2.20** ark DK 5-6/85, S. 222; **2.21** B+W 6/73, S. 231; **2.22** Archiv Faller; **3.1** Cooper, S. 38; **3.2** Photo Geske Stiftung Weimarer Klassik, in: *Architektenkammer B-W*, S. 121; **3.3** Davey, S. 177; **3.4** Giedion, S. 121; **3.5** Roth, S. 84; **3.6** Haesler, S. 44; **3.7** SHE 43/27, S. 984; **3.8** Hassenpflug/Peters, S. 199; **3.9** Aregger/Glaus, S. 118; **3.10** Interbau-Katalog, S. 111; **3.11** Interbau-Katalog, S. 87; **3.12** Peich/Steiner, S. 54; **3.13** Bm 3/65, S. 201; **3.14** Bm 5/87, S. 27; **3.15** arch.viv. Hiver 1926, S. 25; **3.16** Bw 41/26, S. 20; **3.17** Droste/Ludewig, S. 85; **3.18** Fondation Le Corbusier, Paris (nach FLC 7649, 7792, 7670; oben) und Kirsch, *Die Weißenhofsiedlung*, S. 118 (Kirsch, Gerhard); **3.19** Kulka, Abb. 125, 127; **3.20** Kulka, Abb. 108, 109; **3.21** Bm 12/29, S. 399; **3.22** Bm 12/29, S. 401; **3.23** Wandersleb, *Neuer Wohnbau II*, S. 48; **3.24** Lüchinger, S. 82; **3.25** AA 234, S. 7; **3.26** DAB 1/92, S. 75; **3.27** db 12/92, S. 46 f.; **3.28** AA 216, XXII; **3.29** Baugilde 4/27, S. 182; **3.30** WB+W 4/88, S. 23; **3.31** Fondation Le Corbusier, Paris (nach FLC 24074); **3.32** Sbriglio, S. 74; **3.33** Fondation Le Corbusier, Paris (FLC 13977); **3.34** Moser, S. 74 f.; **3.35** Moser, S. 25; **3.36** Dreysse, S. 12; **3.37** Sherwood, S. 133; **3.38** Interbau-Katalog, S. 85; **3.39** Moser, S. 15; **3.40** Moser, S. 31; **3.41** Fondation Le Corbusier, Paris (FLC 19366); **3.42** WB+W 12/93 Werk Mat.; **3.43** aw VIII Heft 28, S. 80; **3.44** WB+W 3/83, S. 7; **3.45** Kleihues, S. 162; **3.46** Arch+ 100/101, S. 29; **3.47** WB+W 5/89, S. 41; **4.1** Die Volkswohnung 23/23, S. 292; **4.2** Bw 32/27, S. 791; **4.3** Junghanns, *Taut*, Abb. 156; **4.4** Dreysse, S. 36; **4.5** Preusler, S. 82; **4.6** Nerdinger, *Fischer*, S. 120; **4.7** Bm 12/29, S. 393; **4.8** Wohnungswirtschaft 23–24/29, S. 377; **4.9** SHE 20/30, S. 456; **4.10** SHE 9/30, S. 202; **4.11** SHE 9/30, S. 201; **4.12** SHE 9/30, S. 205; **4.13** Baugilde 19/28, S. 1060; **4.14** Zeitschrift für Bauwesen 4/29, S. 95; **4.15** Reichsforschungsgesellschaft, S. 33; **4.16** Werk 10/30, S. 307; **4.17** WMB 1927, S. 256; **4.18** Probst/Schädlich, S. 116; **4.19** Interbau-Katalog, S. 76; **4.20** Sting, S. 29; **4.21** Interbau-Katalog, S. 88; **4.22** Archiv Faller; **4.23** Archiv Schröder; **4.24** Archiv Faller; **4.25** A+W 7/68, S. 353 f.; **4.26** Bm 1/75, S. 26; **4.27** WB+W 11/87, S. 44; **4.28** Bm 5/85, S. 33; **4.29** Klapheck, S. 315, S. 381; **4.30** AR 4/87, S. 98; **4.31** Kleihues, S. 58; **4.32** Bm 5/87, S. 28; **4.33** Dreysse; **4.34** Rainer, *Arbeiten aus 65 Jahren*, S. 138 f.; **4.35** AR 12/74, S. 351 f.; **4.36** WB+W 11/91, S. 55 ff.; **4.37** WB+W 11/91, S. 50; **4.38** Bm 12/77, S. 1137; **4.39** Bm 5/85, S. 22 ff.; **4.40** Kleihues, S. 79; Bw 5/93, S. 203; **4.41** Bayr. Staatsmin., *Wohnmodelle*, S. 102 ff.; **4.42** WMB 1929, S. 75; **4.43** GHS Kassel, *Migge*, S. 147; **4.44** Bayr. Staatsmin., *Wohnmodelle*, S. 91; **4.45** GHS Kassel, *Migge*, S. 27; **4.46** Bayr. Staatsmin., *Wohnmodelle*, S. 210; **4.47** Häuser 5/94, S. 80; **4.48** AIT 4/94 Spezial, S. 32; **5.1** Kirschenmann/Muschalek, S. 15; **5.2** Gollwitzer, S. 15; **5.3** Archiv Faller; **5.4** Rainer, *lebensgerechte Außenräume*, S. 48; **5.5** Büttner; **5.6** Wangerin/Weiss, S. 188; **5.7** WMB, 1929, S. 75; **5.8** Kirsch, Gerhard; **5.9** Kirsch, Gerhard; **5.10** Pedersen, S. 59; **5.11** GA Spezial, Atelier 5, 1973; **5.12** Bayr. Staatsmin., *Wohnmodelle*, S. 85; **5.13** Junghanns, *das Haus für alle*, S. 145; **5.14** Chiaia, S. 130 f.; **5.15** Chiaia, S. 128; **5.16** Bw 1/32, S. 12; **5.17** Baugilde 4/32, S. 179 f.; **5.18** Schwagenscheidt, *Raumstadt*, S. 6; **5.19** Schwagenscheidt, *Raumstadt*, S. 76; **5.20** Schwagenscheidt, *Ein Mensch wandert durch die Stadt*, S. 52; **5.21** Kamm, S. 24; **5.22** Akademie, S. 138; **5.23** Hoffman, S. 115 f.; **5.24** AD 6/64, S. 284; **5.25** Hoffman/Repenthin, S. 62; **5.26** Ungers, S. 26; **5.27** Ungers, S. 26; **5.28** Ungers, S. 45; **5.29** Ungers, S. 44; **5.30** Ungers, S. 54; **5.31** Kirsch, *Die Weißenhofsiedlung*, S. 67; **5.32**

390 BILDNACHWEIS

B+W 6/73, S. 226; **5.33** Stuttgarter Zeitung Nr. 227/1987; **5.34** AR 11/93, S. 47; **5.35** Bm 6/93, S. 40; **5.36** Bw 28/86; **5.37** Dreysse, S. 34; **5.38** Woud, S. 21; **5.39** Roth, S. 85; **5.40** Kirschenmann/Muschalek, S. 75; **5.41** AR 9/74, S. 144; **5.42** AD 9/67, S. 401; **5.43** Kirschenmann/Muschalek, S. 97; **5.44** aw 106, S. 20; **5.45** B+W 9/73, S. 378; **5.46** werk 12/70, S. 805; **5.47** Bm 5/85, S. 30; **5.48** Atelier 5, *Siedlungen*, S. 149; **5.49** Döcker, S. 85; **5.50** Mariani, S. 57; **5.51** arch.viv. Automne 1926, S. 5; **5.52** Faller/Schröder, S. 17e; **5.53** Kulka, Abb. 160; **5.54** Kulka, Abb. 158; **5.55** Kulka, Abb. 95; **5.56** Döcker, S. 135; **5.57** Döcker, S. 12; **5.58** Fondation Le Corbusier, Paris (FLC 19093); **5.59** Fondation Le Corbusier, Paris (FLC 13373); **5.60** Fleig, *Aalto*, Bd. 1, S. 106; **5.61** Hoffman, S. 167; **5.62** Bw 15/64, S. 395; **5.63** Chiaia, S. 216; **5.64** Burckhardt/Beutler, S. 22, 24; **5.65** Mackay, S. 62 ff.; **5.66** WB+W 6/91, S. 32; **5.67** Chiaia, S. 271; **5.68** Hoffman/Repenthin, S. 162; **5.69** Hoffman/Repenthin, S. 176; **5.70** Chiaia, S. 254; **5.71** Hoffman/Repenthin, S. 145; **5.72** Hoffman/Repenthin, S. 156; **5.73** aw VIII Heft 28, S. 80; **5.74** aw VIII Heft 28, S. 80; **5.75** db 11/71, S. 1247; **5.76** Faller/Schröder, S. 252; **5.77** Chiaia, S. 219; **5.78** Hoffman/Repenthin, S. 171; **5.79** Deilmann/Kirschenmann/Pfeiffer, S. 98; **5.80** Marchardt, S. 164; **5.81** Hoffmann/Repenthin, S. 179 ff.; **5.82** Chiaia, S. 248; **5.83** WB+W 6/94, S. 42; **5.84** Archiv Tschiesche; **6.1** Arch+ 100/101, S. 51; **6.2** Arch+ 100/101, S. 53; **6.3** Thornton, *Herford 1985*, Abb. 45; **6.4** Dunster, S. 30; **6.5** Arch+ 100/101, S. 65; **6.6** Giedion, S. 231; **6.7** Bauwelthaus, S. 34; **6.8** Fondation Le Corbusier, Paris (nach FLC 18238); **6.9** SHE 12/31, S. 217; **6.10** Archiv Faller; **6.11** AA 216, XXII; **6.12** Kirsch, Gerhard; **6.13** Die Form 2/27, S. 48; **6.14** Bw 12/31, S. 394; **6.15** db 4/72, S. 388; **6.16** Bm 12/77, S. 1151; **6.17** Archiv Faller; **6.18** Walker, S. 68; **6.19** GHS Kassel, *Migge*, S. 121; **6.20** Baugilde 6/32, S. 302; **6.21** WMB 1929, S. 75; **6.22** plan 3/70, S. 215; **6.23** ark DK 6/74, S. 238; **6.24** AD 11-12/77, S. 831; **6.25** B+W 11/74, S. 448; **6.26** AA 219, S. 34; **6.27** WB+W 5/89, S. 40; **6.28** Fondation Le Corbusier, Paris (FLC 14345); **6.29** Universität Stuttgart, *Stadt in der Arktis*, S. 17; **6.30** Cremer, S. 278; **6.31** Cremer, S. 100; **6.32** Bm 1/78, S. 43; **6.33** WB+W 5/90; S. 56; **6.34** Bw 11/25, S. 254 f.; **6.35** Bw 27/28, S. 627; **6.36** Moderne Bauformen 1929, S. 492; **6.37** Cremer, S. 279; **6.38** Archiv Faller; **6.39** A+U 79, 11; **6.40** Lüchinger, S. 76; **6.41** db 4/82, S. 42; **6.42** Arch+ 96/97, S. 89; **7.1** Schuster, S. 40; **7.2** Berger Fix/Merten, S. 35; **7.3** SHE 50/29, S. 782; **7.4** GA Document special Issue 2, S. 49; **7.5** GA Document special Issue 2, S. 183; **7.6** Fanelli, S. 165; **7.7** Stamm, S. 37; **7.8** Geist, Bd. 2, S. 139; **7.9** Joedicke, *Bau und Wohnung*, S. 76; **7.10** Döcker, S. 99; **7.11** Junghanns, *Das Haus für alle*, S. 252; **7.12** Döcker, S. 13; **7.13** Bw 46/72, S. 1756; **7.14** Kirsch, *Die Weißenhofsiedlung*, S. 207; **7.15** Atelier 5, *Siedlungen*, S. 33; **7.16** AR 05/88, S. 83; **7.17** Junghanns, *Das Haus für alle*, S. 34, Abb. 40; **7.18** Junghanns, *Das Haus für alle*, S. 51, Abb. 82; **7.19** Ellis, S. 68; **7.20** Junghanns, *Das Haus für alle*, S. 302; **7.21** Bw 9/27, S. 23; **7.22** Junghanns, *Das Haus für alle*, S. 22; **7.23** Conrads, Sack, *Otto Steidle*, S. 20; **7.24** Kulka, Abb. 111; **7.25** WMB 1929, S. 74; **7.26** SHE 39/29, S. 615; **7.27** Junghanns, *Das Haus für alle*, S. 115; **7.28** Kistenmacher, S. 169; **7.29** Kistenmacher, S. 171; **7.30** Studienhefte zum Fertigbau 3/4, S. 65; **7.31** B+W 4/60. S. 141; **7.32** Kirschenmann/Muschalek, S. 113; **7.33** db 4/84, S. 48; **7.34** Bw 45/26, S. 1088; **7.35** Kistenmacher, S. 58; **7.36** Berndt, S. 76; **7.37** Stimmann, S. 113; **7.38** Berndt, S. 46; **7.39** Studienhefte zum Fertigbau 3/4, S. 47; **7.40** ark DK 3/74, S. 83; **7.41** Stadt 2/82, S. 43; **7.42** Bayr. Staatsmin., *Wohnmodelle*, S. 86; **7.43** db 2/93, S. 28; **7.44** Bw 45/26, S. 1086; **7.45** Bw 22/71, S. 939; **7.46** Universität Stuttgart, *Metzendorf*, S. 86; **7.47** Die Volkswohnung 5/23, S. 86; **7.48** Dreysse, S. 32; **7.49** SHE 32/28, S. 597; **7.50** Bm 12/29, S. 396; **7.51** Bw 18/29, S. 426; **7.52** SHE 32/28, S. 599; **7.53** Bw 41/26, S. 995; **7.54** Baugilde 10/31, S. 815; **7.55** Baugilde 16/30, S. 1462; **7.56** A+W 7/68, S. 354; **7.57** Bm 5/85, S. 26; **7.58** Bm 12/94, S. 48; **7.59** WB+W 5/89, S. 50; **7.60** WB+W 11/87, S. 48; **7.61** Arch+ 100/101, S. 76; **7.62** Bm 11/83, S. 1086; **8.1** Haesler, S. 28; **8.2** Stuttgart Bd. 1, S. 102; **8.3** B+W 9/73, S. 378; **8.4** Grinberg, S. 93; **8.5** AA 257, S. 16; **8.6** B+W 2/72, S. 61; **8.7** WB+W 11/87, S. 48; **8.8** Bw 29/31, S. 37; **8.9** Bw 2/28, S. 37; **8.10** Haesler, S. 96; **8.11** Völckers, *Grundrißwerk*, S. 98; **8.12** Form 17/29, S. 455; **8.13** Joedicke, *Geburt einer neuen Stadt*, S. 47; **8.14** Archiv Faller; **8.15** Form 11/29, S. 288; **8.16** Bm 12/29, S. 394; **8.17** Bw 2/28, S. 37; **8.18** Roth, S. 84; **8.19** SHE 38/28, S. 694; **8.20** Bastlund, S. 36; **8.21** Form 17/29, S. 465; **8.22** Bw 31/27, S. 771; **8.23** db 7/66, S. 566; **8.24** WB+W 4/88, S. 44; **8.25** db 7/66, S. 566; **8.26** Aregger/Glaus, S. 88; **8.27** Aregger/Glaus, S. 106; **8.28** Schmitt, *Mehrgeschossiger Wohnbau*, S. 43; **8.29**

BILDNACHWEIS

Archiv Faller; **8.30** SHE 17/31, S. 322; **8.31** Sbriglio, S. 119; **8.32** Hassenpflug/Peters, S. 200; **8.33** AD 4/64, S. 165; **8.34** Bruckmann/Lewis, S. 80; **8.35** Bw 46-47/67, S. 1197; **8.36** Mackay, S. 136; **8.37** Forum 5/60-61, S. 167; **8.38** Mackay, S. 141; **8.39** B+W 2/68, S. 48; **8.40** Mackay, S. 43; **8.41** Quantrill, Christopher; **8.42** AR 9/74, S. 149; **8.43** Lüchinger, S. 161; **8.44** Lüchinger, S. 256; **8.45** WB+W 3/93, Werk-Mat. 01.03.193; WB+W 5/89, S. 51; **8.46** ark DK 7/94, S. 371; **8.47** Mühlestein, S. 23; **8.48** Wohnen in Zukunft, S. 56; **8.49** Lippisches Damenstift; **8.50** db 2/93, S. 26; **8.51** WB+W 3/93, S. 13; **8.52** Peichl, S. 55; **8.53** Bm 9/93, S. 16f.; **9.1** das neue Frankfurt 4-5/30, S. 94; **9.2** Bw 8/27, S. 174; **9.3** Werk 3/31, S. 125; **9.4** Kirsch, *Die Weißenhofsiedlung*, S. 159; **9.5** Roth, S. 72; **9.6** Roth, S. 50; **9.7** Rümmele, S. 115f.; **9.8** Conradi, S. 66; **9.9** Conradi, S. 68; **9.10** PA 8/64, S. 120; **9.11** Archiv Faller; **9.12** Bayr. Staatsmin., *Arbeitsblätter*. Nr. 11, S. 20; **9.13** AA 216, Bild 3; **9.14** Wurst, Eberhard; **9.15** AR 5/88, S. 81; **9.16** Kirschenmann/Muschalek, S. 145; **9.17** WB+W 4/82, S. 24; **9.18** Wandersleb/Schoszberger, *Neuer Wohnbau* 1, S. 50; **9.19** Senator für Bau, Interbau Berlin 57, Heft 1, S. 7; **9.20** DBZ 9/64, S. 1430; **9.21** B+W 9/72, S. 400; **9.22** Bm 12/77, S. 1137; **9.23** ark DK 1/76, S. 8; **9.24** Kirschenmann/Muschalek, S. 90; **9.25** Faller/Schröder, S. 59; **9.26** Faller/Schröder, S. 264; **9.27** B+W 12/68, S. 429; **9.28** AA 117, S. 117; **9.29** Universität Hannover, S. 77; **9.30** AR 9/84; S. 33; **9.31** Bayr. Staatsmin., *Wohnmodelle*, S. 118; **9.32** Archiv Faller; **9.33** Archiv Faller; **10.1** Kirschenmann/Muschalek, S. 35; **10.2** Eberstadt, S. 300; **10.3** Eberstadt, S. 302; **10.4** Michelis, S. 54; **10.5** Hartmann, S. 53; **10.6** Tessenow, *Hausbau und dergleichen*, S. 52; **10.7** Junghanns, *Taut*, Abb. 38; **10.8** Hartmann, S. 109; **10.9** Zöller-Stock, S. 45; **10.10** Hartmann, S. 90; **10.11** Tessenow, *Hausbau und dergleichen*, S. 58; **10.12** Klapheck, S. 381; **10.13** Klapheck, S. 381; **10.14** Klapheck, S. 279; **10.15** AR 12/86, S. 74; **10.16** Grinberg, S. 83; *Olanda 1870-1940*, S. 93; **10.17** das neue Frankfurt 4-5/30, S. 117; **10.18** Ungers, S. 24; **10.19** Ungers, S. 129; **10.20** Zeitschrift für Bauwesen 4/29; S. 85; **10.21** das neue Frankfurt 4-5/30, S. 123; **10.22** Stuttgart, Bd. 2, S. 202; **10.23** Irion/Sieverts, S. 119; **10.24** Jahn, S. 51; **10.25** GA Special, Atelier 5, 1973; **10.26** AR 9/74, S. 142; **10.27** Atelier 5, *Siedlungen*, S. 80; **10.28** Atelier 5, *Siedlungen*, S. 145; **10.29** Mackay, S. 64; **10.30** Schmitt, *Mehrgeschossiger Wohnbau*, S. 145; **10.31** Hegger, S. 51; **10.32** ark DK 6/79, S. 249; **10.33** Bw 51-52/67, S. 1222; **10.34** Bruckmann/Lewis, S. 81; **10.35** Joedicke, *Geburt einer neuen Stadt*, S. 29; **10.36** Bw 17/74, S. 636; **10.37** A+W 4/71, S. 156-163; **10.38** Hertzberger; **10.39** Marchart, S. 164f.; **10.40** Bm 12/77, S. 1135; **10.41** Spiegel 8/95, S. 76; **10.42** Archiv Faller; **10.43** WB+W 11/87, S. 45; **10.44** Bm 5/85, S. 31; **10.45** Kräftner/Rosei, S. 78; **10.46** Akademie, S. 208; **11.1** Cas July-Aug 85, S. 43; **11.2** BKV 8/20, S. 45; **11.3** TVS 9/24, S. 198; **11.4, 11.5** Forum 5/60-61, S. 162f.; **11.6** Forum 5/60-61, S. 167; **11.7** Forum 5/60-61, S. 164; **11.8** TVS 9/24, S. 199; **11.9** WMB, 1929, S. 75; **11.10** Rukschcio/Schachel, S. 556; **11.11** Perspektiven 1-2/93, S. 34; **11.12** Kulka, Abb. 112; **11.13** Kirsch, *Die Weißenhofsiedlung*, S. 64; **11.14** Kirsch, *Die Weißenhofsiedlung*, S. 67; **11.15** Joedicke, *Bau und Wohnung*, S. 81; **11.16** Joedicke, *Bau und Wohnung*, S. 85 o.; **11.17** Haesler, S. 18; **11.18** Haesler, S. 20; **11.19** Haesler, S. 19; **11.20** Haesler, S. 23; **11.21** Haesler, S. 28; **11.22** Haesler, S. 25; **11.23** Haesler, S. 42; **11.24** Haesler, S. 44; **11.25** Haesler, S. 45; **11.26** Boesiger, *LC 1946-52*, S. 196; **11.27** Fondation Le Corbusier, Paris (nach FLC 27230); **11.28** Fondation Le Corbusier, Paris; **11.29** Boesiger, *LC 1946-52*, S. 209; **11.30** Boesiger, *LC 1946-52*, S. 210; **11.31** Fondation Le Corbusier, Paris (FLC 26627, 29364); **11.32** Quantrill, S. 147; **11.33** Fleig, *Aalto*, Bd. 1, S. 169; **11.34** Fleig, *Aalto*, Bd. 1, S. 173; **11.35** Fleig, *Aalto*, Bd. 1, S. 169; **11.36** Senator für Bau, Interbau Berlin 57, Heft 1, S. 59; **11.37** Fleig, *Aalto*, Bd. 1, S. 172; **11.38** Archiv Atelier 5; **11.39** Archiv Atelier 5; **11.40** Archiv Atelier 5; **11.41** Archiv Atelier 5; **11.42** Archiv Atelier 5; **11.43** db 1/71, S. 47; **11.44** AR 4/69; S. 284; **11.45** Deilmann/Kirschenmann/Pfeiffer, S. 128; **11.46** AR 4/69; S. 286; **11.47** Kirschenmann/Muschalek, S. 75; **11.48** AR 4/69; S. 282; **11.49** Kirschenmann/Muschalek, S. 75; **11.50** Kirschenmann/Muschalek, S. 75; **11.51** Lüchinger, S. 72; **11.52** Van der Keuken; **11.53** Lüchinger, S. 78; **11.54** Diepraam; **11.55** Lüchinger, S. 84; **11.56** B+W 9/72, S. 408; **11.57** AR 12/74, S. 359; **11.58** AR 12/74, S. 359; **11.59** AR 12/74, S. 347; **11.60** AR 12/74, S. 360; **11.61** AR 12/74, S. 351; **11.62** Egelius, S. 148-158; **11.63** ark DK 5-6/85, S. 220; **11.64** Christoffersen; **11.65** Christoffersen; **11.66** Christoffersen; **11.67** Christoffersen; **11.68** ark DK 5-6/85, S. 218; **11.69** ark DK 5-6/85, S. 222; **11.70** ark DK 5-6/85, S. 222; **11.71** Archiv A.D.P.; **11.72** Archiv A.D.P.; **11.73** Archiv A.D.P.; **11.74** Archiv A.D.P.; **11.75** Archiv A.D.P.; **11.76** Archiv A.D.P.

Personenregister

A.D.P., Ramseier, Jordi, Angst, Hofmann 230, 252, *252*, 332, *332*, 333, *333*
Aalto, Alvar 68, *68*, 69, *69*, 70, 158, *159*, 160, 212, *212*, 246, 320, *320*, 321, *321*
Alder, Michael 254, *254*
Altenstadt, Boeddinghaus 163, *163*
Altenstadt, Ulrich S. von 162, *163*
Arche Nova/Per Krusche 123, *124*
Architektengruppen i Arhus K/S 252
ARCOOP, Marbach, Ruegg 116
Artaria + Schmidt 25, 147, 240
Artaria, Paul 25, 147, 240
Atelier 5 132, *133*, 153, *154*, 205, *205*, 255, *255*, 293, *294*, 322, *322*, 323, *323*
Auer + Weber 253, *253*
Auer, Fritz 253, *253*
Auer, Gerhard 44

Bakema, J.B. 27, *27*, 245, *245*
Baller, Hinrich + Inken 70, *70*, 108, 276, *276*
Bartning, Otto 98
Baumschlager + Eberle 76, 161, *162*
Behne, Adolf 94, 290
Belz, Walter 139, *139*, 241, 242, 269
Benson, Forsyth 75, *75*
Beulewitz, Dietrich von 108, *108*
Bjerg + Dyreborg 58, *59*, 186, *186*
Böckmann, Walter 178, *178*, 179
Boeddinghaus, Gerhard 163, *164*
Bohigas, Oriol 249, *249*
Böhm, Gottfried 297, *297*
Bosch, Theo 275
Brandstetter, Klaus 273
Brenner, Anton 79, *79*, 147, *147*, 174, *174*
Breuer, Marcel 72, *72*, 203, *203*, 260
Brinkman, Michiel 23, *23*, 24, *24*, 29, 149, 233, 248, *249*, 287, 309, *309*, 310, *310*
Broek van den/Bakema 27, *27*, 245, *245*
Broek, J.H. van den 27, *27*, 245, *245*
Brunner, K. 166, *167*
Burckhardt, Lucius 179
Burmester, Ostermann, Candilis, Josic, Woods 270, *296*
Bussat, P. *213*, 250

Candilis, Georges 270, *296*
Candilis, Josic, Woods 237, *237*, *297*
Clotet + Tusquets 76, *76*, 176, *176*, 265, *265*
Clotet, Lluis 76, *76*, 176, *176*, 265, *265*
Conzelmann, E. *211*

Cooperative Dornbirn, Koch, Eberle, Mittersteiner 56
Cramer, Jaray, Paillard 160, *160*

Darbourne, John + Darke, Geoffrey 149, *149*, 150, 248, *248*, 250, 294, 324, *324*, 325, *325*
Deilmann, Pfeiffer, Bickenbach 180, *180*
Disch, Rolf 124
Döcker, Richard 157, *157*, 203, *203*, 204, *204*, 259, *260*
Doesburg, Theo van 66, *66*, 173

Eberle, Dietmar 55, *56*, 76, 161, *162*
Egli, Willi 82, *82*
Eiermann, Egon 203, 166, *167*
Eiermann, Jacubeit, Brunner 166, *167*
Eiermann, Jaenecke 184, *184*
Engelbrecht (Oberbaurat) 88, 89
Erskine, Ralph 113, *113*, 186, *186*, 328, *328*, 329, *329*
Eyck, Aldo van 52, *52*, 275, *276*
Eyck, Aldo van/Blom, Piet 276

Faelletegnestuen 273
Faller + Schröder 47, 102, *102*, 152, 165, *166*, 175, *175*, 193, *194*, 204, 234, 244, 264, 272, 273, *273*, 278, 297, 301
Faller + Schröder mit Lohrer 298
Faller + Schröder und Mitbewohner 62, 180
Faller, Frey, Schröder, Schmidt, Brandstetter 273
Faller, Peter 47, 62, 102, *102*, 117, 152, 165, 166, 175, *175*, 180, *182*, 193, *194*, 204, 234, 244, 264, 272, 273, *273*, 277, 278, 297, 298, 301
Faller, Schröder, Muschalek 117
Fieger, Carl 175, *175*
Fischer, Leopold 121, 130
Fischer, Theodor 53, 54, 91, *91*, 222, *222*
Frei, Otto 188, *188*
Freitag, Wolfgang 108
Frey, Roland 82, *82*, 102, 164, *164*, 166, 188, *213*, 273, *273*, 274, 294
Frey, Schröder, Schmidt 82, *82*, 102, 164, *164*, 166, *213*, 273, *273*, 274, 294
Friedmann, Yona 162, *162*
Fries, Heinrich de 23, *23*, 24, 76, 77
Friis, Anne-Tinne + Mogens 159, *159*
Frisonoi, Donato Guiseppe 199

Galfetti, Aurelio 242, *242*
Galfetti, Aurelio/Antorini, Antonio 242

Galloway, D. *105*
Garnier, Tony 154, *155*, 162
Geldner + Voigt 107
Geldner, Paul *107*, 286
GLC *273*
Goettel, Jacobus 192, *192*
Goldberg, Bertrand 243, *243*, 274, *275*
Grobler, Johannes 91, 98
Gronow, Elsner von *200*
Gropius, Walter 19, *20*, 74, 87, 99, *99*, 141, *141*, 176, 201, 203, 211, *212*, 219, 224, *224*, 234, 238, 239, *239*, 259, *259*, 289
Gropius, Walter/Fischer, Stephan *99*
Gropper, H./Huber, R.M. *264*
Gruppe 4+ 35, *36*
Gsteu, Johann Georg 69, *69*
Gullichsen, Kairamo, Vormala 146, 236, *236*
Gutbier, Kammerer + Belz *241*, 242, 269
Gutbier, Rolf *241*, 242, 269
Gutkind, Erwin 236, *236*, 239, *239*, 250
Gutschow, Konstanty 93, 99

Haag, Haffner, Strohecker *44*
Habraken, Nikolaas John 195
Haefeli, Hubacher, Steiger, Moser, Roth, Artaria + Schmidt 17, *67*, 147, *239*, *260*
Haesler, Otto 16, *16*, 17, *18*, 25, 26, *26*, 33, 34, *67*, 92, *92*, 99, *99*, 110, 233, *234*, 316, *316*, 317, *317*
Häring, Hugo 133, *133*, 157, 225
Hassenpflug, Gustav 21, *21*
Häusler, Samuel 200
Hayes, F.O. 28, *28*
Heilemann, F.C. *208*
Heinle, Wischer + Partner 166, *167*
Hell *101*
Hertzberger, Hermann 74, 75, *75*, 181, 195, *196*, 251, *298*, 326, *326*, 327, *327*
Herzog, Thomas/Gitter, Knut 231, *231*
Higgins, Ney 274, *274*
Hilberseimer, Ludwig 17, 134, *134*, 137
Hiller, Ernst 22, 23, *23*, 76
Hilmer, Heinz 168, *169*
Hochbauamt Leipzig *209*
Hochbauamt Stuttgart *234*
Hodkinson, P. 167, *167*
Hogsbro, Sven 214, *214*
Holzbauer, Wilhelm 167, *168*, 169, *169*, 299, *299*
Hotz, Theo 105, *105*, 230, 235, *235*, 237, 272, 301, *301*
Howard, Ebenezer/Parker + Unwin *282*

Hufnagel, Viktor 105, *105*, 153, *153*, 254, *254*, *301*, 302
Huth, Eilfried 144, *144*

Illeris, Gerd 59
Invernizzi, Faginoli 124, *124*
Irion, Wolf *43*

Jacobs, Jane 298
Jacobsen, Arne 132, *132*
Jacubeit, H. 166, *167*
Jaenecke + Samuelson 34, *35*, *101*, 181
Jaenecke, Fritz 34, *35*, *101*, 181, 184, *184*
Jäger + Müller 243, *244*
Jäger, Müller, Wirth *221*
Jeanneret, Pierre 203, 210, 260
Jonas, Walter 162, *162*
Jonge de, Dorst, Lubeek, Bruijn de, Groot de 58
Jonge de, Olphen van, Bax 185, *185*
Jonge, Weeda de 58, 61, 185, *185*
Josic, Alexis 270, *296*

Kammerer + Belz 139, *139*
Kammerer, Hans 139, *139*, *241*, 242, 269
Kandell, Axel *159*
Karrer, Gero 74, *74*
Karrer, Gero/Hauschild, Max *74*
Kikutake, Kiyonori 163, *163*
Kind, Willi + Paul *286*
Kirsch, G. *72*
Kleihues, Josef Paul 108, *108*, 115, 116, *116*, 272, *272*, 299, *299*
Klein, Alexander 18, *18*, 24, 25, *25*, 29, 96, *96*, 97, *97*, 98, *98* 102, 147, 225, *226*
Koch + Eberle 76
Koch, Eberle, Mittersteiner 55
Kooperativ Byggeindustri *217*
Kovatsch, Belinski, Breu 253
Kovatsch, Manfred 253
Krause, Franz 87, 91
Krier, Rob 82, 83, *83*
Kroll, Lucien 195, *195*
Kuhn, Fischer, Hungerbühler *82*

Lasdun, Denys 243, *243*
LCC 27, 28, *28*
Le Corbusier 26, *27*, 61, 66, 72, *72*, 73, 76, 77, *77*, 78, *78*, 81, *81*, 109, 110, 157, 158, *158*, 175, *175*, 188, 203, 205, 206, 210, 230, 244, 245, *245*, 260, 318, *318*, 319, *319*
Leclercq, Francois/Lion, Yves 230, *231*

Lehmbrock, Josef 242, *242*, 269
Lloyd Wright, Frank 78, *78*, *79*, 81, *81*, 173, 200, *200*
Lochstampfer, Wilhelm *74*
Lohrer, Knut *298*
Loos, Adolf 72, 73, *73*, 121, *121*, 130, *131*, 155, 156, *156*, 157, 162, 185, *185*, 203, 211, *211*, 312, *312*, 313, *313*
Lopez, Beaudouin *101*
Löwitsch, Franz *93*
Luckhardt + Anker 212, *225*, 241, *241*
Lüdecke, Georg *91*

Maaskant, Beese, Stam, Tijen van 261, *261*
Maaskant, H.A. 261, *261*
Mackay, David 249, *249*
Mackintosh, Charles Rennie *65*
Marbach, Ruegg 116, *117*, 229
Markelius, Sven 52, *52*, 143, *143*
Martin, Leslie Sir *167*
Martorell, Bohigas, Mackay 249, *249*
Martorell, Joseph M. 249, *249*
Matzinger, Fritz 56, 57, *57*, *58*
Maurice, Duretund, Dom, System Igeco *216*
May, Böhm, Schwagenscheidt, Mauthner *289*
May, Ernst 54, *54*, 71, *72*, 90, *90*, *91*, 98, 112, 146, 202, 214, 220, 257, 288, *288*, 289
May, Roeckle, Rudloff 258, *258*
May, Rudloff *146*, 258, *258*
Mebes, Paul *98*
Mengeringhausen, M. *225*
Metron Architekten 120, *121*, 295
Metzendorf, Georg 222, *222*
Meves, Gustav *97*
Mies van der Rohe, Ludwig 134, *134*, 142, *142*, 143, 146, 147, 176, 177, *177*, 202, *202*, 210, 245, *246*, 314, *314*, 315, *315*
Migge, Leberecht 121, *122*, 123, 130, 145, 184, *184*, 205
Mitscherlich, Alexander *196*
Muche, Georg 71, *71*
Müller, Otto/Philipp Holzmann AG *212*
Muschalek, Christian *117*

Neidhart, Mittel, Ruff 134, *135*
Neuzil, Walter 93, 224, *225*
Neylan, M. 150, *150*, 249, *249*
Nicolosi, Guiseppe 236, *236*

Oma *235*
Ostermann, G. 270, *296*
Oswald, Franz 266, 267, *267*

Oud, Jacobus Johannes Pieter 131, *132*, 157, *201*, 226, *235*, 287, *287*

Parker + Unwin *66*
Parker, Barry *66*
Petersen, Harbo *235*
Philipp Holzmann AG 212, *212*
Phippen, Peter 138, *138*
Piano, Renzo 187, *187*, 188
Poelzig, Hans *157*
Pollak-Hellwig, Otto 51, *52*

Rading, Adolf 177, *177*, 236, *237*
Raichle, Götz 21, *21*
Rainer, Roland 112, *112*, 113, 129, 137, *137*, 302, *302*
Rau, Heinz/Schäfer, Heinrich *225*
Richter, Hans *135*
Richter, Helmut 114, *114*
Riegler + Riewe *229*
Riemerschmid, Richard 283, *283*, 284, *285*
Rietveld, Gerrit 173, *173*, 174, *174*, 176
Riphan + Grod 18, *18*, 96, *103*
Roeckle, Franz 258, *258*
Rossi, Aldo *300*
Roth, Alfred + Emil 260, *260*
Roth, Alfred 17, 67, 147, *239*, 260, *260*
Rudloff, C.H. *257*
Rudolph, Justus 163, *164*

Saint-Maurice, J. de *286*
Salvisberg, Rudolf 142, *142*
Samuelson, Sten 34, *35*, *101*, *181*
Sant Elias, Antonio 154, 155, *155*, 162
Sauvage, Henri 155, *155*
Scharoun, Hans 68, *68*, 141, *141*, 240, *240*
Schaupp, Gustav 24, *24*, 76, *77*
Scherer, Hans (Team 2000) 160, *161*
Scherrer + Meyer 97, *97*
Schliekmann, Helmut 168, *169*
Schmidt, Claus 82, *82*, *102*, 164, *164*, *166*, 213, 273, *273*, *274*, 294
Schmidt, Hans 17, *17*, 25, 67, 147, *147*, 152, *239*, *239*, *240*, 260
Schmidt-Relenberg, Norbert *188*
Schmitt, Paul *91*
Schneider, Karl 193, *193*
Schneidereit, Bruno 236, *236*
Schröder, Hermann 47, 62, 82, *82*, 102, *102*, 117, 122, *123*, 133, *133*, 152, 164, *164*, 165, 166, 175, *175*, 180, 193, 194, 204, 213, 220, *220*, 234, 244, 253, *254*, 264, 265, *265*, 272,

Schröder, Hermann (Forts.) 273, *273*, *274*, *278*, 294, 295, 297, *298*, 301
Schröder, Widmann 122, *123*, 133, *133*, 220, *220*, 253, *254*, 265, *265*, 295
Schulze-Fielitz, Eckart 162, *214*
Schulze-Fielitz, Eckart/Albrecht, Jakob *214*
Schumacher, Fritz 98, 106
Schumacher, Hans 18, 19, *19*, 67, *68*, 96, 238, *238*
Schuster, Franz 193, *193*, 202
Schütte-Lihotzky, Grete 16, *16*, 220, *220*
Schwagenscheidt, Walter 94, 96, 99, 111, 112, 136, *136*, 137, *137*, 257, 289, *291*
Schwarzkopff, E. 107, 108, *286*
Schweighofer, Anton 83, 188, *188*
Seeck, Uli 135, *135*
Senn, Otto H. 68, *69*
Sert, Jose Louis 240, *240*
Smith + White *45*
Spengelin, Friedrich 151, *151*
Spengelin, Gerlach, Glauner 190, *191*
Spengelin, Ingeborg + Friedrich 19, 151
Spirig + Fehr 152, *153*
Stam, Mart 110, *111*, 131, *131*, 146, 147, *147*, 148, *223*, 261, *261*
Stam-Beese, Lotte 261, *261*
Stamm, Walter 56, *57*
Steidle, Otto 46, 47, *47*, 108, *108*, 210, *211*, 237, *237*, 276, *276*
Stein, Clarence 263, *263*
Stirling, James/Wilford, Michael 249, *249*
Storgard, Orum-Nielsen, Marcussen 187, *187*, 217, *217*
Stucky, Fritz/Meuli, Rudolf 160, *160*
Sullivan, Louis 200

TAC, Walter Gropius u.a. 19, *20*
Taut, Bruno 16, *16*, 17, 18, 54, *54*, 67, 87, 88, 89, *89*, 90, 106, 140, *140*, 184, 209, 284, *284*, 285, 288, *288*
team 2000, Scherer, Strickler, Weber *161*, 294
Tegnestuen Vandkunsten 60, *60*, 206, 266, *266*, *296*, 330, *330*, 331, *331*
Tessenow, Heinrich 130, *130*, 284, *284*, 285
Thonon, Benedict 83, *83*, *84*
Throll, F.C. *267*
Thut, Ralph/Thut, Doris 295
Tiedje + Lehmbrock 242, *242*, 269
Tiedje, Wilhelm 242, *242*, 269
Tijen, Willem van 261, *261*
Tognola, Stahel, Zulauf 47, 191, *191*
Tralau, Walter 244, *245*

Tschiesche, Günther 169, *169*
Tusquets, Oscar 76, *76*, 176, *176*, 265, *265*

Ungers, Oswald Mathias 69, *70*
Utzon, Jörg 138, *138*
Uytenhaak, Rudy 115, *115*

Vago, Pierre 80, *80*
Veil, Theodor 111
Veugny, Marie-Gabriel 253, *253*
Völckers, Otto 18, 92, *223*
Völker, Karl 25
Volny, Olle *196*
Volz, F.W. 190, *190*

Wagner, Martin 98, 140, *141*, 184, 187, 224
Wagner-Speyer 192, *192*
Weber, Carlo 253, *253*
Weber, Gottwald *213*
Werkgemeinschaft Karlsruhe: Hirsch, Hoinkis, Lanz, Schütz, Stahl 20, *103*, 227
Werner, Jörg 172
Widmann, Sampo 122, *123*, 133, *133*, 220, *220*, 253, *254*, 265, *265*, 295
Wilhelm, Günther 212, *212*
Wittig, Adolf Erich *201*
Wolf, Moritz 189, *190*
Womersley, J.C. 28, *29*, 246, *297*
Woods, Shadrach 270, *296*

Zanstra, Giesen, Sijmons 80, *80*

Sachregister

Ausstellung »Heim und Technik«, Ausstellung München *16*, *18*, 25, *25*, 147, 152, *223*, 225, 239, *240*

Bausystem mit Betonskelett, Typ C, Adolf Rading *177*

Bauwelthaus 1924, Wettbewerb 174, *174*

Belastbare Wohnung, Peter Faller *182*

Cité Industrielle, Pavillon für Heliotherapie, Konzept von Tony Garnier 154, *155*

Citta Nuova/I von Antonio St. Elias 154, *155*

Court House, Ludwig Mies van der Rohe *134*

Doppelstockhaus, Heinrich de Fries *23*, *23*, 77

Dywidag Großtafelbauweise *215*

Eisenbahnwaggon, amerikanischer *209*

Elastische Reihenhäuser *189*, *190*

Elementa-Wettbewerbe *178*, *179*, *180*

Etappenbauweise, Leberecht Migge *184*

Ganghaus, Projekt, Walter Gropius *239*

Hanseatisches Bürgerhaus *130*

Haus mit einer Mauer, 6-m-Typ, Adolf Loos *211*

Hebel-Bauweise *215*

Holländisches Haus, Enfilade *173*

Immeubles Villas, Le Corbusier 158, *158*

Innenliegende Sanitärräume, Vergleich, Walter Neuzil *225*

Intra-Haus(città intra), Walter Jonas *162*, *162*

Japanisches Wohnhaus, traditionelles *172*, *172*, *173*

Kabinengrundriß 6-Betten-Typ, Otto Haesler *16*, 33

Kabinensystem, Ludwig Hilberseimer *17*

Kabinenwohnungen, Ernst Hiller 22, *23*

Kleinmetallhäuser, vorfabrizierte, Marcel Breuer *72*, *72*, *203*

Kreuzgrundrisse *83*

Badezimmer, M. Mengeringhausen *225*

Maison Loucheur, Le Corbusier *175*, *175*

Maisonettetypen, laubengangerschlossene *213*

Maisons montées à sec (M.A.S.), Le Corbusier *81*

Mehrfamilienhäuser, Entwicklungsreihe, Otto Haesler 316, *316*, 317, *317*

Mietwohnungen von 2–5 Zimmern, Typ 5, Hans Schumacher *68*

Montanunion, Wettbewerb, Terrassenbebauung auf Abraumhalden, Justus Rudolph *164*

Montanunion, Wettbewerb, Wohnhügel, Frey, Schröder, Schmidt *164*

Montanunion, Wettbewerb, Zeilenterrassen in der Ebene, Gerhard Boeddinghaus *164*

Plattenbauweise, Gustav Schaupp 24, *24*, 77

Pullmann-Waggon (Schlafwagen) *172*, 173, *173*

Querwandbauweise, Otto Müller und Philipp Holzmann *212*

Querwandtyp, weitgespannter, Günther Wilhelm *212*

Raumstadt, »Das Ohnekleider-Höfchen«, Walter Schwagen-scheidt *136*

Raumstadt, Yona Friedmann *162*

Reihenhaus, Heinrich Tessenow *130*

Sechs-Meter-Typ, Reihenhaus, Adolf Loos 73

Stahlbetonskelettmontagebauweise, E. Conzelmann *211*

Stockwerkswohnung, übliche und verbesserte, Bruno Taut *16*

Teppichsiedlung, Ludwig Hilberseimer *134*, *137*

Typenwettbewerb, Bausparkasse GdF Wüstenrot *213*

Wabensiedlung, Neidhart, Mittel, Ruff *134*, *135*

Wohnhügel, Frey, Schröder, Schmidt *294*

Wohntürme, Typ 57 qm, Luckhardt + Anker *241*

Wohnung mit Luftschacht, Heinz Rau, Heinrich Schäfer *225*

Standortverzeichnis

Abo, Väster Langgatan 212, *212*
Albertslund, Galgebakken, Typ A1 187, *187*, 217, *217*
Algier, Plan Obus 188, *188*
Algier, Wohnanlage Durand, Projekt 78, *78*, 158, *158*, 203
Amsterdam, Drie Hoven, Altersheim 251, *251*
Amsterdam, Drive-in-Woningen 261, *261*
Amsterdam, Droogbak 115, *115*
Amsterdam, Haarlemmer Houttuinen 251, *251*, 298
Amsterdam, IJ-Plein *235*
Amsterdam, Mutterheim der Hubertusstiftung 52, *52*
Amsterdam, Zomerdijkstraat *80*
Ardmore Pennsylvania, Suntop Homes 78, *78*
Auchenbothie, Gate Lodge *65*
Bad Dürrenberg, Reihenhaus Typ E1 225, *226*
Barcelona, Casa Bloc 240, *240*
Barcelona, Cerdanyola 76, *76*, 176, *176*, 265, *265*
Basel, Schorenmatten, Reihenhaus »Rücken an Rücken« *97*
Basel, Schorenmatten, Wohnungsausstellung *97*
Basildon New Town, Laindon 5 104, *105*, 106
Berlin, »Das wachsende Haus«, Wettbewerb 184, *184*, 209
Berlin, Baublock Lichtenberg, Projekt *89*
Berlin, Deutsche Bauausstellung 1931 25, 175, *175*
Berlin, Fischtalgrund, teilbares Reihenhaus *190*
Berlin, Galeriehaus, Projekt 24, *25*
Berlin, Goethepark 107, *107*, *108*, 286
Berlin, Gründerzeitliche Blockbebauung *282*
Berlin, Haselhorst 18, *19*
Berlin, Haselhorst, Wettbewerb »Die billige, gute Wohnung« 97, *97*, 99, *99*, 209, 224, 289, *289*
Berlin, IBA 106, 251
Berlin, IBA, »Die wachsende Wohnung« *188*
Berlin, IBA, Fraenkelufer 70, *70*, 108
Berlin, IBA, Kochstraße 117, *117*
Berlin, IBA, Rauchstraße 6 *83*
Berlin, Idealpassage *286*
Berlin, Interbau 57, Hansaviertel 57 19, 20, *20*, 21, *21*, 27, 34, *35*, 68, *69*, 80, *80*, 101, 106, 136, 178, 245, *245*, 268, *268*, 269, 320, *320*, 321, *321*
Berlin, Kreuzberg, Fraenkelufer 276, *276*
Berlin, Märkisches Viertel 247, *247*

Berlin, Meyers Hof *201*
Berlin, Mietskaserne *283*
Berlin, Rudower Allee 236, *236*
Berlin, Seniorenstift, Köpenicker Straße *108*, 108
Berlin, Siemensstadt 141, *141*
Berlin, Stadtmodell *300*
Berlin, Typenplan Gagfah *15*
Berlin, Versöhnungsstraße-Privatstraße 107, *286*
Berlin, Weiße Stadt, Laubenganghaus 142, *142*
Berlin, Wilhelmstraße 119-121, Selbstbauterrassen 108, *108*
Berlin-Britz, Hufeisensiedlung 54, *54*, 89, *89*, 140, *140*, 141, *141*, 288, *288*
Berlin-Kreuzberg, IBA, Block 88 169, *169*
Berlin-Lichtenberg, Ausstellungswohnung 192, *192*
Berlin-Lichtenberg, Dreispänner 236, *236*
Berlin-Mahrzahn *216*
Berlin-Ruhwald, Wettbewerb *273*
Berlin-Schöneberg, Haus an der Brandwand 108, *108*
Berlin-Wannsee, Uferbebauung 259, *259*
Berlin-Wedding, Vinetaplatz 115, *116*, 272, *272*, 299, *299*
Berlin-Weißensee, Zweifamilienhaus 208, *208*
Berlin-Wilmersdorf, Schrammsches Gelände 261, *262*
Berlin-Wilmersdorf, Stadtwohnungen *225*
Bietigheim-Buch bei Stuttgart, Wettbewerb 268, *270*
Brabrand, Gjellerup *235*
Braunschweig, Ausstellung, Erwerbssiedlerhaus 121, *122*
Bremen, Neue Vahr 68, *68*, 246
Breslau, Werkbundausstellung *236*
Breslau, Werkbundsiedlung, Ledigenwohnheim 240, *240*
Breslau, Werkbundsiedlung, Wohntürme *237*
Celle, Blumläger Feld *67*
Celle, Wohnhausgruppe Waack 26, *26*
Chicago, Downtown development mit Auditorium building *200*
Chicago, Lafayette Apartments 245, *246*
Chicago, Marina City 243, *243*, 274, *275*
Chicago, Midway Gardens *200*
Chicago, Riverside, Avery Coonley House 81, *81*
Darmstadt, Studentenwohnheim Karlshof *44*
Darmstadt-Kranichstein, Reihenhaussiedlung 231, *231*
Delft, Diagoon Häuser 74, *75*, 195, *196*, 326, *326*, 327, *327*

Delhi, Jungpura extension 196, *196*
Dessau-Törten, Bauhaussiedlung 211, *212*
Dessau-Ziebigk, Reihenhaussiedlung 130
Dornbirn, Schützenstraße *214*
Dresden, Hellerau 283, *283*, 284, *284*, 285, *285*
Dresden, Hygieneausstellung 135
Dübendorf-Wangen, Hätzelwiesen 152, *153*
Eastleigh Hants, Behindertenheim 45
Eching, Wohnweg und Stellplätze *264*
Edigheim, Hochhaus 242, *242*
Elsinore, Gartenhofhäuser 138
Essen, Margaretenhöhe, Krupp-Siedlung 222, *222*
Esslingen, Kornhalde *21*
Falkenberg, Gartenstadtweg 284, *284*
Farum, Fuglsangpark 206, *266*
Farum-Midtpunkt, Terrassierter Innengangtyp 272, *273*
Frankenthal, Carl-Bosch-Siedlung, 8geschossiges Wohnhaus *241*, 242, 269
Frankfurt, Bruchfeldstraße(»Zickzackhausen«) 54, *54*, 90, *90*, 147, 202, 288, *288*
Frankfurt, Häuserfabrik, Messegelände 214, *214*
Frankfurt, Hellerhof-Siedlung 90, 110, *111*, 146, 147, *147*, 148, *223*
Frankfurt, Miquelstraße 257, *258*, 267
Frankfurt, Nord-Weststadt, Wettbewerb *82*, *166*, 268, 269, *270*, 291
Frankfurt, Raimundstraße 258, *258*, 267
Frankfurter Küche von Grete Schütte-Lihotzky 220, *220*
Frankfurt-Ginheim, Wohnhaus May 71, *72*
Frankfurt-Goldstein 90, 289, *289*
Frankfurt-Praunheim, Brennerblock 79, *79*, 147, *147*, 202
Frankfurt-Westhausen, Bruchfeldsiedlung 90
Fredensborg, Gartenhofhäuser 138, *138*
Gebenstdorf, Siedlung Rüssdörfli 191, *191*
Genf Cointrin, Les Ailes *216*
Göppingen, Wettbewerb Baumannsche Ziegelei 277
Graz, Tyrolgasse 253, *253*
Graz-Raaba, Les Paletuviers 5 *58*
Graz-Ragnitz, Wohnquartier 144, *144*
Graz-Straßgang, Normalgeschoß *229*, 230
Halen bei Bern, Wohnsiedlung 132, *133*, 139, 205, *205*, 264, 293, *293*, 294, 322, *322*, 323, *323*
Hamburg, Dulsberg, Wettbewerb 193, *193*
Hamburg, Hohenhorst, System Camus 216, *216*
Hamburg, Kellergarage Elbe 262, *262*

Hamburg, Steilshoop *19*, 21, 70, 151, *151*, 270, *270*, 296
Hamburg-Ohlsdorf, »Im grünen Grunde« 151, *151*
Hammersholt, Saettedammen 59, 60, 186, *186*, 187, 212
Harlow New Town, Bishopsfield 150, *150*, 249, *249*
Hatfield, schmale, tiefe Gartenhäuser 138, *138*, 139
Hengelo, Kasbah 266, *267*
Herfolge, Tinggarden I *296*
Heringsdorf, Ferienhaus in Blockbauweise 208
Herrenschwanden, Thalmatt 1 294, *294*
Hilversum, Wandelmeent, Centraal Wonen 58, *58*, 61
Hochdahl, Wettbewerb 190, *191*
Höchst bei Bregenz, Wohngruppe »Im Fang« 55, *56*
Hoek van Holland 235
Hohenems, Umbau Wohnhaus 76
Hohensalza, Einfamilienkleinhäuser 285
Jystrup Savvaerk 60, *60*, 252, 330, *330*, 331, *331*
Karlsruhe, Dammerstock 17, 18, *18*, 28, 74, 90, *92*, 92, 94, 96, 103, *224*, 234, 238, 239, *239*, 289, *289*, 290
Karlsruhe-Rüppur, Baumgartensiedlung 20, *20*, 103, *103*, 104, *227*, 264
Kassel, Rothenberg 234
Kauttua, Terrassenhaus 158, *159*, 160
Killingworth, Starter-Home 186, *186*
Köln, Wohnhotel, Projekt von Hans Schumacher 238
Köln-Chorweiler, Wettbewerb 69, *70*, 297, *297*
Köln-Mühlheim, Hochhaus *101*
Kopenhagen, Askerod 214, *214*
Kopenhagen, Soholm Klampenborg 132, *132*
Leipzig, Baumessesiedlung 25, *26*
Lemgo, Altenheim 253, *253*
Leutsch bei Leipzig, Eisenskelettbau 209
Linschoten, Zonungsmodell 185, *185*
Littoria/I, Vierspänner 236, *236*
Lochau Tannenbach, Agip-Siedlung 161, *162*
London, Alsen Road 273, *273*
London, Bethnal Green, Cluster-Block 243, *243*
London, Brunswick Center 167, *167*, 169
London, Camberwell 28, *28*
London, Camden, Lamble Street 75, *75*
London, Marquess Road 149, *150*, 250, 251, 293, *294*
London, Pimlico, Lillington Street 149, *149*, 248, *248*, 250, 293, 324, *324*, 325, *325*

London, Reporton Road 274
London, Roehampton Estate 28, *28*, 246
Louvain la Neuve, Studentenwohnungen 195, *195*
Ludwigsburg, Schloßgarten *199*
Ludwigshafen, Edigheim 269
Lugano-Cassarate, Punkthaus 242, *242*
Marl, Wohnhügel 102, 165, 274, *274*
Marseille, Unité d'Habitation 26, 27, *27*, 61, 77, *77*, 230, 244, *245*, 318, *318*, 319, *319*
Merzhausen, Heliotrop 124, *125*
München, Genterstraße, Reihenhäuser 210, *210*
München, Haidhausen 123, *124*
München, Heim + Technik, Ausstellung 1928 16, *18*, 25, *25*, 147, 152, *223*, 225, 239, *240*
München, Olympisches Dorf der Männer 166, *167*
München, Schleißheimerstraße, ECA-Wettbewerb 267
München, Wohnanlage »Alte Haide« 54, 91, *91*, 222, *222*
München-Bogenhausen, Atriumsiedlung 135, *135*
München-Nymphenburg, Integriertes Wohnen 46, *47*, 276, *276*
München-Perlach, Neubiberger Straße 295
Neuengland, Siedlerhaus »Salt-box« 183, *183*
Neuss, Am Neumarkt, Wettbewerb 163
New York, Radburn 263, *263*
New York, St. Marks Tower, Projekt 78, *79*
Newcastle upon Tyne, Byker Wall 113, *113*, 328, *328*, 329, *329*
Niederwangen-Ried, Wohnquartier 153, *154*, 294, *294*
Nizza, Etagenvillen, Projekt von Adolf Loos 156, *156*
Nizza, Grand Hotel Babylon von Adolf Loos 156, *156*
Offenburg, Stegermatt 35, *36*
Oklahoma, Price-Tower 78
Oslo, Ullernaasen 159, *159*
Paris, Cité Napoleon 253, *253*
Paris, Rue Blomet *286*
Paris, Rue des Amiraux 155, *155*
Passau-Neustift 122, *123*, 133, *133*, 220, 253, 254, 265, *265*, 295
Perugia/I, Versuchsreihenhaus 187, *187*
Philadelphia, Weltausstellung 174
Pineda, Lehrerhaus 249, *249*
Puchenau, Gartenstadt 112, *112*, 137
Puchheim, Am Oberfeld im Attnang 302
Rathenow, Vierspänner 236, *236*

Ravensburg, Hochberg 102, *102*, 166, *166*, 264
Reutlingen, Arbeitersiedlung Gmindersdorf 54
Ried-Niederwangen bei Bern, Hofbebauung 255, *255*
Riehen bei Basel, Wohnbebauung 254, *254*
Rosenheim, Bürgerhaus *199*
Röthenbach a.d. Pegnitz, Wohnmodell Bayern 120, *121*, 122, 230, 295
Rotterdam, Tusschendijken 287, *287*, 299
Rotterdam, Wohnquartier Spangen 23, *23*, 24, 149, 233, 248, *249*, 250, 287, 299, 310, *310*, 311, *311*
Runcorn New Town, Southgate 249, *249*
Scheveningen, Häuserreihe am Meer *201*
Sheffield, Park-Hill 28, *29*, 246, *246*, 297, *297*
Spring Green, Taliesin East 81, *81*
Stetten im Remstal, Reihenhausgruppe 139, *139*
Stockholm, Ericsonsgatan, Kollektivhaus 52, *52*, 143, *143*
Stockholm, Fassadenbaukasten für ein Mehrfamilienhaus 196
Stockholm, Skönstavik 159, *159*
Stuttgart 2000, Diplomarbeit Uni Stuttgart von Günther Tschiesche 169, *169*
Stuttgart, Fasanenhof, Zwillingshochhäuser 243, *244*
Stuttgart, Hangbebauung für das Gelände von G.H. von Richard Döcker 157
Stuttgart, Hannibal 221
Stuttgart, Herdweg, Studentenwohnheim 44
Stuttgart, IGA, Geschoßbau 146
Stuttgart, Lauchhau 43
Stuttgart, Waldsiedlung Rohr 234
Stuttgart, Weißenhofsiedlung 17, 72, *72*, 131, *131*, 132, 142, *142*, 146, 147, 176, *177*, 178, 202, *202*, 203, 204, *205*, 210, 226, 259, 260, 314, *314*, 315, *315*
Stuttgart-Feuerbach, ECA-Siedlung 74, *74*
Stuttgart-Neugereut, Pelikanstraße 152, *152*, 234, 272, 301
Stuttgart-Neugereut, Quartiersplanung 297, *298*
Stuttgart-Neugereut, Wettbewerb, Wohnhügel 213
Stuttgart-Neugereut, Wohnanlage Schnitz 62, *62*, 70, 180, *180*
Stuttgart-Neugereut, Zwillingshochhaus 102, 194, 244
Stuttgart-Rot, Quartiersplanung 290
Stuttgart-Vaihingen, Personalwohnungen Universität 47, 175, *175*, 193, *194*, 242, 278
Stuttgart-Zuffenhausen, Tapachstraße 165, *166*, 204, 273

Stuttgart-Zuffenhausen, Wohnhochhaus Romeo 68
Torslunde-Ishoj, Gaedekaeret 217, *217*
Toulouse, Le Mirail 237, *237*, 297, *297*
Trige, Hjulby Hegn 252, *252*
Umiken, Mühlehalde 160, *161*, 29
Utrecht, Erasmuslaan 174, *174*
Utrecht, Overecht-Nord, Experimentelles Bauen und Wohnen 61
Utrecht, Schröder-Haus 173, *173*, 200
Verona, Villa Girasole 124, *124*
Waiblingen, Bezirkskrankenhaus 157, *157*, 204
Wasterkingen bei Zürich, Wohnanlage 56, *57*
Weimar, Goethes Gartenhaus 65
Weimar, Haus am Horn 71, *71*
Weissach-Flacht, Im Wengert *291*
Welwyn, Garden City *282*
Wettingen, Langäcker 105, *105*, 106, 272, 301, *301*
Wetzikon, Buchgrindel II 230, *230*, 235, *235*
Wien, 15. Bezirk, »Wohnen Morgen« 167, *168*, 299, *299*
Wien, 21. Bezirk, Gerasdorfer Straße 105, *105*, 153, *153*, 254, *254*, 301, 302
Wien, 23. Bezirk, Brunner Straße, Laubenganghaus 114, *114*
Wien, Duplex-Wohnungen 193
Wien, Einküchenhaus Heimhof 51, *52*
Wien, Haus Scheu 155, *156*, 203
Wien, Herbert-Boeckl-Weg 69, *69*
Wien, Heuberg-Siedlung 121, *121*, 130, *131*, 185, *185*, 211, 312, *312*, 313, *313*
Wien, Josefstadt, Laubengang 302
Wien, Kleinwohnungshaus, Projekt von Adolf Loos 156, *156*
Wien, Mauerberggasse 137
Wien, Wienerberggründe *237*
Wien, Wohnhaus Rufer 72, *73*
Worb bei Bern, Bleiche 266, *266*
Worpswede, Sonnenhof 123, *123*
Wulfen, Neue Stadt 166, *167*, 268
Zell im Wiesental, Arbeiterwohnhaus für die Textilindustrie *250*
Zug, Hangterrassen 160, *160*
Zürich, »Arbeitergroßwohnhaus«, Projekt 77, *77*
Zürich, Altried, Maisonettewohnungen mit Garten bzw. Terrasse 82, *82*
Zürich, Brahmshof *82*
Zürich, Doldertal 260, *260*
Zürich, Hellmutstraße 229, *230*, 252, *252*, 332, *332*, 333, *333*
Zürich, Manessehof 116, *117*, 229, *229*
Zürich, Neubühl, Werkbundsiedlung 260, *260*
Zürich, Neubühl, Werkbundsiedlung, Laubenganghaus 239, *239*
Zürich, Neubühl, Werkbundsiedlung, Typ LM 17, *17*, 67, 147, *147*, 191
Zürich, Witikon, Terrassenhaus 160, *160*
Zwolle, innerstädtische Sanierung 275, *276*